流金華年

Leading Case Study Series—
Corporations & Financial Services

經典財經案例選粹

企業家的風範，投機客的算計，

走過時間長河，人心終能定奪。

驀然回首，

徒留無情的歷史評價，

穿越世代讓貪婪懊悔。

易宏 主編

易宏／方道樞／王韻涵／伍思樺／何佳蓉／林元浩／梅文欣／許雅綺／
里廣／陳芳儀／黃煊棠／劉孟哲／羅亦成／賴協成／謝梨君／王喬立／
戔宏／楊育靜／廖欣怡／黃若羚／蔡佳吟／陳怡秀／黃睦琪／林柏葦 著

流金華年

　　強震、海嘯，提醒萬物歸眞，由衷敬畏自然。天災、人禍，催促文明反省，珍惜時空共享。普世急功好利之際，天問排山倒海而來，流金的光鮮，華年的縱放，都遭無情消褪，獨留永恆靜寂，成就唯一公平。

　　歲月，可能淘洗過往記憶，無法盡除曾經怨懟。眞相，經光陰起落點滴參透，由生命掠影浮光顯露；企業家的風範，投機客的算計，走過時間長河，人心終能定奪。驀然回首，徒留無情的歷史評價，穿越世代讓貪婪懊悔。

　　連續兩個春秋，百中挑一的新秀，不變的熱情洋溢，交集的志同道合，從法窗審視傾聽，評述企業與金融。殿堂中的辯證，拼湊事實原貌，良心推敲眞意，還原動念當時。堅持表述初衷，傳承往昔光榮，盼望經由案例分享，累積觀察所得，提供實務卓酌；奢侈的夢想，收復企業流金，再現金融華年。

謝易宏

2011年春
誌於美國舊金山灣區

目錄

第一章 浪子回頭？
——簡介美國金融法制改革

謝易宏

謝易宏

是個自以為略懂法律、金融的傢伙，

個性隨和、喜歡嘗鮮、注重隱私、

崇尚古典、迷戀旅遊、還愛開快車，

除了偶爾埋怨交通不順、公廁不潔、

稅制不公、銀兩不夠、好人不多、

天空不藍……之外，基本上還算快樂啦！

壹、前言

　　累犯如何悔過，才能取信於人？不在信誓旦旦，端賴實際作為。重建信任的分寸，過則矯揉自限，少則信用掃地；過與不及，總難兩全，正突顯了挑起全球烽火的美國，金融改革所面對的窘境。政客高喊修法，百姓質疑真意，徒留名嘴飛沫，影射選舉造勢。利益所趨，各方爭逐，暗室協商折讓，醜化了民主，更詆譭了法治。彷彿宣示改革，足為縱火贖罪，平息舉世眾怒，傲慢的新大陸，正涓滴流失公信，代價何其鉅大。

　　2009年12月11日，美國眾議院針對財政部（Department of Treasury）早於同年6月17日，即向國會提出的「金融改革方案」（Financial Regulatory Reform Plan）[1]為藍本酌予增修協商，終於以223：202的票數，通過了文件編號H.R.4173的「2009年華爾街改革與消費者保護法－以下簡稱『金融改革法案』」（Wall Street Reform and Consumer Protection Act of 2009）；[2]也自許為金融火車頭的全球最大經濟體，走出自2007年以來重創世界主要企業，停滯部分金融業務發展的金融危機，發動一系列的金融法制改革，初步設定了方向與基調。

　　逆料，金融烽火後，產業景氣卻一直不能擺脫居高不下的失業率，[3]

---

[1] 此處所指「改革方案」係脫胎自2008年3月美國財政部所提出的「金融改革藍本」（Blueprint for Reform），相關探討另請參見謝易宏，「潰敗金融與管制迷思」壹文，月旦法學，第164期，頁186-225，2009年1月。

[2] 關於該法案的官方版本，請參考美國國會法案資料庫－「湯瑪斯」國會圖書資料檔案（Library of Congress Thomas），2011年3月5日。

[3] 為利說明，以下謹摘要臚列美國自「雷曼兄弟」（Lehman Brothers）投資銀行聲請破產，引發股市崩盤後，迄於今（2011）年1月的失業率統計資料供參：

2008-10	6.60
2008-11	6.90
2008-12	7.40
2009-01	7.70	Obama's term
2009-02	8.20

讓支撐產業的金融改革，意外的取得了急迫登台的正當性。探究金改法案的立法背景，不得不先回顧去年此時，主要企業的獲利表現多不理想，民怨持續高漲，雖然民主、共和兩黨尚多歧見，但考量復活節（Easter）國會休會，英、法、德等盟國又不見唱和，執政焦慮可想而知。2010年3月15日，參議院「銀行、住宅及都市」委員會（US Senate Committee on Banking, Housing and Urban Affairs）主席，民主黨參議員「克里斯·多德」（Chris Dodd）遂銜黨意，以前揭眾院通過的金改法案為藍本，參考各方意見，向參議院提出一份厚達1336頁，強調「改善金融體系的責任歸

資料來源：摘錄自美國失業率統計http://www.miseryindex.us/urbymonth.asp, collected from US Department of Labor, last visted on March 15, 2011.

屬與透明度，終結太大不能倒，以促進美國金融安定；停止紓困，保護金融消費者免於浮濫的金融服務，保障納稅人權益」的「2010年重建美國金融安定法案」（Restoring American Financial Stability Act of 2010）。[4]在此法律基礎上，兩黨代表幾經折衝，先後計有高達85回的修正版本，逐漸累積為厚達1410頁的法案，終於在4月22日正式獲得預算局形式審查通過，得以法案編號S3217排入議程。[5]4月26日，該法案卻遭57：41票的表決結果被阻於議事程序（Test Vote）外，[6]又歷經討論增刪，法案全文已達1566頁，直到5月5日，才在兩黨妥協後獲得跨黨派支持，就已具共識之法案內容──即排除500億美元「緊急紓困基金」（$50 billion Emergency Pool）規定──以93：5票的懸殊表決結果，通過部分修正條文。[7]

　　如此政治氛圍，執政的民主黨面臨醫療改革的批評聲浪，衡諸法案中仍多重大爭議，美國兩大政黨若能捐棄成見、彙集共識，通過參院目前民主黨席次不及投票門檻（Filibuster）[8]的現實考驗；原以為2010年7月21日經歐巴馬正式簽署的金融改革法案能夠力挽狂瀾，不料仍難挽救2010年11月國會改選失利的結果。一般預料該法案將對美國、乃至世界金融體制都造成深遠影響，學理與實務都誠有多予瞭解的必要，本文爰擬以美國行政及立法部門前後所頒布的金改法案版本，擇其較具爭議的修正重點進行比較評析，盼能對台灣未來的金融法制與監理，如何因應修正，提供角落之見，以為實務參考。

---

[4]　*See* http://thomas.loc.gov/cgi-bin/bdquery/z?d111:h.r.04371:; last visited on March 11, 2011.

[5]　*See* the Official Website of the US Congressional Buget Office.

[6]　*See* Marc Perton, "*Financial Reform Bill Stalls in Senate*," the Consumerist, April 26, 2010.

[7]　*See* Victoria Mcgrane and Michael R. Crittenden, "*Senate Strikes Deal on Failing Financial Firms*", Wall Street Journal, April 26, 2010.

[8]　有關美國國會政黨投票門檻（Filibuster），涉及對於法案的通過與否的評估與預測，請參考網頁說明，available at http://en.wikipedia.org/wiki/Filibuster; last visited on March 11, 2011。

貳、改革

一、法制建構

整體金融改革的法案架構，原係先由民主黨眾議員Barney Frank於2009年12月2日提案，經眾議院通過後；再由參議員Christopher Dodd於2010年3月15日在參院提案。嗣經美國「國會預算局」（Congressional Budget Office）於2010年4月22日審查通過，納編為參院S3217號的金改法案，究其法律結構，眾院提案初版其實是由分別監管不同金融實務運作的改革法案所輯合組成。該版法案內容嗣經參院於2010年5月20日以59票對39票的比數通過。為利金改法制的整體瞭解，爰就該法案初版內容所述的基本架構與所涉意旨，摘要臚列如次：

1. 金融安定法案（Financial Stability Act of 2010）

該法案中倡議由財政部長擔任主席，負責籌設並召集主要金融監理機關負責人共同組成「金融安定監督委員會」（FSOC--Financial Stability Oversight Council），[9]藉由定期性（每兩月一次）會議方式，檢視美國金融業的營運風險，促進市場紀律及立即回應對於金融安定造成威脅的系統性風險（Systemically Important Risk）。不料，近期傳出不同監理單位對於應納入高風險機構的認定範圍出現迥異的看法。簡言之，聯邦存款保險機構（FDIC）主張應採從寬認定看法，即應擴大認定高風險機構的範圍（broad approach）；惟以聯邦儲備銀行與財政部為主的監理單位則主張應予從嚴認定，認為應縮小認定構成高風險機構的範圍[10]。觀察家認為金融產業動員驚人資源對主管機關進行說明及遊說，顯然已經產生了一定的

---

[9]　Sec. 111. FINANCIAL STABILITY OVERSIGHT COUNCIL Estalished, S3217, at 22.

[10]　*See* Tom Braithwaite in Washington, *"US Regulators divided on systemic risk list"*, Financial Times, April 3, 2011.

效果。[11]

2. 促進金融機構穩建經營法案（**Enhancing Financial Institution Safety and Soundness Act of 2010**）[12]

推動聯邦儲貸局（OTS-Office of Thrifts Supervision）的組織與人員，併入財政部金融局（OCC-Office of the Comptroller of the Currency）與存款保險機構（FDIC），以簡化監理成本，避免功能上的疊床架屋。

3. 私募基金投資顧問登記條例（**Private Fund Investment Advisers Registration Act of 2010**）[13]

調整現有關於投資顧問（Investment Advisers）管理資產應予列管的法律門檻要件（Asset Threshold），並要求對沖基金與私募基金應比照調整後的投資顧問規範，適用登記規定予以列管，以彙整系統性風險市場資訊。

4. 全國保險總署組織條例（**Office of National Insurance Act of 2010**）

在財政部轄下新設「聯邦保險局」（Office of National Insurance）[14]，由中央綜合考量各州政府保險監理單位間的法規落差，避免發生監理套利，並集中蒐集各州保險公司營運資訊，俾能及早發現系統性風險。

5. 非立案保險公司及再保險法案（**Non-admitted and Reinsurance Act of 2010**）[15]

對於非立案保險費相關稅賦之申報、支付與分配建立程序，並規範再保險額度及合約。

---

[11] *Id.*

[12] TITLE III-TRANSFER OF POWERS TO THE COMPTROLLER OF THE CURRENCY, THE CORPORATION, AND THE BOARD OF GOVERNORS, S3217.

[13] Title IV, Regulation of Adviser to Hedge Fund and Others , Sec. 402, S3217, at 372.

[14] Sec. 502. ESTABLISHMENT OF OFFICE OF NATIONAL INSURANCE, S3217, at 390.

[15] Sec. 531. Regulation of credit for reinsurance and reinsurance agreements, S3217.

6.銀行及儲貸控股公司與收受存款機構監理改革法案（Bank and Savings Association Holding Company and Depository Institution Regulatory Improvements Act of 2010）[16]

提出修正聯邦存款保險法規及銀行控股公司法，擬將現有銀行控股公司轄下適用聯邦存款機構法規的信用卡融資金融機構（Credit Card Banks）、產業融資公司（Industrial Loan Companies）及其他公司組織，「排除」渠等適用聯邦存款保險體系之適格。

7.店頭衍生性商品法案（Over-the-Counter Derivatives Markets Act of 2010）[17]

推動證券主管機關──證管會（SEC）與期貨主管機關──期管局（CFTC）的合作，共同監理店頭市場衍生性金融商品（Over-the-Counter Derivatives Markets）。

8.支付、結算與清理監管法案（Payment, Clearing, and Settlement Supervision Act of 2010）[18]

(a)由前揭金融安定監理委員會（FSOC）負責，建構一套關於特定風險集中、可能引發系統性風險的金融市場活動之支付、結算與清理機制；

(b)修正1934年證交法，設立「投資人諮詢委員會」（Investor Advisory Committee）及「投資人保護局」（Office of the Investor Advocate）；[19]

(c)授權證管會得限制強制性爭端仲裁（Mandatory Predispute Arbitration）並制訂吹哨人（Whistleblower）誘因與保護；[20]

---

[16] Sec. 341. Termination of Federal savings associations, S3217.

[17] Sec. 731. REGISTRATION AND REGULATION OF SWAP DEALERS AND MAJOR SWAP PARTICIPANTS, S3217, at 642.

[18] TITLE VIII-PAYMENT, CLEARING, AND SETTLEMENT SUPERVISION, S3217.

[19] Sec. 914. Office of the Investor Advocate, S3217, at 951.

[20] Sec. 922. Whistleblower protection, S3217, at 977-995.

(d)修正現行關於統計評等機構（Statistical Rating Organization）透明度（Transparency）與「問責」（Accountability）機制的法規。

9. 金融消費者保護法案（Consumers Financial Protection Act of 2010）[21]

(a)在聯邦儲備理事會轄下設立金融消費者保護局（Bureau of Consumer Financial Protection），藉由聯邦法律位階，加強規範金融消費商品或服務；

(b)藉由修正「信用平等條例」（Equal Credit Opportunity Act）與「聯邦儲備法」（Federal Reserve Act），在該局轄下成立「公平借貸及平等機會」辦公室（Office of Fair Lending and Equal Opportunity）；

(c)「金融教育推廣」辦公室（Office of Financial Literacy）；[22]

(d)「金融消費者諮詢」機構（Consumer Advisory Board）。[23]

10. 改善訪察大型金融機構法案（Improving Access to Mainstream Financial Institutions Act of 2010）[24]

(a)授權財政部長建構一以合作、補助聯邦收受存款機構等方式，加強中、低收入戶於加入聯邦存款保險之金融機構開立往來帳戶，以滿足渠等資金需求的長期規劃方案；

(b)加強瞭解前揭開立帳戶時之相關約款是否公允（the provision of accounts on reasonable terms）。

金改法案立法過程中，更經歷了多次政黨協商，法案內容也因此多所調整，職掌國會法案彙整的美國「國會圖書館」（Library of Congress）所屬「湯瑪斯」（Thomas）檔案資料庫，嗣於2010年6月29日建立法案檔名

---

[21] TITILE X, BUREAU OF CONSUMER FINANCIAL PROTECTION, S3217.

[22] Sec. 916. Study Regarding Financial Literacy Among Investor, S3217, at 965.

[23] Sec. 911. Investor Advisory Committee established, S3217.

[24] TITLE XII-IMPROVING ACCESS TO MAINSREAM FINANCIAL INSTITUTIONS, S3217.

時，正式將法案名稱以參、眾兩院之原始提案人的姓氏，確定為「達德、法蘭克－華爾街改革及消費者保護法」（Dodd-Frank Wall Street Reform and Consumer Protection Act）。法案內容也作了諸多增刪，由原本的10章擴大為16個章，篇幅更增加為超過2000頁的超級包裹式立法案。經過法案工作人員初審，全案再送入「參、眾聯席會議」（Joint Conference Committee）協商定稿後，終於先獲得眾院於6月30日以237票對192票表決的比數，及參院後於7月15日再以60票對39票表決的比數通過法案全文；最後，經歐巴馬總統於7月21日正式簽署生效。[25]

這部厚達2319頁的金融法案，除了主要仍然延續參院S3217法案版本的規範主軸外，更增加了諸如：(1)指定「專門債務清理機關」（Orderly Liquidation Authority）[26]；(2)訂定限制銀行業務範圍的「伏克爾條款」（Volcker Rule）[27]；(3)追償薪酬法（Pay It Back Act）[28]；(4)抵押制度改良與防制掠奪性借貸法（Mortgage Reform and Anti-Predatory Lending Act）等幾項具開創性的規定，迨皆具有實務上的指標效用。

二、伏克爾條款vs.限制銀行業務

「從沒有過這麼少人卻虧欠了這麼多人的錢」（Never has so much money been owed by so few to so many）。英國英格蘭銀行（Bank of England）總裁「默文‧金」（Chairman Mervyn King），於前（2009）年10月間接受主流財經平面媒體The Independent Business, London專訪時，援引英國前首相丘吉爾於二次世界大戰時的名言，提出如此警語，[29]反

---

[25] *See* the GPO Public Law 111-203, available at http://www.gpo.gov/fdsys/pkg/PLAW-111publ203/pdf/PLAW-111publ203.pdf, last visited on March 25, 2011.

[26] TITILE II-ORDERLY LIQUIDATION AUTHORITY, DODD-FRANK ACT.

[27] TITILE VI-IMPROVEMENTS TO REGULATION, DODD-FRANK ACT.

[28] TITLE XIII-PAY IT BACK ACT, DODD-FRANK ACT.

[29] *See* James Moore, Mervyn King: 'Never has so much money been owed by so few to so many', the Independence Business, London, Oct. 21, 2009., available at http://www.independent.co.uk/news/business/news/mervyn-king-never-has-so-much-

應了人們對於金融投機引發鉅損風暴的沉重憎惡。這位英國重量級金融大老甚至認為，商業銀行應僅限於提供「核心業務」（Utility Banking）的服務，限縮欠缺特許金融業務正當性的「投機業務」（Casino Banking）。[30]國際間民氣高漲若此，迭遭質疑造成交易市場過度信用擴張的衍生性金融商品（Financial Derivatives），例如紅極一時的「債權擔保憑證」（Collectoralized Debt Obligation-CDO）[31]、「信用違約交換」（Credit Default Swap-CDS）[32]等商品，遂被媒體強力塑造為造成金融風暴的元兇，順理成章的當選為首批送上斷頭台的金融戰犯，導致交易量出現鉅幅萎縮現象。

去（2010）年1月21日，美國總統歐巴馬，剛歷經兩天前麻州參議員選舉結果，民主黨遭逢重大挫敗的政治壓力下，為挽救頹勢聲望，遂偕同重要財經幕僚，在白宮會議室發表了「美國納稅人將不再被『太大不能倒』的銀行勒贖」（Never Again Will the American Taxpayer be Held Hostage by a Bank that is 'Too Big to Fail'）的豪語，並公開宣布了舉世矚

---

money-been-owed-by-so-few-to-so-many-1806247.html, last visited on March 12, 2011.

[30] *See* Stephanie Flanders, "Governor warns bank split needed", BBC News, Oct 20, 2009, available at http://news.bbc.co.uk/2/hi/8317200.stm, last visited on March 12, 2011.

[31] 所謂「擔保債權憑證」基本上係一尚未立法規範，而以資產擔保證券發行方式所建構的私法契約，並依資產的固定收益為基礎，連動計算損益的一種衍生性金融商品。申言之，金融實務上大型投資銀行在房貸交易完成後，通常將房貸債權「證券化」（securitized），用以包裝發行「不動產抵押擔保債券」（Mortgage-backed Securities--MBS），然後再將MBS組合成CDO銷售，因此當次級房貸面臨惡化之際，CDO市場首當其衝的受到連鎖性影響。

[32] 所謂「信用違約交換」係指約定由買方支付賣方固定費用，以換取賣方於買方發生違約時負擔賠償風險的一種衍生性金融商品。高盛銀行控股公司近來所涉及的證券詐欺案中，目前法律文件所揭示交易內容，更得窺此種「財務高槓桿」性質的金融商品實有加以規範的必要。進一步細節仍請參考美國證管會起訴書狀SEC vs. Goldman Saches & Co., and Farbrice Torrie（Complaint 10-CV-3229, filed on April 16, 2010）所示。

目的限制大型銀行業務方案。[33]美國輿論普遍認為此舉顯示，歐巴馬政府已由2009年6月財長「提姆斯・蓋斯納」（Timothy Geithner）所提出的溫和（鴿派）金改架構，改採美國聯準會（FRB）前主席「保羅・伏克爾」（Paul Volker）所提出的強勢（鷹派）金改路線。姑且不論歐巴馬政府是否具有推動改革所需的政治實力，檢視政策內容對於大型銀行業務諸多設限，衡諸國際金融高度聯動（highly-interconnected）的現實，全球金融產業勢必都將受其牽連。如此高度受到矚目的改革議題，媒體遂援用歐巴馬以人命名的用語而謂之為「伏克爾條款」（Volcker Rule），並且正式納入後來通過的改革法案的第6章第619條規定之中。[34]

　　立法技術上，該條文提出以增訂「1956年銀行控股公司法」第13條、第13a條的立法方式，[35]實踐「伏克爾條款」的規範效果。其中關於禁止銀行從事自營交易（Proprietary Trading）部分，適用經主管機關認定為構成「適格聯邦金融機構」（Appropriate Federal Banking Agency）之所有參加存款保險的國內、外金融機構及其控股公司；包括在美設立分支機構之外國金融機構、商業融資公司及其從屬公司。但該法第4(c)(9)、4(c)(13)條所設豁免適用情形，則不在此限。至於「自營交易」的範圍，係指經由銀行自己交易戶頭所取得或處分股票、債券、選擇權、商品期貨、衍生性金融商品或其他金融商品之情形。但以客戶名義、或從事造市業務（Market Making Activities）、或為促進與客戶間關係，從事與前揭交易相關的避險，則不在此限。有關禁止銀行「贊助」（Sponsoring）或「投資」私募股權基金或避險基金方面，明文規定依投資公司法第3(c)(1)或3(c)(7)條豁免適用登記的投資公司或其他法人，以及認定構成適格聯邦金融機構的類似基金，都列入銀行業務往來禁止之列。至於「贊助」的定義，則包括擔任基金的合夥人、管理階層或受託人身分，有權選定或

---

[33] *See* The White House Blog, Jan. 21, 2010.

[34] To be exact, Article 619, texts please refer to the Dodd-Frank Act.

[35] 按修正前的美國銀行控股公司法只有12條規定。請參考Richard Scott Carnell, Jonathan P. Macey, Geoffrey P. Miller, The Law of Banking and Financial Institutions, Aspen Publishers, Wolters Kluwer, at 217-257 (2008).

控制基金的董事、受託人或管理階層，與基金共用名稱等情形在內。但擔任具獨立管理機制的基金投資顧問，或投資「公共福利性質」（Public Welfare）基金，則不在此限。應值注意者，前揭自營交易中得享銀行控股公司法第4(c)(9)、4(c)(13)條所設豁免適用情形，在此則不能準用。此外，禁止包括參加存保的銀行或儲貸機構、銀行控股公司、直接或間接控制參與存保的銀行或儲貸機構之公司、在美設有分行之外國銀行或商業融資公司、外國銀行適格為美國銀行控股公司，或其他受聯準會監管之非金融機構在內之金融公司（Financial Company），藉由併購取得其他金融機構後，造成存續公司以前一會計年度計算之負債，超過全體金融機構負債總額的十分之一之情形。

　　「伏克爾條款」堪稱是本次美國金改法案中引起業界爭論最多的條文，正反意見都曾透過主流媒體探討辯證。去年7月法案通過立法時，法案中的第619條並設有要求「聯準會」需於2011年2月前，完成法規預告程序訂出供業界遵循伏克爾條款的「施行準則」（Final Rule regarding the Conformance Period for the Volcker Rule——簡稱「施行準則」（Final Conformance Rule））。[36]該「施行準則」旨於將立法通過後各界的批評意見都盡量納入酌予修正，至於授權聯準會得對於「不能變現資金」（Illiquid Funds）予以延展的權限則仍然受到相當的限制。以下謹就2011年2月9日聯準會所頒「施行準則」中，聯準會得為裁量之部分規定摘述如次：

・擴大「不能變現資產」（illiquid asset）的定義，將約定限制三年以上不得買賣或贖回的資產也納入；[37]

・將避險基金（hedge fund）或私募股權基金（private equity fund）可能「依約承諾」（contractually committed）主要投資（principally invest in）於「不能變現資產」，或「依約負擔」（contractually

---

[36] *See* Conformance Period for Entities in Prohibited Proprietary Trading or Private Equity Fund or Hedge Fund Activities. 12 CFR Part 225, Regulation Y, docket No. R-1397.RIN No. AD 7100-58. Feb. 9, 2011.

[37] Overview of the proposed rule, *Id.*, at 5-6.

obligated）投資或持續投資於基於書面授權代理發行的資產（fund based on written representations in offering materials）也納入；[38]

· 施行期限屆至前，金融機構得申請延展（自90日至180日）適用施行準則，並授權聯準會得於收到完整表冊（complete records）後九十天內為准駁；

· 刪除因施行期間屆滿而不適用受到「轉讓限制」（restriction on transfer）致不能變現資產成為可以變現的規定；[39]

· 允許2010年2月28日至2010年5月1日間，依美國一般通用會計準則（GAAP）或其他可接受的會計準則（other applicable accounting standards），編製財務報表，憑以決定是否列入「主要投資不能變現資產」（principally invested in illiquid assets）之範圍內；[40]

· 增訂聯準會得於機構提出延展適用期限之申請時，將遵期與否所造成銀行與非利害關係（unaffiliated）交易客戶（client）、顧客（customer）[41]或對造當事人（Counterpart）間「實質利益衝突」（material conflict of interest）之情形，都列入斟酌；[42]

· 澄清「聯準會」對於銀行撤出「不能變現資產」前，是否已盡「合理的最大努力」（reasonable best efforts）取得「非利害關係」（unaffiliated）之「贊助人」（sponsor）或「投資人」（investor）同意，將認定為「不合理要求」（unreasonable demands）。[43]

---

[38] Extension of the Conformance Period, *Id.*, at 6.

[39] Proposed Rule 225.18(b).

[40] *Supra* note 36., at 11.

[41] 關於「客戶」Client 與「顧客」Customer的區別，請參見網路上探討；available at
http://www.elegantatlantahomes.com/ClientvsCustomer.htm;
http://www.differencebetween.net/business/difference-between-client-and-customer/,
last visited on April 11, 2011.

[42] *Supra* note 40., at 11.

[43] *Id.*, at 12.

在伏克爾條款上路之際，不能忽略的批評聲音，首推前任美國聯準會主席葛林斯班（Alan Greenspan）於2011年3月29日，在重量級財經媒體──英國金融時報（Financial Times）──特別撰文指出，美國金融監理單位所推出一系列的金改相關法令，將因不可預知的負面命運而困擾不已（be bedeviled by unanticipated adverse outcomes），特別是要求美國銀行全球營業都要遵循伏克爾條款，勢將許多外匯衍生性金融商品推往國外，轉入其他市場，影響美國銀行業的競爭力。[44]

三、衍生性金融商品

2010年4月15日，美國證管會（SEC）針對「高盛銀行控股公司」（Goldman Sachs BHC，前身即高盛投資銀行）在2008年金融風暴中，涉及利用以房貸為基礎資產所發行的「債權擔保憑證」（CDO）──特定衍生性金融商品，疑似以「對賭」方式（Double-dealing）與客戶進行交易，構成美國1934年證交法上資訊揭露不完整的「證券詐欺」（Securities Frauds）行為，分別提出刑事追訴與民事求償。公布次日，高盛股價市值蒸發了120億美元，更由於本案牽涉全球著名金融機構的營業聲譽，德國工業銀行（IKB Deutsche Industriebank AG）與美國證交所（NYSE）相繼對該公司提告，[45]遑論歐美各國面對衍生性金融商品，究應如何立法規範，彼此之間步調不一的燙手問題，後續發展當然舉世矚目。雖然該案最後以達成「行政和解」收場，但所涉及的法律問題，卻引起金融法律實務界的諸多討論。對於箭在弦上的美國金改法案，恰好給予金融風暴中的民怨找到了「師出有名」的藉口。歐巴馬更「政治正確」（Politically Correct）的公開宣示，要讓衍生性金融商品交易不再黑暗[46]。

---

[44] *See* Alan Greenspan, "*Dodd-Frank fails to meet test of our times*", Financial Times, March 29, 2011.

[45] *See* Zachary A. Goldfarb, "*SEC accuses Goldman Saches, Fabrice Tourre of defrauding investors*," Washington Post, April 17, 2010.

[46] *See*, Ross Kerber, Dan Wilchins, Pedro Nicolaci da Costa "*Obama Says Can't Have Derivatives Market Operating in Dark, Needs to Operate in Light of Day*", Reuters New York, May 4, 2010.

　　2009年12月眾院通過的金改法案（HR 4173）版本中，已針對包括股權與避險性質的「私募基金」，藉由「私人交易」之名，規避1933年證券法第4(d)條、1940年投資公司法、1940年投資顧問法第203條等構成要件的法律漏洞予以封鎖，而納入該法案第三章標題「店頭市場衍生性商品交易法案」（Over-the-Counter Derivatives Markets Act）中，[47]藉由加強揭露（Disclosure）與建構「信用評等機構」（CRA-Credit Rating Agency）監理新制，[48]藉以加強管制，而在S3217法案中更進一步提出幾項主要改革重點：

1. 加強店頭市場衍生性商品（OTC Derivatives）的管制；
2. 建立店頭市場衍生性商品集中結算（Clearing）及交易機制；[49]
3. 交換契約（SWAP）的交易商（Dealer）及參與者（Participants）都須遵循新的資本規定（Capital Requirements）；
4. 避險基金（Hedge Funds）須比照「投資顧問」（Investment Adviser）地位，向證管會（SEC）登記，並揭露交易的投資組合（Portfolio）；[50]
5. 「投資顧問」向聯邦主管機關申請許可的資產門檻，從2500萬提高至1億美元，咸信因此轉向州政府申請的案件預計將增加28%。[51]

　　以上諸多規定究竟基於如何的論述發想？合理的解釋迨多會指向雷曼兄弟投資銀行於2008年9月15日依美國破產法第十一章規定，向紐約南區法院聲請重整（Reorganization）時，導致所有債權人陷於債務不履行危機；全球股市更由於該公司持有衍生性金融商品部位，相繼以證券化（Securitization）包裝金融交易風險，呈現「高槓桿操作」（High Leveraging）的「連動」（Interconnected）外觀，當違約不能履行時遂產

---

[47] *Title Iii-derivative Markets Transparency and Accountability Act*, HR4317.

[48] Sec. 936. Qualification standards for credit rating analysts, S3217.

[49] Sec. 725. Derivatives clearing organizations, S3217.

[50] Sec. 410. STATE AND FEDERAL RESPONSIBILITIES; ASSET THRESHOLD FOR FEDERAL REGISTRATION OF INVESTMENT ADVISERS, S3217, AT 386.

[51] *Id.*

生倍數相乘的鉅額風險，引發連鎖性交易崩盤。基此，衍生性金融商品的
交易清算機制不夠透明，因此成為所有事後檢討金融風暴事件的主要禍
首，催生此起彼落從嚴規範的撻伐聲浪。但，根據具有多年實際參與操
作衍生性金融商品經驗的專家特別指出，推倒雷曼兄弟投資銀行的最後
一根稻草，其實直接怪罪該公司當時所持有衍生性金融商品本身或者交
易機制，過於簡化問題，並非公允。經過深入調查之後，其實應歸究於
當時市場環境受限於商品交易喪失流動性（a sharp lack of liquidity）以及
公司經營階層對於當時美國破產法規關於涉及商業不動產抵押與貸放（經
由證券化包裝交易風險方式）的高槓桿操作業務，並無對應的（清算）
規範，卻仍然承作的不當商業決策（poor management choices relating to its
commercial real estate, mortgage, and leverage loans business—areas the U.S.
Bankruptcy Code cannot affect.），恐怕才是引發漫天金融峰火的主因。[52]
事後諸葛的現在看來，似乎更能發人深省。

四、金融消費者保護[53]

原先眾院通過的金改版本（HR4173）所提出的構想，是將金融消費
者保護工作以預算獨立方式，新設「聯邦金融消費者保護署」（CFPA--
Consumer Financial Proction Agency），[54]但遭遇銀行產業極大的反對，妥
協之後的參院版本（S3217）則已修正為在「聯準會」轄下成立「金融消
費保護局」（BCFP-Bureau of Consumer Financial Protection），[55]除機構
位階明顯降低外，經費來源也多有限制，但仍保有相當獨立性。此外，關
於金融消費保護機構的組成也出現不同，在眾院版本中原設定有五席由

---

[52] *See* Kimberly Anne Summe, System Risk in Theory and in Practice, reprinted in
Kenneth E. Scott, Geoge P. Shultz, John B. Taylor, ENDING GOVERNMENT
BAILOUTS-AS WE KNOW THEM, Hoover Institution Press, Stanford University,
1st Printing, California, at 81. (2010)

[53] TITLE X-BUREAU OF CONSUMER FINANCIAL PROTECTION, S3217.

[54] Sec. 1104, HR 4317, at 831.

[55] Sec. 1011, S3217, at 1206.

總統提名、參院同意的委員組成「金融消費者保護委員會」（Consumer Financial Protection Oversight Board），並且下設「處長」（Director）負責專業法規的擬訂；但在參院版本中卻不見如此委員會之設置，反而另提出設立「金融教育推廣局」（Office of Financial Literacy）的構想，[56]但相關作業細節，則待主管機關於立法通過後兩年內另以辦法定之。

　　此外值得注意者，迨為關於「客訴」（Complaints）的監理新制，除由中央位階主管機關設立金融消費申訴專線，藉以蒐集並核對終端消費者使用服務的不同聲音，並得據金融消費客訴作為進一步金融監理處置上的參考。[57]易言之，若某金融機構遭到消費者客訴的頻率密度過高，監理機關得合理懷疑該金融機關的服務品質不良，並據以增加對於該機構的金融檢查，以收示警之效。此外，包括資產逾100億美元之銀行、非銀行投資公司、信合社等金融機構也都需接受該局的業務檢查，[58]可謂大幅擴張了該機構的業務管轄範圍，恐怕也因此遭致銀行業極度的不安與抗拒。

　　但由於金融消費者保護機構之設，講求事權統一與效率，遂引發與所涉其他金融監理機關間的「地盤戰爭」（Turf Battle）。舉例而言，傳統上金融詐欺、廣告不實等重大金融民、刑事案件，迨由各地檢察機關（District Attorney），或由「聯邦交易委員會」（Federal Trade Commission）享有優先管轄權；但金改以後則將由新設的金融消費者保護機關統一受理，優先作出行政處置，再視必要協調其他機關協助辦理。業務管轄權限的重分配當然影響各主管機關間的資源配置，或許也為消費者保護機構的誕生埋下變數。[59]

---

[56] Sec. 916. STUDY REGARDING FINANCIAL LITERACY AMONG INVESTORS, S3217, at 965.

[57] Sec. 1034. RESPONSE TO CONSUMER COMPLAINTS AND INQUIRIES, S3217, at 1299.

[58] Sec. 115. ENHANCED SUPERVISION AND PRUDENTIAL STANDARDS FOR NONBANK FINANCIAL COMPANIES SUPERVISED BY THE BOARD OF GOVERNORS AND CERTAIN BANK HOLDING COMPANIES, S3217, at 42.

[59] *See* Abigail Field, "*The war over consumer financial protection intensifies,*" May 3,

五、金融監理

由於本次金改法案針對金融監理事權整合部分著墨最多,當然也引起監理機關權限的大幅調整,為利說明,謹就法案前後所涉管制範圍的規定臚列如次:

1. 管轄權的重分配[60]

經由功能性監理的發想,透過機構別重劃管轄權分配,謹摘述如下:

a.聯準會:資產逾500億美元金融機構[61];

b.聯邦存保機構:負責監理資產未逾500億美元之銀行控股公司,「州立案」銀行及社區性金融機構;

c.財政部金融局:負責監理資產未逾500億美元之「聯邦立案」金融機構。

2. 整併聯邦金融監理,將聯邦儲貸局(OTS)併入財政部下的金融局(OCC)[62]

3. 保留聯邦與州政府的金融「雙軌監理」體系(Dual System)

4. 強化聯邦儲備銀行功能[63]

a.提高聯邦儲備銀行紐約分行(New York Federal Reserve Bank)的位

2011, CNN Money.com, available at http://finance.fortune.cnn.com/2011/05/03/the-war-over-consumer-finance-protection-intensifies/, last visited on May 3, 2011.

[60] Sec. 113. Authority to require supervision and regulation of certain nonbank financial companies; Sec. 115. Enhanced supervision and prudential standards for nonbank financial companies supervised by the Board of Governors and certain bank holding companies., S3217, at 33, 42.

[61] 統計資料顯示目前約有35家金融機構將納入管轄範圍。請參考美國聯準會統計資料網頁http://www.federalreserve.gov/econresdata/releases/statisticsdata.htm, last visited on March 10, 2011.

[62] See Sec. 313. Abolishment, S3217.

[63] Sec. 165. Enhanced supervision and prudential standards for nonbank financial companies supervised by the Board of Governors and certain bank holding

階。

b.限制儲備體系成員享有對於聯邦儲備銀行主席的任命同意權,以避免可能產生的利益衝突(Conflicts of Interest)。

c.國會會計署(General Accounting Office)有權對於聯準會依修正後的聯邦儲備法第13(3)條授予的「緊急借貸權」(Emergency Lending Facility)[64]之行使,進行查核。

針對美國金改法案,美國金融法權威學者則語重心長的指出,現階段美國金融市場監理的核心問題,並不在於主管機關欠缺足夠的監管權力,而在對於未知金融情勢的預見與判斷(lack of foresight and judgment about the unexpected)。[65]如此警語,對於遙遠的台灣,發人深省。

---

companies.;also *See* Sec. 161. Reports by and examinations of nonbank financial companies supervised., S3217.d of Gov

[64] 12 USC 343. As added by act of July 21, 1932 (47 Stat. 715); and amended by acts of Aug. 23, 1935 (49 Stat. 714) and Dec. 19, 1991 (105 Stat. 2386.)由於該條文即係學說上所稱美國居央行地位之聯準會「緊急借貸權」的法律依據,為利整體瞭解,謹轉錄現行條文如次供參 "In unusual and exigent circumstances, the Board of Governors of the Federal Reserve System, by the affirmative vote of not less than five members, may authorize any Federal reserve bank, during such periods as the said board may determine, at rates established in accordance with the provisions of section 14, subdivision (d), of this Act, to discount for any individual, partnership, or corporation, notes, drafts, and bills of exchange when such notes, drafts, and bills of exchange are indorsed or otherwise secured to the satisfaction of the Federal Reserve bank: Provided, that before discounting any such note, draft, or bill of exchange for an individual, partnership, or corporation the Federal reserve bank shall obtain evidence that such individual, partnership, or corporation is unable to secure adequate credit accommodations from other banking institutions. All such discounts for individuals, partnerships, or corporations shall be subject to such limitations, restrictions, and regulations as the Board of Governors of the Federal Reserve System may prescribe. "

[65] *See* Kenneth. E. Scott, "The Financial Crisis", appendix article that was compiled in the book titled Ending Government Bailouts-As We Know Them, Hoover Institution Press, Stanford University, California, at 310. (2010)

六、「紓困基金」（Bailout Fund）[66]與「債務清理」（Orderly Liquidation Authority）[67]

針對「太大不能倒」的迷思，造成金融危機中政府總是被系統性風險的疑慮綁架，美國金改法案中創設了一系列的處理機制，希望能夠避免造成納稅人曝險（Taxpayer Exposure）。基此，謹就法案中涉及紓困基金與建構大型機構的債務清理程序部分，臚列說明如次：

1. 紓困基金（Bailout Funds）

最新的統計指出，美國政府於2009年為協助陷於2008年金融危機的金融體系，所編列高達美金7000億的紓困基金（TARP），投入指標性財務困難的機構，確實在當時發揮了穩定市場信心的效果。經過兩年後，紓困基金所造成納稅人的負債總值，已經大幅降低，並且各機構財務狀

---

[66]
Top Bailout Funds Recipients (As of March 15, 2011)
Recipients: 933 Total Committed: $619,041,275,644 Total Disbursed: $563, 605, 335, 315; Total Returned: $237,425,409,930

Name	Type	State	Amount Committed	Revenue to Gov't
Fannie Mae	Government-Sponsored Enterprise	D.C.	$90 B disbursed	$10 B
AIG Received other federal aid. Click to see details.	Insurance Company	N.Y.	$2 B returned / $68 B disbursed / $70 B committed	$0
Freddie Mac	Government-Sponsored Enterprise	Va.	$64 B disbursed	$10 B
General Motors	Auto Company	Mich.	$23 B returned / $51 B disbursed	$694 M
Bank of America Received other federal aid. Click to see details.	Bank	N.C.	$45 B returned / $45 B disbursed	$5 B
Citigroup Received other federal aid. Click to see details.	Bank	N.Y.	$45 B returned / $45 B disbursed	$12 B

Name	Type	State	Amount Committed	Revenue to Gov't
JPMorgan Chase	Bank	N.Y.	$25 B returned / $25 B disbursed	$2 B
Wells Fargo	Bank	Calif.	$25 B returned / $25 B disbursed	$2 B
GMAC (now Ally Financial)	Financial Services Company	Mich.	$16 B disbursed	$2 B
Chrysler	Auto Company	Mich.	$2 B returned / $11 B disbursed / $13 B committed	$489 M
Goldman Sachs	Bank	N.Y.	$10 B returned / $10 B disbursed	$1 B
Morgan Stanley	Bank	N.Y.	$10 B returned / $10 B disbursed	$1 B
Bank of America subsidiaries (incl. Countrywide)	Mortgage Servicer	Calif.	$206 M disbursed / $8 B committed	$0
FHA Refinance Program Fund	FHA Refinance Fund		$50 M disbursed / $8 B committed	$0
PNC Financial Services	Bank	Pa.	$8 B returned / $8 B disbursed	$745 M
U.S. Bancorp	Bank	Minn.	$7 B returned / $7 B disbursed	$334 M
Wells Fargo Bank, NA	Mortgage Servicer	Iowa	$158 M disbursed / $5 B committed	$0
SunTrust	Bank	Ga.	$5 B disbursed	$437 M
JPMorgan Chase subsidiaries	Mortgage Servicer	N.J.	$276 M disbursed / $4 B committed	$0
AG GECC PPIF Master Fund, L.P.	Investment Fund	Del.	$3 B disbursed / $4 B committed	$74 M

況也多逐漸改善。[68]就統計數字所顯現的成效看來，當初設立紓困基金投入解決太大不能倒的問題，似乎差強人意。但國會所設專職監督紓困基金的「總稽核」（Special Inspector General）Neil Barofsky表示，紓困基金仍未根本性解決諸如AIG及CITI Group等大型金融機構，仍具有「太大不能倒」的「系統性顯著風險」（Systemically Important Risk），而且此等大型機構仍然與整體金融體系具有「高度風險聯結」（interconnected to be allowed to fail）。[69]此外，財政部負責紓困的高層官員Timothy Massad則表示，希望可以在未來兩年內，完成紓困基金尚應對於負債機構追討的1660億美元。[70]綜言之，美國金改法案雖尚有諸多細節法令還未發布上路，但整體而言，似乎並未解決公眾觀感上所認知，部分金融機構繼續取得現行美國政府為擔保失敗金融（指存款保險）機制，所間接提供成本相對低廉的信用。[71]綜前所述，就不難理解為何在國會立法協商時，500億的緊急紓困基金構想，被排除在最後通過的終局版本中，而未能納入金改法案。

Source: Propublica, available at http://bailout.propublica.org/main/list/index, last visited on March 15, 2011. 關於媒體對於美國金改中所設「紓困基金」的批評，請參見Conn Carrol, *The Dodd-Frank Bailout is Already Here*", The Foundry, The Morning Bell: Heritage Foundation, posted on August 13, 2010. http://www.laborunionreport.com/portal/2010/08/the-dodd-frank-bailout-is-already-here；last visited on April 11, 2011.

[67] *See* TITLE II-ORDERLY LIQUIDATION AUTHORITY, S3217.

[68] *See* David Lawder and Rachelle Younglai, "TARP Program could Turn Profit-US Watch Dog," Reuters, January 26, 2011. Available at http://www.complinet.com/dodd-frank/news/articles/article/tarp-programs-could-turn-profit-us-watchdog.html, last visited on April 12, 2011.

[69] *Id.*

[70] *Supra* note 68.

[71] *Id.* 原文係以"The Dodd-Frank financial reform bill appears not to have solved the perception problem as institutions continues to enjoy access to enjoy cheaper credit based on the existence of the implicit government guarantee against failure."

2. 成立「清算小組」（Orderly Liquidation Authority Panel）[72]

眾院版中原設有「促進清理機關」（Enhanced Dissolution authority）[73]的專章規定，但在政黨協商時未獲多數支持。參院所提出的民主黨版本中，則以美國德拉瓦州破產法院中（US Bankruptcy Court for the District of Deleware）現有運作多年，迭獲好評的「清算小組」，倡議藉由該小組經驗協助大型機構之債務清理，但需接受美國聯邦法院秘書處（Administrative Office of US Courts）及財政部金融局長（Comptroller General）的共同監督，並由兩監督機關定期評估清算小組的績效表現，作為進一步制度化的參考。比較先後版本設計本旨，實質上差別不大，都在定位一個專責處理大型企金機構的債務清理，以降低社會由於渠等機構退場所遭受的鉅大衝擊與政治成本。惟該機制的實際成效如何，仍有待於金改法案授權訂定的相關法令頒布後才能進一步具體評估。

參、結語

金融危機，對於資本主義的未來產生了一定的影響。沸騰的公憤，更對正在悄悄滋生蔓延的社會主義作出嚴厲的警告。[74]甚至有網路論者借用回教徒在中世紀殺戮西方文明的畫作引為譬喻，暗指整個西方資本主義因為金融風暴造成強烈的階級剝奪感，已經產生了根本性的信仰動搖。[75]

---

[72] Sec. 202. ORDERLY LIQUIDATION AUTHORITY PANEL, S3217, at 115-126.

[73] *See* TITLE I-FINANCIAL STABILITY IMPROVEMENT ACT; Subtitle G-Enhanced Dissolution Authority; Sec.1601-1617, HR 4317, (2010).

[74] 安德魯、羅斯、索爾金著，潘山卓譯，「大到不能倒—金融海嘯內幕真相始末」，經濟新潮社，2010年9月16日出版，第631-632頁。原文請參見Andrew Ross Sorkin, Too Big To Fail-The Inside Story of How Wall Street and Washington Fought to Save The Financial System-and Themselves., Andrew Numberg Associates International Limited, 1st ed., 2009.

[75] *See* Dogmatic Slumbers on the facebook, "*The Rotting Corpse of American Capitalism*", posted on January 2, 2011. by Capitalism Demise, Political Action.

　　金融危機後，網羅許多重量級學者，對於金融改革表達意見的創作中，保羅‧伏克爾的叮嚀──讓商業銀行單純扮演傳統銀行角色，資本市場的參與機構則應在盈虧自負的基礎上，與銀行業務有所分際（Let's let commercial banks be commercial banks. Let's let capital market institutions do their things in capital markets, essentially unprotected）──就格外引起美國金融產業的注意，更值得台灣的金融監理思考。[76]

　　美國金融改革，是一場「百姓街」（Main Street）對抗「華爾街」（Wall Street）的傳統大戲。浪子回頭的戲碼，各國輪流上映，只是劇本了無新意，佈景陳舊不堪，演員不夠敬業，觀眾叫罵不斷，票價還持續上漲。

　　金融套利投機，企業斷炊難續；反之，企業貪婪枉法，金融連帶受累。產業需銀兩拼鬥，銀兩賴金融活絡，「金流」關乎「物流」給付，「物流」成就「金流」消長；好比血液之於人體，不可或缺。宛如紅花綠葉，相互幫襯。

　　但產金之間股權流串，利害關係沆瀣一氣，交易多見利益衝突，股民終究失去信心。歐美產金敗象漸露，足為儆醒適例。面臨競爭的台灣市場，尤應記取發達國家的前車之鑑，為已經來襲的國際熱錢吞吐，立下遏止投機的嚴明紀律，讓企業有健全的血液供輸，攀高成長；金融也有厚實大樹可靠，向下扎根。

　　政府，這個不得已的公共事務處理機制，值此金融局勢多變之際，就該以公益為念，推動避免企金發生系統性風險的法制建構。[77]歸根究底，家中無浪子，浪子不敗家，也就無所謂擔心回頭的疑慮了。

---

[76] Paul Volcker, Supra note 52, Edited by Kenneth E Scott, George P. Shultz, and John B Taylor, Ending Government Bailouts-As We Know Them, Hoover Institution Press, Stanford University, California, at 19 (2010). 此本著作網羅了15位美國重量級學者及歷任財經官員，共同對於美國政府所推出金改法案提出精闢的看法，筆者以為研究美國2010年金改法案，本書實屬不能錯過的重要指標性文獻，特此推薦。

[77] *See* James R. Barth, Gerard Caprio, Jr., Ross Levine, Rething Bank Regulation, Till Angels Govern, Cambridge, 1st Ed., New York, at 19. (2006).

第二章　元惡大「監」？
——結構式債券的結構性問題

方道樞

　　因為是無可救藥的樂觀主義者，

所以「身材高大」，「剛毅木納」、「文質彬彬」，

這些字詞一定要在自我介紹中出現，

這樣大家知道作者是怎樣的人了吧！

大事紀

時間	事件
1961年	奉准設立為專業證券經紀商，資本額新台幣65萬元
1989年	成為綜合證券商
2000.7	與京華、大發證券合併，更名為元大京華證券
2001.5	與新加坡金英證券簽定策略聯盟協議，並與國內之新寶證券、鼎康證券合併
2004.2	宣布與亞洲證券合併
2004.7.11	聯合投信雙盈基金淨值下降3.46%
2004.7.12	投資人大量贖回債券型基金，淺藏流動性危機
2004.11.3	金管會成立「改善債券型基金流動性專案小組」
2005.6.17	委請致遠財務公司就元大投信股權為鑑價
2005.6.2	委請致遠財顧公司進行元大投信企業價值評估
2005.6.17	元大投信第一次提供鑑價資料
2005.6.20	元大投信提供第二次且較為樂觀之資料
2005.7.20	報送元京證公司審計委員會通過後提送董事會討論
2005.7.28	董事會通過收購元大投信股權一事
2005.9.5	購入元大投信之股權，此即本案股權交易之部分
2005.8.23～2006.1.18	以例行債券交易方式分攤馬家及馬家投資公司之損失
2006.12.31	金管會指示需消化結構債虧損之期限
2006.1.4	金管會宣布國內債券型基金持有之結構式債券已全部出清，債券型基金不再持有結構式債券
2008.7.27	因處理結構債及股權交易事件被檢方調查
2009.4.3	元大集團總裁馬志玲、董事長杜麗莊及總經理張立秋、元京證財務副總陳麒漳、元京證債務部副總吳麗敏、元京證董事林明義均被起訴。
2010.5.28	台北地方法院一審宣判，元大京華證券創辦人馬志玲被判刑七年六個月，前元大證券董事長杜麗莊七年六個月，前元大證金董事長張立秋三年六個月，前元大銀行總經理陳麒漳四年六個月，元大證券債券部資深副總經理四年六個月。

壹、前言

　　若要探討元大金控旗下元大投信所涉及的結構債弊案，就必須從2004年的聯合投信事件談起。2004年7月間「聯合投信」募集的債券型基金出現虧損，引爆贖回潮，金管會發現當時各投信公司募集的債券型基金規模達2兆4000億元，且大多以美元為連結標的。2004年間，因美元利率距幅波動連結美元利率的結構債淨值大幅下滑，市場擔憂因恐慌性贖回造成流動性風險，有再次引發金融風暴的可能。

　　因此，金管會要求國內的投信公司必須以「帳面價值」將基金中的結構債買入，由於此時「帳面價值」將受美元利率的影響，使「帳面價值」遠較「市場價值」高，故勢必衍生鉅額虧損，金管會則以行政指導責令衍生的虧損則由投信大股東吸收。

　　由於元大投信當時也持有百億的結構債，且元大投信持股情況屬持股高度集中之典型家族公司型態，馬家身為大股東勢必損失慘重。但金管會之「行政指導」又不得不遵，檢方認為馬志玲及杜麗莊共謀透過股權移轉之方式，將原本大股東須承受之虧損轉嫁至公開發行且為上市公司的元大京華證券，由資本額龐大、股東人數眾多之全體元京證股東分攤。又其亦為元京證之大股東，其後透過債券買賣以低買高賣與人為作價等不合營業常規之交易手法，意圖將其損失轉嫁與元京證券，於2008年遭到檢察官調查，2009年4月經檢方起訴，並於2010年5月一審宣判馬志玲、杜麗莊夫婦七年半有期徒刑，全案仍可上訴。

　　本案可謂當時結構債事件之指標性案件之一，於同一時空背景下尚有金鼎證券負責人張平沼因結構債後續處理不當而遭起訴宣判，可知本案並非冰山一角。由於本案仍未定讞，本文將以一審認定事實為出發，由結構債之介紹談起，再論及當時金管會決策於金融監理上之良莠，並且探討控制股東及影子董事（shadow director）於我國法制下的地位、關係人交易、董事忠實義務、獨立專家之忠實義務與非常規交易等問題，詳細案例事實及爭點分析析述如後。

貳、案例事實

一、企業及控制結構簡介[1]

元大證券公司起源於1961年，為專業證券經紀商，資本額為新台幣65萬元，至1974年方由馬志玲接手並且開啟其事業版圖。1989年，為使元大證券轉型為綜合券商，於原有經紀業務外增加承銷與自營業務，並且為因應證券市場的蓬勃發展，從1990年起併購多家券商，至1999年合併威京集團旗下獲利良好的京華證券公司，於次年完成合併並更名為元大京華證券公司[2]，並於2004年於台灣證券交易所上市。於2007年4月因元大金控併購復華金控，以股份轉換方式併入復華金控，並終止上市，而後更名為元大證券股份有限公司，由馬志玲之妻杜麗莊擔任董事長。而馬志玲係杜麗莊之配偶、元京證券公司創辦人及精神領袖，其與杜麗莊二人共同持有元京證公司8.86%之股權[3]（其中杜麗莊個人持有2.21%之股權，餘以元宏投資股份有限公司、兆源投資股份有限公司、旭通投資股份有限公司、現代投資股份有限公司之名義持有合計6.47%之股權）。因本案案發當時為2005年故以舊稱元京證簡稱之。

於聯合投信事件爆發，金管會要求各投信公司由大股東吸收損失前，馬志玲、杜麗莊及其實質控制之人頭帳戶及投資公司共持有元大證券投資信託股份有限公司（以下簡稱元大投信）53.88%[4]之股權，元京證則持有元大投信20.72%之股權[5]。由此可知馬家於元大投信為具有絕對控制力之大股東，且元大投信之董事長馬維欣亦為馬志玲與杜麗莊之女。

---

[1] 附表一，摘自元大金控網站，http://www.yuanta.com/Chinese/AboutYuanta/A09/ 最後訪問日，2010年11月15日。

[2] 元大京華證券公司，94年年報。

[3] 台灣台北地方法院，98，金重訴，6，第2頁。

[4] 前揭註3，第3頁。

[5] 附表二，股權交易前控制關係簡圖。

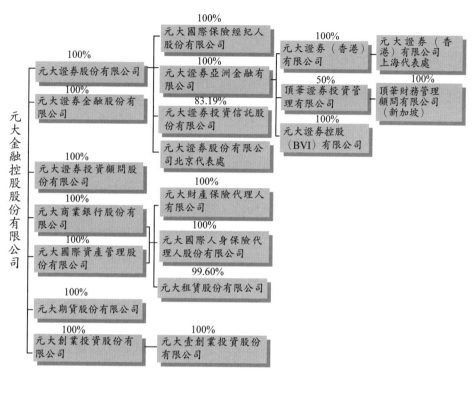

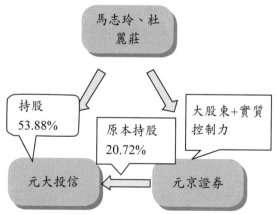

圖2-1 股權交易前控制關係簡圖

二、事件背景及契機

(一)結構式債券簡介

我國2001年至2004年期間，在低利率環境、股市交易低迷、國內債券型基金規模迅速成長及殖利率曲線陡峭等因素下，造就結構式債券的發行及投資環境。所稱結構式債券，係指票面利率條件為結構式之金融債或公司債，例如：反浮動債券（Inverse Floating-rate Note），區間計息式債券（Range Accrual Note）、交換利差型債券（CMS Spread Note，CMS為Constant Maturity Swap縮寫）等類型。簡言之結構債之票面利率係以一定連結標的為連動條件，如可與指數、股價、利率、或是貨物價格做正向或反向之連動，這也是結構債與一般債券最大的不同。由此可知結構債是一種金融商品，可用於避險操作，其性質與一般的債券迥然有異。

而所謂的反浮動利率債券，是指該發行債券之票面利率設為固定利率減去某一指標利率，且在設計上是和現行市場率呈反向變動，如當市場利率走低，投資人的收益會愈高，反之則愈低，本案所稱之結構式債券即指反浮動利率連結券。因此於2004年間美元利率走升時，本案之結構債因與美元利率反向連動，故票面利率大幅降低，基金淨值大幅下滑，又爆發債信危機使投資人大量贖回而有流動性風險之虞。

(二)聯合投信事件及金管會之行政指導

聯合投信於2004年所投資之債券型基金為何因鉅額虧損報發贖回潮，引信在於2004年6月博達事件發生後，國內債券型基金規模在當月份淨流出1,395億元，債券型基金成為市場上受博達事件影響衝擊最大的金融商品。

隔月衛道可轉換公司債之未償還債務餘額3.38億元未能兌現，造成投資人迅速贖回市面上持有可轉換公司債比例較高的債券型基金，一天之內債券型基金整體規模遭贖回74億。聯合投信因旗下「聯合雙盈債券基金」持有衛道可轉換公司債，一個月之內基金規模由60億調掉42億，而後恐慌性贖回潮越演越烈，聯合投信所經理三檔債券型基金共計被贖回114億

第二章　元惡大「監」──結構式債券的結構性問題　　31

元。

　　為何在博達案及衛道事件爆發後，聯合投信成為首位犧牲者？由於聯合投信之外資股東澳洲麥格理銀行，力主投資組合之價值應真實反應，且由基金受益人承擔損益。而非採取以往我國投信業者之作法：若持有地雷公司債時由債券基金轉給投信業者或大股東持有，以龐大的債券基金規模維持基金管理費收入以管理費抵銷認列的損失。外資股東採取真實反應投資組合價值的作法[6]雖立意良善，然其調整之際正是博達、衛道等公司債發生兌現危機時，投資人因此信心崩盤，贖回潮一發不可收拾。連日贖回的壓力下，現金流動部位不足使流動性風險大幅升高而暫停贖回，除波及聯合投信其他基金外，亦波及其他投信公司之基金，造成國內債券型基金全數面臨大規模贖回潮的考驗，甚至有造成系統性風險之虞。

　　因此在主管機關斡旋下，由富邦投信接管聯合投信旗下三檔債券型基金，日盛投信接管聯合投信旗下兩檔債券型基金。聯合投信並於2004年11月3日將全數股權100%轉讓予建華金融控股公司並更名為建華投信。

　　但債券型基金的流動性風險並未完全解除，為減少投資人損失並預防債券型基金流動性風險，金管會於2004年11月推動一系列相關措施如下：宣布投信公司處理結構式債券之「三大原則」：符合現行法令、不可讓基金受益人受損、及若有損失由投信股東自行吸收。

　　又為改善各投信公司所募集之債券型基金持有過多流動性低並與美元利率反向連動之結構債，因此類結構債將因美元利率走升（美元利率自93年中開始持續上升）而導致債息降低、基金淨值下降，之後可能導致投資人大量贖回、系統性風險危機。且中央銀行自2004年底起至2005年上半年止陸續公告調升貼放利率（於2004年12月31日、2005年3月25日、2005年7月1日分別調升半碼），導致前開結構債之本金價值下跌、基金淨值下降，亦可能加劇投資人大量贖回並且造長流動性風險危機之發生，金管會於2005年8月間要求各投信公司需於2005年12月底前將其旗下債券型基金所持有之結構債全數出清。

---

footnote[6] 從投信被迫處理結構債看主管機關對衍生性商品的監哩，林意耘，頁27。

三、股權交易部分

(一)股權交易之發動原因

聯合投信事件後,金管會之行政指導雖無強制力,然仍對投信業者產生一定事實上之規制,投信業者基於未來新金融商品之准駁及計劃操之於金管會,亦多遵循金管會之行政指導。元大投信總經理杜純琛(元京證董事長杜麗莊同父異母之胞弟)即轉告元大投信董事長馬維欣(創辦人馬志玲與元京證董事長杜麗莊女),由元大投信董事長馬維欣告知杜麗莊及馬志玲後,馬王二人雖認須由投信公司股東承擔龐大虧損並不合理,惟囿於當時債券型基金市場規模持續萎縮、系統性風險之市場緊張情勢依舊存在以及金管會穩定金融市場之政令指示,仍決定配合遵行主管機關之相關行政指導。

處理方式為先將元大投信公司旗下基金所持有結構債,全數按元大投信公司帳列成本價輾轉移出至馬家投資公司及馬家實際控制人頭帳戶,之後再處理分擔損失細節[7]。

於2005年5月間,因處理面額48億元之結構債,馬志玲、杜麗莊眼見馬家投資公司及馬家實質控制人頭帳戶因為持有元大投信公司53.88%之股權,就系爭48億元結構債之處理至少需分攤高達4.18億元(7.76×0.5388 = 4.18)之損失,元大投信公司小股東亦無分攤損失之意願,馬家投資公司、馬家實際控制人頭帳戶因而尚須承擔其他元大投信公司小股東所應承擔之損失。馬、杜二人為了將處理元大投信剩餘結構債而需分攤之損失轉嫁予元京證公司,意圖將元大投信之股權交易予元京證公司,使元京證因持股比例提高而需分擔較多損失,並以較高價格出讓其以馬家投資公司、馬家實際控制人頭帳戶持有之元大投信公司股權予元京證公司。

(二)交易過程之疑慮

首先杜麗莊向不知情之元京證總經理室執行副總經理李雅彬透露有意

---

[7] 前揭註3,第4頁。

出售元大投信公司股權之訊息，李雅彬乃指示總經理室經理張清棟於2005年5月提出評估報告交給李雅彬，再由李雅彬轉承張立秋，張立秋依作業程序交由財務部門之吳麗敏進行後續委託鑑價事宜。而吳麗敏向杜麗莊探詢後知悉馬家出讓元大投信股權之意願及願出售之價格，其明知元大投信持有大量結構債，亦知悉金管會以行政拍賣方式下達關於出清結構債損失之股東承擔原則，依當時情勢若由元京證買入元大投信之股權即有可能馬上面臨可預期之損失，但仍配合杜麗莊，以其意願之價格承買元大投信之股票。

　　而後李雅彬遂交由陳麒漳進行後續之委託鑑價等事宜，陳麒漳明知馬志玲、杜麗莊為元大投信之最大股東（無論是個人或是實質控制之公司），且元京證公司內部所欲提升之持股比例高達75%以上，此為典型關係人交易，亦牽扯龐大金額，仍交代元京證財務部不知情承辦人朱郁筌於2005年6月2日簽擬委由致遠國際財務顧問股份有限公司（現更名為安永財務管理諮詢服務股份有限公司）進行元大投信企業價值評估。

　　致遠人員根據元大投信2005年6月17日傳真之未來5年財務預測資料，及所蒐獲之近3年與近5年之市場投信公司（基金規模大於500億元者）股權買賣交易資料後，分別以市場比較法、現金流量折現法進行模擬計算，再依委任契約書所訂，於市場比較法中選擇近3年之數據後，得出元大投信每股46.83～55.95元之鑑價區間，並製成Draft版（判決書內稱甲版鑑價報告，本文從之）之企業評價報告，提交與吳麗敏討論。

　　但甲版鑑價報告採股價價值比較法、管理基金規模比較法鑑價時，因取樣樣本內基金規模500億元之傳山投信公司樣本不合取樣標準，經刪除此一不合取樣標準之樣本，甲版鑑價報告之鑑價區間若按致遠財顧公司原鑑價評估之方式計算，應調整為44.18～59.92元。此時吳麗敏違背職務，隱未將其所知金管會關於移出結構債之損失需由投信公司股東承擔之處理原則，及依當時之金融情勢，處理結構債極有可能發生損失等負面消息告知致遠財顧公司之承辦人員。反而向致遠財顧公司表示元京證公司並非首次購入元大投信公司股權，前次鑑價價格為每股100元，與系爭甲版鑑價報告鑑價區間差別極大等蘊含鑑價區間應再提高之訊息，致遠財顧公

司之承辦人員於言談間意會吳麗敏已與賣方就價格有所默契，即配合吳麗敏之暗示，改以其後元大投信公司2005年6月20日提供較為樂觀之未來五年財務預測資料，且由於取樣其間近五年之數據較為樂觀，故以近五年之市場投信公司規模、股權買賣交易資料加以模擬計算，並提出鑑價區間為每股60.35～72.71元之企業評價報告（下稱乙版鑑價報告，但乙版鑑價報告採股價價值比較法、管理基金規模比較法鑑價時，取樣亦包含不合取樣標準之傳山投信公司樣本，經刪除上開不合取樣標準之樣本，乙版鑑價報告之鑑價區間，以致遠財顧公司原鑑價評估之方式計算，鑑價區間應調整為60.35～75.74元），吳麗敏遂以乙版鑑價報告鑑價區間之下限（即每股60.35元）為基礎，扣除93年度應發放之每股股利3.35元後，向杜麗莊建議每股購價為57元，經馬志玲、杜麗莊同意後，即由不知情之元京證公司承辦人員於同年7月14日檢附上開總經理室評估報告、乙版鑑價報告、會計師出具之價格合理性意見書後，擬以每股57元之價格購買元大投信公司之股權，經張立秋、杜麗莊於同年月15日批核後，於同年月20日報送元京證公司審計委員會會前會、審計委員會通過提送董事會討論。

　　張立秋知悉元大投信公司持有結構債、金管會三大處理原則將對投信公司股東產生極大不利益等情事，其身兼元京證公司審計委員會委員與董事會董事，為應付其他審計委員會或董事會成員可能詢及處理結構債對元大投信公司未來發展及股權價值之可能影響，於2005年6月間要求奉命協助其處理結構債一事之陳麒漳針對處理結構式債券之相關經過，及對元大投信公司企業價值有無影響等情提出報告。陳麒漳乃指示不知情之元京證公司債券部協理麥煦書於2005年6月29日提出「元大投信處理結構債損益評估報告」，就已處理之系爭48億元結構債部分，記載「大股東自行吸收損失」；就待處理之其餘結構債部分，記載「現剩餘結構債133.5億元部分，計畫以購買國外高票面利率債券作為債券證券化之資產池，增強債券收益率，利用發行CBO方式處理，並由投資公司購買次順位債券，承受其信用風險」，做出「目前元大投信結構債處理已達51%，剩餘部分計劃以發行CBO方式處理，若CBO於2005年12月順利發行，元大投信之結構債券將處理完畢，因此元大投信公司之結構債損益對其公司價值應無減損

之虞」之結論，並送與杜麗莊收執[8]。

於2005年7月間，元京證公司就前開增購元大投信公司股權之議案召開審計委員會（召開時間為2005年7月20日）及董事會（召開時間為2005年7月28日）時，張立秋、陳麒漳、林明義、吳麗敏於報告增購元大投信公司股權議案之際，故意隱匿金管會關於移出結構債之損失需由投信公司股東承擔等處理原則，及元京證公司可能因此次增購之元大投信公司股權而增加分攤損失之比例，且依當時之金融情勢，處理結構債極有可能發生損失等足以降低元大投信股價之訊息，亦未提及致遠財顧公司另製有鑑價區間較低之甲版鑑價報告之情事，並報告：已處理之結構債沒有損失，而未處理之結構債，未來發行CBO，即無損失（僅吳麗敏於提出上開報告時對於已處理之48億元結構債產生約7.76億元損失部分並不知情）。

張立秋、陳麒漳、林明義於董事會及審計委員會隱匿結構債處理之損失及股東會之處理原則，並於吳麗敏報告時亦無反駁或另行陳述，使元京證公司其餘董事陷於錯誤而作成決議：以每股57元、在增購總價額不超過23億元之範圍內購入元大投信公司股權，增購股權之各事項授權董事長全權處理。

此次股權交易除溢價部分外，另使元京證公司對於元大投信公司之股權自20.72%提高至83.19%，並以此持股比例分攤之後處理結構債所生之損失，造成元京證公司約7.6億元之損害。

(三)股權交易之損害

元京證公司於2005年9月5日交割購入元大投信公司股權合計3868萬8481股（購入之股份包含馬家投資公司及馬家實質控制人頭帳戶所持有元大投信53.88%之股權及其餘小股東所持有之元大投信公司股權，但馬家之交易比例占此次交易總金額之88.96%），使元京證公司對於元大投信公司之股權自20.72%提高至83.19%[9]，並以此持股比例分攤處理結構債

---

[8]　前揭註3，第7頁。

[9]　附表三，股權交易前後持股比例比較圖。

所生之損失。造成元京證公司大約7.6億之損害[10]，馬志玲、杜麗莊並因而取得股權溢價之3.2億元[11]及無須分攤處理結構債所產生之4.4億元不法所得，本案第一審法院認為違反證券交易法第171條第1項第1款（同法第20條第1項）、第3款、第2項之證券詐欺。

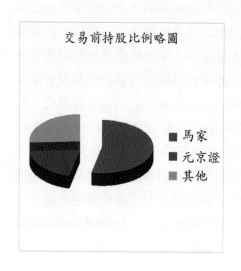
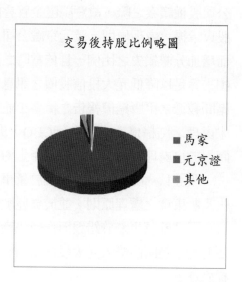

圖2-2

(四)金管會之介入使損失降低

但本案於2006年經金管會檢查局進行業務檢查時，發現上述增購股權以致元京證公司就87.5億元結構債分攤損失比例提高及低賣高買交易、涉嫌進行非常規債券買賣及股權移轉交易等行為，經張立秋、陳麒漳於2006年4月13日前往金管會說明並帶回金管會檢查局承辦人員相關意見予杜麗莊後，始將元京證公司就87.5億元結構債損失分攤比例由83.19%調降至增

---

[10] 前揭註3，判決書內附表一。

[11] 法院以上述調整之甲版鑑價報告每股44.18～59.92為區間，取其平均數每股52.05元為基準，扣除元大當年度股利3元，認每股實際出價應以48.7元計。損害計算公式為（溢價－實際出價）×所售股數＝馬家不法所得。

購元大投信公司股權前之持股比例20.72%。

　　依據結構債損失確定產生之金額、時間及元京證公司於損失發生時之持股比例計算，48億元結構債及87.5億元結構債之處理損失合計為13億9898萬5616元，以元京證公司於損失確定時之持股比例計算（亦即48億元結構債之損失確定時之持股比例20.72%，87.5億元結構債之損失確定時之持股比例為83.19%），元京證公司於股權交易後就48億元結構債及87.5億元結構債之處理損失應分攤6億7889萬5784元。於金管會介入前，元京證公司就本案結構債分攤損失之金額達6億73萬1054元，於金管會介入後，元京證公司就本案結構債分擔損失之金額降低至2億3564萬4564元。

四、債券交易部分

(一)先低賣再高買[12]

　　元京證公司就元大投信公司所持有結構債所應為之分攤損失應認列轉投資業外損失，杜麗莊、張立秋、陳麒漳及林明義將元京證公司應認列業外損失之損失部分隱藏在元京證公司例行營業債券交易內，並矇蔽其餘不知情董事對於轉投資損失認列之監督，自2005年8月23日起至2006年1月18日止，由陳麒漳、林明義統合元京證公司債券部、馬家投資公司及馬家實際控制人頭帳戶，經陳麒漳指定擬進行債券交易之日期、券種、面額、成交價格、預計損益及林明義告知可配合之馬家投資公司或馬家實際控制人頭帳戶等細節，配合倒推殖利率與計算所欲產生之價差、損益後，再下單完成交易，連續以例行營業債券交易之型態，故意低賣高買之方式，將元京證公司分攤損失部分之款項交付業已事先承擔所有損失之馬家投資公司、馬家實際控制人頭帳戶，以達馬家規避損失之目的，並用以隱匿元京證公司所分攤之損失，使元京證公司之財務報表發生營業外支出項下之支出減少、所示債券成本增加之不實結果。詳述如下：

　　由判決書附表可知，首先由元京證公司債券部與馬志玲、杜麗莊所實

---

[12] 附表四，低賣高買示意圖。

質控制之聯達公司、久大公司與瑞通財顧公司,於2005年8月23及同年月31日,承作5筆與本案結構債無關之其他結構式債券買賣斷交易。並由元京證公司先以低價將結構式債券賣斷予聯達等3家公司,嗣再由元京證公司以較高價格向聯達等3家公司買回之低賣高買方式製造價差,使元京證公司為不利益之交易,致聯達公司、久大公司與瑞通財顧公司共計獲利約3027萬5450元之價差。

元京證公司債券部與由馬志玲、杜麗莊所實質控制之個人戶顏東山、李莞香、黃顯榮、蘇明利、柯文傑與許吳秀金等人,於2005年9月23日、26日、27日與28日間,承作公債買賣斷當沖交易。並由元京證公司先以低價將公債賣斷予顏東山等人。再由元京證公司以較高價格向顏東山等人買回之低賣高買方式製造價差,使元京證公司為不利益之交易。致馬志玲、杜麗莊等得以實質控制帳戶顏東山等6人獲利合計約405萬273元。

其他債券部分則由元京證公司債券部於2005年10月14日及2006年1月16日,分別向由杜麗莊、馬志玲所實質控制之匯東公司及久大公司,以2.2%、2.5%之利率買進票面利率為2.7%之台新金控公司債。使元京證公司為不利益之交易,致匯東公司與久大公司分別獲利1,273萬4874元及933萬9,956元。

本案除48億元結構債之外,尚有另一筆87.5億元之結構債交易,元京證公司與騰達公司於95年1月18日就系爭87.5億元結構債交易,由元京證公司分擔2751萬5082元之損失,並將相關款項支付與馬家投資公司。

本案事實－非常規交易部分(1)

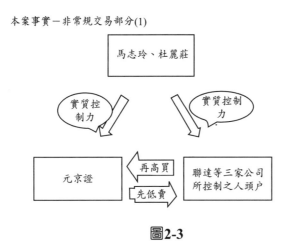

圖2-3

(二)人為作價[13]

此部分馬志玲、杜麗莊雖明知元京證公司就分攤處理元大投信公司所持有結構債損失應認列轉投資業外損失，但為了將元京證公司上開認列業外損失之部分隱藏在元京證公司例行營業債券交易範圍內，並避免董事會其餘不知情董事對於轉投資損失認列之監督、增加騰達公司融資額度及使系爭87.5億元結構債不列掛在元京證公司2005年度之財務報表，遂連續於2005年12月27日、同年月28日、同年月29日以例行營業債券交易型態，故意來回低賣高買再高賣並進行RS附賣回交易之方式，將應由元京證公司分攤損失部分之款項交付業已事先承擔所有損失之馬家投資公司即騰達公司、系爭87.5億元結構債掛騰達公司帳上以達上開目的，並用以隱匿上開元京證公司就系爭87.5億元結構債所分攤之損失5億1681萬零918元，詳述如下：

2005年9月29、30日元京證先提供資金予馬志玲、杜麗莊實質掌控之騰達公司，以債券100元價格買入元大投信旗下之元大多利、元大多利二號與元大萬泰等三檔總計87.5億結構式債券。

---

[13] 附表五，交易流程略圖。

　　2005年12月5～8日，附賣回交易（RS）之第一步由元京證公司債券部以發行債券資產證券化受益憑證（CBO）方式處理結構式債券為理由，以市價89.8708～94.9201，平均價格93.1129元購入上開總計87.5億元之結構式債券，然後又旋藉市況改變為由，取消原發行CBO之計畫。元京證公司因本交易所應支付之價款，與騰達公司因上述交易中止而須返還之款項相抵，相抵差額部分即上述87.5億元結構債移出基金之帳列成本價，扣除本交易以是價交易之價格，差額5億9662萬1432元及此段期間騰達公司因RS交易支付之利息2611萬9028元，合計6億2274萬460元，由騰達公司以現金支付予元京證，法院認定此筆騰達公司以現金支付予元京證公司之款項，即為吳林敏94年12月27日簽呈所指87.5億元結構債之損失金額6.22億元。

　　再來由吳麗敏先與曾鴻展、林明義共同配合，於2005年12月27日由元京證公司債券部將上開87.5億元之結構式債券以債券百元價格88.9923元至94.0417元不等之價格賣斷予騰達公司，騰達公司因係以87.5億元結構債與元京證公司為RS附賣回交易，交易總價為80億8009萬9995元（含債息），騰達公司無需另行支付價款。致元京證公司因高買低賣之不合營業常規交易發生8,000萬349元損失。

　　最後吳麗敏、曾鴻展於2005年12月28日以人為作價方式大幅拉抬該批87.5億元結構式債券價格，再由元京證公司債券部向騰達公司改以債券百元價格97.123元至99.0805元不等之價格買進前揭87.5億元之構式債券。元京證公司因本交易應支付之價款與騰達公司因上一RS附賣回交易終止而須返還之款項相抵，相抵差額即上一交易價與本交易價之差額，扣除此段期間騰達公司因RS交易所應支付之利息，由元京證公司支付5億1681萬918元，致騰達公司因元京證公司債券部不合營業常規之低賣高買行為而獲利約5.17億元，法院認此筆元京證公司以現金支付與騰達公司之款項即為吳麗敏94年12月27日簽呈所指元京證公司揉持股比例83.19%應分擔本案87.5億元結蓋債之5.17億損失。

　　經營階層為免影響財報，暫時將該筆結構債掛帳於騰達，於2005年12月29日按同年月28日之價格回賣予騰達，騰達公司以本案87.5億元結構

債與元京證公司為RS交易，騰達公司無需另行支付價款。

2006年1月18日元京證以99.5元之市價向騰達買入87.5億中大約20億結構債，同樣元京證公司因本交易應支付與騰達公司之價款，因與上一RS交易終止而須返還之款項相抵，相抵差額即上一交易價與本交易價之差額，由元京證支付現金2751萬5082元予騰達公司。法院認為此交易元京證所交付予騰達之現金係用以分擔吳麗敏2005年8月22日簽呈所指元京證公司按持股比例20.72%分擔本案48億元結構債損失部分。

由於87.5億元中尚有約67.5億仍在騰達公司帳上，故於2006年5月19～23日，騰達公司以市價89.7724～95.6112元，總交易金額63億459萬7099元。本交易亦因附賣回交易而與前前次交易須返還之款項相抵，由騰達公司支付現金3億6508萬6490元與元京證公司，法院認此為吳麗敏與2006年4月25日簽呈改以20.72%比例分擔本案87.5億元結構債損失後所為回補之交易。

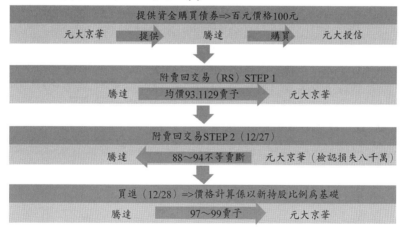

圖2-5

(三)債券交易之評價

馬志玲、杜麗莊、張立秋及陳麒漳均明知元京證公司就分攤處理元大投信公司所持有結構債損失應認列轉投資業外損失，為將元京證公司上開認列之業外損失隱藏在元京證公司例行營業債券交易內及矇蔽董事會其餘不知情董事對於轉投資損失認列之監督，增加騰達公司融資額度及使系爭48億元與87.5億元結構債不列掛在元京證公司2005年度之財務報表上等目的，以例行營業債券交易故意低賣高買之方式，將應由元京證公司分攤損失部分之款項交付業已事先承擔所有損失之馬家投資公司、馬家實際控制人頭帳戶以達上開目的，並用應隱匿上開元京證公司分攤損失（就系爭48億元結構債分擔損失8392萬136元、就系爭87.5億元結構債分攤損失5億1681萬918元）。將明知不實之事項填製會計憑證、記入帳冊及利用不正當方法致使財務報表發生不實結果。

本案法院認為債券交易之目的係隱藏元京證就結構債所分擔之損失，使損失不致出現於元京證財報上並提高騰達公司融資額度等目的，除前述已因股權交易而使元京證多分攤之損失外，並無造成元京證其他財務上之損害，本行為所犯法條系商業會計法第71條第1款、第5款之明知不實事項填製會計憑證、記入帳冊、使財務報表發生不實結果罪。

參、法律爭點分析

一、三大處理原則之正當性

(一)法院見解

金管會為避免結構債淨值持續下跌，使投資人大量贖回引法流動性風險，進而造成金融產業之流動性危機，結構債專案處理小組以行政指導之方式頒布三項處理原則。

第一項是如果有損失不可由投資人賠，此係肇因聯合投信事件由投資人承擔損失，使投資人信心崩潰，並導致所有債券型基金被贖回之。

第二項就是若有損失由投信公司股東承擔損失，原因在於債券型基金不能投資衍生性商品，結構型商品也不是有價證券，只有絕小部分基金再委託書上載明可買連動債，基金由投資人付費讓專業經理人管理財產，所以專業經理人必須盡善良管理人責任，但基金經理人卻以投資人所委託之資金購買本不可購買之結構債，造成結構債成為債券型基金最大的問題。且結構債購入時除以成本計價，有的甚至把價格調更高，並未以公平價值計算，因此導致投資大眾加入，使基金規模變大，管理費收益、投信公司股東稅前稅後盈餘因而增加，債券型基金讓投信公司（包含投信公司股東）獲利頗豐，如果有虧損亦應由投信公司股東賠，此係基於契約責任之要求。

第三是處理過程中不可違法，這是因為金融業商品繁雜，方法很多，並沒有辦法條列式要如何做，只能設立原則，而金融業本來法令、規則就很多，所以只要不要違反既定法令即可，是以法院認為金管會三大處理原則確具有其正當合理性。

(二)不同意見

金融監理本有其高度技術性及高度複雜性，並且因金融情勢影響國計民生甚鉅，政府之監理措施自凱因斯學派蓬勃發展以來即扮演重要角色。但於依法行政角度而言，若以行政指導之方式為之，不免因行政指導行為在形式上不要式而有形式上的高度不確定性，且可能因無行為法之法源依據，而使行政指導內容上及實質上之亦高度不確定，造成對人民而言具有雙重的不確定性及不可預測之虞。本案於金管會以三大原則為行政指導之內容時，不論後續投信公司處理情形如何，若遵從勢必造成鉅額損失，無疑是對人民財產法益之侵害。若謂行政指導不具強制性，而投信業者可不必遵從，此無疑為象牙塔內之言，金管會於法院作證時亦自承若投信業者不遵從將影響其日後新基金發行之額度及核准情形，而日後新基金之發行與核准，與本案間是否具有內在合理之關聯，而無違行政法上不當連結禁

止原則亦為值得法院探究之處，本案判決僅就金管會措施之正當性論述似有不足。

　　本文認為以舊基金之監理配合程度影響新基金之發行，若基於金融市場的高度專業性及高度不確定性，且為避免贖回風潮造成流動性風險過大，於金融監理政策上仍為一合理且具有相當程度關聯之決策。然本案造成元大投信股東即人民鉅額之損失，侵害財產法益甚鉅，以行政指導之方式為之仍有未洽之處，且為有法源依據，日後應於新基金之核准處分中以附加但書或條件之方式，說明金管會若為重大公益之需要而有為若干措施或作為等監理行為之可能，以使人民對其監理行為有一定之預見可能性，使人民得安措其手足。

二、股權交易部分

(一)法律爭點概述

　　本案例元大投信與元京證皆為由馬家實質掌控之公司，股權相對集中，主要代理成本集中於控制股東與非控制股東之間，此亦屬我國上市上櫃公司之典型「垂直代理成本」問題，而非控制股東與經理人間之「水平代理成本」問題。本案中之交易不論是股權交易亦或是債券交易，型態皆為控制股東、董事與公司間之交易，為典型之關係人交易（related party transaction）。本案股權交易部分首先應探討元大「精神領袖」馬志玲所扮演之角色是否即為影子董事或控制股東，應如何課與其責任。再者探討關係人交易之相關問題，如其存在價值為何，我國公司法制目前所採取之立場，若參酌外國立法例我國法制有何待改進之處，關係人交易與商業判斷法則之關係，最後探討獨立專家及董事於關係人交易中之忠實義務標準。

(二)控制股東與影子董事

1.本案概述

　　本案第一審法院認定馬志玲係杜麗莊之配偶、元京證公司創辦人及精

神領袖[14]，但僅憑如此雖可於刑事責任部分以刑法第31條第1項、第28條規定無特定身分之人與有特定身分之人共犯因身分或其他特定關係成立之罪，以共同正犯論斷。但民事責任部分則因其非董事，監察人或經理人而有身分上之疑義，且本案屬典型家族企業，第一代創業者馬志玲縱然退居幕後，但仍「垂簾聽政」而有一定影響力，於我國社會亦為一習以為常並普遍接受之事，造成有權無責之現象[15]。

在我國商業實務操作上，上市公司家族企業為有效規避法律責任或提升集團經營彈性，其投資規畫通常包含四層面[16]，一是家族內之父母子女或配偶，第二層是以家族個人投資設立掌控之投資公司，第三層是上市營運公司，藉由與該上市公司之交易往來進行資源移轉互通有無，第四層是以上市公司資源設立基金會或長期股權投資等，並以交叉持股、個人投資、創造出綿密複雜的組織控制關係。本案例明顯以馬志玲及杜麗莊夫婦及馬家子女為第一層主體，而第二層則係騰達、聯達等實質掌控之投資公司，元大投信雖非個人投資但因馬家持有過半數之股權並實際為公司經營階層固亦為其實質掌控之公司，第三層上市營運公司即為元京證，並且於本案藉由股權交易、債券交易等關係人交易形式圖謀其個人因股權交易所產生之利益即以債券交易之方式圖利其所實際掌控之騰達等投資公司。

針對此種形式上並非公司董事或經理人等公司負責人，但卻對公司有實質上的影響力及控制力之人，美國法上以「控制股東」（controlling shareholder）稱之，英國則以影子董事（shadow director）概念解決具有實質影響控制力量之人規避公司治理相關責任追究之問題。以下分就控制股東及影子董事概念介紹之。

2.美國法上之控制股東

因為課予控制股東類似董事忠實義務之關鍵並不在其持有股份之

---

[14] 前揭註3，第二頁。

[15] 參見方嘉麟，關係企業專章管制力濫用之法律問題(一)──自我國傳統監控模式論專章設計之架構與缺憾，政大法學評論第63期，頁311，2000年6月。

[16] 萬文娟，透是富邦集團關係人交易玄機，商業週刊，813期，2003年6月13日。

多寡，而係控制股東於一般股東與董事間創造出一個事實上代理的關係（defactoagency relationship），並且使公司董事會多數喪失其作為公司董事之獨立性，故有學者認為若以明確的持股百分比作為認定是否屬控制股東並非妥當立法，而應個案判斷[17]。其並援引美國法律協會之定義「不論經由擁有投票權、契約或其他關係而可直接或間接對公司之經營或政策，或對自然人之行為具有行使控制性之影響」為控制股東控制力之定義。本文以為於我國家父長制、家族企業仍佔上市公司一定比例之情況，且以人頭方式持股盛行之情況下，不以股權比例為僵化判斷標準而以個案判斷應為較佳防止公司幕後控制股東規避董事忠實義務（fiduciary duty）及公司負責人責任之判準。

但控制股東之忠實義務與董事忠實義務仍有不同。首先單純持有較多的股份或對公司、公司董事會、公司經營者具有控制性影響力並不當然使該股東對公司或其他小股東負有忠實義務，惟有該股東行使控制力時方產生忠實義務[18]。又股東係財產的所有權人，公司董事係公司委任之代理人，董事忠實義務之違反可能因積極作為或消極不作為所致，但控制股東並無採取積極作為最大化股東財富之義務，僅要求其不可以不正或不公之方式行使其控制力，並非禁止其為一切利益衝突之行為，但要求該控制股東於進行利益衝突之交易時需一併考量公司及少數股東之利益[19]。

3.英國法上之影子董事

英國法上之影子董事（shadow director）或幕後董事，其認定標準為[20]影子董事實際指示這些法律上董事執行公司業務，且該法律上的董事的確依照其指示而執行公司業務，且該法律上董事已將遵照該幕後董事命

---

[17] 張心悌，控制股東與關係人交易，台灣本土法學雜誌，101期特刊，頁85，2007年12月。

[18] 劉連煜，關係人交易與控制股東之義務，公司法理論與判決研究（四），2006年4月，頁197-198。

[19] 前揭註18，頁6。

[20] See Caroline M Hague, ANALYSIS: Directors: De Jure, De Facto, or Shadow?, 28 Hong Kong L. J. 304, at 307-308 (1998).

令及指示行為當成慣例。簡言之影子董事於形式上及法律上並非公司董事，對外亦不以董事稱之，但卻對董事擁有實質上的控制力及影響力，不必以隱密且不為人知為要件，如我國盛行之「精神領袖」、「總裁」等稱呼即非以隱密之方式對公司擁有實質之掌控力。

　　但英國法院判決對於影子董事的責任性質採間接責任之看法[21]，認為影子董事係透過操縱影響法律上董事以控制公司事務，對公司的影響力為間接性質，其責任係衍生於該被操縱之法律上董事，故影子董事所應負之責任為間接責任，且對公司之義務為局部性而非全面性，除法律明文規定外，僅在其直接介入取得管理公司資產之權利或以詐欺方式惡意取得公司資產之情況下方受普通法規則與衡平法則的拘束。

4.本案評析

　　本案馬志玲之角色為控制股東或影子董事，於上述定義下似應視其所影響之對象或其身分。本文以為控制股東與影子董事定義上之差別除是否為持有一定股份之大股東外，重點在於其所影響之人是否為董事，若採英美法上影子董事之定義，似乎將使其所實質影響之對象限於董事，而本案馬志玲所影響之對象除董事長杜麗莊外亦有其他元大投信及元京證之高階經理人，其於本案扮演之角色似應較接近於控制股東此一概念。又我國若欲引進此一概念，應可將兩種類型分列而出，因我國目前公司治理實務仍偏向家族企業，且受華人傳統家父長制觀念影響甚深，若僅採控制股東定義可能使未完全有任何持股或持股少量之股東，憑其事實上影響力而可對公司行使一定程度之控制力，若僅採控制股東觀念似有不足。又若僅以英國法上之影子董事為定義，可能因我國非完全之董事優先主義（director primacy）而使幕後之人可藉由影響高階經理人，以其控制地位行使控制力。故可考慮以具有一定控制地位但不以具有大股東身分為要件，又具有實質影響公司內部決策之影響力，並以積極行為行使該影響力為妥善定義。

---

[21] 郭大維，公司經營者的魁儡遊戲——論公司治理下的幕後董事規範問題，月旦法學雜誌184期，2010年9月，頁17。

(三)股權增購之原因

1.法院看法

本案法院認為元京證增購元大投信股權之緣起係由馬志玲透過杜麗莊向李雅彬釋出有意出售股權之訊息，且馬志玲、杜麗莊係為圖將馬家投資公司、馬家實質控制人頭戶就元大投信處理結構債所需分攤之損失轉嫁與元京證，始願出售元大投信股權與元京證。原因析述如下：

2005年6月間復華金控公司股東常會改選董監事，但元大並未取得過半數之董事席次，是否能順利推動元京證公司與復華金控公司之合併案，仍非定論。且事後復華金控公司董事會確因遲遲無法決議通過合併案，導致元大於2006年6月底復華金控公司股東常會通過召開股東臨時會改選所有董監事，法院對元京證增購元大投信公司股權，是否係基於復華金控公司與元京證公司合併在即，依據證券投資信託事業管理規則第6條第1項至第3項[22]之規定，僅能保留一投信公司之考慮，持懷疑態度。

法條中並未提及需以何種方式調整，亦未提及應如何在二證券投資信託事業中作選擇。就本案而言，法院認為即便元京證與復華金控完成合併後，造成合併後之權利主體同時持有元大投信20.72%之股權及金復華投信公司100%之股權，依據證券投資信託事業管理規則第6條僅能保留一投信公司，合併後之權利主體亦可以出售金復華投信公司之方式來加以調整。況元大投信之營運前景、獲利能力若均如被告答辯超出金復華投信公

---

[22] 第一項

　　證券投資信託事業之董事、監察人或持有已發行股份總數百分之五以上之股東，不得兼為其他。

　　證券投資信託事業之持有已發行股份總數百分之五以上之股東。

　　第二項

　　與證券投資信託事業之董事、監察人或持有已發行股份總數百分之五以上之股東，具有公司法。

　　第六章之一所定關係企業之關係者，不得擔任其他證券投資信託事業之董事、監察人或持有已發行股份總數百分之五以上之股東。

　　第三項

　　因合併致違反前二項規定者，應自合併之日起一年內，調整至符合規定。

司甚多，亦難想像合併後之權利主體會因持有金復華投信公司股權較多而選擇將顯較有獲利能力之元大投信股權加以處分之不智之舉，是法院認為本案尚難認元京證有因合併在即而有增購元大投信公司之必要性及急迫性。

最後法院認為48億元結構債於94年5月中旬即已確認損失約7.76億元，並由林明義透過馬維欣向馬志玲、吳麗敏向杜麗莊報告上情，且馬維欣向馬志玲表示其餘小股東不願分攤損失。若元大投信確實如被告所述有極佳之營運前景及獲利能力，則馬志玲與杜麗莊豈有可能輕易割愛？

因此法院認為本案增購股權之緣起，係馬志玲透過杜麗莊向李雅彬釋出有意出售股權之訊息，且馬志玲、杜麗莊係意圖將馬家投資公司、馬家實質控制人頭戶就元大投信處理結構債所需分攤之損失轉嫁予元京證，始願出售元大投信股權予元京證。

2.本文見解

關於法院上述論證，本文以為元京證與復華金控之合併案雖非定論，然商業經營講求時效與先機，企業併購牽涉往後布局，若待合併完全定案方才收購重要資產或公司可能已時不我予，故以元京證與復華金控尚未確定合併論斷元京證收購元大投信非基於商業經營決策所為之裁量判斷，似有未考慮現實商業活動中，企業經營者為搶得先機而常有干冒風險之可能。且關於元大投信併購復華金控後，投信業之董監大股東不得兼為他投信之大股東等規範，法院認若元大投信優於復華金控則馬志玲、杜麗莊應出售元大投信股票而非屆時再出售金復華投信公司股票，本文以為基於上述考量，馬志玲、杜麗莊身為元京證大股東及董事，自可能抗辯其係為元京證之利益希望留有如其所述體質較佳之元大投信股票予元金證。本文以為真正可論斷增購股權不利於元京證之原因在於結構債損失之分攤已有定論，若馬志玲杜麗莊係為元京證之利益而為股權交易，當無動機於元大投信正值分攤結構債損失時為之，且之後意圖謀由元京證以股權交易後之比例分攤結構債損失之行為，可證縱其股權交易之目的非為圖謀使元京證分但其損失，亦因此行為使元京證受有損失，使馬家受有不必分攤損失之利益，已難可謂其係基於正當商業判斷所為之決策。

(四)商業判斷法則

本案是否可用以抗辯元京證增購元大投信股權之原因及股票價格之認定係基於商業經營判斷所為之決策，法院不應置喙。於回答上述問題之前首應釐清商業判斷法則（business judgmen trule）之內涵及適用前提與其效果，方可正確適用此一美國比較法經由判例所建構出之原則，以建構關係人交易時董事之義務內涵及舉證責任。

1.商業判斷法則概述

商業判斷法則之背景係因現代企業追求管理及經營上的積極創新，與股東財富之最大化且商業經營本有其風險，為使董事會之成員可積極為公司之最大利益為商業商經營判斷，而應廣泛賦予無利害關係之董事更廣泛的商業判斷裁量權，而非由法院判斷其事後的成敗[23]，因為法院並非良好的經營者且若無商業經營判斷法則之適用，將造成董事成為一風險趨避之經營者，而無法從事積極進取之商業活動以達成股東價值最大化之目標[24]。

2.商業判斷法則內涵

商業判斷法則並非為保護董事脫免其經營責任而設，賦予董事經營判斷裁量權目的係為使公司商業活動活絡以達股份價值最大化之目標，故商業經營判斷法則於美國德拉瓦州之判例上亦有其適用前提，以Smith v. Van Gorkom、Unocal Corp. v. Mesa Petroleum Co.等案為例[25]，若董事於商業經營決策時自身與公司間並無利益衝突，基於充足資訊且係基於善意即已盡注意義務亦未濫用裁量權而做出該決策，則可適用商業判斷法則，推定董事已盡注意義務（duty of care），需由原告舉證董事違反忠實義務（fiduciary）。簡言之董事於無利益衝突且善意所做成之商業判斷，其產

---

[23] See Robert W. Hamilton, The Law of Corporations, at 453-455 (2000).

[24] See STEPHEN M. BAIN BRIDGE, THE NEW CORPORATE GOVERNAN CEINTHEORYANDPRACTICE 107-108 (2008).

[25] 488A. 2d858 (Del. 1985).、Unocal Corp. v. Mesa Petroleum Co., 493 A. 2d946 (Del. 1985).

生之風險不應事後由董事承擔，亦不應事後由法院判斷其決策之良莠，除非股東可舉出董事違反其他忠實義務內涵之行為，否則應由公司全體股東承擔經營決策之風險，商業經營判斷法則係提供董事於若干條件，可免於法院對其決策為高密度審查之司法審查標準，而非行為標準。若董事所為決策之情形不合於商業經營判斷法則之要件，即此推定被原告推翻時（如董事具有利益衝突），法院此時將可以更高密度之審查標準審究系爭交易之公平性，並由董事舉證證明該交易之公平性。

3.商業判斷法則於我國實務之發展

　　商業判斷法則於我國實務上亦有援用[26]，但我國法院於該案例中認為若符合商業經營判斷法則則推定董事已盡注意義務，但卻認為若不符合商業經營判斷法則——即經由原告舉證董事為利害關係人且未能慎選查證交易對象時，即違反商業經營判斷法則而未盡注意義務。然若我國係引進比較法上即德拉瓦州之商業經營判斷法則（business judgment rule）則不能不注意其商業經營判斷法則所產生之效果，於德拉瓦州法院之立場而言，商業經營判斷法則係作為一實質審查之標準，董事為商業經營決策時若符合商業經營判斷法則，則法院僅形式上審查董事是否已盡忠實義務，亦可謂董事被推定已善盡忠實義務中之注意義務。若不符合商業經營判斷法則，此時董事所為之交易無商業經營判斷法則之保護，可由法院以公平原則審酌其公平性，並由董事負舉證責任[27]，雖另有學者認為若符合商業經營判斷法則則法院即應戒決審查[28]，不應以商業經營判斷法則作為是否實質審查之標準。但皆非如我國法院所認定，董事因具有利益衝突而不符合商業經營判斷法則之適用時，即被推定為違反董事注意義務或忠實義務，我國實務之判決似乎仍有值得釐清之處。且若採實務看法將導致關係人交易被完全禁絕，此是否合乎關係企業間集團經營之綜效即不無疑問，且由

---

[26] 最高法院93年度重訴字144號民事判決。

[27] See Aronson v. Lewis, 473A. 2d805, 813 (Del. 1984).

[28] See Stephen M. Bainbridge, The Business Judgment Ruleas Abstention Doctrine, 57 VAND. L. REV. 83, 87 (2004).

我國公司法第369條之4，控制公司於直接或間接使從屬公司為不合營業常規或其他不利益之經營時，未於會計年度終了時對從屬公司為適當補償時方負賠償責任可知，我國公司法並無完全戒絕關係人交易之意。故若引進商業經營判斷法則反致公司董事因利害衝突即被推定未盡忠實義務，則完全無法達到上述商業經營判斷法則為股東之股份價值最大化而鼓勵公司董事勇於任事積極進取之意。

　　若參酌前述比較法上之見解，本案杜麗莊為元京證之董事長，亦同時為元大投信之大股東，於元京證向元大投信之股東為股權交易時，明顯與元京證之利害相反，與元京證公司有利益衝突，此雖為具有利益衝突之關係人交易，但並非如我國法院於前揭案例所指，不符合商業判斷法則之適用前提即違反忠實義務，甚至亦非無商業判斷法則適用之可能性[29]，縱然無商業經營判斷法則之適用，仍由法院依公平原則審視其是否符合公平交易（fair dealing）及公平價格（fair price）之實質公平原則。

(五)未上市股票價格之認定

1.認定方法

　　上市股票之價格因有相當程度公開透明的市價作為基礎，且具有相對健全之流通市場而有高度流通性，其股份價格可於相當時點內為一定程度之評價。但若僅公開發行然無上市上櫃之股份有限公司，其股份因無健全流通市場致估價及流通均有一定事實上難度。於關係人交易之情形時，股份價格之認定亦常為爭點所在。本案元大投信為一公開發行公司但無上市亦無上櫃，其股份之價格即面臨上述價格認定困難且缺乏健全流通市場之問題，以致產生股份價格認定之困難，而產生元京證是否溢價購買，因而圖利元大投信之大股東而致元京證公司受有損害之爭議。

　　未上市股票價格之爭議於我國法院實務已有相關探討，如喧騰一時之

---

[29] 美國德拉瓦州公司法第144條就董事或利害關係人之自我交易設有安全港（safe harbor）之規定，詳見後述。

華隆案[30]即因公司董事是否將華隆所持有，未上市但申請上市中之國華人壽股票低價出售於己，而引發國華人壽股票價值判斷之爭議。華隆案股份買賣部分，第一、二審判決均認此部分無罪，其所持理由主要為截至民國78年底計算，國華人壽每股淨值為122.86元，且依據財政部之稅務法令，本案所牽涉之股票為未上市股票，稅法上應以淨值計算其價值[31]，該案中華隆公司以每股120元售出予被告並無顯不相當之低價。最高法院舉土地公告現值於我國普遍而言嚴重偏低為例，認為稅務法規上之時價判定方法係基於稅法上實質課稅之目的，不能作為認定市場價格之標準，應參酌相近時期關係人以外之第三人實際交易價格及洽談之交易價格，不能證明本案所出售之價格顯屬不相當之低價，於股權買賣部分不足證其有背信之情形。

　　關於未上市股票價格之認定，有學者[32]贊同最高法院之意見，認為「資產淨值法」係用於計算納稅人所應繳納之合理稅捐，重點非在估算股份之價格，且認定股價之標準與土地公告現值、公告地價相同，均有顯較市價偏低之情況，故不足以單獨作為未上市股份合理價格認定之標準。又其雖贊同最高法院以相同時期與關係人以外之第三人買賣之相當售價作為認定標準，但建議應剔除不具參考價值之小額交易價格，以免有人為作價之情形發生。其又認為可參酌證券主管機關制頒之「股票承銷價格注意事項」試算承銷價格所參考之公式所計算出之股票價格，並兼採證券公司之建議另以同類上市公司過去四年平均本益比法打六折計算之還原股價作為認定依據，作為一客觀參考標準。

---

[30] 最高法院93年度台上1603判決。

[31] 但此見解於稅務案件上已有最高行政法院認為仍應參酌同時期相當交易量及其他客觀因素，不應單純以每股淨值判斷其價格認定，如最高行政法院89年度判字1805號判決。且資產淨值的計算方是以非早期資產減去負債之單純作法，以「遺產及贈與稅法施行細則第29條」為例，其對未上市股票資產淨值之認定係包括土地等資產重估之價值在內。

[32] 劉連煜，關係人交易與控制股東之義務，月旦法學雜誌116期，2005年1月，頁233。

商業經營瞬息萬變，公司帳面價值亦因發展時期而有不同評價，上述方法適用於穩健發展中之公司似可得相當程度之客觀評價，但有學者特別指出[33]，若該公司仍處於發展期，如因投入大量研發費用但尚未回收而致公司呈現虧損狀態時，可採用市場上類似公司之「股價淨值比法」推估該公司股票之價值。又若尚無盈餘卻處於市場快速成長之公司，可以市場上類似公司之「股價營收比法」作為推估標準。至於以智慧財產權為主要資產之公司，亦可計入研發費用以表彰其無形資產價值。

2.商業判斷之本質

上述判斷方法詳加考慮不同發展時期及不同類型之公司，實為推估未上市公司股票價格之詳細判準方法之一，但法院是否為一適當之價格判斷機關本有疑義，且由法院判斷事後價格是否公平，亦有干涉商業判斷之可能。於關係人交易之情況，除事後法院之介入外，更重要的應該是利益衝突之關係人於董事會事前的資訊揭露及迴避。以本案為例股權交易發動之原因及鑑價過程之疑慮是否於董事會決策之過程妥為揭露，法人代表董事於董事會中是否須因利益衝突而迴避均為值得探討之問題，如何課予事前的程序義務避免事後耗費司法資源且使公司董事降低其遵法成本，為本文接下來所欲討論之問題。

(六)鑑價程序瑕疵

1.法院見解

鑑價過程如前所述，鑑價公司曾兩次提出不同版本及價位之鑑價報告，有疑義者在於杜麗莊對於元京證與元大投信就元大投信股權交易之股份價格是否已與元京證之承辦人元陳麒漳、張立秋等人有所默契？

鑑價之致遠財顧公司人員指出從財顧立場，若使用鑑價之方法在實務上可以被認為可能且為合理，報告會配合買家之出價策略，因此有提出另試算之方法。

本案張立秋於評估報告出來後，有向杜麗莊詢問股權買賣意願，並得

---

[33] 前揭註33，頁234。

一有意願答案，且轉告陳麒漳。在身為總經理之張立秋業已告知馬家確有釋出元大投信股權意願後，陳麒漳再次向杜麗莊確認相同問題，法院認為陳麒漳在委請致遠鑑價前，業已與杜麗莊接觸並探詢獲悉馬家願出售股權之價格，較與常情事理相合，可知杜麗莊就元大投信股權之交易價格有所默契。

　　鑑價報告本即為股權交易時出價之參考價值，若出價為賣方所不願接受，並非無磋商之空間。由買方角度言，鑑價區間越低，於談判時較有籌碼。為何身處買方立場之陳麒漳會逕以鑑價價格過低為由要求致遠人員重新評估，法院認為此顯與經驗法則有違。

2.本文見解

　　本案增購股權之際，係於聯合投信事件發生後，且元大投信持有結構債並非少數，金管會之三大處理原則將使投信大股東依比例分攤損失，亦為陳麒漳所明知，陳麒漳並無理由提高本次鑑價區間之合理基礎，故法院認為陳麒漳當係為配合其所詢得馬家願出售股權之價格而違背職務，未將相關負面消息告知致遠財顧公司且要求致遠財顧公司提高鑑價區間，可知陳麒漳要求提高係爭Draft版鑑價報告之鑑價區間並不合乎一般商業慣例，陳麒漳之行為有背於一般股權收購時經理人之注意義務，違反經理人對公司之忠實義務。而杜麗莊對股份收購之價格亦有默契，未就元京證之利益為妥善之鑑價及交涉，不能以形式上委請財顧公司鑑價而認其於決策時有基於合理資訊及對公司之最大誠信義務，除利益衝突外亦無商業判斷法則之適用，應可由法院實質審查其收購股權之決策是否違反公平原則。

(七)本案董事是否違反忠實義務？

1.法院見解

　　元京證公司審計委員會、身為董事長之被告杜麗莊、林明義、身為經理人之被告張立秋、被告吳麗敏、陳麒漳是否對其所悉之結構債處理、損失、分攤等事項免除說明之義務？是否有違董事、經理人對元京證公司所負忠實義務？

　　本案法院認為，依公司法第23條第1項、第8條，公司負責人應忠實

執行業務並盡善良管理人之注意義務，公司法所稱公司負責人，在股份有限公司為董事，公司之經理人，在執行職務範圍，亦為公司負責人。又同法第206條第1項董事會之決議，除本法另有規定外，應有過半數董事之出席，出席董事過半數之同意為之。可知身為公司負責人之各名董事或經理人，係各自對公司負忠實義務及善良管理人之注意義務，而特定議案需經經理部門提案由董事會合議決定之目的，即係經由經理部門將所有與議案有重大影響之訊息加以揭露，再透過組成董事會之各董事，分別對外蒐集資訊、經由分析、相互討論、分享經驗以達降低理性盲點之產生並使公司決策減少發生錯誤之可能性。

又在現代公司設計分層負責及專業分工之制度設計之下，除非有合理信賴之基礎，公司負責人並無引分層負責及專業分工之制度而免其責任之可能，且公司負責人若就各該議案有超過實際承辦人之認知或明知實際承辦人之陳述有誤，卻又未提出補充說明、指正或提醒他人注意，任由他人在資訊不全或錯誤之情況下加以決策，亦難認得上開公司負責人對於實際承辦人之意見具有合理信賴之基礎。

本案致遠財顧公司製作鑑價報告（2份）時，均未將元大投信股東將可能因增加對於元大投信持股而需增加分攤結構債處理之損失部分加以考慮。又依據金管會三大原則，若有損失將由投信公司股東來分攤，已與元大投信之獲利無關，而係影響增購元大投信股權之股東將來可能需額外分攤損失，亦顯示致遠財顧公司之鑑價報告並未將上情評估在內，是法院認為實難引致遠財顧公司所為鑑價報告作為合理信賴之基礎。

就本案而言，杜麗莊、林明義均為元京證之董事、張立秋、吳麗敏、陳麒漳均為元京證之經理人，而杜麗莊、林明義、吳麗敏、張立秋於94年7月28日增購元大投信股權之前，即已得悉金管會三大處理原則，系爭48億元結構債之處理產生約7.76億元之損失，身為元大投信之大股東之一之元京證需按持股比例分攤上開損失。

元大投信剩餘未處理面額133.5億元結構債，將來處理極有可能產生損失，若於本案增購股權交易後，元京證可能因增購之股權而增加分攤損失之比例。上開結構債處理產生損失，影響重大，就本案增購股權而言，

實屬一重大且需考慮之資訊，身為元京證董事之杜麗莊、林明義及身為元京證專業經理人之被告張立秋、吳麗敏、陳麒漳實難就上開各點推諉記憶不清、無法聯想以豁免其應提醒元京證董事注意之義務。

因此法院認為被告杜麗莊、林明義、吳麗敏、張立秋、陳麒漳於2005年7月28日董事會決議增購元大投信公司股權之前，未將其所知上情告知其餘董事，亦未就陳麒漳報告內容加以補充說明及指正，而使元京證董事會無從就增購元大投信公司股權或需增加分攤損失比例之觀點討論被告陳麒之提出每股57元之價格是否合理，亦無從就本案增購股權交易設下可免除增加分攤損失比例之交易條件，並因而照案通過，被告杜麗莊、林明義、吳麗敏、張立秋、陳麒漳實難引致遠財顧公司已鑑價、分層負責、專業分工等事由而免責，且均已各自違反對元京證公司所負忠實義務及善良注意義務。

2.本文見解

於美國德拉瓦州相關實務判決之發展，忠實義務（fiduciary duty）的內涵中，除注意義務（duty of care）及忠誠義務外（duty of loyalty），是否仍有另一獨立的善意義務（duty of good faith）雖仍有爭議，但亦有學者認為由德拉瓦州於2006年6月在Inre the Walt Disney Company Derivative Litigation中，可知其確立善意義務是忠實義務的獨立內涵之一[34]。

本案因交易主體為董事杜麗莊及其所控制投資公司之持股，馬家可經由交易取得財產上利益，於本案即為股價之溢價及減少分攤元大投信公司之結構債損失，經由此交易使元京證之財產資源留入董事一方，而馬家雖因持有元京證之股份而可能受有損害，但此損害因元京證為上市公司，有其他眾多股東共同分攤，故此關係人交易仍可能有機會為其取得龐大經濟利益。而此關係人交易除損害公司利益外，亦將使董事個人獲有利益，違反董事須為公司或股東價值最大化之原則，屬忠實義務中之忠誠義務（duty of loyalty）問題。

---

[34] 林國彬，董事忠誠義務與司法審查標準之研究以美國德拉瓦州公司法為主要範圍，政大法律評論，100期，頁145。

　　但關係人交易不一定有害於公司整體經濟利益，若且可能因締約成本或交易成本較低而使交易係屬公平或雙方均有獲利，基於上述考慮，美國德拉瓦州公司法144條特設安全港（safe harbor）之規定，若關係人交易經由利害衝突之董事於董事會中充分揭露資訊，且由非利害關係董事作成決策，且由不具利害衝突之股東核准並且對公司係屬公平，則於訴訟時董事不必就其是否違反忠誠義務（duty of loyalty）負舉證責任，而由原告就此交易對公司為不公平之交易負舉證責任[35]。

　　若以上述比較法分析而之，本案因董事長杜麗莊於與元京證所為之股權交易中，為交易之相對人且可能因其獲利而致元京證產生損害，不符商業判斷法則此一審查標準之適用條件，而應由法院就該交易是否符合整體公平（entirefairness）為審查。

　　而整體公平原則涵蓋概念有二，一是公平交易（fairness trade），此係指程序上或交易過程須符合公平性，如交易作成之時點、交易如何發動、董事揭露資訊之程度及其他不具利害關係董事之核准等。二為公平價格（fairness prices），主要為對價上之合理性。此二概念須以整體觀之而非割裂觀察。

　　本案中董事會雖有通過增購元大投信股權之決議，然董事會之成員未得知元大投信結構債虧損之實際情形，未基於充分之資訊揭露而作成決策，且董事會中亦僅有董事長杜麗莊一人迴避，馬家其他投資公司之法人代表亦無迴避，決策過程顯不符合公平交易之程序（fairness trade）。又股票價格之認定上，鑑價過程中獨立專家雖係基於合理判斷之標準提出二版本之鑑價區間，然確係由買方及元京證之京理人主動要求提高售價，此於元京證之公司整體利益顯有不利，本文以為難可認此次股權交易之價格對元京證公司有利或為公平價格。故本案股權交易因事涉關係人交易，且因利害衝突而無商業判斷法則作為審查標準之適用，若參照外過立法例之論述，整體而言亦不符合公平原則之要求，杜麗莊所違反者係董事忠實義務（fiduciary duty）中之忠誠義務（duty of loyalty），本文結論與本案第

---

[35] 前揭註35，頁184

一審法院相同，但以違反何內涵之忠實義務及其適當審查標準為補充。

三、債券交易部分

(一)發行CBO可否避免損失？

1.法院見解

自2004年年中起至2005年年底之間，與結構債有關之金融情勢浮動不定，無人能預測，而於2004年底起至2005年上半年止尚因臺灣利率逐步調升而產生減損本金價值之負面情況，再觀諸被告丁○○答辯狀之內容：因當時金管會推行債券資產證券化業務，而按照金管會原訂三年處理期限，被告於2005年6月評估以半年的時間至2005年12月之市場狀況，應得以將此批結構債以發行CBO方式處理，或縱使未於2005年12月發行，因金管會於2005年8月以前之處理政策為三年內處理完畢即可，並未限時於同年年底出清結構債，元京證公司亦得於2006年或市場利率條件較佳的時候發行CBO，故被告當時認為以發行CBO之方式處理元大投信之結構債，外幣高收益債券之獲利將可攤平結構債之虧損，或持有至到期也不會發生虧損，因此被告預期未來並不會有新增之實現損失，故不認為有於該次董事會中提出元大投信公司處理結構債損失情形之必要。

但於本案股權交易評估及決議期間，元大投信公司旗下基金所持有面額133.5億元之結構債（含系爭87.5億元結構債及面額18億元、28億元結構債），是否未來得因持有到期或因發行CBO而不生損害，尚繫於未來整體金融情勢及市場利率狀況，且證人即德意志銀行總經理宇○○於本院審理中結證稱：當時與元大投信、元京證洽談發CBO過程中，應該還沒有找好買家，於2005年整年度時，要找買家都不容易，發CBO不一定有人要買等語，亦顯示於2005年間發行CBO並不容易找到買主，況未來金融情勢如何，瞬息萬變，無人能預期，並無從推得將來發行CBO即無損害之確定結果，此外，若被告丁○○於本院審理中所述發行CBO將無損失且係於2005年12月間始因發行CBO之成本墊高而決定不發行CBO為真，何以元大投信公司於2005年9月23日即捨以發行CBO方式處理而向金管會

陳報欲以賣斷、分割方式處理部分結構債，再以自有資金、特別盈餘公積吸收該部分結構債之損失？顯見本案股權交易評估及決議期間，以元大投信公司剩餘未處理面額133.5億元之結構債發行CBO，並無從獲得絕無損失之結論。

2.本文見解

本案被告認若發行CBO即無損失，但法院以當時金融情勢及利率環境與其他專家證人之證詞，認為並無發行CBO即絕對無損失之理，而認被告之說詞——若發行即無損失而不必告知董事會，此一部分不可作為抗辯。但本文已為重點非在發行CBO是否可能有損失，縱使非絕無損失之可能，經理人仍可基於合理判斷下以發行CBO為解決損失之預設方法或計劃。重點應在於應將可發行CBO之機率，與可能造成之損失，或減少損失之機會與範疇，盡最大努力完整報與董事會作為是否收購元大投信股權及收購價格之考量，本文以為關注焦點應在是否使董事會有完整資訊可為決策，而非是否發行CBO即決無損失，因縱使有損失或有損失可能，元京證亦有可能基於元大投信其他資產或市場地位而認具有商業投資之價值。

(二)可否以債券交易之方式進行損失分攤？

元京證公司身為元大投信公司股東而需分攤結構債處理損失部分，在會計科目上應列為業外損失，因這筆損失並非經營本業產生，性質跟投資損失相近，且元京證公司、騰達公司本身係基於分攤損失及回填之目的而為債券交易，將分攤損失及回填之經過隱藏在例行營業債券交易內，亦難認與一般公認會計原則相合。本件被告陳麒漳、林明義統合元京證公司與馬家投資公司、馬家實際控制人頭帳戶以低買高賣，人為作價等方式進行本案結構債處理損失之分攤及回填，如前所述，將原應以營業外支出列帳之部分，經由例行營業債券交易故意低賣高買之方式，由元京證公司支付騰達公司，並填載相關元京證公司買賣斷成交單、債券交易給付結算憑單暨交付清單、債券買、賣斷確認書等不實會計憑證、記入帳冊，使財務報表發生營業外支出減少、持有債券成本增加、附賣回債券投資增加之不

實結果；經金管會金檢後，復將原應以營業外收入列帳之部分，經由例行營業債券交易故意高賣低買之方式，由騰達公司支付元京證公司，並填載相關元京證公司買賣斷成交單、債券交易給付結算憑單暨交付清單、債券買、賣斷確認書等不實會計憑證、記入帳冊，使財務報表發生營業外收入減少之不實結果，被告陳麒漳、林明義之上開行為顯已該當商業會計法第71條第1款以明知不實事項填製會計憑證、記入帳冊及同法第5款以不正當方法致使財務報表發生不實結果罪。

　　觀諸於本案有關之專案小組會議節要，均未曾有任何與元大投信公司股東欲以債券交易低賣高買方式分攤損失之紀錄，並無任何證據顯示元大投信公司或元京證公司曾就是否得以債券交易方式分攤損失之問題向金管會提出詢問並獲金管會首肯。

　　況以債券交易方式隱藏分攤損失，係違反商業會計法第71條第1款、第5款之規定，業如前述，金管會並無任何權限為不同之處理，被告杜麗莊、張立秋、陳麒漳、林明義實難以金管會未就如何分攤損失加以指示及主張依據金管會三大處理原則而卸除其責。

　　另直接支付現金是否會遭稅捐主管機關認定為贈與或遭證券主管機認定違反證券商貸與款項部分，本案元大投信公司股東即馬家投資公司、馬家實際控制人頭帳戶與元京證公司就處理結構債進行損失分攤，本即依據金管會三大處理原則，並非無所本，則引此為據，稅捐主管機關及證券主管機關豈有為其他認定之可能？況實際上元京證公司與馬家投資公司、馬家實際控制人頭帳戶復未因採此種方式進行損失分攤而遭稅捐主管機關或證券主管機關為不同認定，是顯難執是否發生尚無法確定之結果而逕推認除以債券交易低賣高買之方式外無其他分攤損失之方式，故法院認不應以債券交易之方式為之。

四、結論

　　本案涉及公司法上許多公司治理問題，如幕後董事與控制股東對公司治理的影響，關係人交易與董事忠實義務之問題等，且本案之肇因與金融監理之強度與密度及監管機關之行政指導有密切關聯，往後行政指導之適

當性與是否應以更明確之方式為行政行為亦為值得關注之重點。股權交易
部分因買賣雙方為典型之關係人交易，鑑價過程亦多有瑕疵，並且造成元
京證公司鉅額之損害，但債券交易部分一審法院認為其目的係掩蓋損失，
並未造成元京證公司其他損害，故以財報不實論之，本文推測元京證公司
是否因債券交易而有造成分攤結構債以外之損失，亦為二審攻防之重點。

參考文獻

一、書籍（按作者姓氏筆劃排序）

1. 王文宇，「公司法論」，台北：元照，2008年，三版。
2. 王文宇，「控股公司與金融控股公司法」，台北：元照，2001年。
3. 王文宇，「公司與企業法制」，台北：元照，2000年。
4. 王文宇等合著，「金融法」，台北：元照，2005年。
5. 王泰銓，「比較關係企業法之研究」，台北：翰蘆，2004年。
6. 洪貴參，「關係企業法－理論與實務」，台北，元照，1999年。
7. 黃銘傑，「公開發行公司法制與公司監控－法律與經濟之交錯」，台北：元照，2001年。
8. 廖大穎，「公司制度與企業金融之法理」，台北：元照，2003年。
9. 劉連煜，「公司監控與公司社會責任」，台北：五南，1995年。
10. 劉連煜，「公司法理論與判決研究(一)」，台北：三民書局，1997年。
11. 劉連煜，「公司法理論與判決研究(二)」，台北：三民書局，1998年。
12. 劉連煜，「公司法理論與判決研究(三)」，台北：元照，2002年。
13. 劉連煜，「公司法理論與判決研究(四)」，台北：元照，2006年。

二、期刊論文（按作者姓氏筆劃排序）

1. 王文宇，「法人股東、法人代表與公司間三方法律關係之定位」，臺灣本土法學雜誌，第14期，2000年9月。
2. 王文宇，「併購決策與董事權責」，實用月刊，第326期，2002年2月。
3. 王志誠，「金融控股公司之經營規範與監理機制」，政大法學評論，第60期，2000年12月。
4. 王志誠，「公司法：第八講關係企業之認定及治理結構」，月旦法學教室，第35期，2005年9月。
5. 王志誠，「公司法：第九講關係企業監控機制之缺失及填補」，月旦法學教室，第36期，2005年10月。
6. 王煦棋，「我國金融控股公司法評析」，台灣金融財務季刊，第4輯第3

期，2003年9月。

7.方嘉麟，「關係企業專章管制控制力濫用之法律問題(1)——自我國傳統監控模式論專章設計之架構與缺憾」，政大法學評論，第63期，2000年6月。

8.李禮仲，「金融控股公司間非合意併購問題法律之研究」，月旦法學，第128期，2006年11月。

9.何曜琛，「公司治理與公開發行公司董事之告知義務－以美國法為中心」，華岡法粹，第30期，2003年12月。

10.林仁光，「董事會功能性分工之法制課題——經營權功能之強化之內部監控機制之設計」，國立臺灣大學法學論叢，第35卷第1期，2006年1月。

11.曾宛如，「董事忠實義務之內涵及適用疑義——評析新修正公司法第二十三條第一項」，臺灣本土法學雜誌，第38期，2002年9月。

12.曾宛如，「我國有關公司治理之省思－以獨立董監事法治之改革為例」，月旦法學，第103期，2003年12月。

13.黃虹霞，「政府或法人股東代表當選為公司董監事相關法律問題——公司法第二十七條第二項規定之商榷」，萬國法律，第110期，2000年4月。

14.廖大穎，「評公司法第二七條法人董事制度－從臺灣高等法院九十一年度上字第八七〇號與板橋地方法院九十一年度訴字第二一八號判決的啟發」，月旦法學，第112期，2004年9月。

15.劉連煜，「健全獨立董監事與公司治理之法制研究－公司自治、外部監控與政府規制之交錯」，月旦法學，第94期，2003年3月。

16.劉連煜，「公開發行公司董事會、監察人之重大變革－證交法新修規範引進獨立董事與審計委員會之介紹與評論」，證券櫃檯月刊，第116期，2006年2月。

17.賴英照，「董監事股票愈多，投資人風險愈小？」，金融風險管理季刊，第1卷第1期，2005年3月。

18.謝易宏，「企業整合與跨業併購法律問題之研究－以『銀行業』與『證券業』間之整合為例」，律師雜誌，第252期，2000年9月。

第三章　雙洲恩仇錄──
炎洲敵意併購亞洲化學

王韻涵

王韻涵

東吳大學法律研究所財經法組二年級學生。

不會彈鋼琴，但喜歡聽鋼琴演奏曲，特別是蕭邦的夜曲。

不會畫畫，但喜歡看畫，特別是梵谷的畫。

不會煮菜，但喜歡看美食節目。

不會開車，但喜歡到處走走，感受各地風俗民情及美麗

風景。

希望未來能用腿用眼用心，走遍世界！

大事紀

時間	事件
1969年	衣復恩任亞洲化學董事長
1992年12月28日	亞洲化學股票上市
1998年	衣復恩交棒給兒子衣治凡
2001年	檀兆麟加入亞化擔任美洲區總經理
2002年6月	衣復恩自行召開董事會罷免衣治凡，自己回鍋當董事長
2005年	衣復恩過世，董事長由他欽點的專業經理人檀兆麟接下，實際經營權掌控在女兒衣淑凡手中
2006年	葉斯應持有亞洲化學3萬多張股票，加上徵求委託書，共掌控5.5萬張
2007年	衣治凡企圖掌控亞洲化學經營權，葉斯應亦發現衣淑凡主導下的亞洲化學效率差，獲利亦低
2007年底	衣治凡與葉斯應結合勢力，以大陸東莞廠弊案及違法贈與員工庫藏股為由，要求亞洲化學隔年召開股東臨時會，討論衣淑凡解任案
2008年初	衣淑凡眼看大勢已去，辭去董事，並退出經營層
2008年1月21日	炎洲股票上市
2008年6月	亞洲化學改選，七席董事縮減為五席，並分別由衣治凡、葉斯應、張嘉元、檀兆麟和蕭英怡出任董事，董事長為葉斯應擔任
2008年9月	葉斯應出國，亞化股價一路下滑
2008年10月	亞化股價仍持續下跌，葉斯應趕緊要求亞化減資並且再買庫藏股，但其他董事反對，僅同意各個董事各自進場護盤
2009年2月	檀兆麟與衣治凡、張嘉元等董事一同具名向台灣證券交易所檢舉葉斯應
2009年2月25日	葉斯應召開說明會回應檢舉一事。台灣證券交易所公告亞洲化學自2009年2月27日起，變更交易方式
2009年3月	炎洲在3月10日至4月16日在亞洲化學股價5.5元大量承接，同年3月開始成為亞洲化學持股超過百分之十的大股東
2009年6月29日	亞洲化學召開股東常會，惟董事長及全體董事皆未出席。為避免流會，經在場股東全體推派主席續行會議，並通過2009年8月底前，召開股東臨時會，，全面改選董事及監察人。亞洲化學董事會於公開資訊觀測站上，公告定於2009年12月21日召開該年度之「股東常會」
2009年8月	炎洲依據公司法第173條第1、2項，向經濟部申請許可自行召開亞洲化學之股東臨時會
2009年9月3日	經濟部函請亞洲化學查實少數股東是否符合公司法第173條規定

時間	事件
2009年9月10日	亞洲化學於台灣證券交易所股市公開資訊觀測站公告，12月21日召開股東常會，並於同日公告股東常會停止過戶期間為98年10月23日至12月21日
2009年10月8日	經濟部許可炎洲能自行召集亞洲化學之股東臨時會
2009年10月13日	富立鑫、檀兆麟在經濟日報等國內各大媒體版面刊登，發布亞化將於同年11月30日召開股東臨時會之訊息。金管會去函亞洲化學，要求亞洲化學配合股東富立鑫、檀兆麟，辦理召集亞洲化學股東臨時會相關事宜
2009年10月底	經濟部做出「股東得向股代券商請求抄錄、或核對股東名冊」之解釋
2009年10月	亞洲化學向行政院提起訴願
2009年11月27日	行政院駁回訴願
2009年11月30日	富立鑫公司、檀兆麟，自行召開亞化股東臨時會，全面改選亞洲化學董監事。由廖正井、李禮仲、歸行白、柳明鑫、李其政為董事，由廖正井擔任董事長
2009年12月21日	亞洲化學之股東常會，確定由新任董事長廖正井主持

壹、前言

　　本案為國內第一件敵意併購成功之案例，因此頗受市場派人士之高度重視，想一窺成功之點為何，以供爾後敵意併購之參考。本件之案例事實主要是亞洲化學公司（股票交易代碼1715）之經營權屢次更迭情況，最後一次之更迭，炎洲公司（股票交易代碼4306）係以我國市場上難度甚高之「敵意併購」方式，成功奪取亞洲化學之經營權。

　　因此，本文主要在分析炎洲公司敵意併購亞洲化學的成功因素，以及敵意併購過程中所涉及之法律爭點，來剖析炎洲敵意併購程序之適法性。以下本文先就案例之相關人物為一簡單介紹，再進而介紹亞洲化學經營權更迭之過程，最後剖析炎洲併購過程所涉及之法律爭點，以探究炎洲敵意併購成功之關鍵因素。

貳、案例事實一——人物登場

一、亞洲化學股份有限公司（以下簡稱亞化）

(一)主要生產

　　亞洲化學股份有限公司成立於1960年，是台灣唯一以膠帶為本業之上市公司，目前以生產銷售PVC及OPP各種自黏性感壓膠帶和特用化學產品為主要業務。亞化是世界前幾大的PVC膠帶及OPP膠帶生產廠商之一[1]，生產基地遍及台灣、中國大陸以及東南亞。

　　目前亞化生產的產品層面涵蓋包裝、電氣、文具、工業、保護、雙面、紙類以及特殊膠帶系列，其應用範圍橫跨汽車、建築、家電、電子、製鞋、紡織、玩具、印刷工業。並同時以萬得膠帶（Wonder tape）品牌行銷全球，產品銷售網路廣佈全球80餘國。近年，亞化更投入特用化學產品（如光阻劑及EBR）的相關領域，以建立亞化在塗佈科技產業的競爭優勢，作為多元發展的一環。

(二)現行經營團隊

　　亞化於1992年12月28日股票上市，實收資本額為新台幣（下同）2,990,614,390元，現行董事長為李志賢先生，總經理為歸行白先生[2]。

---

[1] 2000年起，亞化全球PVC膠帶的年產量，僅次於3M為世界第二大廠；OPP包裝膠帶則與3M、Intertape並列全球前三大。參照亞化網站，2010年10月19日，http://www.chem121.com.tw/Corp/27/chi/introduction/?Corp_Opt=History。

[2] 參照公開資訊觀測站，公司代號1715，2010年10月19日，http://mopsov.tse.com.tw/server-java/t05st03?colorchg=1&off=1&TYPEK=sii&co_id=1715&。

二、炎洲股份有限公司（以下簡稱炎洲）

(一)主要生產

炎洲主要生產商品有雙向拉伸尼龍薄膜（BOPA）與雙軸延伸聚酯薄膜（BOPP）[3]、各類膠帶、各類黏著膠及各類塑膠包裝袋等。主要生產：炎洲以膠帶小盤商起家，近年整合上下游的製造到銷售，成為台灣最大的包裝材料商。炎洲生產的BOPP膜供應統一、康師傅、娃哈哈等大廠。炎洲近年更跨足房地產，成立旺洲建設，並涉獵旅館業經營，在林口開設「優館精品休閒旅館」，因此在同業眼中，作風相當大膽。

(二)現行經營團隊

炎洲於2008年1月21日股票上市，現行實收資本額為2,327,999,910元，董事長與亞化相同，為李志賢先生，總經理為黃義豐先生[4]。

參、案例事實二——愛恨情仇

一、第一集——重要經營者－衣復恩

衣復恩曾擔任蔣介石座機長，他在軍旅事業高峰時，被時任國防部副部長的蔣經國因故下令逮捕入獄三年，因此棄軍從商，於1969年接下三弟衣復慶創辦的亞洲化學，經營資本額30億元的上市公司。1998年衣復恩交棒給兒子衣治凡，當時衣治凡積極擴張版圖，成立理成集團，投資台茂購

---

[3] 由於透明、質輕、防潮，且易於印刷，廣泛運用於各種食品、日用品的包裝，如泡麵外包裝、香菸盒外層薄膜、膠帶膜、超透明膠帶膜、隱形膠帶膜、印刷膜、成衣包裝膜、食品包裝膜、熱封膜、電鍍膜、消光膜、上光膜、防霧膜等。

[4] 參照公開資訊觀測站，公司代號4306，2010年10月19日，http://mopsov.tse.com.tw/server-java/t05st03?colorchg=1&off=1&TYPEK=sii&co_id=4306&。

物中心，並成立亞化光電，欲帶亞化轉型，但衣復恩並不認同衣治凡之作法。

二、第二集——兄妹鬩牆

(一)衣淑凡掌權

2002年6月，衣復恩利用其子衣治凡到上海出差的機會，突然發動「政變」，自行召開董事會來罷免衣治凡，而自己回鍋當董事長，並由其女兒衣淑凡則從旁協助。

2005年衣復恩過世，董事長由他欽點的專業經理人檀兆麟接下，實際經營權確掌控在女兒衣淑凡[5]手中。

(二)檀兆麟出現

四維企業後來取代亞化成為膠帶業的指標公司，亞化在膠帶業的聲威受挫。為了重振亞化在膠帶界的領導地位，衣復恩想要打開美洲市場，檀兆麟在美國膠帶業則有完善的行銷通路，卻一直沒有自己的生產線，因此亞化與檀兆麟雙方接洽後一拍即合。

檀兆麟開始將自己在美國的行銷通路，做為加入亞化經營團隊的禮物，合力開拓美洲市場，開始為亞化重拾膠帶界王座帶來契機。

在檀兆麟於2001年加入亞化擔任美洲區總經理。由於檀兆麟在膠帶界有超過26年經驗，非常善於市場行銷與策略規劃，擔任亞化美洲區總經理後3年半間，亞化在美洲市場的營業額飛躍成長。

三、第三集——引狼入室？葉斯應勢力進入

2001年開始，巨升實業董事長葉斯應[6]看亞化淨值應該有16元以上，

---

[5] 曾是蘇富比台灣公司負責人，在政商界有極豐沛的人脈。大學及研究所主修音樂，卻進入藝術品拍賣界工作，是國內鑑定中國瓷器專家之一。

[6] 1983年創巨升實業，生產壓克力產品與傳統燈飾起家，公司年營收約千萬美元。2001年起投資亞化。

股價卻偏低，遂開始進場投資。但葉斯應幾次參加股東會，提出亞化轉投資虧損與財報之問題，卻未獲善意回應，於是葉斯應開始動念要進入亞化董事會，想要拿下亞化之經營權。

2006年，葉斯應持有3萬多張股票，加上徵求委託書，共掌控5.5萬張，預計拿下亞化之二席董事。

原本被逐出亞化經營權之衣治凡知情後，遂立刻跟葉斯應協調，最後葉斯應讓步，二人都進入董事會，監察人則由葉斯應的人馬張嘉元擔任。

四、第四集──經營權易主

·應與衣治凡的結合

衣治凡企圖掌控經營權，葉斯應亦發現衣淑凡主導下的亞化效率差，獲利亦低。因此，2007年底，衣治凡與葉斯應遂以大陸東莞廠弊案及違法贈與員工庫藏股為由，要求亞化隔年召開股東臨時會，討論衣淑凡解任案，董事長檀兆麟亦順應此要求召開臨時會。

衣治凡、葉斯應陣營掌控的股數，遠勝過衣淑凡的8萬張，衣淑凡眼看大勢已去，於2008年初辭去董事，並退出經營層，由葉斯應接任董事長。當時衣淑凡自願辭職時，只開出一項條件，就是要求檀兆麟一定要離開亞化，但葉斯應未理會，仍請檀兆麟接執行長一職。

2008年6月亞化改選，亞化七席董事縮減為五席，並分別由衣治凡、葉斯應、張嘉元、檀兆麟和蕭英怡出任，由葉斯應擔任董事長。

五、第五集──內神通外鬼？—炎洲勢力進入

(一)股價持續下跌

2008年9月葉斯應出國，亞化股價一路下滑，葉斯應的親友進場承接5萬多張，葉斯應回國後發現，原來是投信法人大量出售亞化股票。當時，葉斯應為了使亞化股價持續下跌，遂賣了中鋼、台塑股票，進場買亞化股票，並拉了許多周遭友人投資亞化，因此，葉斯應的親友團於此時承接大量亞化股票。

　　10月，亞化股價仍持續下跌，葉斯應趕緊再提出對策，要求亞化減資並且再買庫藏股，不過，其他董事反對，僅同意由各個董事各自進場護盤。

　　葉斯應此時開始清查亞化美國子公司之帳目，發現美國子公司內部確有多項內控疏失情形，因此於過年後立刻召開臨時股東會，以檀兆麟身為美國子公司負責人身分，卻發生內控疏失之由，暫停檀兆麟之亞化執行長職務一個月。檀兆麟隨即請辭，並且立刻發表聲明稿，於聲明稿中列舉葉斯應各項利益輸送與掏空公司之行徑。

　　就在雙方攻擊防禦越演越烈之際，衣治凡得知葉斯應掌控超過半數股權，2008年年底向葉斯應表示欲從葉斯應手中買回亞化股票，但卻遭葉斯應當場拒絕。

　　2009年2月，檀兆麟向銀行提出解任亞化擔保人職務，並與衣治凡、張嘉元等董事一同具名向台灣證券交易所檢舉葉斯應。

(二)被打入全額交割股

1.衣治凡等人向台灣證券交易所檢舉之內容

(1)葉斯應於2008年擔任亞化董事期間，適逢全球金融海嘯，個人持股面臨「斷頭」危機，於是向亞化美國子公司借款180萬美金，以確保葉斯應對亞化之經營權。

(2)葉斯應為了還款，與天籟建設股份有限公司（以下簡稱為天籟公司）董事長邱奕志共謀，利用亞化與天籟公司簽訂「楊梅廠光電研發大樓新建工程財務及工程管理委任契約書」，委請天籟公司設計建造光電研發大樓之名義，擅自挪用亞化4725萬元作為工程預付款，但該些款項並未支付給天籟公司，反而都回流至葉斯應個人帳戶。再者，葉斯應另以亞化旗下兩家投資公司9800餘萬元之資金，購買邱奕志遭套牢的持股。

(3)葉斯應為了支付其個人支票款項，找來歡影城股份有限公司（以下簡稱為歡影城公司）董事長張嘉元配合，假藉採購名目，由亞化子公司歡影城公司向葉斯應所投資之巨升實業股份有限公司

（以下簡稱為巨升實業）採購400萬元禮品，並且支付款項給巨升實業。

2.2009年2月25日葉斯應召開說明會回應檢舉一事

(1)在監察人查核報告中，對於亞化美國子公司資金借貸一事，是由時任亞化執行長檀兆麟發送私人電子郵件給亞化美國子公司財務長，要求儘速匯款180萬美元至亞化董事長葉斯應個人帳戶，並由檀兆麟之秘書提供葉斯應個人帳號給亞化美國子公司。葉斯應初期未注意所匯入之款項為美國子公司之資金，而非檀兆麟個人資金，待發現錯誤時，立即加計利息後，匯款回亞化美國子公司。

(2)亞化準備跨足太陽光電事業，因此準備於亞化楊梅廠後面之自有土地上，建設光電研發大樓，以生產相關太陽光電產品。當初依契約承辦建設光電研發大樓建案之天籟公司已按照進度進行工程設計、拆除舊有建物與現場整地等工程，亞化依契約支付第一期工程費4500萬元給天籟公司。天籟公司亦開立4725萬元本票給亞化公司，以確保天籟確實履行合約義務。這項建案2008年8、9月簽約後，由於實驗單位有所延緩，經濟部業界科專案審核也還未核准，再加上金融風暴影響，目前這項光電研發大樓之建案才會暫時先停工，並非掏空公司資金。

(3)關於亞化採購相框事宜，亞化2008年各期財報明白揭露巨升實業為亞化關係企業，雖然巨升實業與亞化董事長同為葉斯應，惟歡影城公司為亞化公司綜合持股逾50%的子公司，歡影城公司董事長為亞化公司董事張嘉元。這項採購是歡影城董事長認為歡影城有業務行銷需求而主動採購，亦因採購金額不大，由歡影城公司自行依採購作業及核決權核決，並非由母公司亞化董事長核決，因此並無套利一事存在。

3.於2009年2月25日葉斯應召開書明會後，台灣證券交易所於同日隨後亦提出聲明

亞化於本日召開的說明記者會中，未能釐清亞化董事長葉斯應與亞化美國子公司間的180萬美元資金貸與之原因、情形，以及亞化擬興建光電

大樓，支付天籟建設4725萬元等案之相關疑慮。再者，亦未能提供充分具體憑證佐證，顯示亞化內控上有重大疑慮，為保障投資人權益，依「台灣證券交易所股份有限公司營業細則」第49條第1項規定[7]，公告亞化自2009

---

[7] 台灣證券交易所股份有限公司營業細則第49條第1項規定：「上市公司有下列情事之一者，本公司對其上市之有價證券得列爲變更交易方法有價證券：

一、其依證券交易法第三十六條規定公告並申報之最近期個別財務報告，顯示淨值已低於財務報告所列示股本二分之一者。屬控股公司者，其淨值係指合併財務報告中股東權益扣除少數股權後之金額。但上市公司將其依證券交易法第二十八條之二規定買回之股份或其子公司所持有該上市公司之股份之成本列爲股東權益減項者，其前開比例之計算，得將上市公司及其子公司持有之該上市公司庫藏股票面額自財務報告所列示股本中予以扣除；將預收股款列爲股東權益加項者，其前開比例之計算，應將所預收股款之約當發行股份面額加計於股本中。

二、未於營業年度終結後六個月內召開股東常會完畢者，但有正當事由經報請公司法主管機關核准，且於核准期限內召開完畢者，不在此限。

三、其依證券交易法第三十六條規定公告並申報之最近期財務報告，會計師出具繼續經營假設有重大疑慮之查核或核閱報告者，或其依證券交易法第三十六條規定公告並申報之年度或半年度財務報告，因查核範圍受限制，或會計師對其管理階層在會計政策之選擇或財務報表之揭露，認爲有所不當，經其簽證會計師出具保留意見之查核報告或對控股公司以外公司之半年度合併財務報告出具保留式之核閱報告者，但半年度財務報告若因長期股權投資金額及其損益之計算係採被投資公司未經會計師查核簽證之報表計算，經其簽證會計師將保留之原因及可能影響之科目金額於查核報告中充分揭露且無重大異常者，不在此限。惟前開被投資公司若係納入編製合併報表之重要子公司、金融控股公司之子公司，其半年度財務報告應依相關法令規定經會計師核閱或查核。

四、違反上市公司重大訊息相關章則規定，經通知補行辦理公開程序，未依限期辦理且個案情節重大者。

五、董事或監察人累積超過三分之二（含）以上受停止行使董事或監察人職權之假處分裁定。

六、依公司法第二百八十二條規定向法院聲請重整者。

七、公司全體董事變動二分之一以上，有股權過度集中，致未達現行上市股權分散標準，或其現任董事、監察人、總經理有本公司有價證券上市審查準則第九條第一項第八款規定之情事，經本公司限期改善而未改善者。

八、無法如期償還到期或債權人要求贖回之普通公司債或可轉換公司債。

年2月27日起，改為變更交易方式[8]。

(三)炎洲成為亞化最大股東

1.炎洲併購亞化之契機

　　在亞化股票於2009年2月27日被變更交易方式之前，董事長葉斯應為了護盤，向銀行借錢並且質押亞化股票。但後來質押的亞化股票被斷頭，遭同為上市公司之炎洲於2009年3月10日至同年4月16日之間，在亞化股價5.5元時大量承接，並於同年3月開始成為亞化持股超過百分之十的大股東。而炎洲每個月仍持續買進亞化股票。

2.炎洲併購亞化原因

　　炎洲與亞化皆為膠帶大廠，惟炎洲屬於原料至行銷之膠帶上下游產業公司，亞化則僅專精於膠帶第二階段塗料及第三階段切割。若炎洲併下亞化後，雙軸延伸聚酯薄膜（BOPP）膠帶、聚氯乙烯（PVC）膠帶兩大產品，正好在膠帶作業上能夠作一垂直整合，炎洲大陸薄膜上游廠完工投產

九、發生存款不足之金融機構退票情事且經本公司知悉者。

十、一般公司、科技事業公司經分割後之實收資本額，分別不符合有價證券上市審查準則第四條第一項第二款、第五條第一款規定者。

十一、投資控股公司所持被控股公司之家數低於二家者。但因股份轉換、概括讓與、營業讓與或分割而成為投資控股公司者，自上市買賣之日起一年內不適用之。

十二、未依承諾收買其持股逾百分之七十上市（櫃）子公司之少數股東股份者。

十三、辦理股務事宜不符第四十四條第三項規定或遭台灣集中保管結算所股份有限公司查核發現缺失，個案情節重大經限期改善，而未於期限內改善者。

十四、於重大訊息說明記者會之說明未能釐清疑點，本公司基於保障投資人權益認有必要者。

十五、本公司基於其他原因認有必要者。」

8 有價證券被變更交易方法，即俗稱「全額交割股」，一旦被列為全額交割股，買賣股票必須以現款或現股進行交易，而不得融資或融券，對公司股票流通性影響甚鉅，因此一旦被列入全額交割股，股價往往立即下跌，影響公司股份價值。

後，總營收可由75億元增加至100億元，再加上亞洲化學的營收100億元，合併營收可達200億元，排名可擠入全球前三大。因此，一方面擴大工廠生產作業，再者，亦能擴大膠帶市場佔有率，減少市場競爭對手。兩家合併後，炎洲將是全球唯一BOPP上、中、下游垂直整合的生產廠商。

另外，亞化體質健全、資產價值不斐，在台灣，除了擁有市價近20億的楊梅五萬坪廠房及中和廠房等土地資產，另外於大陸地區，亦擁有上海嘉定區的土地，也因嘉定地區鄰近上海市區，因此嘉定地區之土地更被視為亞化之金雞母。因此炎洲併購亞化，除了生產線及市佔率之考量外，亞化豐碩之資產，亦是重要因素。

六、第六集──股東會絡繹不絕？經營權爭奪白熱化

(一)2009年6月亞化股東常會之流會

2009年6月29日亞化召開股東常會，惟董事長及全體董事皆未出席。為避免流會，經全體在場股東推派主席續行會議。開會中有股東提案，亞化董事會應於2009年8月底前，召開股東臨時會，並於臨時會中，全面改選董事及監察人，本項「議案」亦經全體出席股東表決通過。

(二)炎洲欲取得亞化經營權之困難

首先，亞化董事長葉斯應等人認為2009年6月底所召開之股東常會，因全體董事並未出席，而未有「有召集權之人」主持會議，因而該次股東常會流會，實際上等同於無召開股東常會，2009年6月底之股東常會所做出之「決議」等同無效決議，因此並不需要於同年8月召開股東臨時會，故亞化並未於同年8月召開股東臨時會係屬合法。因而炎洲雖然身為亞化之大股東，無法透過參與股東臨時會之表決，來取得亞化之經營權，此為第一困難點。

其次，亞化董事會認為，因為2009年6月底所召開之股東常會流會，因此擬於同年12月21日再次召開「股東常會」。雖然亞化欲於同年12月底再次召開股東常會，惟透過本次之股東常會開會通知書中可知，亞化董事

會並未將同年6月股東常會決議通過之「全面改選董事及監察人」議案列入本次議程中，因此炎洲亦無法透過股東常會表決來取得亞化之經營權。縱然當時公司法已有股東提案權之規定[9]，惟若董事會不列入，股東亦無可奈何。因此在無法透過股東常會取得亞化任何一席董監事席次，此為炎洲面臨的第二困難點。

　　綜合上述兩點困難，炎洲因為無法藉由亞化之股東會來取得任何董監事席次，炎洲遂興起敵意併購亞化之意，進而取得亞化經營權。

(三)炎洲突破困境

　　承前所述，炎洲倘若於「股東常會」提案改選董監事，而亞化董事會不將此列入開會議案，亞化董事會若無理由未列入，頂多被主管機關處以罰鍰，炎洲是無計可施的。再者，炎洲若欲召開「股東臨時會」，依照公司法第171條之規定[10]，股東會應由「董事會」召集之，惟炎洲並未取得亞化任何一席董事席次，因此無法在董事會提案召開臨時會改選董監事。

9　公司法第172條之1：「持有已發行股份總數百分之一以上股份之股東，得以書面向公司提出股東常會議案。但以一項為限，提案超過一項者，均不列入議案。

公司應於股東常會召開前之停止股票過戶日前，公告受理股東之提案、受理處所及受理期間；其受理期間不得少於十日。

股東所提議案以三百字為限，超過三百字者，該提案不予列入議案；提案股東應親自或委託他人出席股東常會，並參與該項議案討論。

有左列情事之一，股東所提議案，董事會得不列為議案：

一、該議案非股東會所得決議者。

二、提案股東於公司依第一百六十五條第二項或第三項停止股票過戶時，持股未達百分之一者。

三、該議案於公告受理期間外提出者。

公司應於股東會召集通知日前，將處理結果通知提案股東，並將合於本條規定之議案列於開會通知。對於未列入議案之股東提案，董事會應於股東會說明未列入之理由。

公司負責人違反第二項或前項規定者，處新臺幣一萬元以上五萬元以下罰鍰。」

10　公司法第171條：「股東會除本法另有規定外，由董事會召集之。」

因此，炎洲只好另覓召開股東臨時會之方法。

　　炎洲公司所委任之律師梁懷信[11]遂發現，公司法第173條第1項規定：「繼續一年以上，持有已發行股份總數百分之三以上股份之股東，得以書面記明提議事項及理由，請求董事會召集股東臨時會。」又同條第2項規定：「前項請求提出後十五日內，董事會不為召集之通知時，股東得報經主管機關許可，自行召集。」該兩項規定意味著，持有一定數量股份之股東有請求公司召開股東臨時會之權利，並且倘若公司「不為召集」時，少數股東亦得轉而向主管機關申請自行召開，賦予股東有自行召開股東臨時會之權利。因此2009年8月起，炎洲公司便抓緊公司法第173條第1、2項，向經濟部申請許可自行召開亞化之股東臨時會。

　　經過四度向經濟部申請召開亞化之股東臨時會後，終於在2009年10月8日那天，經濟部之核准函[12]終於下來，許可炎洲能自行召集亞化公司之股東臨時會。當時主管機關經濟部之解釋是，亞化公司原有的內稽內控缺失並未改善，更於2009年2月27日遭受台灣證券交易所變更交易方式，列為全額交割股，因此有必要賦予亞化之少數股東召開股東臨時會之權利。也由於經濟部自行召集之許可，而使得炎洲拿到召開亞化股東臨時會之第一張入場券。

　　雖然炎洲已取得召開亞化股東臨時會之許可，但是因為沒有實際掌握亞化之經營權，根本無法取得亞化之股東名冊，而無法寄發股東會開會通知書，縱使召開股東臨時會，也會因股東會出席人數未達法律規定導致流會。過去多數敵意併購案，泰半因為無法取得股東名冊，導致股東會流會，而最終無法順利併購成功。

　　炎洲倘若欲取得亞化之股東名冊，途徑有二：從亞化內部取得抑或是從亞化股務代理之券商處取得。但因為炎洲現行與亞化之經營團隊處於敵對關係下，從亞化公司內部取得之機率根本是零，因此，在此情況下，市

---

[11] 現職為鉅業律師事務所主持律師，曾任職於國泰人壽、台灣中小企業銀行、財政部證券暨期貨管理委員會。

[12] 經濟部98年10月8日經授商字09801223790號函。

場派泰半會走「公開徵求委託書」一徑，希望達到開會人數。

惟在無法取得亞化完整股東名冊時，採取「公開徵求委託書」方法除了可能無法達到法定開會人數，再者，亦可能因為沒有通知部分股東，而面臨到「召集程序違背法令」，使得小股東得依公司法第189條規定[13]，請求法院撤銷該股東會決議，而使市場派面臨到更多風險。

因此炎洲決定不走傳統的「公開徵求委託書」途徑，而改走其他方法。炎洲之委任律師梁懷信認為，既然經濟部已經同意炎洲得自行召開股東臨時會，則亦應給予炎洲有向券商抄錄亞化股東會名冊之權利，因此，梁懷信遂以亞化大股東有召開亞化股東臨時會的權利，且此權利不應被忽略等理由，編寫出多達數十頁的申請書，向經濟部要求解釋法條，同意炎洲有向券商抄錄亞化股東會名冊之權利。

經濟部在收到炎洲之申請書後，於2009年10月底正式回函，明確做出「股東得向股代券商請求抄錄、或核對股東名冊」之解釋，並且於該解釋函令中，經濟部還強調，若公司派不配合股東臨時會之資料印製、寄發時，小股東得自行為之。經濟部做出此解釋，使得炎洲拿到召開亞化股東臨時會之第二張入場券。

除了經濟部做出炎洲得向亞化之股代券商抄錄股東名冊之解釋外，行政院金融監督管理委員會（以下簡稱金管會）亦於2009年10月13日去函[14]亞化，要求亞化依公司法、證券交易法、公開發行公司股東會議事手冊應行記載及遵行事項辦法暨公開發行公司出席股東會使用委託書規則等規定，應配合股東富立鑫公司股份有限公司（以下簡稱富立鑫公司公司）、檀兆麟先生[15]等人，辦理召集亞化股東臨時會相關事宜。金管會該函令給予亞化公司派重重一擊。

但亞化公司派亦不甘示弱，在接到金管會之該函令後，遂立即於2009

---

[13] 公司法第189條：「股東會之召集程序或其決議方法，違反法令或章程時，股東得自決議之日起三十日內，訴請法院撤銷其決議。」

[14] 行政院金融監督管理委員會98年10月13日金管證交字第0980055361號函。

[15] 炎洲公司係透過富立鑫公司公司和檀兆麟收購亞化公司之股權。

年11月13日，在公開資訊觀測站中公告聲明：「富立鑫公司股份有限公司
（代表人：蕭士光）、檀兆麟先生，於民國（下同）98年11月30日自行召
集股東臨時會違反公司法，請召集人依法重新召集事」，並提出五點聲
明，明確指出富立鑫公司公司等股東若強制召開亞化股東臨時會，可能會
違反公司法第165條之「閉鎖期間」規定。

　　惟亞化公司派之公告聲明並無強制力，因此面臨無法去暫緩富立鑫公
司、檀兆麟等如期召開亞化股東臨時會之窘境，亞化經營權變動已箭在弦
上了！

(四)亞化經營權之「變天」

　　2009年11月30日，富立鑫公司、檀兆麟，依據公司法及解釋函令，自
行召開亞化股東臨時會。當天9點2分，司儀宣布進行董監事改選投票，現
場開始出現鼓噪，亞化公司派葉斯應等人並於會議上，主張集會不合法，
並提出股東會召集程序不完整，企圖干預會議之進行。

　　惟本次亞化之股東臨時會，出席率高達82.81%，加上炎洲實際持有
亞化股權已逾40%，又加上衣治凡家族的全力支持下，炎洲實質上所掌握
之選票高達六成以上，因此，在同意與否票數上，同意總票數占出席總股
數之83.33%，超越公司法所定之門檻[16]。

　　9點25分，當司儀宣布董監當選名單會後，立即散會，連椅子都在三
分鐘之內清光，現場只留下錯愕的反對人士。

　　亞化之股東臨時會同意通過新的董監事團隊後，亦正式宣告炎洲入主
亞化成功，亞化之經營權，正式「變天」！

　　亞化之新任董監事名單，分別為炎洲代表人廖正井、李禮仲、歸行
白、亞朔代表人柳明鑫及董事李其政。監察人為旺洲建設黃宏全、謝強。
「股東臨時會」後，亞化隨後召開董事會，推選廖正井擔任亞化董事長。
2009年12月21日亞化之「股東常會」，亦確定由新任董事長廖正井主持。

---

[16] 公司法第174條：「股東會之決議，除本法另有規定外，應有代表已發行股份
　　總數過半數股東之出席，以出席股東表決權過半數之同意行之。」

　　葉斯應等公司派人士雖心有不甘，但對於亞化經營權迅速地變動，亦無可奈何，只能感嘆「孤臣無力可回天」！

肆、法律爭點與分析

一、公司派（葉斯應等）之防禦措施

(一)事實

　　2009年6月29日亞化召開股東常會，惟董事長葉斯應及其他董事皆未出席。

(二)法律分析

1.亞化未於2009年6月30日前依法召開股東常會

　　以往公司派在持股少於市場派之際，常藉由股東常會之延期召開，爭取時間以公開徵求委託書，增加公司派所持有的股份，避免公司經營權拱手讓人。惟本案公司派於2009年6月29日曾召開亞化股東常會，但因全體董事未出席而流會，另行預定於同年12月21日再次召開股東常會。

　　依據公司法第170條第2項規定：「前項股東常會應於每會計年度終了後六個月內召開。但有正當事由經報請主管機關核准者，不在此限。」我國會計年度採取曆年制，因此股東常會必須於每年的6月30日前召開，除非有但書規定之「正當事由」發生。

　　本件亞化2009年6月29日之股東常會，係因全體董事未出席而流會，除非提出董事未出席係有「正當事由」，否則董事未出席而造成股東會無法運作，應視為「無正當理由」而未於法定期限內召開股東常會，違反公司法第170條第2項法定期間之規定。

2.違法未召開股東常會之法律效果

　　依據公司法第170條第3項規定：「代表公司之董事違反前項召開期限

之規定者，處新臺幣一萬元以上五萬元以下罰鍰。」因此，未依法報請主
管機關核准而逕自延期召開之公司，僅處以新臺幣1萬元以上5萬元以下罰
鍰，處罰甚輕。

又依台灣證券交易所股份有限公司營業細則第49條之1第1項第2款[17]
規定，倘上市公司未依法定期間召開股東常會，台灣證券交易所得變更該
上市公司有價證券之交易方法，即列為「全額交割股」。本件亞化為上市
公司，故若違法，台灣證券交易所得予以變更交易方式作為處罰，影響甚
鉅。

二、市場派（炎洲、衣治凡、檀兆麟等）之攻擊措施

(一)召集程序

1.事實

亞化（公司派）於2009年6月29日經「董事會決議」通過，定於同年
12月21日召開股東常會，於同日公告股東常會停止過戶期間為98年10月23
日至12月21日，並於同年9月10日將此訊息上傳至台灣證券交易所股市公
開資訊觀測站，供投資人作為投資之參考依據。

惟亞化股東富立鑫公司、檀兆麟在得知亞化欲於同年12月21日召開
「股東常會」後，遂於同年10月13日，依據公司法第173條第2項規定，
擇定同年11月30日召集「股東臨時會」，並於同年10月13日在經濟日報等
國內各大媒體版面刊登，發布亞化將於同年11月30日召開股東臨時會之訊
息。

亞化「股東常會」過戶閉鎖期間為2009年10月23日至同年12月21
日，共計60日，富立鑫公司、檀兆麟等人召集之「股東臨時會」過戶閉
鎖期間則為2009年11月1日至同年11月30日，共計30日，造成股東常會與
臨時會之過戶閉鎖期間「部分時間重疊」。倘若有投資人（或股東）欲於

---

[17] 台灣證券交易所股份有限公司營業細則第49條之1第1項第2款：「第一上市公
司有下列情事之一者，本公司對其上市股票得列為變更交易方法：二、未於營
業年度終結後六個月內召開股東常會完畢者。」

2009年10月23日至同年10月31日間之股市交易日，從事股票買賣行為者，將會因「股東常會」之過戶閉鎖期間而無法完成過戶，進而影響投資人參與「股東臨時會」行使股東權之權益。

再者，因「股東常會」之過戶閉鎖期間而無法完成過戶，使得召集「股東臨時會」所據之股東名簿，可能與實際擁有股權之股東不同，影響股東名簿之準確性，意即參與「股東臨時會」之股東，恐非真正具有股東身分之人，讓不具有股東身分之人參與亞化「股東臨時會」決議，股東臨時會之決議效力可能有疑。

2.法律分析

(1)股東臨時會閉鎖期間之任意延長違反法定閉鎖期間規定？

依據公司法第163條第1項規定：「公司股份之轉讓，不得以章程禁止或限制之。但非於公司設立登記後，不得轉讓。」本條為「股份自由轉讓原則」之規定，一方面因為股份有限公司無如無限公司有退股制，二方面因為股份有限公司為「資合公司」，不重視股東性質，因此給予股份有限公司之股東有自由轉讓股份之權利。

惟為了確定公司該次股東會、股東臨時會或公司決定分派股息及紅利或其他利益基準日之股東身分，使股東權利義務歸屬趨於明確，公司法第165條第2項規定：「前項股東名簿記載之變更，於股東常會開會前三十日內，股東臨時會開會前十五日內，或公司決定分派股息及紅利或其他利益之基準日前五日內，不得為之。」又同條第3項規定：「公開發行股票之公司辦理第一項股東名簿記載之變更，於股東常會開會前六十日內，股東臨時會開會前三十日內，不得為之。」使得股東名簿之變更登記，在一定期限內，暫時不得為之。但股東間之股份轉讓行為仍然具有法律上效力，僅是不得以其轉讓對抗公司[18]。本條稱為公司股東名簿變更登記之「閉鎖期間」或「停止過戶期間」之規定。

---

[18] 公司法第165條第1項規定：「股份之轉讓，非將受讓人之姓名或名稱及住所或居所，記載於公司股東名簿，不得以其轉讓對抗公司。」

對於公司法「閉鎖期間」規定之效力，經濟部曾做出解釋[19]：公司法第165條第2項與第3項之規定過戶閉鎖期間，其目的係在確定該次股東會、股東臨時會或公司決定分派股息及紅利或其他利益基準日之股東身分，使權利義務之歸屬趨於明確，不致產生爭議。是以上開過戶閉鎖期間之規定，性質上係屬「強制規定」，故公司不得於章程就該等期間予以延長或縮短。

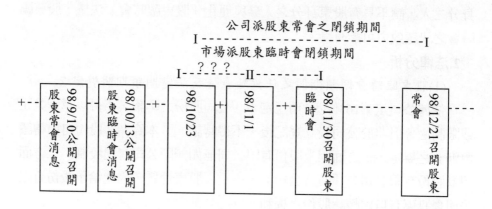

本件亞化股東依據「股份自由轉讓原則」，原本得自由轉讓股票且得為股東名簿之變更登記。因此倘站在市場派於2009年11月30日所召開之「股東臨時會」立場來看，該次股東臨時會之閉鎖期間從2009年11月1日至同年11月30日[20]這段期間，因此，在2009年11月1日之前，買賣亞化股票之股東應當不受到此段閉鎖期間限制，應得變更亞化股東名簿之登記。

然公司派所召集之「股東常會」於2009年12月21日召開，該次股東常會之閉鎖期間從2009年10月23日至同年12月21日[21]這段期間，已經涵蓋了「股東臨時會」閉鎖期間之範圍，因此，若有亞化股東於2009年10月23日至同年10月31日完成亞化股票買賣，因為正好在「股東常會」閉鎖期間

---

[19] 經濟部95年6月2日經商字第09502078440號函。

[20] 依據公司法第165條第3項規定：「公開發行股票之公司辦理第一項股東名簿記載之變更，於股東常會開會前六十日內，股東臨時會開會前三十日內，不得為之。」來計算。

[21] 同上計算基礎。

內，因此無法於亞化之股代券商處，辦理亞化股東名簿變更之登記，使得「股東臨時會」與「股東常會」所拿到的「股東名簿」係屬相同[22]，實質上等同於「股東臨時會」之閉鎖期間延長，違反公司法第165條第2項與第3項「閉鎖期間」之強制規定。

　　任意延長閉鎖期間之法律效果為何，法條並未明定。而本件公司派人士主張[23]，因為「股東臨時會」違反公司法閉鎖期間之強制規定，因此質疑該次「股東臨時會」決議之效力。

　　按民法第71條規定：「法律行為，違反強制或禁止之規定者，無效。」然而本件之爭點在於，「股東臨時會」延長法定閉鎖期間違反強制規定，造成股東權益可能受損，而非召開「股東臨時會」本身之行為違反強制規定，因此，召開「股東臨時會」之行為仍應有效，僅係「閉鎖期間之延長」無效，而不生延長之效果，故回歸公司法第165條第2項與第3項規定之期間。因此，本件市場派所召開之「股東臨時會」仍應有效，決議內容只要不違反法令或章程，則非無效[24]。

　　(2)股東臨時會成員是否具有股東之適格？

　　本件公司派人士除爭執上述爭議點，尚主張「股東臨時會」之決議股東可能並不具有股東身分，但因登記於股東名簿上而得參與決議，使得不具股東身分之人參與決議，無庸對決議內容負責，更不需負擔決議執行之後果，有違公司治理之目的。再者，實質已具備股東身分之人，但因未登記於股東名簿上而不得參與決議，亦影響其股東權之行使。因此公司派人士質疑該次「股東臨時會」決議之效力[25]。

　　公司法第165條第2項與第3項係規定公司股東名簿變更之「閉鎖期間」或「停止過戶期間」。又依據公司法第165條第1項規定：「股份之

---

[22] 臺灣集中保管結算所股份有限公司於2009年10月29日以保結股字第0980089067號函致亞化之說明欄：「三、……因貴公司股東常會之證券所有人名冊如前項所述與股東臨時會相同，故本公司不再重複編製證券所有人名冊。」

[23] 參閱亞洲化學（代號1715）2009年11月13日公告聲明稿。

[24] 公司法第191條規定：「股東會決議之內容，違反法令或章程者無效。」

[25] 參閱亞洲化學（代號1715）2009年11月13日公告聲明稿。

轉讓，非將受讓人之姓名或名稱及住所或居所，記載於公司股東名簿，不得以其轉讓對抗公司。」因此可知，在閉鎖期間內轉讓股份，仍生法律效力，僅是不得以此有效轉讓行為對抗公司，對於公司而言，其確定該次股東常會、臨時會之股東身分，或公司決定分派股息及紅利時，皆以股東名簿為準。依據本條規定可推出，公司法係允許參與會議之股東與實質持股之股東應有不同之可能性存在，為了使公司確定股東身分以便於進行召開股東會之折衷考量。據此，似乎無法直接以「參與會議之股東與實質持股之股東不同」之理由，質疑參與「股東臨時會」之股東適格性，來否定股東會議決議之效力。

誠如前述，考量「閉鎖期間」之立法目的，無法直接以「參與會議之股東與實質持股之股東不同」之理由，質疑參與「股東臨時會」之股東適格性，來否定股東會議決議之效力。惟倘若受到「別次」股東會之閉鎖期間所限制，而無法辦理股票過戶登記，因非受「本次」股東會閉鎖期間限制，似乎就不需要考量閉鎖期間的立法目的，而得直接以「股份轉讓」對抗股東會召集權人。尤有甚者，若受到「別次」股東會之閉鎖期間所限制，係可歸責於「本次」股東會召集權人，股份受讓人更應該有權以「股份轉讓」對抗本次股東會召集權人，而應得於本次股東會行使股東權利，實屬公平。

因此，2009年10月23日至同年10月31日完成亞化股票買賣者，倘具備亞化股東身分，本應有權行使亞化股東權，倘因為「股東常會」閉鎖期間而無法變更股東名簿登記，致使該些股東因而未受到「股東臨時會」之召集通知，因此未參與「股東臨時會」決議，無法行使股東權，則屬於「股東臨時會」之召集程序違反公司法第172條「召開股東會應通知各股東」[26]之規定，係屬召集程序違反法令，因此，股東得依公司法第189條[27]

---

26 公司法第172條第3項規定：「公開發行股票之公司股東常會之召集，應於三十日前通知各股東，對於持有無記名股票者，應於四十五日前公告之；公開發行股票之公司股東臨時會之召集，應於十五日前通知各股東，對於持有無記名股票者，應於三十日前公告之。」

27 公司法第189條規定：「股東會之召集程序或其決議方法，違反法令或章程

之規定，訴請撤銷該次「股東臨時會」之決議。

(二)決議方法

1.事實

公司派人士主張，亞化「股東常會」及「股東臨時會」之閉鎖期間重疊，以致「股東臨時會」之參與會議之股東未必實質持有亞化股票，因此，亞化「股東臨時會」決議在計算出席人數及股權計算上可能失真[28]。

2.法律分析

經濟部於2008年6月16日作出解釋[29]：「公司訂定停止過戶期間應避免重疊，以杜爭議。如仍有重疊情事，其所生爭議，因涉及私權，允屬司法機關認事用法範疇。」因此，經濟部並未說明閉鎖期間重疊時所生之爭議該如何解決。

如前述，倘若受到「別次」股東會之閉鎖期間所限制，且受到「別次」股東會之閉鎖期間所限制，係可歸責於「本次」股東會召集權人，股份受讓人應該有權以「股份轉讓」對抗本次股東會召集權人，而應得於本次股東會行使股東權利。

因亞化之「股東常會」及「股東臨時會」閉鎖期間重疊，使得「股東臨時會」召集權人所拿到亞化之股東名簿，實際係2009年10月22日前完成亞化股票買賣之資料。而在2009年10月23日至同年10月31日買賣亞化股票者，除了已買亞化股票者卻未受「股東臨時會」開會通知，而不能參加「股東臨時會」，因此構成「召集程序」違反法令以外，已賣亞化股票者卻反而受到開會通知而能參加「股東臨時會」，致使「股東臨時會」所通知之股東身分相當不確定，從而，在計算「股東臨時會」之出席股東人數與股東股權數時，可能並非正確，因此，是否有達法定出席股東人數，而使股東臨時會決議有效成立，則可能有疑問。

時，股東得自決議之日起三十日內，訴請法院撤銷其決議。」

[28] 參閱亞洲化學（代號1715）2009年11月13日公告聲明稿。

[29] 經濟部97年6月16日經商字第09702324440號函。

綜上所述，倘若公司派人士能證明，實際在2009年10月23日至同年10月31日買賣亞化股票之人數與持股數，相當可能致使「股東臨時會」之決議不成立，則公司派人士應得提起「確認該次股東臨時會決議不存在之訴」予以救濟。

(三)決議程序

1.事實

公司派人士主張，「股東臨時會」會議中，召集權人並未給予其他股東發言或提案機會，亦未受理臨時動議，且一公布投票結果後，便立即散會，不顧股東要求封存票櫃、驗票之請求，有違股東提案權之規定且亦有違公司治理之法理。

2.法律分析

(1)針對未給予「股東提案權」機會一事

依據公司法第172條之1第1項規定：「持有已發行股份總數百分之一以上股份之股東，得以書面向公司提出股東常會議案。但以一項為限，提案超過一項者，均不列入議案。」根據本條規定之文義，股東提案權僅得於「股東常會」，始得行使之。本件係於「股東臨時會」中主張有股東提案權，似乎不符法條「股東常會」之規定。

除此之外，經濟部更限縮「股東常會」的適用範圍，於2005年之解釋[30]中，認為因為公司法第172條之1第4項及第5項規定，將股東提案之審查權及對於未列入議案之原因說明義務，賦予董事會。是以，「非由董事會召集」之股東常會，尚無公司法第172條之1規定之適用問題。

退步言之，縱得於「股東臨時會」上主張有提案權，惟倘董事會違法不將該提案列入決議案中，違法之法效，僅有同條第6項之處罰規定：「公司負責人違反第二項或前項規定者，處新臺幣一萬元以上五萬元以下罰鍰。」處以相當輕之罰鍰，並未有其他違法法律效果之規定。

---

[30] 經濟部94年12月2日經商字第09402187390號函。

且經濟部針對此問題，僅曾於2006年5月22日做出解釋[31]：「股東提案之審查權專屬於董事會。至董事會就股東提出之全面改選董事議案，究列為討論案或備查案，公司法並無規定，允屬公司內部自治事項。具體個案，如有爭議，請循司法途徑解決。」亦未有實質解釋法律效果，故就現行法而言，本件公司派針對此問題似乎無可奈何。

(2)未受理臨時動議

依據公司法第172條第5項規定：「選任或解任董事、監察人、變更章程、公司解散、合併、分割或第一百八十五條第一項各款之事項，應在召集事由中列舉，不得以臨時動議提出。」因此可知，除了上述以外之事項，股東始有臨時動議提案權。

據此，除非本件公司派所提出之臨時動議係公司法第172條第5項規定以外之事項，否則召集權人得不受理臨時動議。

(四)實質面──經濟部應否允許召開股東臨時會？

1.事實

(1)市場派主張

亞化董事長葉斯應利用職務之便，貸與資金美金180萬元給亞化美國子公司，並且以興建光電大樓名義，預付天籟建設公司新臺幣4,725萬元，經台灣證券交易所多次催請葉斯應就上開貸、支事項說明及提供憑證資料未果，內控內稽缺失遲未改善，隨後台灣證券交易所葉斯應及其子公司內部控制之設計與執行涉有重大缺失，並對股東權益有重大影響為由，公告亞化之有價證券自2009年2月27日起，變更交易方法，即全額交割股，造成亞化股價立刻下跌，亞化股東損失慘重。再者，亞化董事長一職於5個月內更替竟高達3次，嚴重影響公司穩健經營，因此可知，原董事已不適任，應全面改選。

另外，亞化2009年6月29日「股東常會」上，董事長及董事竟怠忽職守，全未出席，經在場股東推派主席續行會議，會中有股東提案，董事會

---

[31] 經濟部95年5月22日經商字第09502071860號函。

應於同年8月底前完成召開「股東臨時會」，全面改選董事及監察人，此項議案經全體出席股東無異議通過。惟決議之後，亞化董事長葉斯應並未據上開「決議」辦理，卻另行擬於同年12月21日再次召開「股東常會」，除此之外，依據12月21日股東常會之開會通知書可知，亞化董事長葉斯應仍未將「全面改選董事及監察人」議案列入議程，故亞化董事會有「不為召集之通知」情事存在，主管機關應允許亞化股東自行召開股東臨時會。

(2)公司派主張

針對內稽內控一事，2009年4月27日委任安永會計師事務所就其內控制度專案進行審查，並於同年7月15日經董事會決議通過並施行迄今，已無所謂內控內稽缺失未改善之疑慮。

其次，2009年6月29日「續行」之股東常會議事錄，係有爭議之議事錄，故董事會未依該會議決議於8月召開股東臨時會，並無所謂「董事會未依其請求不為召集」之情事。另外，董事會早已於同年6月29日於公開資訊觀測站上，公告定於2009年12月21日召開該年度之「股東常會」，並且2009年3月11日亦早已改選董事、監察人，亦無所謂董事不適任之問題。

再者，富立鑫公司、檀兆麟等，根本無法確認是否符合公司法第173第1項規定少數股東之要件。經濟部受理富立鑫公司、檀兆麟申請自行召開「股東臨時會」之申請後，即於2009年9月3日以經授商字第09801193990號函請亞化，於同年9月15日前，就本件少數股東是否符合公司法第173條第1項規定「繼續1年以上，持有已發行股份總數百分之三以上股份」、是否「以書面記明提議改選董事及監察人事項及其理由，請求董事會召集股東臨時會」、亞化是否於本件「少數股東提出請求書面後15日內為召集股東臨時會之通知」等，檢具證據資料申復，倘逾期未申復或申復無理由，將依公司法第173條第2項規定，許可本件少數股東自行召集股東臨時會。

亞化以2009年9月14日（98）亞化字第240號函申復，因上市公司股票得自由轉讓，須於「股票停止過戶」後，始得確定各股東之持股數量，因此平時無法確認本件少數股東是否為繼續1年以上，持有其百分之三以

上股份。據此,富立鑫公司、檀兆麟是否符合提出召開臨時股東會申請的資格,根本令人存疑。惟經濟部商業司未依法進行相關查證程序,仍於同年10月8日配合富立鑫公司、檀兆麟發文,並以亞化內控內稽問題為由,逕自核准富立鑫公司、檀兆麟所申請之股東臨時會,明顯逾越法律行政規範。

綜合上述理由,公司派人士針對經濟部98年10月8日經授商字第09801223790號函,向行政院提出訴願。

(3)行政院訴願決定[32]:駁回訴願

台灣證券交易所公告,自2009年2月27日起亞化上市有價證券變更交易方法,即全額交割股,嗣依據行政院金融監督管理委員會98年10月8日證期(發)字第0980054628號函查復,以亞化迄未申請恢復其有價證券之交易方法,因此可知,迄今亞化仍屬全額交割股,顯見內控確實有疏失。另外,亞化訴願時所檢附2009年11月2日向台灣證券交易所陳報其光電與建案、禮品採購案等處理現況之說明,無礙原處分機關許可本件少數股東申請自行召集股東臨時會時,有前述內控內稽缺失仍未改善之認定。原處分機關以本件少數股東因亞化內控內稽缺失遲未改善,經台灣證券交易所變更交易方法,依公司法第173條第2項規定,申請自行召集股東臨時會改選董事及監察人案,准如所請,惟應於2009年12月31日前召開完成,逾期即失其效力之處分,核無不當。

公司法第165條第1項規定:「股份之轉讓,非將受讓人之姓名或名稱及住所或居所,記載於公司股東名簿,不得以其轉讓對抗公司。」同法第169條第3項規定:「股東名簿備置於本公司或其指定之股務代理機構……。」同法第173條第1項規定:「繼續1年以上,持有已發行股份總數百分之三以上股份……。」之認定,應由公司或其指定之股務代理機構,依股東名簿之記載查實,並函復主管機關。

公司法第165條第3項規定:「公開發行股票之公司辦理股東名簿記載之變更,於股東常會開會前60日內,股東臨時會開會前30日內,不得為

---

[32] 行政院98年11月27日院臺訴字第0980098349號訴願決定書。

之。」僅係股票過戶之限制，但非謂除此股票停止過戶期間之外，公司或其指定之股務代理機構即無從界定時點，以查實股東名簿記載之股東持股數量。因此，公司「不為查復」，非不能認定是否符合公司法第173條第1項繼續1年以上，持有已發行股份總數百分之三以上股份。亞化訴稱上市公司股票須於股票停止過戶後，始得確定各股東之持股數量云云，並不足採。

其他訴稱本件少數股東所依據之2009年6月29日股東常會議事錄，係有爭議云云，核屬得否訴請法院撤銷事項。

亞化所稱擬將改選董事及監察人議案列入2009年12月21日股東常會開會內容，迄未檢具資料以實其說，亦不足採。

2.法律分析

(1)2009年6月29日「續行」之股東常會是否合法？

依據公司法第182條之1第1項規定：「股東會由董事會召集者，其主席依第二百零八條第三項規定辦理……。」同法第208條第3項前段規定：「董事長對內為股東會、董事會及常務董事會主席，對外代表公司。」因此可知，股東會若由董事會召集時，原則上法定之主席為公司董事長。

惟為避免主席任意散會，公司法第182條之1第2項規定：「公司應訂定議事規則。股東會開會時，主席違反議事規則，宣布散會者，得以出席股東表決權過半數之同意推選一人擔任主席，繼續開會。」從而，倘主席違法散會，在場股東仍得依過半同意推選一人為主席，續行會議。此為公司法第208條第3項前段法定主席規定之例外。

本件2009年6月29日董事會召開之股東常會，本應由公司董事長葉斯應擔任主席，然該次「股東常會」並非發生如法條所規定之「主席違法散會」之情事，而係全體董事根本未出席，因公司法第182條之1第2項規定屬法定主席之例外規定，依據例外從嚴原則，本件並不符合例外情況，因此，其他在場股東無法據此規定推選其中一人擔任主席續行股東常會，從而，本件少數股東之「續行會議」，因欠缺會議主席主持會議，故該次股東常會根本無從續行，因此，之後仍繼續之股東常會違法進行，所通過之決議，應屬無效。

(2)富立鑫公司、檀兆麟等是否符合少數股東之申請要件？

公司法第173條第1項規定：「繼續一年以上，持有已發行股份總數百分之三以上股份之股東，得以書面記明提議事項及理由，請求董事會召集股東臨時會。」同條第2項規定：「前項請求提出後十五日內，董事會不為召集之通知時，股東得報經主管機關許可，自行召集。」因此，少數股東要向主管機關申請自行召集「股東臨時會」，最主要的要件有：「繼續一年以上，持有已發行股份總數百分之三以上股份之股東」向董事會請求召開與「前項請求提出後十五日內，董事會不為召集之通知時」兩者。

對於第一個「繼續一年以上，持有已發行股份總數百分之三以上股份之股東」之要件，公司派宣稱因未至「股票停止過戶期間」，而無法確定富立鑫公司、檀兆麟等是否符合該項要件，因此無法回覆經濟部「查實股東持有數與持有時間」之要求。股票「閉鎖期間」如前所述，目的係在確定該次股東會、股東臨時會或公司決定分派股息及紅利或其他利益基準日之股東身分，避免公司在辦理股東會開會事項時，股東突然轉讓或取得股票，對公司行政事務上，造成困擾。然要確定股東身分，非僅有在股票閉鎖期間內始得知悉，公司應得透過去函集保中心查證或是透過股代券商調查，仍然得以知悉少數股東是否已達持有時間一年以上、持有數量達已發行總數之3%之要件，對公司而言，查證方法眾多，應不難查實，據此，公司派之說法實難令人採信。

針對第2項「前項請求提出後十五日內，董事會不為召集之通知時」之要件而言，誠如前述，亞化2009年6月29日董事會召開之股東常會，因全體董事未出席，因此欠缺會議主席主持會議，又該次股東常會不符合公司法第182條之1第2項後段例外規定，從而根本無從續行，因此，之後仍繼續之股東常會違法進行，所通過之決議，應屬無效。

據此，本件之2009年6月29日違法續行會議所通過之決議，即亞化董事會必須於同年8月底之前，召開股東臨時會，全面改選亞化董監事之決議，當然無效，因而亞化董事會當然不需要於同年8月底前召開「股東臨時會」，故並無所謂「董事會未依其請求不為召集」之情事存在，因此根本不符合公司法第173條第2項規定之要件，從而主管機關即經濟部，不應

許可本件富立鑫公司、檀兆麟等人自行召集股東臨時會之申請，因此本件富立鑫公司、檀兆麟所召開之「股東臨時會」，應屬違法，所通過之決議亦為無效，亞化公司派應得訴請法院救濟。

伍、結論

本件炎洲敵意併購亞洲化學，屬我國國內第一件敵意併購成功之案例。究其成功之因，除了天時——2009年2月27日亞化被變更交易方式，成為全額交割股，使得股價下跌，炎洲趁勢逢低大量買進亞化股票，成為亞化之大股東。在人合方面，炎洲亦結合亞化前經營者衣治凡之勢力，使得市場派一方握有大量亞化之股票，而得順利達成股東臨時會之出席人數門檻，並且確實掌握改選董監事之同意權。

再者，最重要的，亦是多數市場派無法成功敵意併購的關鍵點在於，炎洲能找出公司法第173條第2項規定之「解釋空間」，而迫使經濟部許可炎洲自行召集股東臨時會之申請，並且依據經濟部之許可，突破以往市場派栽跟斗之處，再次迫使經濟部做出市場派得抄錄股東名冊之有利解釋。取得經濟部這兩項「風火輪」與「乾坤圈」，炎洲敵意併購亞化遂有如神助，迅速順利地取得亞化之經營權。探究本次敵意併購成功之最大功臣，炎洲之委任律師梁懷信應當之無愧。

倘若原亞化之經營者心有不甘而欲奪回亞化經營權，如葉斯應等人士，縱使訴請法院救濟，一來訴訟判決之路遙遙無期，二來縱獲得勝訴判決，亞洲化學之財務或經營狀況甚難以預料，是否具殘餘價值亦無法預知，因此，訴請法院救濟實緩不濟急。

故筆者以為，縱使如本文分析，市場派所召開之「股東臨時會」屬違法，公司派亦不能等待事後的救濟，必須在凡事既定前，立即阻止市場派「股東臨時會」之召集成功，所能採取之防禦方法，例如結合其他小股東之股份，或公開徵求委託書，使「股東臨時會」之股東出席人數不足法定要件，而使得「股東臨時會」無法成立。抑或是聘請律師蒐集證據，具狀

向法院聲請定暫時狀態之處分，禁止「股東臨時會」之召集等，避免流落本件公司派最後「孤臣無力可回天」之窘境。

　　「大江東去，浪淘盡，千古風流人物。」亞洲化學之經營權從最早的衣復恩、衣治凡、衣淑凡等衣家經營崛起，後來加入檀兆麟拓展海外市場而壯大，引起外來勢力葉斯應之覬覦而奪取經營權後，孰料，葉斯應一時未加以防備，而遭受內憂外患之夾殺，終將亞化之經營權，拱手讓與炎洲董事長李志賢。在亞化經營權不斷更迭之戲碼上，顯而可見的，仍然是人心的險惡與貪婪。現在成功者，不代表未來必然的成功，也許就是這齣戲的最佳註解。世間少有像蘇軾一般看透之人，也許成功之人，也應當去體會「人生如夢，一樽還酹江月」之感吧！

參考文獻

一、專書論著（依出版年份排序）

1.劉連煜，現代公司法，台北，新學林出版公司，3版，2008年。

2.王文宇，公司法論，台北，新學林出版公司，3版，2006年。

3.黃日燦，法律決勝負——企業併購與技術授權，台北，天下雜誌公司，初版，2004年。

二、網路資料

1.聯合新聞網，http://udn.com/NEWS/mainpage.shtml。

2.經濟部商工行政法規檢索系統，http://gcis.nat.gov.tw/elaw/query/index.htm。

3.自由時報電子報，http://www.libertytimes.com.tw/index.htm。

三、雜誌報導

1.「財經焦點—再爆經營權大戰—衣治凡家族淡出亞化」，壹週刊405期，2009年2月25日。

2.「短短三小時，經營權變天炎洲入主亞化—創敵意購併先例」，商業週刊第1151期，2009年12月13日。

3.「企業人跨界膠戰炎洲集團董事長李志賢」，壹週刊402期，2009年2月4日。

第四章 一波三折，屢敗屢戰——
電訊盈科私有化之路

伍思樺

伍思樺

不太像法律系學生的學生，

個性活潑開朗、大而化之，喜歡看電視聽音樂，

對於美食、小動物，

以及對於可愛的東西毫無抵抗力，

最大的願望是趕快達到我的夢想。

《電訊盈科下市（私有化）事件大事紀》

時間	事情	備註
2004	李澤楷遊說中國網通收購電盈未果	
2006	計畫將電盈全部核心電信資產出售給私募股權基金	中國網通認為通信營運資產不宜由海外投資為由否決
2007.4	李澤楷試圖再次將電盈出售	小股東否決
2008.2	電盈與以每股2.85港元將旗下的盈大地產私有化（26.4億）	※股東會否決
2008.11	電訊盈科的母公司盈科拓展聯合中國網通集團，向電訊盈科提出私有化的方案	提供每股作價4.2港元52.54% 共計154.9億元（10.12董事會一私有化）
2008.12	電訊盈科宣布將這個私有化的方案提價，由每股4.2元升到4.5元	
2009.1	香港獨立股評人David Webb向香港廉政公署及香港證監會舉報	匿名信 富通保險公司
2009.2.3	在股東大會的前一天，電訊盈科發表公告澄清沒有不當股份轉讓，並與富通保險沒有關係	
2009.2.4	電訊盈科股東會決議通過電訊盈科私有化	持續時間長達7個小時 法院通過
2009.2.5	小股東組成了電盈小股東大聯盟	
2009.2.6	證監會要調查投票紀錄	
2009.2.8	電盈小股東在香港街頭大遊行	
2009.2.24	證監會申請進入電盈私有化的法律程式	盈拓表示預期中
2009.4.6	香港高等法院准許電盈私有化的計畫（4.1暫停交易 每股3.98）	證監會上訴，並請求暫緩執行，但遭否決
2009.4.22	香港上訴高等法院否決了高等法院判決，否決私有化方案	
2009.5.13	盈拓表示不服判決，表示將向上訴法院聲請上訴到終審法院。	若要進入終審法院須先向上訴法院聲請上訴許可或是取得終審法院聲請上訴許可。
2009.8.19	上訴法院駁回電盈私有化上訴聲請許可	
2009.9.17	李澤楷表示對於電盈私有化放棄向終審法院聲請上訴。	
2010.2.21	香港警方在李澤楷的香港三處寓所及旗下的控股公司進行了搜查	涉嫌電訊盈科私有化操縱股價

壹、前言

　　電訊盈科被稱為香港的中華電信，前身是香港電訊，既然被稱為香港的中華電信，所以在香港中，其電訊市占率很高，同時香港許多小市民手中都持有電訊盈科的股票，因為他們認為可以持有這張股票到老，就像臺灣人民買中華電信的股票一樣，目的在於領股息，長期投資，只是，電訊盈科的主席，李澤楷，對於事業有極大的野心，同時不太喜歡一成不變的事物，觀察其以前的投資，通常一間公司在他手上不會停留太久，電訊盈科對他來說，應該只是一項投資，而非長期經營，因此，2006年當有人欲收購電訊盈科的股份時，以及麥格里和新橋資本亦表示想要收購該公司的業務時，李澤楷都有極大的意願，未料，電訊盈科和其他公司不同，因為有一群為數不小的小股東使得擺脫電訊盈科之路途，一路走來，一波三折。

　　不過，依照李澤楷對於事業有極大野心的個性，經過這一段慘痛的經驗，深刻瞭解到，要擺脫電訊盈科，必須先要將電訊盈科私有化（也就是下市），但是私有化要成功，則又是另一個問題，對於電訊盈科這間公司來說，私有化會面臨到最大的問題，即在於那一群小股東們，以及香港相關之法律規定，到底這次私有化會不會成功？李澤楷會不會成功？對於很多人來說，都是很熱切關注的事情，本文將介紹電訊盈科此次私有化事件的過程並提出相關法律問題進而為詳細探討分析，最後，針對此次事件作一整體性之結論，以期能夠有一全盤瞭解。

貳、案例事實

一、當事人

(一)電訊盈科

　　電訊盈科的前身是香港電訊公司，[1]最早在1979年於香港成立，一開始是私人公司，直到1994年10月18日，在紐約股票交易所以存託憑證（American Depositary Receipt, ADR）的方式上市，現在已撤銷上市，2000年因為香港電訊的母公司英國大東電報局有意接受新加坡電信有限公司收購香港電訊的建議，但當時中央政府案是反對將香港電訊售予外資，隨後盈科數碼動力有限公司加入競爭，最後盈科數碼動力有限公司在110億美元的超額借貸下脫穎而出[2]，成功的在該年8月收購香港電訊，更名為電訊盈科，在香港交易所上市，股票代號008，俗稱八號仔。

　　電訊盈科，目前授權資本額25億（港幣）[3]，主席為香港首富的次子李澤楷，副主席為艾維朗，其主要業務為提供電訊服務，互聯網及多媒體服務，銷售及租賃器材，及其他技術服務。投資及發展基礎建設，物業及科技相關業務。而在電訊服務這一方面，包含固網、寬頻網路服務、寬頻電視及流動通訊服務，其業務主要範圍遍及香港、大陸、亞洲，由於電訊盈科在市場上有很高的市占率，因此可以說是香港的中華電信。

---

[1]　香港電訊有限公司也是由香港電話有限公司和，大東電報局（香港）有限公司於1988年合併而成立。

[2]　盈科動力數碼有限公司，前身為盈科拓展，為李澤楷於1993年10月創立的投資公司，在1999年5月以盈科拓展部分資金注入得信佳集團有限公司，盈科拓展成為得信佳公司的最大股東，並把得信佳公司更名為盈科數碼動力公司，盈科拓展得以在香港借殼上市。

[3]　資料來源：http://www.hkex.com.hk/chi/invest/company/profile_page_c.asp?WidCoID=008&WidCoAbbName=&Month=&langcode=c（最後參訪日期：2010.10.25）香港交易所網站，因為法定股本是100億，票面金額是港幣0.25元，目前已發行股數為72億股，而市值為200多億。

(二)富通保險

　　富通保險（亞洲）有限公司，前身為盈科保險集團有限公司，1994年，李澤楷旗下的盈科拓展收購海裕集團，海裕集團旗下有鵬利保險，1999年鵬利保險更名為盈科保險，並於當年7月於港交所上市，當時主席是袁天凡，大股東為李澤楷。直到2007年3月，富通集團向盈科拓展收購過半數股權，到該年6月富通集團宣布已2007年6月富通集團宣布已持有4.01多億股，因此富通將持有盈科保險的98.59%的股權並將盈保下市。交易完成後更名為Fortis Asia Holdings Limited（富通亞洲控股有限公司）。目前的主席是司徒富瑞，其主要業務是個人壽險、團體保險及資產管理。

(三)李澤楷（Richard Li）

　　李澤楷，1966年11月8日出生，為香港首富李嘉誠的次子，曾就讀美國史丹佛大學，其個性相較於其兄李澤鉅較為敢衝，因此並未如同其兄一樣接掌父親的事業，而是自創事業，1991年，李澤楷回港投資4億美元創立star TV[4]，1993年創立盈科拓展，1994年於新加坡使盈科拓展借殼上市。到1998年憑著一個數碼港的計畫，李澤楷從香港政府手中免費取得64英畝的土地，並免費取得租界獨家開發權，1999年取得一間上市空殼公司──「得信佳」控制權後，李澤楷將得信佳更名為盈科數碼動力有限公司，主要從事高科技業務，成功實現借殼上市的計畫。2000年又以槓桿收購香港電訊，並在8月時後，將盈科數碼動力有限公司合併更名為電訊盈科，並出任總裁，但2003年卻卸任電訊盈科總裁，在2006年收購信報五成股份，而出售電盈全數股份。目前為電訊盈科主席，並兼任東亞銀行非常務董事。

　　李澤楷除了在事業積極衝刺外，在感情生活上亦是媒體追逐的新聞，其最為人知曉的一段愛情是2006年和混血美女碩士羅愛欣2年的高調交往，但在2008年底卻傳出和香港英皇集團的藝人梁洛施交往，並於2009

---

[4]　Star TV在1993年轉讓給傳媒大王梅鐸，據報載售價是9.5億美元，而當時李嘉誠投資的金額是1.25億美元，因此替李澤楷賺取第一桶金。

年在加拿大生下一子，取名李長治，2010年又在國外生下雙胞胎2子，不過，2011年年初兩人卻又宣告分道揚鑣。

(四)袁天凡

1952年出生於上海，是盈科動力高層，深得李嘉誠和李澤楷重用，是李家能的御用軍師，1976年於芝加哥大學經濟系畢業後，到香港大學任教，1977年轉任到香港匯豐銀行債券部工作，8年內便晉升到財務部，1985年成了財務部主管。1988年出任香港聯合交易所的總裁，1991年辭任，任恆昌行的總裁，但因細故憤而辭任，1992年和老同事杜輝廉、梁伯韜的百富勤合夥創辦天豐投資公司，當時李嘉誠認購了9.6%的股份。直到1994年又任盈科保險的總裁，1996年任盈科拓展副總裁。而2009年由李澤楷宣布，由其接任信報社長。

(五)林孝華

林孝華為富通保險區域總監，和袁天凡為本次電訊盈科下市（私有化）事件的主要角色，在此下市（私有化）事件爆發之後，富通保險表示和林孝華終止委任關係，並遭富通保險公司追討3100萬元。

二、背景

事實上，電訊盈科香港人的心目中，相當於台灣人對中華電信的看法，但自香港電訊和盈科動力合併之後，對於香港廣大持有以前香港電訊股票的人民，以前認為持有香港電訊股票是一件很幸福的事，因可一直將該股票放著不賣出，除了當作投資，幾乎是穩賺不賠外，也可以當作定存，固定領取比銀行利息還高的股利，自從香港電訊和盈科動力合併後，因為其合併效益不好，因此該公司股價直直跌落，2000年到2006年共跌了95%，而手上持有股票的小股東對此結果感到憤怒。

依照李澤楷以往從事商業行為方式的慣例來看，若其收購一家公司後，基本上都不會讓該家公司停留在自己手上太久，大約幾年後就會以高價換手，後再收購其他公司，或是讓其下市（私有化），是故此次李澤楷

欲將電訊盈科下市（私有化）亦非意料外之事。

電訊盈科下市（私有化）事件自2004年就展開了，首先一開始，李澤楷遊說中國網通[5]收購電訊盈科，卻沒有結果，[6]但到了2005年中國網通集團宣布收購電訊盈科約兩成股份，成為電訊盈科第二大股東，2006年時，李澤楷又引進麥格理集團和美國私募基金新橋資本，有意收購電訊盈科大部分電訊及媒體資產，但不涉及收購電盈股權，作價約為550億至600億港元之間。然而當時身為電訊盈科第二大股東的中國網通集團卻表示反對，理由係因中國網通集團當年收購電訊盈科的股份時，兩方有簽訂協議約定若是牽涉到電訊盈科控制權移轉的情形，需要得到中國網通的同意，雖然和麥格里以及新橋資本的交易僅牽涉到電訊盈科的資產，根本不需要中國網通集團同意，即使反對亦無效力，不過中國網通集團透過中國國家信息產業部表示電信產業不宜由外資擁有，否則會影響到國家利益和安全，可見就國家和政治層面上考量都表示不贊成。

直到該年7月10日，[7]花旗集團顧問梁伯韜卻出來表示，由其公司斥資91.6億港元收購盈科拓展所持有電訊盈科23%的股權，每股作價港幣6元，而李澤楷又拿出私人資金，約14億港元作為特別股股利給予股東，但因為股東們認為那些特別股的股利不及那些以600億港元被出售的資產，因此在電訊盈科隔天開盤後股價反而跌落到港幣5.11元，後天一度跌破5元，中國網通也在同日下跌5.15%。同時，雖然李澤楷是盈科拓展的大股東，但是因為梁伯韜當初收購股份的資金來自於李嘉誠，對於新加坡交易所來說，認為這是一種關係人交易，所以李澤楷在接下來的資產出售交易中，因法令規定而失去了投票權。

5　中國網絡通路集團公司，為中國大型電信企業公司，2008年10月15日和中國聯通公司合併，名稱為中國聯合網路電信公司，官方網站：http://www.cnc.cn

6　參閱經濟觀察報，2008年9月15日第38版，第二頁。

7　以下資料來源：新華網，http://news.xinhuanet.com/newscenter/2006-07/11/content_4815653.htm（最後參訪日期：2010年10月25日）

　　11月中，梁伯韜公布的資產買家中，其中包括了李嘉誠基金會，[8]而這件事引起李澤楷不滿，表示樂見收購方案被盈科拓展被股東否決，最終11月30日在股東會上以76.3%反對票而交易失敗。此次即為2006年電訊盈科想要下市（私有化）的前奏曲──收購事件。

　　當然，到2007年4月李澤楷又試圖將電訊盈科出售，其中還有存在中東的投資者，只是都遭股東會否決。當然一再失敗不可能讓李澤楷氣餒，依照他敢衝的個性，一定會想辦法讓電訊盈科出售成功或是下市（私有化）的，於是2008年啟動了電訊盈科下市（私有化）事件，以下遂將介紹此次事件之過程。

三、事實過程

　　關於電訊盈科這一次打算下市（私有化）的計畫始於2008年2月的時候，李澤楷試圖將旗下的盈大地產下市（私有化），電訊盈科打算以每股現金作價2.85港元，提出讓盈大地產下市（私有化），大約需要2.64億港元，但因為法律規定需要股東會同意及法院同意始可，而在該年4月17日卻遭到股東會否決。

　　5月份的時候，李澤楷又再次打算將旗下電訊服務重組至一家新註冊成立的控股公司HKT Group Holding Limited（HKT）旗下，及邀請投資者就收購HKT最多45%股權的計畫對董事會提交建議方案，並通過董事會決議而開始實行。[9]未料在10中旬時，電訊盈科表示雖收到許多競投書，但市場轉壞，影響那些競投書的方案，應此董事會決議通過中止出售HKT股權，但是仍會按照計畫進行業務重組，並提取最近獲得238億港元新貸

8　李嘉誠基金會有限公司成立於1980年，主要捐款於醫療、教育、文化等其他公益事業。其主要資料請參考網站：http://www.lksf.org/en/

9　資料來源：電訊盈科2008.5.29發布新聞稿，並表示董事會決議通過，來自電訊盈科網站http://www.pccw.com/About+PCCW/Investor+Relations/Announcements+%26+Notices?language=zh_HK&sdate=20080501&edate=20080531（最後參訪日期：2010年10月25日）

款融資安排。[10]事隔兩天，電訊盈科及其主要股東盈科拓展臨時表示今天不進行股市交易，表示有待發出一項重大消息。[11]自上可知，下市（私有化）的計畫正在醞釀，而李澤楷若要成功，必須先要有整體計畫，否則下市（私有化）的機率幾乎微乎其微。自此即為事件之開端而以下將針對2008年到2009年下市（私有化）事件分為幾部分描述，首先是下市（私有化）計畫，再來是法院會議和股東大會過程，其次揭開啟人疑竇的股份移轉過程，最後當然係電訊盈科針對股份移轉部分的調查，以期讀者能夠對事實有全盤瞭解。

(一)下市（私有化）的計畫

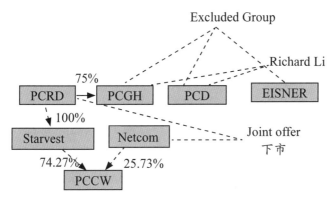

圖4-1

●圖示說明：PCRD是盈科拓展（當時僅持有22.54%的股份，圖為下市後的持有股權）PCGH（為PCRD持有75%的子公司）和PCD以及EISNER是由李澤楷所建立的，而Starvest是PCRD的100%持有的子公司，Net com是中國網通集團，當時持有電訊盈科19.84%的股權，其中盈科拓展和中國網通是此次計畫的主事者，所以稱作Joint Offer,其他為次要協助者，所以稱作Excluded Group.

---

[10] http://www.mpinews.com/ 明報即時新聞網2008.10.12 （最後參訪日期：2010年10月25日）

[11] 參閱電訊盈科和盈科拓展的公報，來自電訊盈科網站 http://www.pccw.com/。

　　2008年10月30日，匯豐銀行以盈科拓展和starvest的財務顧問表示，正在考慮根據香港公司條例的規定，以協議的方式安排將電訊盈科下市可能性，而盈科拓展和中國網通集團進行協商，打算聯合將電訊盈科下市（私有化），[12]爾後，盈科拓展及中國網通打算以每股4.2港元作價，聯手（下市）私有化電訊盈科，根據11月3日的協議，若是交易成功後，前者占有電訊盈科74.27%的股份，後者則是25.73%，[13]由於當時停止交易的市價是每股2.75港元，此作價的溢價達52.73%，較停止交易前的180個交易日平均收盤價4.64元折讓約9.48%，電訊盈科表示可讓股東投資套利。

　　又其中此次交易總金額為154.9億，[14]其中115.5億將由Starvest支付，這筆金額將向匯豐銀行借貸，39.8億將由中國網通集團負責。[15]若交易成功，20天內，電訊盈科將向盈科拓展、中國網通和PCD、PCGH、Eisner等發放181億多到187億的現金股息（每股4.5元），而股息資金來源，來自電訊盈科重組而成立的新公司HKT之前獲得的238億港元貸款。

　　此次估計關於下市（私有化）的成本，不包含之後盈科拓展和中國網通集團負債提升的部分，大約是2.5億港元，若是成功，則由盈科拓展和中國網通負擔，但若是失敗則由電訊盈科負擔。[16]有證券商表示，下市（私有化）的機會不大，因為4.2港元的價格較市場預期的5港元為低，且下市（私有化）後，大股東會將之前的融資當作股息收取，會引起小股東們不滿；當然也有證券商採較為正面的看法。[17]

　　之後，2008年11月15日，香港交易所資料顯示，電訊盈科主席李澤楷於11月12日增加持有股份717萬股，每股平均價格為3.486港元，有認為此

---

[12] 來自電訊盈科公報，來自電訊盈科網站http://www.pccw.com/。

[13] See HCMP NO.2382 of 2008 ,at 4。

[14] 之後的價格變成4.5元一股。

[15] See HCMP NO.2382 of 2008, at 4。

[16] 依照協議的內容，其中的條件是，必須如果計畫沒有被獨立董事會否決，且不被財務顧問認為不公平或是不合理而不向獨立董事會推薦，且沒有被股東會否決，才算成功。

[17] 參閱香港文匯報，2008年11月6日。

價格較下市（私有化）的價格4.2元低17%，可使李澤楷降低下市（私有化）成本外，也可增加股權提高下市的機會。[18]

(二)會議過程

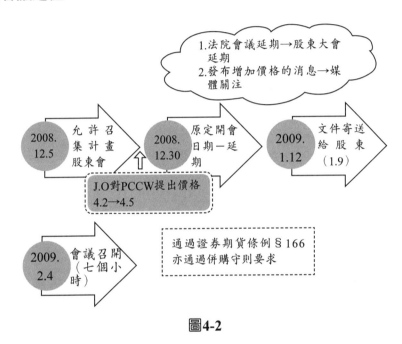

圖4-2

依照香港公司條例第166條規定和公司合併收購守則規定，[19]若是要

---

[18] 參閱香港明報，2008年11月15日。

[19] 《公司條例》第166條，有關公司須先向法院提出申請，並按法院指示的方式召開會議，以表決擬議的協議安排。而於該會議上，有關的協議安排除必須獲得四分之三親自出席或委派代表出席並投票的股權支持外，亦須同時得到超過半數親自出席或委派代表出席並投票的股東同意，而當有關的表決獲法院認許後，該項協議安排才能生效。以及《公司收購、合併守則》第2.10條亦進一步要求，任何人如擬利用協議安排取得一家公司或將一家公司私有化，有關協議除了須符合法律所施加的任何投票規定外，亦須召開與提出有關計劃沒有利害關係的股東會議，該項計劃必須獲得親身或委派代表出席的股東投票批准，而附於該等無利害關係股份的投票權須至少達百分之七十五。同時，在有關股東大會上，投票反對批准有關決議的票數，不得超過該類股份投票權的百分之十。

協議下市（私有化）除了遵守決議的門檻外，還要經過法院認許，另外不同於台灣法令規定，還有法院會議，而在2008年12月5日，電訊盈科被允許可以召開法院會議和股東會，隔天，電訊盈科的兩大股東，就向其他股東發出召開股東會通知書，裡面包含了下市（私有化）的協議文件，原訂12月30日進行法院會議和股東會，並在2009年1月14日中止上市。[20]

　　但是在這段時間中，雖有認為價格太低，但李澤楷表示認為下市（私有化）方案應該會通過，因此暫不考慮調升價格，而香港電訊管理局的新聞稿亦表示電訊盈科即使下市（私有化）不會大幅減少香港電訊市場競爭的效果，因此對於下市（私有化）表示同意。於是在12月29日新加坡盈科拓展的股東會上率先通過電訊盈科下市（私有化）的協議。沒想到隔天，電訊盈科下市（私有化）的法院會議上，此次的會議主席霍德，突然宣布私有化價格提高到4.5港元，為此須給小股東考慮的時間，所以必須表決延期召開法院會議和股東會，當然這兩項建議都高票通過。而股東們將在增補文件寄出21天後再對此次協議作表決。[21]而後，2009年1月12日，電訊盈科公布，法院會議和股東會將在2月4日舉行，而補充文件已在1月9日寄給股東，又補充文件中，電訊盈科的獨立財務股問表示建議股東們接受下市（私有化）的建議，認為可以使股東換取現金。

　　2009年2月4日，電訊盈科舉行法院會議，其中持約13億股的1403名股東投贊成票，持有約2.8億股的854名股東投反對票。換言之，有62.16%股東人數及82%的票數支持私有化高於50%股東人數及75%票數的要求。此外，反對票數只佔可投票獨立股東的8%，低於不能超過10%反對的要

---

[20] 參閱香港商報，2008年12月8日，另外其中股東會通知書指出，電訊盈科股份表現在過去兩年一直落後於市場，下市可提供股東套現的機會，且兩大股東經過此次交易後，需承受相當高的負債，同時4.2港元的價格是一個非常合適的價格。

[21] 參閱香港文匯報2008年12月31日。至於為何突然提高價格，兩方大股東都未做回應，但表示此為特殊例外情形。另外，因為提高價格，所以下市的總價格提升到165億5千多萬，而兩大股東獲派的現金股息也提升到187億8千多億元。

求。而隨後舉行的股東大會上贊成的票數高達94%，反對票不足6%。[22]
儘管已通過法院會議和股東會，但仍必須等到2月24日法院認許通過後始
可，若是認許通過，最快25日就可以中止上市，但其實在這一天的會議足
足召開了七個小時，且實際上會議召開的前幾天，因為市場上傳出這段時
間有股份不當轉讓的傳言，電訊盈科在2日時候暫時在股市停止交易，3日
中午重新交易後，4日當天又因會議停止交易，其實當天早上九點半在表
決下市（私有化）前，有出席的股東即有要求延期會議，直到證監會調查
完「種票」嫌疑為止，但是這個要求最後遭73.54%反對，所以會議如期
舉行，同時，香港證監會另派人出席電訊盈科股東會，監察整個會議的投
票過程，並在會議結束後取走投票紀錄，至於之後如何處理，證監會表示
不予置評。[23]

　　隔天，電訊盈科10多名小股東前往證監會提交請願書，要求證監會徹
查投票紀錄，又質疑投票過程是否公平，此外，證監會證實有收到少數關
於電訊盈科下市（私有化）的查詢和投訴。

(三)股份移轉過程

1. 引起注意

　　電訊盈科下市（私有化）的協議，對於香港廣大擁有其股份的股民
來說，大多數都是不同意的，但為何最後不論是法院會議和股東會都會通
過，實在很耐人尋味，且在股東會前的一段時間，傳出有不當股份轉讓的
嫌疑，因此有人懷疑這是李澤楷等人為了達成讓會議通過而有操縱股價的
嫌疑，香港稱為「種票」，於是即有不利公司的傳言出來。

---

[22] 參閱香港經濟日報2009年2月5日，同時香港對於投票數的算法，和台灣不同台
灣僅算股份數，但是香港還要算人頭數，亦即以人數為主。

[23] 參閱香港大公報，2009年2月5日。

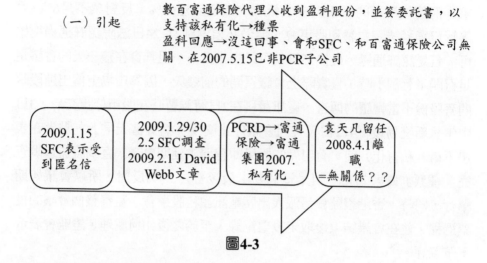

（一）引起　數百富通保險代理人收到盈科股份，並簽委託書，以支持該私有化→種票

盈科回應→沒這回事、會和SFC、和百富通保險公司無關、在2007.5.15已非PCR子公司

圖4-3

　　會開始引起注意，主要是起於2009年1月15日證監會表示有收到匿名信表示有人計畫向富通保險提供電訊盈科股份做為報酬，但要富通保險經紀人在委託書上簽名，以支持電訊盈科下市（私有化）的計畫，若是下市（私有化）計劃成功後，經紀人就可以獲得4500港元的報酬，於是香港證監會在月底時開始介入調查。

　　同時，在2月1日香港一名針對股市作評論的作者David Webb在其網站發表文章，表示他翻查過1月21日股份過戶處的電盈股東名冊，抽查其中30個新登記持一手，即1000股的股東名單，上述30位股東當中，根據香港保險業聯會的保險代理登記冊，有20人的名字與富通保險的保險經紀人名字相同。不僅如此，另有2人填寫的地址，也與富通保險在旺角的辦公室地址相同。David Webb推算，當天有約數百以至1000名富通保險經紀「巧合」地新登記為電盈股東。他懷疑有人欲操控投票結果，支持通過議案。[24]

　　當然，對此消息，電訊盈科表示，注意到最近有報章報導指有人試圖

---

[24] 摘自David Webb網站，http://webb-site.com/但原本文章已被移除，因此筆者是自http://yfile.mysinablog.com/index.php?op=ViewArticle&articleId=1561720查到的。

影響電盈下市（私有化）方案投票結果，電盈現正在調查，包括審閱2008年12月至2009年1月期間的電盈股東名冊，因涉及大量資料，所以需要時間調查。電盈並確認，從未持有任何富通保險的股份，而富通保險的控股公司富通亞洲控股於2007年5月15日起，不再為盈科拓展的附屬公司。然而，雖然富通保險已成為富通集團的公司，但是當時袁天凡卻留任，直到2008年4月1日始離職，所以是否真的如電訊盈科所稱的兩者之間沒關係，啟人疑竇。

2. 宣布下市（私有化）方案後股份移轉——透過香港中央結算系統

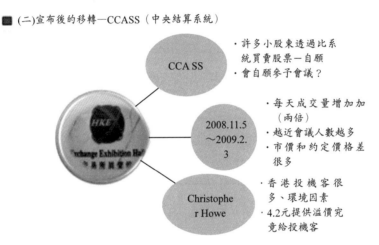

■ (二)宣布後的移轉—CCASS（中央結算系統）

CCASS
- 許多小股東透過比系統買賣股票—自願
- 會自願參予會議？

2008.11.5～2009.2.3
- 每天成交量增加加（兩倍）
- 越近會議人數越多
- 市價和約定價格差很多

Christopher Howe
- 香港投機客很多、環境因素
- 4.2元提供溢價究竟給投機客

　　一般來說，股東都可以透過證券經紀商進行股份買賣交易，然後證券經紀商為中央結算交易系統的參與者，而中央結算交易系統為一個專為在香港聯交所上市的證券買賣而設的電腦化交易系統。根據中央結算系統的統計，在2008年11月5日～2009年2月3日電訊盈科共有21億多股份進行交易，但在宣布下市（私有化）方案之後，每天平均的交易量是3600萬港元，以往只有1800萬，也就是多了兩倍，[25]越接近股東會交易量就越大，其中，在1月21日及23日突然有300多名持有1000股的股東，將其自他人受讓的股份改為直接持有，又令人匪夷所思的是，其中超過100名股東的名

---

[25] See HCMP NO.2382 of 2008,at 14。

字竟和富通保險經紀人的名字相同。[26]

　　同時，有報導指富通保險在春節前夕向部分員工贈送電盈股份，並暗示接收者投票應支持下市（私有化）方案。富通保險發言人否認其事，並指出公司一向沒有向員工派發電盈股份作為分紅的制度，而現正徹查事件。[27]並且有傳媒發現電盈的股東名冊上有一批友邦和保誠保險經紀人的名字，均為電盈下市（私有化）前夕才持有電盈股份，但證監會未對事件作出正面回應。[28]

　　另上述表示在2日電訊盈科暫時停止交易，當時股價3.87元，隔天繼續交易時，股價漲了7.75%，來到4.17港元。

　　針對此，盈科拓展的獨立財務顧問，Christopher Howe表示，大量交易很正常，因為香港投機客很多，而且加上當時盈科拓展不利傳言甚囂塵土，以及劇烈的股市波動，同時一開始以4.2元到現在4.5元平均來說有2～6%的套利空間，當然會有較大的交易量。[29]

(四)公司自己調查

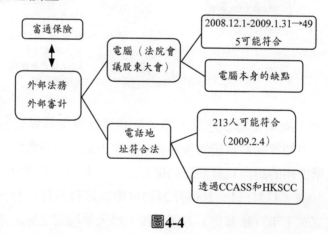

圖4-4

---

[26] 參閱香港經濟日報，2009年1月30。

[27] 參閱香港成報，2009年2月7日。

[28] 參閱香港文匯報，2009年2月10日。

[29] See HCMP NO.2382 of 2008，at 15。

　　當然，電訊盈科針對市場上「種票」或是操縱股價傳聞不斷，也不可能坐以待斃，因此電盈又表示，將於2月24日法院決定是否認許時，報告其檢查2008年12月至2011年1月期間股東名冊的，以及電盈是否發現有任何不當股份轉讓的證據結果，而有關結果或許會影響法院會議的投票結果。

　　於是，依照電訊盈科針對富通保險經紀人調查的結果，透過公司委託法務和審計人員首先利用電腦所記錄的股東名冊以及2008年12月1日～2009年1月31日之間有關富通保險經紀人的交易，發現可能會有49人符合，因為電腦本身有其限制，例如，如果富通保險利用人頭或是富通保險本身也可能利用其他轉投資公司等等，因為非以富通保險的名義，所以不一定查得到，於是，電訊盈科又利用了電話地址符合法，也就是利用富通保險公司所註冊電話地址去找尋可能符合的人，發現在2009年2月4日有213人登記成為電訊盈科的股東，而這些人都是透過中央結算系統以及香港結算系統交易成為股東的。

(五)小結

　　對於電訊盈科來說，下市（私有化）這件事情原本對於李澤楷來說可能只是他的一個商業行為而已，因為其總是重複著這樣的手段，然而這次似乎踢到鐵板了，其大概也未料想到會有這麼多節外生枝的事情產生，而對於香港廣大擁有電訊盈科股份的股民來說，因為他們期待有天手上的股份可以回到之前的價格，或是領著股息安享晚年，一旦下市（私有化）根本等於剝奪了他們的期待。在電訊盈科股東大會前，曾有新聞做了訪問，發現其實大多數的股民根本不希望電訊盈科下市（私有化），未料到了法院會議和股東大會的時候，卻都高票贊成，如此大的轉變，可見其中事有蹊翹。

　　因此，在股東會之後隔天，即有10多名電訊盈科小股東前往證監會請求證監會調查投票紀錄，2月8日甚至有近百名電訊盈科小股東發起遊行，批評電訊盈科在種票疑雲未解下就通過下市（私有化）方案，並督促證監會趕緊撤查整個事件，同時主張有必要時向法院提出延後針對下市（私有

化）方案開庭認許。[30]同月15日，30名小股東，在電訊盈科總部大樓外抗議，不滿電訊盈科在股東會沒有提供清晰投票指示，導致部分股東無法取得投票表格，同時並表示下市（私有化）對他們並沒有直接受惠，因為是大股東獲得股息而非小股東，另外要求見電訊盈科管理階層，並促請電訊盈科公開針對「種票」事件調查結果。[31]由以上可知，電訊盈科若要真的下市（私有化），就實質面上來說難如登天，畢竟光是針對小股東們就無法解決了。

參、公權力介入

一、證監會調查

證監會根據證券及期貨條例（Cap.571）的規定，針對此次不當股份移轉過程進行調查，證監會調查分成好幾部分，以下將介紹之。[32]

(一)第一階段

此一階段，證監會先調查和電訊盈科有關的人，其調查的人數不少，其中被約談的有95人，但潛在人數有700人以上，關於股份移轉以及投票的部分，他們發現在2008年10月30日時，電訊盈科的股東們，895人中有829人會對電訊盈科下市（私有化）方案投反對票，等於是96.5%的人會反對，這裡讓證監會起了懷疑，因為若是這麼多人反對，為何最後法院會議和股東會為何會高票通過，而在宣布下市（私有化）方案後，有1288人登記成為股東，其中940人在2008年12月30日日後成為股東的，又其中772人只有一千股，772人中有726個人係登記在宣布延期召開會議

---

[30] 參閱香港經濟日報，2009年2月9日。

[31] 參閱香港經濟日報，2009年2月16日。

[32] 以下資料，整理自See HCMP NO.2382 of 2008，at 21- 52。

後，這726個人就是證監會要調查主要對象，於是證監會針對這726個人開始做調查。

　　後來，證監會發現這個726個人其實來自於中央結算系統的五個會員中，分別是New pont、Kinston、Chung Nam、Success、Radland，其中分別掌握494人、38人、132人、29人、18人，其中Kinston和Success的38人和29人，是在2008年12月30日～2009年1月30日成為股東的，而Chung Nam、Radland兩家其實是有關係的。

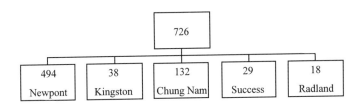

(二)第二階段

　　此一階段，證監會開始針對每一家做仔細的調查，關於其調查的結果敘述於下。

1. Nepont（新邦證券）

　　這一家主要由林孝華主導，首先其在2009年1月5日買了500000股，然後將大部分移轉給494人並登記成這些人的名字，其中335人為富通保險經紀人、101人無法查證、9人可能是店員、秘書、招待員、12人是富通保險經紀人的配偶或是親戚、37人是朋友，又同時和這335名保險經紀人表示要簽委託書並支持下市（私有化）方案。

　　而林孝華的秘書是他的姊姊林孝玉，從袁天凡的秘書Lesley Wai那邊拿走5、600分的委託書表格，然後林玉華負責收取委託書，但因為袁天凡的秘書2009年2月11日離開，直到4月9日才會回來，這段時間試圖連絡都失敗。另外，林孝華和袁天凡在2008年12月30日、2009年1月5日及2009年1月27、28日都有通過電話，第一通表示電訊盈科打算要延後召開法院會議以及股東會，因為擔心股東對於4.2元的價格不滿意而無法通過，萬

一未通過,電訊盈科要一年以後才能再提私有化,第二通袁天凡打給林孝華,而林孝華未接,其後回電後,當天,也就是2009年1月5日即買入電訊盈科股票,大約175萬港元,因為股份之後給予其他人,因此證監會認為有種票和操縱股價的嫌疑。第三通,林孝華打給袁天凡,但不是用平常用的電話號碼,證監會懷疑兩人有隱瞞事情,袁天凡解釋這號碼是任職盈科保險所使用的,他根本沒有使用,也不知道林孝華有在裡面留言,不過很奇怪的是,2009年2月4日會議召開前,袁天凡傳簡訊給林孝華。

又證監會覺得很不合邏輯的是,2009年1月1日到7日林孝華買進240萬股,而那個時候股價還下跌至3.5元,林孝華已經十年未買,為何現在要買進這麼多股份?這些股份有包括上述的50萬股,而2008年11月富通保險有承諾給於林孝華500萬港元紅利,而2009年2月有先給予190萬,林孝華之下有1000保險經紀人,富通保險並未禁止他給予其下之經紀人股份。

2009年1月7日林孝華通知富通保險經紀人關於私有化的價格,並將這些股份透過林孝玉將股份移轉他人,但實際上這些人並沒有真的拿到股份。

2. Chung Nam(中南證券)、Radland(金江公司)

此以莊有堅為主,同時莊有堅也是Radland(金江公司)的股東,首先2008.12.4～2008.12.17中南的客戶Smart Jump公司獲得了1400多萬股份,[33]另外,中南證券的另一個客戶,Main purpose公司,亦在2008年12月5日獲得2730多萬股份,[34]而2009年1月13日和1月21日中南證券的員工和莊有堅的朋友和客戶被指示買入電訊盈科的股票,大約有132名,並且指示他們簽委託書支持電訊盈科下市(私有化)方案。

3. Kingston(金利豐公司)

李月華是主要的董事,同時也是Golden Resort的經營階層和大股東,在2009年1月13、14及22日總共買入了230萬股,在1月20日時,李月華又

---

[33] Smart Jump公司是由一家Willie International Holding Limited所百分之百持有的公司,而Willie International Holding Limited的主席兼大股東是莊有堅的哥哥。

[34] Main purpose公司是GR Vietnam Holdings Limited百分之買持有的子公司,其主席是莊有堅的朋友。

指示兩間公司的員工和員工的家人會議召開前買入1000股到3000股的股份，大約175人買入。

4. Success（實得證券）

馬錦華是實得證券的會計長也是主要的管理者，2009年1月12日買入15000股，其留下1000股，其他則給予親戚或是認識的人，總共14人並且表示要簽委託書表示贊成私有化方案，後又告訴他的客戶陳應玉在2009年1月9日及13日各買入1000股和6000股股份，後面那6000股是以朋友和家人名義登記的，但實際上並未給這些人股票。

5. 小結

證監會後來調查完畢之後，認為就投票當天的情形中，其中849張贊成票涉有操縱的嫌疑，而袁天凡、林孝華是主要的計畫者，分別進行構想、執行下市（私有化）的計畫，尤其林孝華利用保險經紀人等，以充足股東會出席的人數門檻，而莊有堅計畫取得股份，並將股份移轉給客戶等以增加股東會的出席人數和支持人數，同時並使Smart Jump公司、Main purpose公司獲得利益，另外，李月華說服兩間公司、朋友等人買進股票增加會議出席人數，亦係為了私人利益，最後，馬錦華為了增加會議出席人數，買進股份又移轉給他人，並且使客戶買入等等，證監會因此對這些人提告。

二、對造攻防

(一)林孝華

林孝華主張給富通保險經紀人的是紅利，而紅利是一種激勵制度，但證監會主張為什麼會給予電訊盈科的股份而非富通保險的股份，這一方面，林孝華主張，給予電訊盈科股份是因為若是給予富通保險的股份對於他來說，必須另外去買股份，成本太高，而且當時股市波動太大，造成其賠了一些錢，加上電訊盈科私有化機率高，對於經紀人來說若獲得電訊盈科股份可因此獲利也是好事。

對此，證監會又表示要是真的是紅利，為何有非富通保險經紀人得

到？且取得股份的人為何都是當時在香港的經紀人？其給予股份的時間
一2009年1月16日，這個敏感的時間點是不是為了趕在閉鎖期之前符合投
票資格？而林孝華表示其實根本沒有排除在外國的保險經紀人，只是根本
不知道外國保險經紀人何時要回國，但對於前者沒有回答很清楚。同時證
監會又問，為何部分的人根本沒有拿到股票，也就是沒有存到自己帳戶？
另外是否有簽委託書的事情？對此，林孝華僅表示根本沒有簽委託書的事
情，也沒有指示他們要支持下市（私有化）方案。至於1月16日僅是因為
保險經紀人的意思，可能是因為快要過年了，所以希望早點取得股份。而
證監會又提出那五個保險經紀人和林孝華的說法不一，但之後林孝華就沒
有出庭了，因此最後一次林孝華表示他因為沒出庭根本無機會答辯。

(二)袁天凡

　　證監會對於袁天凡方面，表示其和林孝華的通話時間似乎太過湊
巧，每次聯絡幾乎都是在電訊盈科重要的時刻，而且證監會找到一名秘密
證人A表示，其實在2008年12月，尚未發布電訊盈科私有化方案時候，袁
天凡就已經告訴他有這件事情，大約下星期會公布消息，並且遊說他支持
下市（私有化）方案，但等到下星期並未公布，所以A擔心消息是假的，
於是將自己所持有的電訊盈科股份大部分給賣掉，等到2009年1月12日袁
天凡又告訴他會提高價格，且一旦下市（私有化）成功後電訊盈科會有
300到400億的利潤，所以希望A繼續支持下市（私有化）方案，不過A表
示因為之前賣出的價格太低，所以可能會投反對票，但袁天凡仍然繼續遊
說他。

　　對此，袁天凡表示會和林孝華連絡是因為自己的友人對於富通集團管
理階層有興趣，而和下市（私有化）事件沒有關係，另外，袁天凡表示自
己曾經在投資銀行長期工作過，以及處理財經事務，加上曾經在聯交所工
作，對於法規絕對有相當的深入瞭解，怎麼可能會故意違反法規做違法的
事情，同時，亦否認和證人A連繫，否則洩漏消息豈不違反他對於公司的
忠實義務。

(三) Chung Nam（中南證券）、Radland（金江公司）

證監會表示，針對中南證券的132人以及金江公司18人，莊有堅以中南證券先買了股份再分配給客戶，而其中125人都是為了之後可以獲得4000港元的報酬而答應，[35]中南證券始終保留股權憑證且完整蒐集委託書，這樣的操作根本和中南證券平常的證券操作不同，同時，發現部分客戶根本不知道有下市（私有化）的計畫，職員也被告知不用買太多股份，而一旦下市（私有化）成功後Smart Jump公司和Main purpose公司將獲利4000萬港元。

莊有堅表示，基本上身為客戶都希望可以賺錢，所以客戶應該都希望私有化計畫通過，並承認有督促他的客戶去買股份，但大約也僅10～20人，不過其亦表示就因為計算方法是以人數計算，所以才要這麼多人去登記成為股東，而不能只要股份買多就好，這樣基本上就是一種缺失。

(四) Kingston（金利豐公司）

證監會表示，有找到一個證人，為金利豐公司的前職員，他有敘述受到李月華的指示表示要開戶，並且買入電訊盈科的股份，同時須簽委託書贊成私有化方案，但李月華又有向他表示，不論市價多少，他都會以每股4.5元買回來，但是因為自己本身沒有什麼錢，雖然李月華有表示可以借他錢，但其還是婉拒了，不過有告訴7、8個同事，而同事有買進。對此李月華否認有這件事，並且說職員買進電訊盈科股份只是純粹投資而已，而Golden Resort和Kingston公司之其他員工表示沒聽過買回條款這件事，不過證監會卻發現其實職員的薪水少和教育程度不一，要買電訊盈科的股份不太可能，加上大家口供不一令人懷疑。同時若是私有化計畫成功，李月華有1500萬港元的獲利可得。

而Kingston的會計長有買入電訊盈科的股份，亦有推薦家人和朋友買進股份，其14個客戶也各買了一千股以上的股份，認為會因此方案獲有利益；而其妻所持有的電訊盈科股份是來自馬錦華所贈與的。

---

[35] 實際上一開始的報酬額只有3810～3910港元。

　　綜上所述，證監會認為李月華有足夠動機做出違法行為，一方面是因為金錢上的利益，同時會計長亦承認有上述行為，加上那些買入股票的人，絕大多數根本沒有買股票的經驗，又同一時間買進股票，太違反常理了。

(五)Success（實得證券）

　　證監會發現，馬錦華在2008年12月29日買進50000股，又在2009年1月12日買進15000股，同月15日又買入20000股，而2009年1月12日又將股份出脫給予14人，自己留1000股，並且向那14人取得委託書以支持私有化方案。對此，馬錦華表示，會將股份移轉給14人是因為農曆新年快到了，所以盡快移轉給他們，而買股票的目的是獲利。

三、法院判決[36]

　　關於電訊盈科私有化的計畫，由於最後一個程序是請求法院認許，原本最快2009年2月24日香港高等法院可開庭進行聽審並且決定是否要認許，但在23日，證監會表示介入調查，因此聲請延後認許，且當天法院即

---

[36] 香港的法院系統和台灣不同，但也是三審制，分區域法院，高等法院，和終審法院，以及其他如家事法庭，裁判法院，少年法庭，另外還有其他專業法庭，如小額錢債審裁處、淫褻物品審裁處、勞資審裁處及小額薪酬索償仲裁處。區域法院處理涉及款項五萬港元以上，100萬港元以下的民事訴訟，如果是刑事案件，判刑上限是七年監禁。而高等法院分為原訟法庭和上訴法庭，原訟法庭對民事和刑事案件均有無限的司法管轄權。該法庭亦處理來自各級法院的上訴，包括裁判法院、小額錢債審裁處、淫褻物品審裁處、勞資審裁處及小額薪酬索償仲裁處。在刑事審訊中，原訟法庭法官與7人陪審團一起審理案件；而在法官的特別指令下，陪審團的成員數目可增至9人。另一個上訴法庭負責處理來自原訟法庭和區域法院民事、刑事案件的上訴，同時亦處理土地審裁處、各審裁處及其他法定組織的上訴。最後是終審法庭，終審法院具有《香港終審法院條例》（第484章）賦予的司法管轄權。終審法院是香港最高的上訴法院。終審法院聆訊來自高等法院的上訴法庭及原訟法庭的民事及刑事上訴案件。資料來源，http://www.judiciary.gov.hk/tc/index/index.htm（最後參訪日期：2010年11日13日）

准許證監會介入調查電訊盈科私有化案件，證監會認為電訊盈科的私有化過程充滿諸多問題，認為李澤楷等人涉有操縱投票結果的嫌疑，並且因為股價和成交量的不尋常認為有操縱股價的嫌疑，而當時法官關淑馨表示，有關方面須於電訊盈科申請法院批准下市（私有化）方案安排的聽證進行前，於指定時限內提交證據。根據有關時間表，證監會須於今天起在21天內提交證據，而有關審期已排於2009年4月1日開始進行，為期兩天，[37]因此直到4月6日香港高等法院始下判決。以下將介紹法院的判決內容。

(一)高等法院

此應該是指高等法院的原訟法院，在這一審級法官關淑馨判決電訊盈科下市（私有化）方案通過，也就是證監會敗訴，其主要理由認為有以下幾點，首先，法律上的規定，香港的法律並沒有限制就下市（私有化）投票禁止操縱投票結果，雖然林孝華將股份轉讓與他人，又和袁天凡有電話和簡訊聯絡，但是認為證監會所提供的證據不足以證明他與袁天凡串通整個操縱投票結果的嫌疑。第二，法官質疑每股作價4.2港元的時候，因為證人A當時已表示會支持該方案，因此認為袁天凡並無必要向A說明提高私有化的作價。

同時，法官表示，法庭的責任並非決定如何就議案投票，而是考慮股東能否合理的投票，他相信股東是真實的投票，並沒有被壓迫作出違反自己利益的行為，並且也沒有證據顯示有任何股東是違反自己意願而投票，除了每股4.5元下市（私有化）作價的獲利外，看不到有任何其他的附帶利益。因此，法官判決電訊盈科獲得勝訴，並准許下市（私有化）方案。

但是，當關淑馨法官宣判電訊盈科獲得勝訴並准許下市（私有化）方案，隨即引來小股東不滿，證監會的代表律師，表示會提出上訴，並要暫時停止執行有關判決，但未獲關淑馨法官應允，因此，其後證監會要求另

---

37 《證券及期貨條例》第385條，凡有法律程序涉及條例有所規定的事宜，或證監會在這些法律程序中有利害關係，及證監會信納其介入這些程序並在程序中陳詞是符合公眾利益的，則證監會可向法院提出申請，要求介入這些程序並在程序中陳詞。

行開庭提出上訴，獲得法官Anthony Roger及Doreen Le Pichon裁定暫時停止執行判決。

(二)上訴法院

若是私有化案件未被裁定暫時停止執行，原本下市（私有化）期限為4月23日，根據這個時間表，原定在4月14日下市（私有化），大約24日之前小股東可獲得現金款項支票，不過在下市（私有化）事件上訴後，電訊盈科無法如期實現下市（私有化）。

關於證監會方面，證監會表示會繼續調查違規交易，認為「種票」，也就是法院會議和股東會議召開前，安排人頭使其成為投票權人，並提高表決勝算的作法，基本上是對於小股東來說係不平等而且侵害利益的，同時對於關淑馨法官的判決內容表示，其僅認為香港法律並無規範到種票行為，但沒有表示種票行為是否合法。

上訴法庭在4月16日進行聽審，於4月22日下判決，否決電訊盈科下市（私有化）案件，認為林孝華以及袁天凡相關人等構成操縱投票的行為[38]上訴法庭三位法官在開庭期間曾質疑電訊盈科大股東對下市（私有化）出價過低，當時曾引發市場人士懷疑，[39]基於質疑價格的問題，法官便以市場同類型企業下市（私有化）的作價水準及計算價值方法為參考，判斷電盈大股東的出價。

上訴庭副庭長羅傑志表示，[40]大股東提出下市（私有化）的價格是以2008年10月13日電訊盈科股價跌至歷史價位（4.2港元）時候做為基準，該價格不僅低於暫時停止交易前90天平均收盤價7.6港元，同時也低於前

---

[38] http://big5.ifeng.com/gate/big5/finance.ifeng.com/hk/dt/20090512/647530.shtml （最後參訪日期：2010年11月5日）

[39] 依照摩根大通表示，下市（私有化）價格至少要在每股5港元以上。http://www.enet.com.cn/article/2009/0114/A20090114416666.shtml（最後參訪日期：2010年11月5日）

[40] 參閱香港法院判決 CACV 85/2009。上訴法庭的法官包括羅傑志副庭長（Mr Justice Rogers VP）、林文瀚法官及鮑晏明法官（Mr Justice Barma）

180天平均收盤價9.4%。若相較於李嘉誠旗下的和記電訊國際將和記環球電訊下市（私有化）時的價格，該價格較暫時停止交易前90天的平均收盤價有45.3%的漲幅，較180天前平均收盤價有43.2%的溢價，同時電訊盈科也曾以收購的方式變相將SUNDAY公司下市（私有化），出價也較平均90天價格有20.8%的溢價，比180天的平均價格也有16.3%的溢價。但很難理解的是，電訊盈科原本計畫將旗下HKT Group 45%股權釋出，但最終因投標者的出價未能滿意而擱置之原因為何。

羅傑志認為，當年對於投標者的出價不滿意就擱置，何以這次大股東以歷史低價作為出價基準，再次提出電訊盈科下市（私有化）方案？加上電訊盈科下市（私有化）的文件指出，下市（私有化）後仍然有能力繼續營運，之後或許會在再次上市，因此這次大股東低價提出私有化，將實際上阻礙小股東分享電訊盈科今後的成果。

另外，整件下市（私有化）過程中，袁天凡和林孝華兩人之間的關係為何？法官指出，林孝華和袁天凡在接受證監會調查時，針對兩人間通話的內容敘述時，袁天凡有談及關於富通保險經紀人種票的報導，但林孝華卻僅說兩人談論高爾夫球，可見兩人的證詞有出入。同時林孝華說將電訊盈科的股份分給屬下是一種紅利，不過，林孝華下面有一千個保險經紀商，但是其只買了500張股票，根本不夠分，同時對象也不僅限於保險經紀人，紅利之說值得懷疑。

從林孝華分出的股票來看，獲得股票的人如果要獲取最大的利益，必須要在下市（私有化）投票中投贊成票，這樣才可以取得每股4.5港元的現金收益，這樣一來，雖然林孝華並沒有向獲得股票的人受以投票意向，但卻可以知道他們會將有投支持票的意思。並且，袁天凡由大股東李澤楷任命，對下市（私有化）作價應該很了解，而袁天凡和林孝華有多次的巧合電話簡訊聯絡，加上兩人供詞不一致，遂認為袁天凡也參與此次事件。

當然，證監會對於判決逆轉，而獲得勝訴，表示此判決確認了種票行為屬於操縱投票的行為，如果利用操縱手段達到行為目的，則該投票結果可能會被法院推翻，同時確保法律條文不受任何操縱手段或人為方式濫用，亦不會使小股東的權益受損。

(三)上訴法庭——聲請上訴至終審法院[41]

電訊盈科大股東盈科拓展（或Starvest）針對上訴法庭的判決表示不滿，因此表示將向上訴法庭聲請上訴到終審法院，在5月20日向高等法院上訴法庭發出聲請通知並附上理由，若被上訴法庭駁回上訴，則將上訴至終審法院。關於其上訴理由依據長達六頁，主要理由有下列幾點：第一，針對電訊盈科私有化將影響重大的公眾利益方面，主張獨立的投資者應享有自由處理股份的基本權利，例如，將股份移轉給他人。第二，法院是否可以對於私有化的條件是否合理而提出意見及作判斷。如果以上理由受到上訴法院許可，將進入終審法院進行審判。

直到2009年8月18日，掙扎了大半年的電訊盈科下市（私有化）聲請上訴案件，遭到上訴法庭駁回，而電訊盈科的相關下市（私有化）申請亦未獲得通過，同時相關的訴訟費用將由大股東盈科拓展支付。

此次上訴申請，證監會的代表律師表示對於盈科拓展提出的涉及公眾利益表示質疑，因為其認為下市（私有化）目前已經擱置，也沒有任何證據顯示要再提出下市（私有化）計畫的意思，因此沒有理由許可其上訴，另外，亦認為即使可以上訴至終審法院，相信也將會失敗。

當然，電訊盈科大股東盈科拓展對於駁回的結果表示不排除將會上訴至終審法院。

(四)小結

電訊盈科私有化案件一波三折，一開始證監會進入調查，原以為高等法院的原訟法庭應該會判決否決電訊盈科下市（私有化），但關淑馨法官准許了下市（私有化）方案，而上訴到上訴法庭，卻又推翻了原本的判

---

[41] 香港的終審法院是最高審級，因此要上訴必須先向上訴法院或終審法院的上訴許可或是上訴法庭駁回上訴許可。上訴許可的申請必須在上訴所針對的判決或決定作出當日起計28天內提出。如屬民事上訴，申請人須於這28天內給訴訟對方7日時間通知，讓對方知道其有意提出上訴申請。資料來源，http://www.judiciary.gov.hk/tc/index/index.htm（最後參訪日期：2010年11日13日）

決，而否決了私有化方案，直到此，電訊盈科私有化過程懸而未決，大半年過去，終於在上訴法庭中，法官對於盈科拓展上訴至終審法院的申請駁回後，雖然盈科拓展表示將會想終審法院申請上訴許可，但最後李澤楷卻表示將放棄上訴機會，至此，電訊盈科私有化應該可以說是失敗了。

但是即使電訊盈科下市（私有化）失敗，對於李澤楷來說，卻尚未結束，因在2011年2月時，李澤楷被以涉嫌操縱股價而被搜查住所，可見電訊盈科下市（私有化）案件還有更多的事情可發展。

肆、法律爭點

一、私有化（下市）──暨何謂種票？

(一)意義[42]

私有化（或稱下市，going private）是資本市場一種併購操作，目的是要使目標公司下市，使之成為私人公司。也就是併購公司藉由大量融資收購目標公司的股份，於收購行為完成後，再與目標公司進行合併，藉以消除目標公司之股份，使目標公司從公開發行公司或上市公司成為非公開發行公司，進而向證券交易所申請下市。

雖然私有化（下市）無法自流通市場上向大眾募集資金，同時公司的能見度也相對變低，但有許多公司對於私有化（下市）卻趨之若鶩，主要原因在於，首先，對於公司來說，納稅成本降低，因為採槓桿收購方式之下，公司負債提高，利息支出變多，這些都可以扣減公司當期的應納稅額，所以帶來不小的節稅利益。

再者，對於公司來說，一旦私有化（下市）之後，公司則可以減輕一

---

[42] 參閱蔡佳臻，企業併購之相關智慧財產觀禮策略與法律規畫研究──以併購美國高科技公司時之專利查核評估探微，頁43，世新大學碩士論文，2010年7月。

些尊法成本，例如不需受到證券交易法關於揭露的規定，或是不需要受到太多的監管，另外，對於公司的經營階層來說，公司一旦私有化（下市）之後，盈餘就不需要再和股東分享，相對地，經營階層就會有誘因去為公司創造利潤，加上一旦私有化（下市）後，公司的決策程序會更有效率，也可以盡快的執行決策，最後，有些公司認為，如果公開發行之後，因市場上交易者多在意短期效益而非長期投資，因此公司的股價偏低，這讓公司經營者感到不滿，也就是因為如此，國外有些上市公司對於私有化（下市）這件事非常感興趣，而香港也有些公開發行公司最後採取私有化（下市）的方式經營公司。[43]

(二)法律依據──關於種票

1.台灣

私有化在台灣稱為下市，而其法律依據主要是企業併購法以及臺灣證券交易所股份有限公司上市公司申請有價證券終止上市處理程序。若是採取合併的方式，依照企業併購法第18條第1、2項之規定，「除本法另有規定外，股東會對於公司合併或解散之決議，應有代表已發行股份總數三分之二以上股東之出席，以出席股東表決權過半數之同意行之。公開發行股票之公司，出席股東之股份總數不足前項定額者，得以有代表已發行股份總數過半數股東之出席，出席股東表決權三分之二以上之同意行之。」若是採取收購的方式，依照企業併購法第27條第1、2項之規定。[44]

---

[43] *See* Vikramaditya Khanna, "*The Growth of the fidicuiary duty class for freeze out mergers: Weinberger v. UOP,Inc,* " in THE ICONIC CASES IN CORPORATION LAW 193, 208 (Jonathan R.Macey et al. eds., 2008)

[44] 公司經股東會代表已發行股份總數三分之二以上股東之出席，以出席股東表決權過半數之同意，概括承受或概括讓與，或依公司法第一百八十五條第一項第二款或第三款讓與或受讓營業或財產者，其債權讓與之通知，得以公告方式代之，承擔債務時，免經債權人之承認，不適用民法第二百九十七條及第三百零一條規定。公開發行股票之公司，出席股東之股份總數不足前項定額者，得以有代表已發行股份總數過半數股東之出席，出席股東表決權三分之二以上之同意行之。

　　另外依照臺灣證券交易所股份有限公司上市公司申請有價證券終止上市處理程序第2、3、4、5條之規定，[45]並向證券交易所以及主管機關申請下市，並經證券交易所和目的事業主管機關核准始可下市。

2.香港

　　上市公司如擬進行私有化，須根據《公司條例》的相關條文進行，並符合證監會根據《證券及期貨條例》所頒布的《公司收購、合併守則》。

　　一般而言，上市公司私有化可透過協議安排或作出要約兩種方式進行。如透過作出要約方式進行，《公司條例》第168條規定，要約人在最初的要約文件發出後的四個月內，已收購按價值計算不少於十分之九的要約股份，便可行使強制取得證券的權利把受要約公司私有化。《公司收購、合併守則》亦進一步要求，要約人得到的股份，連同要約人及與其一致行動的人在最初的要約文件發出後的四個月內所購買的股份的總數，須達到無利害關係的股份的百分之九十。

　　至於透過協議安排進行的私有化，根據《公司條例》第166條，有關公司須先向法院提出申請，並按法院指示的方式召開會議，以表決擬議的協議安排。而於該會議上，有關的協議安排除必須獲得四分之三親自出席或委派代表出席並投票的股權支持外，亦須同時得到超過半數親自出席或委派代表出席並投票的股東同意，而當有關的表決獲法院認許後，該項協

---

[45] 第2條為維護投資人之權益，上市公司申請其有價證券終止上市案，應經董事會或股東會決議通過，且表示同意之董事或股東，其持股需達已發行股份總數三分之二以上。但如係已上市之可轉換公司債，申請終止上市而轉往櫃檯買賣中心買賣者，得不受此限。

　　第3條上市公司申請有價證券終止上市者，應至少由下列人員負連帶責任承諾收購公司股票。以下請參閱條文。

　　第4條上市公司申請終止其有價證券上市，應檢附第二條所規定之董事會或股東會議事錄。

　　第5條本公司對於有價證券終止上市之申請，應提經董事會核議，並將核議意見呈報主管機關核定。

　　第6條上市公司申請有價證券終止上市案經主管機關核准後，由本公司於實施日二十日前公告之，並即通知該上市公司。但如係本處理程序第二條後段規定之已上市之可轉換公司債轉上櫃買賣案件，本公司得於實施日五日前公告。

議安排才能生效。

《公司收購、合併守則》第2.10條亦進一步要求，任何人如擬利用協議安排取得一家公司或將一家公司私有化，有關協議除了須符合法律所施加的任何投票規定外，亦須召開與提出有關計劃沒有利害關係的股東會議，該項計劃必須獲得親身或委派代表出席的股東投票批准，而附於該等無利害關係股份的投票權須至少達百分之七十五。同時，在有關股東大會上，投票反對批准有關決議的票數，不得超過該類股份投票權的百分之十。[46]

3. 小結──種票

基本上，台灣和香港的法律都採取多數決的概念，但是規範卻有些不同，香港是向法院申請、召開法院會議以及需要最後的法院認許。而最重要的一點是，台灣的表決權數是以股權計算，亦即基本上是採取一股一票，持有的股份多投票權數就多，然而，香港的公司條例卻是以人頭數計票，亦即每個股東不論持股多少（至少1000股），都是一票計算，而這一點卻可以讓大股東操控。也因此產生了本案的問題──種票。

所謂種票就是大股東或利用人頭在市場上買股票，將買下的股份再拆成各小部分，然後轉讓給其他人頭，以提高投票權數，藉以使表決能順利通過。而這樣的手段是否違法，則由於香港法律沒有規定，但至少可以確定的是，對於小股東來說，至少是不公平的，因為這種操控投票結果的手段，只有資金充足的大股東能操作，而小股東卻無法阻擋這種手段，因此有認為這種計票方式應修正。

(三)李澤楷下市（私有化）的目的為何

對李澤楷來說，因為電訊盈科在李澤楷接手之後，股價一路跌，加上其對於電訊盈科的未來不看好，因此幾度想要將手中持股轉賣，但是因為科技股泡沫破裂之後，李澤楷手中的股份乏人問津，雖然之前有梁伯韜組

---

[46] http://www.info.gov.hk/gia/general/200902/18/P200902180145.htm 香港立法院公報。（最後參訪日期：2010年11月5日）

織的收購財團要收購其股權，但最後也因故失敗，這次讓李澤楷瞭解到，必須要利用私有化將股權集中，才有可能達成合理的處理手中電訊盈科的股份為前提。[47]

加上，一旦私有化成功後，電訊盈科的兩大股東將會獲得兩百多億的特別股息，對他們來說，無疑是一大好處，因此即便花了一百八十多億元私有化（下市），但李澤楷仍想要私有化電訊盈科。

二、操縱市場

(一)意義

操縱市場的行為，係指製造證券供需與價格變動的假象，扭曲價格機能，減損證券市場籌集資本及導引資源有效配置的功能，不但投資大眾受到損害，舉凡稅務、金融、證券及國家經濟發展均受不利影響，必須加以立法禁止，其目的不但為填補個別投資人損失，更在於確保交易的公平誠信，維護證券市場的健全發展。[48]

(二)法律依據

因為香港對於操縱股價的規定，和內線交易的條文是相同的，因此將在此後介紹，以下介紹美國和台灣的規定

1.美國

根據Securities Exchange Act of 1934 §9，[49]其將操縱行為的態樣詳細描述，篇幅之長，但基本上可歸類以下幾種，第一，造成交易活絡的假象（creating a false or misleading appearance of active）；第二，抬高或壓低價格（raising or depressing the price）；第三，連續性質的交易（a series

---

[47] http://financenews.sina.com/stock/hkstock/hkstocknews/20081209/00265607023.shtml新浪新聞網。（最後參訪日期：2010年11月5日）

[48] 參閱賴英照，股市遊戲規則－最新證券交易法解析，作者自版，2006年初版，頁427。

[49] SEA sec. §9

of transactions）；第四，股票價格非自然因素形成，雖然已經詳細描述，但是操縱手段卻不斷更新。

2.台灣

根據證券交易法第155條的規定，[50]由於內容亦不少，但是其內容亦可分為，第1款違約交割，第3款相互委託，第4款炒作股票，第5款相對成交，第6款散布不實消息，第7款則為概括條款

3.小結

基本上，美國和台灣的規定是相同的，其構成要件分為主觀和客觀要件，主觀要件有必須要有直接故意，並且要有引誘他人從事證券交易的目的，而到底實務判準為何，實務上常常是依照證券交易所提供的資料，以及客觀交易的資料判斷，或是由當事人舉證欠缺故意；客觀要件方面，必須搭配有高價買入或是低價賣出股票之行為，造成市場交易受影響。同時加以參酌Securities Exchange Act of 1934 §9所規定的各種態樣而決定是否構成操縱市場。

(三)本案究竟有無操縱股價

實際上，實務上對於是否有操縱股價的判斷，非常的困難，例如民國89年的益華沙拉油公司的前董座王鎮鳳事件，[51]客觀上成交量很大，而且真的達到了交易活絡的現象，但是其主觀目的為何？究竟是護盤還是炒作股票，則很難舉證，另外，近年的案件，順發3C和燦坤之爭，順發董事長吳錦昌，為了避免公司股價因被燦坤打壓因此進行護盤動作，而有構成操縱股價的客觀要件，但主觀要件法院認定未構成，因此最後判無罪，自此可見，操縱股價要如何認定實在很難。

而究竟李澤楷有無操縱股價，目前僅只能從公司的股票交易量和股價去判斷，實際上，電訊盈科在2000年由李澤楷收購後，股價大跌95%，

---

[50] 證券交易法第155條。

[51] http://www.libertytimes.com.tw/2005/new/jan/6/today-so4.htm自由時報網站。
（最後參訪日期：2010年11月5日）

股價也曾跌至一元港幣，而在2006年那次收購事件，電訊盈科的股價有漲至6港元一股，根據電訊盈科在2008年到2009年的股市交易往來顯示，[52] 2008年10月底時，股價為2.9元一股，但是當私有化方案一提出後，而12月時法院准許召開法院會議之後到12月30日宣布延期召開會議中間，成交量逐漸緩升，而股價也一路漲到3.75元，中間應該有人介入大量買進股票，此後一直到2009年1月14日，其中的價格都一直維持在3.5元左右，成交量也維持在一定範圍，中間有時亦有大筆的交易量，而價格有時不漲反跌。但是從1月14日開始到1月30日（過戶最後期限）中間，開始成交量湧現，尤其是19、20日，成交量擴大到兩倍以上，價格一度攀升到4.19元，可見這一段時間，有一群人在買入股票並為了避免起疑而亦有賣出股份以防股價短時間上漲過快，而直到本案進入法院，從高等法院原訟法庭到上訴法庭中，成交量也一路放大，而價格卻逐漸減低，此時應有一部分人賣出其股份，到2009年5月時候，電訊盈科又宣布發放股息1.3元，此時股價又回到2.17元左右。

　　觀察電訊盈科股價的交易發現，有兩段期間大量買進股票，成交量放大的時間來看，和李澤楷、袁天凡、林孝華等人的種票計畫不謀而合，越接近股東最後過戶期，成交量越大，而買進股票後，再將股份轉讓給多人持有以達到增加表決權數。就一般實務而言，操縱股價的行為並非是一直買進股票，而是一段時間買進股票後，再賣出股票，隔一段時間再買進，如此反覆操作，達到抬高股票的價格或是交易活絡的表象，就此觀之，客觀上李澤楷、袁天凡、林孝華等人於電訊盈科私有化方案進行期間所買進股票的行為已經構成操縱股價的客觀要件，主觀要件上來說，李澤楷等人的目的即是要藉由如此手段來操控投票結果，可見李澤楷應有操縱股價的意圖。

---

52 關於電訊盈科股價以及成交量請參閱以下網址：http://hk.finance.yahoo.com/q/echarts?s=0008.HK#chart4:symbol=0008.HK;range=20080513,20090525;compare=;indicator=volume;charttype=area;crosshair=on;ohlcvalues=0;logscale=off;source= 香港雅虎股市網站（最後參訪日期：2010年11月5日）

　　若李澤楷等人被法院認定為有操縱股價的行為，依照香港證券暨期貨條例，最高可被處監禁兩年。

三、內線交易

(一)意義

　　所謂內線交易又稱內部人交易，香港稱為內幕交易，係指凡因某種地位而較容易取得他人所不知資訊之人利用該項資訊先行在市場交易而獲利之行為。[53]關於內線交易的理論有以下幾種：第一，Equal Access Theory（平等資訊取得理論）；第二，Fiduciary Duty Theory（忠實義務理論）；第三，Misappropriation Theory（私取理論）；第四，Tipper-Tippee Liability（消息傳遞責任）。[54]

(二)法條依據

1.美國

　　美國關於內線交易禁止的規定是源自於1934年的證券交易法（the Securties Exchange Act of 1934）section 10(b)和Rule10b-5，因為以上以違反忠實義務為前提始能構成，而針對防止公開收購股權有詐欺、操縱等情事另有規定Section 14(e)和Rule 14e-3。[55]

2.香港

　　依照香港證券及期貨條例第300條規定，涉及在證券、期貨合約或槓桿式外匯交易方面使用欺詐或欺騙手段等的罪行，其中第4項之中其他罪行涵蓋如下：

　　(1)任何人不得在 涉及證券、期貨合約或槓桿式外匯交易的交易中：

　　　　(a)意圖欺詐或 欺騙而直接或 間接使用任何手段、計劃或計謀；或

---

[53] 參閱曾宛如，證券交易法原理，元照出版，2006年8月四版，頁247。

[54] 參閱劉連煜，新證券交易法實例演習，元照出版，2007年2月五版，頁329。

[55] SEA sec. §10(b), §14(e), Rule 10b-5, Rule 14e-3

(b)直接或間接從事任何具欺詐或 欺騙性質或會產生欺詐或欺騙效
　　　果的作為、做法或業務。

(2)任何人違反第(1)款，即屬犯罪。

(3)在本條中，提述交易之處，包括提述要約及邀請（不論實際如何
　　稱述）。

3.台灣

我國內線交易主要是規定在證券交易法第157條之1，其中規定內部
人，實際知悉發行股票公司有重大影響其股票價格之消息時，在該消息明
確後，未公開前或公開後十八小時內，不得對該公司之上市或在證券商營
業處所買賣之股票或其他具有股權性質之有價證券，自行或以他人名義買
入或賣出。

4.小結

基本上，香港的規定和美國的規定幾乎一模一樣，台灣的規定雖源自
於美國，但文字內容上略有不同，但推究其基礎理論都是相同的，因此認
定的標準亦不會產生重大的偏離且結果方面應趨於相似。

(三)本案究竟有無內線交易

電訊盈科私有化過程中，袁天凡在私有化方案以及收購價格提高消息
未公開前，便將消息告訴了證人A和林孝華，而袁天凡身為盈科拓展的副
總裁，對於盈科拓展負有忠實義務，又盈科拓展是Starvest的母公司，等
於電訊盈科大股東是盈科拓展，且盈科拓展身為這次計劃的主要策略者，
袁天凡因此會知悉該私有化消息，對於公司來說，私有化方案應是會影響
公司股價之重大消息，而袁天凡將此消息告訴林孝華和證人A，已經違反
其對於盈科拓展的忠實義務，而林孝華隨後亦有買入股份和證人A賣出股
份。袁天凡是否因此取得利益則有疑問，基本上這種利益不限於金錢，情
感上亦算。而袁天凡或許可以因透露該消息而使電訊盈科私有化成功並
因此獲得相當利益。綜上所述，依照Tipper-Tippee Liability（消息傳遞責
任），可見袁天凡應構成內線交易。

伍、結語——關於電訊盈科的未來

　　雖然，此次的電訊盈科私有化似乎就到此結束，但有可能嗎？雖然李澤楷在一年後向媒體表示，電訊盈科私有化已成過去式，這一年來都沒有私有化的打算，也沒有提出任何計畫，[56]然而，在媒體報導出這一句話後，不到一個禮拜的時間，李澤楷的父親，李嘉誠所擁有的和記黃埔集團卻宣布要將和記電訊私有化，[57]並以每股2.2港元的價格私有化，若成功私有化，和記黃埔集團因收回股份預計可入帳57億多港元，按照電訊盈科的私有化之路，和記電訊私有化應不會成功，但在2011年5月時，和記電訊的私有化卻獲得法院認許，[58]或許是因為小股東反彈不大，而10月底的時候，和記電訊和電訊盈科發表將會共享4G移動通訊網絡，[59]李嘉誠如此大的動作，以及和李澤楷的合作，似乎都意味著電訊盈科再次私有化的機率很高，而李澤楷雖然這次私有化計畫失敗，然而，市場上都稱李澤楷是小超人，對事業頗有野心的他，怎可能放棄將電訊盈科私有化，加上這次可能會獲得其父李嘉誠幫助，以及李家和香港匯豐銀行的關係匪淺看來，資金向來都不是大問題，同時也有報導表示李澤楷似乎也捲土重來的打算，[60]相信電訊盈科私有化之路尚未停止，只是暫時休息而已，未來會怎麼發展，我們可以拭目以待。

---

[56] http://stock.sohu.com/20100310/n270711280.shtml 第一財經日報（最後參訪日期：2010年11月5日）

[57] http://www.donews.com/tele/201003/46241.shtm DoNews網（最後參訪日期：2010年11月5日）

[58] http://www.yicai.com/news/2010/05/349017.html 一財網（最後參訪日期：2010年11月5日）

[59] http://tech.hexun.com.tw/2010-10-20/125180974.html 和記科技網頁（最後參訪日期：2010年11月5日）

[60] http://www.investide.cn/news/newsDetail.do?investNewsId=27905 投資潮（最後參訪日期：2010年11月5日）

參考文獻

一、中文專書及碩士論文部分

1.曾宛如，證券交易法原理，元照出版，2006年8月四版。

2.劉連煜，新證券交易法實例演習，元照出版，2007年2月五版。

3.賴英照，股市遊戲規則－最新證券交易法解析，作者自版，2006年初版

4.蔡佳臻，企業併購之相關智慧財產觀禮策略與法律規畫研究—以併購美國高科技公司時之專利查核評估探微，世新大學碩士論文，2010年7月。

二、報章雜誌

1.香港經濟觀察報

2.香港明報即時新聞

3.香港文匯報

4.香港經濟日報

5.香港成報

6.香港大公報

三、英文部分

MACEY JONATHAN R. ET AL. eds. The Iconic Cases In Corporation LAW, THOMSON WEST (2008)

四、法院判決

1.高等法院原訟法庭 HCMP NO.2382 of 2008

2.高等法院上訴法庭 CACV 85/2009

五、網絡部分

1.http://www.investide.cn/news/newsDetail.do?investNewsId=27905（投資潮）

2.http://tech.hexun.com.tw/2010-10-20/125180974.html（和記科技網頁）

3.http://www.donews.com/tele/201003/46241.shtm（DoNews網）

4.http://stock.sohu.com/20100310/n270711280.shtml（第一財經日報）

5.http://hk.finance.yahoo.com/q/echarts?s=0008.HK#chart4:symbol=0008.HK;range=20080513,20090525;compare=;indicator=volume;charttype=area;crosshair=

on;ohlcvalues=0;logscale=off;source（香港雅虎股市）

6.http://www.libertytimes.com.tw/2005/new/jan/6/today-so4.htm（自由時報網）

7.http://financenews.sina.com/stock/hkstock/hkstocknews/20081209/0026560702
3.shtml（新浪新聞網）

8.http://www.info.gov.hk/gia/general/200902/18/P200902180145.htm（香港立法
院公報）

9.http://www.judiciary.gov.hk/tc/index/index.htm（香港司法機構網站）

10.http://big5.ifeng.com/gate/big5/finance.ifeng.com/hk/dt/20090512/647530.
shtml（香港財經鳳凰網）

11.http://www.enet.com.cn/article/2009/0114/A20090114416666.shtml（ENET
網）

12.http://www.hkex.com.hk/chi/invest/company/profile_page_c.asp?WidCoID=0
08&WidCoAbbName=&Month=&langcode=c（香港交易所）

13.http://www.cnc.cn（中國網通集團）

14.http://yfile.mysinablog.com/index.php?op=ViewArticle&articleId=1561720
（David Webb的文章）

15.http://news.xinhuanet.com/（新華網）

16.http://www.pccw.com/（電訊盈科）

第五章　さよなら「SANYO」ブランド——

日版安隆之三洋電機會計弊案

何佳蓉

何佳蓉

浪漫又實際，

可愛中帶點傻氣，

感謝老師提供交流平台而有共寫機緣，

課堂中精彩思辯，

是碩士生涯中難忘的美麗風景。

大事紀[1]

時間	事件	備註
1947年2月	井植歲男創立三洋電機製作所	
1950年4月1日	三洋電機股份有限公司在大阪府守口市設立	
1953年	三洋電機出產日本第一台噴流式洗衣機	
1954年	三洋電機在東京及大阪證券交易所上市	
1979年	三洋電機在北京設立三洋電機貿易有限公司辦事處	
2001年3月	三洋電機開始有財務報告不實之情況	一直到2005年3月三洋電機都有財務報告不實之情況
2002年	三洋電機和中國最大製造商海爾集團合作生產電冰箱	2006年三洋電機將電冰箱部門賣給中國海爾集團
2004年10月	新潟縣中越地方發生地震，因無保險，造成三洋電機子公司（現三洋半導體製造股份有限公司）損失700億日圓	
2005年3月	三月份的結算報告書中，1715億日圓的赤字金額破三洋電機空前的紀錄	
2005年7月	野中ともよ打破井植家族世襲經營就任董事及CEO	野中ともよ提出「Think GAIA」之概念
2006年1月	三洋電機於破產邊緣，發行總價值3000億日圓之優先權股，引入高盛集團、大和證券及三井住友金融集團成為大股東，並取得控制權，該3家銀行的5位成員被選入三洋的9人董事會	
2006年5月	三洋電機的簽證會計師事務所中央青山會計師事務所（Pricewaterhouse Coopers日本分所）因替日本佳麗寶公司作假帳而被日本金融廳處分停止審計2個月	PwC旋在日本成立あらた會計師事務所，以承接原在中央青山的業務
2006年9月	中央青山會計師事務所更名為みすず會計師事務所	みすず會計師事務所在2007年解散清算

1　表格由作者整理而成，本文得以完成，感謝高啟瑄律師、司法院大法官助理暨臺灣大學法律研究所博士班鄭伊玲小姐，法務部司法官訓練所第五十期學習司法官黃麗文、朱家蓉的協助，在此一併致謝。

時間	事件	備註
2006年11月	三洋電機宣布把2006年的預估營收200億日圓改為損失500億日圓虧損	
2006年12月	三洋電機製造的行動電話D902i鋰電池發生破裂事故，回收130萬個電池	
2007年1月	2004年已發生過回收事件的洗衣烘乾機，改良後又發生起火事件，再次回收16萬台	
2007年2月23日	日本朝日新聞首先報導三洋電機有粉飾巨額虧損的情形	日本證券交易監視委員會開啓對三洋電機的調查
2007年3月	野中ともよ因試圖強化內部管理及徹底調查會計系統弊病的改革理念，和來自金融集團的大股東意見相左而辭職	
2007年4月	三洋電機原董事長井植敏雅辭職，原任人事業務的部長佐野精一郎接任	佐野精一郎接任迄今（2011年5月），三洋電機創業家族的影響力消失，因發行新股而成為大股東的金融團，支持佐野精一郎，至此由金融集團大股東主導經營方針
2007年12月25日	三洋電機向東京證交所、大阪證交所提出2001年3月起至2006年3月止修正過後之財務報告，該六會計年度虧損達4845億日圓，被列入可能下市之監理名單	
2008年1月	和京セラ（京瓷）股份有限公司達成合意以500億日圓讓與行動電話事業	從此以後，三洋行動電話皆是京瓷製品
2008年1月18日	日本金融廳對三洋電機出具不實財務報告依金融商品取引法第85條之6規定，課徵830萬日圓課徵金	
2008年7月11日	日本金融廳對於三洋電機於2001年到2005年就重大虛偽不實之財務報告之四位簽證會計師分別處以停止業務2年、2年、9個月及6個月之處分	
2008年11月7日	Panasonic宣布透過公開收購（TOB）將三洋電機收歸子公司的計畫	2008年日本電子業最大規模的合併案
2008年12月19日	Panasonic和三洋電機締結資本和業務合作契約	

時間	事件	備註
2009年7月1日	我國行政院公平交易委員會同意Panasonic收購三洋電機	
2009年9月29日	歐盟同意Panasonic收購三洋電機	皆為附條件許可
2009年10月30日	大陸商務部反壟斷局同意Panasonic收購三洋電機	
2009年11月24日	美國聯邦貿易委員會同意Panasonic收購三洋電機	
2009年12月21日	Panasonic公開收購三洋，取得50.27%的股票，將三洋納入子公司	成為日本最大的電器業者，也是僅次於通用電子（GE）的全球第二大電器集團。
2010年1月	Panasonic發表年度經營方針，其中明白表示將三洋納入事業體中經營	
2010年7月29日	Panasonic發表公開收購說明書，其中明白表示將三洋電機和Panasonic電工股份有限公司納入子公司及事業整編的經營方針	
2010年10月	Panasonic第二次公開收購三洋取得80.98%股權	
2011年4月	Panasonic預定將三洋電機子公司化，未來以Panasonic為主，預定終止三洋電機於東京證交所、大阪證交所及NASDAQ上市	Panasonic並宣布2011年中後，原則上除部分事業及地區外，不再使用Sanyo這個商標

壹、三洋電機簡介

　　三洋電機股份有限公司（以下稱三洋電機）的創始者井植歲男，係Panasonic[2]創辦人松下幸之助之內弟，二戰後離開Panasonic，於1947年創立三洋電機製作所，並於1950年成立三洋電機股份有限公司，總公司設在

2　為求集團內部之重組、品牌的一致性與認同及全球市場佈局之考量，松下電器產業株式會社自2008年10月起，從松下電器產業株式會社改為パナソニック（即Panasonic）株式會社，以下稱Panasonic，Panasonic官方網站：http://panasonic.co.jp/company/info/history/（最後瀏覽日:2010/12/23）。

大阪守口市，[3]1954年在東京證交所與大阪證交所上市，在美國NASDAQ
亦有掛牌，之所以命名為「三洋」，係期許該企業能成為銷售橫跨大西
洋、太平洋及印度洋之世界級企業，並以人、技術及服務為三大支柱，與
世界相連合作之寓意。

　　1953年三洋電機出產日本第一台噴流式洗衣機，後來又開發出新型電
冰箱，成為日本白色家電[4]的核心企業。三洋電機很早就進入中國市場，
1979年在北京設立三洋電機貿易有限公司辦事處，為了降低生產成本，
2002年和中國的海爾集團合作生產電冰箱，結果海爾因而快速起飛，反倒
三洋電冰箱因為被刻上中國製造，加上低價銷售而高貴品牌感盡失，最後
於2006年將電冰箱部門賣給海爾集團。2004年新潟縣中越地方發生地震，
因無保險，造成三洋電機子公司（現在三洋半導體製造股份有限公司）損
失700億日圓，對於適逢企業低潮的三洋電機而言，是一個很大的打擊，
在隔年3月份的結算報告中，總計1715億日圓赤字更打破三洋電機空前的
紀錄。

　　三洋電機自創業以來由井植家族在掌握，從開始的井植歲男，到後
來兩任為井植歲男的弟弟，之後則是井植歲男的長子井植敏、孫子井植
敏雅相繼接任，2005年7月野中ともよ打破井植家族世襲經營就任董事及
CEO，野中ともよ是日本企業中少見的女性企業家，在上任後推出許多改
革，並提出「Think GAIA」之概念，惟2006年1月三洋電機因瀕臨破產邊
緣，發行總價值3000億日圓之優先權股，引入高盛集團（Goldman Sachs
Group）、大和證券及三井住友（Sumitomo Mitsui Financial Group，簡稱
SMFG）金融集團成為大股東並取得控制權，三洋電機的經營方向有所轉
變，2007年2月會計弊案發生後，野中ともよ因和來自金融集團的大股東
就改革方向意見相左而辭職，三洋電機原董事長井植敏雅亦辭職，由原任
人事業務的部長佐野精一郎接任迄今。

3　三洋電機官方網站：http://jp.sanyo.com/corporate/profile/history05.html（最後瀏
　　覽日：2010/12/23）。

4　英文：White goods，日文：白物家電／白モノ家電），指的是生活及家事用的
　　家庭用電器，被列為白色家電的電器有：洗衣機、電冰箱、冷氣、微波爐等。

　　目前三洋電機有零件及成品兩大事業群，下有能源、電子電機、生態等三大事業領域，生產電機、家電產品（包括洗衣機、電冰箱）、充電電池、電動車電池（新能源汽車、混能車電池）、太陽能、空調、半導體、液晶顯示器及消費性電子產品如照相機、投影機與手機等，國內子公司有51家，有股權持份關係的有23家，國外子公司有106家，有股權持份關係的有26家。

　　三洋電機在充電電池及太陽能面板技術上居領先之地位，現今全球三大主要充電電池[5]為鋰離子電池、鎳氫電池和鎳鎘電池[6]，且充電電池的主要生產國和技術掌握者為日本，近年因為無線電話、行動電話及筆記型電腦的普及，充電電池變成不可或缺之零組件，這三種電池三洋電機不論在市占率及技術上都居於領先的地位[7]，三洋電機更位居世界鋰電池市場的前三大，以鋰電池為例，2000年以前98%以上均產自日本，2000年以後雖然中國大陸、南韓及臺灣相繼投入鋰電池產業並陸續量產，但日本仍穩居全球鋰電池產業領導地位，然而近年來受到中國大陸、韓國大量投產以低價策略侵蝕市場，日本鋰電池出貨值全球市占率已大幅下滑，估計2007年剩下60%，是以日本充電電池產業面臨極大的競爭壓力，且三洋鋰電池和新能源汽車之研發息息相關，在未來邁向新能源汽車的趨勢下，三洋電機仍有其利基。

5　又稱二次電池。

6　亦有認包括鋰高分子電池（Li-polymer，又稱鋰聚合物電池）。

7　DJ財經知識庫，http://www.funddj.com/kmdj/wiki/wikiviewer.aspx?keyid=1294ad45-2da9-42ca-9568-ebab91f8b631（最後瀏覽日：2010/12/23）。

貳、會計弊案顛末

一、日本金融監理及會計師管理

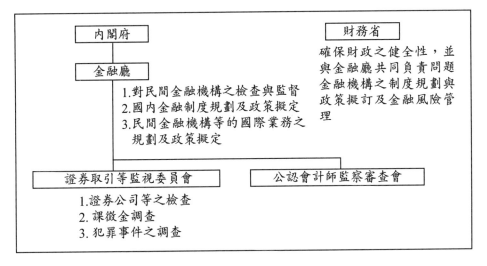

內閣府

金融廳
1.對民間金融機構之檢查與監督
2.國內金融制度規劃及政策擬定
3.民間金融機構等的國際業務之
　規劃及政策擬定

財務省
確保財政之健全性，並
與金融廳共同負責問題
金融機構之制度規劃與
政策擬訂及金融風險管
理

證券取引等監視委員會
1.證券公司等之檢查
2.課徵金調查
3.犯罪事件之調查

公認會計師監察審查會

圖5-1　日本金融監理制度

　　日本金融廳（Financial Services Agency，簡稱FSA）及日本公認會計士協會（The Japanese Institute of Certified Public Accountants，簡稱JICPA）為日本會計師業重要之監理機關[8]，日本金融監理係由內閣府下之金融廳所主管，與我國行政院金融管理委員會相似，係因應金融監督一元化而設，委員由參、眾兩議院同意，內閣總理大臣任命之，任期為3年，依據金融廳設置法第14條、第17條規定，除法定事由外，於任期中不得違反委員之意願使其退任，薪資另由法律定之，由法制上落實金融廳委員委

---

[8] 日本金融廳：http://www.fsa.go.jp/common/about/suii/index.html.（最後瀏覽日：2010/12/23）。

員之保障，以確保委員之獨立性與誠信[9]。

　　金融廳的主要職責包括對銀行、證券公司、保險公司等民間金融機關或證券交易所等，為金融監督、檢查，設定企業之會計或其他財務基準，監督會計師、監察人及監視金融市場法令遵循狀況等，金融廳下設證券取引等監視委員會（下稱證監會）及公認會計士監察審查會（Certified Public Accountants and Auditing Oversight Board，簡稱CPAAOB），證監會負責對於證券公司等之檢查（包括確保財務健全及市場交易健全）、課徵金調查及犯罪事件之調查，公認會計士監察審查會則負責公認會計士考試的舉行、對日本公認會計師協會實行品質管理評論（レビュー）的審查及檢查。金融廳的懲戒權力廣泛，主要包括：暫停執業、取消註冊資格、取消監查法人的成立等。

　　安隆事件發生後，美國頒佈沙氏法案（Sarbanes-Oxley Act of 2002）改革會計師監理法令，日本亦受影響，2004年底日本開始制定整合證券交易法、投資信託法及期貨交易法的新法，在這個新的法律框架下將不再區分傳統的銀行、證券、保險、信託等金融行業，以《證券交易法》為主體，就《金融期貨交易法》、《外國證券業者法》、《有價證券之投資顧問業規範法》、《抵押證券業規範法》進行整合，制定全部金融商品均適用之《金融商品交易法》，謀求建構完善之投資環境，確保金融商品交易之公正性暨透明化，維護投資人權益，甚而促進國民經濟健全發展，邁向金融暨資本市場國際化，於2006年6月7日日本參議院審議通過大幅修正證券交易法，更名為金融商品取引法（即金融商品交易法，下稱金商法），並於2007年9月施行，該法並將原證券交易法的「證券」置換為「金融商品」[10]。

　　隨著金商法之修正東京證券交易所、大阪證券交易所、JASDAQ（Japanese Asspciation of Dealers Automated Quotation System）店頭交易所

[9] 廖大穎，日本金融規範一元化之立法模式與發展動向，金融研究發展基金管理委員會，頁68-69、119，2009年12月1日。

[10] 黃銘傑，日本金融商品交易法之研究期末報告，2007年行政院金融基督管理委員會委託研究案，頁173。

等上市（櫃）規則亦相應修正，規定企業提出「有關有價證券適切性之報告」之義務，將「內部控制報告」制度法定化，並加上監查之義務，導入日本版之沙氏法案（通稱「J-SOX」），於2008年4月1日開始實施。

　　另根據日本公認會計士法，每一個日本公認會計士都必須成為日本公認會計士協會成員，其是日本公認會計士的唯一組織，並接受金融廳的法定監管，日本公認會計師協會最重要的職能有：公認會計士資格註冊、參與制定審計準則及監查法人（即會計師事務所）的品質監控。日本透過於2003年6月6日修正公認會計士法，並規定從2004年4月1起正式實施，依修正後的公認會計士法，仍以政府監管為主導，行業自律為重要組成的架構，政府同時賦予行業協會更多的自律權，但也加大政府和行業協會監管處罰的力度，修正後由前述之公認會計士監察審查會負責對公認會計士等懲戒處分之調查審議、會計師考試之實施及以監管公認會計師協會的品質控制檢查[11]。

二、顛末

　　2007年2月23日朝日新聞首先報導三洋電機有粉飾巨額虧損的情形，日本證監會隨即展開調查，同年12月25日三洋電機向東京證交所、大阪證交所提出2001年3月起至2006年3月止修正過後之財務報告，稱係因低估業績不佳的半導體和液晶顯示器事業的虧損程度，該六會計年度虧損達4845億日圓，三洋電機隨即被列入可能下市之監管名單。在該份修正報告中，三洋電機亦檢討產生弊案之因：包括財務部門與經理體制的不備與脆弱（對於決算業務上的會計準則瞭解不夠、對於資產減損之會計認定方式不完整）、會計師欠缺獨立性及有效監督、公司治理不備、企業文化（包括創業家經營者個人魅力主宰整個經營體質，因過於強調創業者的經營能力，而未能在有疑義時適切處理）[12]，同時三洋電機宣布對已退休高層做

---

[11] 吳當傑，會計師職業管理制度之研究—後安隆時代會計師管理制度之變革，94年6月3日94年度考選制度研討會。

[12] 竟與美國學者在評論安隆案所持的論點多處吻合George W. Kuney, Enron: All I Ever Needed to Know about Enron in Kindergarten (and Graduate School), Enron:

出追回已支付退休金並不再繼續支付的決定，並扣減現任社長、財務長及監察人之薪酬。

(一)金融廳對三洋電機處以課徵金830萬日圓[13]

證監會調查後，金融廳自2007年12月25日開始依金商法第178條第1項規定開始課徵金的審判程序，並通知受處分人答辯，金融廳於2008年1月18日以三洋電機就子公司及關係企業之股份價值估計過高，以及就關係企業應提列之損失備抵金額估計過低等因素，是以其所提出之半年報有該當第172條之2第2項[14]規定，就重要事項有虛偽記載之半年報而提出之情形，金融廳得命令該受處分人繳納300萬元或依內閣府令規定算出之市場

Corporate Fiascos and Legal Implications (Foundation Press 2004)，其認為安隆案安隆出問題的不是既有的會計制度，而係執行面，而董事、律師、會計師（Arthur Anderson）、形成共犯結構聯手欺騙投資人，相關人未盡忠實義務、偶像崇拜、管理組織階層愈多（愈容易腐敗），且安隆的問題不在於使用SPE（Special Purpose Entitles）和財務工程（structure finance），而在於使用不當，利用來作為隱藏損失的工具，也未揭露伴隨槓桿而來的高風險。其採取手段包括：(1)和SPE進行假交易、(2)提供證券交易委員會（SEC）錯誤和誤導的財務報表、(3)公布不實消息、(4)透過對安隆和SPE的影響力得到個人利益。

[13] http://www.fsa.go.jp/news/19/syouken/20080118-2.html（最後瀏覽日：2010/12/23），以下課徵金決定內容為作者自譯。

[14] 此為修正前金商法第172條之2第2項規定「發行人提出重要事項有不實際記載或欠缺應記載重要事項之季報、半年報、臨時報告書時，內閣總理大臣應依次節所定程序（即課徵金程序），命令該發行人繳納三百萬元或依內閣府令規定算出之市場價額總額所列價額乘十萬分之三（如後者較多則繳付所算出金額之二分之一）之課徵金予國庫」，現規定於金商法第172條之4第2項，法條內容及課徵金計算基準則修正調高為六百萬元或依內閣府令規定算出之市場價額總額所列價額乘十萬分之六，引自廖大穎，自日本金融規範一元化之立法模式與發展動向，頁231-232，金融研究發展基金管理委員會，2009年12月1日，http://law.e-gov.go.jp/htmldata/S23/S23HO025.html.（最後瀏覽日：2010/12/23）。值得注意的是該條亦因財務報告之重要性不同而有不同之金額計算方式，如為有價證券報告書（即我國之年報）則不需乘二分之一，本案三洋電機則是半年報有不實記載之情形。

價額總額所列價額乘十萬分之三（如後者較多則依後者），再乘之二分之
一後之金額為課徵金，而依照處分書金融廳所算出有價證券市場價額之總
額之十萬分之三為16,603,609日圓，其二分之一為8,301,804日圓（大於300
萬日圓故以此為基準），依同法第176條第2項之規定未滿1萬日圓者部分
捨去，所以依第185條之6之規定作成課徵830萬日圓課徵金之決定，並限
定於同年3月19日前繳納完畢。

(二)金融廳處分四名簽證會計師[15]

　　金融廳於2008年7月11日對於三洋電機於2001年到2005年之重大虛偽
不實之財務報告加以之四名簽證會計師，以未盡相當注意而簽證，作成分
別處以停止業務2年、9個月及6個月之處分。

　　金融廳所認定的事實為，三洋電機內部針對三洋電機所為之子公司等
股票之會計資產減損處理，從2001年3月決算期起，並持續至2004年9月為
止所策定以下會計處理方針:(1)作成營業計畫書，目標為在後續5個會計
年度內打消累積虧損金;(2)於該後續5個會計年度內，不會再做重新評估
修正;(3)自第2期以後，就各會計年度營業計畫未達成額進行會計減損處
理。且自2003年3月以後，針對實際營業額大幅低於營業計劃書預定目標
之子公司，至2006年3月為止所得之盈餘來看，更打消了相當的累積虧損
金，且該打消的額度以該子公司於2006年3月為止所得之盈餘來看，是難
以打消的。

　　此外，三洋電機雖於2005年3月重新製作未來5個事業年度的營業計
劃書，甲、乙會計師[16]卻針對一部分的子公司，打消了該子公司之純資產

---

[15] http://www.fsa.go.jp/news/20/syouken/20080711-2.html（最後瀏覽日:
2010/12/23），處分書內容為作者自譯。本案會計師被懲戒的重點在於對於
「引當金」之認定，引當金（ひきあてきん）とは、將來の特定の支出や損失
に備えるために、貸借對照表の負債の部（または資產の部の評價勘定）に繰
り入れられる金額いう。引當金泛指現在還不用付但未來可能會發生的一筆支
出或金額，在會計是指損失預估金額或備抵（如呆帳、存貨等）。

[16] 處分書尚未載明姓名，下以甲、乙、丙及丁稱之。

額加上五個事業年度的總盈餘再扣除帳面價值後之差額。因此，依照三洋電機的會計處理方式，不僅所列資產的實際價值大幅低於該資產之取得價格，且對於沒有充分事證證明實際價值將會上升回復到取得價格之子公司股份等資產時，仍未打消其實際價值或市價與取得價格間之差額。而當時甲乙兩會計師雖已知悉三洋電機的子公司等股份減損的處理方式，卻誤認該等會計處理仍在金融商品會計基準所定之會計處理範圍內，而簽證認可三洋電機依上述原則所進行之會計處理，直到2005年3月期為止。

　　且二名會計師從2001年3月開始到2004年3月為止，只取得三洋電機集團中累積虧損金額特別龐大的11家至16家子公司之營業計畫書並進行檢討，對於其他子公司則僅僅藉由詢問訪談等簡易查核方法判斷其資產是否有回復可能性，並未就其他子公司之營業計畫書進行檢討。

　　是故，該兩名會計師因而忽略除前開已取得營業計畫書之子公司以外之其他子公司中，亦有部分子公司應該進行會計減損之處理，而卻怠於注意子公司資產回復可能性應依據充分證據判斷之原則。

　　而就丙、丁會計師部分，丙會計師自2001年3月至2003年3月止，丁會計師[17]各於2004年3月及2005年3月期間，主要負責三洋電機連結決算的審計。雖然三洋電機的子公司股票等之會計處理方法已明確記載於審查資料上，該兩位會計師也確認過其內容，但卻遵從甲、乙會計師之判斷，而同意三洋電機為上述不當會計處理。此外，關於檢討子公司資產的回復可能性的部分，丙、丁會計師並未就審計報告加以詳細查核，因而漏未發現那些資產實際價值在帳面價值之百分之五十以下的數家子公司中，會計師僅取得其中一部分子公司之營業計畫書，而未取得所有子公司營業計畫書之事實。

　　是以三洋電機最後呈現出來的報告合併財務報表，因為就子公司及關係企業之股份價值估計過高，以及就關係企業應提列之損失備抵金額估計過低等因素，自2001年3月至2005年3月間，就其各期所製作之財務報表

---

[17] 兩位會計師違法情節雖相同，但因2003年修正公認會計士法時，就勒令停業之期間規定亦重新修正，並於2004年4月開始施行，是以二名會計師勒令停止業務的期間有所差異。

中，所列純資產額均高估超出1000億日圓，有重大虛偽不實之情事，三洋
電機並將附加前開虛偽不實財務報表之有價證券報告書，向東京財務局提
出，簡言之，丙、丁兩位會計師在審計時不恰當地確認三洋電機之會計處
理方法及內容。

(三)三洋電機股東向舊經營團隊提起訴訟

　　三洋電機的股東針對以三洋電機舊經營團隊，在未獲利情況下經由不
當之會計處理粉飾財報而獲取報酬及分紅，於2009年5月18日向大阪地方
法院向舊經營團隊提出278億日圓之損害賠償訴訟[18]，目前仍在審理中。

參、觀察與借鏡

一、日本課徵金制度[19]

(一)制度引進之背景

　　日本證監會自設立以來對於違反證交法的行為進行刑事告發或行政
處分命令，因刑罰的謙益性，結果導致對違法程度尚無科處刑罰必要之行
為反被縱容，另一方面，對於證券商等之行政處分，無法對於違法行為產
生抑制力，再者相較於美國證券交易委員會（下稱SEC）舉發的數量仍有
顯著的差異，且少以民事訴訟的方式來追究責任，在此背景之下，日本於

---

[18] http://www.courts.go.jp.（最後瀏覽日：2010/12/23）。

[19] 以下整理自黃銘傑(2005)，〈日本最近證券交易法修正對我國之啟示〉，
《現代公司法制之新課題新課題—賴英照大法官六秩華誕祝賀論文集》，
頁623-643，台北:元照。黃銘傑，日本金融商品交易法之研究期末報告，頁
123-133，142-143，173，行政院金融監督管理委員會，2007年11月1日。黃銘
傑，日本近年重要證券交易法制修正簡介，集保月刊 VOL.142， 2005年9月，
頁3-24。

2004年導入行政法上的課徵金制度，並重新審視證券交易法民事責任的規範內容，該法有關民事責任規定修正部分自2004年12月起施行，有關課徵金部分，則自2005年4月起施行。於2006修正並更名之金商法，除大幅提高證券詐欺、市場操縱等之刑事罰則外，維持課徵金制度並略為修正。

日本在引進課徵金制度時曾熱烈討應以美國法系由SEC向法院提起訴訟請求民事制裁金（civilpenalty）制度，抑或歐陸法系下行政管制委員會作成繳納命令，不服時於事後依行政爭訟體系尋求救濟，最後引進偏向行政制裁的課徵金制度，採取行政處分形式，由行政機關經過特別審判程序，依據四種違法類型計算課徵金，但美國法上之「民事制裁金」（civilpenalty）制度仍為立法上重要的參考，同時亦參考日本獨占禁止法之課徵金制度，而該獨占禁止法上之課徵金制度目的，日本法上通說認為係為剝奪事業因違法行為所得利益，令違法事業無法保持其違法所得利益，藉此以維持社會公平正義，抑止違法行為之產生，確保聯合行為禁止規範之實效性。

而金商法上課徵金制度引進之目的乃是行政機關為防止內線交易等不法交易行為並確保相關規範之實效性以達成其行政目的，對於違反證券交易法上特定規定者，課予其金錢負擔的行政上處置，賦予制裁手段之強化與多樣化，證監會可針對不同類型、惡質程度之違反行為，施以不同的法律手段，以收最佳執法成效，並彌補刑罰手段因謙抑性而有之不足。希冀透過加諸違法行為人特別之金錢制裁，而將規範目的不僅停留在違法利益之剝奪，而藉由懲罰，收犯罪抑制之效。

(二)與刑法之相應調整

立法過程中認為課徵金制度引進之目的乃著眼於剝奪因違法行為所得不當利益，而非嚴峻處罰以收犯罪預防之效，是有與財產刑之沒收、追徵相互調整之必要。如經刑事審判程序已確定為有罪時，應依沒收或追徵之規定進行沒收或追徵，而各該事件的課徵金，應依此時所算出的課徵金額中扣除應沒收或追徵之金額，以進行調整（第185條之7、第185條之8），實務上多為追徵，追徵依不法交易行為所得有價證券的價額（總交

易額），而課徵金是以所得利益做為基準，因此幾乎追徵的金額都會高於課徵之金額，兩制度調整之結果，多不需再為課徵金繳納命令，惟如法院依其裁量而酌為不為沒收或減少追徵之金額決定時，其與課徵金之差額仍需追徵。而在刑事判決確定前，課徵金繳納命令不生效力。

　　但課徵金與刑罰不同的地方在於只要在行政程序中課徵金要件之該當事實被充分證明的情形下，即應作成課徵金命令，法規制度設計上即用以補充刑事責任之不足。

(三)課徵金命令調查權限與程序

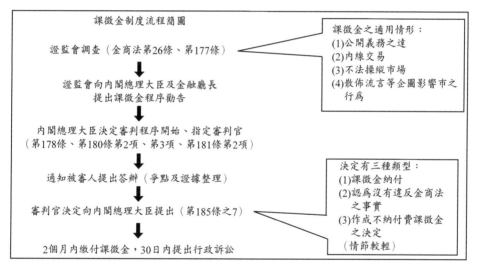

圖5-2　課徵金制度流程簡圖

　　金商法規定課徵金處分由內閣總理大臣為之，但該當權限實際上係委由金融廳廳長行之（如本案之處分書即以金融廳的名義發布），為求慎重，金融廳廳長於作成課徵金命令的決定時，應以設置於金融廳內的審判官經由行政審判程序（原則上為三人之合議庭）所作成之決定案為基礎。審判程序中，關於課徵金之法定要件客觀上是否該當，在認定相關事實時，注意被審判人程序上防禦權之保障亦為課徵金制度之重點。而該四種行為之課徵金要件基本上也引用該刑罰規定的構成要件。

　　另外，課徵金處分係對於基於自己之計算而從事違法行為者所作成，所以即使是有組織之進行，僅參與背後教唆或共謀者不在課徵之對象中，僅對該實際行為人課以課徵金，此乃是因為課徵金制度是以徹底抑制違反證券交易法規之行為為其主要的行政目的，與刑事罰乃著重於行為人實質上之惡性有所不同，在判斷行為人是否為自己計算時，以實質判斷為必要，亦即借用他人名義而從事違法行為或實際上支配他人之行為者，皆應認定為該為自己之計算而從事違法行為，而仍屬課徵金課予之對象。

　　日本課徵金制度規定於金融商品取引法（下同）第6章之2（第172條至第185條之21），分為納付命令、審判手續、訴訟及雜則等四節，課徵金制度之倒入，配套設計包括：(一)調查權限的擴大（第26條、第177條[20]）：除原本賦予證監會命令關係人到場、詢問、檢查、留置以及取得法院（含簡易法庭）之令狀後，得進行臨檢、搜索及扣押等權限（第210條、第211條以下[21]）外，因應課徵金制度，為求課徵金課處程序及其金

---

[20] 第26條「內閣總理大臣，為確保公益或投資人保護認為必要且是當時，得命公開文件之提出人，有價證券之取得人或其他關係人或參考人提出應可為參考之報告或資料，或得就為該職員者之帳冊文件或其他物件為檢查」，第177條「內閣總理大臣，對於依第一百七十三條第一項、第一百七十四條第一項、第一百七十四條之二第一項、第一百七十四條之三第一項或第一百七十五條第一項（含同條第九項中準用時）或第二項規定之課徵金相關事件，為進行必要之調查，得對該職員進行下列處分：一、質問事件關係人或參考人，或請其提報意見或報告。二、進入事件關係人之營業處所或其他必要場所，檢查帳冊文件或其他物件。引自廖大穎，日本金融規範一元化之立法模式與發展動向，金融研究發展基金管理委員會，頁201、255及581，2009年12月1日。

[21] 第210條「證券交易監視委員會（以下本章稱「委員會」）之職員，（以下本章稱「委員會職員」），調查犯則事件（謂前章之罪中，政令規定之妨礙有價證券買賣、其他交易或衍生性商品交易等公正性事件。以下本章同）必要時，得要求犯則嫌疑者或證人（以下本項稱「犯則嫌疑者等」。）報到、質問之，檢查其所持或放置之物件，或查扣犯則嫌疑者等提出或任意放置之物品。委員會職員於調查犯則事件時，得要求官公署或公司團體詢問必要事項之報告」，第211條以下則為搜索之規定，採令狀主義，原則上須證監會向法院聲請後方得為之。引自廖大穎，日本金融規範一元化之立法模式與發展動向，金融研究發展基金管理委員會，頁629-630，2009年12月1日。

額之適當及正確，修法加入主管機關之權限，得為課徵金目的對關係人進行詢問或要求提出報告、對於公開書類加以調查，甚至得至營業場所或其他必要場所進行財務帳簿等之檢查，且對於規避檢查報告行為，設有刑事處罰之規定（第205條、第205條之3[22]），而行政調查權限由證監會來行使（第194條之6第2項第7款）；(二)行政審判程序之新設（第178條、第185條之7）：此一審判制度之設計，基本上在求取行政程序的效率性與審慎性二者間平衡，當證監會於實施調查後認為有違法事實時，應即向內閣總理為採取必要行政處分之勸告，其性質乃是內閣總理大臣依照證監會所作成之勸告認定有違法事實時，則必須作成審判程序開始之決定（第178條），並對被審人送達其決定書謄本，再由設置於金融廳內的審判官經公開審判程序後作成結論，呈報內閣總理依此作出繳納課徵金之命令，行政審判程序原則上由三名審判官組成之合議庭以公開原則方式進行（第180條第1項），所謂審判程序，其性質乃是內閣總理作出繳納課徵金命令之前置程序，目的在於保障當事人之防禦權。被審人應提出答辯書，並得於審判期日出庭陳述意見、提出相關證據文件，為了使審判程序公正，曾參與該事件調查之人不得擔任審判官審理該事件（第180條第4項）。另外有關意見聽取或證據調查之決定等、審判程序中各種權限，規定屬於審判官之固有權限（參照第6章之2第2節之規定），在審判程序中，被命應繳納課徵金者（即被審判人）或其代理人，可於審判期日到庭陳述意見或申請調查各種證據。此外，被審判人於第一次審判期日前，已就違法事實為承認者，則毋需開啟審判期日（第183條第2項）經審判程序後，審判官應作成決定並提出於內閣總理大臣（第185條之6）內閣總理大臣基於該決定認為有違法之事實時，必須作成課徵金繳納命令，被審人不服則直接提起訴訟；認定無違法事實存在時，或認為沒收、追徵之金額超過原本課徵之金額而不能命為課徵之繳納時，亦應作成無須繳納課徵金之決定（第185條之7第3項）。

---

[22] 違反第205條處六個月以下拘役或五十萬圓以下罰金或併科為之，違反第205之3則處以20萬圓以下罰金。

(四)適用課徵金之違法行爲態樣

　　適用課徵金之違法行為態樣包括下列四種行為：（第172條至第175條）：(一)有價證券公開發行及繼續公開發行時，於申請事項上為虛偽記載、未提出有價證券報告書公開義務違反行為；(二)內線交易禁止規定之違反（如未進行公開收購公告開始公告而已買進股票之人的課徵金命令）；(三)不法操縱市場行為；(四)散布流言等企圖影響市場之行為（如提供或公布具不實之特定證券資訊之發行人）。而此四種行為，金融商品交易法本來就設有刑事責任之規定，而課徵金制度之旨趣及目的是為了抑制違反券交易法行為的出現，本來應該兼顧抑制的效果來決定課徵的金額，而未必是以違反者所得之經濟上利益作為標準。但因為金商法第一次引進該制度，在達到抑制目的所需之最低限度的標準下，除了限定適用課徵金之違法行為態樣外，課徵金額計算基礎以相當於行為人因其不法行為所獲得經濟上利益的數額做為基準，並同時以法律針對各個證券交易法所規範的行為規定其具體的計算標準。

(五)小結

　　本案金融廳係以三洋電機違反公開義務提出不實財務報告，而命繳納830萬日圓課徵金，惟本件弊案，三洋電機之會計處理自2001年至2005年每年都有高估資產1000億日圓之情事，卻僅處850萬日圓課徵金，是否過輕？似乎未達制度原本設計之抑制目的，或許即為之後金商法修正提高本條之課徵金課徵基準之因。

　　日本課徵金制度的引入，如前述係為調節刑法謙抑性原則，因其實務上多有因刑事責任認定之嚴謹，行為人因而逸脫刑事責任之規制之情形，就此，我國也有同樣的困境，課徵金制度有兼顧行政效率、彈性、當事人正當權利之保護之優點，但就課徵金金額之計算，法律已明定計算基準而無彈性，縮小金融廳得依違法情節之輕重而予不同懲罰處遇之空間，在金融廳定性為獨立機關的前提下，恐有侵害權限之疑問；另就課徵金額來看，不僅與美國法可對內線交易事件處以所得利益三倍以內之民事制裁

金相距甚遠，更因容許與刑罰沒收、追徵相抵，而有大幅減少課徵金額之虞，結果可能損及課徵金制度抑制、預防違法發生之功能，斲傷其規範實效性，本案三洋電機僅處850萬日圓即為一例，此亦與課徵金規範制度重心究應設定於不當得利之剝奪抑或違法行為之抑制、預防而有所關聯。

就我國證券交易法而言，我國金管會之權限不若日本證監會完整，且如欲參酌課徵金制度之精神，以課徵金方式調節民刑事責任之不足，而引入課徵金制度時，是否一併引入審判官制度？是為投資人保護或健全資本市場？是為不當得利之剝奪抑或違法行為之抑制、預防？於評估時亦宜一併加以考量。

二、三洋電機之簽證會計師事務所－中央青山會計師事務所解散清算

三洋電機所委任之會計師事務所為中央青山會計師事務所，是PwC在日本的分所，也是日本四大會計事務所之一，在三洋電機會計弊案爆發前，即因涉入佳麗寶財務詐欺案，2006年5月金融廳曾對該會計師事務所作出停業兩個月的處罰，也是日本有史以來對大型會計事務所最嚴厲的懲罰，當時PwC旋在日本成立あらた會計師事務所，以承接原在中央青山的業務，2006年9月1日中央青山會計師事務所更名為みすず會計師事務所，於2007年2月爆發三洋電機會計弊案後，みすず會計師事務所在2007年7月31日解散清算，也因中山青山會計師事務所還審計日本其他600多家上市公司，所簽證之企業發生接二連三的會計弊案使外國投資者對於日本企業望而卻步。

在三洋電機會計弊案中，金融廳即以受任會計師未依據充分證據判斷、以詢問訪談等簡易查核方法及並未就審計報告加以詳細查核等作出處分，此與我國博達案[23]中「函證」之爭議，有異曲同工之妙。

---

[23] 博達案介紹，見羅惠雯（2005），〈博達案－科技公司引爆地雷效應〉，謝易宏主編，《財經法經典案例系列》，頁1-57，台北，新學林。

三、Pnasonic兩次公開收購三洋電機及事業版圖的變化

三洋電機自2007年會計弊案爆發後，面臨極大危機，而自創業者井植家族退出經營後，繼任社長佐野精一郎（下稱佐野社長）是三洋的老員工，人事系統出身的佐野了解三洋的興衰過程及公司高層間的矛盾，尤其是創業家族和大股東間的矛盾，如井植雅敏曾堅持保留手機及數位相機的業務，但佐野表示不反對，這也意味著，佐野上任以後，控制董事會的金融集團能較容易處分公司資產或出售公司不獲利部門，是以當Panasonic趁著2008年金融風暴席捲全球，與三井住友銀行、大和證券、高盛等大股東接觸，趁著金融集團資金壓力，對於收購的價格與條件較易進行，同時Panasonic大坪文雄社長並與佐野社長達成留用原10萬名員工之條件，如此一來，金融集團大股東回收投資，三洋員工可以繼續安心在專業上努力，Panasonic少了在太陽能電池領域的競爭對手，同時增強在新能源的研發實力，對於陷入經營危機的三洋而言也是一個轉機，而達成併購協議，是2008年11月Panasonic宣布將三洋電機收歸子公司的計劃。

而在公開收購前，因兩企業的結合有壟斷市場之虞，因而在全球各競爭法主關機關尋求結合許可，我國[24]先於2009年7月1日以兩家公司所重疊生產的電池及家電商品，國內產製及進口品牌眾多，不致使市場競爭程度產生實質減損為由，通過二家公司的結合案，而美國、歐盟及中國大陸地

---

[24] 2009年7月1日行政院公平交易委員會第921次委員會決議，http://www.ftc.gov.tw/upload/7a5e98f5-e50b-4af1-84cf-1dcaea9845fc.pdf.（最後瀏覽日：2010/12/23）。

區的競爭法主管機關則採取較嚴格之審查，歐盟[25]、美國[26]及大陸[27]皆以
兩家公司必須出售部分海外業務為條件作為批准之條件，以消除對於減損
競爭之疑慮，Panasonic及三洋也因此處分部分海外事業。

　　解除反競爭之疑慮後，Panasonic於2009年12月21日完成第一次對三
洋電機之公開收購[28]，取得三洋電機50.27%之股票，公開收購完成後，
Panasonic成為日本最大的電器業者，也是僅次於通用電子（GE）的全球
第二大電器集團。

　　2010年7月29日三洋電機公告關於和Panasonic股份有限公司將
Panasonic電工股份有限公司及三洋電機公司完全子公司化之公開收購之
公開說明書[29]，Panasonic開啟第二次公開收購，此時Panasonic不但公開收
購三洋，也公開收購Panasonic電工，三家公司都召開董事會同意公開收
購，公開收購期間為2010年8月23日起至2010年10月6日止，在市場上公
開收購兩家公司股票（除兩家公司自行持有者除外），Panasonic公司在
公開說明書上亦說明其預定在2011年4月Panasonic電工和三洋電機公司完
全子公司化，以達成集團綜效，Panasonic預定以8184億日圓收購兩家公

---

[25] 歐盟於2009年9月29日同意Panasonic收購三洋電機，並以兩家公司合併後必
須出售歐洲部分電池生產業務為條件，以消除對減損競爭之疑慮，European
Comission, http://ec.europa.eu/competition/mergers/cases/index/m108.html#m_5421,
http://ec.europa.eu/competition/publications/cpn/2010_1_23.pdf.）最後瀏覽
日:2010/12/23）。

[26] 美國於2009年11月24日以出售部分鎳氫電池業務為條件，同意Panasonic收購
三洋，並於2010年1月8日出具final consent order，相關文件及進程請見：FTC
Approves Final Consent Order in Matter of Panasonic Corporation/Sanyo Electric
Co., http://www.ftc.gov/opa/2010/01/sanyo.shtm.（最後瀏覽日：2010/12/23）。

[27] 大陸商務部反壟斷局於2009年10月30日以出售部分業務及降低合資企業的持股
比重為條件，同意Panasonic收購三洋，http://fldj.mofcom.gov.cn/aarticle/ztxx/20
0910/20091006593175.html。

[28] http://jp.sanyo.com/news/2009/12/21-2.pdf.（最後瀏覽日：2010/12/23）。

[29] 係Panasonic公司依據金融商品取引法第167條第3項和施行細則第30條之規定
所提出，http://jp.sanyo.com/news/2010/07/，http://jp.sanyo.com/news/2010/07/
pdf/29-2.pdf.（最後瀏覽日：2010/12/23）。

司，主要是基於充電電池、太陽能電池及和汽車電池的電池市場考量，預定的收購價格是Panasonic電工是1股1110日圓，三洋電機是1股138日圓，以和韓國、台灣及中國企業相抗衡。說明書中亦載明公開收購完成後，將討論換股比例，未來預定以Panasonic品牌為主，而在部分的事業和地區仍靈活運用關於「三洋」這個品牌。並業於2010年10月完成第二次公開收購，Panasonic總計取得三洋電機80.98%之股權。

如前述，Panasonic宣布收購三洋係著眼於三洋在太陽能面板和電池的研發實力，在充電電池部門面臨他國極大競爭壓力下，兩企業的結合勢勢之必然，且隨著汽車製造商積極開發新型的混合動力以及電動汽車，Panasonic認為三洋在車用電池市場的地位，將會是一大優勢。是以，這項合併案的重點並不在於兩家公司傳統的產品線，而是針對混合動力與電動汽車用的太陽能與充電電池產品，而這也正是Panasonic看上三洋的重要原因。

在三洋電機成為子公司的前提下，通過資本及業務的合作，兩公司經營技能和經營資源實現共有化；通過協商獲得全球競爭力，兩企業價值實現最大化，進而保障股東的利益，有利於客戶、員工等所有與企業有利害關係人員的利益最大化。Panasonic在能源事業領域，與三洋電機通過技術互補，共為充電電池市場的發展繼續作出貢獻，利用Panasonic的全球銷售網絡促進三洋電機的太陽面板海外事業銷售，為Panasonic保持繼續發展實力奠定良好基礎。Panasonic 2009年12月收購生產太陽能面板之三洋電機後，2010年7月開始爭取推廣三洋的太陽能面板，且近日爭取到加州NASCAR賽車跑道和馬來西亞一座大商場的生意[30]。

目前Panasonic規劃Sanyo成為子品牌，但以統一使用Panasonic為其企業既定政策之前提下，Sanyo這個品牌，Panasonic決定只在特定地區及產品中使用，台灣三洋電機即指出已和日本Panasonic高層開過會，將延續現有品牌繼續經營，至於日本Panasonic持股是否會增加則看大股東策

---

[30] 國際新聞，經濟日報，2010年12月14日，A8版。

略[31]，但未來三洋這個品牌是否還能在存續？恐怕並不樂觀，三洋擁有60多年經營的歷史延續家族經營的傳統，曾經在市場上發光發熱，但因為企業策略的缺乏彈性，已失去光芒，加上會計弊案，未來三洋這個品牌將可能走入歷史。

肆、結語

在國際化潮流下，企業策略已不能限定於疆域之內，法律之佈局亦應從全球化觀點考量，此從Panasonic公開收購三洋電機案中再次得到印證，而發生在國境之外之會計弊案，因著蝴蝶效應，仍值得我們加以關注，如同本篇案例——三洋電機會計弊案，將使我們熟悉的Sanyo這個品牌走入歷史！再看近來雷曼兄弟的破產案，因金融商品銷售的國際化，在國內由銀行販售之連動債，造成國內眾多投資人畢生心血付之一炬，衍生銀行和消費者之糾紛，而有金融消費者保護法之催生[32]，我們實無法自外於國際的潮流與脈動。

安隆案最終導致安隆的破產和五大會計師事務所之一安達信（Arthur Anderson）解體，是美國當時最大的破產案與最大審計失敗的案例，安隆案後更發生更多財務醜聞，如泰科、美林、共同基金弊案等，美國國會為重新喚回投資人的信心，在2002年7月通過沙氏法案，重點在於公司治理部分，各國並既起仿傚之，但終未能抵擋日版安隆案——三洋電機的會計弊案、近年的雷曼兄弟破產之發生，且雷曼兄弟在2008年一天內宣布破產，一個擁有一百五十多年的公司就這樣消失，而今年2010年3月11日美國破產法庭發表長達2200頁的調查報告，指出雷曼兄弟高層主管有重大

---

[31] 戴海茜，三洋電估11月營收成長，IFRS對公司影響不大，財訊快報，2010年12月1日。

[32] 行政院金融監督管理委員會已經把金融消費者保護法草案送到行政院審議，林建甫，「金融消保法消費者後盾」，名家觀點，經濟日報，2010年12月22日，A4版。http://edn.gmg.tw/column/viewpoint.jsp?f_seq_no=951.（最後瀏覽日：2010/12/23）。

疏失（grossly negligent），刻意使用Repo 105[33]操縱資產負債表誤導投資人，而負責查核財報的Ernst & Young（下稱E & Y）會計師事務所又失職（malpractice）核准雷曼兄弟使用Repo 105，加上E & Y亦未於2008年5月雷曼一位高級主管就Repo 105適當性提出告密時加以調查，雖E & Y是否能證明其所執行的程序及所蒐集之證據可支持其所出示的無保留意見仍有待揭曉，但會計師於資本市場上把關者之效能與地位，再次受到檢驗。

安隆案至少經歷五年才蓋棺論定，三洋電機會計弊案及雷曼兄弟破產案現在要蓋棺論定似乎還太早，但其中會計師所扮演的角色令人玩味，會計師及會計準則本應在提供投資人有關公司真實財務健康資訊的過程中扮演重要角色，但相繼多個會計弊案發生，令人質疑會計師及會計準則的目的為何？究竟是制度面的問題或是執行面的問題？是否為一有效的制度？到底市場應如何監理？才能對投資人有最大的保障？實值我們深思，就此歐盟已提出綠皮書（green paper）為會計師治理及監督鋪路[34]，或可加以參考。

---

[33] 趨勢展望，會計研究月刊，第294期，頁48-49，2010年5月，附買回交易（Repurchase agreement, Repo）在雷曼兄弟倒閉案中扮演重要角色，雷曼兄弟操縱附買回交易會計，為繼安隆後另一樁著名的財務會計弊案，雷曼兄弟降低資產負債表的槓桿程度-Repo 105會計花招讓銀行看起來很健康，Repo 105是將Repo交易視為出售而非短期融資，此表外交易疑似雷曼兄弟粉飾季報，於財務報告中降低槓桿之手法，以維持信評機構給予有利的評等。

[34] International Accounting Bulletin, http://www.vrl-financial-news.com/accounting/intl-accounting-bulletin/issues/iab-2010/iab-476-477/ecs-barnier-releases-audit-gr.aspx.（最後瀏覽日：2010/12/23）。

參考文獻

一、期刊論文

1. 黃銘傑（2005），〈日本最近證券交易法修正對我國之啟示〉，《現代公司法制之新課題新課題—賴英照大法官六秩華誕祝賀論文集》，頁628-634，台北：元照。

2. 曾宛如（2009），〈建構我國內線交易之規範：從禁止內線交易所欲保護之法益切入〉，《臺大法學論叢》，38卷第1期，頁253-310。

3. 羅惠雯（2005），〈博達案—科技公司引爆地雷效應〉，謝易宏主編，《財經法經典案例系列》，頁1-57，台北，新學林。

二、學術報告及公務報告

1. 廖大穎，日本金融規範一元化之立法模式與發展動向，金融研究發展基金管理委員會，2009年12月1日。

2. 黃銘傑，日本金融商品交易法之研究期末報告，行政院金融監督管理委員會委託，2007年11月1日。

3. 吳當傑，會計師職業管理制度之研究—後安隆時代會計師管理制度之變革，94年6月3日94年度考選制度研討會。

4. 陳怡均，出席美國公開公司會計監督委員會舉辦之第2屆國際會計監理官年會報告，行政院金融監督管理委員會證券期貨局，2008年8月12日。

三、報章雜誌

1. 編輯部，借鏡日本之一——攘外必先安內三洋電機的危機管理教訓，世界經理文摘EMBA，第272期，2009年4月。

2. 吉鳴，本月精選，宇宙光雜誌，第439期，2010年11月。

3. 趨勢展望，第294期、第295期，會計研究月刊，2010年5月、2010年6月。

4. 戴海茜，三洋電估11月營收成長，IFRS對公司影響不大，財訊快報，2010年12月1日。

5. 經濟日報2010年12月14日A8版、2010年12月22日A4版。

四、網路資源：（最後瀏覽日：**2011/05/20**）

1.三洋電機官方網站：http://jp.sanyo.com。（現改為http://pananonic.co.jp/sanyd）

2.Panasonic官方網站：http://panasonic.co.jp。

3.日版維基：http://ja.wikipedia.org/。

4.日經：http://company.nikkei.co.jp.。

5日本裁判檢索系統：http://www.courts.go.jp/。

6.日本金融廳：http://www.fsa.go.jp

7.DJ財經知識庫：http://www.funddj.com。

8.美國聯邦貿易委員會：http://www.ftc.gov。

9.行政院公平交易委員會：http://www.ftc.gov.tw。

10.歐盟委員會：http://ec.europa.eu/。

11.經濟日報：http://edn.gmg.tw/index.jsp。

五、外國文獻

George W. Kuney, Enron: All I Ever Needed to Know about Enron in Kindergarten (and Graduate School), Enron: Corporate Fiascos and Legal Implications (Foundation Press 2004).

第六章 疑點重重無說清，未到撥雲見日明 —鈺創科技內線交易案疑雲

林元浩

林元浩

如果每個人都是一個品牌，

那我的就叫「林元浩」。

先是NTPU再是SCU兩大的刻畫，

去掉強烈推銷的品牌訴求，

唯一，

看官們！細細慢慢地品味……

大事記

日期、時間	重要事實
95年2月21日	鈺創公司董事長甲召集財會處協理丙、財務部經理丁、會計部經理戊等人，於新竹總公司7樓會議室舉辦每月例行性之財務報告會議。
95年2月22日	乙囑託財務部經理丁，申報轉讓乙名下3,000張（每張仟股）鈺創公司股票。
95年2月27日至95年3月14日	乙指示丁以電話下單方式，通知中信證券股份有限公司新竹分公司營業員，賣出乙帳戶內之2,918張股票；另通知富邦證券股份有限公司仁愛分公司營業員，賣出乙帳戶內之82張股票。合計賣出3,000張，占同年2月21日乙名下持有股數16.12%。
95年4月11、12日	媒體報導鈺創公司「首季毛利率下滑」、「毛利率14.19%」等新聞。
95年4月12日下午	鈺創公司於股市公開資訊觀測站公告「95年度第1季自結營業收入為25億5,800萬元、盈餘為3億6,300元，95年1月至3月份毛利率分別為14.65%、11.21%及16.64%」之訊息。
95年4月12日下午起至95年4月14日	鈺創公司股價連續3天跳空跌停，迄同年年底股價從未恢復至乙賣出股票之平均價格。
97年4月15日	鈺創公司董事長甲、董事乙遭臺灣臺北地方法院檢察署提起公訴。
98年9月2日	台灣台北地方法院判決甲、乙無罪。
98年12月22日	台灣高等法院判決甲、乙無罪。

壹、前言

　　近年來，檢調搜查上市櫃公司，隨後起訴內線交易罪之案件猶如火燒連環船般蔓延，台開案、明基案以及鈺創科技內線交易案等數案皆是這波司法炮火的射程範圍，在司法大肆掃蕩下，證券交易市場是風聲鶴唳，每每傳出「某某公司驚爆內線交易疑雲，遭檢調搜索」，股票價格必定重跌，重創投資人對證券市場之信賴。

　　然而，並非所有遭起訴之內線交易案，皆以有罪判決終結，高等法院在民國98年12月22日即宣判鈺創科技內線交易此一案無罪，於是再次激盪起「司法『精緻辦案』」或者「主管機關與司法機關不了解產業運作」等

社會輿論，如鈺創科技內線交易案之被告（即鈺創科技董事長）在一審無罪後即表示「希望主管機關在此案後，設立對產業實務深入瞭解之機制，若有未明之處，可與企業家正面良性溝通或有產業專家指導，也期許法務機構加速落實精緻辦案，對法律構成要件嚴謹認定，否則企業動輒淪為法律試金石、浪費訴訟資源及加重社會成本」[1]。

又「證券主管機關與司法機關大肆掃蕩內線交易，最終卻以無罪了結」此一現象，亦引起社會關注我國證券交易法（以下稱為證交法）第157條之1之立法，社會大眾質疑是否因為該法規定有諸多不明確之處，所以導致如此現象發生？因證交法第157條之1的不明確，故造成企業無所適從，不知道哪個行為是法律所允許，哪個行為又是被禁止；因證交法第157條之1立法不明確，可能因而造成主管機關、檢調單位濫興調查；而法院釐清案情困難重重，嚴重導致訴訟遲延，且爭訟勝敗之關鍵將決定在訴訟雙方攻防之手段高明與否，恐將浪費訴訟資源並違背刑事訴訟程序發現實體真實之目的。於是修法之聲浪日高。甚至有輿論認為內線交易之行為有助於影響股票價格之重大消息散布於市場，令股價趨向相當、合理之價格，且內線交易可以視為對公司經營者之獎勵，因而主張我國內線交易罪應當除罪化。

針對前述之質疑與批評，本文以為皆係導因於內線交易罪係規範經濟行為，而經濟行為本係瞬息萬變、五花八門，法律文字自然只能更為抽象，更為不明確；主關機關與司法單位非產業經營者，面對迅速變化之經濟行為自然無法立即充分消化，於是產生與產業實務之鴻溝，此乃必然發生之問題，有賴投資市場之各個關係人不斷激盪下以尋解決。

本文不就前述質疑為深入之探討，僅將以鈺創科技一案（以下稱為本案）為討論客體，觀察本案起訴書、判決書，探究本案法院是否確實有因為法律規範不明確或者對產業運作不熟悉而產生誤解以致操作不當之現象發生，若有，則誤解為何？而面對系爭誤解，本文將嘗試整理並提出幾點

1　參閱鈺創董座盧超群夫婦內線交易案 台北地院一審判決無罪，http://news.cts.com.tw/cnyes/money/200909/200909020310901.html，最後造訪日期：2010年11月14日。

看法，尋求解決。

貳、本案事實[2]

一、事實摘要

　　95年2月21日，股票上櫃交易之鈺創公司董事長甲召集財會處協理丙、財務部經理丁、會計部經理戊等人，於新竹總公司7樓會議室舉辦每月例行性之財務報告會議。甲於該次會議中獲悉95年1月份營業額為新臺幣（下同）8億7,000萬元、毛利淨額為1億2,747萬7,000元、毛利率為14.65%，毛利淨額與營業毛利率較前94年12月大幅衰退近5成。

　　乙於95年2月22日（即財報會議結束次日），囑託財務部經理丁，申報轉讓乙名下3,000張（每張仟股，下同）鈺創公司股票，並於同年2月27日至3月14日該段期間內，以每股38.1元至47.3元不等價格，指示丁以電話下單方式，通知中信證券股份有限公司新竹分公司營業員，賣出乙帳戶內之2,918張股票（平均每股賣價43.78元）；另通知富邦證券股份有限公司仁愛分公司營業員，賣出之帳戶內之82張股票（平均每股賣價46.87元）。合計賣出3,000張（每股平均價約43.87元），占同年2月21日乙名下持有股數16.12%。

　　後，媒體於95年4月11日及12日報導鈺創公司「首季毛利率下滑」、「毛利率14.19%」等新聞，公司旋於95年4月12日下午於股市公開資訊觀測站公告「95年度第1季自結營業收入為25億5,800萬元、盈餘為3億6,300元，95年1月至3月份毛利率分別為14.65%、11.21%及16.64%」之訊息。

　　鈺創公司股價於消息公開當日起即連續3天跳空跌停，迄同年年底股價從未恢復至前揭乙賣出股票之平均價格。

---

[2] 參閱臺灣高等法院98年度上訴字第4065號。

表6-1　本案人物簡介表

被告甲	盧○○	董事長兼總經理，總理公司業務及決策事宜，召開該次例行性會議
被告乙	廖○○	甲之妻，以博望國際股份有限公司法人代表人身分出任鈺創公司董事迄今，並擔任董事長特別助理，負責公司有關營運支出之審核業務
證人丙	徐○○	財會處協理，參與該次例行性會議
證人丁	謝○○	財務部經理，參與該次例行性會議；受乙指示申報並以電話下單轉讓乙名下持股
證人戊	李○○	會計部經理，參與該次例行性會議

二、檢方公訴之理由

(一)起訴之主張

1. 被告甲、乙為內部人：本案判決所指起訴書意旨為「…其等均屬證券交易法規範之鈺創公司內部人，且均接觸公司內部之營運資訊。」

2. 甲獲悉「95年第1季之毛利率與94年第4季比較顯為下跌」之重大消息：判決引述起訴書意旨為「依鈺創公司民國95年第一季出貨數量較大之訂單資料顯示，該季售價決定期間，早於94年11月至95年2月即已確定，由於單位售價大幅下滑…」。又，「被告（即甲）於會議中獲悉…雖該公司營業額較前1月份（94年12月）略有成長，惟毛利淨額與營業毛利率反較前1個月份（94年12月）大幅衰退近5成，且因公司近期進貨成本增加及單位產品出售價格均持續下滑，確定同年2月、3月份之毛利淨額及毛利率亦難好轉，如於95年度第1季季報即95年4月間公告該等訊息後，勢將對鈺創公司股票價格有重大影響」。

3. 甲、乙基於故意

4. 甲、乙成立共同正犯：判決引述起訴書意旨為「被告2人獲悉上揭重大訊息後，旋旋於95年2月22日即上述財報會議結束次日，基於利用上揭利空消息賣出鈺創公司股票之概括犯意聯絡與行為分擔…」。

5. 消息未公開前出售持股：判決引述起訴書意旨為「…於同年2月27日至3

月14日期間，以每股38.1元至47.3元不等價格，由被告（即乙）…合計賣出3,000張（每股均價約43.87元）…」。

6. 被告甲、乙因此規避損失：判決引述起訴書意旨為「以95年4月11日訊息公開後10個營業日收市價37.70元計算，被告乙○○與被告甲○○2人規避損失計約1,850萬4,000元」。

(二)上訴之主張

1. 毛利率為重大消息：判決引述上訴理由為「毛利率通常為公司產品獲利能力之指標，享有高毛利率之公司通常表示公司在該領域具有獨特的能力，因此具有高毛利率公司往往是該領域的龍頭廠商或是利基型廠商，因此觀察毛利率變化將可找出公司獲利變化的趨勢，故毛利率變動攸關投資人之投資決定，對股票價格存在重大影響，當然符合重大消息之要件」。

2. 本件所稱重大消息係指「95年第1季之毛利率與94年第4季比較顯為下跌」而非僅只「毛利率」

3. 本案公布毛利率之消息確實致股價持續下滑：判決引述上訴理由為「鈺創公司於95年4月11日經媒體報導95年第1季毛利率下滑及董事長遭約談等2則利空訊息後，當日股票仍跌停，公告95年第1季自結盈餘數字之次一營業日持續以跌停作收，媒體於95年4月11日發布鈺創公司第1季毛利率下滑但未發布相關財務數字，待公司發布自結數字後大量委託賣出，股價持續跌停，可證明此訊息對投資人決策之影響，故鈺創公司95年第1季毛利率下滑應屬與財務有關影響股票價格之重大消息」。

4. 以前、後兩季毛利率做比較，係股價連動性之必然：判決引述上訴理由為「投資分析係以投資股票與上一季攸關財務資訊作比較，乃因股價具有連動性，係一系列價格之連續變化，自應與最近時點之資料作比較，而本件所稱重大消息係指『95年第1季之毛利率與94年第4季比較顯為下跌』，並非將95年第1季之毛利率與94年第1季同期比較，原審未於判決說明此點對理性投資人之影響，甚而舉出其他以不同年度同期比較之毛利率漲跌情形，推認毛利率增減並不影響投資人決定，此種率論，有違

市場經驗法則」。

5. 鈺創公司自93年至95年歷年實際上毛利率之變化非如原審所述「第4季為旺季、第1季為淡季」之營運循環走向：判決引述上訴理由為「鈺創公司自93年至95年歷年毛利率之變，並無原審所謂『第4季為旺季、第1季為淡季』之營運循環走向，原審以此所謂之淡旺季，顯屬無稽」。

6. 金管會基於管理需要所定公司資訊公開處理程序規定中所列應公告之「重大訊息」非判斷重大消息之依據：判決引述上訴理由為「依證券交易法第36條及『對上櫃公司重大訊息之查證暨公開處理程序』規定所稱應公告之『重大訊息』或『應公開資訊』項目，不等同於判斷內線交易規範中所稱之『重大消息』之依據，需依個案之重大性、對股票價格之影響性及是否影響市場之供求等要素認定之，原審顯將金管會基於管理需要所定公司資訊公開處理程序規定中所列應公告之『重大訊息』，誤解為內線交易規範中『重大消息』之界定範圍，顯屬不當」。

7. 鴻海與鈺創公司係不同產業類型，不宜做比較：判決引述上訴理由為「鴻海公司其營業項目、品牌形象及從業人員等均與鈺創公司不同，實收股本亦有差異，而鴻海公司之毛利率維持相當之穩定性，三年來之毛利率僅呈微幅下滑之情形，但因營收呈穩定成長之趨勢，所以獲利能呈成長之情形，與鈺創公司比較，兩者是不同產業，且鴻海公司之毛利率未如鈺創公司，在兩季間有大幅變化之情形，對投資人而言，兩家公司之投資風險顯不相同，原審以屬性大不相同之鴻海公司之毛利率作為本件比較客體，顯忽略重大消息之決定須以『具體個案性地判斷，消息於特定時間點中對於理性投資人之影響程度』，其認定難令人甘服」。

8. 重大消息成立之時點非以該重大消息確實成立為斷：判決引述上訴理由為「證券交易法第157條之1第1項規定之立法之初，並未規定『重大消息』需以『消息成立確定』為要件，依實務見解認所謂『獲悉發行股票公司有重大影響股票價格之消息』，係指獲悉在某特定時間內必成為事實之重大影響股票價格之消息而言，並不限於獲悉時該消息已確定成立或為確定事實，…」。

9. 被告甲可得獲悉「毛利率下跌」在「某特定時間內勢必成為事實」：判

決引述上訴理由為「依證人即鈺創公司會計主管於偵訊中證稱：『鈺創
公司產品均於臺灣製造』等語，可知其成本已可先為確定，收入認列亦
可推知，且依卷附原審函調及被告庭呈之五大客戶接單資料所示，95年
第1季之出貨，多數於94年底前已接單，是出貨單價可能下跌之情形，
於94年底前已可得而知，況被告（即甲）於95年2月21日鈺創公司會議
中已可得知單位售價大幅下漏，導致95年1月毛利率確實下跌之事實，
且『95年第1季毛利率下跌』之重大消息事後亦果真成為事實，…」。

10.原審就重要事實漏未審酌：判決引述上訴理由為「原審就被告2人是否
　　為內部人、是否基於內部人身分知悉本件重大消息、被告乙是否透過
　　被告甲傳遞而知悉本件重大消息、被告乙賣出本件鈺創公司股票是否
　　如其所辯係為降低質押比等關鍵事實，均未見原審調查審認…」。

參、爭點提出

　　民國99年6月2日我國證交法第157條之1第1項經總統公布修正，修正
後規定為「下列各款之人，實際知悉發行股票公司有重大影響其股票價格
之消息時，在該消息明確後，未公開前或公開後十八小時內，不得對該
公司之上市或在證券商營業處所買賣之股票或其他具有股權性質之有價
證券，自行或以他人名義買入或賣出…」並增訂第2項「前項各款所定之
人，實際知悉發行股票公司有重大影響其支付本息能力之消息時，在該消
息明確後，未公開前或公開後十八小時內，不得對該公司之上市或在證券
商營業處所買賣之非股權性質之公司債，自行或以他人名義賣出。」其與
修法前內線交易罪之規定似乎有明顯之變異，在為以下爭點討論前，有必
要釐清究竟應當以新法或舊法為論證基礎？基於本案判決於民國98年12月
22日業經法院裁判，為配合法院判決之論證，以下爭點討論，本文仍舊係
以修法前證交法規定為基礎。

　　依證交法第157條之1規定「下列各款之人，獲悉發行股票公司有重
大影響其股票價格之消息時，在該消息未公開或公開後十二小時內，不得

對該公司之上市或在證券商營業處所買賣之股票或其他具有股權性質之有
價證券，買入或賣出：一、該公司之董事、監察人、經理人及依公司法第
二十七條第一項規定受指定代表行使職務之自然人。二、持有該公司之
股份超過百分之十之股東。三、基於職業或控制關係獲悉消息之人。四、
喪失前三款身分後，未滿六個月者。五、從前四款所列之人獲悉消息之
人。…」我國犯內線交易罪者，行為主體必須為「證交法157條之1第1項
所列之『內部人』」；客觀上，行為人有「獲悉發行股票公司有重大影響
其股票價格之消息」，且「在該消息未公開或公開後十二小時內，對該公
司之上市或在證券商營業處所買賣之股票或其他具有股權性質之有價證
券，買入或賣出」；主觀上，行為人具備故意；行為人違法且有責。以此
規定為前提下，本文嘗試提出以下之疑問。

　　觀諸本案事實，被告甲為鈺創公司董事長兼總經理，而被告乙為鈺
創公司董事並兼任董事長特別助理，皆為證交法第157條之1第1項所列之
『內部人』應屬無疑。有疑問的是，實際為股票買賣行為者為乙，甲並未
為任何買賣行為，而本案起訴書以甲、乙成立共同正犯是否正確？此為本
文觀察本案判決之第一個疑問。

　　再者，我國內線交易罪之構成要件中「獲悉發行股票公司有重大影
響其股票價格之消息」，令本文疑問的是，所謂「重大影響股票價格之消
息」究竟所指為何？本案系爭消息為「95年第1季之毛利率較94年第4季
比較顯為下跌」，是否即為重大影響股票價格之消息？又假設系爭消息為
重大影響股票價格之消息，邏輯上必定先存在重大消息，方得為行為人所
利用，則本案行為人乙賣出股票時，系爭消息是否業已存在？而本案判決
中，法院對於此些部分之論證是否正確？此為本文觀察本案判決之第二個
疑問。

　　最後，本案判決過程中，被告乙曾經辯稱：「家裡平常就是伊在調度
資金買賣股票，94年櫃買中心認為鈺創公司的質設比太高，所以就分批出
售股票降低質設比，出售股票與公司任何訊息無關等語。」疑惑的是，乙
主張並無利用系爭消息為買賣股票，有否理由？假設本案系爭消息確實為
影響股價之重大消息，而消息業已成立，且內部人乙獲悉系爭消息，依判

決所記載之事實，乙確實在禁止期間內（即該消息未公開或公開後十二小時內）有出賣股票之行為，則乙是否該當內線交易罪之構成要件，成立本罪？此為本文觀察本案判決之第三個疑問。

綜上所述，以下為本文就本案所提出之爭點：

一、本案，誰應該被列為被告？

二、「95年第1季之毛利率與94年第4季比較顯為下跌」是否為影響股價之重大消息？

三、假設「95年第1季之毛利率與94年第4季比較顯為下跌」為影響股價之重大消息，則消息成立時點為何？

四、被告乙抗辯其並無利用系爭消息為買賣股票，有否理由？

肆、判決要旨[3]

一、無證據證明「95年第1季之毛利率與94年第4季比較顯為下跌」屬重大消息

依「證券交易法第157條之1第4項重大消息範圍及其公開方式管理辦法」、證券交易法第36條第2項及證券交易法施行細則第7條「對股東權益或證券價格有重大影響之事項」之規定…等有關重大訊息或應公開之資訊相關規則之規定，均未就「毛利率」設有列舉其為重大消息之規定，…。雖鈺創公司有前揭在股市資訊觀測站公告95年度第1季自結營收及各該月份毛利率，然此係因為先前媒體報導鈺創公司首季毛利率下滑，鈺創公司因此才在資訊觀測站公告說明。是起訴書認為該毛利率的訊息在第1季之季報必須公告，且屬影響股票價格的重大消息，已有誤會。

合理、謹慎的投資人於判斷是否投資某一家公司股票時，一般係由公司營業額、稅前淨利及本益比等表現綜合考量，毛利率僅係影響獲利之

---

[3] 同註2。

其中一個因素，與公司獲利多少，營運好壞，尚無決定性之影響，⋯。另以出口美國、歐洲各國之產業（IC產業，如鈺創公司亦是此類產業），其景氣受季節性影響，通常每年第季因有聖誕節出貨量高為旺季，第1季轉淡，⋯，故就本案鈺創公司而言，公司95年第1季公司整體表現低於9年第季，當屬該公司的營運常態，而合理審慎投資人應了解電子業營運會受淡、旺季季節因素影響，當不致因鈺創公司95年第1季毛利率低於去年第季，即影響其投資鈺創公司股票之決定。

然95年月11日市場傳言被告甲遭檢調機關約談，⋯，而證交所對上市公司進行專案檢查，或檢調對上市公司發動偵查、搜索行動等都是會影響投資人投資決定的消息，因此都是重大消息⋯，則公訴人所指鈺創公司股價連續3天跳空跌停，亦極有可能是因前揭媒體報導鈺創公司負責人遭約談所致。

鈺創公司9年前3季毛利率為12%，93年同期則為26%，若如公訴意旨認為鈺創公司公布第1季毛利率下滑為影響股價的重大消息，則鈺創公司公布9年前3季財務報告後，必然發生股價連續數日跌停板之結果，然鈺創公司於9年10月28日1時公布9年前3季財務報告（含毛利率）後，次1交易日（即9年10月31日）股價並未下跌，反而上漲1.3元，共連漲天⋯。

二、縱「95年第1季之毛利率與9年第季比較顯為下跌」為重大消息，然在被告買賣股票時該消息尚未成立

退步言之，縱令鈺創公司95年度第1季毛利率下滑屬於影響股價的重大消息，⋯。然查：鈺創公司係上櫃公司，依證券交易法第36條第1項第3款及金管會「公開發行公司應公告或向本會申報事項一覽表」、「財團法人中華民國證券櫃檯買賣中心對有價證券上櫃公司資訊申報作業辦法」第3條規定，應於每月10日之前為前月開立發票及營業收入淨額之公告，該項公告僅係月營收數字之公告，⋯未包括毛利或毛利率，蓋費用及成本尚未計算，自無可能得知毛利，遑論毛利率。而鈺創公司之「前月」自結報表，係於每月中旬之後始可能進行成本之結算，此業據證人證稱：「⋯，上個月的產品成本只能在下個月15日左右結算出來，亦無法從公司電腦中

計算當月或下個月毛利，…」。

依證人即參與95年2月21日該次例行性財務報告會議之人均一致證稱該次會議是就95年1月份的營收自結作報告，則以該次會議所得資料，最多僅能確知鈺創公司95年1月之毛利率，並無法確知鈺創公司95年第1季的毛利率；…。

公訴人雖以依鈺創公司95年第1季出貨數量較大之訂單資料顯示，事實上該季售價決定期間，早於9年11月至95年2月即已確定，由於單位售價大幅下滑，毛利率下滑亦勢必成為事實為由，據以認定被告甲在前揭會議中即可確知鈺創公司95年度第1季毛利率下滑的消息。惟公訴人此部分的認定，是以金管會告發書所附鈺創公司股票交易分析意見書為主要論據。然該分析意見書有關「95年第1季出貨數量較大的訂單資料發現售價決定期間為9年11月至95年2月」之結論，不僅與卷內資料不符，更無法支持做出該分析意見之人的判斷。

鈺創公司主要是IC產品設計銷售，主要客戶又遍及國內外，則其產品之成本及售價，在公開競爭之市場而言，是由供需之力量決定其價格，且出口貨物所涉及之貨幣匯率之變化，當屬無法事先預測及確定…。

綜上，本案檢察官所指重大訊息為95年第1季毛利率大幅下滑，而該消息於95年2月21日鈺創公司財務報表報告會議時既尚未遭參與會議之人員成立，亦無證據足以證明該重大消息於95年2月21日鈺創公司財務報表報告會議時，被告甲已可推知及獲悉在「某特定時間內，鈺創公司95年第1季毛利率大幅下滑，勢必成為事實」，則該消息尚未成立，被告自無利用該消息成立內線交易之可能。

伍、本文評析

一、本案，誰應該被列為被告？

觀諸本案事實，被告甲為鈺創公司董事長、乙為鈺創公司法人股東代

表人董事兼任董事長特別助理，二人應當皆為證交法第157條之1第1項第1款規定「該公司之董事、監察人、經理人及依公司法第二十七條第一項規定受指定代表行使職務之自然人」所指之內部人。然而，甲應當被列為被告與否？乙是否又應當被列為被告？抑或甲、乙都應當被列為被告？起訴意旨將甲、乙列為共同正犯是否正確？本文以為諸些問題與上訴理由所揭示之「是否基於內部人身分知悉本件重大消息、被告乙是否透過被告甲傳遞而知悉本件重大消息」所指相同，誠如上訴理由所述，判決中未見法院論證，本文嘗試作出討論與整理。

　　首先，本文以為決定誰應當被列為被告之前，應先辨明乙究竟如何獲悉「95年第1季之毛利率與9年第季比較顯為下跌」此一消息？依本案事實，乙並未參與95年2月21日於新竹總公司7樓會議室舉辦每月例行性之財務報告會議，邏輯上，乙無法以其董事或特別助理之身分當場直接獲悉「95年第1季之毛利率與9年第季比較顯為下跌」此一消息，因此，本文以為乙獲悉系爭消息之可能途徑，其一是乙於會議結束後基於董事身分自行閱讀會議記錄或其他方式而獲悉，其二是由甲告訴乙。

　　在乙於會議結束後基於董事身分自行閱讀會議記錄或其他方式而獲悉系爭消息此一情況，如前所述甲、乙皆該當證交法第157條之1第項1項第1款之內部人身分，假若甲自始至終皆未參與乙實行內線交易之犯罪事實，並且不知乙為此一行為，行為人僅有乙，此時應當列為本案被告者為乙。假若甲事實上有參與本案內線交易犯罪事實之實行，並且認知其與乙違犯內線交易之行為，此時即產生甲應當如何列為被告之疑問？

　　對此，按內線交易罪係刑法以外另行規定之「附屬刑法」，依中華民國刑法（以下稱刑法）第11條之規定，刑法總則之規定於本罪亦有適用，是以，本文以為在本案，甲參與違犯內線交易罪之行為，依其所扮演之角色可能有刑法第28、29、30條規定之適用，簡言之，視甲與實際上為交易行為之乙有無「犯罪實行之分擔，犯意聯絡，而相互利用，彼此間成為功能上不可或缺之人物」；甲參與之行為僅引發實際為交易行為之乙之犯意；甲參與之行為僅幫助實際為交易行為之乙實行內線交易構成要件或強化其犯意，而分別成立共同正犯、教唆犯與幫助犯。

　　至於在甲告知乙之情況，甲、乙除該當證交法第157條之1第1項第1款之內部人身分外，是否應當討論甲為消息傳遞人（tipper），而乙即應當論以為證交法第157條之1第1項第5款規定「從前四款所列之人獲悉消息之人」之消息受領人（tippee）？對此，學者認為該款之消息受領人為臨時內部人，若消息受領人本身即為內部人，即無須適用該款消息受領人之規定[4]，本文贊同之，蓋證交法第157條之1第1項第5款規定之內部人係於特定之情形發生時，例外將該類之人視為公司內部人而受規範，公司「內部人」本來即是「內部人」，縱然未透過此一等同視之過程，依其原來之身分本來即應當受規範。是以，本案甲、乙仍論以證交法第157條之1第1項第1款之內部人身分即可，至於被告為誰？即如前述之討論。

　　補充說明之，假若乙客觀上並不知悉系爭重大消息；主觀上欠缺違犯內線交易罪之故意，乙實際為交易之行為不該當內線交易罪構成要件而不犯罪，此時甲可能亦無罪，惟，假若甲之行為造成乙意思決定上之不自由，且對於乙，甲居於優勢之支配地位並有強烈之影響力，甲似乎可能成立內線交易罪之間接正犯。

　　觀諸本案判決，無進一步事實證據確知甲究竟該當共同正犯、教唆犯、幫助犯或者無罪，是故，本文僅整理出本文認為可能之情形，詳見圖表6-2。

表6-2

事實	被告
在乙於會議結束後基於董事身分自行閱讀會議記錄或其他方式而獲悉系爭消息（或甲告訴乙系爭消息），然甲自始至終皆未參與乙實行內線交易之犯罪事實，並且不知乙為此一行為。	乙成立內線交易罪之正犯 甲不犯罪

4　參閱賴英照證券交易法解析簡明版，頁202，初版，2011年。

事實	被告
在乙於會議結束後基於董事身分自行閱讀會議記錄或其他方式而獲悉系爭消息（或甲告訴乙系爭消息），且甲與實際上爲交易行爲之乙有「犯罪實行之分擔，犯意聯絡，而相互利用，彼此間成爲功能上不可或缺之人物」。	甲、乙成立內線交易罪之共同正犯
在乙於會議結束後基於董事身分自行閱讀會議記錄或其他方式而獲悉系爭消息（或甲告訴乙系爭消息），且乙本無犯意，甲參與犯罪事實之行爲（或告訴消息之行爲）引發乙之犯意。	乙成立內線交易罪之正犯 甲成立內線交易罪之教唆犯
在乙於會議結束後基於董事身分自行閱讀會議記錄或其他方式而獲悉系爭消息（或甲告訴乙系爭消息），且乙本有犯意，甲參與犯罪事實之行爲（或告訴消息之行爲）幫助乙實行內線交易構成要件或強化其犯意。	乙成立內線交易罪之正犯 甲成立內線交易罪之幫助犯

二、「9年第1季之毛利率較94年第4季比較顯爲下跌」是否爲影響股價之重大消息？

(一)重大消息之判斷

　　蓋內線交易之規範係爲禁止內部人以未公開之消息進行交易之行爲，然並非所有未公開消息都在禁止之列，究竟內線交易禁止內部人利用之未公開消息界線爲何？此將影響內線交易之行爲成立犯罪與否。

　　對此，美國法係以「重大性」（materiality）作爲判斷標準，假設系爭消息爲重大消息則必須受禁止內線交易之規定而規範。至於何謂「重大性」？美國聯邦最高法院在Basic Incorporated v. Levinson一案（下稱Basic案）即明確指出美國司法實務係採取TSC Industries, Inc. v. Northway, Inc.案中對「重大性」之定義作爲判斷標準，所謂重大消息是指「當一位合理的投資者在決定如何行動時，有高度之可能性該投資者將認爲系爭消息對

其決定之作成是重要的」[5]。

　　又，Basic案亦指出假如涉及公司財富之消息並確定發生，當然可利用前揭定義作為判斷標準；假如消息係推測性或不確定性的，則該標準則有適用之困難處[6]，對此，Basic案開展出所謂之「信度／效度平衡法則」（probability/ magnitude balancing approach）[7]作為判斷推測性或不確定性之消息。信度即消息所指之事實發生機率，可以從公司董事會之決議內容等判斷之；效度則係指對公司影響之程度，將因為公司之規模而有程度差異，兩者綜合判斷以決定消息重大性。針對「信度／效度平衡法則」其看似明確，然有學者認為仍嫌主觀而欠缺客觀，蓋法院並未指出消息要被認為具有重大性，必需具備多高的信度或是多大的效度[8]。

　　至於我國如何判斷消息「重大性」？觀諸我國證交法第157條之1第1項之規定，「下列各款之人，獲悉發行股票公司有重大影響其股票價格之消息時，在該消息未公開或公開後十二小時內，不得對該公司之上市或在證券商營業處所買賣之股票或其他具有股權性質之有價證券，買入或賣出」；同條第4項亦規定「第一項所稱有重大影響其股票價格之消息，指涉及公司之財務、業務或該證券之市場供求、公開收購，對其股票價格有重大影響，或對正當投資人之投資決定有重要影響之消息；其範圍及公開方式等相關事項之辦法，由主管機關定之。」所謂「重大影響其股票價格之消息」所指為何？法條文義似乎無法明確解釋之，規定有欠明確性，本文以為此乃呼應內線交易為經濟犯罪之一環，為配合經濟發展瞬息萬變之必然，犯罪構成要件明確性原則應有所退讓，但如此規範確實成為我國實務定罪之困境。

　　承上，為便於國內司法實務辦理個案時有所參考，並維持「法律安定性」以及「預見可能性」，我國主管機關依據前揭規定之授權訂定「證

---

[5] *See* Basic Incorporated v. Levinson, 485 U.S. 224, 232 (1988).

[6] *See* id. at 232-33.

[7] *See* Stephen M. Bainbridge, Securities Law: Insider Trading 34-35 (2007).

[8] *See* id. at 36.

券交易法第一百五十七條之一第四項重大消息範圍及其公開方式管理辦法[9]」（下稱管理辦法）。將重大消息區分為「涉及公司之財務、業務之重大消息」與「涉及該證券之市場供求之重大消息」，且都必須為「對其股票價格有重大影響，或對正當投資人之投資決定有重要影響之消息」，前者依管理辦法第2條列舉14款事由；後者依同辦法第3條列舉3款事由作為實務運作之指導，並為避免掛一漏萬而各有1款概括事由。

　　惟，學者有認為重大消息不應該局限於管理辦法所列之事由，蓋重大性之判斷具有「高度事實認定」之特徵，故仍需依具體事實判斷[10]，本文贊同之。且除前揭管理辦法可供作判斷重大消息之標準外，學者認為我國可參酌上開美國司法實務之見解作為判斷標準，蓋我國證交法第157條之1之立法理由即指出本規定係參考美國司法實務而訂定[11]。亦有學者認為重大性之判斷尚可輔以「資訊的可靠度」和「對價格影響的明確程度」等標準，相同事件，來自公司內部之消息相較於投資者或競爭者之猜測更具重大性；對價格影響越直接、明確越具重大性[12]，本文以為該學者之看法與上開美國司法實務之「信度／效度平衡法則」判斷標準如出一轍，或可認為該學者之立場亦贊同以上開美國司法實務見解作為我國之判斷標準。

　　按重大消息具有「高度事實認定」之特徵，必須個案判斷，而我國尚無明確之判斷標準，避免前揭管理辦法無法窮盡重大消息之種類近而限制內線交易之適用，既然證交法第157條之1之立法理由已明確指明係參考美國法而訂定，似可參酌美國司法實務之見解，故本文贊同前述學者之見解。

9　為配合證交法第157條之1之修正，該管理辦法於2010年12月22日修正為「證券交易法第一百五十七條之一第五項及第六項重大消息範圍及其公開方式管理辦法」，且管理辦法第2、3條內容並增訂重大消息之種類，前條增訂為共18款；後條增訂為共5款。

10　參閱王文宇，認真地對待資訊——論內線交易之判斷標準與預防措施，月旦法學雜誌，155期，頁213，2008年4月。

11　參閱洪秀芬，內線交易之重大消息的判斷——板橋地方法院95年金訴字第2號刑事判決之簡評，台灣本土法學雜誌，110期，頁187-88，2008年8月。

12　參閱王文宇，同註10，頁213。

(二)對「本案重大消息判斷」之評析

依公訴意旨，本案影響股價或投資人決定之重大消息為「95年第1季之毛利率與94年第4季比較顯為下跌」，此消息於本案被告賣出股票時期即95年2月27日至3月14日尚屬未切確發生之事實，具有不確定性，故，依前揭學說見解參酌美國司法實務，判斷該訊息是否為重大消息應該以Basic案所開展之「信度／效度平衡法則」（或學者見解以「資訊的可靠度」和「對價格影響的明確程度」為判斷標準）。然，觀諸高等法院判決之文義採取「合理、謹慎投資人是否認為該消息對投資決定具有重要性」為判斷標準，以判斷本案尚未確定發生之訊息，就標準之選擇似乎容有違誤。

且高等法院判斷「毛利率下滑非重大消息」之理由，似乎亦有疑問之處，分述如下：

1.判決以「我國現行有關重大訊息或應公開之資訊相關規則之規定，都未將『毛利率』列舉為重大消息」即否定毛利率為重大消息之見解，似有違誤。蓋判決所指之現行法就何謂重大消息應該僅為「例示規定」，此觀察管理辦法第2條、第3條規定設有概括事由即可明之，且前揭學者之見解亦指明重大消息不應侷限於管理辦法所列舉之事項，必須依個案具體判斷，故，現行未明文指出，不代表即非重大消息。

2.判決以「…因為先前媒體報導鈺創公司首季毛利率下滑，鈺創公司因此才在資訊觀測站公告說明。是起訴書認為該毛利率的訊息在第1季季報必須公告，且屬影響股票價格的重大消息，已有誤會。」來否定毛利率為季報必須公告事項並否定毛利率為重大消息，恐有認識錯誤。蓋一般企業公布之財務報表所採用之通用格式中，應揭露事項確實包括毛利率（詳下圖6-1、圖6-2），而此慣用格式與應揭露事項應當為市場所接受，投資大眾決定交易時將慣性的參考財務報表所揭露之訊息，亦即會參考毛利率。且學者亦認為毛利率係就企業財報為獲利能力分析之衡量指標，毛利率與稅後純益係呈現正相關之關係，其可用以評估企業在未扣除其他相關費用下的邊際收益率，營業毛利率愈高表示企業的營業

鈺創科技股份有限公司
損益表
民國94年及93年1月1日至3月31日

單位：新台幣仟元

（除每股（虧損）盈餘為新台幣元外）

僅經核閱，未依一般公認審計準則查核

	94年1月1日至3月31日		93年1月1日至3月31日	
	金　額	%	金　額	%
營業收入（附註五）				
銷貨收入	$ 1,152,374	100	$ 1,719,838	100
銷貨退回	（ 3,057）	-	（ 573）	-
銷貨折讓	（ 3,078）	-	（ 7,522）	-
銷貨收入淨額	1,146,239	100	1,711,743	100
營業成本（附註五）				
銷貨成本	（1,058,827）	(92)	（ 1,262,035）	(74)
營業毛利	87,412	8	49,708	(26)

圖6-1　鈺創科技股份有限公司94年第一季損益表[13]

茂德科技股份有限公司
損益表
中華民國九十四年及九十三年一月一日至三月三十一日
（僅經核閱，未依一般公認審計準則查核）　單位：新台幣仟元

代碼	項　目	94年第一季	%	93年第一季	%
4000	營業收入（註二）				
4110	銷貨收入	$8,461,124	102.08	$9,723,905	101.57
4170	銷貨退回	(172,637)	(2.08)	(150,757)	(1.57)
4000	營業收入合計（註二）	8,288,487	100.00	9,573,148	100.00
5000	營業成本（註二）				
5110	銷貨成本	(6,535,331)	(78.85)	(6,795,807)	(70.99)
5000	營業成本合計（註二）	(6,535,331)	(78.85)	(6,795,807)	(70.99)
5910	營業毛利（毛損）	1,753,156	21.15	2,777,341	(29.01)
6000	營業費用				

圖6-2　茂德科技股份有限公司94年第一季損益表[14]

---

[13] 參閱公開資訊觀測站，http://newmopsov.twse.com.tw/，最後造訪日期：99年11月14日。

[14] 同註14。

成本控制得宜，獲利能力佳[15]。是故，何以判決會認為毛利率非記載事項、非重大消息？本文感到疑惑。

3.判決亦承認毛利率為判斷公司獲利能力因素之一，而公司獲利能力係投資人決定投資與否之重要標準，因此，既然為投資人瞭解公司獲利能力之因素即應該為重大消息而應該都揭露。然，判決僅以毛利率為眾多因素之一，否定其重大性而不須揭露，亦有錯誤。

4.判決又以鴻海公司作比較，否定毛利率為重大消息，判決內容為「⋯此從上市公司鴻海精密工業股份有限公司（下稱鴻海公司）之例（該公司毛利率逐年下滑，EPS卻逐年增加，故股價亦逐年上昇），即可印證，故合理、謹慎的投資人應不會單以毛利率漲跌作為買賣股票之唯一因素。」有疑問的是，鴻海公司與鈺創公司在IC產業鏈中係屬不同階段之產業，鴻海公司為IC代工產業，而鈺創公司為無晶圓廠之IC設計產業，兩家公司之財務狀況本來即不相同，何以得逕自以該兩家公司之財務狀況作比較？對此疑問，檢調上訴意旨亦有提及，本文贊同上訴意旨，兩家公司不適宜作比較。其次，「鴻海公司毛利率下降，EPS卻逐年增加」之狀況，可能係業外收入增加彌補公司主要業務之不足，致公司整體營運是獲利，該狀況並不能證明「投資人將因此不以毛利率來決定投資交易」。最後，即使毛利率非決定買賣股票之唯一因素，如前所述，仍不能否定其確實為投資人為交易決定之參考因素，不能否定其為影響投資人交易決定之重大消息之一。

5.縱使毛利率變化係屬產業常態，然毛利率既為判斷公司獲利能力之因素，其變化波動較歷史波動若明顯下滑，亦可能影響投資人之投資決定，判決以其為產業常態變化即否定其重大性，未查其較歷史變化波動是否更為劇烈，似乎過於輕率。

6.至於「媒體報導影響股價下跌」與「毛利率下滑是否為重大消息」實屬不相干之二事，蓋股價變化係市場上眾多因素堆疊所致，實在不應該以市場上出現一則利空之消息而股價因此下跌即否定有其他利空消息存

[15] 參閱王源章、張眾卓，財務報表分析，頁238-40，二版，2009年。

在，故，「媒體報導影響股價下跌」不影響「毛利率下滑」是否為重大消息之判斷。

7.判決以「鈺創公司94年前3季毛利率為12%，93年同期則為26%，而於94年10月28日14時公布94年前3季財務報告（含毛利率）後，次1交易日（即94年10月31日）股價並未下跌，反而上漲1.3元，共連漲4天；又相同情形亦發生在鈺創公司96年3月22日公布95年度財務報告（含毛利率）時，95年度營業毛利率較去年同期表現不佳，惟翌日（96年3月23日）股價仍上漲0.9元。」之歷史變化來否定「毛利率大幅下滑」為重大消息，不足為採。蓋市場環境瞬息萬變，過去影響股價變化之因素與現在影響股價變化之因素未必相同，歷史紀錄僅可作為參考，「毛利率大幅下滑」之消息在過去並未導致股價下跌，可能係因為有其他利多消息存在，並非即代表其非利空之重大消息；學者亦有認為，影響股價變化之因素眾多，不能以消息公開後股價實際變化與原本預期中消息所致股價變化不同即否定該消息非重大消息，凡足以影響投資人決定者即為重大消息[16]。

　　對於本案，本文嘗試以「信度／效度平衡法則」標準判斷「95年第1季之毛利率與94年第4季比較顯為下跌」是否為重大消息？由於毛利率＝（銷貨淨收入－銷貨成本）／銷貨收入，而影響銷貨收入之關鍵變數為產品售價，因此本案為判斷重大消息所涉及之關鍵資料為鈺創公司95年第一季之「售價」與「銷貨成本」。以下，為本文之判斷：

1.就「信度」而言

　　蓋95年第一季之售價與銷貨成本確實無法於95年2月21日即本案例行性會議召開日期時即確定；且如判決所指「95年第1季出貨數量較大的訂單資料發現售價決定期間為94年11月至95年2月」一事亦非屬實，95年第一季售價於被告交易之時確實未確定。

　　然，判決明確指出鈺創公司95年1月以「薄利多銷」創造較高之銷貨收入之事實，且依商業慣例，公司經營策略大多以一段期間（例如一

---

[16] 參閱洪秀芬，同註11，頁185-86。

季、半年）作規劃，既然95年1月係採取「薄利多銷」（即單位售價較低）之經營策略，應可以預見未來數個月之經營策略亦相同（即單位售價較低）；且鈺創公司自1991年成立，為一世界級記憶體IC無晶圓廠商（Fabless）[17]，對該產業相關市場應有一定之敏感，未來數月之產品售價預測應當非難事；而判決亦指出95年第一季之訂單確實有數筆早於94年第四季已確定，因此「95年第一季售價較低」一事雖非確定發生，卻有高度預見可能性。

又，一般而言，企業經營之營運成本應當於年初甚至前一年年尾早已預估而編列成預算；如前所述，企業經營之經營策略多早已規劃，本案鈺創公司為一IC無晶圓廠商公司，通常應當有長期固定配合之代工廠，甚至有簽定長期之承攬契約以固定代工成本；如起訴要旨所載，甲負責總理公司業務及決策，乙負責公司有關營運支出之審核業務，對於公司預先擬定之營運支出預算必得事先知悉且對之有決定性影響；鈺創公司亦有進行之IC設計業務，因為研發設計之費用具有高度不確定性，在會計科目歸類中，通常會將研發設計費用提列為營業費用項，其不確定性不影響銷貨成本之預估，因此，銷貨成本亦非不得預測。

故，在上開所論述之事實皆證明為真之前提下，售價較低與銷貨成本二事具高度預見可能性之情況下，「毛利率大幅下滑」一事發生機率頗高，因此，該消息信度應該頗高。

2.就「效度」而言

毛利率係判斷公司獲利能力之財報分析比率之一，觀察電子產業之商業慣例，公司自主性揭露之消息或相關財經新聞多有「保三（即確保毛利率至少3%）、保四」等用語；且一般企業之財務報表都有揭露毛利率，足可見投資者決定投資行動時對毛利率之依賴，因而可導出毛利率對公司、股票價格波動之影響，故，在上開所述事實皆證明為真之前提下，「毛利率大幅下滑」之消息，效度亦高。

---

[17] 參閱鈺創科技股份有限公司公司簡介，http://www.etron.com/chinese/CompanyOverview.php，最後造訪日期：99年11月14日。

綜合前述，「95年第1季之毛利率與94年第4季比較顯為下跌」之一消息具有頗高之「信度」與「效度」，故，其應當為影響股價或投資人決定之重大消息。

三、假設「95年第1季之毛利率與94年第4季比較顯爲下跌」爲影響股價之重大消息，則消息成立時點爲何？

(一)重大消息成立時點之判斷

重大消息「成立時點」並非我國證交法明文規定成立內線交易罪之構成要件。何以內線交易罪成立必須討論重大消息之「成立時點」？蓋內線交易係內部人利用未公開之重大消息進行有價證券交易，邏輯上，必先有重大消息之存在，始得為內部人所獲悉並利用。故，假如內部人進行有價證券買賣之時點，重大消息尚未存在，似乎不能謂該內部人係利用該重大消息進行交易。

復我國有關重大消息「成立時點」之法律依據規定在管理辦法，依管理辦法第4條之規定「前二條所定消息之成立時點，為事實發生日、協議日、簽約日、付款日、委託日、成交日、過戶日、審計委員會或董事會決議日或其他足資確定之日，以日期在前者為準。」此為我國就重大消息「成立時點」之規範。然，或有學者認為，為落實證交法第157條之1禁止內線交易之立法意旨，消息成立時點之認定應該以消息最早可能成立之時點為斷，其認為重大消息是否已經成立，不能僅以消息內容尚未確定成為事實，即否定消息已經成立，假如消息在某特定時間點或經過一定程序後其內容必定成為事實者，即該消息業已成立[18]。

此外學者亦有補充，對於一位鄰近或者處於公司經營決策階層之內部人，就其擬定之決策或有能力影響之事務在討論、決定形成之過程中，與該決策或事務有關之消息即堪稱已成立並被獲悉，不待任何形式上之行為（如協議、簽約）即已成為內線交易之誘因，而前揭管理辦法如此形式化

---

[18] 參閱洪秀芬，同註11，頁186-87。

標準過於僵化，恐產生有心人士操縱成立時點之空間，故，成立時點仍必須個案具體判斷，綜合考量個案內部人對消息掌握程度、影響力以及利用可能性[19]。

　　本文以為綜合前揭學者之見解，不拘泥於管理辦法之文字，依個案具體判斷重大消最早可能成立時點，較能落實我國證交法規範內線交易之意旨，故，本文贊同前揭學者之見解。

(二)對「本案重大消息成立時點」之評析

　　觀諸判決意旨「消息於95年2月21日鈺創公司財務報表報告會議時既尚未遭參與會議之人員成立，亦無證據足以證明該重大消息於95年2月21日鈺創公司財務報表報告會議時，被告甲已可推知及獲悉在『某特定時間內，鈺創公司95年第1季毛利率大幅下滑，勢必成為事實』，則該消息尚未成立」，高等法院似乎與前揭學者採見解相同，即「消息在某特定時間點或經過一定程序後其內容必定成為事實者，該消息業已成立」。

　　然本案重大消息成立時點究竟為何？在前揭判斷「95年第1季之毛利率與94年第4季比較顯為下跌」是否為重大消息之討論中，就「信度」之討論，「95年第1季之毛利率與94年第4季比較顯為下跌」此一消息並非不得預見其在未來某時點可能確定發生，惟，本文在探究起訴意旨與判決書所得之事實僅可以得出系爭重大消息在未來可能確定發生之結論，無法就現有資料判斷重大消息最早可能發生之時點，因此，本案重大消息成立時點為何？本文以為有待更多事證來補充論證。

四、被告乙抗辯其並無利用系爭消息為買賣股票，有否理由？

　　被告乙抗辯理由為「其並非基於獲悉公司任何重大消息而為股票買賣」，所涉及之問題為，證交法第157條之1內線交易罪成立之主客觀構成要件中，是否包括「未公開之重大消息與股票交易具有因果關係」之客觀構成要件與「行為人認識其所為之股票交易與未公開重大消息有因果關

---

[19] 參閱王文宇，同註10，頁213。

係」之主觀構成要件，即行為人係基於此未公開重大消息作出交易決定？該問題之關鍵在於行為人之內心想法。

　　針對該問題，有學者主張「利用說」，蓋參照美國司法實務見解認為行為人動機與目的之證明尚非難以逾越之困難，面對此種主觀意思之證明，容許根據客觀之「情況證據」加以確認，而此「情況證據」亦為我國實務所運用；且配合刑事訴訟就事實認定必須「逾越合理懷疑」以及刑事訴訟發現「實體真實」與「保障人權」之精神下，不應該僅以行為人持有重大消息即視為其有利用該消息決定交易，學者認為在內線交易之刑事論處上「僅『獲悉』尚『不』足以構成涉案人責任」，故應當採取較為嚴謹之標準。質言之，在行為人獲悉重大消息與其交易間存在一定之因果關係即行為人有「利用」時，始成立內線交易罪[20]。

　　然，多數學者主張「獲悉說」，認為由於涉及行為人主觀心理之事實有舉證之困難，為徹底防範內線交易之金融犯罪以維持市場公平性與投資大眾對市場之信賴，內線交易罪之構成要件應該排除如此難以舉證之要件，如此始能發揮法律之實效性；且立法理由雖有「對於『利用』公司未經公開之重要消息買賣股票圖利…」之用語，然法條既以明文「獲悉」，因此內線交易罪之操作應該忠於法條文義（99年修法前規定）採「形式認定主義」[21]。換言之，依法條文義（99年修法前規定）僅需內部人行為該當「獲悉發行股票公司有重大影響其股票價格之消息」、「在該消息未公開前或公開後十二小時內，對該公司之上市或在證券商營業處所買賣之股票或其他具有股權性質之有價證券，買入或賣出」兩個構成要件即成立內線交易罪，至於「該未公開重大消息與股票買賣有無因果關係」或者「行為人是否以此未公開重大消息作出交易決定」在所不論。

---

[20] 參閱武永生，內線交易案件「獲悉」與「利用」之爭論—股市之極限遊戲規則（一），銘傳大學法學論叢，10期，頁220-23，2008年12月。

[21] 參閱林國全，證交法第一五七條之一內部人交易禁止規定之探討，政大法學評論，45期，頁264-65，1992年6月。參閱劉連煜，新證券交易法實例演習，頁389-90，六版，2008年9月。參閱賴英照，股市遊戲規則：最新證券交易法解析，頁526-38，二版，2009年10月。

又，採「獲悉說」之學者亦認為將行為人之主觀目的排除在內線交易罪之構成要件之外，確實能夠發揮法律實效性，有效落實市場公正性與投資大眾對市場信賴性之維護，然，亦有可能將實際上不會侵害市場公正性與投資人之信賴之交易行為一併劃進規範範圍，如此將過度限制人民處分財產權之自由，反而有害市場活絡發展。因此，學者主張得在現行條文規範即採「獲悉說」之前提下，搭配例外排除規定。至於何種行為應當排除在規範外？學者主張以「行為人對於股票買賣之實行時期、價格、數量，是否於獲悉內部消息之後仍有斟酌餘地作判斷」，若獲悉內部消息後，行為人已經無斟酌餘地，則縱使行為該當內線交易構成要件，當例外排除，不成立該罪[22]。並且，另有學者提出與前揭學者相似之概念，主張我國法得參酌美國證管會之Rule 10B5-1計畫訂定內線交易罪之免責條款，以此緩和內線交易罪管制嚴格之現狀，其並鼓勵我國司法實務在法律未明文免責規定前，得依具體個案判斷予以免責[23]。

值得注意的是，99年6月2日修正公布之證交法第157條之1雖然修正為「下列各款之人，實際知悉發行股票公司有重大影響其股票價格之消息時，在該消息明確後，未公開前或公開後十八小時內⋯」，立法者將原條文「獲悉」修正為「實際知悉」是否即解決學者爭議？如同採取「獲悉說」之學者認為新舊法條規定並無不同，文字修正僅係立法者強調在司法實務上事實認定應該更為嚴謹而已[24]，本文以為法條文字作如此修正似乎無法積極解決前述學者爭議，因此爭議似乎仍存在。

探究「獲悉說」與「利用說」之衝突所在為何？本文以為兩者衝突應當在於保護客體之差別。「獲悉說」之立場以保障交易市場之公正性與投資大眾對市場之信賴性為出發，雖然以形式認定內線交易罪之構成要件

---

[22] 參閱林國全，同註21。

[23] 參閱劉連煜，內線交易免責之抗辯：預定交易計畫，台灣法學雜誌，114期，頁106-07，2008年10月。

[24] 參閱劉連煜，內部人「獲悉」或「實際知悉」內線消息之認定─評最高法院九十九年台上字第一一五三號，月旦裁判時報，3期，頁87，2010年6月。

而排除行為人主觀目的恐危害行為人處分其財產權之自由，然，在廣大之投資大眾的權益維護至上前提下，個人權益僅有退讓；「利用說」之立場則認為縱使為保障投資大眾之權益，在舉證困難性並非完全無法克服之情況，仍必須兼顧個人權利，以避免發生代表國家之司法以保障公益為由，濫用公權力侵害人民自由權之情形。其實，本文以為在「獲悉說」之學者提出除外規定之概念後，「獲悉說」與「利用說」之見解即使相當不同，其間衝突卻有些許緩和。

　　最後，回歸本案，被告乙之抗辯有否理由？觀諸我國證交法第157條之1規定的文義，採「獲悉說」較符合現行法條文義；而現行規定如此之文義應當係立法者期望發揮之刑法預防效果，以保護市場健全性及投資人信賴性之公益為優先考量，在法條文字明確修正前，仍應就現行文義以認事用法；採「獲悉說」之學者亦明確鼓勵司法實務在認事用法時得依個案予以免責，業已緩和「獲悉說」太過嚴苛的情況，是以，本文以為本案應當以「獲悉說」為前提以論斷被告乙之抗辯有否理由。

　　本案，被告乙具備證交法第157條之1第1項第1款之內部人身分，在系爭重大消息公開前出賣名下股票確屬事實，而如同前述，「95年第1季之毛利率較94年第4季比較顯為下跌」確實為影響股價之重大消息，假設系爭重大消息在乙賣出名下股票前業已成立，且被告乙確實獲悉系爭未公開之重大消息，則行為該當以「獲悉說」為前提之內線交易罪客觀構成要件即「獲悉發行股票公司有重大影響其股票價格之消息」、「在該消息未公開前或公開後十二小時內，對該公司之上市或在證券商營業處所買賣之股票或其他具有股權性質之有價證券，買入或賣出」；主觀上具備故意；違法，且被告乙對於「出賣股票以降低鈺創公司設質比」此一預定交易計劃並非無權變更，被告乙不得主張例外免責而有責。故，被告乙應當成立內線交易罪，其抗辯無理由。

陸、結論

　　近年來我國發生「證券主管機關與司法機關大肆掃蕩內線交易，最終卻以無罪了結」之現象，社會輿論質疑此問題可能歸咎我國證交法第157條之1規定內線交易罪，法律規範不明確，又主管機關與司法機關對產業實務不瞭解以致無法精緻辦案所造成。然，此為必然發生之問題，蓋內線交易罪係規範經濟行為，經濟行為千變萬化且變動迅速，法律不得不規範抽象，非產業經營者之主管機關與司法機關難以立即消化其變動。面對社會輿論之質疑，本文欲以鈺創科技內線交易一案探究本案法院是否同社會輿論所質疑，確實有因為法律規範不明確或者對產業運作不熟悉而產生誤解以致發生操作不當之現象，又誤解為何？應當如何解決。

　　首先，本案甲、乙是否都應當列為被告？我國內線交易罪依刑法第11條規定亦有刑法第28、29、30條規定之適用，因此，本文得出四種列本案被告之可能情況，即乙成立內線交易罪之正犯，而甲成立共同正犯、教唆犯、幫助犯或者無罪（如表6-2所示），惟，觀諸本案判決，無進一步事證得以確定本案究為何種情況。

　　其次，我國證交法第157條之1第1項及第4項之規定，就何謂「重大影響其股票價格之消息」未有明確之定義，此形成我國司法實務運作內線交易罪之困境。雖管理辦法第2條、第3條規定有較明確之定義，可供司法實務作指導，惟似乎無法窮盡內線交易之情形，而有無法落實證交法第157條之1立法意旨之嫌。故，學者建議所謂「重大影響其股票價格之消息」應該具體個案判斷，並且參酌美國司法實務中TSC Industries, Inc. v. Northway, Inc.案對「重大性」之定義「當一位合理的投資者在決定如何行動時，有高度之可能性該投資者將認為系爭消息對其決定之作成是重要的」，以判斷具確定性之消息；以及Basic案開展出所謂之「信度／效度平衡法則」，判斷推測性或不確定性之消息，本文贊同二者得作為我國重大消息之判斷參考標準。具體化在本案中，以「信度／效度平衡法則」判斷「95年第1季之毛利率與94年第4季比較顯為下跌」，其應該為重大消

息。

　　再者，就我國司法實務多有討論之「重大消息成立時點」，以管理辦法第4條規定，作為判斷標準，學者認為過於僵化，並認為仍應該具體個案判斷，假如消息在某特定時間點或經過一定程序後其內容必定成為事實者，則該消息業已成立。本文贊同學者見解，具體化在本案中，系爭重大消息於乙賣出名下股份時是否業已成立，有待更多事實證明之。

　　至於，被告乙抗辯「其並非基於獲悉公司任何重大消息而為股票買賣」，涉及之問題為內線交易罪是否以「內部人獲悉消息與其為股票交易行為具有因果關係」為構成要件？學者有「獲悉說」與「利用說」不同見解，多數學者採「獲悉說」即行為人為內部人且行為該當「獲悉發行股票公司有重大影響其股票價格之消息」、「在該消息未公開前或公開後十二小時內，對該公司之上市或在證券商營業處所買賣之股票或其他具有股權性質之有價證券，買入或賣出」兩個客觀構成要件，主觀上具備故意，違法且有責即成立內線交易罪，至於「行為人獲悉未公開重大消息與股票交易行為有無因果關係」在所不論。本文以為符合法律文意下，應當採多數學者見解，即「獲悉說」。

　　最後，綜上所述，依本案判決意旨，乙為證交法第157條之1第1項第1款規定之內部人，在系爭重大消息未公開前出賣名下股票係屬確定事實，且系爭消息應當為影響股票價格之重大消息，然，系爭重大消息於乙出賣名下股票時是否業已成立？乙是否實際知悉系爭重大消息？主觀上是否具備故意？甲究竟有無參與本案犯罪事實之實行？如何參與？諸多疑點仍有待更多事證辨明，本文無法僅以前揭所述事實判斷之，因此本案仍屬疑雲。若前述疑點皆能證明為肯定，則乙犯內線交易罪之正犯；甲可能犯內線交易罪之共同正犯、教唆犯、幫助犯。

參考文獻

一、中文論著

1. 王源章、張眾卓，財務報表分析，台北：新陸書局股份有限公司，二版，2009年。

2. 劉連煜，新證券交易法實例演習，台北：元照出版社，六版，2008年9月。

3. 賴英照，股市遊戲規則：最新證券交易法解析，台北：元照出版社，二版，2009年10月。

4. 賴英照，證券交易法解析簡明版，台北：元照出版社，初版，2011年2月。

二、中文期刊

1. 王文宇，認真地對待資訊—論內線交易之判斷標準與預防措施，月旦法學雜誌，155期，頁211-15，2008年4月，台北：元照出版社。

2. 林國全，證交法第一五七條之一內部人交易禁止規定之探討，政大法學評論，45期，頁259-303，1992年6月，台北：政大法學評論社印行。

3. 武永生，內線交易案件「獲悉」與「利用」之爭論—股市之極限遊戲規則(一)，銘傳大學法學論叢，10期，頁175-225，2008年12月，台北：銘傳大學法律學系。

4. 洪秀芬，內線交易之重大消息的判斷—板橋地方法院95年金訴字第2號刑事判決之簡評，台灣本土法學雜誌，110期，頁182-90，2008年8月，台北：元照出版社。

5. 劉連煜，內線交易免責之抗辯：預定交易計畫，台灣本土法學雜誌，114期，頁105-07，2008年10月，台北：元照出版社。

6. 劉連煜，內部人「獲悉」或「實際知悉」內線消息之認定—評最高法院九十九年台上字第一一五三號，月旦裁判時報，3期，頁83-87，2010年6月，台北：元照出版社。

三、中文判決

臺灣高等法院98年度上訴字第4065號。

四、英文論著

B<small>AINBRIDGE</small>, S<small>TEPHEN</small> M., S<small>ECURITIES LAW</small>: I<small>NSIDER</small> T<small>RADING</small>, F<small>OUNDATION</small> P<small>RESS</small>, N<small>EW</small> Y<small>ORK</small>, U.S.A. (2d ed. 2007).

五、英文判決

Basic Incorporated v. Levinson, 485 U.S. 224 (1988).

六、網路資料

1.鈺創董座盧超群夫婦內線交易案 台北地院一審判決無罪，http://news.cts. com.tw/cnyes/money/200909/200909020310901.html，最後造訪日期：2010年11月14日。

2.公開資訊觀測站，http://newmopsov.twse.com.tw/，最後造訪日期：99年11月14日。

3.鈺創科技股份有限公司公司簡介，http://www.etron.com/chinese/ CompanyOverview.php，最後造訪日期：99年11月14日。

第七章 強弩之末，矢不能穿魯縞？
——國美電器經營權爭奪

梅文欣

梅文欣

喜歡玩樂嬉鬧！

所以念法律也要裝開心～

熱愛美麗時尚！

所以念法律也要花枝招展～

希望逛街不用管荷包！大吃不用顧身材！

天天都能嚮往藍天、從容自在！

更渴求在天才環伺的財經法界獲得些許關注

大事記

日期	事件
2006年7月25日	國美電器（0493）併購中國永樂電器。 隨後陳曉出任國美電器總裁。
2008年11月17日	黃光裕因涉嫌內線交易、非法經營、行賄等罪名被捕。
2009年1月16日	黃光裕辭任董事，陳曉接任董事會主席一職，並兼任行政總裁。
2009年6月22日	國美電器董事會公告發行可轉換公司債及對原有股東進行股份公開發售： 1.與貝恩資本（Bain Capital）簽訂投資協定，由其認購國美電器發行的18億港元可轉股債券。 2.由貝恩包銷，對原有股東進行股份公開發售。
2009年7月7日	國美電器通過高階主管股權獎勵計畫，賦予部分公司董事、附屬公司董事及上百名經理人認股權（option）。
2009年8月4日	國美董事會於遵循法規及公司章程下，宣佈委任竺稼、Ian Andrew Reynolds及王勵弘爲非執行董事。
2009年9月23日	國美電器與部分富林明（J. P. Morgan）簽訂投資協議，發行2014年到期之可轉換公司債。
2010年5月11日	國美股東周年大會上，黃光裕全資控股之Shining Crown Holdings和Shine Group公司否決貝恩資本提名之非執行董事委任案。
2010年5月12日	國美電器董事會決議委任竺稼、Ian Andrew Reynolds、王勵弘三人繼續擔任非執行董事。
2010年5月18日	北京市第二中級人民法院依法作出一審判決，黃光裕因違犯單位行賄罪、非法經營罪、內線交易罪，共判處有期徒刑十四年，罰金人民幣6億元，沒收財產人民幣2億元。
2010年6月28日	陳曉辭任總裁職務，由王俊洲接任。落實香港聯交所上市規則所載企業管治守則所訂之主席不兼任總裁之要求。
2010年8月4日	黃光裕全資控股之Shining Crown Holdings公司發函要求國美召開股東特別大會，議決撤銷陳曉、孫一丁之董事職務並撤銷對董事會之股權增發之授權。
2010年8月5日	國美電器對黃光裕2008年1、2月所爲股份回購行爲，以違反公司法之董事責任，向香港法院起訴，請求損害賠償。
2010年8月8日	國美電器召開內部視訊會議，要求國美經營階層對支持現任董事會或大股東做出表態。
2010年8月12日	國美管理層集體公開表態力挺陳曉。
2010年8月18日	黃光裕向國美員工發佈公開信《爲了我們國美更好的明天》，指控陳曉陰謀竊取公司的控制權並打出民族牌，呼籲股東不讓「國美」電器變成「美國」電器。
2010年8月19日	國美董事會發佈《致國美全體員工的公開信》，回擊黃光裕。

日期	事件
2010年8月23日	國美電器公布2010年半年財報，業績創2008年後佳績。 國美董事會決議，將於2010年9月28日在香港富豪酒店舉行股東特別大會。
2010年8月24日 至31日	黃光裕在次級市場增持國美電器股份，合計共持有國美電器35.96%的股權。
2010年8月27日	黃光裕全資控股之Shining Crown公司發函，要求認購依據現有發行授權可予配發及發行的股份總數之55%至65%股份。
	黃光裕控制之北京國美電器有限公司向國美電器發出終止函，若Shining Crown提出之議案於9月28日股東特別大會未獲通過，其有意終止國美電器零售有限公司（未上市集團）之372家門市與國美電器控股有限公司之間的託管協議及「國美」商標使用權之協議。
2010年8月30日	黃光裕二審維持原判，妻子杜鵑獲緩刑當庭釋放。
	國美電器致函股東尋求支持，回應黃光裕於8月27日發函內容乃虛張聲勢，無礙公司發展。
2010年9月1日	Shinning Crown大股東代表人士於媒體受訪時，表態承諾於董事會改組後對高階主管股權激勵措施進行優化與延展，欲策反國美管理層。
2010年9月5日	黃光裕獄中發佈《我的道歉和感謝》公開信。
2010年9月7日	國美電器回應黃光裕道歉信：應取消股東特別大會。
2010年9月12日	獨立投資顧問Glass Lewis表態，建議股東在每項議案都支持現任管理層；並反對黃光裕提名董事的議案。
2010年9月13日	Shinning Crown發函國美電器，確認董事會未根據一般授權行使發行、配發或買賣股份之權力；更要求董事會承諾增發股份須事先通知Shinning Crown。
2010年9月14日	9月14日投資顧問ISS建議國美股東支持陳曉反對黃光裕。
2010年9月15日	貝恩資本行使可轉換公司債之權利，所持有之15.9億元人民幣公司債轉換為國美電器股份，占國美電器已發行股份總數之9.98%，成為國美第二大股東。
	黃光裕發布《致國美股東同仁公開函》，提出股東特別大會取消授權、解除陳曉董事及主席職務及重組董事會之論據，並對國美的未來提出了若干建設性主張。
2010年9月16日	摩根史坦利與摩根富林明減持國美電器1.4億股。
2010年9月19日	近期購進10000股成為國美電器小股東的和君創業諮詢集團聯合職業經理研究中心，共同發佈《致國美公司的公開信》，公開為國美董事會主席陳曉拉票。

日期	事件
2010年9月20日	陳曉於香港接受媒體採訪，公開反駁黃光裕終止非上市門店託管協議對國美之威脅，並主張解任陳曉將對國美營運造成不良影響。
	持有國美約830萬股的F&C Investments，宣佈已就9月28日股東特別大會的動議投票，支持現有國美董事會，反對黃光裕。
2010年9月22日	黃光裕方質疑陳曉在香港之言論，並主張沒有陳曉國美很和諧。黃光裕律師好友鄭建明進期增持國美電器股份，持股比例超過2%。
2010年9月23日	國美向香港證監會投訴黃光裕違法徵求股權。
2010年9月24日	中國商業聯合會發聲明高調挺黃希望民族資本控股國美。
2010年9月25日	國美股東提前投票截止，約六成股東已表態，黃光裕率先投票罷免陳曉。
2010年9月26日	黃光裕發布《國美電器創始股東再致股東同仁公開函》，懇請所有股東出席股東特別大會，並對陳曉不符合公司最佳利益之行為表示擔憂。
2010年9月27日	國美董事會發函，呼籲股東出席股東特別大會，支持現有董事並否決大股東所提議案。聲明國美董事會已與大股東進行協商，聽取其意見並探索解決矛盾的可能，表示和股東討論溝通的大門永遠敞開。
2010年9月28日	國美電器股東特別大會。股東會結果： 1.通過「重選竺稼、Ian Andrew Reynolds和王勵弘為非執行董事」、「即時撤銷配發、發行及買賣本公司股份之一般授權」之議案； 2.「撤銷現任董事會主席陳曉」、「撤銷執行董事孫一丁職務」、「選任鄒曉春」、「選任黃燕虹為董事」之議案未獲通過。
2010年10月31日	8月27日黃光裕對國美電器所發終止函件所預訂終止集團與非上市集團間協議之日屆至。
2010年11月10日	國美電器與Shinning Crown公司訂定具有法律拘束力的諒解備忘錄（MOU），約定將董事會增加至13人；委任鄒曉春和黃燕虹分別擔任執行董事和非執行董事；並承諾合作。當日國美電器股價漲至3.24元。
2010年11月15日	國美電器公佈第三季財報。
2010年12月17日	國美電器特別股東大會，決議增加董事人數至13人；委任鄒曉春擔任執行董事及委任黃燕虹擔任非執行董事。

壹、前言

　　公司價值，繫於經營團隊管理運用公司資產所創造的收益。掌握公司經營權者可控制、引導公司經營策略與方向，利用公司法人格為自己及其他公司股東獲取營運利潤，確保自身之投資期待。經營權爭奪乃企業實務常見之劇碼，不論是敵意併購的競逐，公司派與市場派的爭奪，抑或是當權者之間的鬩牆，掌控經營權杖的誘人利益，引發一場又一場爭鋒相對的企業經營權爭奪。

　　奪取經營權的態樣繁多，端視競逐雙方掌握之籌碼。商場無不破之定律，經營權爭奪策略態樣繁多，如何在合乎法律規範及公司章程規制下，運用既有籌碼智取經營大權，考驗法律實務從業者對法律與商業規則之巧妙運用。

　　國美電器經營權爭奪，顛覆了控制股東掌握經營權之商業定律，僅持有公司股份1.7%的專業經理人陳曉，於國美創始大股東黃光裕身陷囹圄之際，利用黃光裕昔日在任時所建置的公司章程，在遵循百慕達公司法、香港公司法例及證券法例等相關法規範下，以思緒縝密的奪權策略逐步稀釋黃光裕的股權及對公司經營的影響力。這場專業經理人智取經營權之精彩案例，震驚中國企業界。中國媒體更大幅報導，以充滿忠誠與背叛、權謀與逼宮的倫理非難看待國美電器經營權爭奪。筆者期以淺薄學識，剖析陳曉於遵循法制及公司章程規範下，智取國美電器經營權之巧妙策略，及國美電器在黃光裕在任時所創建的特有公司制度，期供企業法制下分析與借鑑。

貳、案件事實

一、公司及關鍵人物簡介

(一)國美電器（GOME Electrical Appliances Holdings Ltd.）

　　國美電器控股有限公司（香港聯合交易所股份代號：493，以下簡稱「國美電器」），於百慕達註冊成立，並於香港聯交所主機板上市之有限公司。主要業務是於中華人民共和國經營及管理電器及電子消費品零售門店網絡。

　　1987年1月1日，公司創辦人黃光裕於北京開設國美電器行，透過登報廣告之方式，以低價行銷策略成功打響名號。爾後陸續開設多家門市，於1992年將北京多家門市店名統一為「國美」，就此形成連鎖經營模式之雛形。2002年，國美電器於香港聯交所借殼上市[1]，黃光裕透過收購在百慕達註冊成立並於香港聯合交易所上市之京華自動化公司，將該公司原經營之計算器輔助設計轉向地產物業，更名為「中國鵬潤」。「中國鵬潤」再從黃光裕手中收購了國美部分電器零售業務（135家直營門店中的96家）後，再改名為「國美電器」。2005年國美電器透過收購其他家電銷售公司，持續擴張公司版圖。2006年7月，國美電器以52.68億港元的價格併購中國永樂電器（China Paradise Electronics Retail Limited，當時之香港聯合交易所股份代號：503）。中國連鎖業史上最大併購案的成就，不但壯大國美電器家電王國的勢力，也讓中國永樂電器的創辦人陳曉，以專業經理人身分進入國美電器的經營階層。

　　黃光裕陸續收購大中電器等家電業，直至2010年6月30日，國美電器及其附屬公司[2]（以下簡稱「國美集團」）總數已達740家，包括79家旗艦

---

[1] 參閱郎咸平，解剖黃光裕「國美電器」資本運作三部曲，http://money.163.com/08/1126/11/4RM23BN4002524TH.html，最後瀏覽日：2010/11/28。

[2] 附屬公司（subsidiaries）是指本公司直接或間接控制其財務及經營策略，並從

店、637家標準店及24家專業店，門店遍佈200個城市。除此之外，將370間並非在本集團架構內經營的母集團門店及52間大中電器門店計算在內，門店總數達到1,162間，合計覆蓋了全國331個大、中城市[3]。

(二)貝恩資本（**Bain Capital**）

貝恩資本為私人投資公司，總部設於美國波士頓，管理資產約600億美元，包括私募基金、創投基金、避險基金及債務資產基金。自1984年創立以來，貝恩資本已於全球從事私募基金並對超過300家不同產業進行追加收購（add-on acquisitions）。其投資領域包括教育機構、金融服務業、餐飲業、零售業、媒體業、科技業等，知名的玩具反斗城（Toys "R" Us）、達美樂（Domino's Pizza）、Dunkin Brands均為貝恩資本的投資標的。

貝恩資本亞洲有限公司（Bain Capital Asia, LLC.），於中國已有包括國美電器在內共8項投資[4]。旗下的Bain Capital Glory Limited於2009年6月7日與國美電器訂立投資協議，認購國美電器發行的2016年到期的可轉換公司債，並由Bain Capital Glory II Limited與國美電器訂立公開發行股份之包銷協議。在亞洲貝恩資本香港區的常務董事竺稼（Jonathan Jia Zhu）操盤下，貝恩資本已正式成為國美電器之第二大股東，於國美電器經營權爭奪中扮演舉足輕重的重要角色。

其活動中獲得利益的企業。相當我國公司法第369-2條、第369-3條所訂之關係企業。

[3] 整理自相關新聞及國美電器官方網站，http://www.gome.com.hk/,最後瀏覽日：2010/11/28。

[4] 包括亞新科工業技術有限公司（ASIMCO）、江蘇飛翔化工股份有限公司（Feixiang）、國美電器控股有限公司（GOME）、美標（中國）有限公司（Ideal Standard）、金盛置業投資集團有限公司（JinSheng International）、中視金橋國際傳媒控股有限公司（SinoMedia）、融創中國控股有限公司（SUNAC）、山東泉林包裝有限公司（Tralin Pak，已改名為紛美包裝有限公司GAPACK）。參閱亞洲貝恩資本官網，http://www.baincapitalasia.com/Investments/Default.aspx，最後瀏覽日：2010/11/28。

(三)黃光裕

　　黃光裕，出生於1969年，廣東汕頭人。幼時家貧，16歲即輟學隨其兄到內蒙古做生意。1986年，17歲的黃光裕與哥哥黃俊欽，在北京買下一間100平方米的國美服飾店。1987年改業為國美電器店。以「堅持零售，薄利多銷」的經營策略，成功發跡。

　　1991年，黃光裕於《北京晚報》的報紙中縫，刊登「買電器，到國美」的標語，成功的廣告策略為國美吸引大量顧客，黃光裕乘勝追擊，陸續開設多家門店。1992年，黃光裕在北京地區初步進行連鎖經營，將他旗下所持有的幾家店鋪統一命名為「國美電器」，就此形成了連鎖經營模式的雛形。至1993年，國美電器連鎖店已經發展至五六家，黃氏兄弟也因經營理念不同而分家。分家後，黃光裕透過國美電器借殼上市，及其擅長的資本市場套利手法，以驚人的速度書寫他和國美的財富神話。

　　黃光裕的事業版圖包括國美電器、非上市國美集團（包括北京鵬潤投資有限公司、北京國美電器有限公司、國美電器零售有限公司、及國美集團外於中國地區使用「國美電器」商標，並從事電器及消費電子產品零售及相關業務的其他公司）、北京鵬泰投資有限公司、北京鵬潤房地產開發有限責任公司等，其中除國美電器於香港聯交所上市外，其餘公司均未上市而無須遵循證券交易法等相關法令之嚴格規範及公開揭露要求。因此黃光裕透過上市的國美電器以股份配售及回購的手法於資本市場套利，並結合鵬潤地產以電器零售業提供大量現金流，再利用現金流投入地產公司。黃光裕以產業互補方式，應證香港富商李嘉誠提出的「商者無域，相容共生」的經營理念[5]。

　　成功的經營手法，讓黃光裕在2005年登上富士比富豪榜，35歲時即

---

[5]　參閱國美電器2009/7/13公佈之公開發售股份章程之集團財務資料，http://www.gome.com.hk/attachment/ano/LTN20090713024_C.pdf，最後瀏覽日：2010/11/28；
解剖黃光裕「國美電器」資本運作三部曲，http://money.163.com/08/1126/11/4RM23BN4002524TH.html，最後瀏覽日：2010/11/28。

締造蟬聯三屆中國胡潤富豪榜的傳奇。但資本市場造就的財富累積，也使
黃光裕越發貪婪，2008年11月17日深夜，因違反內線交易、行賄等罪名被
捕，2010年5月18日北京市第二中級法院作出一審判決，認定黃光裕觸犯
非法經營罪，判處有期徒刑八年，沒收財產人民幣2億元；內幕交易罪[6]，
判處有期徒刑九年，罰金人民幣6億元；單位行賄罪，判處有期徒刑二
年。三罪併罰，決定執行有期徒刑十四年，罰金人民幣6億元，沒收財產
人民幣2億元。2010年8月30日，北京市高級人民法院作出二審宣判，維持
第一審對黃光裕之判決。昔日中國首富黃光裕於9月下旬正式入獄服刑[7]。

(四)陳曉

　　陳曉，1959年出生於上海，自小罹患小兒麻痺症致腳部殘疾。陳曉因
工作上出色表現、謀略過人，1990年於國營永樂家電擔任常務副總經理。
1996年國營永樂家電宣告破產，陳曉帶領47名員工集資近百萬，創建永樂
家電[8]。

　　為了擴張永樂家電版圖，2004年年底，陳曉與部分士丹利（Morgan
Stanley）及鼎暉投資（CDH Investments）訂定投資協議，除獲得資金
挹注外，雙方並簽訂簽訂對賭協議（Valuation Adjustment Mechanism,
VAM），依該協議若永樂電器未於2007年約定期限達到獲利標準，需轉
讓部分士丹利（Morgan Stanley）及鼎暉投資（CDH Investments）相當永
樂電器已發行股份總數4.1%之股權。為達成該獲利目標，永樂電器2005
年於香港聯交所上市，並展開收購燦坤、廈門思文、河南通利等家電連鎖
企業，但是過度擴張，不僅未提高淨利潤水準，反因整合與管理成本的支

---

[6] 相當於我國證券交易法之內線交易罪。

[7] 參閱http://finance.qq.com/a/20100518/004850.htm；http://finance.qq.com/
a/20100830/004227.htm；
http://finance.qq.com/a/20101116/003584.htm，最後瀏覽日：2010/11/28。

[8] 參閱陳曉前傳，http://finance.ifeng.com/hk/gs/20101118/2908944.shtml，最後瀏
覽日：2010/11/28。

出，降低公司整體獲利能力[9]。

　　2006年7月，為避免履行對賭協議而需轉讓投資方股份，陳曉與黃光裕達成互利共識，國美電器以每股2.2354港元的價格收購永樂股份，這件中國電器零售史上最大的併購案，讓部分史坦萊和鼎暉投資獲利14.2457億港元[10]。

　　陳曉雖成功達到對賭協議之獲利目標，但卻付出向昔日對手黃光裕低頭的代價。陳曉進入國美電器擔任總裁、執行董事，黃光裕將經營事務交給陳曉，自己則專注於資本運作和集團發展戰略。

　　在黃光裕權力掌控下，身為總裁的陳曉難以施展經營專長，而黃光裕不顧營運績效只著重版圖擴張的經營策略更與陳曉的經營理念相左。2008年11月，正當陳曉萌生退意之時，黃光裕因案被捕，2009年1月16日陳曉獲委任為董事會主席，正式掌握國美電器經營權。

二、國美經營權爭奪[11]

(一)起因

　　2008年11月17日深夜，中國首富黃光裕因涉嫌行賄罪及內線交易等罪名被北京警方逮捕。黃光裕創辦的家電王國──國美電器控股有限公司頓時群龍無首，陷入動盪。11月24日起，國美電器於香港聯交所暫停交易，

---

[9] 參閱丁磊、郎朗，國美，與往事話別，21世紀經濟報導，
http://www.21cbh.com/HTML/2010-9-6/2OMDAwMDE5NTg2OQ_2.html，最後瀏覽日：2010/11/28。

[10] 參閱部分史坦萊操控下的國美永樂併購案，http://www.rztong.com.cn/newshtml/2008722/ns20691.shtml，最後瀏覽日：2010/11/28。

[11] 以下內容乃筆者參閱國美控制權爭奪相關報導自行整理：
鳳凰網http://tech.ifeng.com/it/special/controlgome/；
騰訊財經http://finance.qq.com/zt2010/gmhgy/；
新浪財經http://finance.sina.com.cn/focus/gome_huang2010/index.shtml；
網易財經http://tech.163.com/special/00094IMS/guomeihgy.html；
21世紀經濟報導http://special.21cbh.com/2010_gome。

陳曉臨危受命出任國美電器代理董事會主席。2009年1月16日，黃光裕辭任國美董事職務，執行董事陳曉正式接任董事會主席並兼任行政總裁職務。

　　當時，在公司創辦人入獄的醜聞籠罩下，國美電器經歷著信貸緊縮、營運資金短缺的困境。面對著龐大資金壓力，陳曉領軍的國美電器董事會與包括貝恩資本、KKR（Kohlberg Kravis Roberts）和華平（Warburg Pincus）等多家機構投資人洽談投資計劃。最後，國美電器宣布與貝恩資本（Bain Capital Glory Limited）簽訂投資協議，由貝恩資本認購國美電器發行之總金額約2.3億美元（相當於約18.04億港元）之2016年到期可轉換公司債，股份轉換價格為1.108港元。並由貝恩資本之聯屬公司（affiliates）Bain Capital Glory Ⅱ Limited包銷國美電器發行約22.9億之新股（若全數發行將占國美電器已發行股份總數約15.3%），以每持有已發行股份100股配售18股、每股價格為0.672港元之條件進行股份公開發售[12]。國美電器並於6月23日在香港聯交所復牌，當日股價成功飆升至1.89港元。

　　貝恩資本與國美簽訂之投資協議，除認購可轉換公司債外，另約定相關違約條款：(一)國美須於法規遵循下確保貝恩資本提名之董事人選；(二)鎖定經營團隊，若陳曉、王俊洲、魏秋立三位執行董事中兩個被免職，即構成違約[13]。根據協議，若國美電器違約，貝恩有權要求國美電器以本金1.5倍的價額，即27.06億港元贖回可轉債[14]。

　　貝恩資本透過可轉換公司債及公開發售股份之包銷，可能持有國美

---

[12] 參閱國美電器網站於2009/6/22發布之公告，http://www.gome.com.hk/attachment/ano/LTN20090622140_C.pdf，最後瀏覽日：2010/11/28。

[13] 參閱央視專訪陳曉和鄒曉春談國美爭奪戰，http://big5.jrj.com.cn/gate/big5/finance.stockstar.com/SS2010091130038005.shtml，最後瀏覽日：2010/11/28。

[14] 參前揭註12：華夏時報（2010/8/14），國美電器「生死劫」，http://www.chinatimes.cc/shouye/toutiaowz/2010-08-13/16569.shtml；國美股權之爭：兩個男人的戰爭，中國經濟週刊，http://money.163.com/10/0921/18/6H4J5LT300253B0H_2.html，最後瀏覽日：2010/11/28。

電器已發行股份總數約9.8%至23.5%之股權，使國美電器最大股東黃光裕全資持有之Shinning Crown Holdings Inc.和Shine Group Limited公司所持有股份被大幅稀釋至25.3%[15]。身陷囹圄的黃光裕為避免股權被稀釋，於7月20日以每股1.705港元價格於次級市場減持2.35億股，資金套現約4億港元，隨後再以每股0.672港元價格、出資5.49億港元參與國美電器新股公開配售，申購8.16億股，最終持有國美約33.98%股份，確保其大股東之地位[16]。該次公開發售原有股東認股率達98.4%，故貝恩資本僅認購所餘股份，持有國美電器已發行股份總數0.23%[17]。

隨後在2009年7月7日，國美電器董事會依2005年4月15股東周年大會通過之購股權計畫，向國美電器集團若干董事及僱員授出購股權，賦予包括陳曉、王俊洲等國美執行董事、附屬公司董事及國美集團其他高級僱員，共105位國美集團高階經理人獲得認股權，得以1.9港元之行使價格，認購總計約3.83億股國美電器股份[18]。此乃國美電器首次實行的高階經理人股權激勵計畫，雖在黃光裕在任時獲股東會授權，但卻在陳曉擔任董事會主席時始正式實行。

2009年8月4日，國美董事會於遵循法規及公司章程下[19]，宣布委任竺

---

[15] 同前註，國美公告所為股權結構預估。

[16] 參閱郎朗、丁磊，黃氏家族來信：陳曉為「私」勾結貝恩，http://www.21cbh.com/HTML/2010-8-17/0NMDAwMDE5MjQ0NA.html，最後瀏覽日:2010/11/28。

[17] 參閱國美電器2009/7/31公佈之公開發售股份結果，http://www.gome.com.hk/attachment/ano/LTN20090731568_C.pdf，最後瀏覽日：2010/11/28。

[18] 參閱國美電器網站於2009/7/7發布之公告，http://www.gome.com.hk/attachment/ano/LTN20090707647_C.pdf，最後瀏覽日：2010/11/28。

[19] 國美電器之公司細則（章程）第102(B)規定：董事會有隨時委任任何人為董事以填補空缺或增加董事會成員。被委任之董事僅出任至本公司下屆股東大會為止（如屬增補空缺）或本公司下屆股東週年大會為止（如屬增加董事會成員），但得符合資格於股東大會上重選連任。但不計入該次股東大會上按公司細則第99(A)條應輪流退任之董事人數內。參閱國美電器網站於2006/4/10發布之股東大會通告，http://www.gome.com.hk/attachment/ano/LTN20060410235_C.pdf，最後瀏覽日：2010/11/28。

稼、Ian Andrew Reynolds及王勵弘為非執行董事。國美董事會成員中，執行董事中除陳曉外，伍健華、王俊洲、魏秋立和孫一丁均屬黃光裕派系，該次人事異動並未變動黃光裕勢力之成員。

2009年9月23日，國美電器再度與部分富林明（J. P. Morgan）簽訂債權認購協議，認購2014年到期，本金總額為20.5億人民幣，年利率3%，以美金償付之可轉換公司債，轉換價格為2.838港元。該協議並賦予J. P. Morgan選擇權，其可要求國美發行本金總額3.4億人民幣之增發債券。並約定於國美電器之股份於香港聯交所下市或停止交易；或國美電器控制權發生變動時，J. P. Morgan可選擇贖回公司債。J. P. Morgan已行使選擇權，國美於9月25日發行本金總額為3.07億人民幣之可轉換公司債。依該債權認購協議，可能將黃光裕當時所持有國美33.98%之股權，至多稀釋為26.67%[20]。

黃光裕身陷囹圄之際，陳曉成功為國美引進資金，並透過認股權計畫安定國美經營階層，為國美帶來新生的契機，但這看似拯救國美電器的種種作為，卻埋下黃光裕與陳曉間猜忌的種子。

(二)衝突

2010年5月11日，國美電器召開的股東周年大會（the annual general meeting）上，國美電器大股東突然發難，以所持有公司約33.98%之股權在12項決議中連續投了5項否決票，否決包括選任公司第二大股東貝恩資本的三名代表擔任非執行董事、授權董事會釐定董事酬金，以及以回購股份再配發的授權[21]。此決議結果震驚國美經營階層，而引燃導火線的正是身處獄中的國美電器的控制股東黃光裕全資控股的Shinning Crown Holdings Inc.和Shine Group Limited公司及其妻杜鵑全資控股之公司。

---

[20] 參閱國美電器網站於2009/9/23發布之公告，http://www.gome.com.hk/attachment/ano/LTN20090923016_C.pdf,

[21] 參閱國美電器網站於2010/5/12發布之股東週年大會投票結果，http://www.gome.com.hk/attachment/ano/LTN20100512020_C.pdf，最後瀏覽日：2010/11/28。

當晚，國美電器隨即召開董事會推翻股東大會的決議。董事會基於公司章程之填補董事會臨時空缺席位而任命董事之授權，決議重新委任貝恩的三名非執行董事加入國美電器董事會[22]。並公告聲明，出席股東週年大會投票表決的股份比例僅為62.5%，反對股東因合併擁有約33.98%的股權，而致當日董事重選或其他議案未能獲得通過。有鑑於此，董事會深信本次股東周年大會的投票結果未能真實反映多數股東之意願，有違全體股東之利益。且依國美電器與貝恩資本於2009年6月7日訂定之投資協定內容，國美電器應盡力於遵循法規及上市規則之下，委任貝恩所提名之人選擔任公司非執行董事，為避免股東大會之結果導致公司違反投資協定而需負擔3.52億美元之違約賠償，因此董事會依公司細則之權限一致同意重新委任竺稼、Ian Andrew Reynolds、王勵弘三人繼續擔任非執行董事。

國美電器董事會推翻股東大會決議之舉，使黃光裕和陳曉這對昔日聯手締造國美電器經營佳話的合作夥伴爆發衝突。隨後於5月18日，北京市第二中級人民法院以黃光裕利用他人證券賬戶買賣北京中關村公司的股票，並從中獲取私利；及其就子公司的若干事務賄賂多名政府官員，成立行賄罪、非法經營罪、內線交易罪，共判處有期徒刑十四年，罰金人民幣6億元，沒收財產人民幣2億元。將瑯鐺下獄的事實，引發黃光裕內心強烈的不安，決意展開國美電器經營權的困獸之鬥。

(三)宣戰

2010年8月4日，黃光裕全資控股的Shinning Crown公司發函國美電器，依百慕達1981年公司法及公司章程，基於持有公司已發行普通股權10%以上之權利，要求公司舉行股東特別大會（special general meetings）審議包括撤銷陳曉之執行董事兼董事會主席職務；撤銷孫一丁之執行董事職務；撤銷2010年5月國美電器股東週年大會通過之對董事會配發、發行及買賣公司股份之一般授權；並委任鄒曉春、黃燕虹為執行董事之議

---

[22] 參閱國美電器網站於2010/5/12發布之董事委任，
http://www.gome.com.hk/attachment/ano/LTN20100512022_C.pdf，最後瀏覽日：
2010/11/28。

案[23]。並於信函中，將一年來國美電器的業績下滑歸咎於陳曉領導的國美電器董事會管理不當，以尋求小股東及機構投資人對解任陳曉董事職務議案之支持。

次日，國美電器公布，經數月調查，董事會決議於2010年8月5日在香港高等法院，對黃光裕及杜鵑於2008年1月和2月回購國美電器股份之行為，以違反董事信託責任訴請損害賠償[24]。並指控Shinning Crown請求召開股東特別大會之議案均係無依據且本於黃光裕個人利益所驅動。控制股東所提名之董事人選，包括鄒曉春及黃燕虹均無擔任家用電器零售公司執行董事的經驗，若撤銷陳曉及孫一丁之董事職務將使公司經營能力減損，對公司業務穩定及發展造成嚴重破壞，有違全體股東之利益。

按百慕達1981年公司法（the Companies Act 1981 of Bermuda (as amended)）第74條及國美電器章程之規定，董事會須於21天內決定股東特別大會召開之日。若董事會逾21日未作成召開之決定，提案股東得自行召開股東特別大會[25]。國美董事會於8月23日決議，將於2010年9月28日在香港富豪酒店舉行股東特別大會。除議決Shinning Crown公司提出之議案，並依公司章程102(B)規定，董事會基於填補董事會臨時缺位而任命之董事，任期僅至下次股東大會，故於本次股東特別大會重選竺稼、Ian Andrew Reynolds、王勵弘為公司非執行董事[26]。

自此，陳曉與黃光裕正式決裂，雙方開始為9月28日上演的創始大股東與專業經理人之公司經營權爭奪展開戰略佈局。

[23] 參閱國美電器網站於2010/8/5發布之通告，http://www.gome.com.hk/attachment/ano/LTN20100805637_C.pdf，最後瀏覽日：2010/11/28。

[24] 同前註。

[25] 參閱百慕達1981年公司法（the Companies Act 1981 of Bermuda (as amended)）第74條，Convening of special general meeting on requisition, http://www.bermudalaws.bm/Laws/Consolidated%20Laws/Companies%20Act%201981.pdf，最後瀏覽日:2010/11/28。

[26] 參閱國美電器網站於2010/8/23發布之股東特別大會通告，http://www.gome.com.hk/attachment/ano/LTN20100823400_C.pdf，最後瀏覽日：2010/11/28。

(四)鬥法

在黃光裕要求國美依法召開股東特別大會之時，其全資控股之Shinning Crown等公司及其妻杜鵑所持有國美電器股份約占已發行股份總數33.98%。陳曉則僅有約1.47%之持股。雙方須在9月28日股東特別大會表決議案前，尋求部分史坦利、部分富林明和富達基金等機構投資人，及散戶小股東的支持。

1.資本之戰

黃光裕為避免其股權被陳曉引進之國美投資者——貝恩資本及J.P.Morgan以2016年到期及2014年到期之可轉換公司債，行使轉換權而稀釋其持股比率，除於9月28日召開之股東特別大會中提出即時撤銷2010年5月國美股東週年大會所通過對董事會於不超過公司已發行股份總數20%之範圍內配發、發行及買賣公司股份之授權外，並持續於次級市場增持國美之股份，以提高持股比例。

陳曉為避免於即將召開之股東特別大會中被撤銷董事職務，除已獲得貝恩資本支持外，其更握有足已大幅稀釋黃光裕持股比例之籌碼，即2010年5月國美股東週年大會所通過且在未被9月28日股東特別大會撤銷前仍有效之董事會發行新股之授權，依該授權董事會得於不超過公司已發行股份總數20%之範圍內配發、發行及買賣公司股份。

8月23日，於國美電器半年報發布會上，陳曉除提出自2008年底以來最佳的業績，並由國美總裁王俊洲發表國美經營團隊與貝恩資本，共同擬訂之五年計劃。包括拓展門店網絡、提高銷售和營業效率、改善客戶、供應商的關係、拓展新業務。為實現該五年計劃所需的資本超過90億元，遠超過國美電器目前60億元的營運資金。五年計劃的發表引發外界關注，質疑陳曉擬運用股東會增發股份授權，企圖再度稀釋黃光裕現有約34%之控制股權。

國美電器半年業績發佈會結束後，陳曉、王俊洲即密集展開拜會在香港、新加坡、美國、英國等地機構投資人之行程。儘管國美表示拜訪機構投資人乃每次業績發布會後之慣例，但仍引發為9月28日股東特別大會尋

求支持，甚或洽商股權增發事宜之質疑。

　　依據香港聯交所的股權披露記錄，黃光裕全資持有的公司Shinning Crown於 8月24日、25日、30日及31日，分別以均價2.409港元、2.418港元、2.209港元以及2.275港元的價格增持了1.05億、1905萬、3160萬以及1.4545億股，持股比例已達約30.22%。故黃光裕夫婦透過Shinning Crown、Shine Group、Smart Captain以及萬盛源資產等公司，合計共持有國美電器35.96%的股權[27]，已達到不觸發香港證監會之公司收購、合併及股份購回守則第26.1(c)(d)條規定之強制收購門檻之2%最高股份增持上限。

　　8月27日，Shinning Crown發函國美電器，提出以協力廠商投資者認購35%至45%股份的每股平均認購價溢價5%之條件，認購根據現有發行授權可予配發及發行的股份總數之55%至65%股份[28]。

　　於9月13日Shinning Crown再度發函國美電器，系爭函件旨在避免董事會不當使用股東週年大會批准的一般授權發行股份，並確認董事會並未根據一般授權行使發行、配發或買賣股份之權力，從而稀釋Shinning Crown在國美電器的權益；更要求董事會承諾在依據一般授權發行、配發或買賣股份的21天前須事先通知Shinning Crown。對此，國美董事會表示未有依股東會一般授權發行新股決定，並以欠缺合法依據拒絕於發行新股前通知Shinning Crown[29]。

---

[27] 參閱香港聯交所披露易:國美電器股權披露，
http://sdinotice.hkex.com.hk/di/NSAllFormList.aspx?sa2=an&sid=25860104&corpn=GOME+Electrical+Appliances+Holding+Ltd.&corpndisp=%b0%ea%ac%fc%b9q%be%b9%b1%b1%aa%d1%a6%b3%ad%ad%a4%bd%a5q&sd=07/12/2009&ed=23/11/2010&sa1=cl&scsd=07%2f12%2f2009&sced=07%2f12%2f2010&sc=493&src=MAIN&lang = ZH，最後瀏覽日：2010/11/28。

[28] 參閱國美電器網站2010/8/30之公告，
http://www.hkexnews.hk/listedco/listconews/sehk/20100830/LTN20100830004_C.pdf，最後瀏覽日：2010/11/28。

[29] 參閱國美電器網站2010/9/15之公告，http://www.gome.com.hk/attachment/ano/LTN20100915651_C.pdf，最後瀏覽日：2010/11/28。

9月15日，貝恩資本以每股1.108港元的轉換價，全數將其持有的可轉換公司債轉換為公司股份，共計16.3億股，占國美電器已發行股份總數10.8%，在加上2009年8月公開配售所包銷之0.23%持股，貝恩共持有國美電器11.02%之股權，成為第二大股東[30]。行使轉換權後，貝恩資本正式表態支持國美董事會，肯定其於國美艱困時期的出色表現，並表示將於股東特別大會上支持陳曉。

貝恩資本的債轉股，使黃光裕的持股比例被稀釋至32.47%。然而，在9月28日股東特別大會前，黃光裕仍得依公司收購、合併及股份購回守則第26.1(c)(d)條規定，增持2%國美電器的股份而不觸發強制收購。但國美電器之股權結構僅有不到5%股權為散戶持有，除非機構投資人出脫持股，否則黃光裕在股東特別大會之閉鎖期間9月24日前於市場上取得國美電器股票有其難度。

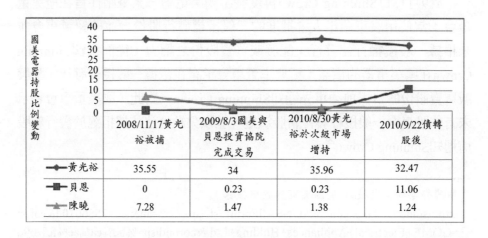

國美電器持股比例變動	2008/11/17黃光裕被捕	2009/8/3國美與貝恩投資協院完成交易	2010/8/30黃光裕於次級市場增持	2010/9/22債轉股後
◆ 黃光裕	35.55	34	35.96	32.47
■ 貝恩	0	0.23	0.23	11.06
▲ 陳曉	7.28	1.47	1.38	1.24

2.籠絡人心之戰

2010年6月28日，國美電器發布董事調任公告，現任國美集團總裁陳曉辭任，由執行董事兼執行副總裁王俊洲接任。國美董事會表示此舉乃考

---

[30] 參閱國美電器網站2010/9/15之轉換可換股債券之公告，
http://www.gome.com.hk/attachment/ano/LTN20100915518_C.pdf，最後瀏覽日：
2010/11/28。

量公司已度過創辦人入獄所引發之經營危機，董事會主席陳曉不宜再兼任總裁，以落實香港聯交所上市規則之企業管治守則之要求[31]。看似單純的人事調動，實質上向國美電器股東傳達王俊洲等黃光裕舊臣已轉向支持陳曉。

8月8日，國美電器緊急召開內部視訊會議，國美電器董事會、副總裁和各大區總經理組成的公司經營階層均被要求出席，於會議中國美經營階層被要求對支持現任董事會或大股東做出表態[32]。8月12日，在北京鵬潤大廈國美電器總部的會議室，國美集團副總裁孫一丁、李俊濤、牟貴先、何陽青及代理首席財務官方巍公開亮相，說明2008年11月黃光裕因案接受司法調查後，國美電器面臨破產的風險，及過去19個月經營階層穩定公司經營之努力。並逐一反駁大股東黃光裕對陳曉經營能力及接受貝恩資本苛刻融資條件等相關指責，表示將與陳曉共進退[33]。

黃光裕家族則公開接受媒體採訪，譴責陳曉為己私欲，改變國美電器的發展方向，使企業發展明顯滯後，應撤銷其董事職務，避免國美被同業競爭者超越。面對昔日部屬的反叛，8月18日黃光裕發布《致國美全體員工的公開信》，將紛爭定調為「陳曉陰謀竊取公司的控制權而引發之變局」，指稱陳曉利用大股東的信任、臨危託付，一步步掌舵國美。並部署了「三步棋」，以苛刻協議引入貝恩資本；盲目授與管理人員股份認購權，變相收買人心；企圖發行新股，使國美淪為外資品牌。黃光裕更怒斥陳曉「不惜冒天下之大不韙，挑戰職業經理人的基本職業道德！踐踏中國

---

[31] 參閱國美電器網站於2010/6/28發布之董事調任公告，http://www.gome.com.hk/attachment/ano/LTN20100628162_C.pdf，最後瀏覽日：2010/11/28。

[32] 爭奪國美,IT時代週刊（2010/09/26），http://big5.ifeng.com/gate/big5/tech.ifeng.com/it/special/controlgome/content-1/detail_2010_09/16/2534953_0.shtml，最後瀏覽日：2010/11/28。

[33] 元老倒戈：國美5高管表態與董事會共進退，21世紀網（2010/8/13），http://www.21cbh.com/HTML/2010-8-13/yMMDAwMDE5MTkyMA.html，最後瀏覽日：2010/11/28。

傳統最基本的道德底線！」[34]。國美董事局於8月20日則發表《致國美全體員工的公開信》詳細回應了黃光裕的質疑。

黃光裕攻勢猛烈，於陳曉發布半年報業績隔日，隨即對廣獲好評國美電器半年報提出多項質疑，主張國美電器在陳曉經營下，市占率與競爭對手蘇寧電器相比已大幅下降，於中國電器市場的領先優勢亦將喪失。

3.分裂國美之威嚇

8月27日，國美電器收到北京國美電器有限公司（由黃光裕全資控股之公司，下簡稱「北京國美」）所發的終止函。在終止函中，北京國美表明若Shinning Crown提出的議案在9月28日的股東特別大會上全部未獲通過，國美電器集團與非上市集團（使用「國美」品牌營運並由黃光裕全資控股的公司）之間就若干採購和管理安排訂立的集團間協議將於2010年10月31日被終止；若所有提案在股東特別大會上全部獲通過，各集團間協議將不會被終止；若提案在股東特別大會上部分獲通過但部分未獲通過，北京國美將於股東特別大會後七日內將其有關各集團間協議的意向通知國美電器[35]。

為確保股東特別大會之提案順利通過，鞏固對國美電器之經營權，黃光裕更發布將隨託管協議一同終止國美電器之「國美」商標使用權。「國美」商標之所有權歸屬於黃光裕全資控股之北京國美，其與國美電器簽訂商標使用協議，約定於2004年至2014年期間授權國美電器集團使用。若黃光裕終止商標授權及託管協議，將使國美電器營運出現重大變動，除營運規模大幅縮減外，亦無法使用已於家用電器零售市場上建立口碑之國美品牌，且黃光裕將透過非上市國美集團在家電銷售市場與國美電器競爭。

面對黃光裕以分裂國美的籌碼爭取股東支持之手段，國美電器董事會主張此舉乃企圖迫使股東支持Shinning Crown於股東特別大會之提案，

---

[34] 黃光裕發表致全體國美員工的一封公開信（2010/8/18），http://tech.ifeng.com/it/special/controlgome/content-1/detail_2010_08/18/1975594_0.shtml，最後瀏覽日：2010/11/28。

[35] 參閱國美電器網站2010/8/30之公告，http://www.gome.com.hk/attachment/ano/LTN20100830004_C.pdf，最後瀏覽日：2010/11/28。

以鞏固黃光裕個人利益。董事會表示系爭集團間協議乃非上市集團以支付
費用為對價，借助上市集團的規模、系統和管理能力，因此協議的終止將
不會對國美電器上市集團造成重大不利影響，反而因財務及人力資源的減
省，預計於未來對上市集團產生獲益[36]。

　　呼籲股東無須顧慮終止函中提出的最後通牒，在股東特別大會上投票
支持現任經營者。針對「國美」商標使用權，董事會除提出根據與黃光裕
簽訂之商標使用協議內容，確信公司有權繼續使用該商標。並表示國美集
團仍擁有具市場價值之「大中電器Dazhong Electronics」和永樂（中國）
電器銷售有限公司的「永樂家電」商標，縱使無法使用「國美」商標仍無
礙國美電器上市集團之發展[37]。

　　黃光裕為配合「中國鵬潤」2004年6月對黃光裕所持有國美零售業
務集團之收購，將國美集團分拆為「上市國美集團」及「非上市國美集
團」，前者包括國美電器控股有限公司及740家附屬公司。而非上市國美
集團則是由包括北京國美電器有限公司、香港國美電器及國美電器零售有
限公司等370家有限公司組成。非上市國美集團均由黃光裕全資控股，並
透過與國美電器與北京國美訂定採購服務協議及管理協議之方式，由國美
電器經營管理。而國美電器所使用「Gome」字樣的商標也由北京國美所
有，以簽訂商標許可協議授權國美電器使用。國美電器亦與黃光裕訂定不
競爭承諾之協議，雙方約定不得在對方已開設門店的中國城市，以國美電
器之商標從事家店零售之業務。該不競爭承諾於黃光裕為國美電器控股股
東時均有效力[38]。

　　黃光裕分裂國美的威脅手段，在上開協議之具體條款下是否確實對國
美電器之營運造成實質損害難為外界所知。但終止託管協議及商標授權之
策略，確實成功引發股東對國美電器未來營運之疑慮，增添股東特別大會

---

[36] 參閱註26。

[37] 同前。

[38] 參閱國美電器2004/7/5公告，
http://www.gome.com.hk/attachment/ano/LTN20040705050_C.pdf，最後瀏覽日：
2010/11/28。

之變數。

(五)決戰

9月24日至28日為股東特別大會的閉鎖期間，依據香港聯交所股權披露及報載資訊，黃光裕及其妻杜鵑的總持股達32.47%，明確表態力挺黃光裕的國美電器股東鄭建明持股2%，歐陽雪初等持股為0.6%，合計持股為35.7%；陳曉陣營包括陳曉持股1.45%，永樂員工3.45%，貝恩資本持股11.02%，合計持股為15.92%。國美電器其餘股東多為機構投資人，包括匯豐銀行、渣打銀行、部分史坦利、部分富林明等[39]。雙方持股均未達撤銷一般授權及陳曉、孫一丁董事職務所要求的普通決議過半門檻，機構投資人的意向將左右特別股東大會之結果。

9月28日國美電器特別股東大會結果，黃光裕與陳曉均獲得關鍵勝利，股東會決議僅通過「重選竺稼、Ian Andrew Reynolds和王勵弘為非執行董事」、「即時撤銷配發、發行及買賣本公司股份之一般授權」之議案；大股東Shinning Crown提出的5項議案中，包括「撤銷現任董事會主席陳曉」、「撤銷執行董事孫一丁職務」、「選任鄒曉春」、「選任黃燕虹為董事」之議案均未獲通過。

黃光裕雖確保股權不被稀釋，但仍未撤銷陳曉董事職務，使其妹黃燕虹及御用律師鄒曉春進入國美電器經營團隊。特別股東大會的和局結果引發黃光裕將根據8月27日北京國美電器所發之終止函，於10月31日終止國美電器集團與非上市集團間的採購和管理協議之疑慮。

(六)和談

股東特別大會後，國美電器董事會、貝恩資本及黃光裕代表展開協商，11月10日，國美電器發布公告，國美電器與Shinning Crown公司已訂定具有法律拘束力的諒解備忘錄（Memorandum of Understanding，

---

[39] 參閱註27；國美戰國策，不希望王者歸來？，http://www.21cbh.com/HTML/2010-9-27/zMMDAwMDE5OTIzMQ.html，最後瀏覽日：2010/11/28。

MOU，我國譯名「合作瞭解備忘錄」），雙方約定將董事會最高人數從11人增加至13人；委任鄒曉春和黃燕虹分別擔任執行董事和非執行董事；並承諾合作落實各項行動和措施，為國美電器公司和股東整體最佳利益打造一家更強且更具盈利能力的公司[40]。當日國美電器股價漲至3.24元，為貝恩入資以來國美電器之最高股價。

　　國美電器將於12月17日再次召開特別股東大會，依公司章程細則第101條規定，經股東大會普通決議通過增加最高董事人數至13人；並根據百慕達公司法第91(1)條及公司章程細則第102(a)條委任鄒曉春擔任執行董事及委任黃燕虹擔任非執行董事[41]。

　　國美電器和Shinning Crown公司訂定的諒解備忘錄，雖約定雙方均有權於三十日前書面通知對造而終止諒解備忘錄。然而，國美電器在經歷數月動盪後，黃光裕與陳曉昧於現實考量決定讓這場經營權爭奪戰以和解收場，根據公司股價和11月15日公布的國美第三季財報顯示，控制股東與現任經營者的合作才是國美股東所樂見。

---

[40] 參閱國美電器網站2010/11/10公告，http://www.gome.com.hk/attachment/ano/LTN20101110690_C.pdf，最後瀏覽日：2010/11/28。

[41] 參閱國美電器網站2010/11/16公告，http://www.gome.com.hk/attachment/ano/LTN20101116465_C.pdf，最後瀏覽日：2010/11/28。

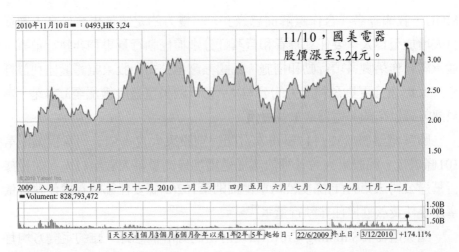

國美電器股價走勢圖，自2009/6/22「公告貝恩資本和公開發售新股」至2010/12/3「簽訂MOU後」。
資料來源：雅虎香港，財經http://hk.finance.yahoo.com/

參、法律爭點分析

　　現代企業於經營與所有分離下，公司經營權通常由擁有公司經常性決策權之經理人掌控，持有公司大量股權之股東通常擁有得控制公司經理人人選及掌控董事會多數董事席次之能力，而得遂行對公司之經營控制。然而，控制股東掌握經營權似非必然的商業定律，國美電器經營權爭奪案中，僅持有公司股份1.7%的專業經理人陳曉，利用國美創始大股東黃光裕在任時所建置的公司章程，在遵循百慕達公司法、香港公司法例及證券法例等相關法規範下，以思緒縝密的奪權策略逐步稀釋公司控制股東黃光裕的股權及對公司經營的影響力；身陷囹圄的控制股東黃光裕以雄厚資金實力於資本市場收購股權，並利用國美集團的組織架構適時反攻，雖未解任陳曉董事職務，但仍成功鞏固控制股權，並使其勢力進入國美董事會。以下筆者將分析雙方策略及其所適用之法規範，並於我國法制下探究系爭手段之運用可行性。

一、陳曉策略

(一)貝恩資本協議

國美電器與Bain Capital Glory Limited（以下簡稱「貝恩資本」）於2009年6月7日訂定投資協議。依據投資協議貝恩資本以約2.3億美元（相當於約18.04億港元）認購2016年到期之可轉換公司債。同時，國美電器與貝恩資本之聯屬公司Bain Capital Glory II Limited訂定包銷協議，以公開發售方式發行約22.9億之新股（若全數發行將占國美電器已發行股份總數約15.3%），按每持有已發行股份100股配售18股、每股價格為0.672港元之條件對國美電器原有股東進行公開發售，未獲原有股東認購之公開發售股份將由包銷商或其聯屬公司認購。

系爭資金籌募計劃雖為國美電器帶來資金挹注，並使國美電器於香港聯交所重新掛牌交易。然而，同時引發陳曉與貝恩資本聯手合作，透過發行可轉換公司債及包銷方式公開發售股份，企圖稀釋國美電器大股東黃光裕所持有占公司已發行股份總數35.5%之控制股權之質疑。

1.發行新股或可轉換公司債之法規範

國美電器為百慕達1981年公司法第127條以下規定之豁免公司（Exempted Company），於百慕達以外之其他地區經營業務，並於香港聯交所主機板上市。國美電器須遵循百慕達1981年公司法，香港法例第32章公司法例、第571章證券及期貨條例及香港聯交所上市規則等相關規範：

(1)公司發行新股或可轉讓公司債等具股權性質之債券，須遵循百慕達公司法第三章及第四章關於「公開發行股權證券及公開說明書」（Part III Prospectuses and Public Offers）及「發行股權證券及股息發放」（Part IV Share Capital Debentures and Dividends）之規範，及公司章程大綱（Memorandum）及細則（Bye-laws）之規定[42]。

---

[42] 參閱百慕達1981年公司法（經修訂），前揭註25。

(2)依國美電器之公司細則，董事會有配發及發行股份與認股權證之權力（Power to allot and issue shares and warrants）：①在不損及任何股份及其所附帶之任何特別權利或限制下，本公司可隨時經股東會普通決議通過（如無該項決定或該項決定並無作出特別規定，則由董事會決定），按照有關條件及其他特別權利或限制（如關於股息、表決權、退回資本等）發行任何股份。②任何新股均須按股東會決議通過之條件發行；如無有關決議，則由董事會遵循公司法及細則規範下訂定相關發行條件。③公司發行新股前需經股東會普通決議，決定按股份面額或溢價向符合一定條件之現有股東已一定比例發行或配售；若於系爭股份配發條件下，未獲認購之股份將由董事會處置，董事會可全權衡酌適當之條件洽特定人認購，但不得折價發行[43]。

(3)依香港聯交所主機板上市規則（Main Board Listing Rules，下簡稱「上市規則」）第13.36條以下關於原有股東優先購買權（Pre-emptive rights）之規定：

①第13.36(1)(a)條：除第13.36(2)條規定之例外，發行人之董事會須經股東會同意，始得配發、發行或授予(i)股份；(ii)可轉換股份的證券；或(iii)得認購股份或可轉換股份的證券之選擇權、認股權憑證或類似權利。

②第13.36(1)(b)條：上市規則第13.36(2)(b)條之例外，於配發有表決權的具股權性質之有價證券將使發行人的控制權發生變動時[44]，董事會仍須經股東會決議通過始得為之。

[43] 參閱國美電器網站2009/7/13公告之公開發售股份章程（Prospectus Documents）所附公司細則內容概要，http://www.gome.com.hk/attachment/ano/LTN20090713024_C.pdf，最後瀏覽日：2010/11/28。因國美電器未公佈公司細則之全文，筆者無法取得確切條項，僅得就可得資訊分析探究。

[44] 上市規則第1.01條規定之控制權股東（controlling shareholder）定義:任何有權在發行人的股東會行使或控制行使30%（或《收購守則》規定會觸發強制公開收購的持股比例）或30%以上表決權；或有能力控制發行人董事會的大部分成

③第13.36(2)條：下列情形，毋須依第13.36(1)(a)條經股東會同意：(a)按發行人之原有股東持股比例或對持有發行人其他具股權性質之有價證券之人，配發、發行或授予具股權性質之有價證券；(b)發行人經股東會普通決議通過，得於不超過發行人當時已發行股份的20%之範圍內，授予董事會一般性授權（無條件或受決議所訂條款限制之授權），以便董事會在授權之有效期間分派或發行具股權性質之有價證券，或作成任何將會或可能需要分派或發行具股權性質之有價證券的募集、協議或認股權。但發行具股權性質之有價證券之額度得附加董事會行使股東會普通決議授予的「不超過發行人當時已發行股份的10%之範圍內之董事會買回股份之一般授權」所買回並經銷除股份之額度。

（Note：除經無利害關係之獨立股東同意，發行人僅得於上市規則第14A.31(3)條[45]規定之情形下，根據第13.36(2)(b)條之一般性授權向關連人士發行具股權性質之有價證券。）

④第13.36(3)條：上市規則第13.36(2)條發行股份的一般性授權之有效期間：

員之組成的單一股東或多數股東（包括證券受託持有人）。

[45] 上市規則第14A.31(3)條規定：可豁免遵守第14A章之申報、公告及獨立股東同意的規定之關聯交易（Connected Transactions），即上市發行人向關連人士（Connected Person，依第14A.11條「關連人士」包括：(1)上市發行人的董事、最高行政人員或主要股東；(2)交易日期之前12個月內曾任上市發行人董事的任何人士；(3)中國發行人的監事；(4)第14A.11(1)、(2)或(3)條所述人士的配偶、子女、特定親屬及所控制之非於香港聯交所上市之公司。）發行新證券，符合(a)該關連人士以股東身分，接受按其股權比例所應得的證券；或(b)根據上市規則第17章認股權計劃（Share Option Schemes）發行該等證券予該關連人士；或根據上市發行人證券首次在本交易所買賣前已存在並獲批准之認股權計劃發行；或(c)該關連人士在這次上市發行人發行證券中，出任包銷商或分包銷商，並已遵守上市規則第7.21(2)條及7.26A(2)條的規定；或(d)該關連人士簽訂有關再次發行系爭股份協議，於14天內以不低於配售價之價格轉讓予非其關係人之第三者。

(a)決議通過後至下屆股東周年大會結束時，除股東周年大會議通過普通決議再為授權，否則授權即時失效；或

(b)在股東大會上，股東通過普通決議撤銷或修改該項授權。

⑤第13.36(5)條：以現金為對價之具股權性質之有價證券配售，認購價格較股權證券的基準價折讓20%或20%以上者，發行人不得根據上市規則第13.36(2)(b)條所給予的一般性授權而發行證券；上述基準價，指下列兩者較高者：

(a)簽訂有關配售協議或其他涉及建議根據一般性授權發行證券的協議當日的收市價；或

(b)下述三個日期當中最早一個日期之前五個交易日的平均收市價：

(i)公布配售或涉及建議根據一般性授權發行證券的交易或安排之日；

(ii)簽訂配售協議或其他涉及建議根據一般授權發行證券的協議之日；或

(iii)訂定配售或認購價格之日。

除非發行人能向本交易所證明，發行人正處於極度惡劣財政狀況，而有以基準價折讓20%或20%以上的價格發行新證券之必要；或發行人有其他特殊情況。

凡根據一般性授權發行證券，發行人均須向本交易所提供有關獲分配股份人士的詳細資料。

2.稀釋股權之法律路徑

(1)可轉換公司債（Convertible Bonds）

國美電器2008年股東周年大會通過之「董事會發行股份之一般授權」，授與董事會於授權有效期間，得決定配發、發行新股或訂定可能須發行新股之認股計畫、協議或認股權（包括認股權證），且新股之發行不超過國美電器當日已發行股份總額20%之範圍，但(1)按原有股東持股比例認購股份或股權證券（Rights Issue）；或(2)依公司之認股權計劃（Share Option Scheme）授與認股權；(3)股息紅利之分派或依公司章程細則發行

股份以代替全部或部分股息之情形不在此限[46]。

　　陳曉根據系爭一般授權，依上市規則第7.09條規定之配售（placing）方式，向特定人發售股權證券。國美電器於2009年6月7日與貝恩資本簽訂2016年到期的可轉換公司債投資協議。系爭可轉換公司債之發行價額為本金約2.3億美元（相當於約18.04億港元），並約定每半年期末按年利率5%支付。貝恩資本有權於2016年到期日前以每股轉換價1.18港元（若公開發售計劃完成，將調整每股轉換價為1.108港元。）行使轉換權，轉換後所得之股份轉換與轉換日期已發行之股份享有同等權益。轉換股份將根據董事會2008年股東週年大會授與董事會之一般授權予以發行。截至2009年6月22日公告發行可轉換公司債及公開發售計劃之日，尚未依一般授權發行股權證券，若轉換股份按經調整轉換價發行，將佔該一般授權約63.8%[47]。

　　國美電器與貝恩資本間之投資協議，所約定每股轉換價於2009年6月22日公布的公開發售完成時，將由1.180港元調整為1.108港元，該轉換價較（i）股份於最後交易日（2008/11/21[48]）之最後收盤價每股1.120港元折讓約1.1%；及（ii）股份於截至最後交易日（包括該日）止最後五個交易日在聯交所所報之平均收盤價每股1.228港元折讓約9.8%[49]。

　　投資協議之內容均符合上市規則第13.36(2)(b)條、第13.36(5)條之規定，依第13.36(1)條豁免賦予國美電器原有股東優先認購權。

　　(2)公開發售（Open Offer）

　　按上市規則第7.23條之規定，公開發售指向公司原有股東作出要約，使其可認購股份（無論是否按現持有證券的比例足額認購）。配售（Placing）計畫結合公開發售，可使公開發售附有回補機制（Claw Back

---

[46] 參閱國美電器網站2008/4/28股東週年大會通知，
　　http://www.gome.com.hk/attachment/ano/LTN200804281083_C.pdf，最後瀏覽日：2010/11/28。
[47] 參閱前揭註12。
[48] 國美電器股份於2008/11/24於香港聯交所暫停交易前之最後完整交易日。
[49] 參閱前揭註12。

Mechanism），以調整配售及公開發售證券之比例，確保公司原有股東能獲得足夠的新股認購額。並依第7.24(1)條規定，原則上公開發售須獲全數包銷。

國美電器董事會結合對貝恩資本可轉換公司債之配售（Placing）與對國美原有股東之公開發售方式籌募資金。系爭公開發售計劃以每股0.672港元之認購價，按2009年7月10日國美電器每持有100股現有股份知股東可獲配發18股公開發售股份，且股東不得超額認購[50]。未獲股東認購之公開發售股份將由包銷商或其聯屬公司認購。公開發售截至2009年7月27日公開發售最後期限，總計獲74份公開發售股份之有效申請，共計2,261,731,439股公開發售股份，相當系爭公開發售計劃可供認購之股份總數約98.4828%。其餘約0.23%未獲認購之公開發售股份均由包銷商貝恩資本認購[51]。

系爭公開發售依上市規則第13.36(2)(a)條規定，按發行人之原有股東持股比例或對持有發行人其他股權證券之人，配發、發行或授予股份，毋須依第13.36(1)(a)條經股東會同意。

準此，陳曉利用一般授權對貝恩資本進行可轉換公司債之配售，並結合貝恩資本為包銷商之對原有股東的公開發售計劃，巧妙取得上市規則第13.36(1)(a)條規定之公司發行新股未賦予原有股東優先承購權須經股東會同意之豁免，成功引進策略投資人，並使國美電器獲得大量資金挹注並拉抬重新於香港聯交所交易之國美電器股價。

依據上市規則第13.36(1)(b)條規定，第13.36(2)(b)條所定一般授權例外，於配發有表決權的股份將使發行人的控制權發生變動時，董事會仍須經股東會決議通過始得為之。貝恩資本認購之可轉換公司債以公開發售完成時每股轉換價1.108港元行使轉換權後，預估將持有約1,628,000,000股之股份，佔國美電器經發行轉換股份（不包括根據公開發售計劃將發行之

---

[50] 同前註。

[51] 參閱國美電器網站2009/7/31公開發售股份結果公告，http://www.gome.com.hk/attachment/ano/LTN20090731568_C.pdf，最後瀏覽日：2010/11/28。

股份）後已發行股份總數約11.3%，將稀釋國美電器控制權股東黃光欲之股權。惟，結合公開發售之募資計畫因賦予黃光裕認購公開發售股份之權利，除黃光裕及國美電器其他股東均未為認購外，黃光裕之股權尚不至被稀釋而低於上市規則第1.01條之控制權股東（controlling shareholder）30%持股比例之標準，因此亦豁免上市規則第13.36(1)(b)條所要求之股東會決議。

公司股權結構\股東	2009/6/22公告發行2016可轉換公司債及公開發售計劃之日	公開發售完成但2016年可轉換公司債未轉換股份（假設全體股東已全數認購其公開發售股份）	公開發售完成但2016年可轉換公司債未轉換股份（假設全體股東未認購其公開發售股份）	公開發售完成且2016年可轉換公司債全數轉換股份（假設全體股東已全數認購其公開發售股份）	公開發售完成且2016年可轉換公司債全數轉換股份（假設全體股東未認購其公開發售股份）
黃光裕及其關係人	35.5%	35.5%	30.1%	32.1%	27.2%
陳曉	7%	7%	5.9%	6.3%	5.3%
公眾股東	57.7%	57.7%	48.7%	51.9%	44.0%
貝恩資本	---	---	15.3%	9.8%	23.5%

（單位：持有股份占已發行股份之百分比）　資料來源：國美電器網站2009/6/22公告 http://www.gome.com.hk/attachment/ano/LTN20090622140_C.pdf

(3)投資協議及附加條款之訂定

　　國美電器與貝恩資本所簽訂之投資協議，約定國美電器違反「特定條件」時，貝恩資本有權以相當於(1)本金之1.5倍（或如適用法例許可之最高金額較低，則為適用法例許可之最高金額）或(2)本金25%之內部收益率（以兩者之較高者為準）減去所支付之利息金額之金額贖回2016年可轉換公司債。系爭「特定條件」規定國美電器於法規遵循下，應委任貝恩資本提名之三名人選擔任非執行董事，並於2009年6月30日舉行之股東週年大會及其後召開之公司股東大會上促使該等董事人選獲股東委任，且公司不得於股東週年大會提名任何其他人士以取代該等投資者提名董事。

　　系爭董事席次之約定，使貝恩資本的進入國美電器經營團隊，對國美電器之營運決策發揮影響力。蓋國美電器之董事席次為11席，包括執

行董事陳曉、伍健華、王俊洲、魏秋立及孫一丁；非執行董事竺稼、Ian Andrew REYNOLDS、王勵弘女士；及獨立非執行董事史習平、陳玉生及 Thomas Joseph MANNING。在陳曉、王俊洲、孫一丁及貝恩資本三名非執行董事立於同一陣線下，過半的董事席次幾可操控國美電器經營決策。是故，利用可轉換公司債與董事席次約款，使貝恩資本在僅持有國美電器已發行股份總數0.23%之情形下，仍得置喙公司之營運。

國美電器並與貝恩資本簽訂附加條款，系爭「控制權變更條款」，將貝恩之投資與現有核心經營團隊綁定，約定現任董事會中陳曉、王俊洲、魏秋立三位執行董事，若有兩位被免職即構成違約事由，貝恩資本有權以本金1.5倍的價額贖回可轉換公司債。所謂「控制權變更條款」（Change of Control Clause），指公司與債權人、客戶或供應商之契約中，約定當公司經營團隊發生變動，契約相對人得終止契約或需通知並取得其同意。陳曉透過與貝恩資本簽訂「控制權變更條款」，某種程度確保其董事職位。〔貝恩資本則可據此維護所期望之國美電器經營團隊組成，確保投資之實現。〕（黃光裕於特別股東大會提案撤銷陳曉、孫一丁之董事職務，成功規避控制權變更條款之違反。）

(4)貝恩資本協議—「商業考量」或「奪權謀議」？

貝恩資本於國美電器9月28日股東特別大會前夕行使轉換權，將所持有國美電器2016年可轉換公司債全數轉換為股份。加上國美董事會推翻股東周年大會決議結果，執意重新委任貝恩資本提名之三位人選擔任非執行，及前揭關涉國美董事會組成之相關協議等種種巧合，不免使國美控制股東黃光裕及大眾產生貝恩入資國美電器，非僅是機構投資人之一般投資計劃，而是與陳曉共同擬定之奪權謀議。而陳曉引進貝恩資金，雖有國美電器因黃光裕涉案入獄導致公司信貸緊縮、營運資金短缺之商業考量，但募集資金的完美佈局，更引發其企圖稀釋黃光裕股權奪取公司經營權之爭議。

①非中立的機構投資人

國美電器因黃光裕涉案而陷入危機後，與其接觸的機構投資人，非僅貝恩資本，尚包括KKR、部分史坦利、華平投資（Warburg Pincus）、凱

雷集團（Carlyle Group）等。國美電器乃中國第二大之家電零售業，對機構投資人而言應係極佳之投資標的。為何擇定貝恩資本，陳曉主張貝恩提出的投資條件最有利於國美電器，其餘機構投資人均要求稀釋大股東黃光裕之股權，以確保國美經營不受黃光裕涉案之影響，董事會係在充分考量大股東利益下與貝恩訂定投資協議。然而，經營權爭奪事件爆發後，媒體挖掘主導本投資案之亞洲貝恩資本董事竺稼，於任職部分史坦利亞洲有限公司時期，因永樂電器與部分史坦利簽訂投資協議與陳曉有共事之淵源，進而提出奪權謀議之質疑[52]。

　　國美電器與其他機構投資人訂定之投資協議，包括：2006年與華平投資簽訂可轉換公司債及認股權證之認購契約[53]；2007年對高盛發行2014年到期可轉換公司債[54]；2009年9月對貝恩發行可轉債後，國美電器與部分富林明訂定2014年到期之可轉換公司債之認購協議[55]。上開機構投資人於國美電器發生經營權爭奪之際，均未公開表態其立場，且均未行使認股權或轉換權而成為國美電器之股東[56]，進而稀釋大股東黃光裕之持股比例。相較而言，貝恩資本在特別股東大會召開前的敏感時機，作出行使轉換權之決定，將所持有2016年到期之可轉換公司債全數轉換為股份，並公開

---

[52] 參閱貝恩的選擇：自衛戰還是野蠻人，http://www.21cbh.com/HTML/2010-9-6/wMMDAwMDE5NTkwMQ.html，最後瀏覽日：2010/11/28。

[53] 參閱國美電器網站2006/2/2公告，http://www.gome.com.hk/attachment/ano/LTN20060203010_C.pdf，最後瀏覽日：2010/11/28。

[54] 參閱國美電器網站2007/5/11公告，http://www.gome.com.hk/attachment/ano/LTN20070514053_C.pdf，最後瀏覽日：2010/11/28。

[55] 參閱國美電器網站2009/9/23公告，http://www.gome.com.hk/attachment/ano/LTN20090923016_C.pdf，最後瀏覽日：2010/11/28。

[56] 參閱國美電器2010年6月公佈之半年報，舊2014可轉換公司債、新2014可轉換公司債均尚可轉換為股份。http://www.gome.com.hk/attachment/air/LTN20100830654_C.pdf，最後瀏覽日：2010/11/28。

表態對現任經營者陳曉的支持等作為，實難令人信服其為中立之機構投資人。

②非典型之貝恩資本模式及投資條件

貝恩資本對國美電器之投資模式及投資協議之條件，有別與其過去所為之投資型態。貝恩是典型的併購型基金，觀察其對玩具反斗城（Toys "R" Us）、漢堡王（Burger King）等公司的投資，多為絕對控股並於入資後大幅整頓公司營運；或與其他機構投資人合作共同投資[57]。國美電器為亞洲貝恩於中國之最大投資計劃，透過可轉換公司債之方式進行投資，雖有別過去直接控股的投資模式，但若附加董事席次約款及與國美現任經營者間之協議，似仍可掌控國美電器之經營。

貝恩與國美電器簽訂之投資協議所約定之條件實屬優厚，雙方訂定可轉換公司債每股1.108港元的認購價偏低。系爭認購價係以2008年11月底國美電器於香港聯交所暫停交易之最後收盤價為基準所訂定，然當時正值全球金融風暴，國美停牌當日香港聯交所恒生指數報收12458點，於2009年6月國美與貝恩洽談可轉換公司債發行條件時，中國經濟已轉好且恒生指數已自漲至18060點。且因中國政府實施家電以舊換新、節能補貼、家電下鄉等政策，家電零售業營收轉佳。在市場及產業基本面都趨穩的背景下，國美電器復牌首日收盤價達1.89元，遠高可轉換公司債約定認購價[58]。

參照國美電器發行之其他可轉換公司債所訂定之轉換價均為溢價發行[59]，雖貝恩資本之時點國美電器股票已於香港聯交所暫停交易數月，但雙方所約定之轉換價仍有可議之處。國美電器歷年以配售方式對機構投資人所發行之可轉換公司債，亦僅在與貝恩簽訂之投資協議中有投資人提名董事席次約款之訂定。

---

[57] 同前註。參閱投資中國網（China Venture）之貝恩資本記錄，http://i.data.chinaventure.com.cn/i/176/#，最後瀏覽日：2010/11/28。

[58] 參閱易塵，五問貝恩資本，
http://www.ftchinese.com/story/001034536?page=1，最後瀏覽日：2010/11/28。

[59] 參閱前揭註53、54、55。

董事席次之約款，使貝恩在持股比例僅0.23%時得掌握國美電器董事會的三席非執行董事，實屬苛刻之協議。而陳曉主張因黃光裕涉案造成國美與銀行及供應商合作受阻，陷入資金短缺困境的說法，依2009年6月安永會計事務出具之獨立調查報告內容表示自2008年12月底以來，國美電器之財務或經營狀況無任何重大不利變動，已獲主要供應商及銀行支持。系爭內容顯然與陳曉的主張矛盾[60]。

國美經營權之爭雖以和局收場，但關鍵角色貝恩資本的帳面獲利已大幅飆升，截至2010年11月10日，國美電器公告與Shinning Crown公司訂定諒解備忘錄，當日國美電器股票收牌價為3.24港元，以轉股價1.108港元計算，貝恩資本已賺進約34.77億港元。

(二)黃光裕的「作法自斃」

(1)認股權計劃

國美電器董事會於2009年7月7日公布，根據2005年股東周年大會通過之認股權計劃（Share Option Scheme），授與國美電器集團若干董事及經理人認股權。權利人得以授與認股權當日之國美電器股價每股1.9港元的認購價，於2009年7月7日至2019年7月6日之期間認購國美電器之股份。

按上市規則第17.02(1)(a)條規定，認股權計畫須經股東會之同意。系爭2009年之認股權計畫是基於國美電器2005年股東周年大會所通過之購股權計畫所發行[61]，旨在使國美電器可向合資格者授與認股權，以作為其對公司所為貢獻之獎勵與回報。2005年國美股東會通過該認股權計畫後，黃光裕主政之董事會均未依該授權對國美電器之經營階層或員工受予認股權。而該緩和勞資對立、激勵公司經營者對公司向心力之籠絡人心利器，在黃光裕吝於分享國美股權之下，賦予陳曉巧妙運用該授權，授與國美電

---

60 參閱Webb-site.com，Take the GM out of GOME, http://webb-site.com/articles/gomemandate.asp，最後瀏覽日：2010/11/28。

61 參閱國美電器網站2005/3/21公告，http://www.gome.com.hk/attachment/ano/LTN20050322078_C.pdf，最後瀏覽日：2010/11/28。

器集團共105位經營者認股權，以感念其在公司創辦人涉案致生公司經營危機之時對國美電器之奉獻，並激勵其持續為公司營運績效努力。

陳曉作出國美電器首次授與認股權之決策，被黃光裕指控為收買人心之舉。在經營權爭奪戰中國美董事會與經營階層和陳曉口徑一致，或許是認股權計畫的成效，抑或是對陳曉的經營能力的肯定，但大股東黃光裕所通過的認股權計畫授權確實成為陳曉爭奪經營權的武器[62]。

(2)董事會權限

在股東周年大會作成否決委任貝恩資本提名之三位非執行董事之決議當晚，國美電器董事會隨即決議重新委任竺稼等三人為非執行董事。系爭有違公司治理之舉，引爆國美電器經營權之爭。然而，陳曉之所以得違背大股東黃光裕之意志作出該委任決策，乃導因於2006年國美電器股東周年大會特別決議通過之公司章程細則之修訂。

依香港聯交所之股權批露顯示，當時黃光裕持有國美電器68.26%之股權，憑藉其絕對控股地位，主導股東會通過公司章程細則第102(b)條之規定，董事會有隨時委任任何人為董事以填補空缺或增加董事會成員。被委任之董事僅出任至本公司下屆股東大會為止（如屬增補空缺）或本公司下屆股東週年大會為止（如屬增加董事會成員），但得符合資格於股東大會上重選連任。但不計入該次股東大會上按公司細則第99(a)條應輪流退任之董事人數內[63]。

黃光裕為便於進行國美電器的資本運作及營運，賦予董事會極大的權限，除擁有股份增發及股份購回之一般授權外，更可以隨時調整董事會人事結構。這套規則自國美電器上市以來為黃光裕創造巨大財富，但卻在其身陷囹圄之際，成為陳曉成功謀奪經營權之工具。

---

[62] 參閱香港聯交所披露頁之股權批露，黃光裕於2004年至2005間持有國美電器約58.87%～66.02%股權。

[63] 參閱前揭註19。

(三)以靜制動的臨時股東會召集權

黃光裕依據百慕達1981年公司法第74條之規定，以持有公司已發行普通股權10%以上之股東身分要求國美電器召開股東特別大會，以撤銷2010年5月國美電器股東週年大會通過之對董事會配發、發行及買賣公司股份之一般授權、解任陳曉、孫一丁之董事職位，並委任鄒曉春、黃燕虹為執行董事。

按百慕達1981年公司法第74條之規定，若董事會逾21日未作成召開股東特別大會之決定，提案股東得自行召開股東特別大會。國美董事會於8月23日決議，將股東特別大會召開之日訂於9月28日。在法定期間內為陳曉爭取到約2個月的佈局時間，使其得於股東特別大會召開前尋求機構投資人股東的支持，並得運用股東週年大會通過之一般授權增發股份，透過股份配售方式引進白馬騎士（white knight）或以其他方式發行新股以稀釋黃光裕之股權。

(四)增發未果

根據2010年股東周年大會之發行新股一般授權，董事會得於國美電器已發行股份20%之範圍內發行新股。為達到稀釋黃光裕股權之目的，無需賦予原有股東優先認購權亦不須經股東會決議通過之情形下，陳曉得依上市規則第13.36(2)(b)條，以一般授權依上市規則第7.09條向特定人進行股份或其他股權證券之配售（placing）。當時黃光裕約持有國美電器34%之股權，在未達第13.36(1)(b)條所定使公司控制權發生變動（即將黃光欲之股權稀釋至30%以下）及第13.36(5)條規定20%最低折讓認購價標準之前提下，國美董事會得逕為新股之發行，無須經股東會同意。

陳曉在國美電器半年報發布後，即積極尋求白馬騎士的奧援，或許是機構投資人不願介入這場結局混沌不明的經營權之爭，陳曉未能在股東特別大會召開前完成股份增發。

二、強弩之末——黃光裕之策略

(一)收購股權

黃光裕所持有之國美電器股權,在陳曉完成可轉換公司債之配售與對原有股東公開發售股份後,從原有35.55%稀釋至34%。為確保控制股權,黃光裕持續於資本市場收購股份,於8月31日其持股增加至35.98%。但基於香港證監會之公司收購、合併及股份購回守則第26.1(c)(d)條規定,任何人持有或與他人共同持有一公司30%至50%之股權,而與12個月內收購超過該公司2%之股權者,依法應為強制收購股份。準此,黃光裕為避免觸發強制收購,實已無法於資本市場再收購國美電器之股份。而貝恩資本於9月15日行使轉換權後,將黃光裕之持股稀釋至32.47%,黃光裕雖得再為2%之股份收購,但僅能至多取得34.47%之股權,難以取得足以確保撤銷一般授權及解任陳曉董事職位之股權。

(二)股東特別大會之召開

9月28日股東特別大會之結果,國美電器董事會發行新股之一般授權被股東會普通決議撤銷。黃光裕仍持有國美電器32.47的股權,且除國美電器已發行之舊2014年可轉換公司債、新2014年可轉換公司債之債權人行使轉換權外,暫時無股權被稀釋之疑慮。因此,黃光裕仍得持續依百慕達1981年公司法第74條之規定,以持有公司已發行普通股權10%以上之股東身分要求國美電器召開股東特別大會,以撤銷陳曉董事職務或提案修訂公司章程。

股東特別大會的召開權成為黃光裕手中最大的籌碼。透過持續行使股東特別大會召集權,黃光裕得使國美電器董事會召開股東特別大會或於董事會未依法定期間21日作成召開決定時,自行召開股東特別大會。此舉將擾亂公司經營並耗費成本,使國美電器之經營持續陷於動盪,有礙公司營運並減損投資人的投資意願。有鑑於此,陳曉與貝恩資本在與黃光裕協商後,決定增加董事會席次,讓邵曉春、黃燕虹進入董事會。雙方的妥協雖使國美經營權爭奪之爭歸於平息,但董事會多數席次及總裁職務仍由陳曉

勢力把持，黃光裕尚難確保公司經營權。

三、有價證券之募集法制

(一)發行新股

　　資金為企業發展之命脈，我國公司法與證券交易法等相關法制，為使企業籌資管道較彈性且多元，股份有限公司在授權資本制下董事會依公司法第156條第2項、第266條之規定，得於章程授權的資本額範圍內，經董事會三分之二以上董事之出席，出席董事過半數同意之決議發行新股籌募公司所需資金，俾使董事會能隨時斟酌市場情況及公司資金需要，以有利之條件迅速籌措公司所需之營運資金。

　　公司發行新股除依公司法第267條第1項及第2項規定，應保留10%至15%之新股由公司員工承購外，並應依同條第3項規定，公告並通知原有股東按原有持股比例儘先分認，原有股東未認購者始得洽由特定人認購或公開發行。公司法以強行規定明定股東新股認購權，旨在防止原有股東之股權因公司發行新股而被稀釋，蓋發行新股將增加公司已發行股份總數，若不賦予原有股東優先認購權，原股東之持股於公司已發行股份總數中之比例將降低，可能失去對公司營運之影響力。且若新股全部依面額公開發行，則原有股東股本所產生之保留盈餘（retained earning）將被迫與新股東一起分派消耗[64]。

　　股東新股認購權乃股東依法享有之固有權，除公司因合併或可轉換公司債之債權人行使轉換權而增發新股等非通常發行新股而有法律明文排除之情形外，不得以章程或股東會之決議剝奪或限制之。公開發行股份有限公司依證券交易法第28條之1規定，依法應提撥發行新股之一定比率向外公開發行。乃基於避免公開發行公司之資本結構過度集中，影響公司治理，並促進資本市場大眾化，擴大公司規模，發展國民經濟，限制原有股東新股認購權。

---

[64] 參閱王文宇，公司法論，頁440，三版一刷，2006年8月。

　　若公司董事會決議剝奪原有股東新股優先認購權時，股東按公司法第194條規定，董事會決議，為違反法令或章程之行為時，繼續一年以上持有股份之股東，得請求董事會停止其行為。蓋賦予股東新股認購權為公司之法定義務，股東自得透過董事會違法制止請求權事前防範權利之侵害。必要時並得以訴訟方式請求法院判決制止之，並聲請定暫時狀態之假處分，以確保新股認購權之實現。抑或以公司法第267條第3項為請求權基礎，基於股東地位對公司或董事會提起直接訴訟[65]。

(二)發行公司債

　　增資發行新股雖得為公司籌募資金，除可能改變公司既有股權結構外，亦會造成公司股本膨脹進而稀釋股東權益。準此，公司得以發行公司債之方式籌措資金。公司債乃股份有限公司已籌措長期資金為目的，所發行之長期借貸契約。詳言之，即股份有限公司就其所需資金總額分割為多數細小單位金額，以發行債券之方式籌募資金[66]。此種投資方式，相較於成為公司之股東需於出資額內承擔公司之盈虧，公司債投資人得享有相對穩定之利息收益並確保本金之回收。

　　公司債之募集，依公司法第246條第1項及第2項規定，公司經董事會三分之二以上董事之出席，出席董事過半數同意之決議，得募集公司債。「募集」乃對非特定人招募有價證券之行為，故僅有公開發行之公司得透過發行公司債，向不特定投資人取得資金[67]。除須符合公司法第247條、第249條及第250條之發行條件外，更應優先適用證券交易法第28條之4之規定，並應依公司法第248條第1項規定，載明一定事項，向證券主管機關辦理之。

　　公開發行股份有限公司基於籌資考量亦得發行可轉換公司債、附認股

---

[65] 參閱王文宇，侵害新股優先認購權之法律救濟，收錄於公司與企業法制(二)，頁409-11，初版一刷，2007年1月。

[66] 參閱劉連煜，現代公司法，頁452，增訂二版，2007年2月。

[67] 參閱王文宇，同註64，頁403。

權公司債等具股權性質之公司債。可轉換公司債係賦予公司債債權人轉換權，債權人得視公司經營之良窳，決定是否行使轉換權而將公司債轉換為公司之股份，成為公司股東[68]。可轉換公司債因賦予債券持有人轉換權，使其有權決定是否行使權利而成為公司股東，讓投資人兼有以債權人身分收取本金及利息為穩健投資，或轉換身分成為與公司利害與共之股東而享有盈餘分派請求權，「進可攻，退可守」之優勢使可轉換公司債成為實務上機構投資人對公司盛行之投資方式。

可轉換公司債之募集程序除可轉換股份數額加計已發行股份總數、已發行轉換公司債可轉換股份總數、已發行附認股權公司債可認購股份總數、已發行附認股權特別股可認購股份總數及已發行認股權憑證可認購股份總數，如超過公司章程所定股份總數時，須依第248條第7項規定先完成變更章程增加資本額後，始得為之外，原則上與普通公司債之募集程序相同。因此，論者有謂可轉換公司債具有得轉換為股份之特性，對公司原有股東盈餘分派及公司經營之權利影響頗鉅，現行公司法所定可轉換公司債之募集程序，對原有股東權益之保障有其不足，應讓原有股東有參與之機會，宜明文公司發行可轉換公司債其轉換辦法應經股東會決議通過[69]。

四、公開發行公司私募有價證券法制

(一)有價證券之私募

按公開發行公司籌募資金之方式可區分為「募集」及「私募」，依證券交易法第7條第1項規定募集係指公司對非特定人公開招募有價證券之行為，須依證券交易法第22條第1項及第2項之規定向主管機關申報生效後始得為之；私募則係公開發行公司依證券交易法第43條之6規定，對特定人招募有價證券之行為（證券交易法第7條第2項）。

有價證券私募法制之建置旨在賦予公開發行公司向特定人籌集資

---

[68] 參閱王文宇，前揭註64，頁405。

[69] 同前註，頁407。

金，公司法第248條第2項及第3項規定公司得以私募方式招募公司債；證券交易法第43條之6亦基於「增加企業籌資管道及便利企業利用併購方式進行快速轉型」等立法目的，賦予公開發行公司得排除公司法第267條第1項至第3項之員工及股東優先認股權、證券交易法第28條之1股權分散規定及證券交易法第139條第2項新股當然上市規定之適用[70]。

　　私募固有方便企業籌資之優點，但仍應有適當的配套機制以防範流弊。是故，私募之對象限於證券交易法第43條之6第1項規定之特定人，即(一)銀行業、票券業、信託業、保險業、證券業或其他經主管機關核准之法人或機構；(二)符合主管機關所定條件之自然人、法人或基金；(三)該公司或其關係企業之董事、監察人及經理人。蓋上開投資人具有自我保護之能力，具備足夠之專業能力或資金實力獲取充分資訊並憑藉專業能力理解發行公司之相關資訊，據以作成投資判斷，法律無庸透過證券交易法第22條規定募集有價證券應事前申報生效並依法交付公開說明書等繁瑣之發行程序保障系爭投資人之權益，公司僅需於股款或公司債等有價證券之價款繳納完成日起十五日內，檢附相關書件報請主管機關備查，簡化公開發行公司籌募資金之成本。

　　按證券交易法第43條之6第1項規定，私募有價證券應經股東會特別決議，以代表已發行股份總數過半數股東出席，出席股東表決權三分之二以上同意。依立法理由之說明，公司私募股票時排除股東新股認購權，故須經股東會決議。其他具股權性質之有價證券，因涉及股東權益應依股東會決議辦理之。至於普通公司債之私募，因無優先認購權之問題，僅需依公司法第246條經董事會特別決議（證券交易法第43條之6第3項、民國99年9月1日修正之公開發行公司辦理私募有價證券應注意事項第4條第1項參照）。

　　依證券交易法第43條之6第6項規定，有價證券私募之議案，不得以臨時動議提出並應於股東會召集事由中列舉並說明：(一)價格訂定之依據及

---

[70] 參閱賴英照，股市遊戲規則—最新證券交易法解析，頁55-6，初版二刷，2006年3月。

合理性。(二)特定人選擇之方式。其已洽定應募人者，並說明應募人與公司之關係。(三)辦理私募之必要理由。私募經股東會決議者，得依證券交易法第43條之6第7項規定，於決議之日起一年內分次辦理；普通公司債則得於董事會決議後一年內分次辦理，避免公司為私募須召開多次股東會或董事會，耗費成本。

(二)私募法制之缺失與改革

有價證券之私募制度，具有提供公司迅速便利之籌資管道，利於公司進行併購或與其他事業進行策略聯盟之優點。然而，相對寬鬆的私募監理制度於實務運作上遭公司濫用，引發諸如私募價格與公司市價或淨值過度偏離、洽定內部人或關係人低價認購、公司獲利卻採取私募籌資等弊端，使立意良善之私募制度淪為公司經營階層及大股東掏空公司資產、進行非常規交易或配合減資手段圖利特定人之流弊，嚴重損害小股東權益。

有價證券私募制度為現代企業籌資之必要手段，惟應加強保障股東之權益，建置適當的防弊規範，以落實私募制度便利企業籌資及併購聯盟之立法意旨。

1.私募法制之缺失

(1)股東會決行機制之弱化

按證券交易法第43條之6第1項及第6項規定，有價證券私募之議案，不得以臨時動議提出並應於股東會召集事由中列舉並說明：(一)價格訂定之依據及合理性。(二)特定人選擇之方式。其已洽定應募人者，並說明應募人與公司之關係。(三)辦理私募之必要理由。並經股東會特別決議，以代表已發行股份總數過半數股東出席，出席股東表決權三分之二以上同意，始得為有價證券私募。旨在透過股東會監督私募有價證券行為之妥適性，保障股東權益。惟實務運作上，或由股東會授權董事長或董事會決定私募價格，抑或董事會於股東會中僅提出概略私募價格訂定標準及特定人選擇方式，使私募相關事項於獲股東會決議同意後有極大之調整及操作空間，使股東會監控之機制流於形式。

(2)應募人為發行公司內部人或關係人

私募乃洽特定人認購有價證券之措施,證券交易法第43條之6第1項定有私募對象之規定。然而,實務運作上公司進行有價證券之私募時,應募人多為發行公司之內部人或關係人,利用私募有價證券折價發行之特性剝奪現有公司股東之權益[71],稀釋股東權益,並使公司股權集中於少數人,有害公司治理。

(3)私募價格與公司市價或淨值過度偏離

私募有價證券之價格通常為折價發行,究其折價發行之原因可能包括:

①補償私募有價證券流動性之不足[72]

證券交易法第43條之8規定,已取得公司私募有價證券之應募人除了符合法定條件外,須持有私募有價證券滿三年始得轉讓,而依公開發行公司辦理私募有價證券應注意事項第7條規定,上市或上櫃公司辦理私募有價證券及嗣後所配發、轉換或認購之有價證券,應自該私募有價證券交付日起滿三年後,先取具證交所或櫃檯買賣中心核發符合上市或上櫃標準之同意函,始得向金管會申報補辦公開發行。是故,私募有價證券之應募人須承擔有價證券依法限制轉讓及應募之有價證券於限制轉讓期間過後,未必符合財務健全、獲利能力及相關內控制度等上市櫃要求而得於證券流通市場掛牌交易之流動性風險。因此,折價認購私募有價證券乃應募人之風險溢酬。

②補償投資人投入之資訊成本[73]

私募有價證券之折價反映了投資人探求公司價值所花費的資訊成本。

---

[71] 參閱黃超邦,從實證觀點檢討我國證券私募法制,證交資料,551期,頁32,39,2008年3月。吳炘昌,葉穎如,從私募有價證券特性談我國監理之因應對策,證券暨期貨月刊,27卷11期,頁26-8,2009年11月。

[72] 參閱黃超邦,同前註,頁38。

[73] 同前註。

③應募對象差異[74]

私募乃洽特定人認購有價證券，應募人可直接與公司協商價格，因此私募有價證券價格之折價幅度會依應募人之身分而有所差異。實證結果顯示，於公司內部人為私募有價證券之應募人，因涉及代理問題折價幅度較大。

除上述例示之原因外，私募有價證券尚有許多折價原因。為吸引投資，私募有價證券之折價發行雖有其必要，但實務運作上因小股東無法有效進行監督，造成折價幅度與發行公司有價證券之真實價值過度偏離，損害股東權益。

(4)獲利公司之私募

私募制度旨在解決財務困難公司難以透過公開募集或向金融機構借貸等管道籌募資金之困境，公司私募有價證券之實務中卻常發生獲利之公司以私募方式籌募資金，以規避公司法第267條第1項至第3項之員工及股東新股認購權及證券交易法第28條之1提撥公開發行之規定，剝奪公司員工、股東及大眾投資人分享公司獲利之權利。

(5)辦理私募之期間過長

按證券交易法第43條之6第7項規定，有價證券之私募經股東會決議者，得於決議之日起一年內分次辦理；普通公司債則得於董事會決議後一年內分次辦理。實證顯示許多私募案鑒於超過半年始收足股款，相較於有價證券之募集一般須於三個月完成繳款，私募辦理期間似乎過長而喪失私募制度快速取的資金之優點及特性，且繳款日距股東會決議日越久者，發生大幅折價之可能性越大，發生實際繳款價格偏離股東會當日股價之情形越大，對股東權益造成明顯侵害[75]。

2.私募法制之改革

鑒於有價證券私募法制之諸多流弊，證券主管機關參酌各方改革芻議，為強化對公開發行公司私募有價證券之管理，於民國99年9月1日修正

[74] 同前註，頁39。

[75] 同前註，頁42。

發布「公開發行公司辦理私募有價證券應注意事項」（以下簡稱「私募應注意事項」）及於民國99年9月29日修正發布「發行人募集與發行有價證券處理準則」第8條及第70條修正條文，並請證交所、櫃買中心研議強化對上市櫃公司辦理私募有價證券監理之相關配套措施。本次私募有價證券監理法制之改革，略以如下[76]：

(1)私募參考價格之決定

依私募應注意事項第4條規定，公開發行公司私募有價證券，除普通公司債得依證券交易法第43條之6第3項經董事會決議外，應依同條第6項規定於股東會召集事由中列舉私募價格訂定之依據及合理性，並於股東會充分說明。應募人擬以非現金方式出資，亦應載明出資方式、抵充數額及合理性，併將獨立專家就抵充數額之合理性意見載明於開會通知，以作為股東是否同意之參考。所訂私募之認股價格可能涉及低於股票面額者，應載明低於股票面額之原因、合理性、訂定方式及對股東權益之影響（如造成累積虧損增加、未來是否可能因累積虧損增加而須辦理減資等）。屬上市、上櫃及興櫃股票公司者，所訂私募普通股每股價格低於參考價格之八成，或具股權性質之有價證券之發行價格低於理論價格之八成者，應併將獨立專家就訂價之依據及合理性意見載明於開會通知，以作為股東是否同意之參考。股東會不得將私募訂價成數授權董事會或董事長訂定。

(2)獲利公司之募資原則

依私募應注意事項第3條規定，公開發行公司最近年度為稅後純益且無累積虧損，原則應採公開募集方式發行有價證券。但於下列情形得例外辦理私募：該公司為政府或法人股東一人所組織之公開發行公司；私募資金用途係全部引進「策略性投資人」[77]；上市、上櫃及興櫃股票公司有發

---

[76] 參閱蕭巧玲，強化公開發行公司辦理私募有價證券監理措施，證券暨期貨月刊，28卷12期，頁11-20，2010年12月。

[77] 參閱發行人募集與發行有價證券處理準則第2條第4項「策略性投資人」指為提高被投資公司之獲利，藉本身經驗、技術、知識、品牌或通路等，經由產業垂直整合、水平整合或共同研究開發商品或市場等方式，以協助被投資公司提高技術、改良品質、降低成本、增進效率、擴大市場等效益之個人或法人。

行人募集與發行有價證券處理準則第7條及第8條規定情事之虞，但有正當理由無法合理改善而無法辦理公開募集，且亟有資金需求，並經證交所或櫃買中心同意者。但應募人不得有公司內部人或關係人。辦理私募之公司應於董事會決議定價日之日起十五日內完成股款或價款收足。

(3)公司內部人或關係人參與私募原則

依私募應注意事項第4條規定，應募人如為公司內部人或關係人，即董事、監察人、經理人或持有公司股份超過股份總額百分之十之股東，及其配偶、未成年子女及利用他人名義持有者，及財團法人中華民國會計研究發展基金會所發布之財務會計準則公報第六號所規定之關係人。私募案件應於董事會中充分討論應募人之名單、選擇方式與目的、應募人與公司之關係，並於股東會召集事由中載明，未符前揭規定者，前揭人員嗣後即不得認購。所訂私募普通股每股價格不得低於參考價格之八成；所訂私募特別股、轉換公司債、附認股權特別股、附認股權公司債、員工認股權憑證之發行價格不得低於理論價格之八成。

蓋公司內部人或關係人易於取得公司財務業務資訊並實悉公司實際之財務業務狀況，為避免其濫用私募制度損害股東權益，有加強規範之必要。

(4)落實公司治理

按證券交易法第14條之3規定，已依本法選任獨立董事之公司，除經主管機關核准者外，募集、發行或私募具有股權性質之有價證券之事項應提董事會決議通過；獨立董事如有反對意見或保留意見，應於董事會議事錄載明。私募應注意事項第4條規定，獨立董事如有反對或保留意見應於股東會召集事由中載明。

私募應注意事項第4條規定，應募人如為策略性投資人者，應於董事會中充分討論應募人之選擇方式與目的、必要性及預計效益，並於股東會召集事由中載明。董事會決議辦理私募前一年內經營權發生重大變動或辦理私募引進策略性投資人後，將造成經營權發生重大變動者，應洽請證券承銷商出具辦理私募必要性與合理性之評估意見，並載明於股東會開會通知，以作為股東是否同意之參考。

(5)強化私募有價證券資訊揭露

私募應注意事項第6條規定，辦理私募資訊公開時點由「寄發股東會開會通知日起二日內」提前至「董事會決議日起二日內」，以利投資人得盡早知悉公司辦理私募有價證券資訊，作為其投資決策及股東會同意與否之參考。

應募人為公司內部人或關係人者，應併揭露應募人之名單、選擇方式與目的、應募人與公司之關係。應募人如屬法人者，應註明法人名稱及該法人之股東持股比例占前十名之股東名稱及其持股比例，暨該法人之股東持股比例占前十名之股東與公司之關係。

董事會決議辦理私募前一年內經營權發生重大變動或辦理私募引進策略性投資人後，將造成經營權發生重大變動者，應併揭露證券承銷商出具辦理私募必要性與合理性之評估意見。

(三)陳曉之股份增發策略於我國現行法制之運作分析

陳曉利用股東會授與發行新股之一般授權，透過可轉換公司債的配售成功引進策略投資人貝恩投資。在我國法制下，公開發行公司為可轉換公司債之私募，應踐行證券交易法第43條之6第1項之股東會特別決議，且雖依第43條之6第7項規定，私募經股東會決議後，得於決議之日起一年內分次辦理。然而，系爭規定仍無法作出如同國美電器股東會所授與董事會之一般授權，讓董事會享有發行具股權性質之有價證券的寬泛授權。

證券交易法第43條之6第6項規定，有價證券私募之議案，不得以臨時動議提出並應於股東會召集事由中列舉並說明：(一)價格訂定之依據及合理性；(二)特定人選擇之方式。其已洽定應募人者，並說明應募人與公司之關係；(三)辦理私募之必要理由。私募應注意事項第4條更規定股東會不得將私募訂價成數授權董事會或董事長訂定。

準此，於我國現行私募法制下，公開發行公司之董事會難以取得股東會未限定應募價格、應募人等私募條件之授權。且於國美電器引進貝恩投資所訂定之投資協議中，應有私募應注意事項第4條所定之董事會決議辦理私募前一年內經營權發生重大變動或辦理私募引進策略性投資人後，將造成經

營權發生重大變動之情事，應洽請證券承銷商出具辦理私募必要性與合理性之評估意見，並載明於股東會開會通知，以作為股東是否同意之參考。

是故，陳曉之策略在我國現行法制下難於違背大股東黃光裕意志下順利運作，蓋私募須經股東會特別決議之通過，按黃光裕當時所持有國美電器35.55%之股權，只要黃光裕反對該私募計畫，國美電器董事會似難以取得對貝恩資本私募可轉換公司債之授權。

肆、結論

企業經營權之歸屬本無絕對之真理，公司派與市場派的競逐角力，抑或公司內部經營者的相互殺戰，無非是為了爭奪能掌握公司資源的經營權杖。經營權爭奪所引發的動盪，或許消耗公司資源且犧牲公司經常營運之獲利，其所引發之公司股價波動亦影響股東之權益至鉅。然權力的競逐亦能對公司經營者發揮監控治理之效力，畢竟在經濟學自利的經濟人觀點下，掌握龐大公司資源之經營者擁有太多圖謀私利、掏空濫權之機會與誘因，為確保公司整體股東之利益，建置一套公平的企業法制，讓公司控制權市場在充分競爭下驅逐劣弊。

國美電器經營權之爭，對身陷囹圄的黃光裕無疑是沉重打擊，昔日商場的驍勇奮戰與攻城掠地，造就黃光裕無比的野心。國美電器的上市更為黃光裕開闢廣闊的資本戰場，利用董事會的擴權與非公開發行公司之組織架構，黃光裕快速累積財富。但貪婪為黃光裕上了一課，其所付出的代價除了14年的牢獄之災，還有對國美電器的控制權。

或許黃光裕荒廢本業經營，只專注資本運作之經營模式，讓陳曉上演精彩的王子復仇記，為2007年永樂電器在資本市場上的失敗收復疆土，也利用黃光裕建立的遊戲規則反將一軍。國美電器的股東以其股權為國美電器的經營權之爭畫下和局，期許陳曉運用其家電零售得經營長才再創國美營運佳績。這場中國企業史上的經典商戰，股東（當然包括貝恩投資）是最大的贏家。

參考文獻

一、專書論著

1. 王文宇，公司法論，元照出版，三版一刷，2006年8月。

2. 劉連煜，現代公司法，新學林出版，增訂二版，2007年2月。

3. 劉連煜，新證券交易法實例研習，元照出版，增訂四版，2006年2月。

4. 賴英照，股市遊戲規則-最新證券交易法解析，自版，初版二刷，2006年3月。

5. 王文宇，侵害新股優先認購權之法律救濟，收錄於公司與企業法制(二)，頁409-12，元照出版，初版一刷，2007年1月。

二、期刊論文

1. 黃超邦，從實證觀點檢討我國證券私募法制，證交資料第551期，頁29-48，2008年3月。

2. 吳炘昌，葉穎如，從私募有價證券特性談我國監理之因應對策，證券暨期貨月刊第27卷第11期，頁22-35，2009年11月。

3. 蕭巧玲，強化公開發行公司辦理私募有價證券監理措施，證券暨期貨月刊第28卷12期，頁6-21，2010年12月。

三、網路資料

1. 國美電器官方網站，http：//www.gome.com.hk/。

2. 亞洲貝恩資本官網，http：//www.baincapitalasia.com/Investments/Default.aspx。

3. 鳳凰網，http：//tech.ifeng.com/it/special/controlgome/。

4. 騰訊財經，http：//finance.qq.com/zt2010/gmhgy/。

5. 新浪財經，http：//finance.sina.com.cn/focus/gome_huang2010/index.shtml。

6. 網易財經，http：//tech.163.com/special/00094IMS/guomeihgy.html。

7. 21世紀經濟報導http：//special.21cbh.com/2010_gome/。

8. 百慕達1981年公司法，http：//www.bermudalaws.bm/Laws/Consolidated%20Laws/Companies%20Act%201981.pdf。

9.香港聯交所監管規則，http：//www.hkex.com.hk/chi/rulesreg/regulatory_c.
htm。

10.香港聯交所披露易-國美電器股權披露，

http：//sdinotice.hkex.com.hk/di/NSAllFormList.aspx?sa2=an&sid=25860104
&corpn=GOME+Electrical+Appliances+Holding+Ltd.&corpndisp=%b0%ea%a
c%fc%b9q%be%b9%b1%b1%aa%d1%a6%b3%ad%ad%a4%bd%a5q&sd=07/
12/2009&ed=23/11/2010&sa1=cl&scsd=07%2f12%2f2009&sced=07%2f12%
2f2010&sc=493&src=MAIN&lang=ZH。

11.投資中國網（China Venture）之貝恩資本記錄，http：//i.data.chinaventure.
com.cn/i/176/#。

12.Webb-site.com, Take the GM out of GOME, http：//webb-site.com/articles/
gomemandate.asp。

第八章 「金」玉其外，敗絮其中
——華版馬多夫案

許雅綺

許雅綺

用「嘻嘻哈哈～哈哈大笑～笑呵呵」的心情度過每天！

「笑笑過一生」是我追求的人生目標

大事紀

日期	事件
2004～	永豐銀行開始推介保盛豐集團之連動債
2005～	金鼎財富管理公司推介保盛豐集團之連動債；張元鳳加入保盛豐集團，擔任研究分析部門執行總經理。
2005.11	保盛豐集團在台辦事處，宜恩財富管理公司成立。
2006.7～	新竹商銀（現為渣打銀）開始推介保盛豐集團之連動債
2006年末	保盛豐集團投資人壽死亡保單失利
2007	據保盛豐集團前總經理阿布巴卡爾說詞，彭日成於2007向其表示公司某項投資之收益可幫助公司走出深陷的龐茲騙局
2007年初	保盛豐集團和HCC Insurance Holdings Inc訂定了保險金額3,160萬美元的保單
2007.4～	安泰銀開始推介保盛豐集團之連動債
2007.5	萬泰銀開始推介保盛豐集團之連動債
2007.6～	彭日成開始實施違反交易申報之行為
2007.7	華南銀開始推介保盛豐集團之連動債
2008	保盛豐集團終止HCC Insurance Holdings Inc.之保險
2008.4	台中商銀開始推介保盛豐集團之連動債
2009.4.17	阿布巴卡爾當吹哨者
2009.4.27	SEC向彭日成、保盛豐集團公司及保盛豐集團有限責任公司起訴其違反證券法§17(a)、證券交易法§10(b)和Rule 10b-5證券詐欺
2009.4.28	法官下令凍結彭日成及他所經營保盛豐集團公司、保盛豐集團有限責任公司的資產，指定莫斯爾為暫時清算人，命彭日成歸還匯往海外的錢，並交出護照
2009.4.28	彭日成遭FBI逮捕
2009.4.29	彭日成具保一百萬美元並限制住居
2009.4.29	立法院決議六家銀行暫停銷售海外信託商品
2009.5.1	六家銀行董事會決議全數買回保盛豐連動債
2009.7.2	法官裁定莫斯爾為永久清算人、許可SEC提出發佈暫時禁制令的要求，包括凍結彭日成的資產、要求他返還資產、以及禁止銷毀文件。另許可清算人莫斯爾接管保盛豐集團在英屬維京群島的幾個相關公司。
2009.7.23	大陪審團決定對彭日成提起公訴
2009.9.11	彭日成突然心臟暴斃死亡
2010.1.12	彭日成驗屍報告出爐

日期	事件
2010.3.5	檢察官前往金鼎證總部、金鼎證券集團總裁張平沼及兒子張元銘住家、保盛豐集團在台負責人詹亮宏住家，金鼎旗下富喬工業、慶通投資等六個地點搜索
2010.5.14	華南、安泰、萬泰、台中商銀及永豐五家銀行全權委託清算人莫斯爾向HSBC要求損害賠償
2010.6.3	金管會行政處分金鼎證
2010.6.10	檢察官針對永豐銀行香港分行投顧經理吳聰吉、林淑玲夫妻，華南永昌證券投資信託部經理陸成堅、副理溫成德及保盛豐台灣分公司宜恩財富負責人詹亮宏、業務部副總經理戴子平，發動搜索
2010.9.9	金管會對六家銀行予以「糾正」處分；另針對華南、永豐、萬泰、安泰、台中商銀五家銀行，要求停止辦理部分信託業務六個月

壹、前言

　　2008年9月雷曼兄弟申請重整，致其所發行之連動債，均無法回贖。不料隔年4月又發生保盛豐集團連動債證券詐欺案，雖發生原因不同，吾人不禁自問有多少投資人是真正瞭解連動債商品本身及其風險才為投資者?這答案顯而易見，因為就連推介連動債商品之理財專員，也不見得是真正瞭解。又本案被稱為是台版的馬多夫案，乍聽之下，頗為可惡，又是一個罪大惡極的金融詐騙案，實則兩者間僅因皆是實施龐茲騙局，有其相同性，但其中本案吸金規模、操作複雜程度遠不及於真正的馬多夫案。既然本案涵蓋了這兩件知名金融案件的特色，視連動債及龐茲騙局如何交織出本案自身之特殊事實，待以下本文介紹。然因本案事實發生地橫跨台灣及美國，本文非單純就時間發生順序先後為敘述，真正之時間軸請參考大事紀整理。

貳、案例事實

一、源起

　　本案爆發是由於2009年4月保盛豐集團前總經理阿布巴卡爾（Nasar Aboubakare）向華爾街日報記者表示保盛豐集團執行長兼董事長彭日成濫用資金、投資失利後，以新投資者加入的資金支付現有投資者的收益，因與2008年年底發生的馬多夫弊案同樣是實施龐茲騙局的手法且受害者大多是台灣的投資者，故本案則被稱為是「華版的馬多夫案」。除此之外，阿布巴卡爾亦表達彭日成的學歷與工作經歷皆為造假，且對發行連動債的擔保資料亦為不實資訊。[1]

二、在台募集資「金」過程

　　保盛豐集團公司（Private Equity Management Group, Inc.）是在內華達州登記的私募基金公司，公司所在地位於加州。彭日成為其董事長兼執行長，亦居住於加州的新港灘；又保盛豐集團公司為保盛豐集團有限責任公司（Private Equity Management Group, LLC）的母公司，彭日成也控制該公司的營運。[2]

　　而保盛豐所發行之連動債內容是以美元計價、年期介於2年半至4年、每半年付息一次、年利率視天期長短介於4%～6%，強調持有到期肯定保本，且保證半年給付一次利息。[3]

---

[1] 華爾街日報中文版網站，中信前董事長王軍美國投資伙伴卷入騙局門（2009/04/17），美國開始調查彭日成旗下投資公司（2009/04/17），保盛豐董事長兼CEO彭日成卸任（2009/4/17）。

[2] 美國SEC網站http://www.sec.gov/litigation/litreleases/2009/lr21013.htm, SEC's complaint。

[3] 二五〇億台版馬多夫逾二萬人受害，陳怡慈報導http://www.funddj.com/kmdj/Forum/ForumTopicViewer.aspx?a=d4d6eb32-7ced-4984-a382-000000077165，最後瀏覽日期：2010年11月12日。

再者，彭日成為發行連動債募集資金，利用保盛豐集團公司及保盛豐集團有限責任公司於英屬維京群島成立數特殊目的機構（special purpose vehicle）為其直接控制之子公司。保盛豐集團子公司以下有：1.Epoch Investment Holding Corporation; 2. Equity Resource Management (BVI) Limited; 3. ERM Resource Limited; 4. Dominical Holdings LLC; 5. Genesis Voyager Equity II Corporation; 6.Genesis Voyager Assets Management; 7. GVEC Investments Corporation; 8. GVEC Resource V Inc.; 9. GVEC Resource VI Inc.; 10. GVECR I Inc.; 11. GVECR II Inc.; 12. GVECR III Inc.; 13.GVECR IV Inc.; 14.GVECR V Inc.; 15.GVEC Resource, Inc.; 16. GVEC Resource II, Inc.; 17.GVEC Resource III, Inc.; 18.GVEC Resource IV, Inc.; 19.Fides Insurance Company Limited ("Fides"); 20. Irvine Insurance Company (BVI) Limited.[4]

(一)第一階段：2004年透過永豐銀香港分行以基金方式銷售給境外專業投資者

保盛豐集團公司及保盛豐集團有限責任公司在英屬維京群島設立受其控制之子公司為發行機構之股東。該發行機構名稱為Genesis Voyager Equity Corporation（以下簡稱GVEC）。

保盛豐集團並表示有透過英國勞合社（Lloyd's）及向德國Talanx Group保險公司購買保單以擔保連動債利息及本金之支付，且另有Daily & Knudson LLP公司為連動債之信託機構，確保債券持有者之權益。[5]由GVEC發行之連動債名稱為GVEC系列，共四檔，透過永豐銀行香港分行以基金方式銷售給境外專業投資者。當時永豐銀行香港分行之負責人有董事長盧正昕、總經理陳柏蒼，銷售連動債金額達新台幣48億元。[6]再者，

[4] SECURITIES and EXCHANGE COMMISSION v. PRIVATE EQUITY MANAGEMENT GROUP, INC., 2009 WL 2488044 (C.D.Cal.), & 2009 WL 1941400 (C.D.Cal.)。

[5] 華爾街日報中文版，台灣兩家銀行調查保盛豐票據（2009/4/23）。

[6] 誰騙了六家銀行二五〇億？，頁50，編輯部，天下雜誌426期（2009/7/15）。

有投資人反應除有永豐銀行香港分行推介保盛豐商品外，亦有透過一間名為金鼎財富管理公司（Tis Wealth Management Limited,以下簡稱TIS）投資保盛豐之連動債。TIS之負責人為施坤岳，其曾任職於金鼎證券，外界認為他是金鼎證前董事長陳淑珠（金鼎證張平沼之妻）核心幕僚。[7]

另據報導指出，GVEC之負責人為張平沼[8]、邱志哲。且保盛豐集團僅是GVEC股東之一，GVEC之另一股東為Genesis Voyager Assets Management（以下簡稱GVAM），同時也是GVEC之管理公司，管理GVEC連動債之發行事務，又GVAM之負責人也是張平沼及邱志哲。惟GVAM之幕後股東是設在英屬維京群島之Glory Elite Limited和Global Ocean Finance Limited兩間公司，這兩間公司之最終股東負責人則為張平沼之親戚陳碧娥和當時是金鼎證券副總經理之陳大中及嚴世光。[9]此外，最早出面與永豐銀行接洽販售保盛豐連動債者的聯絡人即為陳大中、嚴世光且當本案爆發不久後，當時是永豐銀行香港分行之總經理陳柏蒼卻在2009年5月7日突然請辭所有在永豐金控之職務，閃電離開。[10]（參考圖8-1之整理）

---

[7] 聯合報，GVEC資產金鼎財富聲請解凍（2009/8/2）
http://www.s8088.com/thread-121726-1-1.html，最後瀏覽日期：2010年11月12日

[8] SECURITIES and EXCHANGE COMMISSION v. PRIVATE EQUITY MANAGEMENT GROUP, INC., 2009 WL 2488044 (C.D.Cal.):「A review of the entire PS-B1 (GVEC's Genesis Growth Income Preferred Shares fund) POM（private offering memorandum） shows that two individuals not connected to PEMGroup are the directors of GVEC. the PS-G1 POM lists only Chang Ping Tsao and Wang Nai Tung under the header "Company Directors." Aboubakare's and Anderson's names, by contrast, are found under the sub-header "Manager."」

[9] 同註6。

[10] 從院長、立委到聯發科都受騙，吳修辰、張逸光，商業週刊1130期（2009/7/20）。

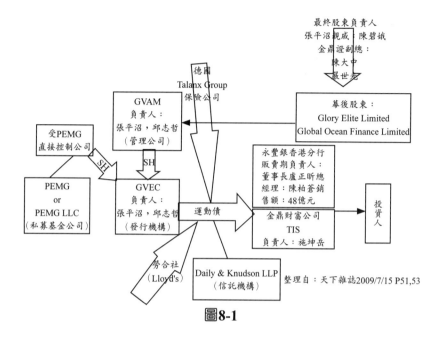

圖8-1

(二)第二階段：2006年國內投資者以特定金錢信託方式透過銀行投資

彭日成先於2005年11月時在台北設立在台辦事處，公司名稱為宜恩財富管理（ERM）公司，代表人為詹亮宏。彭日成為發行連動債募集資金，利用保盛豐集團公司及保盛豐集團有限責任公司於英屬維京群島成立數特殊目的機構（special purpose vehicle）為其直接控制之子或孫公司，當發行連動債之發行機構，名稱為GEVC Resource，其負責人是由PEMG美國公司高階主管輪流擔任。

GEVC Resource發行名為GVEC Resource一系列之連動債，透過國內五家銀行，有渣打、安泰、華南（華南銀行加華南永昌投信）、萬泰及台中商銀向國內投資人推介GVEC Resource系列連動債金融商品，使投資人以特定金錢信託方式，信託銀行投資連動債。而保盛豐集團則表示除英國勞合社（Lloyd's）及德國Talanx Group保險公司外，還有向HCC Insurance Holdings Inc.購買保單以擔保連動債利息及本金之支付，Daily & Knudson LLP公司仍為信託機構，加強連動債投資風險之降低。

　　五家銀行當時之負責人及投資人信託銀行之投資額度分別為：新竹商銀（現為渣打銀行）董事長是詹宣勇、總經理為吳志偉，約新台幣73億元；安泰銀行董事長是邱正雄，齊百邁、總經理是王濬智，約新台幣18億元；華南銀行董事長是林明成、總經理李正義，約新台幣85億元（加上華南永昌投信部分）；萬泰銀行董事長許勝發，Simon Williams、總經理胡建助，約新台幣16億元；台中商銀董事長是黃秀男、總經理是鍾育穎，約新台幣24億元。

　　然據報導指出，有銀行只因其他銀行已有推介情形，就未查核保盛豐集團此連動債金融商品，即向銀行本身之投資者推介。再者，GEVC Resource發行機構之管理公司為PEMG管理公司，管理連動債發行之事務，其負責人為彭日成、張元鳳等八人，且PEMG管理公司之股東亦是彭日成、張元鳳等八人。此外，銀行負責人部分，時任安泰銀董事長邱正雄、華南銀董事長林明成、萬泰銀董事長許勝發都擔任過國民黨中常委，張平沼亦同，而新竹商銀總經理吳志偉是國民黨榮譽主席吳伯雄之姪子，巧合地均與國民黨關係密切[11]。（參考圖8-2之整理）

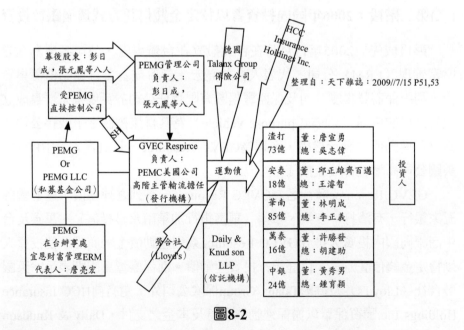

圖8-2

---

[11] 整理自註6和註10。

三、保盛豐集團在美國投資情形

保盛豐集團透過發行連動債方式，將在台灣所募集到之資金，早期以折扣價收購老年人的壽險保單，待投保人死亡後，收取理賠金。後期則投資分時度假村、商用不動產、煤礦、商業貸款、甚至許多高風險投資。[12]

四、案件爆發後，美國調查拆穿騙局

約莫在2009年4月17日，由吹哨者保盛豐集團前總經理阿布巴卡爾（Nasar Aboubakare）揭發彭日成實施之龐茲騙局、造假的學歷和工作經歷、發行債券之擔保不實後，美國證券交易委員會（Securities and Exchange Commission，下稱SEC）和美國聯邦調查局（FBI）即立刻介入調查。

(一)擔保資料不實

首先，根據保盛豐發行連動債所提供之擔保資料顯示，有購買英國勞合社（Lloyd's）及德國Talanx Group保險公司，還有HCC Insurance Holdings Inc.之保單足以擔保連動債利息及本金之支付，另為確保資產獨立性，請Daily & Knudson LLP公司為信託機構。據此，勞合社發言人回應，公司未發現旗下任何集團與保盛豐有業務往來。而德國Talanx Group保險公司發言人則表示，其與保盛豐僅訂定保險金額2,000萬美元之保單，但這金額仍不足以擔保保盛豐集團所發行連動債之額度。位於休斯頓（Houston）的HCC Insurance Holdings Inc.的一位管理人士說，在2007年初左右，它與保盛豐訂定了保險金額3,160萬美元的保單，不過保盛豐在一年多前就終止了保險。但保盛豐前總經理阿布巴卡爾謂，彭日成曾讓他偽造一份看起來保額為1.08億美元的HCC保單。最後，Daily & Knudson LLP創建於1995年，是西海岸最知名的律師事務所之一。內華達州公司記錄顯示，這家公司成立於2006年，只有兩位合夥人；據州公司記錄顯示，其中的一位合夥人為彭日成和保盛豐做過大量法律事務方面的工作，顯示

---

[12] 參考註6和註3。

信託機構之中立性備受質疑。[13]

(二)彭日成個人學歷及工作經歷造假

彭日成於保盛豐集團公司網站上或對外自稱畢業於加州大學爾灣分校商學院、曾任亞太學生會會長及曾任摩根士丹利資深合夥人。但加州大學爾灣分校記錄顯示,彭日成當時並未入學。學校管理人員說,除了1986年夏季學期外,彭日成從未正式在學校註冊,也沒有獲得他後來聲稱擁有的本科和MBA學位。摩根士丹利(Morgan Stanley)則回應,公司未有彭日成任何的工作紀錄。[14]

(三)SEC以證券詐欺起訴

再者,SEC則於2009年4月27日美國加州巡迴法院向彭日成、保盛豐集團公司及保盛豐集團有限責任公司起訴其違反證券法§17(a)、證券交易法§10(b)和Rule 10b-5證券詐欺,同年4月28日法官古鐵雷斯(Philip Gutierrez)下令凍結彭日成及他所經營保盛豐集團公司、保盛豐集團有限責任公司的資產,還指定莫斯爾(Robert P. Mosier)為暫時清算人(receiver),負責保護現有資產,命彭日成歸還匯往海外的錢,並交出護照,並繼續調查行動。[15]

根據莫斯爾的清算調查顯示,擔任發行機構的是保盛豐集團公司旗下所設立特殊目的機構GVEC,保證機構是英國HCC Insurasce Holdings Inc.和德國第三大的Talanx Group保險公司,現金保管機構是匯豐控股有限公司(HSBC Holdings PLC),資產保管機構是美國銀行(BOA)的子公司拉薩爾銀行(LaSalle Bank),負責管理操盤、資金運用的受託人則是

---

[13] 同註5。

[14] 華爾街中文版網站,華裔馬多夫彭日成行騙記(2009/11/25)。

[15] 華爾街中文版網站,美證交會指控彭日成詐欺凍結其財產(2009/4/28)。

LAW GROUP。[16] 除保盛豐於2006年末投資老人壽險保單失利[17]後，開始以新投資者加入的資金支付現有投資者的收益外，彭日成濫用投資者的資金至少有8,300萬美元，來為他自己及其公司的花費買單，例如支付購買幾架噴氣式飛機的費用，還有恣意將保盛豐的投資收益用於個人目的或一些值得懷疑的業務，而未將相關情況向投資者揭露。此外，還有因購買老人壽險保單而獲對方所支付給公司之佣金約有5,200萬美元，皆匯入彭日成個人帳戶，將170萬美元支付給他的一位博彩經紀人，180萬美元給他的妻子，還有幾十萬美元給了其他親友。[18] 因此，由於彭日成濫用資金、管理不當以及當前經濟低迷的不利影響，保盛豐集團公司的財務報告上出現了4億至6億美元的資金損失，保盛豐的連動債未償還投資本金總計8.23億美元，但該公司剩餘資產的價值只有2.13億至4.26億美元。[19]

　　於是在2009年7月2日晚上加州法院法官古鐵雷斯，認有充足的證據表明彭日成和保盛豐集團向投資者提供了偽造文件，及沒有如實說明向投資者支付的利息來源，並盜用了投資者基金中的數百萬美元用於彭日成自用。古鐵雷斯裁定莫斯爾為永久清算人、許可證券交易委員會（SEC）提出發布暫時禁制令的要求，包括凍結彭日成的資產、要求他返還資產及禁止銷毀文件。另許可清算人莫斯爾接管保盛豐集團在英屬維京群島的幾個相關公司。[20]

---

[16] 六銀行代銷金額逾七億美元，薛翔之報導，http://www.new-moon.com.tw/?p=1567，最後瀏覽日期：2010年11月12日。

[17] 舉例來說，保盛豐以打八折的折價，用八十萬元跟一位八十歲老人買下保險金額一百萬的人壽死亡保單。該名老人可以立即拿到八十萬元花用，但若二年後，該名老人死亡，保盛豐可以獲得保險公司一百萬元理賠。不過因為高齡化時代來臨，老人越活越久，原本粗估該筆投資年報酬率超過百分之十，因為老人未死，未能獲得理賠而投資失利。

[18] 華爾街日報中文網站，彭日成涉嫌從自己公司提走8300萬美元（2009/6/26）。

[19] 華爾街日報中文網站，清算人指控彭日成濫用投資者資金（2009/5/8）。

[20] 華爾街日報中文網站，法官認定彭日成有詐欺行為（2009/7/3）。

(四)檢察官以違反洗錢防制法中交易申報義務提起公訴

在2009年4月28日，彭日成遭FBI以蓄意將一系列現金交易的金額控制在一萬美元以下，藉以逃避向聯邦政府申報這些交易之理由[21]逮捕。據保盛豐集團前總經理阿布巴卡爾對聯邦調查局（FBI）的供詞指出，彭日成曾說要用從銀行兌現的錢買金條，存在家裡的保險箱裡，以備情況不妙時還有依靠。這份供詞應是導致彭日成遭逮捕的主因。[22]但隔天，彭日成得繳納一百萬美元保證金具保並限制其住居，其活動範圍被限制在新港灘的家中，處於電子監控之下。[23]

故在2009年7月23日，大陪審團[24]以違反洗錢防制法中交易申報義務決定對彭日成提起公訴[25]，依聯邦檢察官歐布瑞恩在起訴書中指出，彭日成從2007年6月起直到今年1月，由個人或透過保盛豐集團助理，前往洛杉磯郊區艾爾蒙地市的華美銀行（EastWest Bank），總共兌現三十八張支票，但每筆支票金額都不超過一萬美元，介於9,500至9,900美元之間，顯然有意逃避美國證管會規定的貨幣交易申報。[26]

(五)彭日成死亡

彭日成於2009年7月份時提出了無罪抗辯，他的審判原定於9月15日

---

[21] 為了防範跨國洗錢，美國財政部規定，外匯轉帳金額達到1萬美元就必須提報。

[22] PEM創辦人彭日成，被FBI逮捕，自由電子報（2009/4/30）http://www.libertytimes.com.tw/2009/new/apr/30/today-fo4.htm，最後瀏覽日期：2010年11月12日。

[23] 華爾街日報中文網站，彭日成繳納100萬美元獲保釋（2009/4/30）。

[24] 只適用在刑事案件，且僅限於起訴前程序。檢察官向大陪審團提出被告犯罪證據後，由大陪審團決定證據是否符合合理的懷疑，於此階段，大陪審團可審酌檢察官所提示之證據資料，決定是否起訴被告。

[25] 華爾街日報中文網站，美國政府對彭日成提起公訴（2009/7/23）。

[26] 同註22。

進行，但最後推遲至明年。[27]然於2009年9月11日下午，彭日成的母親在位於加州新港海灘市的家中發現了昏迷不醒的彭日成，他被火速送醫，後於次日早上宣告不治。

而在2010年1月12日，加州橘郡驗屍報告顯示彭日成死於體內七種藥物的復合中毒，這些藥物包括：中樞神經系統鎮痛藥羥考酮（oxycodone）、鎮咳藥氫可酮（hydrocodone）和其他兩種止痛藥，此外還有通常被用於治療抑鬱及焦慮的藥物，在他體內還發現了大麻的活性成分四氫大麻酚（THC）。

一名加州私人法醫病理學家希瑟羅德（John C. Hiserodt）在看了這份驗屍報告後說，彭日成血液中的羥考酮和氫可酮濃度均達到了致死劑量的五倍，此外他胃裡還有相當於約30片、每片含藥量10毫克的羥考酮藥片成分，總藥量和血液濃度中也差不多。希瑟羅德指出，一個人是不可能無意間吞下這麼多藥片的，這顯然是一起自殺事件。[28]

五、台灣後續相關處理

(一)銀行全數買回

在美國保盛豐集團被爆發出涉有證券詐欺之虞時，我國立法院財委會先是決議華南、渣打、永豐、萬泰、台中商銀以及安泰等六家銀行，將全面暫停銷售海外信託金融商品給一般自然人。[29]金管會則要求這六家銀行盡速提出客戶權益保障方案，渣打銀行率先宣布將全數買回，也就是針對客戶原商品投資金額，扣掉已配息、已贖回部分，其餘通通買回。原因是PEM商品是竹商銀在2006年所銷售，渣打在2007年中才完成與竹商銀的合併，但站在保障客戶權益的立場，渣打也聘請律師與顧問對該商品連

---

27 華爾街日報中文網站，詐騙案嫌犯彭日成暴斃（2009/9/14）。

28 華爾街日報中文網站，彭日成死因查明，吞服七種藥物自盡（2010/1/12）。

29 中廣新聞網，PEM案立院決議六家銀行暫停銷售海外信託商品（2009/4/29）http://financenews.sina.com/bcc/000-000-107-104/403/2009-04-29/0001426457.shtml，最後瀏覽日期：2010年11月13日。

結的標的與保證機構進行調查，結果發現該商品不符渣打銀的標準。[30]因此，做出全數買回的決議。嗣後，安泰、台中商銀、華南、永豐、萬泰銀行之董事會也紛紛做出向投資人買回的決議，讓銀行自行承擔虧損。[31]

　　銀行向投資人買回保盛豐集團之連動債後，會計處理方面，都將暫列應收帳款科目，先提列呆帳準備金，再逐步認列虧損。在2009年呈現之半年報情況，台中商銀認列新台幣11.5億元，提列約50%減損；安泰銀認列新台幣10.4億元，提列約60%減損；萬泰銀認列新台幣6.5億元，提列約45%減損；渣打認列新台幣57億元，提列約80%減損；華南、永豐銀則對先提列減損，持保留態度。待2009年年底時，永豐銀認列新台幣22億元，提列虧損比率約為45%；華南銀則是認列新台幣20億元，提列約25%虧損。[32]

(二)金鼎證、張平沼涉案？

　　本案爆發後，我國主管機關金管會除要求銀行盡速處理外，也到金鼎證券進行金融檢查，展開行政調查。這是因為由美方調查發現，在保盛豐相關資料、法律文件裡有金鼎證集團高層例如嚴世光、邱志哲等人簽名，TIS、GVEC連絡地址都在台北市東帝士摩天大樓，也是金鼎證券總公司所在地，並且值得注意的是，金鼎證券的英文縮寫「TISC」出現在保盛豐客戶名單中，購買金額800多萬美元（約3億元新台幣），但金鼎證並未申報買過保盛豐之金融商品，因而要求我方調查其間關係。故金管會於

---

[30] 自由時報，PEM商品渣打銀行率先宣布將全數買回（2009/4/29）
http://www.epochtimes.com/b5/9/4/30/n2510935.htm，最後瀏覽日期：2010年11月13日。

[31] 中廣新聞網，PEM詐騙案六家銀行願負責（2009/5/1）
http://financenews.sina.com/bcc/000-000-107-104/403/2009-05-01/0201427291.shtml，最後瀏覽日期：2010年11月13日。

[32] 蘋果日報，PEM衝擊4銀行提4～6成減損（2009/8/3）
http://tw.nextmedia.com/applenews/article/art_id/31833417/IssueID/20090803，最後瀏覽日期：2010年11月13日。

2009年7月將相關事證包括金檢報告、檢舉資料與美方調查文件等移送檢調單位偵辦。[33]

　　檢調調查資金流向，並歷經數月向美方調閱彭日成案的相關卷證，發現美國法院資料顯示，保盛豐與金鼎關係密切，保盛豐旗下共設有六十三個法人，其中張平沼本人、兒女與親友及金鼎主管，共計在十四個法人中，擔任股東或負責人。且張平沼女兒張元鳳也曾於2005年擔任保盛豐集團之研究分析部門執行總經理和投資委員會的成員。而台北地檢署於2010年3月也動員五十多人兵分六路，前往金鼎證總部、金鼎證券集團總裁張平沼及兒子張元銘住家、保盛豐集團在台負責人詹亮宏住家，金鼎旗下富喬工業、慶通投資等六個地點搜索，並約談相關人到案說明。[34]在經檢方搜索後，張平沼表示金鼎證員工私下確有銷售1,500萬美元的保盛豐集團之金融商品，但這些商品都投資在具體的資產，例如保單、美國房地產、中國新疆煤礦，上述資產都有律師見證。[35]

　　嗣後，金管會查獲保盛豐集團除透過銀行特定金錢信託銷售金融商品外，也透過金鼎證券，與投資人從事附買回交易。於2010年6月3日，處分金鼎證券，以違規從事未經核准的業務為由，對該公司主管及業務員共27人分別處以停止1個月、3個月及6個月的業務執行；而金鼎證當時董事長張元銘有督導不周之責，金管會命令金鼎證停止張元銘1年業務的執行，並須解除副總經理房冠寶職務。[36]

(三)銀行佣金傳聞？

　　金管會要求銀行妥善處理關於保盛豐投資人權益問題之同時，因銀行推介涉及商品上架及引進、客服行銷過程，其中保盛豐也分配銷售佣金和

---

[33] 聯合報，PEM吸金案金管會查金鼎證（2009/7/23）。

[34] 中國時報，檢調搜金鼎證張平沼列被告（2010/3/6）。

[35] 經濟日報，張平沼否認涉PEMG案，C2版（2010/3/9）。

[36] 經濟日報，違規銷售PEM商品金管會開鍘人數破紀錄金鼎證27人停止營業，17版（2010/6/4）。

代辦費等給銀行，金管會先要求六家銀行的內部稽核單位調查，但銀行均回應當初承辦之相關人員均已離職，未能做成懲處名單。[37]

再者，保盛豐集團前總經理阿布巴卡爾表示，彭日成向他透露他有時候會暗中向台灣銀行家支付報酬來籌集資金，這種微妙的任務是由保盛豐台灣代表處的一位高階主管來完成。[38]而根據金管會調查顯示，銀行佣金收入應在5.5%到10.5%，但銀行帳面上佣金收入卻只有3%到4%，顯示還有2%到7%的佣金數額與銀行本身公布有所出入，佣金之差額和流向有待調查。[39]故於2010年6月10日，檢察官指揮台北市調查處，針對永豐銀行香港分行投顧經理吳聰吉、林淑玲夫妻，華南永昌證券投資信託部經理陸成堅、副理溫成德及保盛豐台灣分公司宜恩財富負責人詹亮宏、業務部副總經理戴子平，發動搜索，約談吳、詹、戴到案，訊後准回。檢調認為，吳聰吉、林淑玲於93年到97年間，利用代銷保盛豐旗下機構金融商品的機會，涉嫌違法向客戶收取一百餘萬美元佣金；陸成堅則是透過溫成德向詹亮宏索取代銷兩檔金融商品的回扣，金額約四百萬元。[40]

此外，金管會於2010年9月9日對六家銀行予以「糾正」處分；另針對華南、永豐、萬泰、安泰、台中商銀五家銀行，要求停止辦理部分信託業務六個月，蓋各銀行對保盛豐案所推介商品過程中之相關缺失已有礙健全經營。但因渣打銀行於事件發生後二週內，立即擬定並執行客戶權益保護措施，迅速穩定客戶對銀行信賴，因此對該行僅予以糾正，並不限制該行辦理信託業務。金管會並也要求銀行，針對商品的引進和上架審核程序，釐清相關人員責任後回報主管機關。[41]

---

[37] 聯合報，PEM案銀行要究責（2009/6/30）；經濟日報，PEM案六國銀須內部調查（2009/9/4）。

[38] 華爾街日報中文版網站，彭日成案調查擴大至台灣銀行高管（2009/12/22）。

[39] 聯合報，PEM金融詐騙五億佣金被A走？（2009/12/1）。

[40] 聯合晚報，連動債案外案6金融主管涉抽佣，A9版（2010/6/10）。

[41] 經濟日報，台版馬多夫餘波PEM案六銀行受處分，B1版（2010/9/10）。

(四)銀行跨海赴美求償

　　清算人莫斯爾再於2010年5月14日向美國加州巡迴法院提出對匯豐控股公司（HSBC Holdings PLC）要求損害賠償之訴狀[42]，蓋在美國之匯豐控股子公司擔任保盛豐集團商品之現金保管機構，本應為投資人維護資產，卻協助彭日成製作並傳達不實的淨資產值報告（net asset value reports），顯示匯豐並未檢查資產的真正價值，甚至還指稱，保盛豐之前的投資產品表現都符合規定，似有違善良管理人注意義務。我國華南、安泰、萬泰、台中商銀及永豐五家銀行則全權委託清算人莫斯爾向匯豐控股公司求償約新台幣163億元，用以彌補虧損。[43]

參、法律分析

　　第一部分先就連動債定義及發行、銷售過程為基本介紹後，第二、三部分是接續第一部分後段連動債可行之銷售模式為進一步適用本案，其中除就本案事實所涉情況為討論外，另針對本案所未發生情事做假設探討，第四部分係針對第二、三部分發生情事之回應：

一、連動債之相關介紹

(一)連動債之定義[44]

　　連動債券（structured notes或稱為結構式債券）是一種結合債券

---

[42] 華爾街日報英文版網站，HSBC Gets Heat Over PEMGroup（2010/5/20）http://online.wsj.com/article/SB10001424052748704691304575254392779644492.html?KEYWORDS=Danny+Pang，最後瀏覽日期：2010年11月13日。

[43] 聯合晚報，國內五銀行控告匯豐控股求償6.8億美元（2010/10/16）。

[44] 參閱郭土木，結構式商品之法律問題探討，台灣本土法學雜誌，62期，頁127，2004年。

（bond or notes）與衍生性金融商品（derivatives）的金融產品，一來具有債券的固定收益及保本特性（fixed income），二來可將債券的配息投資於風險與報酬率較高之選擇權（options）或各種交換商品（swap），後者就資金之運用可以連動到利率匯率股價指數或一籃子股票等，讓投資人有機會享受高槓桿財務操作之效果「以小搏大」，獲得高於定存甚至更高的報酬率。

若從現金流量角度觀之，連動債可分為二個部分：第一部分是純粹債券（straight debt）或固定收益商品，一般而言常指到期保持本金的零息債券（principle-only or zero-coupon bond）；第二部分則是衍生性金融商品，主要是可以創造高報酬之選擇權、期貨、股票或其他衍生性之交換合約等。其中零息債券部分，由於發行人只有在零息債券到時償還本金，利息部分預先扣除，因此投資人在購買零息債券之際，其價格必然低於零息債券之票面金額，該差額即可事先規劃投資於高風險高報酬之商品。至於衍生性金融商品部分，由個別的股票單一選擇權、期貨或交換商品等逐漸轉變成由複雜財務工程設計出連結多個選擇權的金融操作，而可能獲得的報酬率也相對提高。

(二)發行端之契約架構[45]

國外發行機構於發行連動債時，其契約架構主要有：1.公開說明書（prospectus）；2.最終條款（final terms or terms sheet）；3.債券發行之信託契約（trust deed）及與其他代理人之委任契約（agency agreement）等三大部分。

實務上，為求便利，發行機構可能預先設立並向發行地主管機關申請核准一中長期發行計畫（medium-term note programme, MTN programmme），計畫中包括基礎公開說明書（base prospectus），內含於此發行計畫下之債券基本條款（terms and conditions of notes），並建立與

---

[45] 參閱陳肇鴻，論結構債之法律關係及指定用途金錢信託之法律性質，軍法專刊，55卷3期，頁120-1，2009年。

受託人(trustee)之信託契約以及其他代理人之委任契約。嗣後,於依發行計畫發行具體之債券時,則視具體之債券發行條件,必須另行準備特定之公開說明書(drawdown prospectus),其中並會針對原本基礎公開說明書以及一般債券發行條款中若干條款之適用與否做特別約定或為修正之約定。

另外,於實際銷售與投資人時,會另準備所謂最終條款或稱定價補充說明(pricing supplement),一般國內投資人所取得之契約文件通常即是最終條款所載內容,上面記載某檔連動債之基本條款及條件,包括金額、結算日、屆期本金回贖價格及計算方式、利息之計算及方式、期日期間之計算方式、提前贖回之條件及方式等等。最終條款儘管會載明該檔連動債之主要交易條件,但投資人於契約上之權利義務關係,仍須視該債券之公開說明書、信託契約以及債券基本條款所載之內容而定。

依發行計畫發行之連動債下,所謂受託人之目的在於保護債券持有者之權益以處理擔保品之拍賣、債權人會議等等問題,通常受託人應非與發行人屬同一集團,以確保其獨立性。此外,債券之發行涉及雇用許多不同之代理人,計算代理人(calculation agent)之功能為負責計算債券之現有價值、利息金額或其他應計算之事項。給付代理人(paying agent)則是負責利息之給付。若債券本身係存放於約定之存託機構(depositary),有擔保品的話,則亦可能會設有保管機構並於信託契約與債券條款中設定擔保權利(security interests)於擔保品上。

(三)國內金融機構銷售連動債之可行模式[46]

1.證券商

(1)初級市場募集模式

第一種方式為國內金融機構係單純代海外之發行機構於國內募集連動債券之資金,即國內金融機構係於募集階段於初級市場(primary market)擔任海外發行機構之分銷機構。然而,實際上,此種方式恐非目

---

[46] 同前揭註,頁121-3。

前一般連動債於國內發行與銷售之常態。蓋連動債之發行係包裝為債券且具完整之發行架構及文件時，有可能被認為該連動債係證券交易法（下稱證交法）第6條所謂之有價證券，須依證交法第22條向主管機關申報生效後始得為之，並須準備公開說明書交付予投資人。再者，若依外國發行人募集與發行有價證券處理準則第4條之規定，發行有價證券，應檢齊相關書件，並取具中央銀行同意函後，向金管會申報生效且若欲於國內發行有價證券，須依本處理準則之規定準備申報文件、公開說明書等。因法令適用之成本對發行人負擔較大，可預期此非國內金融機構銷售連動債及外國發行機構發行連動債之常態。

(2)次級市場買賣模式

第二種方式則為，國內金融機構係擔任經紀商或代理人之角色，受國內投資人委託於國外之次級市場購買國外發行之連動債。符合若干資格限制[47]之證券商得依「證券商受託買賣外國有價證券管理規則」（下稱受託買賣規則）規定，其得受託買賣外國有價證券，且應於金管會指定之外國證券交易所或外國店頭市場[48]受託買賣在外國證券市場交易之股票、認股權證、受益憑證、存託憑證及其他有價證券、信用評等在適當等級以上之外國債券、已核准或申報生效在國內募集及銷售之境外基金及其他經金管會核定之有價證券[49]，但不包括本國企業赴海外發行之公司債，或連結至本國發行人發行之有價證券本國股價指數或本國利率或匯率之連動債。

若受託之證券商未符合若干資格[50]者，其得複委託其他證券商代為至國外市場購買有價證券，尚須依「中華民國證券商業同業公會證券商辦理外國有價證券複委託買賣業務作業辦法」辦理；另若證券商係自行買賣外國有價證券者，則依「證券商自行買賣外國債券交易辦法」之規定為之。因此，國內之證券商可接受國內投資人委託於外國之證券交易所或店頭市

---

[47] 98年11月20日舊版證券商受託買賣外國有價證券管理規則第3條第1項。

[48] 98年11月20日舊版證券商受託買賣外國有價證券管理規則第4條。

[49] 98年11月20日舊版證券商受託買賣外國有價證券管理規則第5條。

[50] 98年11月20日舊版證券商受託買賣外國有價證券管理規則第3條第2項。

場購買連動債。然而，證券商與國內投資人間應簽訂受託契約，並載明相關之購買、交割及保管等事宜。

惟依99年9月3日新修正證券商受託買賣外國有價證券管理規則第2條第3項規定證券商受託買賣境外結構型商品，應依「境外結構型商品管理規則」規定辦理，其未規定者，應適用本規則之相關規定。故因境外結構型商品管理規則之訂定，證券商受託購買連動債之規定，依境外結構型商品管理規則第4條第2項規定信託業、「證券商」及保險業以第二條商品[51]為受託投資、受託買賣或為投資型保單之投資標的者，依本規則之規定，則須適用「境外結構型商品管理規則」之相關規定辦理，僅在未規定時始適用證券商受託買賣外國有價證券管理規則，而非直接適用。

2.銀行

(1)視受託銀行對發行人之關係為下列分類

①信託（初級市場）模式

受託銀行係於初級市場募集之階段，先於國內取得零售投資人所指定信託投資於該連動債之金額達該連動債之募集金額（或一定數量之金額）之後，再單筆向發行人認購該連動債。

②信託（次級市場）模式

受託銀行則係擔任類似於證券經紀商之角色，但係利用指定用途金錢信託，由投資人信託特定款項後由受託人於國外之次級市場購買指定之產品。

③信託（分銷）模式

對受託銀行而言，此係風險最高之模式。於此模式下，受託銀行先行向國外之發行人認購或於國外之次級市場購買一定數量之連動債，再以信託之方式，向零售投資人分銷該產品。

---

[51] 境外結構型商品管理規則第2條本規則所稱境外結構型商品係指於中華民國境外發行，以固定收益商品結合連結股權、利率、匯率、指數、商品、信用事件或其他利益等衍生性金融商品之複合式商品，且以債券方式發行者。

(2)銀行與投資人間之關係

目前銀行皆以兼營信託業務[52]之方式辦理連動債銷售，依信託業法第16條之規定，信託業得經營之業務項目包含金錢之信託，因此信託業者經報主管機關核定後得辦理金錢信託業務。又信託業法施行細則第7條第2款「特定金錢信託」補充金錢信託業務之分類有受託人對信託財產不具有運用決定權之情況；亦即，委託人保留對信託財產之運用決定權，並約定由委託人本人或其委任之第三人，對該信託財產之營運範圍或方法就投資標的、運用方式、金額、條件、期間等事項為具體特定之運用指示，並由受託人依該運用指示為信託財產之管理或處分。

故銀行係以信託業者受託人之角色辦理連動債之業務，銀行與投資人間之關係為特定金錢信託，除應適用信託法、信託業法、信託業法施行細則等規定外，亦須適用民法、遵守境外結構型商品管理規則[53]、信託業應負之義務及相關行為規範及中華民國信託業商業同業公會之相關自律規範

二、證券商

(一)初級市場模式

1.適用前提：連動債屬證券交易法（以下稱證交法）第6條有價證券之規定

蓋保盛豐集團連動債於我國未採取適用外國發行人募集與發行有價證券處理準則規定申報生效後募集，若欲屬於初級市場模式募集之前提則須先將連動債定位為證交法第6條有價證券範圍之內，惟此容有爭議。

依證交法第6條第1項規定本法所稱有價證券，指政府債券、公司股票、公司債券及經主管機關核定之其他有價證券。按連動債中之零息債

---

[52] 信託業法第3條第1項銀行經主管機關之許可兼營信託業務，適用本法之規定。

[53] 境外結構型商品管理規則第4條第2項規定「信託業」、證券商及保險業以第2條商品為受託投資、受託買賣或為投資型保單之投資標的者，依本規則之規定本規則未規定者，依其他相關法令之規定；其涉及資金之匯出、匯入部分，應依中央銀行之相關規定辦理。

券，屬證券交易法第6條第1項前段所規範之有價證券，並無疑問；但就與連動債券結合之衍生性商品部分，因涉及到未來給付之商品，則可能被定性為期貨交易法第3條第1項第1款規定之期貨契約，則債券結合衍生性商品後之混合體，得透過證交法第6條第1項後段經主管機關金管會核定予以確認。

(1)行政機關意見：持否定連動債為有價證券之看法[54]

雖按財政部76年9月18日台財證(二)字第6805號函規定「外國之股票、公司債、政府債券、受益憑證及其他具有投資性質之有價證券，凡在我國境內募集、發行、買賣或從事上開有價證券之投資服務，均應受我國證券管理法令之規範。」似認連動債亦須受證交法之規範。

惟依法務部97年10月23日法政決字第0971113655函表示「連動債係結合固定收益商品（如定存、債券等），與衍生性金融商品（如選擇權、交換等），藉以提高投資潛在收益之結構性金融商品，可連結之標的眾多，包括利率、匯率、股價、指數、商品、信用等，其性質雖屬民商法上之一般債券（非屬證券交易法上之債券），且兼具衍生性金融商品之性質⋯⋯」。

且金管會亦認[55]連動債尚非證交法第6條所明文列舉之有價證券，連動債亦未經金管會依證券交易法第6條第1項授權之規定核定其為證券交易法之有價證券。連動債之管制應係適用金管會基於法律授權訂定之境外結構型商品管理規則，以規範從事境外結構型債券之受託投資、受託買賣及以境外結構型債券為投資型保單之投資標的。

---

[54] 推敲其否定之看法，恐似因證交法第6條明文列舉之有價證券於會計上屬資本性產品；然連動債在會計處理上則被認為是資產負債表外之交易，因非屬資本性之產品，則非為有價證券。

[55] 來自於發文字號：證期（發）字第0990016314號（2010/4/12）。

(2)本文見解：肯認連動債應屬證交法第6條之有價證券[56]

雖連動債形式上非屬證交法第6條所明文之有價證券，惟探究證交法所欲規範之有價證券，應參酌美國聯邦最高法院在SEC v. W.J. Howey[57]一案所表示之見解認定，可用金錢之投資、共同之企業、獲利之期望、他人之努力，此四項要素加以判斷。即連動債投資人以金錢購買連動債為其本身財務計畫之投資、該金錢全投入於連動債發行公司，發行公司對連動債投資人而言，係一共同之企業、連動債投資人購買連動債時，係出自於獲利之期望、而連動債是否能收取到連動債之報酬全取決於他人（即發行公司或其信託之基金操盤管理公司）之努力。

又連動債之銷售本質亦係對不特定多數人所為募集資金之行為，與證交法所欲規範對不特定多數人募集資金之行為，殊無二致。何以對不特定之連動債投資人募集即無證交法之規範適用，此種僅以連動債非係有價證券之分類（更遑論連動債本身亦具有價證券之特徵），即無須適用證交法之差別待遇情形，是否有違平等原則，值得深思探討。故依證交法第1條所揭櫫之立法目的觀之，為保護投資，應肯認連動債屬證交法第6條有價證券範圍內。

---

[56] 另有認實務上投資人大多是透過銀行以特定金錢信託方式從事連動債之投資，銀行辦理信託業務係基於信託法之規定，銀行與投資人間之法律關係為信託契約，故無法將其解釋為屬於證券交易法上之有價證券，且非直接證券之募集、發行或買賣之行為，因此非屬證交法所管轄之範圍。但就投資人之主觀認知，其利用信託方式向銀行購買連動債，係為「投資」為目的以賺取較高之利息，基本上是認定其投資標的為外國之有價證券，特定金錢信託僅為達成目的之手段和工具而已。於此情況下，銀行以受託人之角色，代投資人投資連動債之商品，實質上與一般證券經紀商代客戶購買海外有價證券相仿，應屬受託買賣有價證券，銀行與投資人間之關係和證券商與投資人同，皆為民法上之行紀，對連動債本身是否為有價證券一事應屬無涉，應回歸至連動債本身是否具有價證券之性質探討為妥。

[57] SEC v. W.J. Howey Co., 328 U.S. 293 (1946)。

2.以下就肯認連動債為證交法第6條之有價證券範圍內討論保盛豐集團連動債之發行，行為主體有保盛豐集團公司、保盛豐集團有限責任公司及其負責人彭日成；發行公司GVEC及其負責人張平沼；承銷證券商金鼎證及其負責人張元銘或房冠寶等分別可能違反證交法之情形有

(1)證交法第22條第1項之申報義務

按證交法第22條第1項規定有價證券之募集及發行，除政府債券或經主管機關核定之其他有價證券外，非向主管機關申報生效後，不得為之。今保盛豐集團所發行之連動債既為證交法第6條之有價證券，其對不特定多數人所為募集資金之行為，即須先向金管會申報生效後，始得為之。

又申報義務主體依證交法第5條規定本法所稱發行人，謂募集及發行有價證券之公司，或募集有價證券之發起人。而未申報之法律效果有證交法第175條規定處二年以下有期徒刑、拘役或科或併科新臺幣180萬元以下罰金之刑事責任。故發行人為保盛豐集團公司、保盛豐集團有限責任公司及發行公司GVEC，其未向金管會申報所發行連動債之行為且認知到此一情況並有意使其發生，構成證交法第175條之刑事責任。並另得依證交法第179條規定處罰法人之負責人彭日成和張平沼。

(2)證交法第20條第1項規定證券詐欺

按證交法第20條第1項規定有價證券之募集、發行、私募或買賣，不得有虛偽、詐欺或其他足致他人誤信之行為。違反之法律效果有民事責任，規定於同條第3項對於該有價證券之善意取得人或出賣人因而所受之損害應負賠償責任；刑事責任，規定於證交法第171條第1項第1款處三年以上十年以下有期徒刑，得併科新臺幣一千萬元以上二億元以下罰金。

以下分別就刑事及民事責任為討論：

①刑事責任：證券詐欺之共同正犯

第一，須為「有價證券之募集、發行、私募或買賣」的情形；第二，須有「虛偽、詐欺或其他足致他人誤信之行為。」又依最高法院判決，所謂虛偽係指陳述之內容與客觀之事實不符；所謂詐欺，係指以欺罔之方法騙取他人財物；所謂其他足致他人誤信之行為，係指陳述內容有

缺漏，或其他原因，產生誤導相對人對事實之瞭解發生偏差之效果。無論虛偽詐欺或其他使人誤信等行為，均須出於行為人之故意，否則尚不為罪[58]。

客觀上，保盛豐發行連動債之過程中，彭日成所提供之擔保資料不實、其學經歷造假及連動債收益來源不明，表達內容與事實不符，其所為係一虛偽之行為；又GVEC發行公司之負責人張平沼協助提供此等不實資料予投資人，且因金鼎證協助銷售連動債，將虛偽情事加以傳達，致其誤信而為投資行為，無疑係分擔此一詐欺行為[59]。惟主觀上，欲證明行為人有意思聯絡，認知到其對此一詐欺行為有共同行為決意，實際上須依靠資金流向此等客觀事實加以佐證主觀要件，有證明上之困難度。

②民事責任

首先，仍須具有虛偽、詐欺或其他足致他人誤信之行為，設若前述刑事責任要件得以證明構成。則何為賠償義務人？法院見解不一，有認為「有價證券之募集、發行、私募或買賣」應解為從事募集發行、私募或買賣有價證券之人[60]；或有認為應以公司之發起人、有價證券之發行公司、發行人、有價證券之出賣人為限，不包括公司負責人[61]。亦有持不限於發行人者，可參考證交法第32條之責任主體，認包括發行人、負責人、簽字的職員及承銷商、會計師等[62]。

本文以為如解為僅發行公司負責，則名義上由公司負責，實質上卻

---

[58] 最高法院83年度台上字第4931號刑事判決（正日公司案）。

[59] 例如GVEC、GVAM公司負責人皆為張平沼；保盛豐旗下共設有63個法人，其中張平沼本人、兒女與親友及金鼎主管，共計在14個法人中，擔任股東或負責人；投資人提出連動債買賣契約書，指控文件上有張平沼英文簽字；GVEC連絡地址登記在台北市敦化南路，與金鼎證券總公司相同；PEM相關資料、法律文件裡有金鼎證集團高層例如嚴世光、邱志哲等人簽名，此等情事，皆得證明彭日成、張平沼及張元銘、房冠寶等關於此一詐欺行為，客觀上有行為分擔。

[60] 台北地院89年度訴字第2993號民事判決、台灣高等法院90年度上字第920號民事判決、最高法院91年度台上字第2077號民事判決。

[61] 台北地院89年度國貿字第34號民事判決。

[62] 新竹地院90年度重訴字第162號民事判決。

是由全體股東共同分擔，導致無辜之投資人，為違法的負責人分擔其違法的賠償責任，不但有失公平，且無法達成嚇阻違法的立法目的[63]，應不可採。惟從將本條定位為侵權行為類型觀察，共同侵權行為類型應可存在，為擴大保護投資人，不必僅以發行人為限[64]，與募集、發行有關之行為主體者，皆得為本條民事賠償義務人。故若能證明構成本條第1項要件者，保盛豐集團公司、保盛豐集團有限責任公司及其負責人彭日成；發行公司GVEC及其負責人張平沼；承銷證券商金鼎證及其負責人張元銘或房冠寶等皆須負此一民事賠償責任。[65]

(3)證交法第171條第1項第3款違背職務行為

按證交法第171條第1項第3款規定已依本法發行有價證券公司之董事、監察人或經理人，意圖為自己或第三人之利益，而為違背其職務之行為或侵占公司資產。此條規定是刑法背信或侵占之加重類型，要件有公開發行公司之董事、監察人、經理人之行為；意圖為自己或第三人之利益；為違背其職務之行為或為侵占公司資產之行為。

客觀上本案金鼎證為一公開發行之上市公司，其負責人張元銘或房冠寶違背其應正當合理經營金鼎證業務之期待，將金鼎證涉入證券詐欺中，使金鼎證成為詐券詐欺之行為主體之一，惟主觀上須證明張元銘或房冠寶有為自己或第三人利益之意圖，實際上亦須以資金流向加以佐證此一主觀要件，有其證明之困難度。

---

[63] 參閱賴英照，股市遊戲規則－最新證券交易法解析，頁510，2006年2月出版1刷，2006年。

[64] 參閱劉連煜，新證券交易法實例研習，頁276，增訂6版第1刷，2008年9月。

[65] 惟賠償權利人為該有價證券之善意取得人，本案連動債投資人即係善意取得人，因其投資時不知有虛偽或詐欺的情事，惟本案投資人投資之連動債嗣後由銀行全數買回，但銀行取得連動債時已知悉詐欺情事，銀行得否據此請求賠償，容有爭執空間。然若視投資人係將對保盛豐連動債收取報酬之權利債權讓與予銀行者，銀行得繼受投資人之權利。

(二)次級市場模式

1.本案金鼎證違反之業務內容

依受託買賣規則第4條規定券商受託買賣外國有價證券應於「外國證券市場為之」，而外國證券市場係指任何有組織且受該國證券主管機關管理之證券交易市場，包括證券交易所及店頭市場。又受託買賣規則第5條第1、2項明文證券商得受託買賣之「外國證券」係指在外國證券市場交易之股票、認股權證、受益憑證、存託憑證及其他有價證券、信用評等在適當等級以上之外國債券、已核准或申報生效在國內募集及銷售之境外基金及其他經金管會核定之有價證券，但不包括本國企業赴海外發行之公司債，或連結至本國發行人發行之有價證券本國股價指數、本國利率及匯率指標或未經金管會核准或申報生效得募集及銷售之境外基金之連動債。

次依，本案保盛豐之連動債既係由GVEC系列之發行公司發行，因金鼎證既未申報銷售保盛豐連動債此項業務，金管會無從核准、審查保盛豐集團之連動債，殊難符合受託買賣規則第5條第1項第2款及第2項，其標的非係經由金管會核准得募集之境外基金；且亦非屬同規則第5條第1項第3款經金管會核准在國內募集及銷售之境外基金。再者，保盛豐之連動債未於外國證券市場上掛牌交易、未建立次級市場之流通，金鼎證亦無從於外國證券市場受投資人委託買賣保盛豐集團之連動債，不符同規則第5條第1項第1款之規定。質言之，保盛豐集團發行之連動債非屬受託買賣規則中規定得受託買賣之「外國有價證券」，且金鼎證亦未能符合受託買賣規則中須於「外國證券市場」受託買賣之行為限制。

2.本案金鼎證違反所涉之相關證券管理法令

首先，分別依證交法第44條第4項及第70條之規定，授權主管機關訂定「證券商管理規則」及「證券商負責人與業務人員管理規則」，以規範證券商業務等和管理證券商之負責人與業務人員相關事項。次依證交法第56條「主管機關發現證券商之董事、監察人及受僱人，有違背本法或其他有關法令之行為，足以影響證券業務之正常執行者，除得隨時命令該證券商停止其一年以下業務之執行或解除其職務外，並得視其情節之輕重，對

證券商處以第66條所定之處分。」和第66條「證券商違反本法或依本法
所發布之命令者，除依本法處罰外，主管機關並得視情節之輕重，為左列
處分：一、警告。二、命令該證券商解除其董事、監察人或經理人職務。
三、對公司或分支機構就其所營業務之全部或一部為六個月以內之停業。
四、對公司或分支機構營業許可之撤銷。」

　　蓋金鼎證依受託買賣規則，並非得銷售保盛豐之連動債，且亦未另得
金管會之核准。今金鼎證不符合受託買賣規則之規定，經營違法業務，因
違反證券商管理規則第37條第21款[66]規定；且經理人房冠寶按證券商負責
人與業務人員管理規則第20條[67]規定，未符合同規則第2條第2項第7款[68]業
務之行為，違法情節重大，已影響證券業務之正常執行，得依證交法第66
條第2款命令金鼎證解除經理人房冠寶職務。又金鼎證董事長兼總經理張
元銘對金鼎證經營違法業務一事顯有督導不周，已違反證券商管理規則第
2條第2項[69]及證券商負責人與業務人員管理規則第18條第3項[70]，足以影響
證券業務之正常執行，復依證交法第56條規定命令金鼎證停止其一年之職
務執行。此外，因金鼎證之相關涉案業務人員違法協助銷售保盛豐之連動
債，屬證券商負責人與業務人員管理規則第18條第2項第22款[71]之情形，

---

[66] 證券商管理規則第37條第21款規定證券商經營證券業務，除法令另有規定外，
不得有下列行為：二一、其他違反證券管理法令或經本會規定應為或不得為之
行為。

[67] 證券商負責人與業務人員管理規則第20條規定證券商之業務人員，於從事第二
條第二項各款業務所為之行為，視為該證券商授權範圍內之行為。

[68] 證券商負責人與業務人員管理規則第2條第2項第7款規定辦理其他經核准之業
務。

[69] 證券商管理規則第2條第2項規定證券商業務之經營，應依法令、章程及前項內
部控制制度為之。

[70] 證券商負責人與業務人員管理規則第18條第3項規定證券商之負責人及業務人
員對證券商管理法令規定不得為之行為，亦不得為之。

[71] 證券商負責人與業務人員管理規則第18條第2項第22款規定證券商之負責人及
業務人員，除其他法令另有規定外，不得有招攬、媒介、促銷未經核准之有價
證券或其衍生性商品之行為。

已影響證券業務之正常執行，得按證交法第56條規定命令金鼎證分別停止
其不同期限之職務執行。

3.金管會之處分內容[72]

(1)處分之事實基礎

臺灣證券交易所股份有限公司派員赴金鼎證券查核時，發現金鼎證
國際部與GVEC接洽銷售Genesis Growth Income Preferred Shares B1（下稱
PSB1）計○單位，每單位○萬美元，94年間經由金鼎證國際部向金鼎證
各地分公司據點之客戶銷售○萬美元；其餘○萬美元由金鼎財富管理公司
（Tis Wealth Management Limited, TIS）承接。而金鼎證券債券部及其內
部相關人員於94年起協助銷售GVEC發行PSB1或協助金鼎財富管理公司
（Tis Wealth Management Limited，下稱TIS）銷售GVEC發行PSB1，再由
金鼎證國際部、海外子公司及債券部與經紀部客戶承作以PSB1為標的之
美元附買回交易（下稱RP），並由金鼎證債券部開立以TIS名義之RP成交
單，惟PSB1商品未經本會核准，金鼎證核已違反證券管理法令。

(2)處分對象及理由

①命令金鼎證解除副總經理房冠寶之職務

查PSB1商品未經金管會核准。又依金鼎證相關人員所陳，國際部與
GVEC接洽銷售PSB1，94年間經由國際部等向金鼎證各地分公司據點之客
戶銷售○萬美元，其後由TIS承接○萬美元，並以RP方式籌集資金，且債
券部門有關人員皆承認於債券部完成該商品RP交易流程，另涉案之業務
人員除金鼎證總公司之國際及債券部門外，尚涵蓋崇德、潭子、台中、新
莊、新竹、高雄及彰化等多家分公司，足證金鼎證有涉案之事實，核已違
反證券商管理規則第37條第21款及證券商負責人與業務人員管理規則第20
條之規定。

次查房冠寶係金鼎證行為時債券部門主管，金鼎證前揭違規行為，
除國際部外，主要係於債券部進行完成，房冠寶亦自承上開交易由債券部

---

[72] 金管會網站裁罰案件 http://www.fsc.gov.tw/Layout/main_ch/News_NewsContent.
aspx?NewsID=40274&path=1738&LanguageType=1。

門開立以TIS名義之美元RP成交單與客戶進行RP交易，並以PSB1為擔保品，且以日常新臺幣RP的運作模式處理PSB1發行後之美元RP交易調度相關事宜，又有關銷售獎金亦由債券部人員及其簽報後發放予業務人員，有證交所查得之獎金發放明細可稽，足見金鼎證經理人房冠寶之涉案情節重大。

故金鼎證違反證券管理法令，已影響證券業務之正常執行，爰依證券交易法第66條第2款規定處分。

②命令金鼎證停止張元銘一年業務之執行

查PSB1商品未經金管會核准，張元銘為金鼎證券95年7月起之行為時董事長，並自96年8月14日起兼任總經理，該公司違法協助TIS銷售GVEC發行PSB1，並由金鼎證券開立以TIS名義之成交單與投資人承作美元附買回交易，其標的為PSB1之情事，於張元銘任職董事長並兼任總經理期間仍持續進行，張元銘顯有督導不周之責，核已違反證券商管理規則第2條第2項及證券商負責人與業務人員管理規則第18條第3項規定。

張元銘違反證券管理法令，已影響證券業務之正常執行，爰依證券交易法第56條規定處分。

③命令金鼎證分別停止涉案業務人員六個月、三個月、一個月之業務執行[73]

查PSB1商品未經金管會核准，行為時係金鼎證券分公司受託買賣之主管或業務人員，雖主張未有銷售上開有價證券之情事，惟依據金管會查得之相關匯款記錄，存入其帳戶之銷售佣金計新臺幣○元，且亦自承因認知該商品為合法商品，而有向客戶轉介購買之情事，核有銷售上開有價證券之事實，已違反證券商負責人與業務人員管理規則第18條第2項第22款

---

[73] 命令金鼎證分別停止林元山及李木現2人六個月業務之執行；命令福邦證券股份有限公司停止郭文漢三個月業務之執行；命令金鼎證分別停止黃振裕、黃姿媚、郭昭松、吳鳳儀、葉信宏、林炯光、黃妙音、李大中、王靜芬、余恒11人三個月業務之執行；命令金鼎證分別停止江姿慧、許麗豐、陳美援、張秀麗、王效鵬、洪小媚、丘萃苓、馬佩玲、吳佩蓉、何守燕、張惠民、陳淑芬、徐麗梅13人一個月業務之執行。

之規定。

涉案主管或業務人員違反證券管理法令，已影響證券業務之正常執行，爰依證券交易法第56條規定處分。

三、銀行

(一)金管會處分[74]

1.處分內容：糾正及停止辦理信託業務6個月

停止之信託業務範圍包括：(1)對自然人以特定金錢信託契約受託投資結構型商品，但已受託投資者不在此限；(2)新增信託業法第16條之業務項目；(3)申請分支機構兼營信託業務；(4)開辦新種信託商品；(5)開辦尚未依信託業法施行細則第6條至第8條所為之業務種類。

2.法令依據

因銀行審核、推介保盛豐集團連動債過程中，違反銀行辦理財富管理業務應注意事項及銀行辦理衍生性金融商品業務應注意事項[75]之規定，金管會得依該注意事項最後要點規定「違反注意事項之規定，主管機關得依銀行法第61條之1規定，依其情節輕重為適當之處分。」故金管會依銀行法第61條之1規定核處糾正外，並依同條第1項第2款命銀行停止辦理信託業務6個月。

3.處分事實及理由

簡言之，銀行未確切落實內部商品審查程序，內部控管中法令遵循

---

[74] 金管會網站裁罰案件 http://www.fsc.gov.tw/Layout/main_ch/News_NewsAreaList. aspx?path=1738&OriAreaID=14&LanguageType=1&AreaID=14&CategoryID=589 &Keyword=&Character=。

[75] 銀行辦理衍生性金融商品業務應注意事項係依96年11月6日之版本。蓋98年12月31日之新版本第2點第1項排除境外結構型商品。又96年11月6日版本第17點明文結構型商品（即連動債）之定義，推敲銀行當時辦理連動債之業務，仍須遵循該注意事項規定。

不足，違反銀行辦理衍生性金融商品業務應注意事項第8、12、16要點[76]等。又向投資人推介保盛豐連動債過程中，未依照「充分瞭解客戶原則」辦理、未如實揭露收取報酬或收益數額等等，違反銀行辦理財富管理業務應注意事項第6、8、10、11要點[77]等。

[76] 銀行辦理衍生性金融商品業務應注意事項（96年11月6日之版本）

八、銀行辦理衍生性金融商品業務，應參考中華民國銀行商業同業公會全國聯合會擬訂，並報經本會核備之銀行辦理衍生性金融商品業務風險管理規範，建立風險管理制度，對於風險之辨識、衡量、監控及報告等程序落實管理，並應遵循下列規定辦理：

(四)銀行須訂定新種商品之內部審查作業規範，於辦理新種衍生性金融商品前，應依上開規範審查之。銀行內部商品審查規範之內容至少應包含以下各項：

1.商品性質之審查。2.經營策略與業務方針之審查。3.風險管理之審查。4.內部控制之審查。5.會計方法之審查。6.相關法規遵循及所須法律文件之審查。

十二、銀行辦理衍生性金融商品，應建立防範利益衝突及內線交易行為之管理機制。

十六、銀行辦理衍生性金融商品業務，與客戶權益有關之應遵循事項：

(一)銀行辦理衍生性金融商品業務之推廣文宣，應清楚、公正及不誤導客戶，讓客戶適當及確實瞭解產品所涉風險，並應訂定向客戶交付商品說明書及風險預告書之作業程序。對機構投資人以外之銷售對象，應由客戶聲明銀行已派專人解說，且在各項產品說明書及風險預告書上具簽確認。

(二)前項風險預告書應於明顯處充分揭露各種風險，並應將最大之風險或損失以粗黑體字體標示。惟銀行與金融同業交易者，因其應具相當金融專業認知，得不提供風險預告書。

(三)銀行辦理衍生性金融商品業務，應制定瞭解客戶（Know your Customer）制度，並確實瞭解客戶之財務狀況、投資經驗、投資需求及承擔潛在虧損的能力等特性及交易該項衍生性金融商品之適當性。

[77] 銀行辦理財富管理業務應注意事項

六、銀行辦理本項業務，應建立適當之內部控制制度及風險管理制度，並落實執行。其內容至少應包括下列事項：

(一)理財業務人員之人事管理辦法。(二)充分瞭解客戶之作業準則。(三)監督不尋常或可疑交易之作業準則。(四)業務推廣及客戶帳戶之風險管理作業準則。(五)內線交易及利益衝突之防範機制。(六)客戶紛爭之處理程序。

(1)永豐商業銀行香港分行
以客戶委任之代理人身分，購買保盛豐集團相關金融商品案，核有下

八、第六點所稱充分瞭解客戶之作業準則，其內容至少應包括下列事項：
(一)接受客戶原則：應訂定客戶最低往來之金額及條件，以及得拒絕接受客戶
之各種情事。
(二)開戶審查原則：
1.應訂定開戶審查作業程序，及應蒐集、查證與紀錄之資料，包括客戶與
受益人之身分、財務背景、所得與資金來源、風險偏好、過往投資經驗
及開戶目的與需求等。尤其對特定背景或職業之高風險人士及其家屬，
應訂定較嚴格之審查及核准程序。
2.接受客戶開戶時，須有適當之單位或人員，複核客戶開戶程序及所提供
文件之真實性與完整性後始得辦理。
3.客戶授權另一人代表簽名開戶，須另對受託人進行評估並掌握最終受益
人。
(三)客戶投資能力之評估：評估客戶之投資能力及接受客戶委託時，除參考前
項資料外，應綜合考量下列資料：
1.客戶資金操作狀況及專業能力。2.客戶之投資屬性、對風險之瞭解及風
險承受度。3.客戶服務之合適性，合適之投資建議範圍或交易額度。
(四)定期檢視制度：銀行應建立理財業務人員定期以電話或親訪客戶制度，以
瞭解客戶財務、業務變動之狀況，並及時更新客戶資料檔，並配合檢討評
估客戶投資能力。另內部稽核人員並應定期查核客戶之檔案，以確保其一
致性及完整性。其檢視及查核之頻率得視往來關係之規模、複雜度及風險
程度而定。
(五)客戶資料運用及保密：客戶資料運用、維護之範圍及層級，防範客戶資料
外流等不當運用之控管機制。
十、第六點所稱業務推廣及客戶帳戶風險管理之作業準則，其內容至少應包括
下列事項：
(一)銀行推廣本項業務應訂定廣告或宣傳資料製作之管理規範，及散發公布之
控管作業程序。所有商品或服務之廣告或宣傳資料均應經部門主管、法務
主管及法令遵循主管，確認內容無不當或不實陳述及違法情事後始得核准
辦理。
(二)應建立一套商品適合度政策，包括客戶風險等級、商品風險等級之分類，
俾依據客戶風險之承受度提供客戶適當之商品。另應建立監控機制以避免
理財業務人員不當推介、銷售之行為。
(三)銀行提供客戶理財顧問意見應以書面為之，並妥為保存以供未來查證。
(四)銀行提供特定商品時，應另提供商品說明書及風險預告書，載明商品特

列缺失，有礙健全經營：

①於案關商品上架審核及引進過程時，未訂定對交易對手之查核作業程序及審核認定標準，內部規範顯有不足。

②銀行之委外律師對創世紀成長D1系列及創世紀成長系列II（保盛豐之連動債商品名稱），二檔新商品出具之法律意見函，均晚於總經理批核日。且未依簽呈核定應完成實地查核日前完成查核，即將商品購買款項匯至信託機構開立於保管機構之資金監管帳戶，未確實依銀行內部規則「香港分行產品上架流程」辦理上架作業。

性、所涉及之風險、手續費或其他費用之說明。相關說明經理財業務人員充分告知客戶後，應留存紀錄以供查證。銀行應針對客戶有無涉及洗錢與不法交易執行檢查程序並出具經客戶確認之報告書。

(五)銀行應製作客戶權益手冊提供客戶，內容應包括銀行提供金融商品或服務之內容、可能涉及之風險及其他特殊約定事項，並應充分揭露銀行辦理本項業務費用收取的方式，且應將受理客戶意見、申訴之管道，調查、回應及處理客戶意見等與維護客戶權益之相關資訊納入。

(六)銀行辦理財富管理業務，如推介、銷售其他機構發行之商品予客戶，有關推銷不實商品或未善盡風險預告之爭議責任，應由銀行負責，並應於第(五)款客戶權益手冊中充分告知客戶。

(七)銀行應建立交易控管機制，避免提供客戶逾越徵信額度、財力狀況或合適之投資範圍以外之商品或服務，並避免業務人員非授權或不當顧問之業務行為。

(八)應建立向客戶定期及不定期報告之制度。有關報告之內容、範圍、方式及頻率，除法令另有規定外，應依照雙方約定方式為之。

十一、第六點所稱內線交易及利益衝突之防範機制，其內容至少應包括下列事項：

(四)銀行辦理本項業務如以銷售客戶某項商品作為提供授信或投資之條件時，應向客戶揭露授信或投資之收入分配情形，並不得違反公平交易法相關規定。

(六)辦理本項業務人員之薪酬制度，應衡平考量佣金、客戶委託規劃資產之成長及其他因素，並不得以收取佣金多寡為考量推介商品，亦不得以特定利益或不實廣告，利誘客戶買賣特定商品。

(七)銀行應將提供各項商品與服務之收費標準與明細充分揭露。

(八)銀行應將提供財富管理服務實際收取之手續費、推介銷售商品獲取之佣金及其他名義費用向客戶充分告知。

③未於系爭商品引進前，針對保盛豐集團及所涉相關交易對手，包括發行、保證、受託、保管等機構之財務狀況及主要股東背景等資料進行詳實查證，且於商品上架後始赴美進行實地查核，對案關交易對手之徵信及查核作業明顯不足。

④案關商品上架未經永豐商業銀行總行遵法單位對商品架構、連結標的契約及銷售程序等表示意見，適法性審查程序與法令遵循作業有欠妥當。

⑤對案關商品相關之交易對手契約文件審核，係由發行機構聘請律師代行，公正性顯有不足，另契約文件之查核以信託及保管機構為主，未對發行機構及保證機構之相關合約深入查證。

⑥有以理財商品搭配融資方案鼓勵或勸誘客戶辦理融資進行投資之情事，有欠妥適。

⑦依香港金融管理局對永豐商業銀行香港分行查核結果，有未保存客戶資產證明文件影本、無適當合格資產組合定義規範、未辦理資產價值年度重新檢視等缺失。另依銀行自行查核發現，有未經覆核主管核可即核准客戶成為專業投資人、專業投資人問卷勾選投資組合未符專業投資人認定標準、開戶文件及專業投資人問卷遺失，足證銀行確有未善盡認識客戶之責任，將客戶認定為符合專業投資者之資格，相關檔案文書保存之內部控制制度，顯有疏失，核有違反銀行辦理財富管理業務應注意事項相關規定。

(2)萬泰商業銀行

辦理受託投資保盛豐集團相關金融商品案，核有下列缺失：

①銀行於案關商品上架審核及引進過程中，未能詳實查證系爭商品保證契約之真實性及保證內容，亦未詳察英文產品說明書所列有對投資者之資格限制，即認定該商品非屬高風險，且未能有效控管發行機構及受託投資金融商品可能引致銀行之相關風險。

②未於系爭商品引進前，針對保盛豐集團及所涉相關交易對手，包括發行、保證、受託、保管等機構之財務狀況、於國際金融市場之地位、主要股東背景等資料進行詳實查證，僅以保盛豐集團簡介或其

他銀行已上架銷售，作為引進之考量，對案關交易對手之徵信及查核作業明顯不足。

③對系爭商品之上架及銷售流程暨相關銷售文件，有未落實執行內部規範之情事，且未明確規範法務單位應審查之範圍及權責，如銀行法務處僅就中文產品說明書進行審閱，未勾稽中、英文產品說明書是否一致，適法性審查程序與法令遵循作業難稱嚴謹。

④未就發行機構有權人簽樣實際辦理對保事宜，且未對保證機構之保證內容及保證能力進行查證。而案關受託人並非國際知名之金融機構，銀行對交易對手之查證作業未盡完備。

⑤另有關銀行對系爭商品卷案之查證，多以人員更替無法查獲為由而未隨案檢附，顯示貴行對相關檔案文書保存之作業尚有疏失。

(3)安泰商業銀行

辦理受託投資保盛豐集團相關金融商品案，核有下列缺失：

①於案關商品上架審核及引進過程中，未能詳實查證系爭商品保證契約之真實性及保證內容，亦未詳察英文產品說明書所列有對投資者之資格限制，即認定該商品非屬高風險；且未設有專責單位負責審查或控管發行機構及受託投資金融商品可能引致銀行之相關風險。

②未於系爭商品引進前，針對保盛豐集團及所涉相關交易對手，包括發行、保證、受託、保管等機構之財務狀況、於國際金融市場之地位、主要股東背景等資料進行詳實查證，對案關交易對手之徵信及查核作業明顯不足。

③辦理與本案發行機構或代理機構之洽定及簽約事宜，未洽會法務暨遵法部門，不符銀行「財富管理部分層負責明細」之內部規範。另銀行法務單位未依金管會「銀行辦理財富管理業務應注意事項」第十點第1項規定，協助審視產品DM之內容是否適法；銀行未就商品上架及銷售流程暨相關銷售文件，規範法務單位應審查之範圍及權責，易生權責不清之問題，法令遵循作業難稱嚴謹。

④未就發行機構有權人簽樣實際辦理對保事宜，且未對保證機構之保

證內容及保證能力進行查證；又案關受託人並非國際知名之金融機構，就所出具之聲明書亦應予以查證，貴行僅以該受託人所出具之資產池內容及比例之聲明書，與其後所附資產保管機構之聲明書，作為確認資產池實際內容及其真實性之方式，顯示貴行對資產池真實性之查核作業未盡完備。

(4)台中商業銀行

辦理受託投資保盛豐集團相關金融商品案，核有下列缺失：

①案關商品上架審核及引進過程中，未能詳實查證系爭商品保證契約之真實性及保證內容，亦未詳察英文產品說明書所列有對投資者之資格限制，即認定該商品非屬高風險。

②未於系爭商品引進前，針對保盛豐集團及所涉相關交易對手，包括發行、保證、受託、保管等機構之財務狀況、於國際金融市場之地位、主要股東背景等資料進行詳實查證，對案關交易對手之徵信及查核作業明顯不足。

③未就商品上架及銷售流程暨相關銷售文件，明確規範法務單位應審查之範圍及權責。適法性審查程序與法令遵循作業難稱嚴謹。

④未就發行機構有權人簽樣實際辦理對保，而對保證機構之保證內容及保證能力，僅以聲明書方式查證；又案關受託人並非國際知名之金融機構，就所出具之聲明書亦應予以查證，銀行僅以該受託人所出具之資產池內容及比例之聲明書，作為確認資產池實際內容及其真實性之方式，顯示貴行對資產池真實性之查核作業未盡完備。

(5)華南商業銀行

辦理受託投資保盛豐集團相關金融商品案，核有下列缺失：

①於案關商品上架審核及引進過程中，未能詳實查證系爭商品保證契約之真實性及保證內容，亦未詳察英文產品說明書所列有對投資者之資格限制，即認定該商品非屬高風險；且未設有專責單位負責審查或控管發行機構及受託投資金融商品可能引致銀行之相關風險。

②未於系爭商品引進前，針對保盛豐集團及所涉相關交易對手，包括

發行、保證、受託、保管等機構之財務狀況、於國際金融市場之地位、主要股東背景等資料進行詳實查證，對案關交易對手之徵信及查核作業明顯不足；甚且，於保盛豐集團之背景條件，經認定不符成為銀行之交易對手，然於專案簽報新增該集團為交易對手之簽呈中，未能詳具分析將該集團納為交易對手之風險，且未就該交易對手之適格性等詳予瞭解，顯示銀行對交易對手之查核作業確有未足。

③未就商品上架及銷售流程暨相關銷售文件，明確規範法務單位應審查之範圍及權責，適法性審查程序與法令遵循作業難稱嚴謹。

④未就發行機構有權人簽樣實際辦理對保，而對保證機構之保證內容及保證能力，僅以聲明書方式查證；又案關受託人並非國際知名之金融機構，就所出具之聲明書亦應予以查證，銀行僅以該受託人所出具之資產池內容及比例之聲明書，與其後所附資產保管機構之聲明書，作為確認資產池實際內容及其真實性之方式，顯示銀行對資產池真實性之查核作業未盡完備。

⑤銀行受託投資保盛豐集團「GVECResourceII安富尊榮」連動債，自產品顧問機構宜恩公司收取行銷活動贊助費，並勻支部分金額補貼予特定客戶，未於相關契約或商品說明文件中載明信託報酬及信託收益等事項；且僅對特定客戶額外配息，對於其他投資人未有一致之作法，並涉有以特定利益利誘客戶買賣特定商品之情事，核有未妥。

(二)銀行與投資人間之法律關係

設若銀行未向投資人全數買回保盛豐連動債時，投資人得主張之權利有：

1.民法第92條

依民法第92條第1項規定因被詐欺或被脅迫而為意思表示者，表意人得撤銷其意思表示。但詐欺係由第三人所為者，以相對人明知其事實或可得而知者為限，始得撤銷之。因銀行內部對保盛豐集團連動債之商品審查

確有缺失，投資人得否主張銀行以內部審查不實之商品向其推介，係一詐欺行為而欲撤銷其意思表示？容有爭執之處。

蓋投資人須舉證銀行確有詐欺故意，因內部審查商品不實，僅係銀行內部作業疏失，非得直接推論銀行即具有詐欺投資人之故意。

2.信託業法第22條

依信託業法第22條第1項規定信託業處理信託事務，應以善良管理人之注意為之，並負忠實義務。又同法第35條規定信託業違反法令或信託契約，或因其他可歸責於信託業之事由，致委託人或受益人受有損害者，其應負責之董事及主管人員應與信託業連帶負損害賠償之責。前項連帶責任，自各應負責之董事及主管人員卸職之日起二年內，不行使該項請求權而消滅。

如據金管會處分之事實顯示，銀行未落實內部商品審查程序，未充分對保盛豐連動債進行查核，有違投資人信託銀行為其辦理信託事務時應盡之注意義務。今銀行違反其注意義務，因保盛豐之連動債係一證券詐欺案，投資人因無法收取報酬而受有損害，銀行應對投資人負損害賠償之責。

3.民法第184條第2項

按民法第184條第2項規定違反保護他人之法律，致生損害於他人者，負賠償責任。但能證明其行為無過失者，不在此限。蓋信託業法第22條規定是保護他人之法律，今銀行違反信託業法，投資人因無法收取保盛豐連動債之報酬而受有損害，銀行應對投資人負損害賠償之責。

(三)因非法收佣所涉法令

設若銀行相關負責人，如能證明其非法收取佣金屬實，所違反之法令有：

1.銀行法第35條

按銀行法第35條規定銀行負責人及職員不得以任何名義，向存戶、借款人或其他顧客收受佣金、酬金或其他不當利益。又銀行法第127條第1項規定違反第35條規定者，處三年以下有期徒刑、拘役或科或併科新臺幣

五百萬元以下罰金。但其他法律有較重之處罰規定者，依其規定。

　　蓋銀行推介保盛豐集團之連動債，銀行得收取一定之報酬或手續費，該筆費用銀行應事前向投資人告知，使其知悉，此為銀行合法收入來源，但銀行負責人或職員並非得向投資人收取佣金。若今能證明銀行負責人資金流向，其有從發行人保盛豐集團那收取額外之佣金，則違反本條規定，而負有刑事責任。

2.銀行法第125條之2

　　依銀行法第125條之2規定銀行負責人或職員，意圖為自己或第三人不法之利益，或損害銀行之利益，而為違背其職務之行為，致生損害於銀行之財產或其他利益者，處三年以上十年以下有期徒刑，得併科新臺幣一千萬元以上二億元以下罰金，此係銀行法就刑法背信罪之特別規定。

　　蓋銀行負責人或職員，若係因收取保盛豐集團給予之額外佣金，使銀行承辦保盛豐集團連動債之此項非法業務，進而向投資人推介該商品，現保盛豐集團證券詐欺案爆發，致使銀行須全數買回保盛豐之連動債，而自行承擔損失，已該當本條規定之客觀構成要件，惟仍須以資金流向證明本條意圖，即其收取佣金係為自己或第三人不法之利益。

四、證券商或銀行股東得主張之權利

(一)證券投資人及期貨交易人保護法第10條之1

　　按證券投資人及期貨交易人保護法第10條之1第1項第1款規定保護機構發現上市或上櫃公司之董事或監察人執行業務，有重大損害公司之行為或違反法令或章程之重大事項，得請求公司之監察人為公司對董事提起訴訟，或請求公司之董事會為公司對監察人提起訴訟。監察人或董事會自保護機構請求之日起三十日內不提起訴訟時，保護機構得為公司提起訴訟，不受公司法第214條及第227條準用第214條之限制。保護機構之請求，應以書面為之。

　　又針對「重大損害公司之行為、違反法令或章程之重大事項」證券投資人及期貨交易人保護法第10條之1訴訟事件處理辦法第3條有例示規定，

例如第1款規定依檢察官起訴之犯罪事實，違反證券交易法第20條第1項、第2項、第155條第1項、第2項、第157條之1第1項、期貨交易法第106條、第107條或第108條第1項之規定，足認公司受有重大損害者。及第3款規定依檢察官起訴之犯罪事實，意圖為自己或第三人之利益，而為違背其職務之行為或侵占公司資產，足認公司受有重大損害者。

因證券投資人及期貨交易人保護法第10條之1規定，不適用公司法第214條，保護機構得不受繼續一年以上、持有已發行股份總數百分之三以上門檻之限制，即可提起代表訴訟

(二)適用本案

若檢察官起訴金鼎證負責人具有證券詐欺或違背其職務之情事及銀行負責人有非法收佣情形存在或銀行一旦認列保盛豐連動債虧損，皆會造成公司股價下跌，股東就公司負責人此等不法情事所造成之損失，原須依公司法第214條規定繼續一年以上、持有已發行股份總數百分之三之門檻，始得以書面請求監察人為公司對董事提起訴訟。

惟今按證券投資人及期貨交易人保護法第10條之1第1項第1款規定，保護機構（即投資人保護中心，簡稱投保中心）發現檢察官起訴金鼎證董事證券詐欺或違背職務及銀行負責人違背職務之情事，得先書面請求監察人為公司對董事提起訴訟，監察人逾三十日仍未請求，投保中心得為公司提起訴訟。但有疑慮者，係法條明文規定針對「上市或上櫃公司」之董事或監察人，而銀行多係其母公司金控公司為上市、櫃公司，銀行本身僅係一公開發行公司，投保中心是否即得依據本條規定為公司對董監事提起代表訴訟，依法理當應有其適用，惟仍待未來實務觀察研究。

肆、結語

綜上所述，雖然目前在我國連動債之銷售模式主要是證券商之次級市場模式及銀行之信託模式（即特定金錢信託）。然亦非無直接以初級市場

模式銷售連動債之可能性，而前提是承認連動債為我國證交法第6條之有價證券範圍內，雖行政機關係持否定之見解，但此絕非最後定論，蓋得訴諸司法定紛止爭。又自本案種種跡象透露，本案應得以證券初級市場模式規範相繩，司法者於此應肯認連動債為證交法第6條之有價證券，以填補該漏洞，追究本案主事者應負之責。前述各個面向法律責任之探討，僅係本文筆者之初淺整理，蓋法律要件之該當與否，有賴事實面證據提出證明之，否則本文所提出者也僅係紙上權利、淪為空談，而與本案有關之舉證問題，則有待檢察官後續之追蹤處理。

參考文獻

1.華爾街日報中文版網站，http://www.cn.wsj.com/big5/

2.美國SEC網站，http://www.sec.gov/index.htm

3.聯合知識庫，http://udndata.com/

4.編輯部，誰騙了六家銀行二五〇億？，天下雜誌第426期，2009年7月15日。

5.吳修辰、張逸光，從院長、立委到聯發科都受騙，商業週刊第1130期，2009年7月20日。

6.郭土木，結構式商品之法律問題探討，台灣本土法學雜誌第62期，頁127-37，2004年9月。

7.陳肇鴻，論結構債之法律關係及指定用途金錢信託之法律性質，軍法專刊第55卷3期，頁111-33，2009年。

8.賴英照，股市遊戲規則－最新證券交易法解析，台北：冠順印刷事業有限公司，出版，2006年。

9.劉連煜，新證券交易法實例研習，台北：元照出版有限公司，六版，2008年9月。

第九章 吳蜀相爭荊楚地，魏隔赤壁空餘恨——SOGO經營權爭奪‧續戰篇

沉醉於Michael Jackson音樂的小律師

聽到They Don't Care About Us後誓言為弱勢發聲，並在

Man In The Mirror中找到自我，

從Dangerous裡窺到人心險惡，發現商場上人人都是

Smooth Criminal。有幸能透過老師的鼓勵以短文再記錄下

Sogo案的點點滴滴，和大家分享商場和法律融合的巧妙！

大事紀[*]

時間	事由	備註
1986年3月間	由日本SOGO集團與台灣太平洋建設股份有限公司合作成立太平洋崇光百貨股份有限公司，隔年太平洋SOGO百貨忠孝館開幕。	
2000年～2001年間	日本SOGO集團陷入財務危機，並出賣其透過子公司對太平洋崇光百貨股份有限公司之持股以換取所需資金。	由太平洋建設集團旗下產業購買日本SOGO集團對太平洋崇光百貨股份有限公司持股，以資金協助日本方面渡過危機，但也因該金額過鉅，變向造成太平洋建設集團自身陷入財務困境。
2001年5月23日	太平洋建設集團為解決財務問題，將所持大陸太平洋百貨股份有限公司股權轉賣予卡萊爾集團。	
2001年9月間	太平洋建設集團長年的財務問題因為短期現金流量不足而爆發，導致銀行可能抽銀根，集團現金流量出現問題。	太平洋建設集團旗下的太平洋崇光百貨股份有限公司長期提供母公司資金，但因納莉風災淹水不能營業，數億的資金收入無法如期到位，導致財務危機一觸即發。
2001年10月間	在李恆隆的幫助與政府支持下，太平洋建設集團與債權銀行等達成債務延展協議，財務危機得到暫時的紓緩。	
2002年1月間	林華德經李恆隆介紹，協助診斷太平洋建設集團財務狀況，並為其量身定做紓困計畫。	
2002年3月初～5月間	由林華德主導太平洋建設集團進行前開紓困計畫，獲取資金償還債務，分割企業以利經營。	
2002年6月10日	太平洋流通股份有限公司與太平洋建設股份有限公司簽訂股權買賣契約書，由太平洋流通股份有限公司購買太平洋建設股份有限公司所持有之太平洋崇光百貨股份有限公司股份。	

[*]　整理自聯合知識庫、台灣台北地方法院95年度矚重訴第3號判決、台灣高等法院97年度矚上易字第1號判決、台灣台北地方法院檢察署95年度偵字第12421號起訴書與台灣台北地方法院檢察署95年度偵字第13917號起訴書。

時間	事由	備註
2002年6月14日	太平洋流通股份有限公司完成股份過戶手續，取得太平洋崇光百貨股份有限公司多數股權。	林華德紓困計畫中的企業分割計畫完成。
2002年7月間	太平洋崇光百貨股份有限公司以46億元的價格向太平洋建設股份有限公司購買太百大樓（台北市大安區忠孝東路四段之太平洋百貨本館）。	章家欲以此一交易取得資金解決太平洋建設集團的財務問題。
2002年8月5日	余青松與三僑實業股份有限公司簽訂買賣太平洋崇光百貨股份有限公司股權之契約書。	
2002年8月21日	章啓明與寒舍餐飲股份有限公司和美商仙妮蕾德公司共同簽訂交易備忘錄。	由於前開林華德提供的紓困計畫似未能完全解決太平洋建設集團本身的財務問題，章家遂自行向外尋求援助。
2002年8月22日	美商仙妮雷德集團負責人陳德福與寒舍股份有限公司蔡辰洋向林華德等洽商投資太平洋百貨公司事宜，但未得善意回應。	
2002年8月26日	太平洋崇光百貨股份有限公司召開臨時股東會解任原有董事章民強，並變更章程選任七名新董事，四名爲中華民國銀行商業同業公會（李昌鑒）、中華民國票券金融商業同業公會（彭宗正）、正風聯合會計師事務所（賴永吉）及國泰世華銀行股份有限公司（汪希賢）所推薦之代表，其中賴永吉（正風聯合會計師事務所所長）更被選爲新任董事長。	太平洋崇光百貨股份有限公司由銀行團代表進駐，欲使財務透明及債權銀行安心。惟另有認爲此乃林華德等人將章家勢力逐出太平洋崇光百貨股份有限公司的手段。
2002年9月17日	林華德向蔡辰洋等人表示雙方可就投資太平洋崇光百貨股份有限公司一事談判；同時，李恆隆與遠東集團（財務長李冠軍、法律顧問黃茂德）簽訂備忘錄暨保密協定。	
2002年9月19日	林華德解除章家代表太平洋崇光百貨股份有限公司出任太平洋流通投資股份有限公司法人董事之職務；同時間，林華德和蔡辰洋等人就投資太平洋崇光百貨股份有限公司達成數點協議。	章家父子被徹底從太平洋崇光百貨股份有限公司經營階層中逐出。

時間	事由	備註
2002年9月20日	賴永吉自財政部領取太平洋流通投資股份有限公司的大小章連同太平洋崇光百貨股份有限公司放棄增資之認購書到遠東集團。	
2002年9月21日	李恆隆招開太平洋流通股份有限公司董事會及股東會，決定太平洋流通投資股份有限公司第二次的增資議案。	
2002年9月22日	林華德解除其與李恆隆等人間之信託關係，並辭任太平洋崇光百貨股份有限公司董事會顧問之職務。	
2002年9月底	遠東集團短時間內完成增資太平洋流通投資股份有限公司新台幣10億，透過掌控母公司間接取得子公司太平洋崇光百貨股份有限公司經營權。	
2002年10月1日	李恆隆提領增資後所取得之資金中8億元，清償積欠台北富邦銀行的債務，取得為太平洋建設股份有限公司為債務提供擔保的太平洋崇光百貨股份有限公司股份。	為避免太平洋崇光百貨股份有限公司股票所擔保的債權遭執行以致股權易手，李恆隆等人代主債權人清償債務。
2002年10月11日	李恆隆等持會議記錄至台北市政府建設局申請公司變更登記，並於隔月（2002年11月13日）完成增資變更登記。	
2003年3月12日	卡萊爾集團針對購買大陸太平洋百貨股份有限公司股權一事以違約為由向巴黎國際仲裁法庭提出仲裁。	
2010年2月3日	經濟部商業司撤銷太平洋流通股份有限公司三次增資與三次董監事變更登記。	

涉案主要當事人簡介

與本案相關之 重要企業和主要人物	簡介
章家	包含章民強（時任太平洋建設股份有限公司副董事長）、章啓光（時任太平洋建設股份有限公司董事長）、章啓明（時任太平洋百貨常務董事），三人均為太平洋建設集團的主要經營階層之一，為商場上一方之霸。本案中，父子三人倍受多方勢力夾擊，幾乎是賠了夫人又折兵，損失慘重。

與本案相關之 重要企業和主要人物	簡介
李恆隆	本案的關鍵人物之一。早年即與章家有生意上往來，爲章家商場上的合作夥伴，政商關係頗佳。在太平洋崇光百貨股份有限公司經營權爭奪的過中，以多變的手腕撮合各方利益，扮演極爲重要的角色。
林華德	本案的關鍵人物之一。過去有處理國際票券股份有限公司之財務問題的精彩表現，因此被譽爲金融鬼才。本案中，林華德受託爲陷入危機的太平洋建設集團診治並提出一連串的改革計畫，直接或間接促成太平洋崇光百貨股份有限公司之經營權易手。
賴永吉	金融鬼才林華德之學生，爲正風聯合會計師事物所會計師。從本案之始即參與評估和計畫解決太平洋建設股份有限公司之財務問題，協助林華德等人實行各種手段，爲本案的關鍵人物之一。
太平洋建設股份有限公司（Pacific Construction Co. Ltd.）	爲太平洋建設集團的之母公司，因多重原因陷入財務困頓，危急時不已向外請求援助，未料引狼入室，危機不但未解除，更喪失旗下金雞母太平洋崇光百貨股份有限公司，財務與業務受到重創。
太平洋崇光百貨股份有限公司（Pacfic Sogo Department Store Co. Ltd.）	公開發行公司，但未上市上櫃，爲太平洋建設集團旗下子公司之一。其所成立之太平洋SOGO百貨是百貨業的傳奇，強大的吸金能力給與陷入財務危機的太平洋建設集團紓緩空間，但此一特色卻也成爲覬覦對象，促使本案發生。
太平洋流通股份有限公司（Pacific Liu Tong Investment Co. Ltd.）	原爲非公開發行公司，爲太平洋建設集團旗下子公司之一。資本額原僅100萬，被林華德等人作爲紓困計畫中企業分割（分割太平洋建設集團與太平洋崇光百貨股份有限公司）的主要工具，在增資後成爲公開發行公司，更變成遠東集團入主太平洋崇光百貨股份有限公司的關鍵工具，是各方人馬爭奪的焦點。
遠東集團（Far Eastern Department Stores Ltd. and Subsidiaries）	主要指徐旭東（時任遠東集團總裁）、黃茂德（時任董事長特別助理，負責遠東集團法務）與李冠軍（時任遠東集團財務長）三人，其因積極參與併購過程而成爲本案的關鍵角色之一。另外，遠東集團旗下產業短時間內將所需資金迅速到位完成增資，使原有意投資太平洋崇光百貨股份有限公司的蔡辰洋等人被屏除在外。
卡萊爾集團（Carlyle Group）	現稱凱雷集團。其爲全球最富有的融資併購公司，投資事業廣布全球，內部成員多爲政治與金融界的名人。本案中，卡萊爾集團原先和太平洋建設集團合作，與太平洋崇光百貨股份有限公司共同持有太平洋中國控股公司（大陸太平洋百貨）股權，約略占40%，但未料其後透過國際仲裁出脫手中持股，讓本案更趨複雜。

關鍵判決整理

違反證券交易法、行使偽造文書部分			
時間	內容	判決字號	備註
2004年6月21日	一審判決出爐。章家（章民強、章啓光和章啓明）、洪錫銘、李恆隆、賴永吉和郭明宗等人均無罪。	台灣台北地方法院刑事判決92年度訴字第1442號。	
2009年10月26日	二審法院判決出爐。章家（章民強、章啓光和章啓明）因違反證券交易法相關規定判決有罪；洪錫銘無罪；李恆隆、賴永吉因行使偽造造文書判決有罪；郭明宗則因爲行使業務上登載不實之文書有罪。	台灣高等法院刑事判決93年度金上重訴字第6號。	
2010年1月27日	二審法院再審裁定出爐。郭明宗對二審法院提出再審之訴遭駁回。	台灣高等法院刑事裁定98年度聲再字第504號。	因郭明宗之案件不得上訴三審故就此確定，爾後經濟部商業司經檢察署函告而以此案確定爲由撤銷太平洋流通股份有限公司增資登記。
2010年3月25日	三審法院判決出爐。針對二審判決章家（章民強、章啓光和章啓明）、李恆隆和賴永吉有罪之判決全數撤銷並發回二審重新審理。	最高法院刑事判決99年度台上字第1789號。	本案仍在二審重新審理中，故將來仍有更動可能，應再觀察。

三僑微風的介入			
時間	內容	判決字號	備註
2003年4月18日	一審法院判決認爲三僑實業股份有限公司與台灣崇廣股份有限公司間並無買賣太平洋崇光百貨股份有限公司股權之契約，故三僑實業股份有限公司應將該股票返還。	台灣台北地方法院民事判決91年度重訴字第2465號。	原告爲台灣崇廣股份有限公司。

三僑微風的介入			
時間	內容	判決字號	備註
2005年2月24日	一審判決認為台灣崇廣股份有限公司應於三僑實業股份有限公司交付太平洋崇光百貨股份有限公司股票時返還其之前因買賣契約給付之價金。	台灣台北地方法院民事判決92年度重訴字第1853號。	原告為三僑實業股份有限公司。
2007年3月30日	二審法院判決維持前開一審判決結果，認定三僑實業股份有限公司須返還太平洋崇光百貨股份有限公司股票予台灣崇廣股份有限公司；台灣崇廣股份有限公司則須返還已交付之價金。	台灣高等法院民事判決94年度重上字第218號。	原告為三僑實業股份有限公司。
2007年8月30日	三審法院判決仍維持二審法院之結論。	最高法院民事裁定96年度台上字1949號。	原告為三僑實業股份有限公司。

太平洋崇光百貨股份有限公司股款爭議			
時間	內容	判決字號	備註
2009年5月27日	一審法院認定台灣崇廣股份有限公司為主債務人，應負最終清償責任，且必須向太平洋崇光百貨股份有限公司償還其已代償之債務。	台灣台北地方法院民事判決96年度重訴字第1341號。	
2010年2月23日	二審法院認定太平洋崇光百貨股份有限公司為主債務人，須向日本SOGO集團負最終清償責任，而台灣崇廣股份有限公司無須負擔保證責任。	台灣高等法院民事判決98年度重訴字第351號。	
2010年6月30日	最高法院認定二審法院就何人為主債務人、連帶保證人等問題有違誤，故發回更審。	最高法院民事判決99年度台上字第1201號。	本案仍在二審法院重新審理中，故尚未確定，未來仍有變數，值得觀察。

返還信託股份			
時間	內容	判決字號	備註
2003年12月5日	一審法院認定章民強與李恆隆間並無信託關係。	台灣台北地方法院民事判決91年度重訴字第2785號。	民事判決認定信託關係不存在與刑事法院之認定相反。
2010年4月15日	二審法院維持一審法院之認定,駁回章民強之上訴。	台灣高等法院民事判決93年度重上字第45號。	
2010年8月19日	三審法院認為由於民事法院事實認定與刑事法院不同,似有未妥,且有部分事實尚待釐清,發回二審法院重新審理。	最高法院民事判決99年度台上字第1533號。	本案經發回至二審法院做事實重新認定,故日後結果是否不同頗值注意。(高等法院審理案號:台灣高等法院民事判決99年度重上更(一)字第120號)

偽造文書、背信部分			
時間	內容	判決字號	備註
2008年8月29日	一審法院判決林華德之行為該當背信罪;徐旭東、黃茂德和李冠軍三人則無罪。	台灣台北地方法院刑事判決95年度矚重訴字第3號。	
2010年9月7日	二審法院判決認同一審法院,林華德仍屬背信;徐旭東、黃茂德和李冠軍三人仍無罪。	台灣高等法院刑事判決97年度矚上易字第1號。	本案因法定刑度規定不得上訴三審,故全案確定。
2011年1月4日	二審法院駁回林華德聲請之再審。	台灣高等法院刑事裁定99年度聲再字第417號。	林華德已於2010年10月22日入獄服刑。

股東會決議瑕疵			
時間	內容	判決字號	備註
2008年7月16日	一審法院判決出爐,法院認為對於2002年5月9日與2002年9月21日二次股東會決議章民強並無確認利益,故駁回其主張。	台灣台北地方法院民事判決95重訴字第490號。	此一判決並未就2002年5月和9月二次股東會決議效力作出認定,而僅以章民強無確認利益駁回,故究竟該二次股東會決議效力為何不得而知。

股東會決議瑕疵			
時間	內容	判決字號	備註
2009年1月13日	一審法院判決出爐，法院認為太平洋建設股份有限公司就2002年9月21日召開之太平洋流通股份有限公司臨時股東會無法律上直接利害關係，駁回其所提出之確認股東會決議不存在與無效之訴。	台灣台北地方法院民事判決97年度訴字第4714號。	
2009年6月16日	二審法院判決出爐，判決理由大致與一審相同，認為太平洋建設股份有限公司就2002年9月21日臨時股東會所提之確認無效與確認不存在之訴無確認利益，駁回上訴。	台灣高等法院98年度上字第149號。	
2010年7月29日	三審判決出爐，法院認定太平洋建設股份有限公司就該股東會非利害關係人，無確認利益，故維持二審法院判決。	最高法院民事判決99年度台上字第1362號。	

壹、前言

　　自2002年9月迄今，太平洋崇光百貨股份有限公司之股權爭奪戰戲碼，有如「補教人生」一般精彩，曲折離奇，讓人在大口喘氣驚歎之餘，還是霧裡看花，攪不明原委、分不清誰是真正的受害人，一切的紛紛擾擾似乎各有各的道理、各有各的巧妙。

　　匆匆九年在轉眼間過去，近一年來，於本案中占有主要地位但卻沈寂多時的「司法判決」紛紛出籠，看似解決紛爭，但實際上卻衍生出更多的問題，暗潮洶湧的經營權爭奪逐漸因公開的判決而浮上台面，但在報章雜誌上雙方放消息廝殺的結果，就預告了這不是一個小段落，而是更大一波的巨浪將至，相信接下來的劇本，除了精彩，還是精彩。

　　本文擬整理近一年來太平洋崇光百貨股份有限公司股權爭奪戰的最新戰況與各路人馬間（章家、太平洋建設股份有限公司、太平洋流通股份有限公司和遠東集團間）的角力廝殺，冀透過整理最新的裁判與報章雜誌記

錄，深入淺出地解析整個交易過程和相關法律問題[1]。

貳、案例事實[2]

　　由於爭奪過程所涉範圍極廣，而相關報章雜誌所載消息可能不盡明確，故本文將事實審法院判決所依據之事實作為案例事實之核心內容，再綜合其他相關資訊做出綜合整理，透過簡單的敘述完整呈現「司法眼中」的經營權爭奪過程。

　　本案之起始，乃由章家所創立的太平洋建設股份有限公司（以下均簡稱為太設公司[3]）與旗下產業近年來因大環境改變，如建築和公共建設的市場持續萎縮與低迷、本身轉投資失利等諸多不利因素造成集團內部長期財務結構不良，加上遇上突發的天災等短期財務衝擊，終導致週轉所需的現金流量不足，在無足夠現金活水的困窘下，財務危機一觸即發。然而，在危機處理同時，未料又似乎引狼入室，各方勢力趁亂介入，短短一年內多方的角力和爾虞我詐，演變成一場至今剪不斷理還亂的複雜局面，也衍

---

[1] 筆者曾於「引狼入室猶未覺，萬貫家財已杳然──SOGO股權爭奪戰」一文中簡介太平洋崇光百貨股份有限公司經營權爭奪的部分過程、公司簡介與相關法律上或法律外之問題，因此本文內容不僅將焦點關注於最新的發展，過去未完足的分析討論也會一併詳述。至於過去已討論過之爭議（例如李恆隆、林華德之關鍵地位等）除非與本案在案情上有連結或可作比較，即不贅述；事實部分為求故事前後的完整性，故仍將前情併入本次重點事實中簡單交代，省略詳細介紹，於此合先敘明。

[2] 事實部分主要參考最新最高法院、台灣高等法院判決與台北地方法院各個民事與刑事判決。由於台灣高等法院為最終事實審，故雖然此次經營權爭奪戰還未落幕，但事實部分或許（因為現在部分案件最高法院發回二審法院重新審理，故還有變動的可能）可確定。

[3] 事實上，其實是以太平洋建設公司為首的集團出現財務問題，故以下如稱太設集團，則指整個以太平洋建設公司為主的所有公司。

生長達九年的紛紛擾擾[4]。

一、緣起：暴風雨前的不平靜

太平洋崇光百貨股份有限公司（以下均簡稱為太百公司）係由日本株式會社崇光國際開發（透過台灣崇廣股份有限公司持股）和太設公司於1986年共同成立與經營[5]，隔年才將百貨公司於現今復興南路和忠孝東路交叉口的太平洋SOGO忠孝館開幕。由於太百公司行銷成功、上下游廠商與各方通路完善，遂造就百貨業奇蹟，尤其是週年慶期間新商品與折扣的交互作用下，更有鉅額資金流入，在太設集團因景氣下滑而財務狀況不佳時，儼然成為太設集團下最重要的金錢來源，也是日後各家人馬覬覦的原因。

然而，太設集團與太設公司因大環境與長年的經營問題，財務問題早已漸漸顯露。2001年間，長期合作的日本SOGO集團亦陷入財務危機，其為求取資金，於是要求太設公司出資買回其早年投資之股份。太設集團便以其下太貿實業之名義出資並取得持股[6]，未料該股款債務因為過於龐大，讓此出資更成為太設集團財務危機之遠因。

福無雙至、禍不單行，同年9月，一場襲擊台灣北部造成嚴重災情的納莉風災，使太設集團旗下之太百公司短期間因水患無法正常營運，太設集團賴以為生的資金活水頓時中斷，短期數億資金缺口出現，金流與物流停滯。銀行團對此畏懼開始抽銀根[7]，使太設集團信用更為緊縮，加深營運困難，至此，已因財務困窘多時的章家，為徹底解決財務問題，開始計畫向外求援[8]。

4　從案發迄今已經過近九年以上的歲月，但其爭執應尚未落幕，日後如未能有妥善的利益分配，雙方當事人必定會繼續在訴訟上或訴訟外糾纏下去。

5　參閱黃偉峯，從太平洋SOGO股權爭奪戰談公司的股權、經營權規劃，實用月刊，第337期，2003年1月，頁39。

6　參閱許秀惠，SOGO到底是誰的？太平洋崇光百貨扯不清的股權戰，財訊，第246期，2002年9月，頁189。

7　參閱楊麗君，SOGO錯告御狀差點自斷「錢」程，商業週刊第729期，2001年11月，頁36。

8　參閱台灣台北地方法院95年度矚重訴第3號判決。

太設集團財務問題：

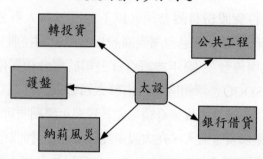

同時間，為免早已陷入財務困窘的太設集團與太設公司經營不善的消息曝光，章家長期利用太百公司無息提供太設公司資金以供週轉，且由於為母子公司間之借貸，為避免債權銀行與投資大眾知悉，其等於財務報表上為虛偽記載，以求能順利繼續取得可能之外界資金[9]。

章家掏空行為：

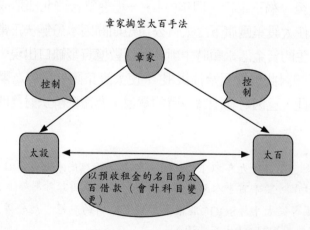

二、拔刀相助？

李恆隆之政商關係良好，又曾與章家因SOGO敦南店取得土地一事合

9　參閱台灣高等法院93年度金上重訴字第6號判決。

作過，因此2001年10月間，由李恆隆的主動提供協助和引見政府高層下，太設集團與太設公司的財務問題暫時獲得紓緩[10]，但卻終未徹底解決。由於李恆隆有效地暫時解決太設集團和太設公司資金短缺問題，使章家對其更為信任，而後再透過李恆隆介紹，認識林華德等人並提供協助。

　　林華德擁有金融方面的長才[11]，又為李恆隆所介紹，自受章家高度信任，在經過林華德和其弟子賴永吉的診斷，林華德提出「企業分割、獲取資金」的方案，以求完全解決太設集團與太設公司之財務問題。換言之，為免太設集團及太設公司沈重的負債及財務問題拖垮體質健全的太百公司，應切割太百公司與太設公司的連結，再另找尋新的來源注入新的資金，使太設集團和太設公司得取得新挹注的資金解決財務問題[12]。

　　人物關係圖：

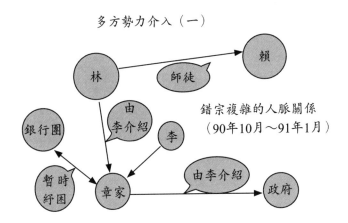

多方勢力介入（一）

賴

林　　師徒

錯宗複雜的人脈關係
（90年10月～91年1月）

銀行團　　由李介紹　　李

暫時紓困　　章家　　由李介紹　　政府

企業分割方面，林華德等人以太設公司轉投資成立，資本額僅新台幣

---

[10] 參閱臧家宜，霖園集團是太設的久旱甘霖—章民強找到一個大靠山，商業時代第56期，2001年12月，頁30。

[11] 1995年8月間，國際票券月爆發國際票券股份有限公司爆發掏空事件後，林華德在一年之內恢復國票公司九成業績，四年內，償還楊瑞仁掏空的一百億元負債。參閱李美惠，深入解讀Sogo的兩份極積機密文件—蔡辰洋：林華德不能只當「藏鏡人」，商業週刊第774期，2002年9月，頁39。

[12] 同註8。

100萬元之太平洋流通投資股份有限公司（以下均簡稱為太流公司）作為
切割平台。第一步由太設公司與章家將太百公司在外之股票賣回給太流公
司[13]；第二步則由太百公司全部出資增資太流公司資本額至1000萬元，以
使債權銀行能支持接下來的切割計畫；第三步即將太流公司股權全部信託
林華德處理，期能順利向太百公司之債權銀行爭取貸款展期[14]。

獲取資金方面，太設公司一方面藉由上述的股權交易取得資金；二方
面，將太設公司原持有之太平洋中國控股有限公司股權[15]、太百大樓（亦
即太百公司忠孝本館大樓）建物及地上權及太百公司全部股權等資產，一
共作價新臺幣（以下均同）120億元，以買賣為名義，分別售予太百公司
及太流公司，取得價金[16]。

分割計畫：

多方勢力介入（二）

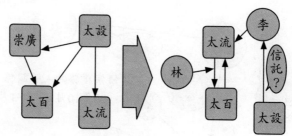

林華德之妙手回春：財務分割計畫（股權分割）
（91年3月～91年7月）

---

[13] 總金額高達16億3200萬元，每股14.7569元，約48%的太百股份。惟有認為太百
公司每股淨值應有19.28元，此一交易顯有低估太百公司資產之嫌。參閱方明，
太設集團梳妝打扮等待有情郎——出脫金雞母太平洋崇光引人疑竇，商業時代，
第85期，2002年6月，頁30。

[14] 同註9。

[15] 總金額為23億元，每股價額403元，約對太平洋中國控股公司60%持股。同註
13。

[16] 同註9。

三、花落誰家

　　2002年7月底、8月初，太百公司與太設公司雖然在財務上已切割，且太設集團等債務問題得到紓緩，但對章家而言，最重要的是太設集團與太設公司尚未取得資金挹注，長年的財務問題無法終於解決，因此章家再次向外尋求援助。當時，寒舍餐飲股份有限公司董事長蔡辰洋與美商仙妮蕾德集團負責人陳德福有意將觸角延伸至百貨業，雙方遂共同簽訂交易備忘錄，約定由仙妮集團以54億元向太流公司收購太百公司股份及其他旗下公司之股權，再由寒舍公司以46億元購買太百大樓建物及地上權，並同意於此交易完成後即放棄太百公司對太設集團之全部債權，就此徹底解決太設集團與太設公司之財務問題。然而上述協議未能實行，蓋章家已將太百公司和太流公司控制權交由林華德、李恆隆等人，因此實際上交易應由其向林華德等人洽談，惟太百公司與太流公司以高層介入之說或其他各種理由百般推阻，至雙方無法順利合作[17]。

　　2002年8月中至9月底，林華德、李恆隆等人用計使章家退出經營團隊，並積極讓遠東集團入主太百公司。首先，林華德、賴永吉和李恆隆等以召開太流臨時股東會及董事會通過太流公司增資議案，賴永吉並未經太百公司董事會同意，以太百公司董事長身分代表太百公司放棄增資時股東的優先承購權；接著，遠東集團以每股10元價格認購太百公司所發行之1億股新股，在短時間內將10億元資金全數到位，取得太流公司99%以上之股權，掌握太流公司經營權，更間接實質控制太百公司[18]。

　　2002年10月，太流公司持有之太百公司股票因擔保太設公司對現更名為臺北富邦銀行之8億元貸款，尚質押在富邦銀行，而該筆貸款即將到期，因而李恆隆等人以前開太流公司增資款項中之8億元，以股票質押擔保物提供人即太流公司名義，代太設公司清償積欠富邦銀行之債務，以免太百公司股權和經營權因質押和拍賣易手[19]。

---

[17] 同註8。

[18] 同註8。

[19] 同註8。

在此之後的九年間，太設集團、太百公司、三僑微風廖家、林華德、李恆隆和遠東集團等人在商場上、媒體上和司法界不斷相互攻擊，讓原本單純的經營權爭奪，在政治經濟的影響下，愈顯複雜難解。由於本案內容複雜、司法案件進行緩慢，當事人間之法律關係至今難以確定，太百公司經營權究竟花落誰家也仍是未知之數。以下緊就上述的交易過程，綜合已出爐的司法判決與事實為分析討論。

參、法律爭點分析

法律爭點分析部分就上述關鍵事實分為八大要項做整理，希能透過簡單的釐清，凸顯出本案各個問題最關鍵的爭議點。

一、掏空

太設集團因為大環境、自身財務狀況不佳與惡性循環的交互作用摧殘下，終於爆發財務危機，但在2001年納莉風災真正重創太設集團短期財務結構前，集團內部就為了維持上市櫃的股票價值，做出一連串違反證券交易法及相關法規的行為，最終由檢察官偵察出些許異狀起訴，但被告等人與檢方纏訟至今仍未有令人滿意的結果。

(一)手法

章家父子等人究竟有無利用經營公司的機會，趁機掏空公司，向來是在經營權爭奪過程中備受爭執的焦點之一。因李恆隆等人認為就是因為章家的不法行為才導致太設集團和太百公司虧損，也證明李恆隆等人驅逐章家經營團隊的決定是為公司利益而無任何私人考量，然而這場戲依著判決結果的不同更趨精彩。

綜合檢察官起訴書與法院判決內容，約略可推斷章家父子違法行為之手法可能為何。簡言之，太百公司為太設公司旗下子公司之一，章家以章啟明掌握太百公司控制權，另外章民強與章啟光則分別居於太設公司要職

控制太設公司，未料太設公司因種種原因產生財務問題，出現大量資金缺口，急需援助，章家遂利用太設公司開立票據等方式向太百公司請求資金調度。至於在會計帳上，為免投資人認定太設公司的借款龐大導致產生財務問題，或避免拖累太百公司財務報表，乃變更會計科目之記載，將借款項目改變成為預收租金和買賣價款，藉此將本來需要利息、擔保品和一定程序的資金調度程序，變成簡單的付款行為，因此產生許多牴觸會計和法律的違法行為，甚至造成太百公司嚴重的損失[20]。

(二)當事人主張

　　檢察官針對章家父子三人（包含章民強、章啟明和章啟光）的行為，起訴三人背信和違反證券交易法關於財務報表偽造等行為。然而，對於檢察官的控訴，章家父子三人堅稱不知情。章啟光主張其僅負責公司營運，而會計表冊部分全權交由公司會計部門審核，個人並未過問，故不知悉也未只是相關違法行為；章民強則僅表示其知悉公司有金融融資調度的情事，但實際內容均未過問；章啟明僅稱公司會計賬冊並非其所製作，查核工作亦同，僅嗣後知悉有預收款項的問題[21]。

(三)法院認定

1.一審法院

　　一審法院判決章家父子三人無罪。就會計賬冊偽造部分，法院認為雖然太設公司向太百公司所取得之款項誠如檢察官所言乃借款，太設公司之會計憑證有登載不實情形，但公司內部會計憑證縱有負責人簽章，在有需要時仍得以分層方式處理之。綜觀現有證據，似難認章家父子三人有事前指示會計表冊應如何記載，更遑論其等有登載不實的犯行；至於背信罪部分，客觀上確實有太設公司無息向太百公司調借現款，然而太設公司與太百公司間有財務連帶關係，相互幫忙乃屬商業上正常現象，且法律並未規

---

[20] 參閱台灣台北地方法院檢察署起訴書92年度偵字第4021號、92年度偵字第12562號、92年度偵字第12564號以及93年度偵字第822號。

[21] 參閱台灣台北地方法院刑事判決92年度訴字第1442號。

定消費借貸契約須有利息約定，在契約自由的框架下，雙方當事人如此約定不必然會產生損害[22]。

2.二審法院

高等法院二審判決遲至2009年10月26日始出爐，由於事實部分調查相較於一審判決變得相當詳細，因此在犯罪構成要件的認定上也更趨細緻化。令人意外的是，二審法院對章家父子三人的行為為有罪判決。

高等法院認為章啟光、章啟明和章民強三人均有偽造財務報告之事實，其不知情的抗辯均屬推諉之詞。詳言之，二審法院認為章家父子三人明知有借調資金之事實，且此並非太百公司預付承租太百大樓之租金，仍在虛偽編造之財務報表上確認簽名，顯然是共同決策並同意內容不實之財務報表；就背信部分，太百公司實際上可運用資金減少，且借貸給太設公司之資金無利息約定必定減少公司收入，卻仍須支付銀行本身借貸之資金利息，顯然會導致太百公司及其股東受損[23]。

3.三審法院

最高法院為法律審，就事實部分並未再多著墨，但就法律見解部分廢棄二審法院之見解。亦即，三審法院主要針對二審法院在刑法和刑事訴訟中關於競合、從新從輕原則、證據能力的認定等問題指出法律概念上的釐清，進而廢棄原判決發回高等法院重審[24]。

(四)評析

由於本案再度回到二審法院，二審法院為事實審法院，檢察官與被告間勢必又會再度針對事實認定部分有另一場的激辯，究竟最終的事實為何，筆者不能妄加猜測，只能靠最後法院所認定的客觀事證所顯示事實認定，但真正的真相是什麼？可能還是只存在於當事人心中了。

章家父子三人為何挪用太百公司資金可能的理由在於太百公司有強大

---

[22] 同前註。

[23] 同註9。

[24] 參閱最高法院刑事判決99年度台上字第1789號。

賺取現金的能力，為了集團綜效和整個集團的最大利益，不讓集團出現財務危機，拖垮整個運作所作的暫時性資金調度，然而真正的經營者要思考的不僅僅要思索如何渡過危機，更要深入分析整體財團的利益，即便是些許的優惠或幫忙，也要建立在將來有利可圖的基本思維下，否則在現行法律重視個別公司的利益要求下，很容易就產生違反公司法、證券交易法等其他相關法規，不可不慎。我國公司法容許集團綜效而犧牲單一公司利益的規定僅有在公司法第369條之4，在種種特殊條件審核下始屬合法，將來是否有修正改良必要，讓現代大型公司有更多可資靈活運用的手法就有待社會和立法者在經濟效率與法律制度衡平下調整了[25]。

另外，公司內容營運分層負責乃為經營效率，使各種專業人才各司其職，以達加強經營績效如何在繁雜的公司結構下釐清各人的責任，又不能因此破壞體制，考驗著立法制度設計的精細度和司法追訴時的縝密度，不可不慎。

二、不良的開端

由上述太設集團支付股款日本SOGO集團一事可知，此次支付日本方面的股款因金額龐大，對本來就財務結構不佳的太設集團產生財務重擔[26]，成為太設公司日後發生財務問題的遠因之一。在太設公司處理財務危機之際，此部分股款當然也併加處理，惟未料卻衍生出更多複雜的問題。

(一)主要爭執

2002年6月21日，太設公司和旗下的子公司等和日本SOGO集團[27]簽訂

---

[25] 對於公司法第369-4條規定的分析討論，詳細請參閱王文宇，公司法論，2004年10月，初版，頁674～677。

[26] 參閱陳雅潔，邊打官司邊還債SOGO案逆轉大贏家？—太設章家八年沈潛搏翻身，財訊第340期，2010年2月，頁62。

[27] 包括株式會社SOGO、株式會社新千葉SOGO、株式會社廣島SOGO、株式會社SOGO國際開發及株式會社十合。

協議書[28]，用以解決雙方於2001年因為股款適宜所簽訂之合意書。系爭協議書有二條約定為當事人所爭執：首先，該協議書第1條約定：「太百公司確認對日本SOGO集團負有債務，且同意依第2條所定方法承擔並負清償責任，第1條約定之債務，包括依系爭合意書約定應支付之7億900萬元（其中5億9000萬元為崇廣公司積欠日本SOGO集團之股款債務）、依系爭合意書約定應支付之遲延利息及原告應付之商標權利金」

其次，系爭協議書第2條約定：「就前條債務，太平洋崇光百貨『連帶保證』臺灣崇廣股份有限公司於下列期日以電匯方式匯入株式會社SOGO之指定帳戶」；第2款約定：「前述第1款以外之餘額，由臺灣崇廣以年度營業利益之70%償還，但每年最低償還金額為7000萬元，於每年12月30日前應以電匯方式匯入株式會社SOGO指定之帳戶。就前述年度最低償還金額太平洋崇光百貨應負連帶保證責任。臺灣崇廣於株式會社SOGO要求時，應提出經公認會計師簽證之會計表冊等文件證明其年度營業利益。日本SOGO集團如有疑義時，並得指派會計師查帳，臺灣崇廣應提供相關會計表冊及單據供查核」；第3款約定：「為『保證』上述第1、2款之付款，應由太平洋崇光百貨於簽訂本協議書同時依償還計畫開具同額之本票予日本SOGO集團」。

此一約款本欲解決太設集團財務問題，用財務切割方式使太百公司向日本SOGO集團負責，降低太設集團財務報表上驚人的負債。然而，在太百公司與太設集團間因經營權爭奪問題水火不容之際，上開約款內容部分不清楚之處，致使雙方在交惡時，對此一契約背後所背負的鉅額債務均不願意負責而互相推托。上開契約主要爭執點有二：太百公司是否為系爭協議書第2條第2款所載債務之主債務人或連帶保證人？太百公司是否得對台灣崇廣股份有限公司（以下均簡稱為崇廣公司）主張民法第749條保證人之代位權利或民法第312條第三人清償之權利？

---

[28] 協議書之內容參閱台灣台北地方法院民事判決96年度重訴字第1341號。

(二)當事人主張

以下簡單整理雙方當事人間於法院攻防時所主張之意見。

1.太百公司主張

太百公司主要主張崇廣公司為主要債務人，太百公司則僅為連帶保證人（甚或亦非連帶保證人），其主張簡單可分為三部分。一為崇廣公司與太百公司共同簽訂協議書，解決崇廣公司向日本SOGO集團購買太百公司股份之股款、遲延利息等其他債務。協議書中第2條第2款確認崇廣公司每年應償還日本SOGO集團7000萬元之債務，並約定由太百公司擔任崇廣公司之連帶保證人。惟崇廣公司未履約償還債務，太百公司因此代償，所生之費用自得依民法第749條規定，向崇廣公司請求償還。且依民法第312條規定，原告就上開債務之履行，屬有利害關係之第三人，於清償之限度內，承受債權人之權利，亦得行使代位權[29]。

二則，如崇廣公司與太百公司間無連帶保證關係，則太百公司所代償之債務，應為適法之無因管理，依民法第176條規定，崇廣公司應應償還費用[30]。

三則，如無連帶保證或無因管理關係，但崇廣公司因太百公司為其代償債務而受有利益，且無法律上之原因，致太百公司受有損害，太百公司亦得依民法第179條、第182條第2項規定，請求崇廣公司返還其所受之利益及利息[31]。

2.崇廣公司主張

崇廣公司先自認其本為主債務人，然而上開協議書之簽訂即將太百公司也變成主債務人，其保證債務則是針對太流公司隊日本SOGO集團所欠之股款而來，蓋當時太流公司資本額過低，恐難清償股款，故尋其子公司太百公司為連帶保證人以擔保信用。其理由如下：首先，崇廣公司雖承認

---

[29] 參閱台灣台北地方法院民事判決96年度重訴字第1341號、台灣高等法院民事判決98年度重上字第351號。

[30] 同前註。

[31] 同前註。

對日本SOGO集團負有股款債務等，但簽訂前開協議書即是欲將崇廣公司與太百公司等六間公司共同成為主債務人。至於太百公司之保證責任則為崇廣公司出售太百公司股權給太流公司時，崇廣公司將其隊日本SOGO集團之債務交由太流公司承擔，但因太流公司增資後資本額仍僅1000萬，恐難以清償，故再由太流公司子公司太百公司擔任太流公司之連帶保證人，協議書第1條之約定即確定上開關係[32]。

　　且崇廣公司因股權交易，取得充裕資金，可自行支付日本SOGO集團款項，無須尋求連帶保證人[33]。

　　最後，系爭協議書第2條所謂太百公司「連帶保證」崇廣公司給付日本SOGO集團之約定，其真意係付款流程之約定。換言之，其付款流程係約定由太百公司付款給崇廣公司，再由崇廣公司給付予日本SOGO集團，因太百公司有能力付款，且系爭股款債務係導源於崇廣公司向日本SOGO集團購買股權，方以崇廣公司作為付款窗口，亦即太百公司始為負責清償之主債務人，並非約定太百公司擔任崇廣公司之連帶保證人，且若崇廣公司未自太流公司收受股款，該款項本應由太百公司負責，太百公司自不得於清償債務後再向崇廣公司求償。依系爭協議書前言及第1條約定，原本依系爭合意書之約定，係由太平洋集團6家公司共同承擔對日本SOGO集團之股款債務，至簽署系爭協議書時則改為由太百公司單獨承擔，此所以協議書第1條並無太平洋集團承擔債務之約定，是以，太百公司既應單獨承擔對日本SOGO集團之股款債務，本無太平洋集團內部分擔之問題，退萬步言，縱使太平洋集團仍共同承擔對日本SOGO集團之股款債務，若崇廣公司未自太流公司收受股款，則由太百公司負責對日本SOGO集團清償，此即系爭協議書第2條約定之真意，而太流公司並未依約給付股款予崇廣公司，太百公司自應依系爭協議書第2條約定負責對日本SOGO集團清償，且清償後不得再向崇廣公司求償[34]。

---

[32] 同前註。

[33] 同前註。

[34] 同前註。

(三)法院認定

1.一審法院

一審法院判決崇廣公司敗訴，其須支付太百公司積欠之股款。理由約略如下：首先，契約之解釋不能單純依照協議書之文字，應綜觀全文，斟酌立約時之情況，故不能僅以系爭協議書第1條之文義，即認定太百公司依第2條為主債務人並負擔最終清償責任[35]。

其次，日本SOGO集團於系爭協議書中第2條第2款約定太百公司僅負連帶保證人責任，其雖未於連帶保證人欄位簽章，仍不影響太百公司僅負擔保證責任。況且協議書中日本SOGO仍另外要求關於在其對崇廣公司財務報告內容有疑義時，日本SOGO集團仍可指派會計師至崇廣公司內部查核，種種跡象均可認為崇廣公司仍為主債務人[36]。

最後，協議書第3條之約定意義在於太百公司清償能力較佳，故讓其擔任連帶債務人以保障日本SOGO集團之權益[37]。

2.二審法院

惟令人訝異的是，二審法院對於系爭協議書之解釋與一審法院幾乎完全相反，因此二審法院駁回太百公司所有主張，判決崇廣公司勝訴。其理由約略為，依據系爭協議書第1條與第2條可知，最初對日本SOGO集團負有股款債務者為太設集團，簽立前開合意書時，亦僅確認太設集團原為該股款之主債務人，但綜合觀察系爭協議書第2條與第4條規定，解釋雙方真意後，應可認為太百公司始為主債務人，應支付全部款項，崇廣公司雖須支付部分款項，但太百公司亦就此負擔連帶保證責任。換言之，協議書第1條即已確認太百公司為主債務人，第2條則僅是約定清償方式，屬於債務履行之承擔[38]。

再者，就太百公司主張得依民法第312條、第176條與第179條向崇廣

---

[35] 同註28。

[36] 同註28。

[37] 同註28。

[38] 參閱台灣高等法院民事判決98年度重上字第351號。

公司求償部分均無理由，蓋太百公司所清償之款項乃自身所需負責，崇廣公司至多僅為連帶保證人，不負最終清償之責，即非第三人清償；又太百公司所為乃為自己處理事物，尚無為他人處理事務情事；且因太百公司之給付一則為取得股款之對價，二則乃基於太百公司與太設集團等公司有契約關係所為，故無不當得利[39]。

3.三審法院

　　然而，三審法院並未平息這場股款爭議的戰爭，反使戰火繼續延燒。換言之，三審法院雖並未變更原審法律見解，但認為二審法院判決理由中事實認定前後顯有矛盾不一之處，進而駁回上訴發回二審法院重新審理。其理由略為二審法院改判一審之理由所根據之事實，如就日本SOGO集團與太百公司間有無簽訂保證契約先後事實認定有不一之處，且究竟雙方當事人誰為契約之主債務人、連帶債務人或債務承擔人就證據認定和決定上前後亦均有矛盾[40]。

(四)整理

當事人／爭議	判決結果	主債務人	其他問題
太百公司		主張崇廣公司為系爭協議書之主債務人，太百公司至多僅負擔連帶保證人責任。	主張依據民法第312條、第176條與第179條等規定請求崇廣公司返還已支付款項。
崇廣公司		太百公司為系爭協議書之主債務人。	
一審法院	命崇廣公司負擔主債務人責任，必須償還太百公司保證債務。	崇廣公司為主債務人；太百公司僅為連帶保證人。	不討論，因為崇廣公司為主債務人，故其權利已滿足。
二審法院	認定太百公司為主債務人，並同時負擔連帶債務人責任。	太百公司為主債務人。	以太百公司主張無理由駁回。
三審法院	認定二審法院判決理由矛盾，發回二審法院重新審理。	未表達意見。	未表達意見。

---

[39] 同前註。

[40] 參閱最高法院民事判決99年度台上字第1201號。

(五)評析：難解的契約條款解釋

　　關於股款的爭訟，最大的問題並非法律見解的分歧，而是事實、契約解釋和雙方當事人真意認定之困難。契約之解釋依民法第98條條規定：「解釋意思表示，應探求當事人之真意，不得拘泥於所用之辭句。」可知契約條款和內容的解釋，不可拘泥於文字意義，應回歸當事人之合意，蓋文字只是當事人真意表達的方式，內涵究竟為何，自應回歸當事人主觀意思解釋，不僅僅須當事人主觀意思之證明，還要參酌一切客觀證據做綜合觀察。但在法律爭訟上最困難的是，要以客觀的事證解釋當事人真意，因此當初簽約時當事人真意究竟為何，可能因日後產生爭議而不同，在「公說公有理，婆說婆有理」的複雜情況下，要如何認定，是法律爭訟中最困難的問題之一，也考驗法官的智慧。

　　由於三審法院為法律審，僅得就法律見解提出建議，就事實調查部分不得審酌，故本案中其發回二審法院重新審理。惟契約解釋問題究竟是事實問題或是法律問題，實務和學說有不同見解，實務上有認為解釋意思表示屬於事實審法院職權，事實審法院解釋意思表示縱有不當，三審法院亦不得以法規適用錯誤駁回[41]；惟另有實務見解認為，解釋契約屬事實審法院職權，但當其解釋違背法令或違背經驗法則和論理法則時，得為上訴三審的理由[42]；論理上，當事人間意思表示之解釋應可分為二階段來討論，如涉及解釋客體或資料問題，屬於事實問題，但如為解釋本身，則是法律評價之法律問題[43]。

　　本案中，三審法院所針對者還是法律面的問題，因此事實部分認定還是回歸二審法院，似仍無礙於事實審和法律審的區別，但唯一可以確定的是，本案最大的契約解釋爭議會在二審法院持續延燒，只能等待有一天法院能從眾多的證據中釐出當事人間真意的最大公因數了。

---

[41] 參閱最高法院85年度台再字第6號判決。

[42] 參閱最高法院83年度台上字第2188號判例。

[43] 參閱王澤鑑，民法總則，2006年8月，增訂版，頁447、448。

三、章家與李恆隆間不能說的祕密

　　章家與李恆隆的利益糾葛一樁接一樁，其中最原始、最根本的原因在於雙方當事人間就太流公司部分股份究竟有無信託等法律關係存在。2003年年底，台北地方法院一審判決即以章家在訴訟上無法證明章民強與李恆隆間有信託關係存在而敗訴。匆匆八年過去，直至2010年4月間，台灣高等法院二審判決始做成判決，讓此一沈寂許久的問題終於再次浮上檯面。

(一)緣起

　　2001年底，太設集團財務危機一觸即發，章家幸賴李恆隆從旁協助暫時度過難關，但在日後的企業分割與紓困計畫中，章民強等人似乎喪失對於旗下產業的實質控制權，導致日後太百公司經營權輕易易手，僅能在司法上有所主張。

(二)主要爭點

　　綜合雙方當事人間之主張，可知其所爭執之主要爭點簡單整理有三：一為章民強與李恆隆間就60萬股太流公司股份是否具有信託關係存在？二則章民強是否委任李恆隆處理太百與太設公司企業重整計畫而持有該股票？三是章民強與李恆隆間有無借名登記契約或其他無名契約關係存在[44]？

(三)當事人主張

1.章民強主張

　　章民強主張其與李恆隆間有信託、委任、借名登記或其他無名契約關係，且因李恆隆違反此等契約關係，故終止契約並請求返還所託之股份。其主張之原委略為，2002年3月間，章家依林華德等人指示，著手進行太設集團切割重組計劃，惟為免造成債權銀行團不信任致太流公司籌措資金

---

[44] 尚有保管契約和代為請求返還等問題，但因本案關鍵在於是否有信託、委任、借名登記等法律關係存在，故於此討論時省略。

產生困難，章民強不再宜擔任太流公司之股東及董事長，因此章家先向太設公司購買太流公司2萬股股份，再於2002年4月14日，太流公司增資90萬股時，認購其中之58萬股股份，隨即將上述2萬股與58萬股（共60萬股）太流公司股以上開關係登記予李恆隆，委由李恆隆形式上代原告行使太流公司股東之權利，李恆隆並經選任擔任太流公司之董事長。豈料李恆隆事後否認上開信託、委任、借名登記或無名契約等法律關係之存在，對外宣稱太流公司之60萬股份為被告李恆隆個人所有，明顯違反當初目的[45]。

2.李恆隆主張

惟李恆隆否認章民強之指控，主張因所涉利益重大，衡諸一般常情，有關信託之內容、目的等，應會作成書面。但章民強與李恆隆間，並無任何書面契約，顯與常情不符，故否認就系爭股份與章民強間成立任何法律關係。且章民強所述之60萬太流公司股份乃其早年出售太百公司敦南館建物部分產權予太設集團及章家，所獲利益逾5億元全數交付予太設集團及章家使用，章家即同意給予被告李恆隆太百公司20%股權。惟太設集團及章家始終無法將前述太百公司20%股權過戶予被告李恆隆，直到林華德設計之太設公司紓困計畫，始將太設集團及章家原應過戶被告李恆隆之20%太百公司股份折為太流公司股份[46]。

再者，太流公司為執行企業分割之股權集中策略，將太百公司股權集中於太流公司時，該過戶應經債權銀行之同意，為應銀行需要，章家遂要求債信良好且無債務之被告李恆隆，擔任連帶保證人，擔保40億元至50億元之債務。為保障自身權益，李恆隆才要求擔任太流公司之董事長，並取得增資後之60%股份，但取得太流公司股份之價款由太百公司代墊，故該股份實為李恆隆所有，而非信託等法律關係[47]。

---

[45] 參閱台北地方法院民事判決91年度重訴第2785號、台灣高等法院民事判決93年度重上字第45號。

[46] 同前註。

[47] 同前註。

(四)法院認定

1.一審法院

　　一審法院否定章民強與李恆隆間有任何信託關係，蓋因章民強無法舉證信託關係存在之相關證明[48]。法院之理由約略為，章民強主張信託關係存在，依民事訴訟法規定，自應就相關事證負擔舉證責任。然而自始章民強無法就相關主張提出有力佐證，蓋首先，依其主張，章民強如欲從太設公司取得太流公司股份，因其為利害關係人，故須依公司法第202條及第223條之規定，由太設公司董事會與監察人代為作成買賣及移轉之合意，然而此等證據闕如，故章民強實際上應未取得太流公司股份，更遑論其欲將股份信託予他人[49]。

　　再者，章家在台灣台北地方法院92年度訴字第1442號判決中曾表明李恆隆名下所登記之太流公司的20%股權乃太百公司所有，僅信託登記在李恆隆名下（依照太百公司內部簽呈與相關記錄亦如此顯示），然章家於本案中稱該20%股權為章民強向太設公司所購買後，移轉並信託登記予李恆隆名下。究竟太流公司股份為太百公司所有或章民強所有，其前後陳述上顯有矛盾[50]。

2.二審法院

　　二審法院仍判決章民強敗訴，其理由大致與一審法院做出相同的認定[51]，僅因章民強為訴之追加且各項證據更為細緻，故論述上亦更為深入。法院之理由約略為登記予李恆隆名下之太流公司系爭股票，係由太百公司向太設公司所購得。蓋種種證據資料顯示該股票縱非李恆隆所有但實為太百公司託予李恆隆，且在章民強與李恆隆間爆發股權爭議前，李恆隆

---

[48] 一審法院僅討論章民強與李恆隆間有無信託關係，蓋委任、借名登記等主張為章民強二審時以請求之基礎事實同一為由所追加。

[49] 參閱台北地方法院民事判決91年度重訴第2785號。

[50] 同前註。

[51] 二審判決理由中也有部分理由不乏與一審之判斷不同之處，但由於與判決結果並無直接影響，故於此僅整理其他重要部分。

擬將太流公司擁有全數太百股權信託登記予林華德時，其信託協議中完全未交代系爭股票係章民強所信託，故太流公司股票確為太百公司出資所購，而為太百公司股權單一化所信託登記予李恆隆[52]。

再者，上開股票既非章民強所有，則不論李恆隆與章民強間有無委任關係，章民強均無從依委任契約要求李恆隆返還。借名登記契約或其他無名契約亦同[53]。

3.三審法院

三審法院並未直接就李恆隆與章民強間之法律關係做認定，蓋其為事實認定問題，三審法院為法律審，自無從過問，惟最高法院仍駁回二審法院之判決，發回二審法院重新審理，蓋刑事判決所認定之事實，雖無當然拘束民事訴訟判決之效力，然刑事判決所認定之事實所由生之理由，如經當事人引用，則民事法院不得執置不論。因此，章民強過去曾主張信託之事實，且刑事庭法院也針對該事實確認，則民事庭法院應仔細再就全部事證重新審酌認定，否則即與法不合[54]。

(五)整理

當事人／爭議	信託關係	委任關係	借名登記契約或其他法律關係
章民強主張	太流公司股票乃其向太百公司借款所購得，並信託登記予李恆隆。	太流公司股票乃其向太百公司借款所購得，並委任李恆隆處理相關股權事宜。	太流公司股票乃其向太百公司借款所購得，並以借名登記契約或其他法律關係登記在李恆隆名下或交由李恆隆代為處理。
李恆隆主張	太流公司股票乃其與章民強之前的商務往來所給予之報酬，故為其所有，並無信託關係。	太流公司股票乃其所有，故無委任關係。	太流公司股票乃其所有，故無借名登記或其他法律關係。

[52] 參閱台灣高等法院民事判決93年度重上字第45號。

[53] 同前註。

[54] 參閱最高法院民事判決99年度台上字第1533號。

當事人／爭議	信託關係	委任關係	借名登記契約或其他法律關係
一審法院	太流公司股票乃太百公司購得並信託予李恆隆。	此爲章民強二審時所提出之訴之追加，故一審未爲討論。	此爲章民強二審時所提出之訴之追加，故一審未爲討論。
二審法院	太流公司股票乃太百公司所有，並信託予李恆隆。	認定章民強與李恆隆間無委任關係，蓋太流公司股票爲太百公司所有。	認定章民強與李恆隆間無借名登記契約或其他無名契約之法律關係，蓋太流公司股票爲太百公司所有。
三審法院	最高法院認以刑事庭事實認定與民事庭不同，判決顯有不備理由駁回二審法院判決，發回重審。		

(六)評析

　　關於章民強與李恆隆間究竟有無信託關係存的問題，在各個民事與刑事判決中均可看出此一爭點爲雙方當事人著力極深的焦點之一，然而針對此一民事紛爭，刑庭與民庭在法律見解認定上完全相反。從2003年至今，幾年來的纏訟爭執，其實在當中就不難看出在民事和刑事判決理由完全分歧的狀況下，爭議絕對難以平息。但在最高法院駁回後，或許可以合理期待的是，本來民事和刑事分別認定事實所造成的紛亂現象，最後的判決結果都可應趨於一致，使當事人間的法律關係不會變得更加矛盾難解，如此才是法院真正解決當事人間紛爭的最佳模式。

　　依我國的法院設計制度，除區分行政法院和普通法院外，普通法院中仍劃分刑事庭與民事庭，二者的訴訟程序和模式有極大的不同，刑事法院就民事法律關係無認定的權限，縱使刑事庭法院在判決中認爲原被告間有無任何法律關係，論理上與實際上均不得拘束民事庭法院[55]。此外，民事審判和刑事審判過程和所適用的原理原則也大不同（如民事事件審理過程採取處分權主義、辯論主義和當事人進行主義等；刑事事件審理過程則採取改良式當事人進行主義、嚴格證明法則等），因此就同一事件有不同認定結果實屬可預見，但此可能對當事人權益有侵害，因此法院審理上應更

---

[55] 參閱最高法院41年度台上字第1307號判例。

為謹慎，盡量使法秩序安定一致。當然，如果當事人在現有制度下認其權益有受損，還是可以透過上訴或是再審等救濟管道提出救濟。

令人玩味的是章家和李恆隆間錯綜複雜的關係，在太設集團陷入財務危機之時，要不是李恆隆及時的介入，太設集團可能出現更大危機，整個集團即將面臨破產，又或者章家安然度過難關，而且至今仍保有太百公司的主要經營者的身分。不論如何，李恆隆是極為關鍵的角色，其不但政商關係極佳，更有雄厚資本[56]，也有能力周旋在各個勢力之間，取信所有投資者，試圖創造眾人的最大利益；但反過來說，如果不是李恆隆，林華德就不會參與太設集團的紓困工作而被關，遠東集團也不會成為經營權爭奪戰後目前的贏家，整個過程真可說是「成也李恆隆，敗也李恆隆」。值得再深入思考的是，李恆隆究竟為何最後會與章民強翻臉不認人，全力支持遠東集團，實際上的狀況究竟有無私下的交易和考量，可只有當事人心裡最明白了。

四、案外案第一部：半路殺出的三僑微風

三僑關係企業開始為人所熟悉，起於位於台北市復興南路上的微風廣場，為知名的大型購物中心，為三僑集團及黑松企業共同投資成立的三僑實業股份有限公司（以下均簡稱三僑實業）所開設。爾後三僑實業擴大版圖，於忠孝東路開設微風二館，現更跨足餐飲業，與台灣鐵路管理局合作，在台北車站規劃大型美食街，引領開創新的商圈[57]。

微風廣場與太平洋SOGO百貨的淵源即可追朔到2001年間太設集團因納莉風災發生財務風暴之時，微風廣場於同年10月間開幕，不但就經營階層部分挖角到剛從太百公司卸任的日籍總經理，百貨公司內櫃位也和太百公司競爭，太百公司還對此向在太平洋SOGO百貨設位的廠商簽訂「微風條款」，禁止在半徑二公里內設其他櫃位，引發是否違反公平交易法之問

---

56 參閱許秀惠，「太平洋崇光百貨是我的」—太百新董事長李恆隆是號什麼角色，財訊第246期，2002年9月，185～188。

57 參閱http://zh.wikipedia.org/zh-tw/微風廣場。

題[58]。在這樣的氛圍下，當太設集團陷入財務危機時，太百公司股權也遭三僑實業覬覦，致發生往後數年的爭執。

(一)緣起

就整個經營權爭奪戰的大環境背景，2002年8月間，仍是太設集團因林華德等人的計畫僅執行到一半，仍未將所需資金挹注給太設公司及旗下產業，整個財團的財務危機尚待救援的時刻。

2002年8月5日，太設公司旗下的崇廣公司總經理余青松以崇廣公司代表人名義與三僑實業簽訂股份買賣契約，將崇廣公司持有太百公司之部分股票出售給三僑實業，同時間，三僑實業亦將股款匯給崇廣公司。然而，崇廣公司日後向法院聲請假處分[59]，禁止三僑實業行使股東權，並拒絕返還已收取之價金，進而產生諸多爭議[60]。

(二)主要爭點[61]

崇廣公司除前開應由何人擔任主債務人或連帶債務人外，再次成為焦點。崇廣公司和三僑實業間的爭執，由於涉及買賣契約中的相互義務，可分成返還股票方面與返還價金二個方向，其中主要可以簡單整理為：第一，三僑實業與崇廣公司間究竟有無太百公司股份買賣契約存在；二則是崇廣公司是否須返還已收受之價金[62]。

---

[58] 參閱http://zh.wikipedia.org/zh-tw/微風廣場。

[59] 假處分部分之詳情，可參閱台灣高等法院民事裁定91年度抗字第4211號。

[60] 參閱台灣台北地方法院民事判決92年度重訴字第1853號。

[61] 其實當事人間有很多主張，但因為內容過於龐雜，故以下僅簡單整理重要爭點，其餘不贅述。

[62] 本案起於崇廣公司向台灣台北地方法院提出訴訟，向三僑實業取回太百公司股票（台灣台北地方法院民事判決91年度重訴字第2465號）。惟崇廣公司取回股票後卻未同時返回三僑實業已支付之價金，因此三僑實業才二次提出訴訟（台灣台北地方法院民事判決92年度重訴字第1853號、台灣高等法院民事判決94年度重上字第218號和最高法院民事裁定96年度台上第1949號），否則本案或許可以在原本的審判中即獲解決。

(三)當事人主張

1.崇廣公司主張

　　就返還股份方面，崇廣公司認為代表崇廣公司簽約的余青松並未經公司董事會與股東會同意，且崇廣公司持有太百公司之股票，對崇廣公司而言，占其總資產的百分之七十以上，自屬公司法第185條第1項第2款公司之主要部分財產。因此崇廣公司與三僑實業間並無買賣契約關係，三僑實業應返還所持太百公司股票並塗銷登記[63]。

　　至於返還價金部分，崇廣公司列舉種種理由拒絕返回價金，其概略為，由於余青松和三僑實業所簽訂之契約未經崇廣公司同意，崇廣公司為善意第三人，在當事人間因債權債務抵消後，剩餘價金與利息部分應無庸返還，三僑實業亦應無其他無權代理或侵權行為之損害等[64]。

2.三僑微風主張

　　相對的，就返還股份部分，三僑實業認為余青松為崇廣公司之總經理兼任董事，當然有代理崇廣公司之權，其與三僑實業所簽訂之買賣契約除為總經理職務上之行為外，更為營業上所必要[65]。

　　返還價金部分，三僑實業則認為崇廣公司與三僑實業間之買賣契約確定無效，依台灣台北地方法院民事判決91年度重訴字第2465號可確定，崇廣公司自應負回復原狀義務，返還已收取之價金。另外，崇廣公司就其總經理余青松未得董事會與股東會同意與三僑實業簽訂買賣契約，應屬侵權行為，且崇廣公司應連帶負責[66]。

---

[63] 參閱台灣台北地方法院民事判決91年度重訴字第2465號。

[64] 參閱台灣台北地方法院民事判決92年度重訴字第1853號、台灣高等法院民事判決94年度重上字第218號和最高法院民事裁定96年度台上第1949號。

[65] 同註63。

[66] 同註64。

(四)法院認定

1.一審法院

(1)返還股份部分[67]

余青松依公司法第8條為公司負責人,於職務範圍內有代公司處理的能力,但系爭買賣契約之簽訂究竟是否為職務範圍內,端視當事人間之買賣契約是否為讓與崇廣公司主要部分財產而定,如果肯定,則依公司法第185條規定,自非屬余青松可代公司為之。

一審法院認定余青松為公司負責人,而太百公司的股份,就會計師認證的會計賬冊來看,分別占稅前淨損之72%及稅前淨利之156%,且就崇廣公司營業而言,明顯影響公司營運損益,故屬於公司法第185條第1項第2款之主要部分財產之讓與行為。其次,法院進一步認為余青松所代崇廣公司所為之行為,因符合上開規定,顯然其在未經過董事會與股東會同意之下可代理的行為,自無表見的問題。綜上所述,崇廣公司可向三僑實業請求返還太百公司股份並塗銷登記[68]。

(2)返還價金部分

就不當得利返還,一審法院認為可分成二部分討論,已因其它債權債務關係抵銷的部分價金無庸返還,但因崇廣公司本身在2002年8月6日(也就是余青松與三僑實業簽訂買賣契約的後一日)即知悉買賣契約,自此即非善意不知,須再償還利息與剩餘的現有利益[69]。

至於侵權行為,一審法院認為崇廣公司部分無庸依民法第28條、第188條和公司法第188條與余青松負連帶責任,蓋其行為不符合公司法第185條規定,三僑實業與余青松簽約時亦未要求提供公司董事會與股東會同意書,也未蓋用董事長等用印,實非外觀上足認為法人機關之職務行為或利用職務上之機會與執行職務之時間及處所有密切關係之行為;余青松個人則因明知與三僑實業簽訂太百公司股票買賣契約未經崇廣公司董事會

---

[67] 關於此一爭議,敗訴的三僑實業並未上訴,故僅有一審判決即告確定。

[68] 同註63。

[69] 同註60。

及股東會決議同意，卻告知三僑實業其有權處理系票買賣事宜而與三僑實業簽訂買賣契約，致該契約因違反公司法第185條規定而歸於無效，三僑實業因此所受之損害，余青松應負侵權行為損害賠償責任[70]。

2.二審法院

二審法院原則上贊同一審法院之見解[71]。就買賣契約是否成立部分，二審法院依然認為余青松於簽訂太百公司股份買賣契約時為崇廣公司之總經理兼董事，是於執行職務範圍內，對外固可代表崇廣公司，惟如其所代表者非屬公司營業上之事務，而係讓與公司全部或主要部分之營業或財產，則非屬經理人之代表權範圍內。至於是否為公司全部或主要部分營業或財產仍依據質與量的分析認定太百公司股權對崇廣公司而言為全部或主要部分營業或財產。三僑實業與余青松簽約時並未有董事會和股東會的同意書，嗣後也未取得崇廣公司用印，買賣契約即不得對崇廣公司發生效力，且因不得僅認為余青松有公司代表權，就認定其有代表崇廣公司出售太百公司持股的權限，故無表見代理的情事[72]。

就返還價金部分，崇廣公司與三僑實業雙方均未在二審繼續爭執，僅余青松就個人侵權行為部分對二審法院提出上訴，由於侵權行為之主張必須證明行為人有故意過失，舉證上有相當困難，因此在二審訴訟中，三僑實業另主張余青松應依民法第110條關於無權代理的規定負無權代理人責任（如為無權代表，則類推適用無權代理規定）。

二審法院認為三僑實業因究竟太百公司股票對崇廣公司而言是否為全部或主要部分營業或財產涉及崇廣公司之資產結構，屬於商業機密，並非一般交易對象所得知悉，三僑實業簽約當時自無法知悉，更遑論知悉崇廣公司就該股票之出售是否業經公司內部股東會及董事會之決議同意，故為善意相對人，得就余青松所為無權代表行為而致之損害，請求損害賠

---

[70] 同註60。

[71] 如前所述，就返還股份的部分台灣台北地方法院民事判決91年度重訴字第2465號即已確定，此部分之二審判決僅處理返還價金，但在內容尚仍會討論太百公司股權買賣契約是否成立。

[72] 台灣高等法院民事判決94年度重上字第218號。

償[73]。（在上訴二審法院中，只有余青松提起上訴，崇廣公司並無上訴）

3.三審法院

三審法院屬於法律審，不就事實再進一步認定，僅就原審判決是否判決違法等情事分析。本案中，最高法院認為二審法院所引用和解釋的公司法第185條第1項第2款關於全部或重要部分營業或財產和民法第110條關於無權代理的法律適用與解釋均無違誤，余青松（上訴三審部分亦只有余青松提出上訴，崇廣公司亦無上訴）上訴三審時僅泛稱判決違法，但未提出具體指摘判決違法的理由等，故仍非合法上訴，進而駁回上訴[74]。

(五)評析

稱為案外案，主要在於原本以為本案之發生可能與經營權爭奪有關，但沒想到事實上，在這段過程中三僑實業完全與無法介入，只是個局外人，一連串的事件只是外界不知情下多餘的揣測和雙方放話的所製造的假象。可以思考的是，余青松代理（或代表）崇廣公司與三僑實業簽訂太百公司股權買賣契約時，為何三僑實業未檢視相關文件，在契約簽訂時未注意查核，最後花了大錢還是失去對太百公司的持股而白歡喜一場，真是得不償失。

整體而言，崇廣公司原欲成為最大贏家，在崇廣公司和三僑實業間買賣股權契約因法院判決無效後，崇廣公司成功向三僑實業要回太百公司股票，但其還想保留三僑實業所支付的股款，因此才引發之後一連串的爭訟，而之中最可憐的，莫屬當時崇廣公司的總經理余青松，在雙方當事人法律關係回復原狀之際，要付出上千萬的賠償金。或許當初余青松將交易對象從太流公司改變成三僑實業確實是因為公司急需資金，在太流公司遲未付清股款的狀況下，崇廣公司可能遇上流動性不足的危機，避免集團內部骨牌效應，其萬不得已才出此下策[75]，也許這段案外案最大的輸家就是

---

[73] 同前註。

[74] 最高法院民事裁定96年度台上第1949號。

[75] 參閱彭慧明、葉佳彬，SOGO股權爭議余青松拿證明，聯合報，2002年8月12，

余青松吧！

　　另外，就公司法第185條第1項第2款關於主要部分之營業或財產，過去最高法院有不同見解，有認為應依主要財產之目錄判定之[76]，另有依該部分營業或財產之轉讓足以影響公司所營事業不能成就而論[77]，惟本案從地方法院至最高法院都採取學者見解，以質與量分析之判斷法為基準，亦即不單從交易標的價值作為依據，更應兼顧讓與公司財產後是否會導致公司營業無法繼續獲至少令營業大幅萎縮，兩者綜合觀察[78]，未來法院可能以此作為認定標準，雖然此一標準不夠明確，但能確實評斷該財產對公司的真正價值。惟應注意者，公司之資產並非一成不變，而是經過時間的流動每天都有大大小小不同的變化，因此在以質與量分析法評價該財產對公司價值時，亦應考量公司資產具有流動性的特質，才能真正正確評價該資產的影響力。

五、金融鬼才的悲歌

　　2010年10月22日上午10點，昔日被稱作金融艾科卡的林華德因背信罪判刑確定至台北地方法院檢察署服刑，令人不勝唏噓。為何過去在商場占有一席地位的金融鬼才，在一場經營權爭奪後的八年，居然淪落到黑暗的地牢？竟然在多方勢力的支持下仍淪為階下囚？更是至今唯一因為經營權爭奪戰而受刑事責任的人？種種謎團著實值得玩味深究。

(一)緣起

　　2001年10月間太設集團陷入財務風暴，為求徹底解決財務困窘，林華德應李恆隆等之邀為太設集團展開財務紓困的規劃與財務分割，然而對林華德而言最佳的財務設計，似乎與章家欲東山再起的如意算盤相斥，最

11版。

[76] 參閱最高法院民事判決87年度台上字第1998號。

[77] 參閱最高法院民事判決81年度台上字第2696號。

[78] 參閱劉連煜，現代公司法，2007年2月，二版，頁307。

終導致二家人鬧上法庭，不論私交或是公事面都破局。

(二)法院認定

本案一審判決認定林華德種種行為均屬背信，判決書達百頁以上，理由繁多，簡言之，林華德依據信託關係，未基於受委任之義務盡力處理太設集團財務問題，使太設集團藉由處分太百公司而能獲得最大資金之挹注，反而於2002年8月間起，見太百公司與太設集團其餘關係企業已斷絕交叉持股關係，未來營運將不受太設公司及其關係企業所拖累，且太百公司本身獲利能力、現金流量甚佳，未來營運前景看好等，用以掌握對太百公司、太流公司之控制權，意圖為自己不法之所有，從交易中獲取自身利益，而以背信之意思，在明知太設集團與寒舍公司、仙妮集團簽立備忘錄的情況下，反拒絕出售太百股權等標的物，使太設集團有極高的機會獲取高達100億資金之挹注，與李恆隆等分工進行背信行為，讓太設集團與寒舍公司等人間用以紓困之股權買賣計畫無法履行。故林華德自2002年8月間起違背受信託之權限，未依誠實信用原則，忠實履行其受託義務，已濫用其事務處理權限，並違背其信託關係所應履行之義務，為違背其任務之行為[79]。

二審法院做出一審法院相同的結果，其理由亦甚繁雜，約略整理如下。概言之，林華德受章民強、太設集團及太百公司委任處理太設集團之財務問題，其雖無直接書面契約作為證據，但是有多人陳述可證明林華德應在太設集團等在獲得資金挹注的最大前提之下處理財務問題，在此一信託期間，林華德可以全權處分太百公司股權。然而，林華德在章民強等人與蔡辰洋等簽妥交易備忘錄後，仍多次含糊拒絕100億資金的援助，還以債權銀行須介入經營階層以降低違約風險等理由將章民強逐出經營階層以求自己從交易中獲取最佳利益，種種行為均該當背信罪：「為他人處理事務，意圖為自己或第三人不法之利益，或損害本人之利益，而為違背其任

---

[79] 同註8。

務之行為，致生損害於本人之財產或其他利益者」之構成要件[80]。

(三)評析

　　以事後角度出發，林華德對太設集團紓困的幫助多多少少有實質上有助益，但章家失去了旗下產業的金雞母，或許才更是本案起爭執的關鍵。林華德是抱著什麼心態在處理太設集團債務？是如判決所謂其居心叵測，還是其自身所辯稱的傾力相助，事實的真相究竟為何，相信雙方當事人各執一詞，外人當然難以得知全貌，但可以想像其中過程必然不單純。

　　林華德的學經歷俱佳，擁有金融長才，更有短期內整頓國際票券金融股份有限公司的好成績，加上其政商關係良好，因此為章民強等人所信賴。外界均知林華德何許人也[81]，其在政商界占有一席重要地位，因此許多政治評論家或是名人對其力挺，甚至將判決放大檢視並在報章上以大篇幅廣告強力批評判決不妥之處[82]，但高等法院二審細緻的判斷，致使林華德變成目前刑事案件中，除郭明宗外，唯一被確定判決有罪的人，從過去的風光到今日的階下囚，令人不忍唏噓。

(四)附論：遠東集團安然過關

　　2010年8月間，台灣高等法院二審關於徐旭東、黃茂德和李冠軍等人的刑事判決亦出爐，除林華德仍被判決有罪已如上述外，遠東集團實質控制者徐旭東、集團法務黃茂德與集團財務長李冠軍三人，雖積極參與此次經營權爭奪，但法院還是維持原一審判決無罪。

　　原一審判決認定徐旭東、黃茂德與李冠軍三人和林華德間並無犯意連絡。簡言之，徐旭東、黃茂德、李冠軍三人在與章家接觸時，章民強等就

---

[80] 參閱台灣高等法院刑事判決97矚上易字第1號。

[81] 參閱許秀惠，林華德長摸地雷觸地雷──太百案槍林彈雨，林華德自有盤算，財訊第247期，2002年10月，頁211～214。

[82] 參閱李勝峰、邱毅、姚立明、楊憲宏，聯合報，2010年9月21日，A7版；李勝？、楊憲宏，聯合報，2010年10月11日，A7版。當然章民強對於前開廣告也展開強烈回應，參閱章民強，經濟日報，2010年10月13日，A5版。

告知遠東集團其本身並未持有太百公司股權,何況章家與林華德間所簽訂之信託協議等並未依信託法或其他規定對外公開,外人實無法知悉信託關係是否存在,更何況依經濟部工商登記資料顯示,太流公司大部分股權登記在李恆隆名下,無信託等註記。種種證據均無法證明遠東集團已知悉章家與林華德之間的關係,無任何不法行為和意圖,遠東集團增資太流公司屬於在商業考量下之正常商業行為,三人並無違法情事[83]。

二審判決的論證過程極為繁複,以下簡單整理論證過程。要言之,二審法院亦認為,客觀上,徐旭東、黃茂德與李冠軍就外部資訊和其他相關事證觀察,無法知悉太百公司股權究竟是章家託管給林華德或是林華德與李恆隆二人所有,可以透過外部訊息和跡象明白的是,李恆隆與林華德二人是實際上真正控制太百股權之人,因此徐旭東等人向其洽商,自屬正常之行為;主觀上徐旭東等人並無為自己或不法利益或損害他人之犯罪意圖。況且徐旭東、黃茂德與李冠軍三人並未參與林華德等之背信行為,也無事證證明其有犯意連絡,自不可能為背信罪之共同正犯[84]。

就增資過程而言,由法律文件顯示,李恆隆持有60%太流公司股票並任職董事長,徐旭東等人自應與李恆隆洽談與簽約,否則不可能順利取得董事會與股東會同意入主太百公司;林華德因其和李恆隆間的信託契約,林華德受委任全權處理有關太百公司一切問題,徐旭東三人自亦應和林華德接觸。因此於情於理,徐旭東、黃茂德和李冠軍三人以增資太流公司,間接入主太百公司之行為為正常的商業行為[85]。

六、股東會召開了嗎?

太設集團失去太百公司經營權的關鍵之一,就是2002年9月21日太流公司為增資所召開的臨時股東會[86],此次會議使遠東集團掌控太流公司,

---

[83] 同註8。

[84] 同註81。

[85] 同前註。

[86] 事實上,雙方也就2002年5月間的股東會決議爭執,但由於與所欲討論的主題

間接入主太百公司。但該股東會有無召開，或是召開程序有無瑕疵，近年來雙方人馬各執己見，爭執烽火連天。

(一)緣起

2002年林華德與李恆隆等人受邀協助太設集團解決財務問題，但未料2002年9月底，在太設集團困境尚未徹底解決時，章家又被林華德與李恆隆等人排除於太百公司經營階層之外，致使章家不僅僅沒順利從財務危機中脫出，還失去了重要的資金來源。從外觀而言，章家在法律上完全失去對於太百公司的直接或間接控制權，自對此感到心有不甘，畢竟太百公司的傳奇是章家嘔心瀝血打造，多年來的心血與投資在短短一年內拱手讓人，此一問題不禁讓人覺得似乎事有蹊蹺，值得深入探究。

(二)主要爭執

奇特的是，關於太流公司增資股東會決議，雙方間的主要爭執點不在於太流公司股東會究竟是否召開、召開程序或決議過程有無瑕疵，而是在程序審查上的攻防，當事人費盡心力。法院的判決也僅針對程序是否合法做認定，實際上並未就太流公司所通過的增資股東會決議效力上是否有瑕疵進一步表示意見，因此究竟這次的股東會有無召開、有無瑕疵仍是未知數。

(三)法院認定

本案中法院的判決又可分成民事與行政二部分，民事案件中又可以區分為章民強個人與太設公司所提出的確認股東會決議無效和確認股東會決議不成立訴訟，行政案件則是章民強向經濟部主張撤銷公司登記等。

1.民事事件部分

一審針對章民強提出確認股東會決議無效與不成立的案件認為原告是章民強本人，其本人對於太流公司增資的股東會決議並無法律上的利害關

相關性較低，故省略之。

係，也就是無確認利益，因此在程序上當事人不適格[87]。對此章民強遂以太設公司名義再次提出確認太流公司股東會決議無效和不成立的訴訟。

　　然而，關於太設公司所提出的股東會決議瑕疵訴訟，一審法院與二審法院也以相同的理由駁回太設公司的主張，未就股東會決議效力是否有瑕疵為認定。蓋法院在形式審查確認之訴中之確認利益時，認為章家就該股東會並無確認利益，而應由太百公司之股東提出確認之訴。換言之，法院認為章啟民於2002年3月時已非太流公司之股東[88]，因此其主張增資決議之股東會造成太百公司及全體股東權益受損，該股東會決議無效或不成立，章民強既未持有太百公司股權，即非公司股東，則僅太百公司對太流公司股東會決議有直接利害關係，難認章啟民在私法上之地位有受侵害危險。何況章啟民雖持有太百公司之股權，然系爭股東會決議由遠東集團出資認購被告之增資現股，將導致太百公司喪失對被告之控制權，造成太百公司及全體股東權益受損之情事縱然為真實，其法律上直接之利害關係者亦為太百公司，並非章啟民，對章啟民之影響僅為間接利害關係，即反射利益，並非法律上直接之利害關係，章家請求確認此項他人間之法律關係，無即受確認判決之法律上利益，欠缺權利保護必要之要件[89]。

　　身為法律審的最高法院，基本上僅就前審法院對法律適用上有無違背法令討論，並不重新事實認定。本案中，最高法院贊同一審法院和二審法院就確認之訴要件的見解，認為太設公司就太流公司增資一事無法律上的利害關係，且太設公司並非太流公司股東，太設公司透過太百公司持有太流公司的關係已經因企業分割切斷，故太設公司就太流公司股東會決議瑕疵提起確認之訴當事人不適格[90]。

---

[87] 參閱台灣台北地方法院民事判決95年度重訴字第490號。

[88] 此部分爭議因非本案訴訟標的，故為另案解決，詳見上述章家與李恆隆間不能說的祕密。

[89] 參閱台灣台北地方法院民事判決97年度訴字第4714號和台灣高等法院民事判決98年度上字第149號。

[90] 參閱最高法院民事判決99年度台上字第1362號。

2.行政事件部分

　　章民強向經濟部商業司主張上開2002年9月21日太流公司股東會有偽造等不法情事應予以撤銷登記，但卻遭駁回，向上級機關訴願也未得到幫助，進而向法院提出行政爭訟[91]。然而，高等行政法院就此審理的結果也不如章民強預期。程序上，法院認為增資登記對章民強而言可能有經濟上利害影響，但終未侵害其權利或法律上利益，章民強非利害關係人，不得申請重新開啟程序；在實體上，法院判決理由概略為經濟部商業司就有關公司之變更登記，應以形式審查為原則，僅須就公司所提出之申請書件審核，如符合公司法之規定，主管機關應准許登記，但如有偽造情事則是日後撤銷問題；其次，在太流公司決議增資的董事會與股東會均未有重大的瑕疵，縱使有瑕疵，也須經由民事和刑事法院決定其效力，在判決結果尚未認定該決議有瑕疵致應為無效或撤銷時，主管機關自無實質審查權限認定該決議之效力為何，也不因此影響已完成的登記[92]。

　　最高行政法院贊同高等行政法院見解，認為不論程序上或實體上高等法院均無違誤，亦即程序上章民強並非有法律上利害關係之人，實體上是否撤銷公司在經濟部商業司之登記應取決於民事和刑事法院判決確定，蓋法院的認定過程較行政為周密，為保障當事人權益，以法院裁決為準較為妥適[93]。

(四)評析

　　太流公司的董事會和股東會增資決議效力為何，一直以來也是雙方當事人爭執的焦點所在，但由於章家無法舉出強而有力的證據佐證本身說法，導致在訴訟要件和舉證責任上都吃了大虧，無法讓法院審理董事會或股東會決議的效力。但出乎意料的，2009年10月26日，高等法院判決2002

---

[91] 應注意者，章民強提出之行政爭訟範圍包含什麼，但本文僅將焦點集中在股東會決議之效力等相關問題，其餘略而不述。

[92] 參閱台北高等行政法院判決95年度訴字第02112號。

[93] 參閱最高行政法院判決99年度判字第462號。

年9月21日之太流公司臨時股東會增資決議記錄屬於偽造，為太流公司增資案投下一顆震撼彈。

七、從高檢署飛來的天外一筆

2010年2月3日，經濟部商業司發出聲名稿表示，以行政處分撤銷太流公司自2002年以來多次變更的增資登記與董監事改選登記。此一事件的爆發，等於在沈寂多時的太百公司經營權爭奪戰中投下一顆震撼彈，章家多年來的積怨一次回擊，遠東集團在形式上已正式失去太流公司的經營權，間接失去對太百公司的掌控，如此鉅大的轉折，理由何在，值得深入探究。

(一)緣起

2009年10月26日，高等法院針對章家父子、洪錫銘、李恆隆、賴永吉和郭明宗等人違反證券交易法、行使偽造私文書等罪行的判決出爐，除洪錫銘無罪開釋外，其他六人均分別判決有罪。其中，郭明宗所犯之行使業務登載不實罪依刑事訴訟法之規定不得上訴三審，故此部分判決確定[94]，台灣高等法院檢察署遂於2002年12月31日將相關資訊函送經濟部，告知其可能應依公司法第9條第4項撤銷太流公司自2002年起多次的變更登記。

至2010年2月3日，經濟部商業司即以郭明宗所犯下的行使業務上登載不實罪撤銷和該行為相關的公司登記，亦即太流公司於2002年底的增資登記，以及後來多次的增資決議與變更董監事登記也併同遭撤銷，太流公司資本額從40多億元，回歸到太百公司經營權爭奪發前的1000萬，董事人選則由2003年1月28日所選任的的李冠軍和鄭澄宇接替前手擔任[95]，監察

---

[94] 郭明宗所提出之再審之訴於2010年1月27日遭法院駁回，參閱台灣高等法院刑事裁定98年度聲再字第504號。

[95] 參閱曹逸雯，經濟部商業司撤銷遠東增資太流登記SOGO經營權備受矚目，2010年2月3日，http://www.nownews.com/2010/02/03/11490-2566663.htm，最後瀏覽日：2010年10月30日。

人為杜金森，股權結構部分，李恆隆持股六成，太百公司持股四成[96]。

然而，最高法院迅速在同年的3月25日撤銷高等法院判決，並發回重審，使得原本似乎得以確定的事件又陷入另一個難解的謎團。

(二)爭執過程

針對上述爭執，郭明宗本人提出異議爭執高等法院檢察署行為不當，其主要理由大致為一來郭明宗本人已針對不能上訴三審的案件提出再審之訴，將來有撤銷改判的可能；二則如果上訴三審後，法院認定與本案所涉重大的議事錄效力為真正，則犯罪不可能成立；三則，公司法第9條第4項之規定所謂判決確定，應指所涉之共同正犯全體所受之刑事判決均告確定，否則將來會有裁判矛盾之情形[97]。

惟高等法院並未直接否定郭明宗之主張，法院認為台灣高等法院檢察署於2009年12月31日所檢覆給經濟部的文件完全遵照公司法第9條第4項規定，其性質上為行政處分，而非有期徒刑宣告刑之指揮監督，因此駁回郭明宗所聲請之異議[98]。

除郭明宗個人提出異議外，太流公司本身亦向行政院訴願審議委員會提出訴願，但訴願委員會表示遠東集團於太流公司增資過程中，依對郭明宗之確定有罪判決與公司法第9條之規定，顯有偽造情事，依法應撤銷其公司登記並無違誤[99]。

(三)評析

首先，經濟部對於公司申請登記事項，過去司法實務採取應進行實質審查之見解，但於2001年11月公司法修正後，則改採形式審查，亦即公司登記之主管機關對於申請登記之事項，僅需就公司提出之文件形式上認定

---

[96] 參閱遠東持股轉為零SOGO恐變天，聯合報，2010年2月4日，頭版。

[97] 參閱台灣高等法院刑事判決99年度聲字第304號。

[98] 同前註。

[99] 參閱彭慧明，聯合報，2010年5月27日，AA2版。

是否符合公司法規定，如是即應准予登記[100]。此項見解與刑法第214條的實務運作搭配，即可在申請登記人明知其所申請之登記為不實時，課以刑事責任[101]。

　　不禁令人起疑竇的是，為何高等法院檢察署不等到最高法院將案件完全確定後再把相關資訊檢送經濟部？程序上是否太過匆促[102]？進而讓本案發生因案件被最高法院駁回在二審重審的尷尬場面，究竟內部有無任何操作，外界可能不得而知，但可注意的是，檢方就郭明宗行使業務上登載不實罪之案件確定後函告經濟部商業司撤銷股東會決議之行為著實有值得檢討之處。一來由於單一性案件的概念排除多數行為人間之行為內在有緊密關聯性仍屬於單一案件之可能，造成實際上案情有交疊的案件結果因為不同審級認定結果不同產生歧異（本案即是適例）；二來依據法律明確性原則，公司法第9條第4項規定偽造或變造的文意是否包含行使業務登載不實罪解釋上仍容有不同見解的空間，在影響極大的商務案件中，或許解釋上應限縮不包含在內；三則在本案中偽造文書仍在審理中，事實上屬於後階段行為的業務登載不實和行使業務登載不實卻已確定，如偽造股東會決議最終不成立時，法律狀況即陷入混亂[103]。

　　再者，如果真如經濟部商業司所作的行政處分所示，太流公司的實收資本因回復原狀而大幅下降，財務報表應如何表示實為一大問題，如主管機關認為財務報表必須重新編列，遠東集團、太流公司和太百公司這八年來的財報必定受到嚴重的影響，甚至導致公司前景受到衝擊[104]，但目前證券交易所似乎並無意要求遠東集團重新編列財務報表。另外，對於經濟

---

[100] 參閱王志誠，時光一去永不回？—股東會決議不成立與公司登記之撤銷，台灣法學雜誌第148期，2010年3月，頁79。

[101] 參閱最高法院96年度第五次刑事庭會議決議。

[102] 參閱田習如，高檢署「太熱心」？SOGO股權爭奪沒完沒了—徐旭東會不會全盤接輸？，財訊第340期，2010年2月，頁65。

[103] 參閱楊雲驊，刑事確定判決之認定與「確認效力」、「拘束效力」之構成，台灣法學雜誌第149期，2010年4月，頁97～101。

[104] 參閱嚴雅芳，聯合晚報，2010年2月4日，A2版。

部商業司撤銷公司登記後的法律關係，學者認為應區分對內關係與對外關係而有不同。前者在增資情形，因股東會決議無效或不存在，公司資本額應回復原狀，股東自始未取得股份，得依民法第179條關於不當得利之規定向公司請求返還以繳納之股款，董監事行為部分，其雖當選無效而當然失格，但其行為所生的效果仍可適用民法第172條無因管理或是關於無權代理之規定解決；後者則利用公司法第12條關於公司登記制度效力，對於善意相信公司登記之第三人，其與公司間透過董監事所為之法律行為仍屬有效，否則即無保護必要，得以董監事選任無效對抗之[105]。

八、案外案第二部：海外爭訟

太設集團為解決財務問題，早期與卡萊爾集團（現稱為凱雷集團）合作，然而，因太百公司日後爆發經營權爭奪，導致原本的合作關係生變，終究因無法有妥善解決方式而進入法律爭訟程序。另外，太設集團與遠東集團之間複雜難解的關係，在海外爭訟部分也值得多加關注。

(一)緣起

太設集團為解決財務問題，急欲取得資金充實資本，於是決定將旗下持有大陸太平洋百貨股份有限公司的股份賣給卡萊爾集團換取資金以資因應。在卡萊爾集團與太設集團合作計畫中，有二項重要的約定，一則是卡萊爾集團於2002年5月23日與太設公司簽約收購太設公司旗下太平洋中國控股公司部分股權，約定太百公司與太流公司應於未成功在大陸北京設立SOGO百貨時，無償移轉5%大陸太平洋中國控股公司股權予卡萊爾集團。

二則是太流公司與太設公司與卡萊爾集團於2002年6月20日針對前開契約再另為增補合約，卡萊爾集團於太流公司與太百公司一定比例股權移轉給第三人時，可將太平洋中國控股公司股權賣出給太百公司與太流公

---

[105] 同註100，頁80、81。

司[106]。此一約定的用意在於避免太設集團賤價賣出大陸太平洋百貨的股權，損害卡萊爾集團之利益[107]。

　　然而卡萊爾集團認為太百公司與太流公司違反前開約定，蓋太百公司與太流公司並未如期在大陸北京設立SOGO百貨且太百公司經營權實質上已易手，因而於2003年3月6日依2001年5月23日之約定約要求太百公司和太流公司依約無條件移轉5%太平洋中國控股公司股權；並依據2002年6月20日之約定買回其向太設公司所購買之太平洋中國控股公司股份。惟卡萊爾集團未獲得太百公司的善意回應，故於同年3月12日，其向位於法國巴黎的國際仲裁法庭（International Court of Arbitration）提出仲裁控訴[108]。

　　至於恩怨情仇不斷的太設集團與遠東集團間，在海外爭訟部分，香港太平洋控股有限公司（Grand Pacific Holding Limited，以下簡稱太控公司，屬於太設集團）與英屬維京群島太平洋中國控股有限公司（Pacific China Holding Limited，以下簡稱中控公司，屬於遠東集團）因買賣合作失敗而大興爭訟。1998年間，太控公司將旗下在大陸地區從事百貨事業的公司（包含上海太平洋百貨有限公司、重慶大都會廣場太平洋百貨有限公司、成都全興太平洋百貨有限公司和成都商廈太平洋百貨有限公司）出賣給中控公司，至2001年間，太控公司再與中控公司簽訂合約，約定除前開契約之價金外，中控須再支付4000萬美金，惟中控公司至2005年年底仍未完全清償本金和利息，於是2006年3月23日，太控公司向國際商務仲裁法院（International Chamber of Commerce，簡稱ICC）提起仲裁程序，請求中控公司支付剩餘之本金和利息[109]。

---

[106] 參閱Far Eastern Department Stores, Ltd. and Subsidiaries（Consolidated Financial Statements for the Years Ended December 31, 2004 and 2003 and Independent Auditors' Report），http://www.feds.com.tw/upload/shareholder/ENG/FI/FI20091123002.pdf，頁45，最後瀏覽日：2010年10月30日。

[107] 參閱李采洪、黎晶晶，大陸太百合夥人找徐旭東鬧退股，商業週刊第801期，2003年3月，頁54。

[108] 同註106，頁45，最後瀏覽日：2010年10月30日。

[109] 參閱太平洋建設股份有限公司及其子公司第四季合併財務報表（民國98年至民

(二)仲裁過程與結果

　　太設集團與卡萊爾集團簽約後短短一年內，一連串的經營權爭奪戰，太百公司經營權易手，卡萊爾集團可能畏於經營權爭戰產生的風險且在不看好百貨業投資大陸的狀況下[110]，以前開契約約定向國際仲裁法庭請求太百公司等履行約定。國際仲裁法庭於2004年12月做出認定，宣布太百公司與太流公司違約，其應依投資銀行所提出的價格向卡萊爾集團買回太平洋中國控股股份有限公司股份，但同時太百公司和太流公司不用履行在大陸北京開設SOGO的約定[111]。

　　至於太設與遠東集團間關於買賣價金的問題，2009年8月，香港國際商務仲裁法院判定太控公司可向中控公司請求5680多萬美元的價款。蓋仲裁法院認為，太控公司與中控公司間原本高達4000多萬美金的合約仍為有效，中控公司主張該合約是太控公司掏空中控公司的手段並無理由[112]。然而，中控公司並不願支付上開費用，太控為反制，向英屬維京群島法院聲請清算中控公司。2010年1月11日，法院同意太控公司之請求，認定中控公司無足夠資金償還積欠款項，因此對中控公司進行清算程序[113]。至此，中控公司表示太控公司所要求的款項已經逐年攤提認列，中控公司有足夠資金因應，並同時對前開清算命令提出上訴，上訴法院於2010年9月20日，以下級審法院適用法令有誤為由撤銷清算決定[114]。

國99年12月31日）。

[110] 同註107，頁56。

[111] 參閱遠東百貨股份有限公司及其子公司合併財務報表暨會計師核閱報告（民國94年上半年度）。

[112] 參閱尤子彥，走出SOGO風波，太設邁向重生支路—痛失金雞母七年章啓明學到三堂課，商業週刊第1139期，2009年9月，頁56、58。

[113] 關於英屬維京群島清算命令，參閱BRITISH VIRGIN ISLANDS EASTERN CARIBBEAN SUPREME COURT IN THE HIGH COURT OF JUSTICE COMMERCIAL DIVISION CLAIM NO：BVIHCV 2009/389。

[114] 關於清算案之撤銷，詳細理由參閱TERRITORY OF THE VIRGIN ISLANDS IN THE COURT OF APPEAL HCVAP 2010/007。

肆、結語

三國時代紛紛擾擾，各路英雄齊聚在這樣一個精彩的時代，有人歡喜勝利，有人被歷史的洪流所吞沒。吳蜀相爭荊楚地，魏隔赤壁空餘恨，是描述三國時代，曹魏因赤壁一戰大敗，吳蜀二國相爭荊州與楚地時，無力參與，只能空嘆，意指這次在經濟部商業司撤銷太流公司董監事變更與增資登記後，遠東集團似乎在本案確定前不能繼續插手太流公司經營權，也似乎不能再繼續間接握有太百公司，只能隔岸興嘆，望著李恆隆和章家解決股權信託官司，待經濟部商業司之行政處分撤銷或其他路徑解決後，才可能再次參與爭奪。

企業併購是一種你丟我撿，沒有正面或負面評價的中性行為，當事人間各取所需，只是在敵意併購下，因太多不必要和不理性的因素夾雜，使得併購雙方的成本大增。太百公司經營權爭奪應可算是典型的敵意併購之一，九年來各方為了太百公司經營權爭奪廝殺角力，太設集團、遠東集團、李恆隆、林華德等人費盡心思，在訴訟上或是業界，不斷用各種手法爭取權益，真的算是耗盡心力，但只見各個爭議愈趨複雜，各種問題像雨後春筍般冒出，似乎沒有終結的一天。進入西元2000年第二個十年，可以預見這些官司和爭執只會繼續延燒下去。

參考文獻

一、書籍

1. 王文宇，公司法論，2004年10月，初版。

2. 王澤鑑，民法總則，2006年8月，增訂版。

3. 劉連煜，現代公司法，2007年2月，二版。

4. 柯芳枝，公司法論（上）（下），2007年11月，增訂六版。

二、期刊

1. 林正文，徐旭東會在SOGO案付出代價嗎？李恆隆「潛在利益」一百億上下，財訊，第291期，2006年6月。

2. 許秀惠，太平洋SOGO還不是徐旭東的？！—徐旭東、李恆隆、章民強、蔡辰洋四角習題大解密，財訊，第257期，2003年8月。

3. 徐朗晴，章民強八十歲出面搶救太設集團—都是三個兒子闖的禍？，財訊，第241期，2002年4月。

4. 李采洪、費國禎，太平洋百貨股權糾紛追追追—一場風災吹出章家財務破洞，商業週刊，第769期，2002年8月。

5. 許秀惠，SOGO到底是誰的？太平洋崇光百貨扯不清的股權戰，財訊，第246期，2002年9月。

6. 許秀惠，太平洋崇光百貨是我的—太百新董事長李恆隆是號什麼角色，財訊，第246期，2002年9月。

7. 李美惠，深入解讀Sogo的兩份極積機密文件—蔡辰洋：林華德不能只當「藏鏡人」，商業週刊，第774期，2002年9月。

8. 黃偉峰，從太平洋SOGO股權爭奪戰談公司的股權、經營權規劃，實用月刊，第337期，2003年1月。

9. 曾寶璐，一場歹戲拖棚九百天的經營權爭奪戰—徐旭東拿下太百被指「黑吃黑」，商業週刊，第905期，2005年3月。

10. 臧家宜，霖園集團是太設的久旱甘霖—章民強找到一個大靠山，商業時代，第56期，2001年12月。

11.方明，出脫金雞母太平洋崇光引人疑竇─太設集團梳妝打扮等待有情郎，商業時代，第85期，2002年6月。

12.楊雲驊，刑事確定判決之認定與「確認效力」、「拘束效力」之構成，台灣法學雜誌，第149期，2010年4月。

13.王志誠，時光一去永不回？─股東會決議不成立予公司登記之撤銷，台灣法學雜誌，第148期，2010年3月。

14.田習如，各路人馬搶食SOGO全紀錄─解開SOGO金光大戲三謎團，財訊，第339期，2010年2月。

15.陳一姍，兩大官司決定SOGO命運，天下雜誌，第441期，2010年2月。

16.尤子彥，走出SOGO風波，太設邁向重生支路─痛失金雞母七年章啟明學到三堂課，商業週刊第1139期，2009年9月。

三、網路資料

1.公開資訊觀測站，http://newmops.tse.com.tw/。

2.立法院全球資訊網，http://www.ly.gov.tw/。

3.司法院，http://www.judicial.gov.tw/。

4.全國法規資料庫，http://law.moj.gov.tw/。

5.國家圖書館，http://www.ncl.edu.tw/mp.asp?mp=2。

6.聯合知識庫，http://www.udndata.com/library/。

四、法院判決

1.台灣台北地方法院刑事判決92年度訴字第1442號。

2.台灣台北地方法院刑事判決95年度曙重訴字第3號。

3.台灣台北地方法院民事判決91年度重訴字第2465號。

4.台灣台北地方法院民事判決92年度重訴字第1853號。

5.台灣台北地方法院民事判決96年度重訴第1341號。

6.台灣台北地方法院民事判決91年度重訴字第2785號。

7.台灣台北地方法院民事判決95重訴字第490號。

8.台灣台北地方法院民事判決97年度訴字第4714號。

9.台灣高等法院刑事判決93年度金上重訴字第6號。

10.台灣高等法院刑事裁定98年度聲再字第504號。

11.台灣高等法院刑事判決97年度曙上易字第1號。

12.台灣高等法院民事判決94年度重上字第號218。

13.台灣高等法院民事判決98年度重訴第351號。

14.台灣高等法院民事判決93年度重上字第45號。

15.台灣高等法院民事判決98年度上字第149號。

16.最高法院刑事判決99年度台上字第1789號。

17.最高法院民事裁定96年度台上字第1949號。

18.最高法院民事判決99年度台上字第1201號。

19.最高法院民事判決99年度台上字第1533號。

20.最高法院民事判決99年度台上字第1362號。

21.TERRITORY OF THE VIRGIN ISLANDS IN THE COURT OF APPEAL HCVAP 2010/007。

22.BRITISH VIRGIN ISLANDS EASTERN CARIBBEAN SUPREME COURT IN THE HIGH COURT OF JUSTICE COMMERCIAL DIVISION CLAIM NO：BVIHCV 2009/389。

第十章 史上最大內線交易案——
以**Galleon Group**為中心的
避險基金犯罪

陳芳儀

陳芳儀

八年前 選擇了自己想像不到的法律之路 踏入了未知的領域

從錯誤裡獲得經驗 從挫敗中學會堅強

若有所進步 全得感謝陪我努力 包容我 對我嚴格的人們

接下來 將會是什麼樣子呢

希望身邊還是充滿著我愛的人

並期許自己成為一位令人發自內心喜歡的法律人

日期	事件
2003-2009	本案系爭之內線交易行為
2007	檢察官開始進行調查
2009.10.15	紐約州南區檢察署起訴Rajaratnam等人
2009.10.16	逮捕Galleon Group創辦人Rajaratnam
2009.10.16	美國證管會（SEC）Rajaratnam等人提起民事訴訟
2009.10.19	Rajaratnam以100萬美元保釋，至此投資人已發出將近13億美元之贖回通知
2009.10.19	Roomy Khan認罪[1]
2009.10.21	Rajaratnam宣布結束基金
2010.01.01	投資人預計第一次拿回現金
2010.01.07	麥肯錫顧問公司前資深合夥人及董事Anil Kumar認罪[2]
2010.01.27	New Castle基金之董事及無限責任合夥人Mark Kurland認罪[3]
2010.02.08	前Intel執行長Rajiv Goel認罪[4]
2010.03.03	前Atheros Communications副總裁Ali Gariri認罪[5]
2010.03.29	前IBM高階執行長Robert W. Moffat認罪[6]
2010.06	預計於六七月間開始刑事案件審判[7]
2010.08.02	預計開始審理SEC所提起之民事賠償

---

[1] *See* Jonathan Stempel, Galleon Witness Roomy Khan In $1.86 Million Sec Accord, Oct. 30, 2010, http://www.reuters.com/article/idUSTRE69S59W20101030.最後參訪日：2010/11/10。

[2] *See* Zachery Kouwe, Ex-Consultant Pleads Guilty In Insider Case, New York Times, Jan. 7, 2010, http://www.nytimes.com/2010/01/08/business/08insider.html?ref=raj_rajaratnam.最後參訪日：2010/11/10。

[3] *See* Zachery Kouwe, Guilty Plea By Trader In Fraud Case, New York Times, Jan. 27, 2010, http://www.nytimes.com/2010/01/28/business/28insider.html?ref=raj_rajaratnam.最後參訪日：2010/11/10。

[4] *See* Zachery Kouwe, Insider's Admission Deepens Galleon Case, New York Times, Feb. 8, 2010, http://www.nytimes.com/2010/02/09/business/09insider.html?ref=raj_rajaratnam.最後參訪日：2010/11/10。

[5] *See* Executive Pleads Guilty In Galleon Case, Reuters, Mar. 3, 2010, http://www.nytimes.com/2010/03/04/business/04insider.html?ref=raj_rajaratnam.最後參訪日：

壹、前言

在2009年10月16日，大帆船基金管理公司創辦人Raja Ratnam等人被起訴及逮捕的消息一出，震撼了華爾街以及投資人。在這個案件裡，包含了十七名被告對十四間上市公司的內線交易、有數位高階主管涉及其中，以及超過五千四百萬美元之不法獲利，無怪乎諷刺的被稱做史上最大內線交易；不僅最大，本案還拿下數個第一：第一次在內線交易案中使用監聽及線民。

在這樣龐大的案件中，有許多議題是值得探究的，但本文僅就內線交易之部分進行討論。在以下內文中，將先以刑事案件起訴書[8]為基底對相關事實做介紹，其次則就此犯罪事實之法律架構、內線交易罪名之成立與否以及犯罪成立後之影響進行分析，最後再對避險基金內線交易進行進一步剖析，期能清楚說明此問題之成因及提出相應之道，以避免同樣問題再度發生。

2010/11/10。

[6] *See* Michael J. De La Merced, Ex - I.B.M Executive Pleads Guilty To Fraud In Galleon Trading Gase, New York Times, Mar. 30, 2010, http://query.nytimes.com/gst/fullpage. html?res=9500E2DC1731F933A05750C0A9669D8B63&ref=raj_rajaratnam.最後參訪日：2010/11/10。

[7] *See* Zachery Kouwe, Galleon Founder And Hedge fund Manager Plead Not Guilty In Insider Case, New York Times, Dec. 21, 2009, http://www.nytimes.com/2009/12/22/ business/22insider.html.最後參訪日：2010/11/10。

[8] 聯邦紐約南區巡迴法院起訴書2009年11月5日之版本，http://www.sec.gov/ litigation/complaints/2009/comp21284.pdf。

貳、案例事實

一、本案被告

　　由於本案被告眾多，為方便說明，以下先以表格方式將十七名被告分類呈現，其次再用文字做詳細之敘述。

表10-1　本案被告整理

<table>
<tr><td colspan="5" align="center">被告</td></tr>
<tr><td rowspan="5">被告法人</td><td>法人名稱</td><td colspan="2">屬性</td><td>涉及案件</td></tr>
<tr><td>Galleon Management, LP</td><td colspan="2">投資顧問</td><td>除了Kronos、PeopleSupport、SUN、IBM、Atheros以外之交易均有</td></tr>
<tr><td>New Castle Funds LLC</td><td colspan="2">投資顧問</td><td>Akamai、SUN、AMD、IBM</td></tr>
<tr><td>Schottenfeld Group LLC[9]</td><td colspan="2">投資顧問</td><td>Kronos、Hilton、Google</td></tr>
<tr><td>S2 Capital Management, LP</td><td colspan="2">券商[10]</td><td>AMD、Akamai</td></tr>
<tr><td rowspan="10">被告自然人</td><td>自然人姓名</td><td>所屬公司</td><td>身分</td><td>涉及案件</td></tr>
<tr><td>Raj Rajaratnam</td><td>Galleon</td><td>創辦人、投資組合經理人</td><td>除了Kronos、SUN、IBM、Atheros以外之交易均有</td></tr>
<tr><td>Roomy Khan</td><td>Galleon</td><td>職員</td><td>Polycom、Hilton、Google、Kronos</td></tr>
<tr><td>Daniel Chiesi</td><td>New Castle</td><td>顧問、投資組合經理人</td><td>Akamai、SUN、AMD、IBM</td></tr>
<tr><td>Mark Kurland</td><td>New Castle</td><td>資深董事、無限責任合夥人</td><td>AMD、Akamai</td></tr>
<tr><td>Zvi Goffer</td><td>Schottenfeld</td><td>自營交易員</td><td>Kronos、Hilton</td></tr>
<tr><td>David Plate</td><td>Schottenfeld</td><td>自營交易員</td><td>Kronos</td></tr>
<tr><td>Gautham Shankar</td><td>Schottenfeld</td><td>自營交易員</td><td>Kronos、Hilton、Google</td></tr>
<tr><td>Steven Fortuna</td><td>S2 Capital</td><td>創辦人、負責人</td><td>AMD、Akamai</td></tr>
</table>

---

[9] Goffer、Plate以及Shankar均以Schottenfeld之帳戶交易，故Schottenfeld亦成為為被告。

[10] 同時為經紀商及自營商（Broker-Dealer）。

被告				
被告自然人	Rajiv Goel	Intel	經營董事	Hilton、Intel、Clearwire
	Anil Kumar	McKinsey	資深合夥人、董事	ATI、AMD、eBay
	Robert Moffat	IBM	副總裁	SUN、AMD、IBM
	Deep Shah	Moody's	分析師	Hilton、Google
	Ali Hariri	Atheros	副總裁	Atheros

(一)投資顧問公司與投資組合管理人

1.大帆船基金管理公司與Raj Rajaratnam

大帆船基金管理公司（Galleon Management, LP）由Raja Ratnam創立於1997年，該公司經營多檔避險基金，由其擔任「投資顧問」（Investment Advisor）的避險基金總計超過26億美金，包含：多檔科技類避險基金（在起訴書中合稱為Galleon Tech funds）、Captains Funds以及Communication Funds；其中Galleon Tech funds（大帆船科技基金）即為本案中涉及最多起內線交易[11]之避險基金。

Rajaratnam在1957年生於斯里蘭卡，1983年獲得賓州大學華頓商學院碩士學位，其後在1997年創辦了大帆船基金管理公司，為該公司之無限責任合夥人，並為Galleon Tec funds之「投資組合經理人」（Portfolio Manager）。

2.新城堡基金公司與Danielle Chiesi、Mark Kurland

新城堡基金公司（New Castel Funds LLC）前身為貝爾斯登資產管理公司之部門；在獨立出來成為公司後，擔任多檔避險基金之投資顧問，總計金額超過9億7100萬美元。

Chiesi為新城堡基金公司之投資組合經理人，另Kurland為New Castle之董事以及無限責任合夥人。

---

[11] 涉及對下列公司之股票進行內線交易：Polycom、Hilton、Google、Intel、ATI、AMD、eBay、Clearwire、Akami。

3.S2資產管理公司與Steven Fortuna

S2資產管理公司（S2 Capital Management, LP）擔任多檔避險基金之投資顧問，總計金額超過1億2500萬美元，但並非經過認證之投資顧問。Steven Fortuna為該公司之創辦人之一。

(二)自營商與交易員

Schottenfeld是一間經登記之綜合券商，同時身兼經紀商及自營商（Broker-Dealer）資格，在本案中成為被告係因為其交易員在做自營交易時，為其買賣的行為觸犯內線交易。

Goffer、Plate及Shankar為該自營商之「自營交易員」（Proprietary Trader），因為利用內線消息為自營商帳戶進行交易，故成為本案被告。

(三)內線交易公司之高階主管

1.Rajiv Goel

Goel是Intel公司財務部門以及Intel Capital公司之經營董事，同時也是Rajaratnam的朋友；在本案中，提供多則內線消息給Rajaratnam，但並未收取報酬。

2.Robert Moffat

Moffat是IBM高階副總裁，在本案中，提供多則內線消息給Chiesi，但在起訴書中未見其有收取報酬之情況。

3.Ali Hariri

Hriri是Atheros公司之副總裁，將其公司之內線消息提供給Far知悉，並以從Far處獲得其他內線消息做為交換，但Far並非本案被告。

(四)其他

1.Roomy Khan

Khan為Galleon的前員工，為了回到Galleon工作，便以提供內線消息做為交換；在本案中Khan除了提供數則內線消息給Rajaratnam外，也為自己進行交易。

2.Deep Shah

　　Shah為穆迪信用評等機構之分析師，在本案中提供多則內線消息給Khan並收取對價。在2007年底離職，現被認為居住於印度。

3.Anil Kumar

　　Kumar為麥肯錫顧問公司之資深合夥人以及董事，同時也為Rajaratnam之華頓商學院同學，在本案中利用其職務所獲得之內線消息，提供給Rajaratnam而獲取報酬，另外更將該報酬之一部分，投資於Galleon旗下之基金。

二、犯罪事實──三組避險基金與十四間公司之內線交易

　　由於本案犯罪事實複雜，為求清楚說明案情，將先以表格方式對本案做簡單的呈現，其次分別就十四間公司之內線交易案進行文字敘述，並挑出幾則較具重要性的內線交易事件做成關係圖以輔助說明。

表10-2　內線交易事件處理

上市公司名稱	內線交易期間	對該公司股票進行內線交易之被告	不法獲利金額
Polycom	2006.01-04	Galleon、Rajaratnam、Khan	$1,117,000
Hilton	2007.7	Galleon、Rajaratnam、Khan、Shah、Goel、Schottenfeld、Shankar、Goffer	$5,908,000
Google	2007.07	Galleon、Rajaratnam、Khan、Schottenfeld、Shankar	$9,850,000
Kronos	2007.03	Shah、Khan、Schottenfeld、Shankaar、Goffer、Plate	$405,000
Intel	2007.01.08-10.17	Goel、Galleon、Rajaratnam	$5,307,000
Clearwire	2008.02-05	Goel、Galleon、Rajaratnam	$780,000
PeopleSupport	2008	Rajaratnam、Goel	$150,000
Akami	2008.07.02-30	Rajaratnam、Galleon、Chiesi、Kurland、New Castle、Fortuna、S2 Capital	$8,000,000
Sun	2009.01	Moffat、Chiesi、New Castle	$1,000,000
ATI	2006.03	Kumar、Galleon、Rajaratnam	$19,000,000

上市公司名稱	內線交易期間	對該公司股票進行內線交易之被告	不法獲利金額
AMD	2008.08	Kumar、Moffat、Rajaratnam、Galleon、Chiesi、Kurland、New Castle、Fortuna、S2 Capital	起訴書未載明
eBay	2008.10.03	Kumar、Galleon、Rajaratnam	$500,000
IBM	2009.01	Moffat、Chiesi、New Castle	$1,735,000
Atheros	2008.12-2009.02	Hariri	$870,000
不法獲利總計：			$54,622,000

1.Polycom

本交易特色為：(1)公司內部高階主管洩漏消息；(2)避險基金內線交易。

Roomy Khan為Galleon的前職員，為了再度回到Galleon工作，遂以擁有Polycom的內線消息做為交換，而其消息來源為Polycom的執行長，於起訴書中被稱為Polycom Source。自2006年1月開始，Khan分別向Rajaratnam透露該公司2005年第四季以及2006年第一季的財報將是獲利的狀況；知悉後，Rajaratnam為Galleon Tech funds而Khan為自己買進股票及「買權」（Call Option），二者合計獲利為111萬7千元。

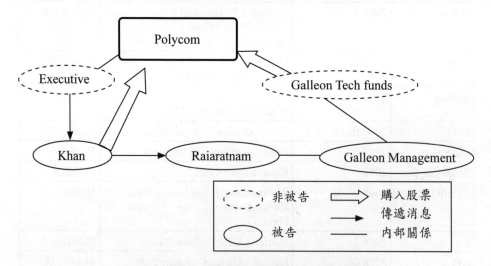

圖10-1　Polycom股票內線交易關係圖

2.Hilton

　　本交易特色為：(1)信用評等機構分析師洩漏訊息；(2)避險基金內線交易，以及(3)自營商內線交易。

　　2007年7月2日Khan從Moody's分析師Shah口中獲知Hilton將被私募基金收購並下市而股價有溢價空間之資訊，便自行購買Hilton股票，並通知Rajaratnam，在Rajaratnam知悉後，隨即為Galleon Tech funds以及Goel購入。不僅於此，Khan還將此訊息告訴Tipper X[12]，並傳遞給Shankar以及Goffer[13]，三人在獲悉消息後也分別為自己及自營商買進。該些交易之不法獲利總計為590萬8千元，另Khan支付1萬元給Shah作為酬謝。

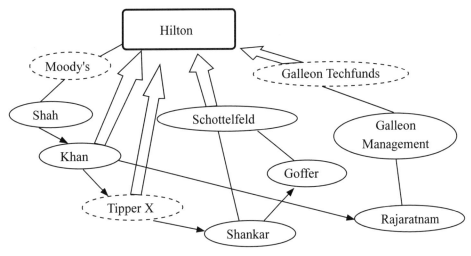

圖10-2　Hilton股票內線交易關係圖

3.Google

　　本交易特色為：(1)洩漏消息者為顧問公司之職員、(2)避險基金內線交易，以及(3)自營商內線交易。

---

[12] 本案之秘密證人-Thomas Hardin，係一投資分析師，未被起訴。

[13] Shankar及Goffer為自營商交易員，在本案中係因為自營商Schottenfeld帳戶買賣而被起訴內線交易。

　　Khan再度獲得重大未公開消息，這次消息是來自於Google的顧問公司Market Street Partners之內部職員，於起訴書中被簡稱為Google Source。2007年7月10日Google Source告訴Khan：Google尚未發布的2007年第二季財報，每股盈餘比上一季低了25角。知悉後，Khan告訴Rajaratnam以及Tipper X，前者通知Capitan Funds的投資組合管理人，後者並將此消息洩漏給Shankar；該些知悉消息者接著為自己、避險基金以及自營商買入Google股票的「賣權」（Put Option），嗣後消息公布股價大跌賣出賣權，獲利總計985萬美元[14]；另Khan因傳遞消息而獲得1萬5千元對價[15]。

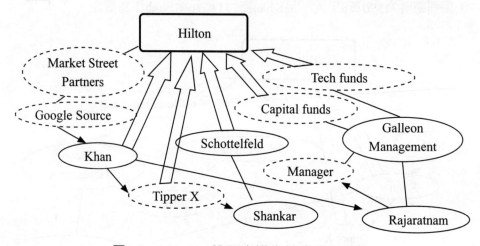

圖10-3　Google股票賣權內線交易關係圖

4.Kronos

　　本交易特色為：自營商內線交易。

　　在2007年3月中旬Shah從其朋友處[16]知悉Kronos公司將要被Hellman私

---

[14] 獲利金額分別為：Khan獲利50萬、Galleon Tech funds獲利800萬、Galleon Captains funds獲利130萬以及Schottenfeld獲利5萬。

[15] Google Source告訴Khan若想要繼續取得內線消息，則必須一季付出10至20萬元代價，Khan拒絕因而未獲得更多內線消息。然而Khan向Tipper X索取內線消息之費用1萬5千元，Tipper X付款後，另向Shankar收取5千元費用。

[16] 起訴書中稱為Kronos Source。

募基金收購並下市的消息，隨後將此消息告知Khan，Khan再傳遞給Tipper X，並接續著傳往Shankar、Goffer以及Plate[17]。Shah因傳遞消息而獲得1萬美元對價，Shankar則獲得1萬5千元。另該些知悉內線消息者分別為自己及為自營商買入Krnos的股票及買權，獲利共計40萬5千美元。

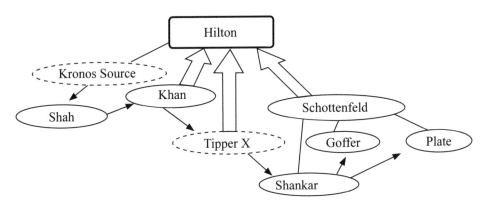

圖10-4　Kronos股票及買權內線交易關係圖

5.Intel

本交易特色為：(1)公司高階管理人洩漏消息、(2)避險基金內線交易。

從2007年1月8日起自同年10月17日止，Intel財務部經營董事Goel陸續向Rajaratnam洩露2006年第四季、2007年第一、二季財報狀況，使得Rajaratnam在該段期間中數次為Galleon Tech funds買進及賣出Intel股票，獲利及損失避免之金額總計為530萬7千美元。

6.Clearwire

本交易特色為：(1)母公司董事洩漏消息、(2)避險基金內線交易。

Goel是Intel Capital公司的董事，而該公司又是Clearwire公司的最大股東，因此知悉了Clearwire將與Sprint合併的利多消息，並告訴Rajaratnam。在2008年2月到5月間，Goel陸續傳遞相關消息給Rajaratnam使其多次為

---

[17] Plate為自營商之交易員，在本案中係因為自營商Schottenfeld之帳戶買進股票而被起訴。

Galleon Tech funds購入Clearwire股票，獲利總計78萬美元。

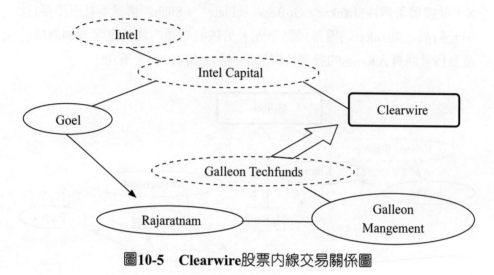

圖10-5　Clearwire股票內線交易關係圖

7.PeopleSupport

本交易特色為：(1)公司董事洩漏消息、(2)為他人進行內線交易。

Galleon資產管理公司持有PeopleSupport公司25%股權，故使旗下之經營董事出任PeopoleSupport董事一職，該董事在起訴書中稱之為Galleon Designee，於2008年間兩次傳遞PeopleSupport公司將被收購之利多消息給Rajaratnam；Rajaratnam知悉後，為Goel之帳戶買進股票，獲利總計15萬美元。

8.Akamai

本交易特色為：(1)公司高階主管洩漏消息、(2)避險基金內線交易。

從2008年7月2日起至30日止，Chisiesi陸續從Akamai執行長處（於起訴書中被稱為Akamai Source）知悉該公司2008年第二季盈餘狀況不佳之消息。此後便將此訊息傳遞給Kurland、Rajaratnam以及Fortuna，該些人分別為 New Castle fund、Galleon Tech fund以及S2 Capital所管理的科技帳戶（Tech Account）對Akamai股票進行「賣空」（Sell-short）並補進空頭部位，以及買進「賣權」（Put Option），不法獲利總計800萬美元。

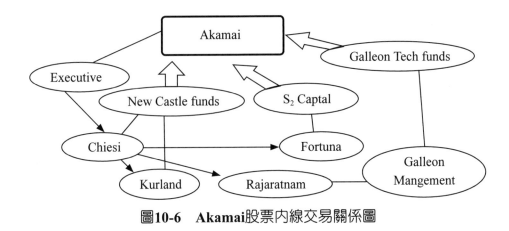

圖10-6　Akamai股票內線交易關係圖

9.Sun

本交易特色為：(1)收購公司高階主管洩漏消息、(2)避險基金內線交易。

IBM欲收購SUN故對該公司進行實地查核，IBM資深副總裁Moffat因此知悉SUN公司2009年第二季之盈餘狀況。Moffat隨後將此尚未公開之訊息告訴Chiesi，使其利用此利多消息為New Castle基金買進SUN股票，進而獲利100萬元。

10.ATI

本交易特色為：(1)收購公司之顧問洩漏消息、(2)避險基金內線交易。

自2003年起，Rajaratnam與麥肯錫董事Kumar達成如此協議：Rajaratnam每年應支付50萬美元給Kumar，以換取其從客戶處所獲悉之重大未公開消息。

2005年Kumar擔任AMD之顧問，指導該公司併購之相關事宜，而於2006年3月選定ATI做為其目標公司。決定後，Kumar告訴Rajaratnam該訊息，Rajaratnam便使Galleon Tech funds買進ATI股票，接著再於AMD收購時賣出，不法獲利了1900萬，其中100萬支付給Kumar做為酬謝。

11.AMD

本交易特色為：(1)分割公司之顧問洩漏消息、(2)它公司高階主管洩

漏消息、(3)避險基金內線交易。

Kumar擔任AMD之顧問，負責指導該公司分割其半導體製造部門之相關事宜。2008年Kumar將此利多消息傳遞給Rajaratnam，使其為Galleon顧問公司旗下之數檔避險基金購入股票。

分割後之新公司將取得IBM之技術授權，故IBM亦參加此次分割案之討論，Moffat即是參與者之一。在知悉AMD之分割案後，Moffat將此訊息傳遞給Chisie，Chisie另告知Kurland及Fortuna；該些人分別為New Castle基金以及S2 Capital基金購入股票。

12.eBay

本交易特色為：(1)顧問公司董事洩漏消息、(2)避險基金內線交易。

麥肯錫董事Kumar從eBay的子公司處（同時也是麥肯錫的客戶），知悉eBay將宣布公司主要業務衰退之訊息，隨後便於2008年10月3日將此訊息傳遞給Rajaratnam；Rajaratnam獲悉後，先為 Galleon Tech funds賣出該公司股票，之後再補進空頭部位，不法獲利總計50萬元。

13.IBM

本交易特色為：(1)公司高階主管洩漏消息、(2)避險基金內線交易。

在2009年1月8日及27日IBM副總裁Moffat兩次與Chiesi聯絡，使其先於市場知悉該公司2008第四季之財務狀況，並進而利用該消息為New Castle基金賣出、買空及賣空IBM股票，損失避免及獲利總計金額為173萬5千元。

14.Atheros

本交易特色為：公司高階主管洩漏消息

Atheros之副總裁Hariri從2008年12月至隔年二月止陸續提供該公司第四季財報狀況之內線消息，使Far得於該些訊息公開前先進行內線交易，該段期間內Far利用該未公開消息為其所管理之基金買空及賣空，獲利總計為87萬元。此外，Far並提供其所知悉的消息告知Hariri做為交換。

參、法律爭點分析

　　對於此內線交易案，本文將先分析此案之交易架構、介紹內線交易之基本理論，接著探討在訴訟上應以哪些主體做為被告，以及是否成立犯罪，最後再論及所生之相關影響。由於本案交易結構複雜，因此將在各個法律爭點中分別就不同主體：個人、自營商及避險基金進行探討，並部分輔以表格的方式呈現，以期能清楚說明該些議題。

一、本案交易之法律架構

　　在本案中，交易之法律架構大致可分成三種：(1)個人部分——自然人為自己進行交易、(2)自營商交易，以及(3)避險基金交易。以下分述之。

(一)個人部分

　　第一種狀況即是最常見的，自然人可能在取得內線訊息後利用該資訊進行交易，另外也可能同時將該資訊傳遞給他人並獲得利益，如被告Khan在Polycom交易中之角色。

(二)自營商部分

　　自營商係指為自己之計算，自負盈虧，而在交易市場為有價證券買賣者；由於自營商屬於可在證券市場中為自己利益交易之主體，故雖然其身分為法人，亦可能構成內線交易。在法律上對於法人之屬性，目前是採法人實在說，然法人畢竟仍須有自然人之幫助才可以做出行為，故自營商便需僱請自營商交易員為其買賣股票，將交易所得歸於自營商，同時各交易員間亦互相競爭，有投資績效之壓力。

　　綜上，可知自營商的交易架構為：自營商僱請交易員為其帳戶交易，交易利益歸屬於自營商，如：被告交易員Shankar、Goffer與自營商Schottenfeld在Hilton交易中之關係。

(三)避險基金部分

避險基金通常是由投資顧問公司所設立，型態可能為「私人投資合夥」（Private Investment Partnership）或者「境外投資公司」（Offshore Investment Corporation）[18]，具有獨立的法人格；在本案中，避險基金就是以「有限責任合夥」（Limited Partnership）的方式組成，其中投資人將錢放入該合夥組織成為了「有限責任合夥人」（Limited Liability Partnership, LLP），而經營者則須為「無限責任合夥人」（General Partnership, GP），負起最大責任。避險基金設立後，投資顧問公司會另外選擇投資組合管理人進行避險基金的操作。基金之操作若有獲利，會使基金之財產增加，這不僅增加了投資人之資產同時也使依照獲利比率收取報酬之管理人，獲得更大利益。

綜上，可知避險基金的交易架構為：投資顧問公司創立基金，並僱請投資組合管理人操作基金；獲利直接歸屬於基金之財產，但亦間接增加管理人之財富，如：Galleon Tech funds與被告Galleon Group以及Rajaratnam在Google交易中之關係。

二、內線交易理論[19]

在內線交易的概念中，判斷究竟哪些人屬於內線交易罪規範之對象，係一重要之概念。我國之證券交易法乃沿襲於美國法，故對於美國法判斷之理論演變過程，必須也有一定的了解。在美國法上，取得消息者若違反「公開否則戒絕交易」原則[20]（Disclose or Abstain Rule），就會構成內線交易，而該原則適用的範圍寬窄，就與理論的演變有關。以下就針對

---

[18] 陳肇鴻，證券投資信託及顧問法下「避險基金」之法律定位問題，萬國法律，第39期，頁34，2005年2月。

[19] 參閱賴英照，股市遊戲規則-最新證券交易法解析，自版，2006年8月初版，頁325-340。劉連煜，新證券交易法實例研習，2007年2月五版，頁315-340。

[20] 係指取得消息者，只可能選擇：(1)公開消息而後買賣證券，或者(2)不公開消息也不買賣證券，若未公開但卻買賣證券，即構成內線交易。

平等取得理論、忠實義務理論、私取理論以及消息傳遞責任理論進行說明。

(一)平等取得理論

在1968年，美國聯邦第二巡迴法院在SEC v. Texas Gulf Sulphur Co.[21]一案中對於內部人的定義採取廣義解釋，係一採取平等取得理論之重要案例。被告Texas Gulf Sulphur Co.是在紐約證交所上市之公司，從1957年開始進行礦藏探勘的工作，於1963年10月至11月間發現豐富礦藏，在發現後至1964年4月16日之間始終保密，其後公司始對外宣布此訊息，宣布後股票大漲。在未對外宣布之期間內，已有知悉該消息者——包含：該公司董事、地質專家、工程師、經理，以及律師等，紛紛買入股票，進而在股票漲價後獲有利益。對於此事實，法院認為該些在消息公開前即知悉並進而購買股票者，均違反了Section 10(b)及Rule 10(b)-5，故構成內線交易。

由前述案例可知，在平等取得理論之運作下，即便是對於公司無忠實義務者，任何人只要獲取了內線消息，就不得在消息公開前進行交易。此理論屬於「健全市場理論[22]」的觀點——從市場總體的角度觀察，目標在於促進資訊流通、使資源達到合理的配置，以及提升證券市場效率。因此，只要運用未公開消息進行交易之行為有違該些目標，即應構成內線交易。

(二)忠實義務理論

1980年美國聯邦最高法院在Chiarella v. United States[23]一案中，將公開否則揭露原則限縮於與公司有忠實義務[24]（Fiduciary Duty）者，亦即在內線交易之判斷中採用忠實義務理論（Fiduciary Duty Theory）。該案中，

---

[21] 401 F. 2d 833 (2nd Cir. 1968).

[22] 參閱賴英照，同註19，頁323。

[23] 445 U.S. 222 (1980).

[24] 內容包括：Duty of Care以及Duty of Loyalty。

被告Ciarella為印刷店的員工，該印刷店接受某上市公司委託印製併購文件，雖然文件中並未包含相關併購公司之名稱，但被告仍間接的從文件敘述中猜中該併購案的目標公司，並進入市場買入目標公司股票，因而獲利3萬多美元。該案件在聯邦地方及高等法院時，法院認為只要有機會接觸未公開的重要消息，就必須遵守公開否則揭露原則，因此均得出被告有罪之判決結果。然而到美國聯邦最高法院時，法院撤銷原判，認為只有在獲悉消息而進行買賣者，對於市場之交易他方，存有忠實義務時，才會有公開否則戒絕交易原則之適用。基於本案被告——印刷店員工，與目標公司以及該公司之股東間不存有忠實義務，因此被告在該資訊未公開前就先進行股票購買之行為，並不成立內線交易。

由該案中最高法院之態度可知，只有當對公司負有忠實義務者，違反公開否則戒絕交易原則時，才會成立內線交易之罪。亦即，對公司負有忠實義務者，例如：公司之董事、經理人，不得在資訊公開前先為交易，此即忠實義務理論。此理論係採取「信賴關係理論[25]」的觀點——從公司的角度為觀察點，目的在於避免公司內部人違背忠實義務而害及公司經營並影響股東權益。只有公司內部人利用未公開消息進行交易之行為才會違反該些目的，因此當負有忠實義務之內部人違反公開否則戒絕交易原則時，構成內線交易。

(三)私取理論

在1997年United States v. O'Hagan[26]一案中美國聯邦最高法院，採取了私取理論（Misappropriation Theory），使公開否則戒絕交易原則之適用主體範圍，較忠實義務理論者廣。在該案中，Grand Metropolitan PLC公司想要收購Pillsbury公司，故委任律師事務所—Dorsey & Whitney為其處理與併購案相關之事項。該事務所之合夥律師O'Hagan，並未負責處理系爭併購案，但卻知悉併購消息，進而在併購訊息公開前以此進行交易。

---

[25] 同註22。

[26] 521 U.S. 642 (1997).

O'Hagan買進目標公司Pillsbury的股票買權，隨後於併購案宣布後賣出股票，獲利約430萬美元，O'Hagan遂成為本案之被告。對此，聯邦最高法院認為O'Hagan對於目標公司Pillsbury的股東並不存有忠實義務，但是對事務所有該義務存在，O'Hagan取得事務所中的併購消息並用以進行證券交易的行為，明顯違反了對Dorsey & Whitney事務所的忠實義務，故仍構成內線交易之罪。

　　由該案內容可知，私取理論使可能構成內線交易之主體，重新擴大；換言之，內線交易之規範對象範圍由寬至窄為——平等取得理論、私取理論，最後為忠實義務理論。在私取理論之下，可能構成內線交易者不僅有公司內部人，還包含了對於消息來源（Source of Information）有忠實義務者；因此，除了公司之董事或經理人外，律師事務所中之律師，在利用消息進行交易時，均可能成立內線交易。的確，私取理論之範圍係較忠實義務理論者寬，但其基礎概念均來自於「信賴關係理論[27]」。

(四)消息傳遞責任理論

　　在內線交易之案例中，常出現的情形就是行為人間傳遞內線消息，因此，在何種資訊傳遞下，行為人會構成內線交易？此一概念的界定便成了重要問題。

　　在1983年Dirks v. SEC[28]一案中，被告Dirks為證券分析師，從Equity Funding of America（EFA）的前任經理得知EFA的資產有作假之情事，隨後便著手介入調查。在調查的過程中，該分析師有與其客戶討論該狀況，使得某些客戶知悉後先將手中之EFA持股出脫，以避免損失。其後，經查EFA確有高估資產的狀況。Dirks因為洩漏消息而受到美國證管會之處罰，但是案件到了聯邦最高法院後，被認定Dirks並未違反Section 10(b)及Rule10(b)-5，蓋因前任經理透露消息的行為目的在於舉發EFA資產高估的狀況，並非為了自身之利益，故並未違反義務。既然消息傳遞者未有義務

---

[27] 同註22。

[28] 463 U.S. 646 (1983).

的違反，消息受領者自然無責任可繼受，是以無法律責任之存在。

依照該案，只有在消息傳遞時是為了個人利益，且消息受領者明知或可得而知該消息傳遞係違反忠實義務時，消息受領者才需負責。亦即，依該該判決要旨形成的「消息傳遞責任理論」（Tipper/Tippee Liability）要件為：(1)消息傳遞人（Tipper）違反忠實義務；(2)消息受領人（Tippee）明知或可得而知傳遞人違反忠實義務；(3)消息傳遞人是為了個人利益（Personal Benefit），而利益採取廣義解釋，不僅金錢，友情關係也算。在此理論下，消息受領人的責任性質屬於傳來責任（Derivative Liability），亦即其責任係從傳遞人之處所得，故責任前提為傳遞人有義務之違反。

當消息受領人利用訊息進行交易時，在法律上應如何評價受領人及傳遞人之責任？在消息受領人部分，利用未公開消息進行交易，是成立內線交易之罪。在消息傳遞人部分，若與交易者間客觀上有行為分擔，主觀上有犯意聯絡，則成立內線交易的刑事共同正犯[29]。另外，在民事責任上，則與交易者共同負擔連帶損害賠償之責（證券交易法第157條之1第3項）。

三、應以何者為被告

在本案中，應該區分交易架構的不同而分別探討應以何人為被告：(1)個人部分、(2)自營商部分，以及(3)避險基金部分。以下將依此分類方式分別敘述起訴書以何者為被告，再依照前述法律架構進行分析。

(一)個人部分

在內線交易案件中，可能被起訴的個人即為「消息傳遞者」以及「實際進行交易者」。在起訴書中，以此身分被起訴者有：Khan、Shah以及Hariri。為自己進行交易者被起訴固無問題，但在本案中，卻有部分傳遞消息者並未被起訴，如：Kronos Source、Polycom Source、Google

---

[29] 參閱劉連煜，同註19，頁344。賴英照，同註19，頁382，558-59。

Source以及Akamai Source。

依前述內容可知，消息傳遞人理論雖然是處理受領消息者繼受責任的問題，但仍可依照「刑事共犯」的概念，將傳遞消息但未進行交易者一併起訴，亦即將其視為內線交易之共同正犯。關於起訴書中，可能因為調查蒐證的問題而未起訴其他傳遞消息者，但若依照共同正犯的概念，理論上應可一併起訴；依照我國法條，應是引用證券交易法第157條之1搭配刑法第28條。

(二)自營商部分

在自營商的交易中，可能被起訴者應該為「自營商」以及「自營交易員」。自營商為交易當事人，另外自營交易員該帳戶其下單，可評價為有代理權之人，一併起訴是為當然，但起訴身分為何則需進一步探討。在起訴書中，以此種身分被起訴者有：自營商Schottenfeld以及交易員Shankar、Goffer以及Plate。

關於交易員應以何種身分起訴？或許可認交易員代理他人進行交易，可以共同正犯身分起訴；然而交易員並無法完全得享有不法獲利，再加上受僱於自營商有績效之壓力而不應予以過度苛求，故應以幫助犯之身分起訴較為恰當，引用證券交易法第157條之1搭配刑法第30條。

(三)避險基金部分

在避險基金的交易中，可能被起訴者有「避險基金」、「資產管理公司」以及「投資組合經理人」。資產管理公司設立避險基金後，由投資組合經理人為避險基金進行交易，該經理人之行為應可評價為代理。依照美國之架構，避險基金具有法人格，是進行內線交易之法律主體[30]，但並未成為起訴之起訴之對象。如：在起訴書中，Galleon Tech funds進行內線交易，但只有Galleon Management以及Rajaratnam受到起訴。

---

[30] 但若是共同基金進行內線交易，依目前我國證券投資信託及顧問法之設計，該共同基金只是信託財產不具法人格，故無法直接以共同基金為被告，詳後述。

具有法人格的避險基金進行內線交易，理應受到內線交易規範之制裁，而一併予以起訴[31]，但為何此處並未如此處理？或許可認，因為數檔避險基金都是由一間資產管理公司所設立的，故起訴該資產管理公司較為簡便，也較能避免其逸脫責任[32]。

四、是否成立內線交易

內線交易之成立與否，主要需判定：(1)所涉及的是否為重大未公開消息、(2)進行交易者是否為內線交易所規範之對象。此外，在本案中另須判斷：傳遞消息者是否亦須負起刑事上責任，以下將分述之。

(一)重大未公開消息

在內線交易的事實中，係爭訊息是否屬於重大未公開消息，是一重要之問題。依照我國證券交易法第157條之1第1項，當事人所獲悉者必須為「重大影響股票價格之消息」始有可能成立內線交易，同條第4項，又將其區分為「涉及公司財務業務之重大消息」以及「涉及該證券市場供求之重大消息」。該二種消息之內容為何？應如何公開？以及消息是否已成立？均在「證券交易法第一百五十七條之一第四項重大消息範圍及其公開方式管理辦法[33]」中有進一步規定。

所謂「涉及公司財務業務之重大消息」規定於該辦法第2條，係指消息與公司內部營運有關者，例如：公司將進行合併、收購或者分割。復依第5條規定，關於此種消息之公開方式，限於：輸入公開資訊觀測站；對此即有學者認為如此之要求過於苛刻，若是已召開記者會且媒體也顯著報導，只是尚未輸入公開觀測站，亦應評價為資訊已公開[34]。

---

[31] 因為在起訴書中，進行內線交易的自營商被起訴，同理，進行內線交易的避險基金也應成為被告。

[32] 此結論來自於課堂中之討論。

[33] 依照證券交易法第157-1條4項授權制定，使重大消息之規定符合罪刑法定原則及構成要件明確性原則。

[34] 參閱賴英照，「開了記者會算不算公開？」，經濟日報，A12版，2006年8月28日。賴英照，同註19，頁357。

　　所謂「涉及該證券市場供求之重大消息」規定於該辦法第3條，係指消息是因公司以外之變動所產生，例如：該公司被進行公開收購、檢調單位對上市公司進行調查、該公司證券被違約交割或者主管機關駁回增資案。關於此種消息之公開，該辦法第5條之規定較寬鬆，只要下列三種方式擇一即可：輸入公開資訊觀測站、公告於基本市況報導網站或者經由全國性媒體報導。

　　在重大消息之部分，另有「交易時消息是否已成立」之問題。所謂訊息可分成「硬資訊」（Hard Information）——已發生並可查證之資訊，如：財務報告，以及「軟資訊」（Soft Information）——難以查證之資訊，如：未來的併購計畫，而消息是否在交易時已成立之問題，只會出現在這個部分。我國目前在前述重大消息管理辦法第4條[35]中列舉數個時點，並明文規定以日期最先者為消息成立時，然而如此規定，難免會生過度僵硬、不符實際狀況且可能產生人為操作空間之批評[36]。故在判斷時，不妨參考美國於Basic Inc. v. Levinson一案中採用之判準Probability/Magnitude Balancing approach-應平衡考量該消息成立的可能性以及對投資人的影響效力，只有在成立的可能性及影響力極小時，該消息才不會被評價成重大消息[37]。亦即，只要該消息可能成立，或者會對投資人生影響時，就屬於具重大性之消息；然亦有論者認為如此之判準不夠具體而難以操作[38]。

　　在本案中，所涉及的消息大致可分為三種：(1)公司本季即將發布之

[35] 該辦法第4條內容：「前二條所定消息之成立時點，爲事實發生日、協議日、簽約日、付款日、委託日、成交日、過戶日、審計委員會或董事會決議日或其他足資確定之日，以日期在前者爲準。」

[36] 同註19，頁374。

[37] 485 U.S. 224 (1988).

[38] *See* Stephen M. Bainbridge, Securities Law: Insider Trading, 34-35 (1999).

盈餘狀況[39]；(2)公司即將進行分割、合併[40]；(3)公司將被收購[41]。前二種消息屬於「涉及公司財務業務之重大消息」，第三種則屬於「涉及該證券市場供求之重大消息」。此外，該些訊息在性質上亦有所不同：第一種屬於硬資訊——因為盈餘狀況已有既存之文件可查詢，後二者屬於軟資訊——因為公司是否真的會合併或收購，無法完全確定，故可運用我國法明文之規定找出最早的時點做為消息成立時，或者用Basic一案確立之準則，認為該種合併、收購之訊息很有可能成真，且成立後對市場之影響甚大，而將其評價成已成立之重大消息。

綜上，可知本案中涉及之內線消息，雖其性質有所不同，但依其內涵分析，均可評價成重大未公開之消息。

(二)進行交易者是否為內線交易所規範之對象

雖然依前述內容可知，本案涉及者屬於重大未公開消息，但利用此種消息進行交易者，並非絕對成為內線交易者所規範之對象，蓋因規範對象會依適用理論之不同而異其結果[42]；另外若消息來自他人，也須符合一定條件始會繼受他人所傳來之責任。在本案中，進行交易者均是消息受領者，故須依照「消息傳遞責任理論」判斷，要件如下：

1.傳遞消息者違反忠實義務

在本案中，傳遞消息者可分為內部人以及非內部人。內部人將公司重大消息傳遞給他人，進而損及公司而利於自己，就是違反了忠實義務內涵中的「忠誠義務」（Duty of Loyalty），如Intel董事Goel、IBM資深副總裁Moffat以及Atheros董事Hariri將公司消息告知他人。另外傳遞消息之非

---

[39] 對Polycom、Google、Intel、Akamai、SUN、eBay、IBM、Atheros等公司交易所利用之訊息。

[40] 對Clearwire、AMD等公司交易所利用之訊息。

[41] 對Hilton、Kronos、Peoplesupport、ATI等公司交易所利用之訊息。

[42] 如：若採用平等取得理論，任何利用消息進行交易者均構成內線交易，但若採忠實義務理論，則只有當取得消息並進而為交易行為者為對公司負有忠實義務之人，始構成之。

內部人，則是違反了對消息來源者之忠實義務，如Shah以及Kumar將其因工作所知悉之消息告知他人，是分別違反了對於Moody's信用評等公司以及McKinsey顧問公司的忠實義務。

2.消息受領人明知傳遞者違反忠實義務

在本案中，受領消息者應明知遞者違反忠實義務，因為消息來源人之職務均為受領人所知悉，基些該些職位傳遞消息明顯的是違反忠實義務而不被允許。

3.傳遞者獲得利益

所謂利益在解釋上並不限於金錢上利益，情感上亦屬之。在本案中，傳遞者均有獲得利益，其中獲得金錢利益者有：Kumar、Shah、Khan，獲得情感上利益有：Moffat、Goel[43]。

綜上，本案之情況符合消息傳遞責任理論之要件，該些傳遞人違反忠實義務之責任，均傳給進行交易者，另依照我國法律，則是符合證券交易法第157條之1第1項第5款，故成立內線交易。

(三)傳遞重大未公開消息

內線交易所處罰者，為實際進行交易之人，故原則上傳遞重大消息但未進行交易者並不成立此罪。但若該傳遞者與交易人間，互有行為分擔犯意聯絡之情事，依照我國學說見解[44]，應可成立內線交易之共同正犯。

於本案中，被起訴的Shah、Khan、Goel、Kumar、Moffat、Hariri以及未被起訴之Polycom Source、Google Source、Kronos Source、Akamai Source，雖未進行交易，但與消息受領人間若有行為分擔與犯意聯絡，均應可能成立內線交易之共同正犯。

五、本案所生之影響

內線交易之成立，屬於刑事犯罪，當然須受刑罰制裁；同時，由於本

---

[43] 此處之情感上利益係指：Moffat與Chiesi、Goel與Rajaratnam間的友誼關係。

[44] 同註29。

犯罪行為涉及侵害其他投資人之權利，故亦可提起民事訴訟。此外，若犯罪主體屬於主管機關監督之對象，另可能受到行政處分，於以下分述之。

1.刑事責任

在刑事責任部分，得處以自由刑、併科罰金，並沒收不法所得。成立內線交易者，依照證券交易法第171條第1、2項規定[45]處三年以上十年下或七年以上有期徒刑，得併科罰金。此外，同條第4條並要求沒收犯罪所得，以符社會之公平正義。然而本案涉及法人犯罪，法人依其本質無法受自由刑之處罰，故證券交易法第179條明文規定：法人違反規定時，處罰其負責。

2.民事責任

在民事責任部分，即是要求犯罪者對相對人進行賠償。依證券交易法第157條之1第3項規定[46]，成立內線交之人須對當日善易進行相反交易者負民事損害賠償責任；為了訴訟上便利，我國係由投保中心一併進行求

---

[45] 證券交易法第171條第1、2項：「有下列情事之一者，處三年以上十年以下有期徒刑，得併科新臺幣一千萬元以上二億元以下罰金：

一、違反第二十條第一項、第二項、第一百五十五條第一項、第二項、第一百五十七條之一第一項或第二項規定。二、已依本法發行有價證券公司之董事、監察人、經理人或受雇人，以直接或間接方式，使公司為不利益之交易，且不合營業常規，致公司遭受重大損害。三、已依本法發行有價證券公司之董事、監察人或經理人，意圖為自己或第三人之利益，而為違背其職務之行為或侵占公司資產。

犯前項之罪，其犯罪所得金額達新臺幣一億元以上者，處七年以上有期徒刑，得併科新臺幣二千五百萬元以上五億元以下罰金。」

[46] 證券交易法第157-1條第3項：「違反第一項或前項規定者，對於當日善意從事相反買賣之人買入或賣出該證券之價格，與消息公開後十個營業日收盤平均價格之差額，負損害賠償責任；其情節重大者，法院得依善意從事相反買賣之人之請求，將賠償額提高至三倍；其情節輕微者，法院得減輕賠償金額。」

償[47]，在美國則是由證管會提起民事損害賠償之訴[48]。

3.主管機關之行政處分

依照證券交易法第56條及第66條規定[49]，主管機關得對券商進行警告、命其解除或停止特定人職務、命其停業或者甚至撤銷營業許可執照。本案中涉及自營交易員為證券商進行內線交易，故在我國法下，主管機關則得依此規定對券商做特定之行政處分。

六、小結

從前述內容可知，本內線交易案大致可分成三類不同的犯罪主體，分別為傳遞消息及為自己進行交易之「個人」、「避險基金」與其經理人，以及「自營商」及其交易員；而該些犯罪主體又可區分為「進行交易者」者以及「傳遞消息者」，利用之消息均屬於重大未公開之消息，故前者依照「消息傳遞者理論」或者我國證券交易法第157條之1第5款成立內線交

---

[47] 證券投資人及期貨交易人保護法第28條1項：「保護機構為保護公益，於本法及其捐助章程所定目的範圍內，對於造成多數證券投資人或期貨交易人受損害之同一原因所引起之證券、期貨事件，得由二十人以上證券投資人或期貨交易人授與仲裁或訴訟實施權後，以自己之名義，提付仲裁或起訴。證券投資人或期貨交易人得於言詞辯論終結前或詢問終結前，撤回仲裁或訴訟實施權之授與，並通知仲裁庭或法院。保護機構依前項規定提付仲裁或起訴後，得由其他因同一原因所引起之證券或期貨事件受損害之證券投資人或期貨交易人授與仲裁或訴訟實施權，於第一審言詞辯論終結前或詢問終結前，擴張應受仲裁或判決事項之聲明。」

[48] 本案件的民事訴訟部分，就是由美國證管會（SEC）所提起。

[49] 證券交易法第56條：「主管機關發現證券商之董事、監察人及受僱人，有違背本法或其他有關法令之行為，足以影響證券業務之正常執行者，除得隨時命令該證券商停止其一年以下業務之執行或解除其職務外，並得視其情節之輕重，對證券商處以第六十六條所定之處分。」
同法第66條：「證券商違反本法或依本法所發布之命令者，除依本法處罰外，主管機關並得視情節之輕重，為左列處分：一、警告。二、命令該證券商解除其董事、監察人或經理人職務。三、對公司或分支機構就其所營業務之全部或一部為六個月以內之停業。四、對公司或分支機構營業許可之撤銷。」

易，後者雖未進行交易，但依學理成立共同正犯。

　　本案至目前為止雖尚未有判決，但依照我國法，可知內線交易若是成立，則各該主體將會受到刑事上、民事上及行政上之處分。

肆、相關法律問題探究——避險基金之內線交易

　　在本案中，最為引人注目的特色即是避險基金進行了內線交易。避險基金之內線交易和一般常見的自然人內線交易有所不同，其不僅資金雄厚，且不為一般人所熟知，因此獨立出來做說明，以揭開其神秘之面紗。以下即就避險基金與內線交易之關係進行分析探討。

一、避險基金

　　在此部分，將先針對避險基金之操作方式、基礎架構以及其特性等內容進行概略之說明，其次則介紹共同基金，並比較其與避險基金異同之處，最後再說明我國目前之狀況。

(一)避險基金概述

　　所謂避險基金，係指募集投資人之資金後，交由基金經理人分散投資於不同之投資標的，如：股票、債券及期貨，並以放空、槓桿交易、衍生性商品交易，以及殖利率套利等操作方式，以避免市場之風險，而追求高獲利[50]。避險基金投資人人數不多，且須為有錢之個體，如：富人或者大學基金，因為投資金額約在10萬至500萬美元間[51]。此外，避險基金屬於「開放型[52]」（Open-ended）基金，投資人無法於流通市場交易，只可直

---

[50] 參閱謝劍平，現代投資銀行，智勝文化，2008年3月再版，頁349-352。同註18，頁34。

[51] *See* Richard Strohmenger, *Insider Trading and Hedge Funds: A Dangerous Pair*, 15 FORDHAM J. CORP. & FIN. L. 523, 524 (2010).

[52] 「開放型」基金：基金發行持份總數不固定，投資人向基金經理公司購買持

接向基金贖回[53]。

　　在避險基金中，基金經理人之角色十分重要，不僅其自有資本佔了基金總額之一大部分[54]，所收取之費用亦不容小覷。基金經理人收取「管理費」（Management Fees）以及「績效費」（Performance Fees），前者大略是以基金淨資產之百分之二為準，後者則約莫是以獲利金額之百分之二十計算，但也有高至百分之四十五者。當基金是依合夥結構組成，經理人會以「無限責任合夥人」（General Partner）的身分收取費用，但若基金為公司架構，則以Founder Shares之資格或取一定比例股份做為費用[55]。

　　在架構上，避險基金可依「有限責任合夥」（Limited Partnership）或者「境外公司」（Offshore Corporate）之方式組成；前者主要適用於須納稅之美國籍投資人，投資人可享租稅優惠，另後者則適用於外國投資人或免稅個體。此外，避險基金通常採用「主基金加連接基金」（Master-feeder）之模式—由連接基金（Feeder Fund）在外進行資金的募集，然後再把數檔連接基金的錢放入主基金（Master Fund），由基金經理人統一操作。這種模式的優點在於：(1)使基金規模擴大、(2)可減少跨境投資的成本，以及(3)可採用靈活的費用機制以適用於不同投資人[56]。

份，基金總額即增加。購買價依基金淨資產價值（Net Asset Value/NAV）定之，在持有期間不分配利益，亦無法於流通市場交易持份，只得以贖回之方式取回本金及獲利。「封閉型」基金：基金發行固定持份，發行期滿或額滿後即封閉，投資人無法贖回，只能於次級市場交易其持份，不過此種基金會分配獲利。封閉型基金買賣價依市場供需決定，並不等同基金淨資產價值。

[53] 參閱維基百科對避險基金之解釋，http://en.wikipedia.org/wiki/Hedge_fund，最後參訪日：2010/11/05。陳忠慶，共同基金，天下遠見，1994年初版，頁38-39。

[54] 參閱Steven Drobny，洪慧芳譯，避險基金交易秘辛，財訊，2007年初版，頁17。

[55] 參閱維基百科對避險基金之解釋:，http://en.wikipedia.org/wiki/Hedge_fund，最後參訪日：2010/11/05。

[56] 同前註。參閱走進連接基金，http://news.sina.com.tw/article/20090713/1910988.html，最後參訪日：2010/11/04。

　　避險基金廣受投資人之喜愛，因為獲利極高，目前已有6千至9千檔避險基金，總資產將近1兆美元。避險基金之所以可追求高獲利，有二大原因：(1)經理人收取「績效費用」，這種制度促使經理人更加努力，提升獲利率；(2)避險基金「不受管制之本質」（Unregulated Nature），使其可做高財務槓桿之操作，而不受槓桿比率之限制[57]。

　　所謂不受管制，主要是指避險基金交易之行為不符合下列法規之定義，故可免於受到規範：1933年證券法規範「初次公開發行」（IPO）、1934年證券交易法規範「自營商」（Dealer）、投資公司法規範「投資公司」（Investment Company）以及投資顧問法關於「投資顧問」（Investment Advisor）之相關規定。然而，避險基金之操作仍無法豁免於「反詐欺」條款（Anti-Fraud），也是因為如此，本案才會被起訴內線交易。

　　避險基金具有了資金龐大又不受監管之特質，然如此之性質將使可能造成系統性風險。傳統上，系統性風險係指重大事件發生使得金融機構在短期內產生一系列倒閉事件的可能性。例如，股市崩盤引起恐慌後，民眾到銀行擠兌導致資金調度不足，產生流動性問題，進而影響整個金融產業，發生系統性危機。1990年代以來，由於金融創新與全球金融化的影響，使得系統性風險的來源並不限於傳統上以存款放款業務為重的商業銀行，是以，避險基金也會有此問題，例如：因為市場欠缺流動性，避險基金無法處分手中資產而面臨倒閉，進而影響其背後之銀行或金融機構[58]。

　　綜上，可之避險基金在市場中占有十分重要的地位，因此為了防止避險基金的運作對市場造成過大的影響，過去曾有「避險基金法」（Hedge Fund Rule）的提出，希望能將其納入管制以控制風險，但最後美國國會仍未通過，故目前仍屬於法規密度偏低之狀況。

---

[57] *See* Strohmenger, *supra* note51, at 524.

[58] 參閱彭德明，避險基金的運作及其對系統性危機的涵義，中央銀行季刊，第二十九卷第四期，頁48-51，2007年12月。http://www.cbc.gov.tw/public/Attachment/83618592871.pdf。

表10-3　避險基金豁免於相關規範之整理

法規名稱	登記／規範內容	避險基金是否登記
1933年證券法 Securities Act of 1934	初次公開發行需登記（IPO）	× 符合私募要件
1934年證券交易法 Securities Exchange Act of 1934	Dealer（自營商） 為自己計算買賣有價證券	× 符合豁免規定 ——成員少於500人
	反詐欺條款（Anti-Fraud）	√
投資公司法 Investment Company Act	投資公司 （Investment Company） 從事投資、轉投資及有價證券交易	× 符合豁免規定 ——投資人少於100人並且未公開招募
投資顧問法 Investment Advisers Act	Investment Adviser 擁有超過 15為客戶以及資產總額超過3千萬	× 客戶控制在15人以下

(二)避險基金與共同基金之異同

　　所謂共同基金（Mutual Fund）係指集合投資人之資金，交由專家管理分散投資於各個標的，使資金獲利成長並將收益歸於原來投資人之理財工具。

　　共同基金可分為「公司型」——基金依公司法成立具有法人格，投資人為公司股東，以及「契約型」——基金以信託契約組成，由基金經理公司創設，在募集資金後，以委託人之身分，將資金交由做為受託人之金融機構保管，另外並以出資之投資人為受益人，以享受該些資金之盈虧。在我國之法制下，依照「證券投資信託及顧問法[59]」之規定，可知目前所採用的基金架構為契約型。

　　避險基金與共同基金雖均名為基金，且均是集合多數人之資金進行投資，但仍有不同之處，大致說明如下：(1)投資人的人數不同——避險基

---

[59] 該法第5條第1款：「證券投資信託契約：指由證券投資信託事業為委託人，基金保管機構為受託人所簽訂，用以規範證券投資信託事業、基金保管機構及受益人間權利義務之信託契約。」

金係針對小眾進行募集,故投資人較少,但共同基金之募集對向為大眾,因而投資人數較多。(2)風險度不同──避險基金雖名為避險,但因為追求高獲利,相對的投資風險也較高,反之共同基金之操作就較為保守,投資風險亦較低。(3)性質並不相同──避險基金屬於開放型基金,但共同基金屬於封閉型基金。(4)二者之法律架構不同──避險基金係以公司或有限責任合夥組成,基金本身具有獨立法人格,但共同基金僅是信託財產,並不具有獨立法人格。(5)經理人收取之費用不同──共同基金經理人大多僅收取管理費,但避險基金經理人除了管理費外,額外收取績效費。(6)受管制的密度不同──共同基金受到法規嚴格之管制,但避險基金多能豁免該些規定。

表10-4 共同基金與避險基金異同之比較

	共同基金	避險基金
相同之處		
經營方式	集合多數人之資金進行投資	
相異之處		
投資人人數	多	少
風險程度	低	高
性質	封閉型基金	開放型基金
法律架構	信託,基金為信託財產	有限責任合夥或公司,基金有法人格
經理人收取之費用	管理費	管理費及績效費
受管制之密度	高	低

(三)我國現況

目前我國並未開放避險基金之設立,另外在現行法制下,若要藉由共同

基金架構運作避險基金，也可能因為相關法規對其資金運用[60]及投資標的[61]的限制，與避險基金靈活操作之本質有所違背，而造成阻礙[62]。

　　對此，有學者認為，雖然避險基金之風險較高，但仍不應否定特定投資人對避險基金的需求。因此，應採取漸進方式：先使避險基金以私募之方式成立，其次使機構投資人進行投資，最後再開放給一般散戶投資，期以逐步開放的方式，引進避險基金至我國市場[63]。如此建議，十分值得參考。

二、避險基金與內線交易之關係

　　以下將先整理文獻中對避險基金成因之分析，在瞭解問題所在之後，則進一步探討學者所提出之解決方式，最後並附帶介紹美國政府管制避險基金之現況，期能對此問題進行完整之說明。

---

[60] 證券投資信託事業管理規則第12條：「證券投資信託事業之資金，不得貸與他人、購置非營業用之不動產或移作他項用途。非屬經營業務所需者，其資金運用以下列為限：

一、國內之銀行存款。二、購買國內政府債券或金融債券。三、購買國內之國庫券、可轉讓之銀行定期存單或商業票據。四、購買符合本會規定條件及一定比率之證券投資信託基金受益憑證。五、其他經本會核准之用途。

證券投資信託事業除符合公司法第十六條第一項規定，並經本會核准者外，不得為保證、票據之背書、或提供財產供他人設定擔保。」

[61] 證券投資信託管理辦法第8條：「證券投資信託事業募集基金，應依基金之種類及性質投資有價證券，其投資國內有價證券之種類及範圍以下列為限：

一、上市有價證券。二、依財團法人中華民國證券櫃檯買賣中心證券商營業處所買賣有價證券審查準則第三條規定在證券商營業處所買賣之有價證券（以下簡稱上櫃有價證券）。三、經本會核准或申報生效承銷有價證券。四、政府債券及募集發行之公司債或金融債券。五、證券投資信託事業發行之基金受益憑證。六、經本會核准之國際金融組織債券。七、其他經本會核准得投資項目。

證券投資信託事業於國內募集基金投資外國有價證券，其種類及範圍由本會定之。」

[62] 同註18，頁36-38。

[63] 參閱陳春山，資產管理—二十一世紀的明星產業，財團法人台灣金融研訓院，2004年12月再版，頁109-110。

(一)成因探究

在2007年美國證管會成立「避險基金工作小組」（Hedge Fund Working Group），專門打擊避險基金進行內線交易之行為，由此可知避險基金進行內線交易發生之頻繁，也日趨受到重視。觀察此項產業結構，大致可歸納出下列造成避險基金進行內線交易之因素：

1. 寬鬆的法規密度—使避險基金可採用各式各樣的投資策略、投資於近乎任何標的，並獲取重大未公開之內線消息[64]。
2. 經理人收取績效費—當基金有獲利時，經理人可以收取績效費，但基金投資虧損時經理人並不負擔損失，在如此的架構下，會使經理人做高風險的交易行為，甚致忽略法律之規範[65]。
3. 避險基金間的激烈競爭—有鑑於該產業出現越來越多避險基金，為了在眾多競爭者中脫穎而出得到投資人之喜愛，基金經理人便利用內線交易之方式創造高獲利[66]。
4. 因利益衝突而產生資訊之洩漏—大致可分為兩種狀況：(1)投資人同時是公司內部人，為了增加自己投資獲利，便將消息告知經理人；(2)避險基金通常會僱用專家顧問為其分析及調查相關資訊，而此些顧問通常還會有其他客戶，因此身上聚集了許多重要訊息，進而交互使用成為避險基金之內線消息來源[67]。
5. 「專家網絡」（Expert Network）—專家網絡係由任職於特定產業之人所組成，他們彼此間原本並無關聯，但經由此網絡的聯結，相互交換資訊。該些人可以在公司允許的範圍內提供資訊，而許多分析師及避險基金經理人就是此網絡的成員，能從中獲取訊息，並用

---

[64] *See* Strohmenger, *supra* note 57, at 532-34.

[65] *See id.*

[66] *See id.*

[67] *See id.*

此進行專業判斷，但也會因此獲取合法範圍以外之內線消息[68]。

(二)產生之影響

在此部分，主要討論的是避險基金被發現進行立內線交易後，所產生的影響。避險基金由於資金龐大，加上涉及之對象多，故後續產生之放射效力極大不容忽視。

1.進行內線交易之避險基金

避險基金被查出進行內線交易時，首當其衝的即是投資人信心，為了預防損失使資金盡快落袋為安，因此正常的反應便是贖回資金。在投資人抽回資金後，該基金面臨的便是清算的命運。不僅於此，由於投資人無法再放心的把錢交給此資產公司管理，故公司也可能進行解散，接著影響到的便是公司員工，必須另謀出路。

上述內容即是本案中Galleon公司的後續發展：在2009年10月16日Rajaratnam被逮捕之消息一出，投資人便紛紛提出贖回資金之請求，至10月19日止，便已累積13億美元之請求。對此狀況，Rajaratnam只好清算避險基金，接著他旗下的投資組合管理人及分析師也紛紛另謀出路，但是在Galleon任職過的紀錄卻成了他們找尋下一個工作的絆腳石。

2.避險基金市場

在本案發生前，主管機關就已開始注意避險基金的交易活動，在本案之發生後，避險基金內線交易之問題變得更加炙手可熱。為了避嫌，避險基金經理人盡量不與其所投資的經理人接觸，因此資訊之獲取便得困難；亦即，由於基金經理人行事謹慎，營運基金之成本相對提高[69]。

---

[68] *See* Melanie Rodier, *Insider Trading: Can It Be Stopped?*, WALL STREET & TECHNOLOGY, Jan. 1, 2010, available at:http://www.wallstreetandtech.com/advancedtrading/showArticle.jhtml?articleID=222600499&cid=RSSfeed_TechWeb.最後參訪日：2010/11/11。

[69] *See* BART MALLON, HEDGE FUNDS AND INSIDER TRADING AFTER GALLEON, HEDGE FUND LAW BLOG, Nov. 15, 2009, http://www.hedgefundlawblog.com/hedge-funds-and-insider-trading-after-galleon.html. *See also* IMOGEN ROSE-SMITH, HEDGE FUND INTELLIGENCE GATHERING GETS

3.被投資公司

由於避險基金之投資金額龐大，故若突然將手中股票全數賣出，將會對該被投資公司之股價產生不小的影響，並進而影響該公司之其他投資人。在本案中，Rajaratnam決定清算基金故須將其持有之部位賣出求現，將資金返還投資人，此舉動使被投資公司承受極大賣壓。例如：Galleon基金原本持有Applied Energetics公司8.6%股份數、Hutchinson Technology公司6.3%股份數以及Ikanos公司2.3%股份數，在其宣布清算基金後，該些公司之股價分別下滑16.3%、6.6%以及9.6%[70]。

除了股價下滑之問題外，大多數的內線消息是從被投資公司中流出，該些洩密的高層人員，失去了公司對其的信任，也將失去其職位。如在本案中，IBM副總裁Moffat、Intel經營董事Goel，以及Atheros副總裁Hariri均離開了原本的工作崗位[71]。

表10-5　避險基金進行內殘交易之影響範圍

影響對象	內容
避險基金	投資人信心下降，抽回資金
	基金清算
	員工失業
避險基金市場	經理人不敢與內部人接觸，基金操作成本及困難度增加
被投資公司	避險基金持股多，賣出股票後公司股價下跌
	遭受其內部人洩漏資訊，對該些人之信賴度降低

HARDER, INSTITUTIONAL INVESTOR, DEC. 2009, http://www.institutionalinvestor.com/rss/Articles/2362176/Hedge-Fund-Intelligence-Gathering-Gets-Harder.html.

[70] See ERIC SAVITZ, AS GALLEON INVESTORS FLEE, SOME TECH STOCKS COULD SUFFER, http://blogs.barrons.com/techtraderdaily/2009/10/20/as-galleon-investors-flee-some-tech-stocks-could-suffer/.

[71] 參閱王康，「4000萬美元！華爾街再爆基金內募交易巨案」，http://www.finet.hk/mainsite/research/HEUNGKONG/20091110_1119.html，最後參訪日期：2010/11/7。

(三)遏止方式

由前述內容可知，避險基金進行內線交易後，所產生的效應是遠大於個人的內線交易案件，影響力深遠。對此，美國證管會一直有心管制，除了從事後查緝之方式著手，另外也欲以修改法律之方式加強事前預防——制定「避險基金法」（Hedge Fund Rule），但成效不彰。對此，學說上也多有建議，故以下整理學說上對此問題所提出之解決方案：

1.制定同業規範（Industry Standard）並搭配修法[72]

在美國證管會底下所設立的避險基金工作小組，參考英國的同業規範，針對各項爭議狀況擬定一套建議流程，目的在於使交易符合法令規範。內容大致為——當避險基金獲取消息時，建議踐行下列流程，以免成立內線交易：(1)通知法規遵循部門，(2)由法規遵循部門判定，是否屬於重大且未公開消息，(3)若屬於重大未公開消息，則該公司之股票列入限制名單，(4)避險基金禁止對限制名單中之公司股票進行交易[73]。不過有論者認為僅有同業規範並不足，仍應修法將避險基金顧問納入規範體系，要求其進行登記，以便主管機關之監督，並進而達成使避險基金遵從法律規範之目的。

2.在避險基金內部建制法規遵循政策（Compliance Policy）[74]

這屬於與前者相似的解決方案，即是建議在內部建制法規遵循政策，以免事後成立內線交易，而必須付出更大代價。此政策大致的內容

---

[72] See Thomas C. Pearson, *When Hedge Funds Betray a Creditor Committee's Fiduciary Role: New Twists on Insider Trading in the International Financial Markets*, 18 REV. BANKING & FIN. L. 165, 213-15 (2008).

[73] See HEDGE FUND WORKING GROUP, HEDGE FUNDS STANDARDS: PART II THE BEST PRACTICE STANDARDS 55, http://www.exchange-handbook.co.uk/pdf/HFWG%20Consultation%20Paper%20Part%20II.pdf.最後參訪日：2010/11/11。

[74] See Ted Kamman & Rory T. Hood, *With the Spotlight on the Financial Crisis, Regulatory Loopholes, and Hedge Funds, How Should Hedge Funds Comply with the Insider Trading Laws?*, 2009 COLUM. BUS L. REV. 357, 419-39 (2009).

有：(1)制定關於收到重大未公開消息以及保密之行為準則、(2)設立法規遵循專員以確保準則之執行、(3)建立明確的投資步驟，以及(4)對員工進行訓練。

3.調整內線交易刑度[75]

另有論者認為，美國證管會雖欲提出事前預防法規，使避險基金經理人登記於該機關下，以便監督。然而，如此的構想在「避險基金法」無法順利通過時即宣告失敗。故應採取替代方案，亦即以同時提高內線交易刑度，並減輕告密者及自首者處罰之方式，一方面可嚇阻內線交易，另一方面則收鼓勵揭發犯罪之效。

前述之內容係有關於學說上對此問題所提出之建議，在美國政府方面，雖然先前立法管制避險基金曾遭受過挫敗，但在此次金融海嘯後，搭著金融改革的思潮，規範避險基金的法案再度被提出。「避險基金顧問註冊法案」（Hedge Fund Advisers Registration Act of 2009）之草案中就建議刪除投資顧問法中，豁免註冊之條款，目的在於要求避險基金顧問進行註冊，以納入管制範圍。此外，該草案2010年7月15日之最新版本更要求超過3千萬美元的避險基金進行註冊，註冊後則需進行揭露並擬定法律遵循計畫[76]。由此可見，美國政府對避險基金管制的決心，十分強烈。

三、小結

由前述內容可知，避險基金之所以會產生這麼大的問題，其實是由其基本面所造成的。因為法規本身存有豁免之規定，故業者便利用此些漏洞進行法規套利[77]，設計出一個可以豁免於相關法規而不受管制的投資工具。因為不受管制，故投資方式自由而廣受歡迎，取得眾多資金，而在市場上造成極大影響力。

---

[75] *See id.*

[76] 參閱中華民國證券投資信託暨顧問商業同業公會，「金融海嘯後美國金融改革對私募基金之影響及我國之省思」，頁4，https://member.sitca.org.tw/K0000/files/CWeb/9809國際動態.pdf，最後參訪日期：2010/11/09。

[77] 同前註。

　　然而，不受管度過度自由時，便可能做出非法行為──即本案的內線
交易，並對市場造成傷害，故對於此問題便紛紛有論者提出改革之建言。
綜合前面之內容，可知大致的改革方向為──從基本架構著手，破除豁免
規定，納入管制。

伍、結論

　　2009年10月爆發的本案，彷彿是為華爾街投入了一顆震撼彈，不僅
驚嚇了相關產業、交易人以及被投資公司，更是讓廣大的投資人瞭解了避
險基金以及自營商這種具有龐大資金及訊息的產業內幕。此內線交易犯
罪，犯罪之法律架構大致可區分成個人、自營商以及避險基金，而各被告
的行為均能成立內線交易之罪。然而，在犯罪成立後，所面臨的不僅是刑
事、民事責任以及行政上處分，在短期內，避險基金運作面臨困境，被投
資公司股價出現波動以及投資者信心減損更是在所難免。

　　在過去，政府曾有心管制避險基金但卻鎩羽而歸，此次案件一出，不
僅再度提醒了主管機關這個問題的重要性、燃起了學者間對現況的批判，
也或多或少喚起了民眾的意識，再加上金融海嘯的效力仍在蔓延，能否藉
由這樣輿論民意的威力，一舉對此問題用立法方式進行變革？仍有待觀
察。

　　案件仍於繫屬中，就可以產生那麼多的後續效應，等嗣後判決一
出，想必又將掀起另一股波瀾。一件重大的內線交易案，牽涉了巨額的不
法獲利，造成了那麼大範圍的影響，是嚴重而必須妥善處理，但是這案件
的爆發，焉知非福？問題的處理或許能因此而加速解決，還給投資大眾的
將是健全的交易市場。承辦本案的檢察官Preet Bharara說：本案將是敲醒
華爾街的一記響鐘[78]，本文也期待，在這聲鐘響過後，出現的將是美麗的
晨曦，讓一切能夠記取教訓，以乾淨的面貌再度向前。

---

[78] U.S. Attorney Preet Bharara-"This case should be a wake-up call for Wall Street".

參考文獻

中文

一、專書論著

1. 賴英照，股市遊戲規則—最新證券交易法解析，自版，2006年8月初版，頁325-340。

2. 劉連煜，新證券交易法實例研習，自版，2007年2月五版。

3. 謝劍平，現代投資銀行，智勝文化，2008年3月再版。

4. 陳忠慶，共同基金，天下遠見，1994年初版。

5. Steven Drobny，洪慧芳譯，避險基金交易秘辛，財訊，2007年初版。

6. 陳春山，資產管理—二十一世紀的明星產業，財團法人台灣金融研訓院，2004年12月再版。

二、期刊論文

1. 陳肇鴻，證券投資信託及顧問法下「避險基金」之法律定位問題，萬國法律，第39期，頁34-39，2005年2月。

2. 彭德明，避險基金的運作及其對系統性危機的涵義，中央銀行季刊，第29卷第4期，頁47-68，2007年12月。

三、報紙雜誌

賴英照，「開了記者會算不算公開?」，經濟日報，A12版，2006年8月28日。

四、網路資料

1. 走進連接基金，http://news.sina.com.tw/article/20090713/1910988.html.

2. 王康，4000萬美元！華爾街再爆基金內募交易巨案，http://www.finet.hk/mainsite/research/HEUNGKONG/20091110_1119.html.

3. 中華民國證券投資信託暨顧問商業同業公會，金融海嘯後美國金融改革對私募基金之影響及我國之省思，https://member.sitca.org.tw/K0000/files/CWeb/9809國際動態.pdf.

英文

一、專書論著

B<small>AINBRIDGE</small>, S<small>TEPHEN</small> M., S<small>ECURITIES</small> L<small>AW</small>: I<small>NSIDER</small> T<small>RADING</small>, F<small>OUNDATION</small> P<small>RESS</small>, N<small>EW</small> Y<small>ORK</small> (1999).

二、期刊論文

1. Strohmenger, Richard, *Insider Trading and Hedge Funds: A Dangerous Pair*, 15 F<small>ORDHAM</small> J. C<small>ORP</small>. & F<small>IN</small>. L. 523, 523-546 (2010).

2. Rodier, Melanie, *Insider Trading: Can It Be Stopped?*, W<small>ALL</small> S<small>TREET</small> & T<small>ECHNOLOGY</small>, Jan. 1, 2010.

3. Pearson, Thomas C., *When Hedge Funds Betray a Creditor Committee's Fiduciary Role: New Twists on Insider Trading in the International Financial Markets*, 18 R<small>EV</small>. B<small>ANKING</small> & F<small>IN</small>. L. 165, 165-220(2008).

4. Kamman, Ted & Hood, Rory T., *With the Spotlight on the Financial Crisis, Regulatory Loopholes, and Hedge Funds, How Should Hedge Funds Comply with the Insider Trading Laws?*, 2009 C<small>OLUM</small>. B<small>US</small> L. R<small>EV</small>. 357, 357-467(2009).

三、網路資料

1. S<small>TEMPEL</small>, J<small>ONATHAN</small>, G<small>ALLEON</small> W<small>ITNESS</small> R<small>OOMY</small> K<small>HAN</small> I<small>N</small> $1.86 M<small>ILLION</small> S<small>EC</small> A<small>CCORD</small>, O<small>CT</small>. 30, 2010, http://www.reuters.com/article/idUSTRE69S59W20101030.

2. K<small>OUWE</small> , Z<small>ACHERY</small>, E<small>X</small>-C<small>ONSULTANT</small> P<small>LEADS</small> G<small>UILTY</small> I<small>N</small> I<small>NSIDER</small> C<small>ASE</small>, N<small>EW</small> Y<small>ORK</small> T<small>IMES</small>, J<small>AN</small>. 7, 2010, http://www.nytimes.com/2010/01/08/business/08insider.html?ref=raj_rajaratnam.

3. K<small>OUWE</small> , Z<small>ACHERY</small>, G<small>UILTY</small> P<small>LEA</small> B<small>Y</small> T<small>RADER</small> I<small>N</small> F<small>RAUD</small> C<small>ASE</small>, N<small>EW</small> Y<small>ORK</small> T<small>IMES</small>, J<small>AN</small>. 27, 2010, http://www.nytimes.com/2010/01/28/business/28insider.html?ref=raj_rajaratnam.

4. K<small>OUWE</small> , Z<small>ACHERY</small>, I<small>NSIDER'S</small> A<small>DMISSION</small> D<small>EEPENS</small> G<small>ALLEON</small> C<small>ASE</small>, N<small>EW</small> Y<small>ORK</small> T<small>IMES</small>, F<small>EB</small>. 8, 2010, http://www.nytimes.com/2010/02/09/business/09insider.html?ref=raj_rajaratnam.

5. E<small>XECUTIVE</small> P<small>LEADS</small> G<small>UILTY</small> I<small>N</small> G<small>ALLEON</small> C<small>ASE</small>, R<small>EUTERS</small>, M<small>AR</small>. 3, 2010, http://www.nytimes.com/2010/03/04/business/04insider.html?ref=raj_rajaratnam.

6.MERCED, MICHAEL J. DE LA, Ex- I.B.M EXECUTIVE PLEADS GUILTY TO FRAUD IN GALLEON TRADING GASE, NEW YORK TIMES, MAR. 30, 2010, http://query.nytimes.com/gst/fullpage.html?res=9500E2DC1731F933A05750C0A9669D8B63&ref=raj_rajar atnam.

7.KOUWE, ZACHERY, GALLEON FOUNDER AND HEDGE FUND MANAGER PLEAD NOT GUILTY IN INSIDER CASE, NEW YORK TIMES, DEC. 21, 2009, http://www.nytimes.com/2009/12/22/business/22insider.html.

8. MALLON, BART, HEDGE FUNDS AND INSIDER TRADING AFTER GALLEON, HEDGE FUND LAW BLOG, Nov. 15, 2009, http://www.hedgefundlawblog.com/hedge-funds-and-insider-trading-after-galleon.html.

9. IMOGEN ROSE-SMITH, HEDGE FUND INTELLIGENCE GATHERING GETS HARDER, INSTITUTIONAL INVESTOR, DEC. 2009, http://www.institutionalinvestor.com/rss/Articles/2362176/Hedge-Fund-Intelligence-Gathering-Gets-Harder.html.

10.SAVITZ, ERIC, AS GALLEON INVESTORS FLEE, SOME TECH STOCKS COULD SUFFER, http://blogs.barrons.com/techtraderdaily/2009/10/20/as-galleon-investors-flee-some-tech-stocks-could-suffer/.

11.HEDGE FUND WORKING GROUP, HEDGE FUNDS STANDARDS: PART II THE BEST PRACTICE STANDARDS 55, http://www.exchange-handbook.co.uk/pdf/HFWG%20Consultation%20Paper%20II.pdf.

12.本案起訴書，http://www.sec.gov/litigation/complaints/2009/comp21284.pdf.

13.維基百科對避險基金之解釋，http://en.wikipedia.org/wiki/Hedge_fund.

第十一章　保險業併購與多元價值之金融監理——博智、中策併購南山人壽案

台大法律系畢業

目前就讀東吳法律碩士班民商法組

個性樂觀、喜愛接觸新事物

興趣金融法

未來希望從事學術研究工作

大事記

時間	事件
2009年10月5日	博智及中策為進行南山人壽股份收購案，在台設立登記博智南山投資控股股份有限公司。
2009年10月12日	AIG宣布與博智及中策組成之聯盟簽屬協議，將其所持有97.57%之南山人壽股份，全數讓售予該聯盟。
2009年10月21日	經濟部發布新聞稿，特就南山收購案申請審查相關事項加以說明。
2009年11月3日	「南山人壽交易疑雲─如何確保400萬保戶與員工權益」公聽會於立法院舉辦，與會人員除立法委員丁守中等人外，尚有保戶代表、勞工代表及金管會、經濟部、勞委會等主管機關人員出席。
2009年11月17日	中信金表示，計劃以自身9.95%股權，向中策集團交換30%南山人壽股權；雙方並已就此簽屬MOU。
2009年11月19日	經濟部退回南山人壽股權收購申請案，理由為必要文件之不備。
2009年11月24日	中信金表示，金管會已否准其為與中策進行換股而申請之私募發行計畫。
2010年1月12日	博智及中策重新向經濟部遞交補件後之南山人壽收購案申請。
2010年6月21日	中策表示AIG已同意將南山人壽股權收購案之交易截止日，由原先的2010年7月中旬，延長至同年10月12日。
2010年6月25日	中策與中信金間之MOU到期，中策表示在交易完成前，未計劃再就延長協議事宜與中信金進行討論。
2010年7月26日	台北市政府撤銷柯清輝等四人博智南山控股公司之董事身分，理由係博智南山未能證明此四人是否持有大陸護照。
2010年8月3日	由南山人壽保戶集資，為與博智及中策競購南山人壽股權之博朋南山投資控股股份有限公司，完成設立登記。
2010年8月31日	經濟部發布新聞稿，表示已否准南山人壽股權收購之申請案，理由是未能取得目的事業主管機關之同意。
2010年9月20日	中策集團、博智金融和美國國際集團同意終止收購南山人壽，理由是主管機關已正式就本件收購案作出否准處分。
2010年11月4日	AIG表示仍在對南山人壽之處置方案進行評估，或將於年底前重新啟動南山人壽的交易。
2010年11月12日	立法院三讀通過修正保險法第139條之1、第139條之2及第171條之2。其內容即屬與本案密切相關的保險業大股東資格之規範。

整理自：華爾街日報網站、聯合理財網、南山人壽官方網站資訊公開頁面、經濟部商業司全國商工行政服務入口網、經濟部全球資訊網即時新聞頁面及法源法律網法規新訊頁面。

壹、前言

　　紐約時間2009年10月12日，美國國際集團（American International Group Inc., AIG）宣布與香港私人資本運營的博智金融控股有限公司（Primus Financial Holdings Ltd.，下稱「博智」）及香港上市的中策集團有限公司（China Strategic Holdings Ltd.，下稱「中策」）所組成的聯盟簽署收購協議，將其持有的97.57%南山人壽保險股份有限公司（下稱「南山人壽」）股份，以21.5億美元為對價，全數讓售予該聯盟[1]。

　　南山人壽為我國歷史悠久、業務經營良善且具相當規模之保險公司，是以當國人所陌生的博智及中策將取得其股權之消息甫一公開，旋即引起眾多保戶及業務員之反彈，呼籲政府應否准該項收購案。然而，在博智及中策收購資金是否源自中國大陸之疑問，而使本件爭議沾染政治色彩之外，另因AIG盡速處分海外資產，以清償其對美國政府負債需求的背後，將關係著國際金融市場對台灣投資環境之觀感的重要問題，是以本件收購案准否之爭議，其間牽涉因素之複雜、利益權衡之兩難，均足使其成為我國財經法上之經典案例，實有詳細分析探討之必要。

　　本文以下首先介紹本案事實；其次透過本件收購案之關係主體，即收購契約當事人、南山人壽之利害關係人及主管機關之立場為架構以設定議題，藉由多元價值的金融監理角度，分析並討論存在於各參與者間之法律爭議，並兼顧本件收購案兼具企業併購與金融監理議題之雙重面向；最後總結全文，作出結論。又筆者尚為研究所在學學生，未能直接接觸當事人或利害關係人，故本文所述之案例事實，主要係摘自主管機關新聞稿及主流財經媒體網頁，其間或有與當事人主張不同者，本文無意評論何者為真實，僅藉由此等事實之整理，作為開展後續法律爭點與分析之基礎，先予敘明。

---

[1] 參見：南山人壽官方網站http://www.nanshanlife.com.tw/webapp/NanShan/public_site/index_main_ad.jsp?MenuId=company.open&URL=/public_site/company/open/company/public_info.htm（瀏覽日期：2010年11月15日）

貳、本案事實

一、緣起

2007年金融海嘯，因美國次級房貸（Subprime Debt）之問題揭開序幕，並透過將次級房貸包裝於其內之衍生性金融商品（Derivative Instruments），延燒至多家世界知名的大型金融機構，並由美國蔓延至全球，形成系統性風險（Systemtic Risk）導致消費信心渙散，金融市場跨國崩盤[2]。

美國最大的保險集團AIG，因錯估「擔保債權憑證[3]」（Collateralized Debt Obligations, CDOs）之價值，由旗下子公司AIG Financial Products Corp.承作高額的由CDOs所轉化，具有財務保險性質之「信用違約交換[4]」（Credit Default Swap, CDS），亦未能倖免於難，進而陷入流動性問題[5]（Liquidity），並於2008年9月16日，向美國聯邦政府提出400億美元

---

[2]　金融海嘯之成因，參見：謝易宏，潰敗金融與管制迷思-簡評美國2008年金融改革，月旦法學雜誌第164期，2009年1月，186～188頁。

[3]　CDOs係一種結構性資產擔保之證券（ABS），其價值和付款均源於一個以固定收益為基礎之資產的投資組合。參見：維基百科網站http://en.wikipedia.org/wiki/CDOs（瀏覽日期：2010年11月15日）。因次級房貸大量將資金貸放給還款能力較為不足的債務人，承作之金融機構為移轉風險，乃在投資銀行的協助下，將各種抵押擔保經由證券化的形式，推出CDOs。參見：林國彬，保險業經營危機之處理及因應機制-以問題保險事業之併購模型為中心，月旦法學雜誌，第165期，2009年2月，51頁。

[4]　CDS係一種當CDOs之持有人對其持有之CDOs信心不足，或為避免風險發生時損失過大，乃將該CDOs可能遭遇的風險經由財務保險轉嫁予承保機構之衍生性金融商品，CDOs之持有人僅須按期將依本金計算之利率一次給付予買受CDS之承保機構，一旦CDOs背後應履行還款義務之債務人違約時，CDOs價值下降之損失將由承保機構承受。參見：林國彬，註3文，51～52頁。

[5]　依照證券商風險管理實務守則§3.2之定義，流動性風險係指無法將資產變現或取得足夠資金，以致不能履行到期責任的風險（稱為「資金流動性風險」），以及由於市場深度不足或失序，處理或抵銷所持部位時面臨市價顯著變動的風

的紓困[6]（Bailout）要求，美國聯邦政府最終更提出920億美元，對AIG進行紓困。

　　AIG為償還因前揭紓困案而積欠紐約聯邦儲蓄準備銀行（Federal Reserve Bank of New York）之款項，並買回被美國政府所持有近80%之股份，乃展開一連串處分海外資產之動作[7]。南山人壽為AIG透過其子公司American General Life Insurance Company Of Delaware所持有，亦為AIG全

險（稱爲「市場流動性風險」）。

[6] 學者有認爲，在資產已不足以抵償負債時，其解決方法乃增資以改善其財務結構並恢復其償債能力，或以解散清算、破產、接管或清理等退出市場方式爲主；而在資產尚足以抵償負債但卻因流動性不足而有償付不能之情況時，或以政府紓困（bailout）、舉債或增資等方式，解決短期資金不足之問題。參見：林國彬，註3文，50頁。

[7] 依南山人壽官方網站重大訊息http://www.nanshanlife.com.tw/webapp/NanShan/public_site/index_main_ad.jsp?MenuId=company.open&URL=/public_site/company/open/company/public_info.htm（瀏覽日期：2010年11月15日）所載，茲整理AIG陸續出售海外資產之情形如下表：

宣布日期	宣布事項
2009.04.16	將AIG Private Bank Ltd.售予Aabar Investment PJSC
2009.04.16	將21st Century Insurance Group售予Zurich Financial Services Group。
2009.05.28	將東京精華地段不動產售予日本生命保險公司，暨擬出售Transatlantic Holdi-ngs, Inc.股權之資產讓與措施。
2009.06.02	出售阿根廷消費金融業務。
2009.07.17	出售墨西哥消費金融業務。
2009.07.28	出售AIG Credit Corp.與A.I. Credit Consumer Discount Company轄下美國壽險保費融資事業的多數股權。
2009.07.29	準備將位於波蘭的消費金融事業併入Santander位於波蘭的消費金融事業。
2009.08.11	完成轄下AIG Financial Products Corp.之能源及基礎設施投資資產出售。
2009.08.12	準備將美國國際信貸（香港）有限公司（AIG Finance（Hong Kong）Limited）100%的股權售予中國建設銀行（亞洲）（China Construction Bank Asia）。
2009.09.15	同意將部分投資顧問與資產管理事業售予香港私人投資公司Bridge Partners, L.P.（盈科拓展集團Pacific Century Group轄下）。

球事業版圖的組織成員之一，在AIG此次處分海外資產的浪潮中，南山人壽亦未能置身事外，而亦成為AIG標售之標的。

二、標售過程

AIG為籌資支付美國政府之需求，表達出售南山人壽之意願後，最終由包括博智與中策所組成之聯盟、富邦金融控股股份有限公司（下稱「富邦金」）與美國凱雷投資集團（Carlyle Group）所組成之聯盟、國泰金融控股股份有限公司（下稱「國泰金」）及中國信託金融控股股份有限公司（下稱「中信金」）等共計四組競標者，參與南山人壽之標售案[8]。

2009年10月12日，AIG宣布與博智及中策所組成之聯盟簽署股份買賣契約，博智及中策將以21.5億美元（現金）作為對價，收購AIG所持有之97.57%南山人壽股份。博智及中策之所以能在競購中勝出，或係因渠等同意南山人壽提出之條件，即保留南山人壽之品牌及100%退還員工公積金[9]。至此，AIG與博智及中策就南山人壽之併購交易，已達成合意。博智及中策將以2：8之資金比例，透過如下圖[10]所示之境外多層次投資架

2009.10.12	與香港金融服務業者博智金融控股公司及在香港證交所上市公司中策集團組成的聯盟簽署協議，將該集團持有之97.57%南山人壽股份全部出售予該聯盟。本次交易尚需符合某些條件，包括政府相關部門的批准。
2010.03.01	以約355億美元價格出售友邦人壽（AIA Group, Limited）予英國保誠集團（Prudential）。
2010.03.05	子公司American Home Assurance Company將由公開市場出售持有之9,192,662股Transatlantic Holdings, Inc普通股股權。
2010.03.08	以大約155億美元價格出售美國人壽（ALICO）予大都會人壽（MetLife）。
2010.08.11	Fortress所管理的基金和關係企業將向AIG收購American General Finance（AGF）百分之八十的股權。

[8] 參見：華爾街日報網站http://chinese.wsj.com/big5/20090902/BCH016338.asp?source=NewSearch（瀏覽日期：2010年11月15日）。

[9] 參見：華爾街日報網站http://chinese.wsj.com/big5/20091006/BCH015705.asp?source=NewSearch（瀏覽日期：2010年11月15日）。

[10] 摘自：丁筱晶、陳一姍，南山標售案一場心中沒保戶的戰爭，天下雜誌，第436期，2009年12月，79頁。

構，掌握南山人壽之經營權：

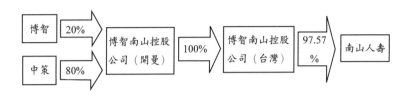

　　在未能得標之競標者中，中信金以其標售當時之出價較高，且其所提出之員工安置等條件亦未劣於博智及中策，而主張南山人壽之交易違反國際併購方面的規定，並表示不排除對AIG採取法律行動之可能[11]。然而，於2009年11月17日，中信金表示計劃以自身9.95%之股權，向中策交換南山人壽30%之股權，雙方並依此條件簽屬備忘錄（Memorandum of Understanding, MOU）。另外，中信金尚計畫於三年內將其對南山人壽之持股比例提升至50%以上[12]。

　　相較於其他參與南山人壽收購案的競購人，諸如中信金、國泰金及富邦金，甚至曾嘗試收購日月光半導體並成功收購東森媒體的凱雷集團，本件收購案得標之博智及中策，對於國人而言即較屬陌生，故先就渠等之基本資料，加以簡介如下：

　　據博智官方網站所稱，其係「一家以亞洲市場為基礎，專注於提供金融服務之私人資本運營的控股公司[13]。」其於2009年4月29日在香港成立，初期資本額為美金10億元，資金來源主要為香港富豪，負責人為麥睿彬（Robert Morse）及吳榮輝（Wing-Fai Ng），前者曾任花旗集團要職，後者曾任富邦證券常務董事，並均曾於所羅門美邦投資銀行任職。

　　中策係1972年4月12日在香港上市，其資本額原為港幣2億元，主要

---

[11] 參見：華爾街日報網站http://chinese.wsj.com/big5/20091102/BCH000949.asp?source=NewSearch（瀏覽日期：2010年11月15日）。

[12] 參見：華爾街日報網站http://chinese.wsj.com/big5/20091117/BCH004652.asp?source=NewSearch（瀏覽日期：2010年11月15日）。

[13] 博智官方網站http://www.primus.com/index.shtml（瀏覽日期：2010年11月15日）。

業務為生產及販售電池產品及相關配件。中策為準備本件收購案，乃發行可轉換公司債780億股，增列證券投資為其主要業務[14]，並聘請馬時亨及柯清輝為其負責人，前者曾任香港商務及經濟發展局局長，後者為恆生銀行前行政總裁及副主席。

關於中策之構成員，應值注意者為前香港證交所非執行董事David Webb所定義之「中南人脈集團」。詳言之，中策23.83%之股份，係由其指派擔任博智南山控股公司（開曼）董事之莊友堅為首之中南人脈集團持有，且本次可轉債之主要認購者，亦多為所謂「中南人脈集團」之成員，而中南人脈集團旗下公司過去在香港投資之Hennabun Capital Group Ltd.,已連續虧損長達六年，此等公司並以投資減損的名義，在會計帳上沖銷該筆資產，其損失更累計高達8億美元。又Hennabun許多貸款，係借給董事、股東等關係人。此外，莊友堅涉及之香港電訊盈科私有化人頭戶案，已經香港高等法院上訴庭第八十五號判決書裁定無效。[15]

三、監管僵局

在AIG與博智及中策就南山人壽之收購案簽署協議後，保戶及業務員之反彈聲浪即未曾間斷，其間更曾於立法院舉辦公聽會[16]，故當博智與中策依外國人投資條例第10條第2項[17]之規定，向主管機關經濟部遞交申請時，紛擾不斷的監理難題，乃就此展開[18]：

---

[14] 參見：香港交易所網站http://www.hkex.com.hk/chi/invest/company/profile_page_c.asp?WidCoID=&WidCoAbbName=%A4%A4%B5%A6&Month=&langcode=c（瀏覽日期：2010年11月15日）。

[15] 參見：丁筱晶、陳一姍，註10文，78～79頁。

[16] 聯合理財網http://money.udn.com/wealth/storypage.jsp?f_MAIN_ID=328&f_SUB_ID=3009&f_ART_ID=198239（瀏覽日期：2010年11月15日）。

[17] 外國人投資條例第10條第2項：「投資人轉讓其投資時，應由轉讓人及受讓人會同向主管機關申請核准。」

[18] 參見：華爾街日報網站http://chinese.wsj.com/big5/20100308/bch141310.asp?source=NewSearch（瀏覽日期：2010年11月15日）。

(一)陸資問題

首先，經濟部投資審議委員會（下稱「經濟部投審會」）以審查本案之某些必要文件並未提交為由，退回本件申請，並表示中策若欲以南山人壽股份換取中信金之股份，將需要準備更多的文件審查[19]。惟關於收購者資金來源是否涉及中資一事，經濟部已於當事人補件後加以調查，並在2010年3月11日明確表示否定[20]。此外，台北市政府並於2010年7月26日撤銷柯清輝等四人博智南山控股公司之董事身分，理由為博智南山未能證明此四人是否持有大陸護照[21]。

(二)動機及資格疑慮

其次，由於南山人壽為我國三大壽險業者之一，行政院金融監督管理委員會（下稱「金管會」）針對AIG標售南山人壽一案，乃一再重申收購者所必須具備的五項前提要件：「必須確保南山人壽的雇員及投保人的利益；確保資金來源符合台灣的監管要求；具備管理保險公司的專業能力；致力於南山人壽的長期發展；擁有滿足未來融資需求的財務能力。」[22]

然而，金管會針對博智及中策是否具有經營保險業的專業能力，以及其募集資金之能力是否能夠滿足將來經營南山人壽的需求等條件，毋寧是抱持著懷疑的態度[23]。在中策與中信金簽署MOU之後，金管會更表示，中策不應該在南山人壽收購未獲核准的情況下，就預先同意向中信金轉讓

[19] 參見：華爾街日報網站http://chinese.wsj.com/big5/20091119/BCH015936.asp?source=NewSearch（瀏覽日期：2010年11月15日）。

[20] 參見：華爾街日報網站http://chinese.wsj.com/big5/20100310/BCH017338.asp?source=NewSearch（瀏覽日期：2010年11月15日）。

[21] 參見：華爾街日報網站http://chinese.wsj.com/big5/20100707/BCH013718.asp?source=NewSearch（瀏覽日期：2010年11月15日）。

[22] 參見：華爾街日報網站http://chinese.wsj.com/big5/20100310/BCH017338.asp?source=NewSearch（瀏覽日期：2010年11月15日）。

[23] 參見：Financial Times網站http://www.ft.com/cms/s/0/8d5d2b7c-2d23-11df-8025-00144feabdc0.html（瀏覽日期：2010年11月15日）。

南山人壽股權[24]，更因此以「金融機構負責人要言行一致」，質疑博智及中策長期持有南山人壽之承諾[25]，並就中信金為準備此項交易而申請之私募發行計畫，已為否准之處分[26]。

(三)監管僵局

最後，由於遲遲無法取得主管機關同意，本件交易乃陷入監理僵局，南山人壽之股權更因此無法完成移轉，其交易截止日乃自原定之2010年7月中旬，延長至同年10月12日[27]。

四、破局

2010年8月31日，經濟部就本件併購申請案，函請包括：國家安全局、行政院金融監督管理委員會、行政院勞工委員會、行政院大陸委員會、中央銀行、行政院經濟建設委員會、行政院消費者保護委員會、行政院公平交易委員會及財政部等相關機關，就是否符合現行法令規範、投資人（含股東及受益人）背景資訊、投資架構財務面健全度、經營團隊及股東專業經營能力之適格性、企業之永續發展、保戶權益之保障、對金融市場之影響及對公眾利益之影響等事項，依分工原則進行審查後，因未能取得目的事業主管機關即金管會之同意，最終由經濟部投審會作出否准之處分[28]。

---

[24] 參見：華爾街日報網站http://chinese.wsj.com/big5/20091120/BCH018835.asp?source=NewSearch（瀏覽日期：2010年11月15日）。

[25] 參見：陳一姍，南山案外案中策、中信金合作陳沖怕什麼？，天下雜誌，第436期，2009年12月，84頁。

[26] 參見：華爾街日報網站http://chinese.wsj.com/big5/20091125/BCH017553.asp?source=NewSearch（瀏覽日期：2010年11月15日）。

[27] 參見：華爾街日報網站http://chinese.wsj.com/big5/20100615/BCH013460.asp?source=NewSearch（瀏覽日期：2010年11月15日）。

[28] 參見：經濟部全球資訊網http://www.moea.gov.tw/Mns/populace/news/News.aspx?kind=1&menu_id=40&news_id=19530（瀏覽日期：2010年11月15日）。

　　金管會並表示，為因應本案未獲通過，將採行之後續措施包括：希望AIG繼續經營南山人壽；肯定AIG自金融危機後積極協助南山人壽健全經營所採取之各項措施，並願積極與AIG溝通有利於南山人壽未來經營發展之各項可行建議或方案；南山人壽已成立40餘年，公司營運正常，將協助南山人壽穩健經營，並維護保戶、員工權益及其價值，以符合臺灣社會大眾之共同期待，相信亦符合AIG之最大利益；將持續強化對保險業財務業務之監理，以維護保戶權益，健全保險市場之發展[29]。

　　由於主管機關就本件收購交易已正式否准，AIG與博智及中策乃於2010年9月20日，協議提前終止南山人壽之收購計畫[30]，AIG並表示將評估包括將南山人壽在台上市[31]等其他各種選擇方案。中信金則表示，若AIG重新標售南山人壽，仍不排除再次參與競購[32]。

五、保險法修正

　　基於本件交易監理僵局所呈現保險業大股東適格性相關規範不備之情事，立法院乃於2010年11月12日三讀通過保險法第139條之1、第139條之2及第171條之2修正案。若AIG於近期重啟南山人壽之標售程序，將可能成為適用新法之首件案例。

---

[29] 參見：金管會歷史電子報http://www.fsc.gov.tw/Resource/EPaper/d893ced0-70c8-4261-86cd-481888668bc4.html#News40648（瀏覽日期：2010年11月15日）。

[30] 參見：華爾街日報網站http://chinese.wsj.com/big5/20100921/BCH013560.asp?source=NewSearch（瀏覽日期：2010年11月15日）。

[31] 參見：華爾街日報網站http://cn.wsj.com/big5/20100915/BCH000056.asp?source=NewSearch（瀏覽日期：2010年11月15日）。

[32] 參見：華爾街日報網站http://cn.wsj.com/big5/20100921/BCH004409.asp?source=NewSearch（瀏覽日期：2010年11月15日）。

參、法律爭點與分析

一、多元價值的金融監理

　　金融監理係指對金融市場或金融活動所為之監督及管理。傳統上論及金融監理，多半指涉政府機關公權力行使之範疇。然而，除政府機關外，仍有影響力大小不一的諸多市場參與者，例如國際金融機構（如國際貨幣基金會等）、金融業者（銀行、證券與保險業）、公司企業、專業人士及消費者等，以不同的角色涉足金融市場的運行。因此，金融監理政策之形成與執行，必須呈現多元的價值，基於此等利害關係人彼此間之角色分工與互動關係，渠等無疑亦係重要的監理主體[33]。

　　本件收購案影響所及之金融市場參與者繁多，包括AIG、博智、中策、南山人壽之保戶及業務員等。由於渠等間之利害關係不一、所享有之資源配置不均，故本案之分析必須兼顧此等參與者之不同立場。因此，本文乃藉由各參與主體之立場來設定議題，探討收購契約當事人、消費者等參與主體間之法律關係與利益衝突，嘗試以多元價值的金融監理為概念核心，開展本案的法律爭點與分析。

二、收購契約當事人立場：併購之策略考量

(一)併購之策略目的

　　「你丟我撿，各取所需」是併購交易的特徵[34]。作為企業經營的重要工具，企業在進行併購之前，必須先釐清併購對應之需求，亦即進行併購之動機為何。實務上企業推動一件併購案所欲滿足之需求或達成之目標往

---

[33] 參見：王文宇等，金融法，元照，2010年9月，8～9頁（王文宇執筆）。

[34] 黃日燦，我國企業併購法制，中華民國律師公會全國聯合會律師職前訓練第18期第3梯2010年8月24日上課講義，第5頁。

往不只一個，其策略目的約可歸類如下[35]：

1.整合水平資源

所謂水平資源之整合，係指參與併購的公司，原先在特定產品或服務的市場互為競爭者，為提高市場佔有率、提升產能、消滅競爭對手或擴大事業版圖等目的，而利用併購建立、累積在市場上的優勢，達成其尋求規模經濟之策略，進而消滅市場上既存或潛在之競爭者。

2.整合垂直資源

所謂垂直資源之整合，係指企業透過併購，整合特定產品或服務的原料、製造、銷售、通路等上、中、下游不同階段的商業機能，以達成確保原料、確保產能、確保訂單等策略目的。

3.多角化經營

所謂多角化合併，係指在不同經營領域之企業間的合併。隨著經營歷程的推展，企業可能需要進行事業轉型、分散風險、穩定經營、填補產品或服務缺口、創造更大經營規模，而引進新技術、新產品、新服務或新品牌，此時利用併購達成多角化經營之策略目的，其所須付出的時間和成本，通常遠較自行建立新技術、新產品、新服務或新品牌要來的經濟。

4.其他

諸如取得新市場，進行區域或全球市場佈局；取得經營特定事業的權利或能力；重組企業資源，著重特定事業，提升經營效率；強化資本結構；取得合作夥伴；運用剩餘資金；提升租稅效率等，亦均可能成為企業進行併購案之動機。

(二)AIG之策略考量

在分析AIG出售包括南山人壽在內的眾多海外組織及資產之動機前，首先必須了解AIG獨特的歷史及特異的結構。AIG的創辦人是一位冰淇淋販售商，移民到中國尋求更美好的未來，並在中國開始發展保險事業，這

---

[35] 整理自：黃偉峯，併購實務的第一本書，商周出版，2002年6月，142～153頁；蔡朝安，企業併購稅務議題，中華民國律師公會全國聯合會律師職前訓練第18期第3梯2010年9月13日上課講義，第8頁。。

樣的際遇形成了AIG不斷擴展版圖的先驅者精神,並構成AIG企業文化的核心。然而,在放任旗下各單位自由發展,唯一的鐵律僅要求各單位將獲利上繳總公司的背景下,AIG的組織結構在龐大之外,事實上是十分鬆散,並因而成為其無法倖免於此次金融危機的重要原因[36]。

AIG因陷入經營困境而標售公司海外組織及資產,其動機應係為取得用以清償積欠美國政府之款項及買回股份之資金,並趁此機會強化其資本及調整其鬆散的全球事業版圖的組織結構。然而,當南山人壽經營之事業為向社會大眾收取資金,並與其成立債權債務關係的金融業,甚且係以長期信賴關係為基礎,特別重視被保險人利益,而具特殊性之保險業時,AIG出售南山人壽所應斟酌之因素,除滿足其最大債權人美國政府及追求股東利益最大化者外,是否亦應包括保戶利益之保障及當地主管機關可能採取之監理措施?若因此等因素漏未考量,導致交易無法順利進行,並使公司遭受損失時,AIG之經營者是否難逃其咎,而應對公司負違反受託人義務(fiduciary duty)下注意義務(duty of care)之責?因此等問題牽涉保戶於本件併購案之立場,為免重複論述,乃於消費者立場一併加以討論。

(三)博智之策略考量

博智係於2009年4月在香港成立,距離本件收購案簽約日尚不足一年,惟鑒於其負責人吳榮輝於2005年成立之博智資本已先後於亞洲作成11項投資案,其中標的更包括大陸第四大壽險公司新華人壽[37],是依其所稱「專注於亞洲金融市場服務」,以及欲將南山人壽與新華人壽整合[38]等語,其策略目的或可認為係為進行亞洲金融業之區域佈局、尋求迅速取得

---

[36] 參見:曾宛如,金融海嘯下金融監理之反思,月旦法學雜誌,第168期,2008年3月,82頁。

[37] 參見:聯合理財網http://money.udn.com/wealth/storypage.jsp?f_MAIN_ID=328&f_SUB_ID=3009&f_ART_ID=195966(瀏覽日期:2010年11月15日)。

[38] 參見:華爾街日報網站http://chinese.wsj.com/big5/20090902/BCH016632.asp?source=NewSearch(瀏覽日期:2010年11月15日)。

經營我國人壽保險業之資格及其市場等。

　　然而，因為博智之資本結構類似私募基金之性格，縱使其一再強調其非私募基金，並多次承諾金管會將長期經營南山人壽，仍不能免於以投機為其從事本件收購之質疑。此外，雖然博智之負責人麥睿彬及吳榮輝均屬金融界之名人，且前此均多次促成重大金融資產買賣之交易[39]，但是這些經歷並不等於長期經營人壽保險業能力的保證，且由於博智在本件收購案之出資比例僅有20%，是若本件收購案完成，南山人壽未來的走向亦未必能掌握在博智手中。

(四)中策之策略考量

　　中策早在1972年即於香港上市，然其業務係生產及販售電池及相關配件，與經營保險業顯屬風馬牛不相干，雖其已聘請具有金融背景的馬時亨及柯清輝擔任負責人，惟鑒於其為進行本件收購案所招募之資金倍於其原有資本額，且其股東甚多具有「中南人脈集團」之背景，過往更有疑似掏空公司資產及利用人頭從事電訊盈科私有化之事實，故恐怕甚難以多角化經營作為其策略目的之說法，排除借殼從事投機行為之疑慮。

　　另外，關於其在主管機關核准前，先行與中信金商議轉讓部分即將取得之南山人壽股份一事，雖非不可解讀為其係預先尋求熟悉本地金融業經營之策略夥伴，且因中策將取得者係中信金私募之股票，或可排除短期套利的投機可能性，惟相較於短期套利之問題，若中信金之控制權亦因此遭中策掌握，則「中南人脈」集團過往疑似掏空公司資產所引起之疑慮，恐怕將會進一步由南山人壽擴散及於中信金。

---

[39] 麥睿彬在任職花旗集團期間，曾帶領花旗亞洲機構完成包括韓國的Koram銀行、廣東發展銀行20%股權、臺灣華僑銀行和印度HDFC銀行12%股權之收購案；吳榮輝在富邦集團任職期間，曾協助富邦集團完成香港港基銀行併購案，並於任職博智資本期間，完成了對於中國第四大壽險公司新華人壽和馬來西亞第七大銀行EON CAPITAL BERHAD的大規模投資案。

(五)小結

雖然AIG之策略目的,即籌措資金清償債務,以及調整組織結構並強化資本構成二者,並無不妥之處,惟由於其處分之標的即南山人壽係特別重視彼此間信賴關係及被保險人利益之保護,性質上具有特殊性之人壽保險業,且其相對人博智及中策分別具有類似私募基金的資本結構及借殼投機之疑慮,故本件購契約雙方當事人在說服主管機關得標者係出於長期經營南山人壽之良善、誠實的動機,而不帶有投機之色彩時,必將遭遇較高的檢驗標準和重重的困難,此點在交易之初應非難以預見,其等為此必須支出的額外時間和成本,在擬定併購策略時,本即應予納入考量。

三、消費者立場:特殊利害關係人

(一)特殊利害關係人之意義及理由

按保戶對於保險公司而言,其法律上之地位雖然僅係債權人,惟基於下列兩點理由,本文認為不得將保戶與一般貸予公司資金之債權人等同視之,而應將其視為保險公司之特殊利害關係人:

1.保險制度之意義、目的及其危險共同團體之特徵

保險制度為「受同類危險威脅之人為滿足其成員損害補償之需要,而組成之雙務性且具有獨立之法律上請求權之共同團體。」任何一個保險皆以一共同團體之存在為先決條件,此團體乃由各個因某種危險事故發生而將遭受損失之人所組成[40],而在本件收購案中,此危險共同團體即係南山人壽招攬之眾多保戶。

商業保險公司之存在固然係以營利為其目的,然其所營事業既係以保障被保險人為目的,並就此招攬保戶,組成危險共同團體,其繳交之保費更係構成保險公司資產之重要部分,則關於保險公司業務之決策與執行,自不能忽略此項危險共同團體存在之事實,及其對於保險公司繼續存在之重要性。因此,本文認為應視保戶為保險公司之特殊構成員,或至少應視

---

[40] 江朝國,保險法基礎理論,瑞興,2009年4月,23~24頁。

其為保險公司之特殊利害關係人，保險公司之經營者在作成決策、執行業
務時，固仍係以股東利益最大化為其依歸，惟至少在保戶與股東間之利益
具有合理關聯性時，亦應將保戶權益納入作成決策時斟酌之因素。

　　以本件收購案實地查核（Due Diligence）[41]之進行為例，縱使本件收
購案完全係以現金為其對價，AIG仍不能免於實地查核進行之理由，即係
因AIG在本件收購案中扮演之角色，除係南山人壽之股份所有人、出賣人
以外，相當程度上亦應肩負起保護作為南山人壽特殊利害關係人之保戶利
益之義務，亦即其應調查參與競購者是否具備經營人壽保險業適格性之相
關事項，若得標者因欠缺相關資格，不符我國金融法之法令遵循要求，進
而導致收購案的延宕甚至破局，並使公司遭受損失時，此時因保戶之權益
保障與股東之利益具有合理關聯性，經營者對股東即可能須負違反受託
人義務下注意義務之責任。當然，在經營判斷法則[42]（Business Judgment
Rule）之下，AIG股東若欲為此主張，仍存在相當之舉證困難。

2.本件收購消費者所為之監理活動

　　南山保戶自救會代表、前駐瑞士大使王世榕曾表示，將成立「博朋南
山投資控股公司」，目標募集新台幣700.7億元，預定買下南山人壽[43]。

---

[41] 實地查核是指形成併購案基本合意後的企業調查，亦即在作成併購案最終決策
前，透過對方公司業務、財務及法務面向的調查，盡量了解、掌握彼此的營
運現況和未來發展，並再次評估、考量彼此的優缺點等相關問題，以利於參與
併購的當事人進行後續締約磋商、預先規劃日後策略並作成最終併購決定。其
應查核之事項繁多，並因個案公司狀況而有不同，因多涉及各專業領域事項，
常由投資銀行、律師、會計師等專業人員共同參與進行。參見：黃偉峯，註35
書，182～185頁。

[42] 經營判斷法則為一司法審查標準，係法院透過普通法（common law）確認成文
法將經營公司之權限授與董事會，其假設董事會在為商業決定時，均係出於充
分資訊之基礎、善意並誠實確信其所行為係為股東之最佳利益。商業判斷法則
之適用，將使質疑董事會決定之當事人負有舉證推翻前述假設之事實的責任，
否則只要董事會的決定可歸於任何合理之原因，法院將不會以自己的判斷取代
董事會之判斷。

[43] 參見：華視新聞網http://news.cts.com.tw/cna/money/201003/201003310440832.
html（瀏覽日期：2010年11月15日）。

雖然欲藉保戶及可能潛在投資者之力，募足和博智、中策21.5億美元出價相競爭之資金，事實上已幾近不能，更遑論在收購契約終止前，AIG在法律上亦不能與他人締約，然而就保戶手中可得支配之資源而言，此等作為除已盡其等有限之監管權能，彰顯對於新經營者之不信任外，更可表現南山人壽保戶之共同團體性已經本件收購加以觸發，是以在AIG與博智、中策簽約已屬既成事實之情況下，主管機關作為直接掌握資源並擁有最終決定權之監理主體，自不應忽視保戶作為「南山人壽『公司』特殊利害關係人及南山人壽『保險』團體構成員」之角色，而應將保戶利益之保障納入本件收購案准否之重要斟酌因素。

(二)長期信賴關係

按保險契約係債權契約、雙務契約、有償契約、繼續性契約、非要式契約、射倖契約及定型化契約[44]。其中繼續性契約及射倖契約二點特徵，對於契約雙方當事人彼此間信賴存在必要性之說明特具意義：

1.長期繼續性契約

所謂繼續性契約，係指契約之內容，非一次的給付可完結，而是繼續性的實現，其基本特色係時間因素在債的履行上居於重要的地位，總給付內容繫於應為給付時間的長度[45]。在終身人壽保險，此等繼續性契約關係更動輒長達數十年之久，且與一般金融機構之業務相較，保險業之業務更具欠缺流動性之特徵，若保戶依保險法第119條規定終止契約，其所能取回之金額，僅不得少於要保人應得保單價值準備金之四分之三，難免將蒙受重大的損失[46]。

2.射倖契約

所謂射倖性契約係指當事人之給付繫於偶發事件而影響期契約關

---

[44] 參見：江朝國，註40書，37～51頁。

[45] 參見：王澤鑑，債法原理(一)，自版，1999年10月（2009年9月再刷），146頁。

[46] 參見：江朝國，金融海嘯對保險業之衝擊-保險業務移轉對被保險人之保障，月旦民商法雜誌，第28期，2010年6月，9頁。

係，以保險契約為例，保險人之保險金給付義務乃取決於保險事故（此一偶發事件）之發生與否。由於保險契約具有射倖性，故較諸一般債權契約更強調誠實信用原則。[47]

3.信賴關係

按保險人之給付義務，固不應侷限於保險事故發生時保險金之給付，而應認為係於整個保險期間內保險人均負有承擔危險之義務，對要保人而言，即使保險事故未發生，保險契約所提供之保護即已具有精神上及經濟上之價值[48]。然而，若保險人於保險事故發生時陷於財務困難而無法給付保險費，或於理賠程序中態度惡劣、故意刁難等，則不可諱言的，所謂危險承擔恐將流於空泛。因此，在具有射倖性的長期繼續性人壽保險契約中，保險人在某種程度上實係基於受託人之地位，而特別重視彼此間之信賴關係，此由保險法第145條要求保險人應提存保單價值準備金，及同法第146條保險業資金運用之限制即可得知。

4.同一法人格經營？

學者有認為，因公司法人格化係今日商業運作之重點，與公司締約之人自得預見在股份自由轉讓原則之下，公司股東可能發生變化，縱使在保險業亦同。因此，在法人格未改變之情形下，保險業務既仍由同一法人格經營，其規制之重點即應在保險業大股東之資格限制，而不應與原保險人將其所承保經營之保單全部或一部移轉給他保險人，性質上屬債務承擔的保險業務移轉混為一談[49]。氏並建議在保險業務移轉之情形下，應立法賦予要保人承認權，若要保人不承認，則得準用保險法第123條規定，向保險人請求以保單價值準備金按訂約時之保險費比例計算之保險金額，以提供要保人雙重保護[50]。

上開見解強調公司法人格在商業運作之重要性，其在保險業務承擔時

---

[47] 汪信君等，保險法理論與實務，元照，2010年9月，15～16頁。

[48] 參見：江朝國，註40書，39頁。

[49] 參見：江朝國，註46文，11～12頁。

[50] 參見：江朝國，註46文，20頁。

細膩的立法建議更表現對被保險人保障之用心，誠然極具參考價值，惟公司並非自我經營，而係由其董事、經理人等經營之，是在保險公司之股權發生重大移轉，勢必對其控制權發生影響之情形下，保戶與原保險人間之信賴基礎實已不再，若因法人格形式上同一而減少對保戶之保障，此項差別待遇之基準可能有所疑問。故本文認為，在保險業併購時，若其新經營者適格性上有所欠缺，將同時引發保險業大股東適格性與長期信賴關係不再兩項問題；若其新經營者屬適格之保險業經營者，則仍可能存有長期信賴關係不再之問題。關於保險業大股東適格性之問題，應透過原股東實地查核作為首先之防堵，若未能有效解決，則須透過金融法規之規範及主管機關之監理作為加以處理；至於長期信賴關係不再之問題，則應適當地賦予保戶退出危險共同團體之機制。

(三)退出機制之欠缺

　　學者指出，德國最高法院判例認為，於長期繼續性之法律關係，須當事人之協力與信賴者，於其具有重大事由時，得隨時（不經預告）終止契約[51]，而在保險業併購時，經營者之更替當屬影響保險契約當事人間信賴關係之重大事由，惟若保戶依保險法第119條終止契約，其所蒙受之不利顯屬重大，而有強迫保戶接受併購結果之嫌，保險法就保戶於保險業併購時退出機制之規範顯有欠缺，故學者認為，此時應准許保戶主張類推適用保險法第123條第1項前段之規定請求保險金給付，又因此所生之成本，應由併購契約雙方當事人預作安排，而非一概強迫保戶選擇接受併購結果或僅能取回終止契約之解約金[52]，始能在保險業之併購交易中，取得公平與效率之均衡點。

　　雖然在博智及中策收購南山人壽後，保險人形式上並未變更，法律給予保戶之保障亦無改變，然而由於經營者事實上已然不同，其信賴基礎實已不再，在法律無法達成確保收購前後經營者之經營方式與態度同一下，

---

[51] 參見：王澤鑑，註45書，150頁。

[52] 參見：林國彬，註3文，77頁。

例如保險事故發生時保險公司之理賠程序與態度等，而此實為影響保戶當初是否投保決定之重要因素[53]之情形下，實應參照保險法第123條於同法增訂相關規定，適當地賦予保戶退出危險團體之機會。

(四)小結

　　基於保險制度保護被保險人之目的及其共同團體性之特徵，保險業進行併購活動時，保戶實係基於特殊利害關係人之地位，經營者於作成併購決策時，應特別注意其等之利益，而不得將其等與一般債權人同視。又因保險契約具有繼續性、射倖性之性質，特別重視當事人之信賴關係，在漫長的保險期間中若經營者有所變更，致信賴關係不再，契約原定保障被保險人之目的實際上難以達成時，應適當地給予保戶退出共同團體之機制，保險法相關之規定，應予以修正。

四、主管機關立場

(一)經濟部立場：陸資爭議

　　本件收購案中經濟部扮演之角色，係在辨識博智及中策之資金來源究為「外資」、「陸資」或「港資」。詳言之，依大陸地區人民來臺投資許可辦法第3條第2項，如大陸地區人民、法人、團體或其他機構持股超過30%或具控制能力者，即屬陸資，因保險業在申請當時尚未開放[54]，將予以駁回；反之則將視其為外資，並依外國人投資條例進行審查，因人身保險業係屬僑外投資負面表列限制類項目，尚須會商目的事業主管機關進行跨部會審查，始能決定；若屬港資，則依依據香港澳門關係條例第31條之規定，準用外國人投資之規定。

---

[53] 參見：林國彬，註3文，77頁。

[54] 依99年5月20日修正之大陸地區人民來臺投資業別項目，大陸地區人民來台投資保險業，往後將依臺灣地區與大陸地區保險業務往來及投資許可管理辦法辦理，其主管機關為金管會。參見：經濟部投審會網站http://www.moeaic.gov.tw/（瀏覽日期：2010年11月15日）。

在經濟部退回本件收購案之申請，嗣經當事人補正並再行查核後，認為應不適用大陸地區人民來台投資許可辦法，亦即博智及中策收購之資金來源尚不足以構成該辦法所稱之陸資，而應適用或準用外國人投資條例。因此，資金來源問題已非本件收購案之重點，下述之目的事業主管機關態度，才是決定本件收購案成否之關鍵。

(二)金管會立場：最終決定者

1.最終的決定權

在剔除陸資問題後，雖然消費者已透過諸多行為表現其作為監理參與主體之角色，惟因其所掌握之資源本屬有限，是本件交易成否之最終決定權，仍係掌握於金管會手中，金管會並表示本件收購欲獲得其許可之五項條件：「必須確保南山人壽的雇員和投保人的利益不受損；確保交易融資渠道符合台灣的監管規定；具備專業的保險公司管理能力；具有對經營南山人壽的長期承諾；以及具備能滿足未來融資需求的財務實力。」本文以下乃依此等條件為脈絡，並利用已介紹之事實及已分析之各參與主體立場，逐一分析討論之。

此外，因本件收購案之標的南山人壽為保險公司，依金融機構合併法第4條第1款之規定，屬該法所稱之金融機構，然由於同條第2款所稱合併係指二家或二家以上金融機構合為一家金融機構者而言，是有學者認為收購無該法之適用[55]，惟本文認為，因該法第6條就主管機關為合併許可時應審酌因素之規定，其中各項目在合併以外之企業併購型態亦屬必須斟酌之事項，是就本件收購案之准駁，該法第6條規定仍有參考之價值，於審查金融機構進行收購活動時，應有類推適用之餘地，且因其本為成文法規，故首先就其規定加以討論，並探究其與金管會前揭核准本件交易之五項條件間的關聯性。

2.金融機構合併法第6條規定

金融機構合併法第6條：「主管機關為合併之許可時，應審酌下列因

---

[55] 參見：王文宇等，註33書，411頁（李禮仲執筆）。

素：對擴大金融機構經濟規模、提升經營效率及提高國際競爭力之影響。對金融市場競爭因素之影響。存續機構或新設機構之財務狀況、管理能力及經營之健全性。對增進公共利益之影響，包括促進金融安定、提升金融服務品質、提供便利性及處理問題金融機構。」其中第1款及第2款屬公平交易法相關之議題，第3款及第4款則屬本文探討之範圍，亦即金融監理相關之議題。

由於本件併購係採收購方式，故並無第3款所稱存續或新設機構，惟其所揭示要求財務狀況、管理能力及經營健全性之法理，於本案准駁之審酌中亦屬重要，而應認為收購者亦須符合此等要求。至於第4款揭示之促進公益之法理，包括促進金融安定、提升金融服務品質、提升便利性及處理問題金融機構等，對於本案之准駁亦屬必須參酌之事項。

由金融機構合併法第6條第3款及第4款以觀，金管會所稱核准本件交易之五項條件，除確保交易融資渠道符合台灣的監管規定一項可能係指陸資問題外，其餘四點皆屬前述規定之具體化。因此，雖然本件收購案並非合併而無法直接適用金融機構合併法，惟透過類推適用前述規定，金管會之前揭條件實係有其法理上之依據。

3.長期經營與私募股權基金？

私募股權基金（**Private Equity**）係指「非經由公開市場及公開募集程序，而改以私募之方式募集而得之資金體，其主要的投資行為即為公司股權的收購[56]。」其投資行為常見之方式係針對成熟產業中經營不善之公司或部門，藉由槓桿融資[57]併購或公開收購，取得該等公司或部門的經營權，再輔以下市交易、重整等步驟徹底改善公司體質，最後藉由初次公開發行、同業買賣或次級出售等退場機制來賺取價差[58]。由於私募股權基金

---

[56] 王文宇，日無私照—論私募股權基金的蛻變，台灣法學雜誌，第128期，2009年5月，13頁。

[57] 參見：王文宇，註56文，20頁。

[58] 參見：王文宇，註56文，18頁。

收購之目的並非永續經營[59]，在其融資收購並進行下市交易後，為縮減支出、平衡負債等目的，其可能對目標公司進行規模縮減、資產拆賣及裁撤冗員等活動[60]，故學者指出：「在目標公司所營事業具有一定的公益性質，或經營決策產生的外部性過大時，若無法藉由資訊揭露或透明化的操作來使公權利等得以有機會在傷害造成前介入，則將導致事後難以追究責任歸屬或造成重大損害等難題[61]。」

　　金管會五項條件中「具有對經營南山人壽的長期承諾」即係針對博智具有私募基金類似性之疑慮而發，且屬金融機構合併法第6條第3款所列「經營之健全性」及第4款「促進金融安定」等應予審酌之因素。雖然不能排除博智所稱其係專注經營亞洲金融服務市場之主張為真，然而南山人壽畢竟不是金融機構合併法第6條第4款所稱「問題金融機構」，沒有必要藉助私募股權基金整頓其財務及業務，且因人壽保險業具有相當之公益性質，其保戶人數更多達400萬，每一個經營決策都可能產生非常大的外部性，故若博智無法說服主管機關其確實將會長期經營南山人壽，儘管其計畫向代管帳戶存入3.25億美元[62]，仍無必要冒此風險核准本件收購。

4.保險業經營之專業能力？

　　「具備專業的保險公司管理能力」亦係金管會五項條件之一，且屬金融機構合併法第6條第3款所稱「管理能力」之要素，是以雖然博智負責人麥睿彬、吳榮輝以及中策新任負責人馬時亨、柯清輝均具有參與金融業經營之履歷，惟其過往所任職之單位，多係銀行業及證券業，此等履歷尚非得以完全等同經營保險業專業能力之保證，因而此項條件是否具備，可能仍有討論之餘地。

---

[59] 參見：王文宇，註56文，21頁。

[60] 參見：王文宇，註56文，23頁。

[61] Charles Duhgg, Inquiries at Investor-Owned Nursing Homes, The New York Times, Oct. 24, 2007, pg. C.1.；轉引自：王文宇，註56文，23頁。

[62] 參見：華爾街日報http://chinese.wsj.com/big5/20100614/BCH001287.asp?source=NewSearch（瀏覽日期：2010年11月15日）。

5.滿足未來資金需求之財務能力？

　　由於博智係於收購當時甫成立不久之公司，而中策用以進行本件收購案之資金多為甫招募不久者，又博智為進行本件收購案乃計畫向銀行進行高額貸款[63]，是其情形顯然難以滿足金管會「具備能滿足未來融資需求的財務實力」之條件，斟酌金融機構合併法第6條第3款「財務狀況」、「經營之健全性」及第4款「促進金融安定」等因素，亦難以對本件收購案作成核准之處分。

6.組織多層化、影子董事與投機

　　多層化組織原係透過主體分離達成責任切割，並仍能有效貫徹由上而下的控制模式，而提供企業經營上之便利，然由於實務上其對小股東及債權人之資訊知情權所造成之阻絕，使其無從獲悉營業細節與資金流向，而恰好培養了大股東與關係人趁機不法移轉企業資產的絕佳環境[64]。

　　影子董事則係指「持續在一段時間內影響公司董事之各種決策，並已成為慣例之情形而言[65]。」對於影子董事隱身幕後之違法行為，其追究顯然較為困難，學者並認為此係我國企業法之漏洞，應參照英國法，全面檢討植入影子董事之設計，以因應新型態之企業脫法布局[66]。

　　在本件收購案當中，博智及中策即係計劃透過多層化組織持有南山人壽股權，加上預計持有80%南山人壽股權的中策，背後存有掏空公司資產疑慮及香港電訊盈科私有化人頭戶案的中南人脈集團，博智及中策進行本件收購案的動機不免染上濃厚的投機色彩。此外，由於其多層化組織有設

---

[63] 參見：華爾街日報http://chinese.wsj.com/big5/20091013/BCH010729.asp?source=NewSearch；http://chinese.wsj.com/big5/20091016/BCH019055.asp?source=NewSearch（瀏覽日期：2010年11月15日）。其標題分別為：「合作金庫銀行：博智金融尋求新台幣240億元左右的銀團貸款」、「博智金融將為新台幣240億元貸款支付最高水平利息－銀行人士」。

[64] 參見：謝易宏，誰讓投機一再得逞-企業與金融法制的共業，收錄於：企業與金融法制的昨是今非，五南，2008年4月，7～11頁。

[65] 謝易宏，註64文，12頁。

[66] 參見：謝易宏，註64文，12頁。

於境外（開曼群島）者，在增添了核准後監理的難度之外，更形成了「利用監理密度不同的法域間所存在的監理落差從事脫法行為[67]」的監理套利（regulatory arbitrage）疑慮。本項議題雖未存在於金管會的五項條件之中，惟不得從事掏空公司資產等投機行為，應屬公司治理的「常識」而甚屬重要，相信此點亦屬金管會決定准否之重要判斷因素。

7.監理法規不備

(1)金融機構「合併」法

由於金融機構係以向大眾收取資金並成立債權債務關係作為其獲取資金之主要方法，且諸如銀行業之存款人或保險業之要保人等債權人無法參與公司內部之決策，是其併購自須有外部力量介入，以保護此等債權人之權益[68]。然而，因為金融機構合併法係以合併為其規範對象，使本件收購欠缺主管機關應參酌因素之直接法源，在企業組織整併態樣多元的今日，實應調整該法之規範對象，以免往後主管機關在從事此類案件之審查時，又落入沒有遊戲規則的窘境。

(2)保險業大股東之資格

因本件收購案的監理紛擾，金管會在2010年2月2日表示，將參照金融控股公司法第4條第1項第10款及銀行法第25條第2項之規定，於保險法增訂大股東適格性規範，持股比例達百分之十者須向金管會申報，而同一人及同一關係人若持股於百分之十五以上，則須申請核准[69]。

據此，立法院乃於2010年11月12日三讀通過保險法第139條之1、第139條之2及第171條之2[70]修正案，固然是項修正案可在某種程度上解決往

---

[67] 謝易宏，註64文，11頁。

[68] 參見：林國彬，註3文，61頁。

[69] 參見：法源法律網http://www.lawbank.com.tw/news/NewsContent.aspx?AID=0&NID=78247.00&kw=%e4%bf%9d%e9%9a%aa%e6%a5%ad%e5%a4%a7%e8%82%a1%e6%9d%b1&TY=1,19,20,21,22&sd=2010-01-29&ed=2010-11-12&total=1（瀏覽日期：2010年11月15日）。

[70] 依立法院公報初稿，新法第139條之1、第139條之2及第171條之2之內容為：「第139條之1：『同一人或同一關係人單獨、共同或合計持有同一保險公司已

後與本件收購類似的監理困擾，惟若大股東係為法人，其背後的影子董事

發行有表決權股份總數超過百分之五者，自持有之日起十日內，應向主管機關
申報；持股超過百分之五後累積增減逾一個百分點者，亦同（第1項）。同一
人或同一關係人擬單獨、共同或合計持有同一保險公司已發行有表決權股份總
數超過百分之十、百分之二十五或百分之五十者，均應分別事先向主管機關申
請核准（第2項）。第三人為同一人或同一關係人以信託、委任或其他契約、
協議、授權等方法持有股份者，應併計入同一關係人範圍（第3項）。中華民
國○年○月○日修正之條文施行前，同一人或同一關係人單獨、共同或合計持
有同一保險公司已發行有表決權股份總數超過百分之五者，應自施行之日起六
個月內向主管機關申報。於申報後第一次擬增減持股比率而增減後持股比率超
過百分之十者，應事先向主管機關申請核准；第二次以後之增減持股比率，依
第一項及第二項規定辦理（第4項）。同一人或同一關係人依第二項或前項規
定申請核准應具備之適格條件、應檢附之書件、擬取得股份之股數、目的、資
金來源、持有股票之出質情形、持股數與其他重要事項變動之申報、公告及其
他應遵行事項之辦法，由主管機關定之（第5項）。未依第一項、第二項或第
四項規定向主管機關申報或經核准而持有保險公司已發行有表決權之股份者，
其超過部分無表決權，並由主管機關命其於限期內處分（第6項）。同一人或
本人與配偶、未成年子女合計持有同一保險公司已發行有表決權股份總數百分
之一以上者，應由本人通知保險公司（第7項）。』
第139條之2：『前條所稱同一人，指同一自然人或同一法人（第1項）。前條
所稱同一關係人，指同一自然人或同一法人之關係人，其範圍如下：一、同一
自然人之關係人：(一)同一自然人與其配偶及二親等以內血親。(二)前目之人
持有已發行有表決權股份或資本額合計超過三分之一之企業。(三)第一目之人
擔任董事長、總經理或過半數董事之企業或財團法人。二、同一法人之關係
人：(一)同一法人與其董事長、總經理，及該董事長、總經理之配偶與二親等
以內血親。(二)同一法人及前目之自然人持有已發行有表決權股份或資本額合
計超過三分之一之企業，或擔任董事長、總經理或過半數董事之企業或財團法
人。(三)同一法人之關係企業。關係企業適用公司法第三百六十九條之一至第
三百六十九條之三、第三百六十九條之九及第三百六十九條之十一規定（第2
項）。計算前二項同一人或同一關係人持有同一保險公司之股份，不包括下列
各款情形所持有之股份：一、證券商於承銷有價證券期間所取得，且於主管機
關規定期間內處分之股份。二、金融機構因承受擔保品所取得，且自取得日起
未滿四年之股份。三、因繼承或遺贈所取得，且自繼承或受贈日起未滿二年之
股份（第3項）。』第171條之2：『保險公司股東持股違反第一百三十九條之
一第一項、第二項或第四項規定，未向主管機關申報或經核准而持有股份者，
處該股東新臺幣四十萬元以上四百萬元以下罰鍰（第1項）。保險公司股東違

仍可能藉此逸脫於規範之外，且若主管機關未即時依授權制定法規命令，使作為核准與否之大股東適格性裁量基準依然不備，則在具體個案中進行監理行為時，仍可能落入沒有遊戲規則可茲使用之窘境。故本文認為，欲解決類此之爭議，除須增訂如學者建議的影子董事之相關規範，主管機關更應盡速完成裁量基準之制定，就准駁時斟酌之因素事先作出更細膩的明文，始可杜絕類似的紛擾在往後再次發生。

8.國際金融市場之觀感

金融法規是金融市場最基本的遊戲規則，若法規不備，主管機關之監理行為難免會造成外國投資人對台灣投資環境的負面觀感。

在本件收購案中，由於審查保險業收購應參酌之因素及保險業大股東資格相關規範之欠缺，縱使金管會所提五項標準並不違背金融法規範目的之二大命題，即維護社會公平與促進經濟效率[71]，且係出於保護弱勢的南山人壽保護之正當目的，惟為免往後國際主流財經媒體上出現台灣粗暴的金融監理等字樣，金管會就否准本件收購案之決定仍應公布其詳細之理由，同時相關法規之欠缺亦應盡速修正。

9.小結

在本件收購交易核准與否之間，來自國際輿論的壓力和保戶利益之保障，不斷地在監理機關的各項行為間拉鋸。從最初的中資爭議，到金管會的五大條件，在表現了主管機關保護被保險人利益之餘，亦暴露了我國金融法規的漏洞。

資本無國界，大陸地區與台灣間資本的流動在往後勢必將持續進

反主管機關依第一百三十九條之一第五項所定辦法中有關持股數與其他重要事項變動之申報或公告規定，或未於主管機關依同條第六項所定期限內處分股份者，處該股東新臺幣四十萬元以上四百萬元以下罰鍰（第2項）。保險公司股東違反第一百三十九條之一第七項規定未為通知者，處該股東新臺幣十萬元以上一百萬元以下罰鍰（第3項）。』」參見：法源法律網http://www.lawbank.com.tw/news/NewsContent.aspx?AID=13&NID=87100.00&kw=&TY=19&sd=&ed=&total=35126（瀏覽日期：2010年11月15日）。

[71] 參見：王文宇等，註33書，5頁（王文宇執筆）。

行，與其規範沒有國籍的資金，不若即刻著手從事整體金融法制的檢討與修正，使我國的金融法制趨於完善，如此方能使無論來自外國、大陸、港澳或甚至我國的投資人均樂於投資，並因此使投機者望而卻步。

(三)公平會與結合行為

在本件收購案中，博智及中策組成之聯盟原預計收購南山人壽97.57%之股權，是其情形符合公平交易法第6條第1項第2款結合行為之定義，惟因博智、中策及其海外多層化組織均未在我國經營保險業，並無市場佔有率可言，故此項議題在本案中尚未表現其重要性。

然而，若往後AIG重新標售南山人壽，而由我國金控業者得標時，若其符合公平交易法第11條第1項之要件者，即應向主管機關提出申報，如其結合，對整體經濟利益大於限制競爭之不利益者，則依同法第12條第1項，中央主管機關不得禁止其結合。雖然我國壽險業市場呈現某種程度的集中狀態，惟因壽險業者之規模與國際上之同業相較，均尚屬過小，且金融產業之國際競爭力對我國整體經濟利益甚屬重要，是應肯認其結合之效力。

(四)勞委會與勞資爭議？

在本件收購案宣布後，南山人壽之業務員在爭取完公積金後，再次重提一度和解之其等與南山人壽間究屬承攬、委任或雇傭關係；南山人壽應否提繳勞工退休金等爭議[72]。本文在此無欲深究此等勞工法問題，惟此或許亦可反應業務員與新經營者間信賴關係無法建立之事實。

---

[72] 參見：丁筱晶、陳一姍，註10文，77頁；南山人壽官方網站http://www.nanshanlife.com.tw/webapp/NanShan/public_site/index_main_ad.jsp?MenuId=company.open&URL=/public_site/company/open/company/public_info.htm（瀏覽日期：2010年11月15日）。

肆、結論

本件收購在未獲經濟部投審會通過後，已暫時告一段落。基於博智及中策的各項狀況，我們雖然不能完全排除其確係出於良善的動機從事本件收購，然因前者具有私募基金的外觀及高度融資槓桿問題，後者則具有脫殼的疑慮及背後令人不安的中南人脈集團背景，又其等均無穩當的保險業經營經驗，且存有多層化組織之疑慮，是在解除陸資爭議的問題後，其等終究無法說服金管會，而未能符合「必須確保南山人壽的雇員和投保人的利益；確保交易融資渠道符合台灣的監管規定；具備管理保險公司的專業能力；致力於南山人壽的長期發展；擁有滿足未來融資需求的財務能力」的五項要求。另外，隱藏在這些要求身後的掏空公司資產等投機疑慮，亦屬其難以擺脫的困擾。

對於AIG而言，其清償對美國政府之負債與強化資本結構之動機固屬正當，惟因其忽略了交易相對人性質之疑慮，未將身為特殊利害關係人之保戶利益一併納入併購決策過程中審慎考量，終致本件收購案功敗垂成，其因此所受之時間和金錢的損失，經營者或許難辭其咎。當然，在商業判斷法則的保護下，董事會成員是否須負違反受託人義務下注意義務之責任，尚須依照諸如實地查核之實施等決策過程之具體情況而定。

在資源配置不均之情形下，保戶身處本件收購案的漩渦當中，雖有組成朋博南山控股等盡力參與監理之掙扎，惟其無疑仍屬弱勢的一方。基於保險制度之目的在保障被保險人；保險本身具有危險共同團體之特徵；保險契約係屬長期性、繼續性及射倖性之性質，而特別重視彼此間之信賴關係等理由，在保險公司併購時，實應適當賦予保戶退出機制，例如類推適用保險法第123條規定，使其免於因蒙受解約的重大損失，而在被脅迫的狀況下接受併購的事實。事實上，此等信賴問題亦表現於南山人壽業務員向勞保局的申訴當中。

相較於經濟部主管的陸資問題、公平會主管的結合行為議題及勞委會主管之勞資爭議糾紛，金管會對本件收購所為的監理顯然更具重要性。該

會所提出的五點條件符合公平與效率的原則，妥適照顧了保戶的利益，其在本件收購所作的努力，應值肯定。然而，我國金融法制的不備，無疑在僅有金融機構「合併」法與保險業大股東資格規範的欠缺上，徹底的暴露於全球資本市場面前，為免遭主流媒體「台灣是沒有遊戲規則的地方」之譏，更為了往後能吸引正當的投資人，驅逐投機者的目標，在系爭保險法修正案通過後，增訂大股東適格性裁量基準並盡速從事金融法規整體的整理與檢討，實為當前亟需處理之要務。

參考文獻

一、專書論著

1. 王文宇等，金融法，元照，2010年9月五版。

2. 王澤鑑，債法原理(一)，自版，1999年10月（2009年9月再刷）。

3. 江朝國，保險法基礎理論，瑞興，2009年4月五版。

4. 汪信君等，保險法理論與實務，元照，2010年9月二版。

5. 黃偉峰，併購實務的第一本書，商周出版，2002年6月初版。

二、期刊論文

1. 王文宇，日無私照─論私募股權基金的蛻變，台灣法學雜誌，第128期，2009年5月，13～31頁。

2. 江朝國，金融海嘯對保險業之衝擊-保險業務移轉對被保險人之保障，月旦民商法雜誌，第28期，2010年6月，5～20頁。

3. 林國彬，保險業經營危機之處理及因應機制-以問題保險事業之併購模型為中心，月旦法學雜誌，第165期，2009年2月，46～78頁。

4. 曾宛如，金融海嘯下金融監理之反思，月旦法學雜誌，第168期，2008年3月，81～92頁。

5. 謝易宏，潰敗金融與管制迷思-簡評美國2008年金融改革，月旦法學雜誌第164期，2009年1月，186～225頁。

6. 謝易宏，誰讓投機一再得逞─企業與金融法制的共業，收錄於：企業與金融法制的昨是今非，五南，2008年4月，3～56頁。

三、課程講義

1. 黃日燦，我國企業併購法制，中華民國律師公會全國聯合會律師職前訓練第18期第3梯2010年8月24日上課講義。

2. 蔡朝安，企業併購稅務議題，中華民國律師公會全國聯合會律師職前訓練第18期第3梯2010年9月13日上課講義。

四、報章雜誌

1. 丁筱晶、陳一姍，南山標售案一場心中沒保戶的戰爭，天下雜誌，第436

期，2009年12月，76～82頁。

2.陳一姍，南山案外案中策、中信金合作陳沖怕什麼？，天下雜誌，第436
　期，2009年12月，84～85頁。

五、網路資料

1.黃達業，南山併購案考驗後MOU金融監理，經濟日報網站：http://edn.
　gmg.tw/column/viewpoint.jsp?f_seq_no=289。

2.黃達業，南山案後MOU時代監理考驗，經濟日報網站：http://edn.gmg.tw/
　column/viewpoint.jsp?f_seq_no=329&gmgsession=541b710076553c48265290e
　3677a168e。

3.林建甫，博智想買南山先約法三章，經濟日報網站：http://edn.gmg.tw/
　column/viewpoint.jsp?f_seq_no=291。

4.南山人壽官方網站，資訊公開頁面：http://www.nanshanlife.com.tw/webapp/
　NanShan/public_site/index_main_ad.jsp?MenuId=company.open&URL=/
　public_site/company/open/company/public_info.htm。

5.博智官方網站：http://www.primus.com/。

6.香港交易所網站：http://www.hkex.com.hk/chi/index_c.htm。

7.經濟部全球資訊網：http://www.moea.gov.tw/Mns/populace/home/Home.
　aspx。

8.經濟部投審會網站：http://www.moeaic.gov.tw/。

9.金管會全球資訊網：http://www.fscey.gov.tw/Layout/main_ch/index.
　aspx?frame=1。

10.華爾街日報網站：http://chinese.wsj.com/big5/index.asp。

11.Financial Times網站：http://www.ft.com/home/asia。

12.聯合理財網：http://money.udn.com/

13.華視新聞網：http://news.cts.com.tw/news_search.php。

14.維基百科網站http://en.wikipedia.org/wiki/。

第十二章　騙中騙——
Porsche v.s VW

劉孟哲

劉孟哲

法律界的攝影頑童

攝影界的法律新秀

時間	事件
2005年9月	保時捷公司10月7日宣布，在收購了福斯8.27%股份之後，加上其原來所持的10.26%的股份，保時捷總共持有福斯18.53%的股份。保時捷稱其還計劃購進更多福斯的股份。
2007年3月	保時捷對福斯持股達30.9%，依法對福斯提出收購。
2007年10月	歐洲法院10月23日作出判決，推翻保護歐洲最大汽車生產商德國福斯汽車不被敵意收購的「福斯法」。分析人士認為，這一判決可能為保時捷公司收購福斯鋪平了道路。
2008年3月	保時捷公司監事會周一做出決定，將其在福斯汽車公司的持股增至50%以上，從而完全控股福斯。如收購成功，保時捷將成為歐洲最大的汽車製造商。
2008年9月	德國豪華跑車製造商保時捷汽車公司16日宣佈，該公司已擁有福斯汽車公司35.14%的股份，掌握了實質控制權，使福斯汽車成為旗下子公司。
2008年10月26日	保時捷宣布，其持有福斯42.6%的股票，加上31.5%的現金結算選擇權。使得市場上福斯流通股數剩下不到6%。
2008年10月27日	因為空單回補，股票供不應求，福斯股價大漲。
2008年10月28日	股票持續大漲，福斯股價一度高達1005，使福斯成為全球市值第一的公司。
2008年10月29日	保時捷放出5%的福斯股票，市場上股票流動性大增，福斯股價急跌。
2008年11月	德國保時捷汽車公司26日向外界表示，本財年前四個月（截至11月底）公司銷售額將比上年同期大幅下滑15%，並有可能出現1993年以來首次年度銷售額下滑。
2009年1月	德國豪華跑車製造商保時捷汽車公司5日晚間宣布，它已經獲得歐洲最大汽車製造商福斯汽車公司超過一半的股權，從而成為後者絕對第一大股東。並欲繼續持股達75%。
2009年3月	保時捷股價下跌，質押股票無力償還，負債百億。
2009年5月6日	德國豪華汽車製造商保時捷公司6日向外界表示，同意和歐洲最大汽車製造商福斯公司合併，從而結束長達3年半的收購戰。
2009年5月17日	福斯汽車公司17日宣布，停止與保時捷公司合併的談判，表示目前的氣氛不適合建設性的討論，顯示兩家車廠對合併計畫有重大歧見。
2009年5月21日	由於近來盛傳合併案出現變數，德國汽車製造商保時捷與福斯19日發表聲明說，兩家公司合併的計畫與意願並未改變。
2009年6月30日	德國豪華跑車品牌保時捷和歐洲最大汽車廠福斯合併案一波三折，福斯提議購入保時捷49%股權，但保時捷因為銀行貸款問題，決定向福斯說「不」。保時捷發言人葛布說：「不是我們要拒絕提議，而是這項提議不可行。」

時間	事件
2009年7月23日	德國高級跑車大廠保時捷控股公司（Porsche SE）23日將執行長魏德京（Wendelin Wiedeking）解職，以利於負債龐大的保時捷與福斯汽車（VW）合併，他的離職金高達5000萬歐元（台幣23億4000萬元），再為企業界「獎勵失敗」開了惡例。魏德京和保時捷財務長海爾特（Holger Harter）去年意圖以小吃大，大舉購入福斯股票的計畫反而害兩人被迫辭職，董事會宣布兩人的辭呈立即生效，外界解讀為保時捷在與福斯合併前先清理門戶。
2009年7月24日	保時捷董事會並宣布通過新CEO馬賀特（Michael Macht）提出的計畫，同意讓波斯灣國家卡達以認股方式參與50億歐元的增資案，以利於保時捷與福斯的合併。這是保時捷首度讓外人成為大股東。
2009年8月13日	歐洲最大車廠德國福斯汽車13日宣布和保時捷控股公司（Porsche SE）達成一項基本協議，雙方同意在2011年前讓福斯與保時捷汽車（Porsche AG）完成合併，成為一家擁有十個汽車品牌、年銷售640萬輛的汽車巨擘。這項交易將保時捷汽車的總市值估為124億歐元。而福斯將發行40億歐元優先股，在2010年上半年進行增資。之後，兩家公司將在2011年合併。
2009年8月22日	德國司法當局正調查保時捷公司前執行長魏德京與前財務長海爾特，在先前意圖併購福斯汽車時，涉嫌操縱市場和內線交易。
2010年1月27日	美國四家避險基金Elliot公司、Glenhill資本管理、Glenview資本管理和Perry資本25日控告德國跑車製造商保時捷公司及其前任執行長與財務長，並求償逾10億美元，以補償受保時捷誤導而放空福斯汽車股票所造成的損失，可能迫使保時捷支付德國企業史上最高額損害賠償金。

壹、前言

「It's a Porsche - No! It's a hedge fund...」。這是Financial Times在2008年選撰寫文章的標題[1]。他們戲稱保時捷是一個批著車商外殼的投資公司[2]。這場經營權爭奪戰爭中，一個是全球知名跑車品牌，一個是德國國民車大廠，看似不相干的產品路線，為何保時捷要汲汲營營的併購福斯？

---

[1] See Gwen Robinson. It's a Porsche- No! It's a Hedge Fund. November 13th, 2008. Financial Times Online.

[2] Mergers and Acquisitions Assignment, available at http://ssrn.com/abstract=1669055

保時捷只是一個年產量10萬台的公司，他要如何併購福斯，一個年產量600萬台的大公司？其實這場併購中，保時捷差點就成功，他已經取得了福斯約75%的股票，保時捷是如何悄悄的建立持股而不被發現？保時捷在併購過程中，甚至讓福斯一度成為全球市值最大的公司，保時捷到底是用何種金融手段去操作？這其中看似有操縱市場的嫌疑，但德國的金融監理機關（Bafin）為何認為保時捷在此交易中並無違法？最後要問的是，福斯身為一個80年的大企業，他真的毫不知情自己正被保時捷敵意併購嗎？他真的只是單純、無辜的目標公司嗎？這場併購到底是保時捷抓住了德國法規的漏洞還是保時捷與福斯共同演了一齣假敵意併購的好戲？

貳、事實介紹

一、雙方歷史

保時捷與福斯其實系出同源，這兩個品牌都是由費迪南‧保時捷（Ferdinand Porsche）所創立的。費迪南‧保時捷首先在1931年在德國南部城市斯圖加特（Stuttgart）建立了保時捷設計製造室，這就是保時捷（PORSCHE AG）的前身，接著到了1930年的納粹時代，希特勒為了提高社會經濟，他希望人人有車可開，故希特勒邀請了奧地利同胞費迪南‧保時捷，希望費迪南‧保時捷可以幫他設計人人可負擔的國民車（福斯在德文的意思就是國民車），於是在1934年費迪南‧保時捷創立了福斯汽車，並在1936年10月設計出著名車款金龜車（Beetle），到了1937年福斯在德國中部沃爾夫斯堡（Wolfsburg）建廠，由費迪南‧保時捷出任總工程師。二戰後的1946年，福斯被英國佔領軍轉交給德國，成為一家國有企業，此時費迪南‧保時捷離開福斯，回到斯圖加特成立了現在的保時捷汽車公司（PORSCHE AG）。1960年福斯成為股份公司，後來聯邦政府撤出，下薩克森州政府（Lower Saxony）而成為最大的股東。

費迪南‧保時捷在1931年成立的設計公司，他自己擁有70%的股份，

他的好友阿道夫・羅森柏格（Adolf Rosenberger）擁有15%的股份，另外15%是他的女婿兼公司法律顧問，安東・皮耶希所有，皮耶希（Piech）在1928年與費迪南・保時捷的女兒路易斯・保時捷結婚。在費迪南・保時捷待在福斯的這段期間，保時捷位於斯圖加特的設計公司交由兒子費利・保時捷（Ferry Porsche）打理，直到1946年費迪南・保時捷才建立了保時捷汽車公司。

　　戰後的兩家公司分別走上了不同的發展道路。福斯本著薄利多銷的原則，專門生產物美價廉的一代名車金龜車。作為一款設計十分成功的車型，金龜車成為有史以來世界上生產量最大的轎車，也成為了戰後德國經濟奇蹟的一個象徵。而保時捷則發展為世界最著名的跑車生產商，經營理念則很明確，盯準頂端市場，生產的汽車數量不多，但每一輛都能獲得高額利潤[3]。

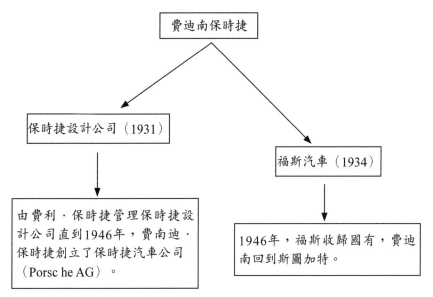

圖12-1　保時捷與福斯成立史

---

[3] 福斯保時捷收購案，available at http://wiki.mbalib.com/zh-tw/%E5%A4%A7%E4%BC%97%E4%BF%9D%E6%97%B6%E6%8D%B7%E6%94%B6%E8%B4%AD%E6%A1%88

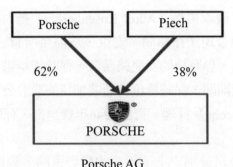

Porsche AG
圖12-2　保時捷公司持股情況

　　由圖12-2可知，保時捷公司只有兩個股東，一個是保時捷家族，持有約62%的股票，一個是皮耶希家族，持有約38%的股票。現今的保時捷監事會主席為沃夫岡·保時捷，他是費迪南·保時捷的內孫，而福斯公司現任監事會主席也是前董事會主席費迪南·皮耶希則是費迪南·保時捷的外孫。費迪南·皮耶希雖有祖傳的10%保時捷股票，但卻無法在保時捷裡擔任要職，只能擔任監事會成員，因為家族的紛爭，費迪南·皮耶希的表哥巴茲·保時捷（Butzi Porsche）阻止費迪南·皮耶希掌控經營保時捷汽車公司。費迪南·皮耶希在保時捷汽車公司不得志，只好向外發展，他先在奧迪（Audi）擔任工作，後來才去福斯，並成為福斯的董事長。

　　由上述可得知，保時捷與福斯其實有點類似家族企業，不但都由費迪南·保時捷設立，而且現今的經營階層也皆屬於保時捷大家族。保時捷與福斯錯縱複雜的關係不僅於此，雙方車廠大部分的零件、底盤也都通用[4]。故在此併購案前，雙方車廠已經有緊密合作的關係，類似於策略聯

---

[4] Porsche AG一開始的經營經費，便是由Volkswagen所支付的金龜車設計使用授權費而來的。在金龜車之後，Volkswagen持續與Porsche合作，借用Porsche卓越的工程設計能力，開發新的車型；而為了降低成本，Porsche初期所生產的車輛，亦大量採用Volkswagen所生產的零組件。長久以來淵源，使得Porsche與Volkswagen之間的關係持續保持十分的緊密，以達成雙方互利的目標。在近年來最為消費者所熟知的，便是Cayenne與Touareg的合作計劃。在車型開發是結合雙方的工程實力而來。而從開始生產至今所有Cayenne的車體，亦是由Volkswagen的Bratislava工廠所打造，再運送至Porsche Leipzig的工廠，將由

盟的企業。

二、本案事實

1.背景

　　早在2005年9月時，保時捷就買入了第一筆的福斯股票，在當時，福斯在董事會主席費迪南‧皮耶希的主導之下，大肆擴張品牌，福斯旗下的品牌包括Volkswagen、Audi、Skoda、Seat、Lamborghini、Bentley、Bugatti，多達八個[5]。大肆擴張經營雖可達到規模經濟，降低成本，但是並非每個品牌都能成功獲利，導致集團必須特別照顧某些品牌，以致於整個集團的營收下降，此外，德國特別重視勞工的權益，而福斯是由政府出資設立，更是使得福斯的員工擁有比其他公司更好的福利，如此一來，勞工的成本就大大提高。福斯在經營不善與勞工成本過高之下，在2005年的股價下滑，保時捷抓住機會，買進了18%的福斯股票。

　　保時捷為何想要併購福斯？除了上述所指，雙方有相當的家族與公司經營上的關聯[6]，保時捷也想要福斯的技術。保時捷雖然是全球跑車集團的佼佼者，但他只會生產跑車，故在跑車市場萎縮時，會生產多樣車種的福斯，就是保時捷所覬覦的公司，此外為了要遵守越來越嚴格的環保法令，保時捷必須降低車子的廢氣排放量，這點也是福斯所拿手的技術。

　　保時捷並非一路順遂，在1990年代時公司曾出現了財務危機，並且極有可能隨時會被收購、接管。在1992年，魏德京[7]（Wiedeking）進入了保時捷，保時捷的大股東，保時捷家族與皮耶希家族也充分授權給魏德京，他也發揮了經營的長才，藉由提昇效率的生產規劃、清楚的品牌定位，以

Zuffenhausen生產的引擎及底盤組件組裝上去。而Porsche最新的Hybrid研發計劃，亦是與Volkswagen合作進行的，兩者間緊密的關係，可見一斑。available at http://feature.u-car.com.tw/feature-detail.asp?fid=314

[5] 福斯分為福斯及福斯商用車。

[6] 例如，保時捷Cayenne、福斯Touareg共用的底盤與車身外殼設計，以及保時捷新款Panamera的新底盤。

[7] 魏德京除了是保時捷執行長，也擔任福斯監事會成員。

保時捷	項目	福斯
100,000	產量	6,000,000
12,000	員工	324,000
大	廢氣排放	小
跑車，高級車	車種	車種多樣，屬國民車
40億歐元	獲利	27.5億歐元

圖12-3　保時捷與福斯的差異

及創新的產品如356、911、Boxster與Cayenne等，讓這個專精跑車製造的小公司，快速轉型成為全球最成功、獲利能力最高的汽車製造商[8]。

　　保時捷能從谷底爬起，由黑翻紅，完全是因為魏德京的經營，這讓他獲得了保時捷股東的信任，故魏德京在決定收購福斯股票時，也得到了保時捷股東的支持。

2.本案流程

　　(1)本案大紀事[9]

時間	事件
2005年9月	保時捷公司10月7日宣布，在收購了福斯8.27%股份之後，加上其原來所持的10.26%的股份，保時捷總共持有福斯18.53%的股份。保時捷稱其還計劃購進更多福斯的股份。
2007年3月	保時捷對福斯持股達30.9%，依法對福斯提出收購。
2007年10月	歐洲法院10月23日作出判決，推翻保護歐洲最大汽車生產商德國福斯汽車不被敵意收購的「福斯法」。分析人士認為，這一判決可能為保時捷公司收購福斯鋪平了道路
2008年3月	保時捷公司監事會周一做出決定，將其在福斯汽車公司的持股增至50%以上，從而完全控股福斯。如收購成功，保時捷將成為歐洲最大的汽車製造商。

---

[8]　德國製造：保時捷成功故事。available at http://feature.u-car.com.tw/feature-detail. asp?fid=352。

[9]　整理自聯合資料庫。
　　福斯保時捷收購案。available at http://wiki.mbalib.com/zh-tw/%E5% A4%A7%E4 %BC%97%E4%BF%9D%E6%97%B6%E6%8D%B7%E6%94%B6%E8%B4%AD %E6%A1%88。

時間	事件
2008年9月	德國豪華跑車製造商保時捷汽車公司16日宣布，該公司已擁有福斯汽車公司35.14%的股份，掌握了實質控制權，使福斯汽車成為旗下子公司。
2008年10月26日	保時捷宣布，其持有福斯42.6%的股票，加上31.5%的現金結算選擇權。使得市場上福斯流通股數剩下不到6%。
2008年10月27日	因為空單回補，股票供不應求，福斯股價大漲。
2008年10月28日	股票持續大漲，福斯股價一度高達1005，使福斯成為全球市值第一的公司。
2008年10月29日	保時捷放出5%的福斯股票，市場上股票流動性大增，福斯股價急跌。
2008年11月	德國保時捷汽車公司26日向外界表示，本財年前四個月（截至11月底）公司銷售額將比上年同期大幅下滑15%，並有可能出現1993年以來首次年度銷售額下滑。
2009年1月	德國豪華跑車製造商保時捷汽車公司5日晚間宣布，它已經獲得歐洲最大汽車製造商福斯汽車公司超過一半的股權，從而成為後者絕對第一大股東。並欲繼續持股達75%。
2009年3月	保時捷股價下跌，質押股票無力償還，負債百億。
2009年5月6日	德國豪華汽車製造商保時捷公司6日向外界表示，同意和歐洲最大汽車製造商福斯公司合併，從而結束長達3年半的收購戰。
2009年5月17日	福斯汽車公司17日宣布，停止與保時捷公司合併的談判，表示目前的氣氛不適合建設性的討論，顯示兩家車廠對合併計畫有重大歧見。
2009年5月21日	由於近來盛傳合併案出現變數，德國汽車製造商保時捷與福斯19日發表聲明說，兩家公司合併的計畫與意願並未改變。
2009年6月30日	德國豪華跑車品牌保時捷和歐洲最大汽車廠福斯合併案一波三折，福斯提議購入保時捷49%股權，但保時捷因為銀行貸款問題，決定向福斯說「不」。保時捷發言人葛布說：「不是我們要拒絕提議，而是這項提議不可行。」
2009年7月23日	德國高級跑車大廠保時捷控股公司（Porsche SE）23日將執行長魏德京（Wendelin Wiedeking）解職，以利於負債龐大的保時捷與福斯汽車（VW）合併，他的離職金高達5000萬歐元（台幣23億4000萬元），再為企業界「獎勵失敗」開了惡例。魏德京和保時捷財務長海爾特（Holger Harter）去年意圖以小吃大，大舉購入福斯股票的計畫反而害兩人被迫辭職，董事會宣布兩人的辭呈立即生效，外界解讀為保時捷在與福斯合併前先清理門戶。
2009年7月24日	保時捷董事會並宣布通過新CEO馬賀特（Michael Macht）提出的計畫，同意讓波斯灣國家卡達以認股方式參與50億歐元的增資案，以利於保時捷與福斯的合併。這是保時捷首度讓外人成為大股東。

時間	事件
2009年8月13日	歐洲最大車廠德國福斯汽車13日宣布和保時捷控股公司（Porsche SE）達成一項基本協議，雙方同意在2011年前讓福斯與保時捷汽車（Porsche AG）完成合併，成為一家擁有十個汽車品牌、年銷售640萬輛的汽車巨擘。這項交易將保時捷汽車的總市值估為124億歐元。而福斯將發行40億歐元優先股，在2010年上半年進行增資。之後，兩家公司將在2011年合併。
2009年8月22日	德國司法當局正調查保時捷公司前執行長魏德京與前財務長海爾特，在先前意圖併購福斯汽車時，涉嫌操縱市場和內線交易。
2010年1月27日	美國四家避險基金Elliot公司、Glenhill資本管理、Glenview資本管理和Perry資本25日控告德國跑車製造商保時捷公司及其前任執行長與財務長，並求償逾10億美元，以補償受保時捷誤導而放空福斯汽車股票所造成的損失，可能迫使保時捷支付德國企業史上最高額損害賠償金。

(1)2007年3月

保時捷在2005年9月，在第一次宣布對福斯持股達18%後，在2007年3月26日宣布，對於福斯的持股已經到達30.9%，依據德國證交法（Securities Trading Act (Wertpapierhandelsgesetz-WpHG Section 21 Notification requirements applicable to the notifying party）的規定，一家公司持有他家公司股票達到30%時，必須向他公司進行公開收購。收購的價額，法律規定是三個月來的平均價。保時捷不想以公開收購的方式買進福斯股票，因為成本過高，故保時捷出了法律規定的最低價，也就是三個月的平均價100.92歐元，但這個價格跟當時的市價相比，低了約14%，想當然的福斯並沒有接受此收購價。保時捷依法提出公開收購未果後，可以再繼續買進福斯股票直到下個公開收購的門檻[10]。爾後，福斯法被歐洲法院宣告無效則是另一個契機。

福斯一直受到福斯法的保護，福斯法在1960年福斯轉為股份有限公司時制定，由於福斯創立之初是由政府以國家資源所成立的，因此在民營化之初，德國聯邦政府便為其立下俗稱為福斯法（Volkswagen Law）的法律。明定公司的股東，即便持股數量超過20%，但其在董事會內的投票權

---

[10] 依照德國證交法21條，公開收購的門檻為3%、5%、10%、15%、20%、30%、50%、75%。

亦不得超過20%，並明文確保德國聯邦政府與下薩克森（Lower Saxony）邦政府在董事會內的席位，以保障勞工團體與政府對於福斯公司的控制權，避免以國家資源設立的福斯，落入私人的口袋，甚至是落入他國企業的手中。而條文之中，同時明訂，重大廠房設備轉讓的動議，需要獲得2/3以上董事的同意，而重大議案的決議，亦需要3/4出席，超過出席4/5的同意後方能通過。且下薩克森具有否決權。

　　直到德國加入歐盟後福斯法開始發生改變，因為福斯法明顯的是違反自由競爭原則，歐洲法院認為福斯法違反EC TREATY，因為他妨礙了資金的自由運用和建立。故福斯法在2007年10月23日被宣告無效。

　　福斯法被宣告無效，無疑是增加了保時捷對於福斯持股的動力，其實在福斯法被宣告無效之前，保時捷為了規避福斯法，在2007年6月27日就已經把保時捷公司（Porsche AG）轉換成保時捷控股公司（Porsche SE）。

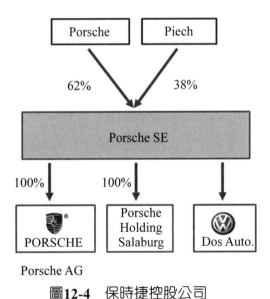

圖12-4　保時捷控股公司

　　保時捷對外宣稱，如果福斯法被宣告無效後，各國的投資銀行都可能會來買福斯的股票，如果福斯的經營權落入外國人的手上，那以德國國家

出資的福斯汽車，就會失去福斯的控制權，甚至福斯可能被拆解拍賣，這都是德國人所不樂見的，因此，保時捷為了把德國的驕傲留在德國人的手上，在福斯法被宣告無效後，繼續的買進福斯的股票，這個理由給了保時捷收購福斯股票一個十足的正當性，但福斯法會被宣告無效，其提告人就是保時捷控股公司[11]。

(2)2008年10月

在2008年，全球車市一片低迷，各國車廠的股價自然處於低點，故股價自然會被投資人放空。而福斯的普通股從30歐元飆高到240歐元，福斯的優先股則在40歐元左右，通常這兩者的差距約20歐元左右，在車市景氣不佳的時期，福斯股價卻逆勢上漲，故福斯股票更是被眾多的投資人放空。放空的數量約是13%。

到了2008年10月26日，保時捷「恰巧」無預警的宣告對於福斯的持股達到42.6%，此外保時捷還擁有31.5%福斯股票的現金結算選擇權（cash-settled options）[12]。等於保時捷持有福斯約74%的股票，加上下薩

---

[11] 打敗巨人的大衛。available at http://feature.u-car.com.tw/feature-detail.asp?fid=314

[12] 所謂的選擇權，是指一方付他方權利金，約定在未來某一時點，可以用約定的價格買入股票，但如果時至結算日，股票現在的價格比約定價格還要低，則交易人可以選擇不履約，損失的只有權利金。故選擇權賦予交易人有選擇履約或不履約的權利。舉例來說，投資人買入宏達電的個股選擇權，履約價在400，付權利金10點。投資人就獲得一個持有宏達電股票的權利，投資人可以在結算日以400元買入一張宏達電的股票。若宏達電股價在結算日時為500元，則投資人就賺到了（500元－400元－10點的權利金）。原但若宏達電股票現值為350元，投資人以400元買入350元的票會賠錢，故投資人可選擇不買入宏達電股票，投資人損失的只有權利金。

所謂的現金結算是相較於實體交割的概念。現金結算的選擇權到結算日時，不需實體交割，只需算出現金價額差距，再由一方付給他方。現金結算選擇權的締約雙方，通常其中一方是銀行。舉例來說，甲與乙銀行定一個現金結算選擇權的契約，甲買進買權，雖然現金結算選擇權不需實體交易，但乙銀行為了避險，通常會買入契約所約定數量的現貨用來進行避險。在此交易中，若該標的股票在締約後大漲，則銀行先買入的股票現貨就可以在結算日後賣出這些股票來抵現金結算的損失。舉上述的例子來說，若結算日後投資人可以用400元買入500元的股票，在採用現金結算制度時，投資人不需要買入實體的股票，

克森政府所持有約20%的股票，市場上所流通的福斯股票剩不到6%。

　　這個消息一出來，市場上放空的股數約13%，而市場上流通的股數只有6%，13%要回補6%，「軋空」（short squeeze）行情就形成。

　　會有軋空是因為有人放空，放空是一般用語，學理上來說，放空系指「融券」，融券是指看空股票市場的投資人，先向證金公司借券，在流通市場賣出，等到股市下跌，再買進股票還給證金公司。而所謂「融券回補」就是指借券賣出的投資人，再買入股票還給證金公司的行為。投資人藉由高賣低買的手法賺取其間的價差，獲得套利的空間。

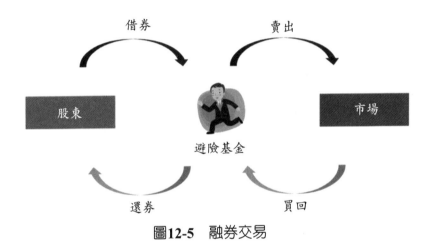

圖12-5　融券交易

只須由銀行給投資人價差100元即可。而銀行不可以為了任何人去持有這些股票，也不可以移轉給任何人（契約結算日前）。而交易相對人（甲）對這些股票也沒有行使的權利。

雖然採現金結算不需要實體交割，但仍須視每個契約所約定的條款而論，所以無可避免得有可能交易雙方約定，到結算日後，銀行可以直接把這些股票以現值賣給交易相對人。

因為這是現金結算制度的交易常態，故當保時捷買入福斯股票的現金結算選擇權時，保時捷知道交易相對人銀行會在市場上買進相同數量的福斯股票，而保時捷買入現金結算選擇權也就等同買入了福斯股票，也就鎖住了福斯股票的流通性。Porsche and VW: is this the final lap?

available at　http:// www.ashurst.com/doc.aspx?id_Content=4030

　　所謂軋空是指要回補融券的投資人買不到低價的股票來還券，只好買進高價的股票來回補，造成融券投資人的損失。而融券的投資人為了強制回補，大量的買進高價股票，就會使得股市升高。形成軋空的原因有兩種可能：一為操縱性軋空、一為自然軋空。前者是指，市場上有一操縱集團一直收購融券者賣出的股票，其收購而來的股票再借給融券者賣出，使得融券數量比流通在外的股數還多，導致該操縱集團成為市場上唯一回補股票的來源，如此一來融券投資人只能向該集團買入股票回補融券，而該集團就可以拉高股票售價以達自身獲利的目的；後者是指在公司經營權爭奪時，爭奪者會買進大量股數，導致市場上的流通股數減少使得融券投資人無法回補。簡單來說，會形成軋空就是市場上的流通股數不足，要買股票的人很多，要賣股票的人很少，供給小於需求，價格自然就會上升。

　　保時捷公司在10月26日的公告中提醒說，鑒於目前市場對福斯汽車股票的投機氛圍日趨嚴重以及在空頭部位超預期的情況下，公司只能果斷公布其目前持有的福斯汽車股票和選擇權新部位，以提醒市場潛在的風險。也正是這個提醒似乎在告訴市場，那些放空福斯汽車股票的投資者和以及在對賭福斯汽車股票上已經軋空的機構和銀行應該趁早而且以任何價格買進福斯汽車股票了結部位，否則風險更大。從10月26日宣布消息後，10月27日，福斯的股價從210漲到520，到了10月28日，最高曾漲到1005，而使當天福斯汽車的市值達到3700億美元（2960億歐元），讓福斯一度超越艾克森美孚石油公司，成為全球第一大市值的公司，而當天最後的收盤價為945。這一波軋空行情讓避險基金慘賠300億歐元，參與這場豪賭的對沖基金包括Greenlight Capital、SAC、Glenview、Marshall Wace、Tiger Asia、Perry和Highside等公司。此外，德國第五大富豪阿道夫·默克（Adolf Merckle）已正式公開承認做空福斯汽車普通股失手虧掉至少10億歐元。另外，傳法國第二大銀行興業銀行（SocGen）也因大幅做空福斯汽車普通股導致損失。其中德國第五大富豪阿道夫·默克勒的VEM控股公司損失過多，默克勒無力償還，最後選擇自殺[13]。

---

[13] 對沖基金做空福斯股輸紅眼，要向保時捷公司討說法。保時捷增持股份再玩故弄玄虛，福斯股價今瘋漲147%。分析：福斯汽車股價近日逆市暴漲之迷。

　　保時捷又在10月29日表示，他們為了避免避險基金回補不到股票，擴大了軋空行情，所以他們「好心」的釋出5%的股票讓避險基金回補，釋股後，市場流通性大增，福斯股價又從945跌到491。保時捷在釋股時美其名是為了增加市場上福斯汽車普通股的數量以及避免市場的進一步扭曲和繼續動盪，但有媒體一針見血地指出，保時捷公司的這種手法同所謂的穩定市場毫不相干，事實上這就是在高位套現和落袋為安[14]。

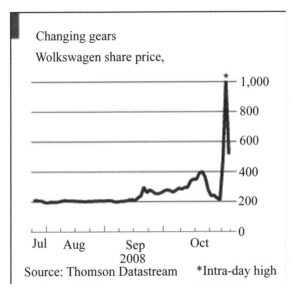

Changing gears
Wolkswagen share price,

Jul　Aug　Sep　Oct
2008
Source: Thomson Datastream　*Intra-day high

圖12-6　福斯股價走勢(1)

　　保時捷靠著福斯股票在2008年賺了109億美金，比當時通用汽車市值24.7億美金加上福特汽車市值45.7億美金還多，2008年保時捷在金融市場賺的錢比本業多了好幾倍。所以媒體才戲稱保時捷是一個批著車商外殼的投資公司[15]。

---

　　available at http://www.germanyfinance.cn/main.php

[14] 從保時捷收購福斯窺其類似對沖基金的了得財技。

　　available at http://www.germanyfinance.cn/main.php

[15] Mergers and Acquisitions Assignment, available at http://ssrn.com/abstract=1669055

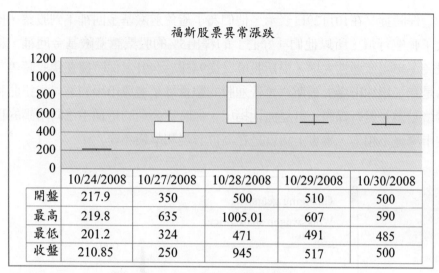

	10/24/2008	10/27/2008	10/28/2008	10/29/2008	10/30/2008
開盤	217.9	350	500	510	500
最高	219.8	635	1005.01	607	590
最低	201.2	324	471	491	485
收盤	210.85	250	945	517	500

圖12-7　福斯股價走勢(2)

(3)保時捷的手法

　　一般來說，收購一家公司的股票要有充足的資金，融資的手段可能是用直接金融——發行股票或公司債；也可能是間接金融——向銀行借款。但是保時捷卻用完全非常態的手段，它們採用類似避險基金和投資銀行的手法，目眩神迷的操縱金融市場。

　　所謂的避險基金和投資銀行的手法就是國內俗稱的外資手法，這是一種雙面套利的模式。舉例來說，外資大舉的買現貨，把股價炒高後，先在期貨市場放空，再把現貨賣出，一來先把現貨部位了結，換取現金，二來，因為賣出現貨導致現貨市場股價下跌，現貨市場下跌帶動期貨市場也下跌，外資先前在期貨市場放空的部位也能賺錢。簡單的說，外資就是利用現貨市場與期貨市場的連動性，玩一個兩面套利的遊戲。

　　保時捷就是用此種手法，只是保時捷把標的換成股票和股票選擇權，首先保時捷先在市場上放空福斯股票，實際上它在最瘋狂時所賣空的福斯汽車普通股高出它實際持有的15%，股價下跌後，與股票連動的股票選擇權也下跌，保時捷趁機大舉買入股票選擇權，德國報導實際上保時捷公司是通過以美林公司（Merrill Lynch）為首的一個銀行團在市場上在幫

它買進福斯汽車普通股，然後再通過加拿大楓樹銀行按照約定的價格以選擇權形式交割給保時捷[16]。如註九所述，保時捷與加拿大楓樹銀行簽訂一個現金結算的福斯股票選擇權契約，保時捷買入福斯股票選擇權，加拿大楓樹銀行為了避險，由美林買入相同數量的福斯股票，到結算日前，福斯股票就被鎖住。而且在到結算日時，保時捷可以行使選擇權買入這些福斯股票。德國報導保時捷2005年買進了福斯20%的股份，之後開始秘密買進該公司的選擇權。其中很多選擇權的價格據信不到200歐元，有些甚至不到100歐元，這樣保時捷得以在福斯股價上漲時獲得差價。以當前的股價計算，如果這些選擇權被行使的話，保時捷將獲利數十億歐元[17]。

保時捷採用的另一個手法是交換（swap），交換屬於期貨交易的一種型態。通常包括利率交換、貨幣交換、權益交換，但不以此為限，交易雙方可以依契約方式訂定不同的交換內容。因為交換契約的內容不一，故無交易所訂定出制式化契約，全部的交換交易都是在店頭市場完成[18]。

保時捷所設立的交換契約，其交易相對人可能是與保時捷友好的法人或自然人，也有可能是保時捷設立的人頭帳戶。此交換契約內容為保時捷買入福斯特別股，交易相對人買入福斯普通股，時至到期日，保時捷就以福斯特別股交換交易相對人的普通股。保時捷厲害的地方不僅在於以無表決權的特別股交換有表決權的普通股，保時捷同時還賺取了價差。一般來說，普通股與特別股的價差約20元，但當時福斯普通股的股價從30元飆到240元，相對的福斯特別股僅有40元。若保時捷在訂定交換契約時，普通股與特別股的股價相當，一經交換後，保時捷就可以用特別股交換股價較高的普通股。其實在Schaeffler收購馬牌輪胎時，Schaeffler就用過交換契約的手段，但保時捷比Schaeffler更高明的地方在於保時捷還賺取了價差。

[16] 對沖基金做空福斯股輸紅眼，要向保時捷公司討說法。
available at http://www.germanyfinance.cn/main.php
[17] 保時捷增持有「術」福斯股價上演大逆轉。
available at http://www.germanyfinance.cn/main.php
[18] 林進富，衍生性金融商品的法律、實務、風險，頁88，初版，1990年。

(4)2009年1月

原本應該在2008年就達到持股50%的目標，因為金融海嘯的關係，保時捷遲至2009年初才達成，保時捷在持股達到50%時，也進一步的宣布它們會繼續持有福斯股票達到75%。惟從此開始，保時捷的經營情形每況愈下。最重要的原因就是金融海嘯。當時保時捷為了持續收購福斯股票，就把保時捷（Porsche AG）的股票向銀行質押，質押來的錢再投入股票市場，但金融海嘯發生後，保時捷的股票大跌，保時捷為了避免質押的股票被斷頭，保時捷原本向銀行借款100億歐元，但因為銀行團不願意，使得保時捷的負債從2008年7月時的31億歐元到2009年3月時到達100億歐元，至此保時捷已經無力償還，產生財務危機[19]。

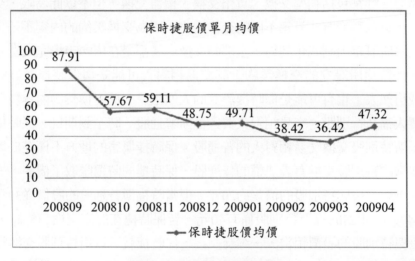

圖12-8　保時捷股價走勢

保時捷為何在經過一個金融海嘯後突然就豬羊變色，主要原因就在於原先保時捷能在收購福斯股票中獲利使得公司財報營收大增，其計算的方式是依照保時捷持有的選擇權與股票之市值估算，換句話說，保時捷所持有的資產屬於金融商品，在當時，福斯股價與保時捷股價都處於高點，保

---

[19] 終成一家人保時捷福斯合併。經濟日報，A6版，2008年5月8日。

時捷所持有的金融商品若換算成現金，就會使得保時捷的營收提高；然而在金融海嘯時，股價下跌，保時捷所持有的金融商品換算成現金後，其價值就遠不如金融海嘯前的市價。

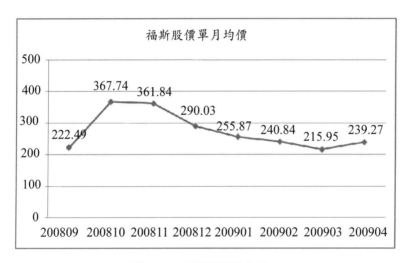

圖12-9　福斯股價走勢

這就是金融市場的風險，若沒有換成現金，只能算是紙上富貴所持有的金融商品之市值都可能在一夕之間蒸發。保時捷為了彌補鉅額虧損，提出了兩種方法，一是引進新資金，二是與福斯合併。

(5)2009年5月

在2009年5月6日，保時捷與福斯雙方開啟了合併的談判，在經過三個月磨合期，終於在2009年8月13日達成協議。其條件如下：

a.保時捷的執行長魏德京與財務長哈特必須辭職。福斯的董事長認為保時捷會落得負債100億的下場完全是因為魏德京與哈特的野心。此外，魏德京與皮耶希早在魏德京擔任福斯監事會成員時就產生了嫌隙，據德國媒體報道，魏德京自進入福斯汽車監事會後開始質疑高階主管的管理能力。在監事會會議上，他對待福斯汽車高階主管的態度就像對待學校裡的學生那樣。魏德京崇尚豐田的精益生產方式，希望降低福斯汽車的高成本和改變福斯汽車低效率的生產方

式，這其實就是福斯汽車前任CEO畢瑞德的戰略──但很明顯皮耶希不喜歡這樣。他將剛剛與福斯汽車簽署新一期工作契約的畢瑞德掃地出局，而當時魏德京曾是力主延長畢瑞德契約的監事會成員之一。而據內部人士透露，這被皮耶希視為一種對抗。不僅如此，維德金甚至公開批評過福斯汽車的豪華車項目輝騰（Phaeton），而這正是皮耶希力主開發的重要項目。所以兩人之間的關係肯定不能用融洽來形容。這也加強了福斯要求魏德京與哈特辭職的動機。

b.福斯出價39億歐元買入保時捷49.9%的股份，剩下的股份之後再逐步購入。福斯預定2011年購入保時捷所百分之百持有的汽車銷售公司（Porsche Holding Salzburg），並與保時捷控股公司（Porsche SE）合併。福斯為了籌資發行40億歐元的優先股。

c.保時捷增資50億歐元以作為與福斯合併之用，增資的部分由卡達主權基金（Qatar Holding LLC）購入，增資後，卡達主權基金將會持有保時捷10%普通股，並持有福斯17%的股票選擇權。而卡達主權基金將會成為福斯與保時捷合併後福斯集團的第三大股東[20]。

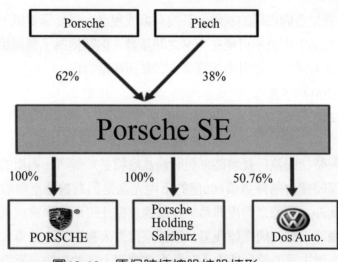

圖12-10　原保時捷控股持股情形

---

[20] 卡達主權基金入股福斯，經濟日報，A6版，2008年8月16日。

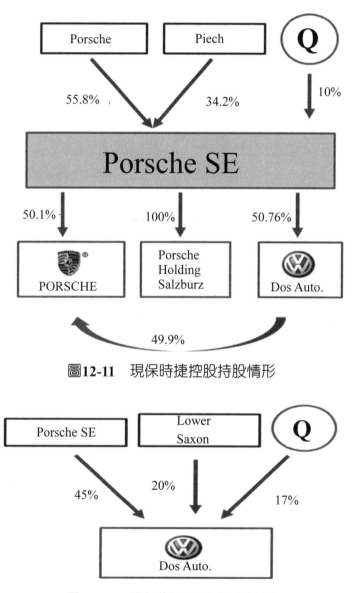

圖12-11　現保時捷控股持股情形

圖12-12　現福斯公司之股東結構

　　在2011年併購完成後，福斯集團將會成為一個擁有十個品牌的車廠，成為歐洲第一大車廠，旗下的廠牌為福斯、福斯商用車、保時捷、奧迪、斯科達、斯勘尼亞、賓利、布加迪、西亞特、藍寶堅尼。新集團命名為

「汽車聯盟」（auto union）[21]。集團目標是在2018年超越日本豐田汽車，成為全球第一大汽車廠。

大眾		奧迪	AUDI
蘭博基尼	automobili Lamborghini	賓利	BENTLEY
大眾商用車		布加迪	BUGATTI
斯柯達	SKODA AUTO	西亞特	SEAT
斯堪尼亞	SCANIA	保時捷	PORSCHE STUTTGART

圖12-13　福斯集團

[21] 福斯保時捷2011年合體。整併案終於敲定！將成擁有十個品牌、年銷640萬輛的車市鐵金剛。經濟日報，A5版，2009年8月15日。
福斯保時捷收購案。available at http://wiki.mbalib.com/zh-tw/%E5%A4% A7%E4%BC%97%E4%BF%9D%E6%97%B6%E6%8D%B7%E6%94%B6%E8%B4%AD%E6%A1%88

參、本案解析

一、法律分析

1.德國金融監管局（Bafin）首次調查

(1)事實

本次調查的重點在於，福斯股價在2008年10月26日開始的異常漲跌，保時捷是否有操縱股價的行為。

事情的起因是上週五刊登在德國《經濟週刊》的一篇文章，該文章根據所掌握的當事人陳述和文件認定，實際上保時捷公司在2008年2月就有收購福斯汽車普通股至75%以及合併福斯汽車利潤報表的計畫，但它在2008年3月10日還煞有介事的公開否認有此事並稱最多將增持50%的股份。到了2008年10月，保時捷公司突然發佈公告稱將繼續增持福斯汽車普通股至75%，從而使福斯汽車普通股的股價最高時曾躍升至每股1005歐元，許多避險基金因為大舉放空福斯股票回補不及而大受損失，因此避險基金委託德國律師事務所向保時捷公司提告和要求賠償，理由是保時捷公司在收購福斯汽車的過程中操縱股價和沒有完全盡到資訊披露義務。

此外，保時捷在福斯股價高點時，釋放出5%的福斯股票選擇權，美其名是讓避險基金有足夠的股數可以回補空單，避免避險基金損失過大，此消息公布後，福斯股價大跌，反觀保時捷股價大漲35%[22]。

(2)Bafin調查事項

保時捷有無違反揭漏義務？保時捷是否知道福斯被賣空股票的數量？保時捷是否知道或必須知道市場上福斯股票的稀少？市場上是否察覺到保時捷的最終目標在於持有多數的福斯股票[23]？

---

[22] 從保時捷收購福斯窺其類似對沖基金的了得財技。保時捷的危險遊戲 Bafin再查涉嫌操縱市場。 available at http://www.germanyfinance.cn/main.php。

[23] Porsche and VW: is this the final lap?
available at http:// www.ashurst.com/doc.aspx?id_Content=4030

(3)公開揭露制度（reporting requirement）

此次福斯股價異常的漲跌幅主要原因在於，沒有人知道保時捷已經悄悄的增加福斯持股，避險基金也認為保時捷違反了公開揭露制度。依照德國法，其公開揭露制度規範在德國證交法第21條【Securities Trading Act（Wertpapierhandelsgesetz-WpHG）Section 21 Notification requirements applicable to the notifying party】，其規範當一公司持有他公司股數達3%、5%、10%、15%、20%、25%、30%、50%、75%時必須公開揭露。

保時捷雖然實質上持有74%的福斯股票，但現貨只有約43%，其他的31.5%是現金結算的選擇權。保時捷在持股達30%時已經有公開揭露，而依照德國法，現金結算的選擇權不規範在公開揭露制度裡，故除非銀行或第三人為保時捷持有福斯股票、保時捷能以單方面的意思獲得福斯股票、福斯股票的投票權能被保時捷和銀行共同執行，否則單純持有現金結算選擇權是不需要公開揭露的[24]。

(4)放空（short selling）[25]

放空就是融券，融券是金融市場上的一種操作方式，融券的投資人預期未來市場價格會下跌，先借券來賣，等到價格下跌後再進場買入股票來還。舉例來說，宏達電目前股價為700元，投資人甲預期宏達電股價會下跌，就先借券賣在700元，等到宏達電股價跌到600元時再進場買入。這低買高賣之間，賺了100元，當然這種先賣後買的交易方式還牽涉到保證金的制度。

融券是一種常見的交易手法，在市場自由經濟原則之下應該不可以被管制，但在1938年時美國證管會（SEC）頒布了一項法令Rule 10a-1，又稱為「uptick rule」，此法規範目的在於限制放空行為。會制定此項法律的原因在於1938年時，美國遭遇經濟大恐慌，股市狂跌，若持續的允許放

---

[24] Porsche and VW: is this the final lap?
available at http:// www.ashurst.com/doc.aspx?id_Content=4030

[25] See Armin J. Kammel. *The Dilemma of Blind Spots in Capital Markets - How to Make Efficient Use of Regulatory Loopholes*? German Law Journal. available at http://www.germanlawjournal.com/index.php?pageID=11&artID=1109

空行為，股市可能會崩盤，故限制放空行為。在2007年7月時，SEC又廢除了此規定，因為限制放空行為會降低市場流動性而且不完全能避免操縱市場行為。到了2008年7月，美國的融券數量達到歷史新高，SEC又再度對於「無券放空[26]」（naked short selling）行為做出限制。

其實融券放空與融資買進都是金融市場上的信用交易手法，融券放空是看空市場，融資買進是看多市場，金融市場上投資人本來就會有不同的看法，也就是因為如此，金融市場才可以正常運作。若對於融資行為沒有限制的話，則對於融券行為也不應該限制。這是市場的自由經濟原則

但在經濟蕭條和股市危機時，如果仍堅守原則，可能造成金融市場全面的崩壞，故在法益衡量之下應該例外的加以管制。而各國在面臨經濟壓力時，也通常會對金融市場做出某些限制，舉例來說，在2010年5月，歐元狂跌，德國為了減少經濟損失，就限制了無券放空行為。另外，我國在金融海嘯時，曾遭遇了股災，政府為了救股市，也限制了股市單天的漲跌幅[27]。

本案中，市場上放空的數量約13%，但市場上僅剩5%，依照融券的交易規則，放空福斯的避險基金一定有向福斯的股東借券，而福斯的大股東只有保時捷與下薩克森政府。

有報導指出，保時捷借福斯股票給放空者，放空者在市場上賣出福斯股票，保時捷再買進，當放空者需要回補時，保時捷再以高價賣回。而保時捷還可以用賣出賣權（sell put）套利。但保時捷強調它們並沒有借券給避險基金，他們知道如果這樣做是違法的，會構成操縱市場[28]。

為了保持股票市場中價額的可信度與正確性，德國禁止操縱市場價格。當價格無法符合真實的經濟狀況或市場價值、價格不再反映未受影響之市場發展的結果時，構成操縱市場行為。

---

[26] 無券放空系指不須先借券，可直接在市場上放空。

[27] 股市單天的漲跌幅限制從7%降到3.5%。

[28] See As Giant Rivals Stall, Porsche Engineers a Financial Windfall, Wall Street Journal, 10th November 2008.

　　依照德國證交法第20條a【Securities Trading Act（Wertpapierhandelsgesetz-WpHG）Section 20a Prohibition of market manipulation】，其主觀構成要件為——不須證明直接故意，但當一個謹慎的第三人在相同情況之下會知道並認同有人為訂價時。客觀構成要件為——對於有價證券的價值評估提供錯誤的或誤導性的資訊，或是隱瞞資訊。發出錯誤或誤導性的訊號，而引發交易或買賣。其他任何有關詐欺的行為而影響有價證券的價格。

　　Bafin調查後，因保時捷未違反公開揭露制度，Bafin也無法舉證保時捷有操縱市場行為，故Bafin終止調查[29]。

2.Bafin再次調查

(1)事實

　　德國司法當局正調查保時捷公司（Porsche）前執行長魏德京與前財務長哈特，在先前意圖併購福斯汽車時，涉嫌操縱市場和內線交易[30]。

(2)Bafin調查事項

　　德國的內線交易規範在證交法第13條，【Securities Trading Act (Wertpapierhandelsgesetz-WpHG) Section 13 Inside information】，內線消息是一個或多個有關有價證券發行人的非公開消息，或是有價證券本身的消息，而這些消息在公開後會影響到證券交易或是價格，影響一個理性投資人在投資時的決定。證交法第14條，【Securities Trading Act (Wertpapierhandelsgesetz - WpHG) Section 14 Prohibition of insider dealing】，禁止利用內線消息為自己帳戶或代表第三人帳戶去獲得或處理有價證券。禁止在無權限時，對於第三人揭露內線消息。禁止依據內線消息向第三人建議或引誘獲得或處理有價證券。

　　Bafin在調查後無法舉證魏德京與哈特構成內線交易，故在這次的收購案中，雖然市場上鬧得風風雨雨，但保時捷以及其經營階層皆全身而

---

[29] Porsche and VW: is this the final lap?
available at http:// www.ashurst.com/doc.aspx?id_Content=4030

[30] 德國保時捷前CEO涉內線交易，經濟日報，A9版，2009年8月22日。

退，不構成任何違法事由。

3.避險基金在美國法院提告

(1)事實

美國四家避險基金25日控告德國跑車製造商保時捷公司及其前任執行長與財務長，並求償逾10億美元，以補償受保時捷誤導而放空福斯汽車（VW）股票所造成的損失，可能迫使保時捷支付德國企業史上最高額損害賠償金。英國泰晤士報26日報導，其他福斯投資人預料也會加入控告保時捷的行列，使求償總額上看100億美元。Elliot公司、Glenhill資本管理、Glenview資本管理和Perry資本這四家避險基金業者在提交給紐約曼哈頓聯邦法院的訴狀指出，保時捷、保時捷前任執行長魏德京（Wendelin Wiedeking）和前任財務長哈特（Holger Harter），在收購福斯的過程中屢次隱瞞想收購福斯的企圖。這四家業者聯合聲明：「訴狀詳細說明了保時捷如何一邊暗中掌控福斯大多數自由交易股票，一邊操縱福斯股價。」[31]

(2)法律適用

本案發生在德國，標的為德國法蘭克福指數中的福斯股票，美國法院對此事件並沒有審判權，故本文認為，美國法院並不會下一個實體判決。

4.公開揭露制度為德國法上的一個漏洞[32]？

(1)公開揭露制度

「陽光是最佳的防腐劑，燈光是有效率的警察[33]」。公開制度不管對哪個國家來說都是很重要的，他賦予契約雙方公平的立足點。對於資本市場來說，公開制度更是重要，因為他有助於了解金融市場的系統性風險。了解金融市場的風險能有助於市場的穩定和效率。

若不公開揭露，可能會產生的問題：

---

[31] 併購生波保時捷挨告恐賠10億美元，經濟日報，A7版，2010年1月27日。

[32] See Eugenio De Nardis & Matteo Tonello, Know Your Shareholders: *The Use of Cash-Settled Equity Derivatives to Hide Corporate Ownership Interests, available at* http://papers.ssrn.com/sol3/papers.cfm?abstract_id=1648526

Mergers and Acquisitions Assignment, available at http://ssrn.com/abstract=1669055

[33] Louis D. Brandeis, Other People's Money and How The Bankers Use It, 1914, p.92.

a.影響金融市場的操作效率

　I.市場是否能迅速反應，當此交易最終公開揭露時。

　II.影響其他潛在投資者的利益。

　III.可規避強制公開收購之規定。

　IV.增加資本市場的資訊不對稱，導致無效率的價格資訊。

　V.導致市場的不透明和過度的變異性。

b.對公司治理產生負面影響

　I.無法明確表示公司的股東組成基礎

　II.改變投票的程序、使公司無法為全部股東的利益負責

　III.削減股東在股東常會上的權利。例如，當空方持有現金結算的衍生性金融商品達到某一家公司的70%，這表示空方實際上持有此公司70%的股權，若空方不出席股東會，則股東會上只有30%的股權可以進行表決。

　IV.規避強制公開收購

　V.可能有利益衝突，因為公司經營階層可能買入本身股票而不需公開揭露。

(2)衍生性金融商品是否要公開揭露

　　當持有衍生性金融商品實質上等同持有現貨時，如果要求持有現貨的投資人要公開揭露，就沒有理由可以讓持有衍生性金融商品的投資人不須公開揭露。

　　要求投資人公開揭露其持有的股票現貨是為了穩定金融市場，避免資訊不對稱。而目前各國不要求衍生性金融商品的公開揭露，原因在於，政府認為持有衍生性商品不等於持有現貨。

　　法律上所有權即指依照法律上的名義並受法律保護的權利，經濟上所有權則是由實質上認定，不以名義上認定。本來法律上的所有權與經濟上的所有權應屬同一人所有，但衍生性金融商品出現後，投資人可分離法律上所有權與經濟上所有權。

　　衍生性金融商品的投資人儘管不是法律上的所有權人，但卻是經濟上的所有權人。要求衍生性金融商品持有人公開揭露是因為其具有投票權

而不是因為經濟上利益。因為衍生性金融商品的交易模式，讓投資人只要買入衍生性金融商品，就有一個權利可以在到期時以契約條件取得股票現貨。不論是本案的選擇權或是下述權益交換契約，契約的當事人只要買入衍生性金融商品就可以先鎖單，等到到期日，就可以行使契約權利持有股票。故持有衍生性金融商品應如同持有現貨一樣，要受到公開揭露原則的規範。否則當投資人想要持有某家公司股票，卻不想公開揭露時，持有衍生性金融商品就可以簡單的規避了公開揭露制度。

　　德國法上公開揭露制度不足的漏洞早就存在，除了本案保時捷所採用現金結算的選擇權外，在馬牌輪胎合併案中，Schaeffler所使用的手法為權益交換（equity swap）。

　　一般而言，權益交換系指一方名目本金數額之股票的股利與資本利得之經濟利益，而他方以本金名目之一定利率之金額，相互交換之契約，雙方並約一定期限後以現金結算。例如甲與乙銀行簽權益交換契約，約定一年後，甲給乙1億的10%利息，乙給甲1億的宏達電股票（簽約當時價格），一年中的股利以及股票面額增值部分。結算後，若乙要給甲1500萬，則結算差額後，乙要給甲500萬[34]。

　　雖說是現金結算，但交易實務上，銀行為了避險往往會買進與契約同數量的股票現貨。Schaeffler與銀行定一個馬牌輪胎的權益交換契約，Schaeffler對於馬牌輪胎的股票雖不是法律上的所有權人，但屬於經濟上的所有權人，雙方也可能約定，在到期日後直接把馬牌輪胎的股票交易給Schaeffler。這就如同本案一樣，除了用衍生性金融商品鎖住了現貨的流動性，也不需要公開揭露所持有的部位。

　　依照2008年4月的調查，衍生性金融商品在過去十年來，每年成長24%，全球市場的金額約457兆歐元。歐洲的衍生性金融商品在2008年6月達到高峰，也就是金融海嘯前夕，市場金額為6兆美元。由此可知衍生性金融商品在現今的資本市場上越來越重要，其原因有兩個：一是提供避險保護；一是允許創新的投資策略。當衍生性金融商品的市場越大，其法規

---

[34] 林進富，衍生性金融商品的法律、實務、風險，頁90，初版，1990年。

範的密度就應該越完整。

因為這個公開揭露制度的漏洞存在已久，學說上多有對於衍生性金融商品的公開揭露原則之討論：

I.特別針對衍生性金融商品設立公開原則或是更嚴格的適用現行的公開原則。

II.針對全部的現金結算衍生性商品設立公開原則或是只針對店頭市場的交易。

III.決定適用的門檻，要依名義上（基於衍生性商品所連結的現貨）或是調整過（空方所需要避免的數量）。

IV.是否有免除條款。

V.持有衍生性商品是否需要強制公開收購。

(3)各國立法例

I.比利時。現金結算的衍生性金融商品不需經公開揭露。目前也無建議立法修改。

II.法國。股東在持有衍生性金融商品時也須公開揭露，但單單僅持有衍生性金融商品時，則不需揭露。然而對於現金結算的衍生性金融商品不需經由強制公開收購的程序。

III.德國。在2008年有修法，對於持有現貨必須公開揭露，但持有衍生性商品則不需揭露。儘管如此，德國對於衍生性金融商品的管制越來越趨於謹慎。依照2010年5月，Federal Ministry of Finance的草案，如果衍生性商品交易的空方為了避險而買進的現貨達到該上市公司的5%以上就必須公開揭露。

IV.義大利。目前對於現金結算之衍生性金融商品並無公開揭露的規範。但義大利資本市場的主管單位（Consob）已經草擬修法管制衍生性金融商品。

V.荷蘭。目前對於現金結算之衍生性金融商品並無公開揭露的規範。修法草案中明訂對於公司擁有3%以上的經濟利益（economic interest）時，必須揭露。

VI.英國。原本舊法（Disclosure and Transparwncy Rule5）現金結算的

衍生性金融商品不須公開揭露，但依照2009年的新法，不論是現貨或是衍生性金融商品達到3%時皆須公開揭露。此外，有人在進行公開收購時，持有超過1%衍生性商品的投資人亦須公開揭露。

(4)小結

公開揭露制度是規範投票權和公司治理最有效率的方式。也讓股東了解誰會影響公司，讓股東可以保護自身的利益。還可以強化市場的穩定和信心、保障股東、投資人和福斯。對於衍生性金融商品應與現貨一樣規定強制公開揭露，可以避免市場錯誤，也可以避免操縱市場。

如果公開制度不健全，會易於操縱市場行為的發生。市場濫用對於市場、消費者都會有傷害，對社會產生負面的外部性。如果沒有一個有效率的公開揭露制度，市場濫用所帶來的傷害會越來越大。

董事在歐盟各國修法前，應該多注意衍生性金融商品對公司所造成的風險與影響。董事會應注意事項包括：

I.監督交易活動。

II.洞悉大股東。

III.在公司治理方面，仍以董事會優先，股東只能在合理的範圍內行動。

IV.股東應了解公司相關的運作並參與相關的活動。

V.與有興趣的投資者（持有衍生性商品者）溝通時應戒慎小心。

VI.公司股價與公司內含價值的差距。

VII.注意股東的活動，取得股東的情報。

VIII.編輯投資者與預期買家的檔案。

IX.確保關於股東之資訊能迅速有效的傳達至市場及主管機關。

X.瞭解衍生性金融商品持有人的企圖。

綜上所述，持有現貨必須公開揭露這是沒有問題的，而理論上持有衍生性金融商品因為等同於持有現貨，也應該公開揭露。但各國的法制規範不足，目前仍無法要求公開揭露衍生性金融商品，故在修法前，只能要求各企業的董事會多加注意市場交易與股東動向。

5.回歸我國法

(1)經營階層兼職

說保時捷與福斯為家族企業，除了股權結構以外，雙方的經營階層也互擔任對方公司的監督者。保時捷的執行長魏德京兼職擔任福斯的監事會成員。福斯的董事長皮耶希也兼職擔任保時捷的監事會成員。

回歸我國法，我國公司法對於兼職的規範規定在公司法第32條：「經理人不得兼任其他營利事業之經理人，並不得自營或為他人經營同類之業務。但經依第二十九條第一項規定之方式同意者，不在此限。」、公司法第222條：「監察人不得兼任公司董事、經理人或其他職員。」

依法條規定，經理人不可兼任他公司的經理人，但可以兼任他公司的監察人。而我國並沒有監事會，但有相當的單位，監察人。依法條規定，監察人不可兼任公司的董事、經理人或監察人。而依照經濟部93商字第2139530號解釋，監察人不可以擔任本公司的董事、經理人或監察人。但可以擔任他公司的董事、經理人或監察人。

故依照我國法，雙方經營階層可擔任他公司的監事會成員。

(2)申報義務

保時捷可以悄悄的建立福斯持股，唯一的原因就是因為德國法中公開揭露制度的漏洞。

回歸我國法，因為本案的衍生性金融商品屬於店頭市場的交易，不屬於集中交易市場上的制式契約，我國法上依照金管證三字第0970019279號：「發布銀行辦理台股股權衍生性金融商品交易時，得不受證券交易法第150條規定上市有價證券買賣應於證券交易所開設之有價證券集中交易市場為之限制之情形」。故我國投資人也可以自行與銀行訂定衍生性金融商品的契約。

依照銀行辦理衍生性金融商品業務應注意事項第22點：「銀行辦理衍生性金融商品，應將其商品項目及其重要內容，於本會銀行局網際網路申報系統及本會指定之機關申報。」故銀行所辦理的衍生性金融商品交易必須申報，並不會有公開揭露不足的問題。

依照財團法人中華民國證券櫃檯買賣中心證券商營業處所經營衍生性

金融商品交易業務規則第44條：「股權選擇權交易契約之存續期間自成交日起算，應為一年以下，但另經專案核准者不在此限。證券商承作國內上市櫃股票之股權衍生性商品交易契約，其潛在履約買賣標的證券股數，與前一營業日全體證券商及銀行已交易未到期之股權衍生性商品契約履約買賣標的證券股數及議約型認購（售）權證可認購（售）標的證券股數之合計數，不得超過該標的證券發行公司已發行股份總額扣除下列各目股份後之百分之十五：一、全體董事、監察人應持有之法定持股成數。二、已質押股數。三、新上市櫃公司強制集保之股數。四、依『上市上櫃公司買回本公司股份辦法』規定已買回未註銷之股份。五、經主管機關限制上市櫃買賣之股份。」故我國的衍生性金融商品交易有時間與數量的限制，不可能如保時捷所持有福斯股票的數量，多達公司股數的三成。

(3)母子公司相互持股

保時捷在持有福斯股票超過50%成為福斯公司的母公司，之後福斯為了合併保時捷又買入保時捷的股票。

依據我國公司法第167條：「公司除依第一百五十八條、第一百六十七條之一、第一百八十六條及第三百十七條規定外，不得自將股份收回、收買或收為質物。但於股東清算或受破產之宣告時，得按市價收回其股份，抵償其於清算或破產宣告前結欠公司之債務。公司依前項但書、第一百八十六條規定，收回或收買之股份，應於六個月內，按市價將其出售，屆期未經出售者，視為公司未發行股份，並為變更登記。被持有已發行有表決權之股份總數或資本總額超過半數之從屬公司，不得將控制公司之股份收買或收為質物。前項控制公司及其從屬公司直接或間接持有他公司已發行有表決權之股份總數或資本總額合計超過半數者，他公司亦不得將控制公司及其從屬公司之股份收買或收為質物。公司負責人違反前四項規定，將股份收回、收買或收為質物，或抬高價格抵償債務或抑低價格出售時，應負賠償責任。」其規定從屬公司不得收買控制公司的股票，主要原因在於公司如持有自己的股份不但威脅公司資本充實，也背於資本維持原則。因公司取得自己的股份就等於股東出資的返還。易炒作股價，助長投機、造成減資卻無須經減資程序、影響債權人及股東權益、違反股東平

等原則、易生內線交易。如果違反公司法第167條，違法買進控制公司的股票，其買進行為無效。若從屬公司在修法前已經持有控制公司股票或因與他公司合併而取得的股票，依照公司法第179條：「公司各股東，除有第一百五十七條第三款情形外，每股有一表決權。有左列情形之一者，其股份無表決權：一、公司依法持有自己之股份。二、被持有已發行有表決權之股份總數或資本總額超過半數之從屬公司，所持有控制公司之股份。三、控制公司及其從屬公司直接或間接持有他公司已發行有表決權之股份總數或資本總額合計超過半數之他公司，所持有控制公司及其從屬公司之股份。」，從屬公司所持有之控制公司股票無表決權。

　　所以依照我國公司法，保時捷成為福斯母公司後，福斯不可能再買入保時捷的股票。

(4)操縱市場

　　保時捷在2008年10月26日的聲明後，福斯股價大漲大落，保時捷聲稱這是避險基金回補空單的結果，保時捷本身無操縱行為。

　　依我國證券交易法第155條：「對於在證券交易所上市之有價證券，不得有下列各款之行為：一、在集中交易市場委託買賣或申報買賣，業經成交而不履行交割，足以影響市場秩序。二、（刪除）三、意圖抬高或壓低集中交易市場某種有價證券之交易價格，與他人通謀，以約定價格於自己出售，或購買有價證券時，使約定人同時為購買或出售之相對行為。四、意圖抬高或壓低集中交易市場某種有價證券之交易價格，自行或以他人名義，對該有價證券，連續以高價買入或以低價賣出。五、意圖造成集中交易市場某種有價證券交易活絡之表象，自行或以他人名義，連續委託買賣或申報買賣而相對成交。六、意圖影響集中交易市場有價證券交易價格，而散布流言或不實資料。七、直接或間接從事其他影響集中交易市場有價證券交易價格之操縱行為。前項規定，於證券商營業處所買賣有價證券準用之。違反前二項規定者，對於善意買入或賣出有價證券之人所受之損害，應負賠償責任。第二十條第四項規定，於前項準用之。」

　　保時捷並無違約交割、相對委託、連續交易、沖洗買賣或散布不實消息，所以保時捷的行為只可能該當第七款，但如同Bafin的調查，要如何

證明保時捷知道公布持股比例後會造成福斯股價的起落、要如何證明保時捷有借券給避險基金，舉證責任的困難可能無法讓保時捷該當構成要件。

(5)內線交易

保時捷與福斯的併購案中，不論是保時捷的股價或是福斯的股價都曾經大起大落，保時捷與福斯的經營階層，若利用內線消息進場交易，當然會構成內線交易的犯罪。

我國證券交易法第157條之1：「下列各款之人，實際知悉發行股票公司有重大影響其股票價格之消息時，在該消息明確後，未公開前或公開後十八小時內，不得對該公司之上市或在證券商營業處所買賣之股票或其他具有股權性質之有價證券，自行或以他人名義買入或賣出：一、該公司之董事、監察人、經理人及依公司法第二十七條第一項規定受指定代表行使職務之自然人。二、持有該公司之股份超過百分之十之股東。三、基於職業或控制關係獲悉消息之人。四、喪失前三款身分後，未滿六個月者。五、從前四款所列之人獲悉消息之人。前項各款所定之人，實際知悉發行股票公司有重大影響其支付本息能力之消息時，在該消息明確後，未公開前或公開後十八小時內，不得對該公司之上市或在證券商營業處所買賣之非股權性質之公司債，自行或以他人名義賣出。違反第一項或前項規定者，對於當日善意從事相反買賣之人買入或賣出該證券之價格，與消息公開後十個營業日收盤平均價格之差額，負損害賠償責任；其情節重大者，法院得依善意從事相反買賣之人之請求，將賠償額提高至三倍；其情節輕微者，法院得減輕賠償金額。

第一項第五款之人，對於前項損害賠償，應與第一項第一款至第四款提供消息之人，負連帶賠償責任。但第一項第一款至第四款提供消息之人有正當理由相信消息已公開者，不負賠償責任。第一項所稱有重大影響其股票價格之消息，指涉及公司之財務、業務或該證券之市場供求、公開收購，其具體內容對其股票價格有重大影響，或對正當投資人之投資決定有重要影響之消息；其範圍及公開方式等相關事項之辦法，由主管機關定之。第二項所定有重大影響其支付本息能力之消息，其範圍及公開方式等相關事項之辦法，由主管機關定之。第二十二條之二第三項規定，於第

一項第一款、第二款,準用之;其於身分喪失後未滿六個月者,亦同。第二十條第四項規定,於第三項從事相反買賣之人準用之。」

　　若經營階層有利用內線交易進場交易,會違反我國的證交法第157條之1,惟如同Bafin的調查,除非有經營階層進場交易的證據,否則不會該當構成要件。

　　依保時捷如此高明的金融市場操作技巧,本文認為就算有內線交易,主管機關應該也查不到任何證據。

二、商業分析

　　從所有的報導及文獻來看,有人認為保時捷併購福斯,以小吃大,猶如聖經中打敗巨人的大衛[35]一樣;也有人認為保時捷是人心不足想要蛇吞象。然而不管從哪一個觀點來看,這些論點都是從表面來看,它們認為,保時捷併購福斯是由保時捷一手主導的敵意併購,福斯只是無辜的目標公司,保時捷會失敗的原因是金融海嘯,導致發生財務問題。

　　果真如此的話,那身為歐洲第一大車廠的福斯汽車公司的經營階層可以說是沒有盡到該有的注意義務。因為保時捷所持有的股票高達福斯股票74%,一個歐洲第一大車廠會不知道自己的股份被大量收購嗎?當保時捷在2007年3月宣布持有福斯股票達31%時,福斯不應該存有戒心嗎?竟然讓保時捷繼續擴大持有達到74%?福斯的經營階層是刻意的要被保時捷敵意併購嗎?

　　本文「合理地」懷疑,福斯是知道自己的股票正被保時捷收購的,但為何福斯沒有做出任何反制手段?莫非福斯早就與保時捷勾串,要到金融市場上海撈一筆?本文嘗試從商業分析的角度,不同於法律分析的推論,以「陰謀論」解析這場保時捷與福斯「假」敵意併購的好戲。

　　保時捷與福斯的淵源正如前述,不僅是家族企業的關係或是商業上合作,在在都顯示這兩個企業有著深厚緊密的關聯。兩個企業在合併之前可能會先策略聯盟,試試水溫、試試彼此間的默契,等到時機成熟再行合

---

[35] 聖經,撒母耳記上17章。

併。而福斯是保時捷最大的供應商，福斯與保時捷早已屬於策略聯盟的關係，雙方的底盤、零件、設計等事項都已經共用，長久以來，這種合作的關係也進行的十分融洽。對於福斯來說，原本已經擁有九個品牌，多一個保時捷並不會造成集團的負擔，且保時捷是一個獲利穩定的公司，加上原有的合作關係，與保時捷合併可以創造出更大的集團綜效；對保時捷來說，與福斯合併後可以節省成本又可保持獨立性，合併後可以增加獲利又不會損及品牌形象。故對雙方而言，都存在著合併的動機。本文認為保時捷與福斯早就想要合併，而不是保時捷敵意併購不成後，才不得以與福斯合併。

寇斯定理說：「當交易成本為零時，交易雙方可以協商出最有效的紛爭解決模式」。企業併購時，敵意併購的成本絕對比合意併購的成本還要大，如果企業已經決定合併，那為何保時捷要先用敵意併購的手段增加合併的交易成本？本文認為，保時捷與福斯合併案完全就是合意併購的案件，只是它們表面上用敵意併購的手段，目的就是在狙殺金融市場上放空的避險基金。

統整以上論點，一般的報章雜誌認為：「保時捷想併購福斯，故保時捷用敵意併購的方式，大量收購福斯股票，但遇到金融海嘯，使得整個計劃失敗」。但本文認為：「保時捷與福斯早就想要合併，根本不是敵意併購。但他們在合併之餘，還想另外在金融市場上大賺一筆，所以它們選擇假敵意併購的方式，軋空避險基金，賺取股票市場以及衍生性金融商品市場的巨額報酬後，再合意合併」。以下是本文的推論：

早在Schaeffler併購馬牌輪胎案中，就已經出現了德國金融監理上的漏洞，即利用衍生性金融商品規避公開揭露義務。這一點被保時捷與福斯發現，雙方就為了合併設計了一整套的財務規劃。另外「福斯法」是一個最重要的關鍵。

1.財務方面

在2007年3月，保時捷第一次對於福斯提出收購要約（tender offer），但保時捷故意以法定最低價出價，當時的理由是，保時捷要繼續收購福斯股票，若保時捷出過高的價錢，其成本會高於繼續收購的成本，

故保時捷選擇繼續在市場上收購而非用收購要約併購福斯。

　　果真如此嗎？當時保時捷出價100.92歐元，而福斯當時市價約117歐元，保時捷若用117歐元收購，成本為何會比在市場上繼續收購高，原因在於，保時捷早就用衍生性金融商品的契約鎖住了福斯的股票，故保時捷在市場上收購的成本當然比較低。的確，成本考量是保時捷不願公開收購福斯股票的原因之一，但最重要的原因在於31%的股票根本不足以軋空，保時捷持有福斯股票的目的不在於併購福斯，而是要在金融市場上獲利。故保時捷當然不可能用公開收購的方式併購福斯。

　　2008年10月，保時捷宣布了持有福斯股票達到74%。保時捷為何選擇這個時點公布？除了當時的放空數量達到高點，另一個原因在於，德國法律規定，若一股票在市場上的流通數低於5%，就必須下市。當時福斯在市場上流通的數量約5.7%，若保時捷再晚一點公布，市場上的福斯股票流通數可能就要低於5%了，福斯股票如果下市就無法達到軋空的目的，保時捷當然不可能讓福斯股票下市。

　　2009年1月，保時捷宣稱開始發生財務問題，這也是此一事件的轉折點。保時捷聲稱因為負債過高，無法再收購福斯股票。

　　果真如此嗎？還是說這也是保時捷與福斯財務規劃中的一部分？2008年10月，福斯股票被軋空時，避險基金損失了300億歐元，如果加上操作衍生金融商品，例如，買入買權（buy call option）、賣出賣權（sell put option）、作多期貨等方法，這次的軋空絕對可賺入鉅額的報酬，這些錢會不足以償還債務嗎？保時捷聲稱自己並沒有借券給放空的避險基金，福斯的大股東只有保時捷和下薩克森政府，如果不是保時捷，那唯一可能的就是薩克森政府。這些錢絕對大於保時捷聲稱的100億歐元的負債，否則此次的財務操作手段就屬失敗，但這不太可能。本文認為，這些在金融市場上的獲利不是在保時捷手上就是在福斯手上。

　　對於保時捷聲稱的財務問題，本文的推論是金融海嘯所產生的財務問題只是整場規劃的助燃劑，發生金融海嘯正好給保時捷一個理由與福斯進行合併，如果沒有金融海嘯，保時捷可能會自行的灌壓自己的股價，同樣的會使本身的財務發生問題，也可能選擇其他的方式，不論如何，保時捷

是有足夠的能力進行如此的財務操作。

2.福斯法

以上的觀點，都僅是本文的推論，因為就連德國金融監理機構（Bafin）都無法找到保時捷違法的證據，本文更無證據支持以上論點。故本文另外從「福斯法」出發找尋立論的支撐。

福斯法賦予下薩克森政府否決權，如果福斯法存在，福斯的控制權就不可能落入他人手中，福斯也就不可能被敵意併購。

契機發生在2007年10月23日，歐盟法院宣告福斯法無效，宣告無效後，保時捷宣布為了避免福斯落入外國人手中，故保時捷大量買入福斯股票，以保證福斯仍在德國人手上，德國的驕傲仍由德國人持有。

當初向歐盟法院提告，認為福斯法無效的就是保時捷。因為福斯法無效，保時捷才有正當理由去持有福斯股票。保時捷去提告的原因除了是為了持有福斯股票，另一個原因是時間因素，福斯法宣告無效後，保時捷才可以繼續進行併購計畫。歐盟早就成立，福斯法為何在2007年才被討論，訴訟的成本很高，如果沒有利益，是沒有人會去訴訟的。保時捷之所以願意提告，主要就是為了整個合併計畫能順利進行，可以依照既定的時間流程，否則不知道要等到何時才會有人會對福斯法提出挑戰。

但依報載：「歐盟法院並無權廢除一個歐盟成員國的法律。同德國政府的強硬立場相比，或許通過歐洲法院來廢除新《福斯法》是不可能的事。」[36]。而在經歐洲法院宣告福斯法無效後，德國也並沒有對於福斯法做出修改，歐盟法院也似乎不再要求福斯法必須修正[37]。如果保時捷與福斯早就知道福斯法是不可能無效的，那保時捷就不可能敵意併購福斯，而保時捷會向歐盟法院提告的原因，就是為了增加福斯持股以軋空避險基金。

統整以上論點，本文認為，保時捷與福斯早就知道福斯法不會無

---

[36] 分析：福斯汽車股價近日逆市暴漲之迷。available at http://www.germanyfinance.cn/main.php

[37] Germany: EC may ramp up 'VW Law' legal action. Just Auto.com. 15th April,2009.

效，但保時捷為了建立福斯持股來軋空避險基金，就先向歐盟法院提告，希望藉由宣告福斯法無效，而有正當理由持有福斯股票。歐盟法院就在此不知不覺的被淪為工具。因為福斯法不可能無效，所以保時捷持有福斯大量股票的目的不在於敵意併購福斯，而是為了在金融市場上海撈一筆，等到獲利了結，再與福斯合意併購。

許多報導也指出了保時捷與福斯的經營階層在經營理念上的不合，加上家族的恩恩怨怨，導致了保時捷敵意併購的動機與福斯反收購的動機。

本文認為「商業上只有利益，沒有對立。」，這些放出的風聲，不過是合理化保時捷與福斯假敵意併購的戲碼。雙方放出的風聲不僅於此，在2009年5月6日後，雙方對於彼此的合併案不斷的放出消息，才是令人不解的地方。

2009年5月6日，雙方同意合併，開始談判。同月17日，福斯宣布停止與保時捷的合併談判。同月21日，雙方又說合併的計畫並未改變。同年6月30日，保時捷再度宣布停止與福斯的合併案。直到同年8月才達成合併的協議。不論是合併案件或是任何的商業案件，最怕的就是「見光死」，契約雙方為了使契約成立，不到最後一刻，通常是不會對外發布消息，這也是為什麼需要保密協定。反觀保時捷與福斯的合併案，雙方對於契約的進度毫不保留的對外宣布，除了讓人感到訝異外，很難不讓人去聯想到是否有操縱股價的嫌疑。

肆、結論

不論本案發生真正的原因為何，重點都是在於金融市場上的操作，不論是現貨市場或是衍生性金融商品市場，雖然有論者認為金融市場像是賭博，但是不可否認的金融市場的經濟效應對於各國的發展是不可或缺的。

衍生性金融商品不但可以用來避險，也可以讓金融創新更加靈活，活絡市場上的交易。但是如果不做好金融市場管制，就可能如同本案，會發生影響市場正常運作的結果。金融市場上追求的是自由經濟，但在自由

經濟市場之下，若無任何限制，有時無法有效率的分配資源，此時我們稱為市場失靈（market failure）。相對的，給予過多的管制，就無法達到自由經濟所追求資源最有效率分配的結果。經濟發展與法規管制本來就是互相矛盾的，本文認為，對於金融市場最有效的管制方式就是「公開揭露制度」，因為金融市場本來就存在風險，投資人不可以期待法規範給予完善的保護，投資人既然要進入市場，就應該自行做好風險控制，法規範所能給予的就是公開市場上的資訊，讓投資人自行判斷投資的風險。

　　本文認為，德國在公開揭露制度上的確存在漏洞，應該要進行修正。反觀我國，公開揭露制度與申報義務相對的完整，對投資人的保障比較足夠。

參考書目

一、中文書籍

1.林進富，衍生性金融商品的法律、實務、風險，初版，1990年。

2.劉連煜，新證券交易法實例研習，八版，元照出版，2010年。

3.賴英照，股市遊戲規則，二版，元照出版，2009年。

4.王文宇，公司法論，四版，元照出版，2008年。

二、網路資料

1.Bafin官網，http://www.bafin.de/cln_171/nn_721228/sid_E38073FCF5BEB25F
2E1EB80A0012978B/EN/Home/homepage__node.html?__nnn=true

2.Gwen Robinson. *It's a Porsche- No! It's a Hedge Fund. available* at http://www.
ft.com/home/asia

3.*Mergers and Acquisitions Assignment, available at* http://ssrn.com/
abstract=1669055

4.大眾保時捷收購案，*available at* http://wiki.mbalib.com/zh-tw/%E5%A4%
A7%E4%BC%97%E4%BF%9D%E6%97%B6%E6%8D%B7%E6%94%B6%
E8%B4%AD%E6%A1%88

5.打敗巨人的大衛，*available at* http://feature.u-car.com.tw/feature-detail.
asp?fid=314

6.德國製造：保時捷成功故事。*available at* http://feature.u-car.com.tw/feature-
detail.asp?fid=352

7.聯合知識庫，*available at* http://udndata.com/

8.Porsche and VW: is this the final lap? *available at* http:// www.ashurst.com/doc.
aspx?id_Content=4030

9.對沖基金做空福斯股輸紅眼，要向保時捷公司討說法。保時捷增持股份再
玩故弄玄虛，福斯股價今瘋漲147%。分析：福斯汽車股價近日逆市暴漲
之迷。*available at* http://www.germanyfinance.cn/main.php

10.從保時捷收購福斯窺其類似對沖基金的了得財技。*available at* http://www.

germanyfinance.cn/main.php

11.Armin J. Kammel. *The Dilemma of Blind Spots in Capital Markets-How to Make Efficient Use of Regulatory Loopholes?* German Law Journal. *available at* http://www.germanlawjournal.com/index.php?pageID=11&artID=1109

12.Eugenio De Nardis & Matteo Tonello, *Know Your Shareholders: The Use of Cash-Settled Equity Derivatives to Hide Corporate Ownership Interests, available at* http://papers.ssrn.com/sol3/papers.cfm?abstract_id=1648526

13.http://www.telegraph.co.uk/finance/newsbysector/transport/5313934/German-regulator-to-investigate-Porsche-over-VW-deal.html

14.http://auto.people.com.cn/BIG5/1050/6992003.html

15.http://wiki.mbalib.com/zh-tw/%E8%BD%A7%E7%A9%BA

三、外文資料

1.Louis D. Brandeis, *Other People's Money and How The Bankers Use It*, 1914, p.92 .

2.*As Giant Rivals Stall, Porsche Engineers a Financial Windfall*, Wall Street Journal, 10th November 2008.

3.Germany: EC may ramp up 'VW Law' legal action. Just Auto.com. 15th April,2009.

4.EU Commission Stops Fighting the VW Law? SAL. Oppenheim.15th April, 2009.

第十三章 紙醉金迷的金錢遊戲——論2008年美國金融海嘯底下紓困案之利與弊

東吳法研所，律師高考及格，對於學習法律這條路，

走得越遠，越覺得其中學問之深，

也慢慢體悟到這世界有太多需要法律扶助的人，

但也發現這世界有更多事是法律無法扶助的；

於是我眉頭一皺，發現法律人這條路並不單純。

大事紀

時間		事件
2007	3月12日	美國第二大抵押貸款公司─新世紀金融公司發生債務違約，同年4月4日宣布破產。
	8月4日	貝爾斯登宣布旗下兩支投資次級抵押貸款證券化產品的基金倒閉。
2008	3月16日	摩根大通（JP Morgan）以總價約2.36億美元（每股二美元）收購貝爾斯登。而於同年5月29日由貝爾斯登公司股東接受收購協定，自此由委身於摩根大通公司
	9月7日	美國政府宣布以2000億美元之代價接管瀕臨破產的房利美以及另一家政府贊助之企業房地美
	9月14日	因為金融海嘯美國銀行與美林達成協議，以0.8595股交換美林公司的一股普通股每股29元，以440億美元收購將會組成全球最大的金融服務機構
	9月15日	雷曼兄弟正式依美國破產法第11章所規定之程序申請破產保護。雷曼兄弟因6130億美元的債務規模，創下美國史上最大金額的破產案。
	9月16日	受到金融海嘯的影響，美國國際集團（AIG）的評級被調低，引致銀行紛紛向美國國際集團討債，導致流動資金緊拙。事件使美國聯邦儲備局宣布向美國國際集團提供850億美元的緊急貸款，以避免公司因為資金周轉問題而倒閉。聯儲局的聲明指緊急貸款以公司79.9%股份的認股權證來作交換，並有權暫停先前已發出的普通股及優先股的股息
	9月17日	AIG獲得美國政府850億美元之紓困金援
	9月21日	美國財政部部長包爾森宣布了金融穩定法案之草案，包含7000億資金紓困計畫。
	9月22日	日資的野村證券宣佈收購雷曼兄弟在歐洲、中東、亞洲區包括日本、澳洲和香港的業務，但沒有公佈收購價，市場傳聞指收購價為2.25億美元。巴克萊銀行則收購雷曼兄弟在美洲的業務。
	9月28日	美國財政部宣布此7000億之議案。
	9月29日	針對美國財政部所提出之議案，眾議院之投票議員們以228票支持，205票反對，1票棄權否決了此項計劃。
	10月1日	美國國會參議院進行了改善後的法案的辯論及投票，結果顯示，有74人支持，25人反對，參議院順利通過法案。
	10月3日	美國國會眾議院進行了第二次投票，以263票對171票通過了修正後法案，布希總統迅速簽署了法案。

壹、前言

次級房貸之崩潰，再一次宣告了美國金融危機之來臨，是人為？抑或是市場所必然？不言自明，近年來，金融商品不斷的推陳出新，無論甚麼樣的金融產品總是能證券化，加上自1999年《格拉斯—斯蒂格爾法案》法案之廢除，宣告商業銀行可經營之業務從單一性變成了多樣性，但金融監理機構卻仍僅就個別單一之業務進行控管，姑不論此一監理成效如何，但單就其對銀行業務風險之控管已顯不足夠；商業銀行不斷的操作槓桿比率，追求高風險高報酬之信念普遍存在於華爾街市場，道德風險遂應運而生，信用評等機構的市場獨佔性，導致其評等永遠慢人一步，是否仍對投資人及投資銀行有所助益，於是，綜合以上存在之問題，這個看似越來越蓬勃發展之金融體系，隨著泡泡不斷的越吹越大，當它破滅的時候，這個號稱全球金融市場的資本主義領導者，也重重的摔了一跤，而留下的爛攤子，政府在救援的過程中，是否有偏袒之處，抑或是有理由的「因材施教」，並且，間接使納稅人必須承擔華爾街經營高層留下的爛攤子，政府資金進駐私人公司，成為了暫時的國有化，此些皆為資本主義所需面對之問題，因此，以下將先介紹本次金融危機之產生源頭，再介紹政府對於此次金融危機之應對，最後，再就金融危機之相關法律問題逐一解析，以及政府對相關金融銀行業者所為之救援是否恰當，提出討論，以期仍夠更加了解問題成因，以及面對相關問題時政府之態度應如何面對，並加以解決。

貳、導火線——次級房貸風暴

一、次級房貸之起源

次貸危機是伴隨著大約於2005-2006年的美國房地產泡沫破滅，以

及「次級貸款」與可調整利率貸款（Adjustable Rate Mortgage，下簡稱ARM）的高違約率而開始的。在危機發生前幾年的政府政策和競爭壓力助長了高風險貸款的實施。此外，對貸款獎勵力度的增加，如輕鬆的頭期款以及房價長期上漲的趨勢讓借款人相信償還房貸抵押的艱苦只是暫時性，他們能夠在未來迅速的找到更有利的融資條件。然而，一旦利率開始回升，房地產價格於2006-2007年在美國許多地區開始適度下降，再融資變得更加困難。違約與法拍活動在輕鬆頭期過後急劇增加，房屋價格並沒有如預期般上升，以及ARM利率再創新高。在2006年年底美國法拍步調加速，引發後續的環球金融危機。在2007年期間，近130萬房地產遭到法拍，比起2006年增長79%。

美國房地產貸款系統裡面分為三類：優質貸款市場、次優級貸款市場、次級貸款市場。美國把消費者的信用等級分為優級、次優級和次級。那些能夠按時付款的消費者的信用級別被定為優級，那些不能按時付款的消費者的信用級別被定為次級。次級貸款市場就是面向那些收入信譽程度不高的客戶，其貸款利率通常比一般抵押貸款高出2%～3%。儘管美國次級貸款市場所佔美國整體房貸市場比重並不大，大約佔7%～8%，但其利潤最高，風險最大。而此部分其實顯示了美國房地產之發展過程，其包含了某種程度之社會主義，亦即，原本美國之房地產交易銀行僅提供一般之普通住屋抵押貸款，但此一普通住房抵押貸款有著嚴格的審查程序，並無法使得社會階層中之中低收入戶得到滿足，即購買自有住宅，因此，自20世紀80年代開始，這些因提供一般住房抵押貸款而獲取大量利潤之金融機構開始逐漸降低貸款門檻，不僅將貸款人的收入標準調低，甚至有些未提供資產抵押擔保之人也能得到貸款，因此形成了所謂的次級抵押貸款。

二、資產證券化之過程

所謂資產證券化係指「為提高企業、金融機構所持有的資產及債權之流動性為目的，以資產及債權為抵押擔保，設計並發行新型態的證券，公開銷售予一般大眾，以達成募集資金的過程」。依存於該資產未來所產生之現金流量作為支付證券持有人之報酬來源，而透過這種架構所發行的

證券，即統稱為資產基礎證券（ABS）[1]。而將次級住房貸款證券化之不動產抵押貸款證券化（Mortgage-Backed Security, MBS）是資產支持證券（ABS）的一種，其償付給投資者的現金流來自於由住房抵押貸款組成的資產池產生的本金和利息。不動產抵押貸款證券化是指金融機構（主要是商業銀行）把自己所持有的流動性較差但具有未來現金收入流的住房抵押貸款匯聚重組為抵押貸款群組。由證券化機構以現金方式購入，經過擔保或信用增級後以證券的形式出售給投資者的融資過程。這一過程將原先不易被出售給投資者的缺乏流動性但能夠產生可預見性現金流入的資產，轉換成可以在市場上流動的證券。之後，投資銀行再利用「證券化」金融工具，結合諸如「擔保債權憑證」（Collateralized Debt Obligation, CDO[2]）

---

[1]　資產證券化商品依資產性質區分，可分為「金融資產證券化」及「不動產證券化」。金融資產證券化商品為固定收益性質商品，標的物為債權性質（如不動產抵押貸款、車貸、信用卡貸款……等），不動產證券化商品則由直接持有不動產所有權，轉變為持有表彰經濟效益之有價證券，是物權的概念。資產證券化的優點如下：1.降低融資成本：證券化可將企業原先投資在生財資產的資金成本降低，把資產從資產負債表中移除，同時亦移除附著於該資產的風險，此外，亦可把收回的資本投入更具生產力的投資計畫。2.資產重新包裝與提高流動性：透過SPV將資產的現金流量重新包裝，不但可避開單一資產市場流動性不足的問題，並可開創新的資產處分市場。3.增加手續費收入：在證券化過程中，金融機構負責將類似性質之資產，加以組群化整合後賣出，然後再藉由提供相關後續行政服務，增加手續費收入。4.減少遵循法規之成本：推動資產證券化發行計畫原創者為商業銀行，商業銀行希望消除資產負債表上的放款資產，同時又能保有原來借貸關係所產生的收入；透過發行資產抵押證券的方式，除了擁有較傳統貸放業務不耗費資本的手續費收入來源，亦可使其資本適足率符合法定要求。

[2]　擔保債務憑證是將未來能產生固定現金收入的標的資產，從資產池中依信用評級的風險分類切割成不同的券種以提供投資人作選擇，經過重組後的Tranche讓投資人可以依據不同的存續期間、收益率、及風險承受程度作為購買的依據。CDO依信用評級可分為AAA之主順位債券、AA至BB之中間順位債券、及無信用評級的權益證券。一般而言，主順位債券約佔一個CDO總發行量的70%-93%，中間順位債券約佔總發行量的5%-15%，次順位債券跟權益證券（實務上市場通常將此二類歸為同一類）佔總發行量的2%-15%。當CDO發生違約事件時，違約所造成利息及本金的損失通常由信用評級較低的券種開始吸

或「信用違約交換」（Credit Default Swap, CDS[3]）等衍生性金融商品之包裝方式，例如美國著名之第二大房貸公司，如新世紀金融公司（New Century Finacial Corporation），其運作模式即係一方面針對購屋者發放購屋貸款，根據個人消費信用評等公司對客戶的評級進行客戶分類，對不同信用等級的客戶採取不同的還款方式和採用不同的利率；另一方面由於其本身不能吸收存款，所以透過以貸款者每月還款的現金流發行MBS在債券市場上進行融資或者直接賣掉抵押貸款來融資，而華爾街的投資銀行就承擔起債券承銷幫助其融資的角色，從中賺取傭金。同時這些投資銀行本身也會購買貸款公司發行的債券或者抵押貸款，然後再打包成CDO賣給全世界的投資者。

三、兩房的潰敗

而房地美（Freddie Mac）及房利美（Fannie Mae）兩家公司原本即係一般之房貸公司，但自2004年開始，自從Daniel Mudd及Richard Syron接手房地美及房利美後，除了承作原本之固定利率抵押貸款業務外，另行投資購入大量的可調整利率貸款，進軍次級房貸市場，至2006年，其已成為這些次級貸款債券之主要持有人。而承作次級貸款債券投資，所需負擔之風險即為房價一旦下跌，經濟不景氣，接受貸款購買房屋之人，即可能因付不出錢，而使其房屋遭致拍賣，造成房地產市場泡沫化，接著引發系統性風險，一連串的骨牌效應，恐衝擊美國金融體系甚為嚴重，果不其然，

收，也就是說受創的順序先為權益證券、中間順位債券次之、主順位債券再次之。反之，當CDO產生孳息時，收益的分配先由主順位債券獲得、中間順位債券次之、權益證券再次之。

[3] 信用違約交換（Credit Default Swap；簡稱為CDS）是一種可供信用提供者（放款人或公司債持有人）規避信用風險的契約，是常見的信用衍生性金融商品，交易主體包含違約風險保護買方protection buyer）主要為銀行，及違約風險保護賣方（protection seller）。買方因持有風險敏感性資產如債券或放款部位，希望將此違約風險轉嫁給賣方，故定期支付固定成本來獲得違約風險的保護，相對地，賣方雖固定獲得買方定期給付的收益外，亦同時負有義務當違約事件（Credit Event）發生時，將給付買方因市場波動所造成的損失。

此一過度操縱高槓桿比率之結果，於2007年初，由於經濟不景氣，因付不出貸款而遭法院拍賣房屋之情形日益增加，首當其衝的即為房地美和房利美，於次貸危機爆發時，其大量購買之MBS證券，因信用評等被大幅調降，使兩房之資產大幅縮水，連帶影響股價下跌，最後終至由政府接管。

參、紓困過程及相關措施

一、雷曼兄弟的倒閉

2008年9月15日，美國第四大投行——雷曼兄弟公司（下稱雷曼）宣布，將根據美國破產法案第11章向紐約南區美國破產法庭申請破產保護。雷曼的破產創造了歷史，它擁有6390億美元的資產和6130億美元的債務，成為美國歷史上最大的金融破產案。

具有158年歷史的雷曼，曾經幸免於19世紀的鐵路公司倒閉風暴、20世紀30年代的美國經濟「大蕭條」以及10年前的長期資本管理市場崩潰潮，如今卻在次貸危機中轟然倒下。雷曼破產既是美國次貸危機逐漸升級的產物，更是雷曼近十年來經營戰略失策的必然結果。

1999年美國《格拉斯—斯蒂格爾法案》的解除，使得商業銀行能夠與投資銀行在所有投行業務上平等競爭。此時，雷曼曾有的謹慎的風險控制系統，在一再追逐盈利和市場份額的貪念中被推到一邊。雷曼用賬上資產作抵押，向商業銀行、對沖基金、機構投資者大量借貸，再將借來的資金貸給私募股權基金，或者購買房貸資產，再打包發行給投資者，將財務槓桿操作到了極限。次貸危機爆發前，雷曼成為華爾街打包發行房貸債券最多的銀行，自家也積累了850億美元的房貸資產。隨著房價下跌，雷曼手中有大量賣不出去的次貸資產。

1.為什麼不救雷曼？

這個問題可以從兩個角度來回答，一個是技術面，一個是實質面。

就技術面來講，雷曼兄弟已經不具任何的償債能力，他基本是已經是

一個完全瀕臨破產的公司；但是AIG不同，AIG的底子厚，獲利能力強，AIG面臨的問題是資金流動被卡，並非償付能力出問題，只要給AIG足夠的時間，是可以重新再站起來的。再者，就實質面來說，雷曼兄弟只是華爾街的一間投資銀行，破產只是賠到有錢人的錢；但AIG除了是一個世界級的金融保險集團外，它同時也象徵著美國價值，是美國珍貴的資產。換句話說，AIG大到不能倒，若AIG一倒，全世界沒有一個國家的金融業沒有跟AIG有業務上的往來，幾乎全世界一半以上的家庭都跟AIG有直接或間接的關連性，如此一來將會引發空未有的系統性金融風險，全世界的金融業將會癱瘓，幾百年來建立的金融體系將瓦解，那會是一場悲慘的災難，後果不堪設想，也因為如此，美國政府再上火線，拉了AIG一把。

曾連續40年在美國抵押貸款債券業務上獨佔鰲頭的雷曼被迫尋找買家。

但是，由於政府方面始終堅稱不會動用政府資金冒險融資拯救，原來考慮收購雷曼的美國銀行和英國巴克萊銀行不得不放棄收購計劃。據媒體報道，保爾森認為政府不應該直接出錢資助雷曼的原因，一是該公司危機發生時間較長，市場已經有了充足準備；二是因為貝爾斯登事件後，美聯儲已經向投行開設了特別的融資渠道。其實，這裡面還有更重要的原因。第一，美國國內在政府是否救市方面存在很大爭議。此前美國財政部接管「兩房」（即「房利美」和「房地美」兩家抵押貸款機構）後，美國國會及產業界就批評此舉與自由市場經濟背道而馳，是搞經濟國有化。第二，目前陷入困境的私人銀行不少，政府必須有選擇地「救市」，否則政府承受不了如此重負。第三，擔心會造成企業「道德風險」，即企業因為相信政府最終會出手救市，因而有恃無恐，繼續進行不良經營。第四，大規模干預金融市場也受到政治環境的約束。1933年羅斯福政府為應對美國空前嚴重的金融危機，將全美金融系統關閉一週，進行重組整頓，國會通過「緊急銀行法案」。但目前布希政府並不擁有政治支持優勢，出手救助雷曼很難獲得支持。

而除了政府方面之救援可能外，雖然歐洲的巴克萊資本公司以及韓國的資本家亦有接手雷曼之可能，但最後還是無疾而終，事實上，雷曼公

司的執行長福爾德（Richard S. "Dick" Fuld JR）無法接受以每股接近二塊美金支價格收購，以及巴克萊資本事實上只想收購雷曼公司有價值部分之資產，再加上時任財政部部長之包爾森雖曾經開會協調考慮由其他投資銀行。

二、美國銀行併購美林[4]

本世紀初房市一片繁榮的時候，美林將抵押擔保債券轉換為複合證券，從而獲利。起初，美林的這種承銷工作並不存在什麼信貸風險。2006年初，信貸風險開始初露端倪，但美林依然故我。到了2007年初，在房市和次級貸款市場的問題擴大之際，美林又失去了一次收手的機會。事實上，美林無視債券缺少買家的事實，反而加快了這類債券的製造，這最終成了它在控制損失方面的一個敗筆。

美林的承銷熱情讓它背負了抵押擔保證券風險，這種證券的高信用評級使其在發行時無需提供什麼資產擔保，因此一旦投資者棄之而去，投資這類證券的人就幾乎失去了任何保障。並且，試圖通過本身能力就有問題的債券保險商來對沖其在抵押擔保證券方面承受的巨大風險，此一行為也是使美林產生問題之原因。

美林的抵押擔保證券承銷業務首次感受振盪是在2005年底。美林在將抵押擔保證券重新打包成債權抵押證券（CDO）時，有一個重要的合作伙伴，即保險商美國國際集團（American International Group Inc., AIG）的一個子公司，後者承擔了那些規模最大、評級最高CDO的違約風險，這些所謂的「超優先」CDO通常都被出售給外國銀行等大投資者。

但AIG一直關注著住房市場的繁榮，因為它那時還有一家子公司在發放次級抵押貸款。AIG對市場做了個評估。它擔心住房放貸標準太寬鬆了，於是在2005年底決定停止承保次級類證券。

而美林已經習慣了在帳面上暫時持有大量次級證券和CDO。但沒有

---

[4] http://www.cdnews.com.tw/cdnews_site/docDetail.jsp?coluid=109&docid=1007439
63.

AIG這樣的公司提供信用保險，美林只能自己承擔違約風險了。不過，美林並未因此減少CDO的承銷，反而變得更加大刀闊斧。它開始在帳面上持有大量評級最高的CDO，而這些CDO的風險它是無法轉嫁給別人的。在華爾街各家CDO承銷機構裡，美林的承銷量長時間高居榜首。2006年，它發起的CDO總額達440億美元，比2004年增加了兩倍。有些CDO雖然沒賣出去，但它還是拿到了7億美元的承銷和交易收入。「榜首」的表現也讓公司高管人員的獎金因此豐厚了不少。

美林的風險控制那時也開始放鬆了。當時擔任公司首席執行長的是奧尼爾（Stan O'Neal）。知情人士說，負責風險事務的高級經理約翰‧布瑞特（John Breit）由於反對美林因承銷某些加拿大證券而承擔相應的風險，而在公司內受到貶抑。據原美林公司員工說，負責市場風險管理的布瑞特當時對同事說，他以前從沒受過上司的如此冷臉。

美林把布瑞特分管的業務降了級。知情人士說，布瑞特給首席財務長遞交了辭職信，他在信中提到，風險管理非常重要，不該被忽視到這種地步。隨後，布瑞特被另行安排了工作[5]。

一些被認為有礙次級證券部門發展的管理人員則被掃地出門。美林一些前員工提到了傑弗里‧克朗索（Jeffrey Kronthal），他當初曾對美林帳面上持有的CDO頭寸設定了一個30億-40億美元的非正式上限，還設定了每天7,500萬美元的CDO潛在損失風險上限。美林2006年年中解僱了克朗索，當時住房市場仍相當強勁，但實際上業已處在頂峰。

到2007年年初地產泡沫開始萎縮之際，美林肩上的壓力就越來越大了。美林試圖減少自己的風險敞口，並將這種努力美其名曰「降風險」處理。美林本可以出售其此前因打包CDO資產所需而屯積的數十億美元抵押貸款支持證券。但知情人士透露，隨著市場對此類債券的需求節節下滑，美林可能不得不認虧15億至30億美元。美林於是反其道而行之：迅速將這些債券打包成更多CDO。

而這樣子的操作卻再也賺不到錢了。市場對那些低評級的CDO需求

---

[5] Susan Pulliam / Serena Ng / Randall Smith，華爾街日報，2008.0416

不斷下降，一般來說，願意購買此些高風險產品之人的都是些風險偏好較高的投資者，例如對沖基金等。這樣一來美林往往要靠折價才能將這些資產脫手，此舉無疑將降低其獲利可能性。

然而當時美林高管仍堅信，只要所持資產擁有超高評級，抵押證券價值的縮水就不會傷害到自己。因此他們也沒必要賠本賤賣手中債券。

Dealogic提供的數據顯示，在2007年前七個月中，美林重新組合產生了逾300億美元的以抵押貸款為支持的CDO；這樣它在華爾街投行中仍是此類資產承銷業務方面的「老大」。到了6月份，抵押貸款證券市場的滑坡有所加劇。迫於債權人的壓力，貝爾斯登（Bear Stearns Cos.）名下兩只基金不得不拋售手中證券；而美林就是它們的債權人之一。此舉引發了信貸市場的價格跳水。美林的一位交易員回憶到，當時美林債券業務的聯席經理達爾·拉坦奇奧（Dale Lattanzio）在公司足球場那麼大的交易大廳裡焦急地走來走去，指揮手下交易員「把能賣的都賣了，我們手中資產太多了！」。隨著CDO業務日顯頹勢，美林的高管們又想出了新主意——「緩和策略」。其目的是通過和債券保險商做交易來設法對沖風險。這能減少美林必須進行沖減的資產規模。

美林繼續尋找援手。它找到了一家名為ACA Financial Guaranty的小型保險商為大約67億美元的CDO承保。問題是ACA自身資本狀況薄弱，它當時為600多億美元的債券資產提供保險服務，其中三分之一都是抵押貸款相關資產；但除了約4億美元的資本金和其他少得可憐的資源外，ACA幾乎沒什麼東西能拿來理賠。在去年第三財季中，美林與這些保險商的交易幫助它縮減了約110億美元的CDO風險缺口。也因為此一策略，美林當季僅沖減了69億美元的CDO相關資產，而且手中此類頭寸的規模也從6月份的339億美元降到了158億美元。在保險企業的幫助下，雖然美林當季23億美元的淨虧損額仍然龐大，但對照於先前之虧損，已有所減少。

儘管如此，美林業績的惡化程度還是超過了它此前的預期。奧尼爾在10月底召開的投資者大會上表示，美林犯了在次債市場上陷得太深的錯誤，公司在評估潛在風險和緩和策略方面都做得不足。幾天後，奧尼爾辭去了首席執行長之職。

標準普爾公司（Standard & Poor's）12月份時將ACA的財務實力評級下調為垃圾級。這迫使美林在第四財季計入與ACA所承保CDO資產相關的沖減達19億美元，人們不由得質疑美林為何要選擇這麼一家實力如此薄弱的保險商做自己的合作夥伴。

美林新任首席執行長塞恩希望能通過加大風險控制力度來重新贏得投資者信任。他們所採取的措施之一就是在去年12月聘請具有高度風險意識的克朗索再度出山。這位債券業務高管在2006年美林決心加大CDO賭注時被掃地出門，現在他又被請了回來並賦予了新的任務：幫助美林收拾CDO的爛攤子。在雷曼宣布破產的同時，美國第三大投資銀行——美林公司被美國銀行以440億美元收購，全美和全球最大的保險公司——美國國際集團也瀕臨破產。美國銀行行政總裁路易斯稱，美聯儲主席柏南克及前財長保爾森要求他，不能公開討論收購美林的計畫。據香港《大公報》援引《華爾街日報》消息，司法人員調查美國銀行行政人員花紅問題時，路易斯在2月作供稱，保爾森與柏南克指示他，對收購陷入財困的美林的計畫保持沉默，不要公開討論。根據美國上司公司慣例，公司行政人員需向股東披露可能的虧損情況，但由於華爾街在去年年尾遭遇金融海嘯，雷曼兄弟倒閉後，美林亦面對嚴重虧損，隨時倒閉，最後要由美銀收購美林。美銀今年公布，美林在去年第四季虧損158億美元。如果美銀股東當時獲知美林的情況，可能會阻止收購行動，讓美林倒閉。路易斯稱，柏南克及包爾森要求他們收購美林，否則他與其他高層就職位不保，而美國的金融系統亦有重大風險。

而在此一時間點，有另一值得提及者為，事實上，當時美國銀行仍在猶豫收購雷曼公司抑或係美林，而最後，美林銀行的總裁佛萊明（Greg Fleming）搶先了一步，最終雷曼公司破產，而美林銀行也因此苟延殘喘了下來。[6]

---

[6] 大到不能倒，Andrew Ross Sorkin著潘山卓譯，經濟新潮社出版，2010年9月。

三、搶救AIG

AIG是一個保險及金融服務的集團，而非一個單一的保險公司，而以實際的狀況來看AIG，它旗下的保險事業其實十分安全，不管是業務面或是財務面完全沒有問題！而實際讓AIG陷入目前危機的原因來自於其一金融服務公司AIGFP，因為它承接了大量的「信用違約交換」（CDS），而在金融風暴後大量的倒帳造成這項業務產生巨額所失，牽連到AIG本身的財務狀況而至今天的局面，這波風暴，首先於 2008年3月17日吞噬了全美第五大投資銀行貝爾斯登（Bear Stearns），被迫以每股兩元的低價出售給摩根大通；第二波，2008年9月7日美國政府出手接管了背負全美1.6兆美元房屋貸款但負債高達5兆美元的美國前兩大房貸公司房利美（Fannie Mae）與房地美（Freddie Mac）；第三波，2008年9月15日，不但震垮了全美第三大投資銀行美林（Merrill Lynch），用每股29美元共500億將全部股權賣給了美國銀行（Bank of America），全美第四大投資銀行雷曼兄弟（Lehman Brothers）更是難逃倒閉的命運，緊接著，戰火蔓延到了AIG（American International Group），CDS（Credit Default Swap，信用違約交換業務）是巨額虧損的主因。CDS簡單的來說有點類似保險公司所謂的再保，再保CDO（Collateralized Debt Obligation，債務抵押債券）的風險。上面提到次級房貸包裝成金融商品賣給債權人的就叫做CDO，而這些CDO的債權人當然還是會擔心，於是又把這個商品的風險再做一層的轉嫁，就變成了所謂的CDS。也因為CDS，AIG去年就虧損了110億美元，今年第一季賠了78億，第二季賠了53億，當雷曼兄弟宣告破產的同時，股價跌到歷史新低4.76美元，擁有總資產將近1.5兆美元的AIG，在次貸爆發前市值是國泰金控的13倍，但此時的市值不到國泰金的8成。最後，美國政府態度急轉彎，由美國聯準會（FED）出面提供高達850億美元的資金，買下AIG79.9%的股權，協助AIG渡過危機。

四、2008年紓困方案

(一)8190億美元的振興經濟方案

美國眾議院於2009年1月28日通過為期兩年，高達8190億美元的振興方案，其規模相當於美國未來兩年國內生產毛額的3%。在這個方案中可分為五個部分：分別是貧窮與失業補助：715億；直接現金給付：40億；基礎建設：780億；醫療照護：1525億；新抵稅：1450億。雖然整個方案高達8190億美元，但是，從分項細目得知，其實，直接用於生產製造、創造就業機會的金額並不多，有一大部分用在醫療和社會福利，另一大部分用在減稅以刺激消費，可以說，真正用在創造就業機會的基礎建設只有780億。這個數字如果以GDP來計算，只佔美國GDP13兆8000億的0.56%。如果以這樣的數額想要創造400萬個就業機會（歐巴馬說，振興案最重要的部分是創造或保住四百萬個工作），似乎有困難。

(二)財政部穩定金融體系計畫

在去年10月由美國國會通過的7000億「不良資產援助計畫」，現在已經剩下3500億美元。然而，該計畫實施至今，問題資產的難題懸而未決，信用市場仍然緊縮，而且資金流向不清也遭人批評。可見，金融危機的處理和資金的運用都不是容易的事。

美國新任財長蓋特納（Timothy Geithner）於2009年2月10日公布「金融穩定計畫」（Financial Stability Plan），該計畫包含三個部分：

1. 投資5000億美元的官民投資基金，吸收不良資產：這項基金將扮演「集合銀行」或稱「壞帳銀行」的角色，協助金融機構對抵押貸款證券估價並清理其資產負債表。

2. 對銀行挹注更多資金，預計投入1兆美元：蓋特納將「問題資產救助計畫」（Troubled Asset Relief Program）更名為「金融穩定計畫」，並預計提供一兆美元以促進信用市場的流動性。由於先前布希政府的「問題資產紓困計畫」並無法達到活絡市場信用與流動性的作用，所以，蓋特納打算為財務體質較為健全的銀行再注入更多

資金，以增加市場信用的流動性。然而，到底蓋特納如何用這一筆錢，並沒有說明。

3.透過聯邦儲備理事會支持1兆美元的消費者貸款。就此，協同財政部致力穩定金融體系的聯準會表示，準備「大幅擴充」先前宣布的8000億美元「短期資產擔保證券貸款機制」（Term Asset-Backed Securities Loan Facility）。該機制將接受抵押貸款擔保證券以及汽車貸款、信用卡貸款、學生貸款和部分小型企業貸款等擔保證券。此外，也將斥資500億美元，藉由削減中產階級每月償還金額，拯救許多屋主免於房屋立刻遭到法拍的困境。原本蓋特納的金融穩定計畫要在2月初就提出來，但一直往後拖延了一個多星期，可見，問題並不好處理。再加上蓋特納提出銀行救助的計畫並不具體，以致美國道瓊工業指數在蓋特納發言時應聲重挫百餘點。

(三)美國聯準會降息並投入鉅資

為了拯救美國的金融單位，美國聯準會除了降息到幾乎為零（0-0.25%）之外，至今已經和財政部投入近3兆美元的資金。然而，隨著美國銀行一家一家倒閉，以及銀行的信用緊縮不見明顯改善的情形下，註定美國政府還要繼續補這個金融黑洞。只不過，金融黑洞多深，也沒有人知道。而且，顯然還有很多未爆彈等著爆炸，包括：到期的公司債和違約的房屋貸款。如果，美國的景氣短期內沒有復甦，則黑洞就會越深。目前可以看到的是，美國的失業率已經到了歷史高點，隨著失業人口的增加，必然會有更多人繳不出房貸來，就算政府拿出500億美元支撐房屋市場，也只能救一時，不能扭轉局面。

五、2010美國金融改革法案之解析

美國新金融監管改革法案主要內容《Dodd-Frank法案》主要著重加強七個方面的改革措施：

1.成立消費者金融保護機構（CFPA）。用於保護消費者在抵押貸款和信用卡產品等方面免受損害。2.建立新的監管協調機制。改變原先「雙

重多頭」的金融監管體制，在財政部下成立金融穩定監督委員會，主要負責識別和防範系統性風險。3.結束金融機構「大而不倒」的現象。規定限制銀行和金融控股公司的自營交易；限制銀行擁有或投資私募股權基金和對沖基金，其投資總額不得超過銀行一級核心資本的3%。4.限制金融機構高管薪酬。允許監管機構強行中止金融機構不恰當的薪酬方案，並規定如果上市公司錯誤發放高管薪酬，美國證交會（SEC）擁有追索權。5.嚴格管理評級機構。美國證交會將成立評級機構的監管辦公室，降低評級公司與被評級機構和承銷商間的利益關聯度，對長時間評級質量低劣的機構，SEC擁有摘牌的權力。6.加強金融衍生產品監管。該法案特別加強了對場外交易（OTC）的衍生產品和資產支持證券等產品監管。7.加強對沖基金等的機構監管。大型的對沖基金、私募股權基金及其他投資顧問機構，要求必須在美國證交會登記，披露交易信息，並定期接受檢查。

肆、相關法律問題研討

一、金融監管及金融機構風險控管之失靈

　　自1999年《格拉斯－斯蒂格爾法案》法案之廢除，宣告商業銀行可經營之業務從單一性變成了多樣性，但金融監理機構卻仍僅就個別單一之業務進行控管，但面對商業銀行及投資銀行其承攬之業務已逐漸多元化，傳統的單一監理模式似已無法控管線金業務多元化之金融機構與投資銀行們，或許有人會將這次的危機歸因於證券化之浮濫，但事實上，證券化提供了資金更大的流通性，解決了商業銀行們資產負債表中流動性不足之問題，而更基本之原因其實是在於監管機構並沒有意識到商業銀行風險管理的主動性已經發生了根本性的變化，如前所述，傳統模式下，銀行只有商業銀行一種，這種機構會進行主動的風險管理，去評價貸款方是否具備償還能力，並會主動評估抵押品的價值，且收入將會作為還款的第一來源。因此，當銀行持有這些貸款時，則基於它會是一個主動的風險管理者，其

風險之控管較容易；反之，在現今之銀行運作過程，它們早已把此些貸款證券化流通出去，而風險之控管當然它們既無法也不想再去多加關心，因此，如何控管風險，有論者[7]認為，金融監理當局應規範使那些發行貸款證券化商品之銀行，仍應持有一定比率之抵押貸款證券，使其能追蹤此類證券，並加以控管；而綜上所述，隨著金融市場的不斷蓬勃發展，金融監理機構似亦應與時俱進，監理之方法也必須加以改革，而如何改革，也必定成為了未來美國監理機構之重要議題之一。

二、道德風險之浮濫

　　在此次的次級貸款危機中，貸款機構透過證券化把次級抵押貸款出售給商業銀行或投資銀行，從而把次貸風險轉嫁給了金融市場上的廣大投資者，而抵押貸款銀行基本上不承擔信用風險就能獲得高額的利潤，此一優點大大的刺激了次級抵押貸款市場的快速成長，而商業銀行和投資銀行買入抵押貸款後，再經過信用評等機構之評等後，形成了種類繁多之有擔保的債務權證，然後再轉賣給全球的投資者。在這過程中，承銷者與投資人之間的資訊不對稱，使得投資人無法真正了解資產證券化之風險，只追求高額之利益回報，使得例如投資銀行此些以投資為本業之主角們，雖蒙受了損失，但在他們眼中，卻只存在著追求高報酬之思維，並且，不斷的提高其財務之槓桿比率，真正屬於自己之實際資本與負債比率在金融危機時達到了高峰，形同走鋼索般，隨時可能宣布倒閉，而這也是為何產生金融危機之原因之一。

　　但更重要的是，自從次貸危機發生以來，美國政府採取了多種措施來挽救顯入僵局的金融機構，其目的主要係在改善銀行等機融機構之資產負債表，例如美國銀行於收購美林時，將美林之營運權交由美國政府資助之美國銀行處理，此一模式雖可避免政府直接接管銀行之國有化弊病，而形成由銀行同業間相互救援之模式，但卻也助長了美國銀行及其他金融機構

---

[7]　巴曙松等著，金融海嘯中那些人與事，大都會文化事業有限公司，2009年3月初版一刷。

仗著不管怎樣，就算天塌下來也有政府幫忙頂的道德風險，因此，也更助
長了它們操作公司之財務高槓桿比率，恣意地追求高風險高報酬之金融商
品及投資政策，卻忽略了風險控管，而在此一情形，假設政府介入援助，
則形同縱容這些追求高風險高報酬之銀行家的信念是正確的，並且抱持著
反正投資失敗，由納稅人幫忙收拾爛攤子，而其還可能享有類似如黃金降
落傘[8]般優惠待遇；反之，若不介入援助，則金融市場體系極有可能隨之
崩盤，因此，此一道德風險之產生，即為政府在是否介入救援時所急需思
考之問題，常常因此陷入兩難，因此，這可能也是間接造成為什麼不救雷
曼而救美林之原因，因為在為了懲罰這些投機的華爾街銀行家與穩定金融
市場的兩難中，失去了幫助雷曼之時機點。

三、信用評等機制之沉淪

　　紐約時報專欄作家Thomas L. Friedman於1996年曾言：「世界有
二大超級強權，分別是美國與穆迪信用評等機構（Moody's Investors
Service）。前者可以炸彈摧毀你，後者則以調降債券評等的方式摧毀你，
有時甚至讓人搞不清何者較具毀滅性。」[9]信用評等機構（Credit Rating
Agencies）之所以有如此大的影響力，係立基於投資人（Investor）對
信用評等公司其客觀、公正、獨立（Independent）及專業有所信賴。信

---

[8] 黃金降落傘是指一旦因為公司被併購或收購而導致董事、總裁等高級管理人員
　被解雇，公司將提供豐厚的補償費（如：解職費、股票期權收入和額外津貼
　等）。在競爭激烈的市場經濟條件下，企業收購與兼併是常見的事。被收購或
　兼併企業的高層管理者（如高層主管、高層經營者、首席執事、最高行政負責
　人等等）一般很難在新企業中繼續佔據高層實權地位，其中不少人往往被迫辭
　職。為對付這種可能的風險，美國不少企業都制定有「黃金降落傘」的制度。
　憑著這一紙契約，當企業被收購或兼併時，原來的一些企業高層經營管理者便
　可以安全脫出，另謀高就，不受經濟損失。在美國，每年排名在一千以內的大
　型企業中約有20%的企業與其高層經營管理人員簽訂了這種契約。這也是企業
　留住人才的有效方法之一。

[9] *See Frank Partnoy, The Siskel and Ebert of Financial Markets?: Two Thumbs Down
for the Credit-Rating Agencies*, 77 WASH. U.L.Q. 619, 620 (1999).

用評等機構的業務廣泛，舉凡金融機構、保險公司、企業、資產基礎證券以及國家主權都是他們進行評價的對象。信用評等機構所發布的評等（Ratings）資訊，可降低投資人投資風險的不確定性。評等的等級可做為投資人投資組合（Portfolios）選擇的標準。金融監理主管機關亦得藉此規範銀行不得買入某一信用等級以下之證券；或涉及公益之機構不得買入未經評等之或低等級債券，或依據評等種類列出投資標的清單以及限制何種標的占投資組合的比例等，以維護公眾的利益。事實上，信用評等結果不僅被用於決定新巴塞爾資本協定（Basel）之風險權數，亦為許多金融機構風險管理及投資決策之依據。另一方面，從發行人（Issuer）的角度觀察，較佳的信用評等，往往可大幅降低其在市場上付出的利率（Rate）。由於評等廣為投資人使用，優質的評等有助於發行人擴大籌資的管道。因此，投資人對信用評等機構公布有關各國國家債信或個別金融機構、一般企業評等的調整，莫不投以巨大的關注。

　　然而，在美國次貸風暴及金融海嘯的浪潮過後，信用評等機構之利益衝突（Conflict of interest）與模型偏誤，卻成了眾矢之的，檢討後竟成為本次全球金融危機的成因之一，不僅投資人對其提起證券詐欺訴訟，國際間改革信用評等機構之監理（Oversight）呼聲不斷。的確，信用評等係由信用評等機構向債券發行機構收取費用，明顯存在利益衝突，尤其當信用評等機構除出售信用評等外，亦同時對同一客戶提供證券化商品設計諮詢顧問服務，包括提供客戶如何架構證券以獲得最佳信用評等之服務時，其利益衝突情形更加明顯。信用評等機構在為證券化商品評等時，一方面可能因資訊不對稱（Asymmetric Information），無法完全取得證券化商品背後資產組合之相關資訊，導致評價模型偏誤；另一方面可能因同時擔任證券化商品設計與評價模型設計兩種角色，導致評價模型失去中立立場。想當然爾，美國的次貸風暴及金融海嘯，不免對我國經濟及金融市場亦引起相當的波瀾，不僅房屋市場萎靡不振，金融機構發生重大虧損，造成景氣嚴重衰退，消費信心大幅滑落歷史新低，更使失業率急速攀升。何以我國亦遭受美國金融風暴之影響，乃起源於我國法規範，要求金融機構於運用

資金時，需符合經信用評等機構給予一定評等以上之限制[10]，造成我國金融機構雖買入經信用評等機構給予AAA評等或一定評等以上之債券，亦難逃本次金融海嘯的衝擊。

綜上所述，相關之信用評等機構，由於長期以來普遍存在著評等之對象與收取報酬之對象為同一人，亦即其評等付費模式有利益衝突之虞，以及美國評等機構市場之獨佔性，使其評等之機制模型缺乏競爭，加上法律上對其是否應有所懲戒，其準繩為何，仍未有一定之共識及標準，導致信用評等機構之評等是其準確性，最後，由於市場上發行之債券或相關金融商品，往往需要評等機構所為一定等級以上，方得承購，因此，如此惡性循環之下，評等機構之評等準確性已大不如前，而投資大眾卻仍完全信賴其所為之評等結果，導致評等浮濫，失去風險控管及金融商品之真實價值性，因此，如何建立公正之評等機構制度，包括是否仍應由取得NRSRO資格之評等機構，方得進行評等，抑或係評等機構給付報酬制度模型應該採由投資人付費等，皆係可再加以思考之問題。

四、太大不能倒之迷思[11]

在本次金融危機中，延續前面道德風險之討論，政府是否救援之考量點很大的部分是因為銀行太大不能倒的迷思，就AIG而言，其與投資銀

---

[10] 相關法規如：金融資產證券化條例第14條第3項：「特殊目的信託中屬於信託財產之閒置資金，其運用範圍以下列各款規定為限：……四、購買經主管機關規定一定評等等級以上銀行之保證、承兌或一定等級以上信用評等之商業票據。……」、證券投資信託及顧問法第30條：「證券投資信託事業就每一證券投資信託基金之資產，應依主管機關所定之比率，以下列方式保持之：…二、存放於銀行。三、向票券商買入短期票券。……前項第二款或第三款之銀行或短期票券，應符合主管機關核准或認可之信用評等機構評等達一定等級以上者。……」及金融控股公司法第39條：「金融控股公司之短期資金運用，以下列各款項目為限：……四、購買經主管機關規定一定評等等級以上之銀行保證、承兌或經一定等級以上信用評等之商業票據。…」等。

[11] 謝易宏，潰敗金融與管制迷思－簡評美國二○○八年金融改革，204頁以下，月旦法學雜誌，2009年1月。

行間之糾葛，很難想像其倒閉所可能影響之金融市場震盪之大，所有的投資銀行將可能無一倖免，更重要的是，多少的國民和中小企業仰賴這家公司，其購買AIG的人壽保險保障家人、利用AIG的養老年金支持他們的退休生活，AIG也為一些建築專案及公共建設專案提供債券擔保，而這家保險公司實行之業務多樣性，對這個社會之影響性之大，超乎眾人想像，也因此，時任紐約聯邦準備銀行總裁的蓋特納（Timothy F. Geithner）與財政部長包爾森決定出手援助，並且購買AIG的股權，然後以AIG之資產作為抵押品，嗣後AIG再以有序地分割出售資產，以償還貸款[12]，而如此作法也招致批評，有認為蓋特納在初次注資時表示這貸款有充分的抵押保證，但嗣後即發現，這貸款相當於給沒有信用、毫無還款能力的家庭濫放貸款一樣[13]；事實上，要不是AIG如此龐大，政府也不會在毫無顧忌大眾批評之眼光下，仍伸出援手，這再再地凸顯了政府當局以及整個金融體系仍有太大不能倒之迷思，而其所伴隨之道德風險，於修法通過後，相關問題是否確實解決似仍有待觀察，而是否仍存在著太大不能倒之迷思，也實值我們所深思。

伍、結論

　　美國的華爾街市場，一直是全球金融市場之先驅，其不斷推陳出新之金融證券化商品，某程度代表了資本主義之盛世，而其背後的推手，華爾街的銀行家們，更是金融市場蓬勃發展下功不可沒的一群人，但是，當2007年底金融危機開始席捲華爾街時，卻仍繼續高風險高報酬的金錢遊戲，心裡想的是否為：反正有財務困難，政府會幫忙的不可取心態，我們不得而知，但更令人詬病者為，當這些銀行家得到政府之援助後，卻馬上

---

[12] 大到不能倒，Andrew Ross Sorkin著潘山卓譯，484頁，經濟新潮社出版，2010年9月。

[13] 大到不能倒，Andrew Ross Sorkin著潘山卓譯，634頁，經濟新潮社出版，2010年9月。

又跑去度假,惹來肥貓之稱;而在這場金融海嘯中,我們看到了銀行家們的功利主義心態,卻也看到更多人為了平息這場金融海嘯而努力,銀行家沒有錯,因為他們某程度是為了公司股東之利益而打拼,真正有問題的是,政府的金融監理機制是否出現了問題,某程度是否助長了投機市場之發展,實值我們所深思,而最後也希望藉由本文之介紹,讓大家能更深入了解美國政府與投資銀行間之依存關係為何,以及如何進行有效之監理,這也才是本文之目的所在。

參考書目

1.大到不能倒，Andrew Ross Sorkin著潘山卓譯，經濟新潮社出版，2010年9月。

2.巴曙松等著，金融海嘯中那些人與事，大都會文化事業有限公司，2009年3月初版一刷。

4.謝易宏，潰敗金融與管制迷思－簡評美國二○○八年金融改革，月旦法學雜誌2009年1月。

第十四章　貪婪經營者掏空企業之地基，再堅固的建築仍會崩塌——勤美、太子建設不良債權交易案

賴協成

賴協成

我是一個平凡帶點黑色幽默的男子！

希望我今年可以順利考上，

明年我要娶某生子！

大事紀

時間	事件
2005年中	涂錦樹、黃秋丸得知銀行團欲出售大廣三不良債權。
2005年10月31日	日華投資公司與虛設之勁林爭青公司簽訂「投資協議書」，由勁林爭青公司負責為日華投資公司尋找不良債權買主。
2005年12月13日	日華投資公司與統一安聯公司簽訂「信託受益權轉讓投資契約書」。約定如日華投資公司確定於94年12月20日標得大廣三不良債權，統一安聯公司即須以約訂價格購買該不良債權之受益權。
2005年12月20日	日華投資公司以7億4千萬元標得大廣三不良債權
2006年1月	日華投資公司向法院聲請拍賣大廣三不動產之所有權。
2006年1月17日	由勤美公司、太子之子公司—東豐公司、日華投資、涂錦樹之人頭共同出資，發起設立日華資產公司。
2006年2月	日華投資公司向法院聲明願以拍底價承受大廣三不動產之所有權。
2006年3月	日華資產公司虛偽登載於95年1月18日日華資產公司之董事會會議記錄，虛構曾召開日華資產公司董事會時決議委託勁林爭青公司、齊林環球公司協助台中金典酒店不良債權案。
2006年4月	遠雄人壽與日華資產簽訂「信託受益權轉讓投資契約書」，由日華資產公司以3億9千6百萬元之代價取得該受益權。
2006年4月7日	勤美公司自第三人購得未在拍賣標的內之大廣三不動產B2之所有權。
2006年5月2日	齊林環球公司與日盛銀行簽訂信託契約，再於同日將該信託契約之受益權以3億6千萬元之價格出售予遠雄人壽。
2006年6月	日華資產公司由郭功彰及員工以勁林爭青公司之名義出面向上海商業儲蓄銀行洽談購買該行所有之台中金典酒店不良債權。
2006年6月22日	日華投資公司以拍賣底價承受大廣三不動產之所有權（地下B2除外），事後該價金係以大廣三不良債權抵償，並於同年6月22日正式取得不動產權利移轉證書。
2006年7月6日	勤美公司以需以齊林環球公司進行抵押權塗銷及取得不動產所有權等工作為由，於是由統一安聯公司與虛設之齊林環球公司，簽訂「買賣契約書」，進而將上開信託受益權先以13億9千萬元出售予齊林環球公司。
2006年9月	後由勤美公司以17億元之代價向齊林環球公司買回上開大廣三不動產之所有權，價格已遭墊高3億1千萬元。
2006年9月8號	勁林爭青公司將台中金典酒店不良債權於95年9月8日再以3千330萬元之價格讓與日華資產公司。
2006年12月29日	日華資產公司將金典酒店不良債權，以47億5千萬元轉售予太子建設公司及勤美公司。
2007年5月8日	涂錦樹之人頭戶與太子建設公司簽訂虛偽不實之土地買賣契約。

時間	事件
2007年5月18日	陳仁欽以太子建設公司發言人身分於開資訊觀測站網站對外公告「太子建設出售土地，處分利益約2.98億元」
2008年3月3日至2008年3月5日	涂錦樹以徐曉韻等二十人之帳戶，賣出共7億666萬3千650元，之太子建設公司股票。
2008年3月5日	陳仁欽以太子建設發言人身分於公開資訊觀測站對外公告無法收回土地價款尾款，將因此期後事項之發生而未達到認列收入及獲益約3.36億元。
2009年6月2日	特偵組與台南地檢署對勤美及太子公司展開搜索。
2009年7月29日	檢方偵查終結，起訴14名被告。
2009年8月13日	勤美集團發布重大消息，出售環亞百貨大樓14樓層之產權予富邦人壽，處分利益約為28.4億元。

壹、前言

　　四年多前，自稱「不動產信託教父」的涂錦樹搭上剛踏入房地產業界沒幾年的勤美集團董事長何明憲，隨即展現他在介入利潤豐厚但複雜度高，一般建商都未必敢碰的不良債權的能耐，在涂錦樹的牽線下，由勤美公司轉投資，何明憲妻子吳淑娟擔任負責人的日華投資出面，投入7億4千5百萬資金，收購台中公益路大廣三（現為勤美誠品綠園道）不良債權，這筆不良債權隨後同樣在涂錦樹的居間運作下，以10.8億轉賣給統一安聯，短短九天，賺進3億3千5百萬之差價，投資報酬率45%，占當時勤美公司94年稅後淨利5億零1百萬的67%，讓一輩子和紅通通烈火、鐵砂為伍，靠嚴控成本擠出淨利的何明憲大開眼界[1]。

　　大廣三這一戰讓涂錦樹很快獲得何明憲的信任，之後勤美建設和太子建設再以42億元入主台中金典酒店，堪稱是兩大公司聯手進軍國內不良債權的代表作，卻於98年6月初遭到檢調大規模搜索。台南地檢署偵結發現勤美董事長何明憲、太子建設董事長莊南田、律師涂錦樹等人，藉由大廣三不良債權及金典酒店不良債權交易，以虛偽交易層層墊高售價，再由公

---

[1] 尤子彥，商業周刊1125期，頁47，2009年6月。

司買回，藉以掏空公司資產，公司經營者與公司以外人員朋分所得利益，從中獲得不法利益達7.7億元，於同年7月29日偵查終結，依違反證券交易法、商業會計法、稅捐稽徵法等罪嫌起訴14人。其中勤美董座何明憲遭求刑24年、併科罰金1億元；太子建設董事長莊南田，則遭檢察官求刑9年、併科罰金3000萬元、另外太子建設副總經理黃秋丸遭求刑18年，而幕後主導掏空案的律師涂錦樹，遭求刑33年，併科罰金2億元。

勤美建設當時一口氣斥資80億元入主營運發生困難的金典酒店，全國飯店和勤美誠品，意圖打造位在中港路上的大購物商圈，造成業界不小震撼。勤美建設董事長何明憲和太子建設董事長莊南田，以及太子建設總經理陳仁欽，風光的為日華金典酒店的更名點燈。日華金典酒店原名台中金典酒店，一直是台中市的知名地標，當時勤美建設與太子建設以42億掌握金典酒店，勤美建設當時展現強烈的企圖心，除了位在中港路的金典酒店，當時勤美建設一共投入80億，連同一旁經國綠園道的全國大飯店和勤美誠品，也納入事業版圖。

看好兩岸三通的商機，打造休閒購物商圈，當時的大手筆震撼台中的商用不動產市場，沒想到2年半後，卻面臨檢方起訴，重創勤美及太子建設之長久建立企業形象，使其蒙塵，原本以「勤檢誠信」為立業宗旨的企業家，卻因一時貪婪而深陷囹圄，企業經營者面對人性貪念如何自制，確實值得我們深省。

本文將針對勤美、太子建設以買賣不良債權方式掏空公司之事實，分析其犯罪手法，並就法律層面加以探討關係人間之非常規交易以及我國關於利益輸送之規範是否完備，最後就我國公開發行公司取得或處分資產之規定，提出個人之淺見，期能使大眾對公司治理及掏空公司資產行為規範有所關注與討論。

貳、案件事實

一、主要涉案公司簡介

(一)太子建設

太子建設開發股份有限公司於民國62年9月奉准創立，股票代號2511，董事長為莊南田，總經理為陳仁欽，截至民國99年6月30日止之實收資本額為$9,579,107,980元，主要登記經營項目為有關國民住宅、商業大樓、觀光遊樂事業（兒童樂園、水上樂園等）、平面及立體停車場等之委託興建及經營租售，及不動產買賣及租賃。該公司股票自民國80年4月起在台灣證券交易所上市買賣。民國99年6月30日，母公司及合併子公司之員工人數約為2,168人。

(二)勤美股份有限公司

勤美股份有限公司於民國61年9月依中華民國公司法之規定組成，並核准設立登記。股票代號1532，董事長及總經理皆為何明憲。截至民國99年6月30日止之實收資本額為$2,769,016,860元，其主要業務係從事各種鑄鐵件之製造加工、銑鐵之買賣、鋼筋銷售、住宅及大樓開發租售、工業廠房開發租售、金融機構債權收買及經營零售百貨業務等。該公司及合併子公司於民國99年之員工人數約為3,607人。

二、涉案關係公司及人物簡介

(一)涉案關係公司簡介

1. 日華資產管理股份有限公司（下稱日華資產公司）係勤美公司與太子建設公司共同投資持股超過50%之轉投資公司。
2. 日華投資企業股份有限公司（下稱日華投資公司）係勤美公司持股

99%之子公司。

3.全國大飯店股份有限公司（下稱全國大飯店）係勤美公司持股
96.83%之子公司。

4.統一安聯人壽保險股份有限公司（自96年5月8日起更名為安聯人壽
保險股份有限公司，下稱統一安聯公司）係國內人壽保險公司。

5.銓遠投資股份有限公司（下稱銓遠公司）係何明憲家族投資企業，
屬何明憲所有之私人投資公司。

(二)涉案關係人簡介

■勤美股份有限公司：

1.何明憲

(1)勤美公司董事長兼總經理。

(2)全國大飯店董事長。

(3)日華資產公司董事。

(4)日華投資公司實際負責人。

2.汪家玗

(1)勤美公司董事長特別助理。

(2)敦北第一、第二、第三分公司經理。

(3)日華資產公司董事長。

(4)全國大飯店監察人。

3.郭功彰：日華資產公司董事兼總經理。

4.柴俊林：全國大飯店董事兼副董事長，綜理全國大飯店日常業務。

5.林秋曼：何明憲秘書，受何明憲指揮處理何明憲公、私行程及財務
事務。

6.陳順敏、張馨予：勤美公司之財務會計人員。

■太子建設股份有限公司

1.莊南田

(1)太子建設公司董事長。

(2)日華資產公司董事。

　　(3)於民國94、95年間為統一安聯公司董事長。

2.陳仁欽

　　(1)太子建設公司董事兼總經理。

　　(2)日華資產公司董事。

3.黃秋九

　　(1)掛名太子建設公司副總經理。

　　(2)日華資產公司監察人。

　　(3)於94、95年間亦為統一安聯公司執行副總經理。

　　(4)日華投資公司監察人。

　　上開人均為太子建設公司、勤美公司、日華資產公司、日華投資公司、全國大飯店、安聯壽險公司處理事務，並參與上開公司重大決策之人。

　　■涂錦樹

1.涂錦樹：勁林法律事務所之負責人。

2.林桂芳：涂錦樹之前妻（業於97年10月16日辦理離婚手續）。

3.張霖生、林滿榮：皆為涂錦樹所雇用之人頭，負責於涂錦樹所虛設勁林爭青資產管理股份有限公司，其負責人於94年6月成立時為張霖生，95年3月1日為林滿榮，勁林爭青公司為虛設行號，違反稅捐稽徵法部分業經台北地方法院一審判處有罪。

4.王信富：亦為涂錦樹所雇用之人頭齊林環球管理顧問股份有限公司之負責人，該公司涉有虛設行號違反稅捐稽徵法，現另案由彰化地檢署偵辦中。

5.徐曉韻：涂錦樹之員工，負責處理涂錦樹之相關資金調度及股票交易之下單、匯款事務。

三、大廣三不良債權交易掏空勤美公司之犯罪事實及手法

　　勤美公司的經營者和公司外人員共同購入不良債權，再以虛偽的交易層層架高不良債權售價，最後再由公司買回的方式，由公司經營者與公司以外人員朋分所得利益，掏空公司資產數億元，其犯罪事實及手法詳述如下：

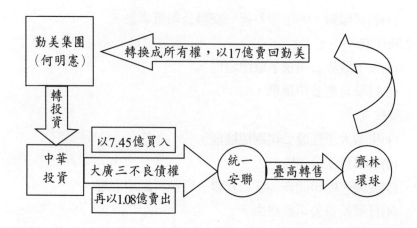

涂錦樹、黃秋丸二人於94年中，經由不詳管道得知交通銀行等四家銀行組成的聯貸銀行團，對於廣正開發股份有限公司以臺中市西區公益路68號大廣三不動產所有權為擔保品之貸款產生不良債權總金額新臺幣約24億5千萬元（下稱大廣三不良債權）有意標售，即由涂錦樹、黃秋丸二人向何明憲鼓吹勤美公司可投資該不良債權並藉由所謂「債權物權化」過程從中牟利。

何明憲為取得該不動產之所有權，並藉此投資過程來美化勤美公司94年度之財務報表及藉該投資案牟取私人利益，遂同意與涂錦樹、黃秋丸二人合作；當時黃秋丸藉由擔任統一安聯公司副總經理之機會（統一安聯公司於94年2月至10月間總經理出缺，黃秋丸於該段期間內為統一安聯具有實質決策權之人），要求統一安聯公司與涂錦樹、何明憲合作，由統一安聯公司提供壽險資金，作為勤美公司購買大廣三不良債權及美化勤美財務報表之初期資金來源；何明憲並提供由勤美公司百分之百轉投資之日華投資公司作為與統一安聯公司交易之對象。

因壽險業投資不動產有嚴格限制[2]，涂錦樹、黃秋丸為規避金管會對

2　保險法第146條之2：「保險業對不動產之投資，以所投資不動產即時利用並有收益者為限；其投資總額，除自用不動產外，不得超過其資金百分之三十。但購買自用不動產總額不得超過其業主權益之總額。保險業不動產之取得及處分，應經合法之不動產鑑價機構評價。」

於統一安聯公司壽險資金運用之規範，遂由涂錦樹、日華投資公司、統一安聯公司之相關負責業務人員於94年10月間與日盛銀行之承辦人員商談該投資案之信託模式[3]，雙方規劃由統一安聯公司擔任資金提供者，由日華投資公司標得該不良債權後，先將該不良債權信託予日盛銀行，復由日盛銀行將不良債權之權利包裝成受益權[4]，然後藉由日華投資公司轉讓該受益權予統一安聯公司之方式，協助日華投資公司取得統一安聯公司之壽險資金，日後勤美公司欲取回不動產時，再由統一安聯公司將該受益權出售予勤美公司。

而涂錦樹則提供以張霖生、王信富二人名義，虛設勁林爭青公司與齊林環球公司，作為涂錦樹、何明憲、黃秋丸等人掏空勤美公司、製造不實資金流向及逃漏稅捐所需之交易平台。而王信富則基於與涂錦樹、何明憲、黃秋丸共同侵占勤美公司及日華投資公司資產之犯意，以齊林環球公司負責人之名義，出面為勤美公司及日華投資公司處理各項事務，負責簽署相關文件、契約，並提供支票、帳戶作為涂錦樹、何明憲、黃秋丸等人往來洗錢、逃漏稅之用。

涂錦樹、何明憲、黃秋丸等人於議定上開事項後，遂安排勁林爭青公司名義負責人張霖生與日華投資公司於94年10月31日簽訂「投資協議書」，偽裝成勁林爭青公司需負責為日華投資公司尋找買主，實則涂錦樹、何明憲、黃秋丸已事先約定好由統一安聯公司出資，並由該買主以不低於10億8千萬元之價格購買日華投資公司所標得大廣三不良債權或該債權物權化後之不動產，而出售價款扣除相關投標標取不良債權之成本後

---

[3] 金融資產證券化條例第4條第4款：「特殊目的信託：指依本條例之規定，以資產證券化為目的而成立之信託關係。」

[4] 金融資產證券化條例第4條第2款：
「資產：指由創始機構收益及處分之下列資產：
(一)汽車貸款債權或其他動產擔保貸款債權及其擔保物權。
(二)房屋貸款債權或其他不動產擔保貸款債權及其擔保物權。
(三)租賃債權、信用卡債權、應收帳款債權或其他金錢債權。
(四)創始機構以前三目所定資產與信託業成立信託契約所生之受益權。
(五)其他經主管機關核定之債權。」

（包括7億4千516萬元及其他小額規費），則由勁林爭青公司優先分配1億5千225萬元，其次日華投資公司才能分配1億4千775萬元，剩餘款項則全部歸勁林爭青公司所有。而涂錦樹、何明憲、黃秋丸等人即以此種不合營業常規之方式，將由統一安聯公司取得之資金1億5千225萬元移轉至勁林爭青公司，使勁美公司及日華投資公司為不利益之交易，以利涂錦樹、何明憲、黃秋丸三人獲取不當利益。

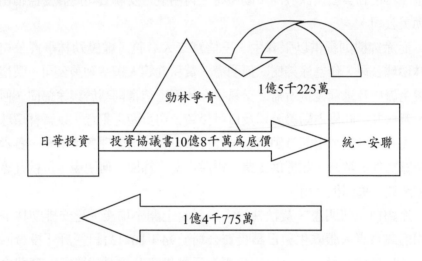

除此之外，日華投資公司則與統一安聯公司於94年12月13日簽訂「信託受益權轉讓投資契約書」，假意約定如日華投資公司確定於94年12月20日標得大廣三不良債權，統一安聯公司即須以10億8千萬元之價格購買該不良債權經信託後之受益權。嗣94年12月20日，何明憲等人利用日華投資公司名義以7億4千5百萬元標得大廣三不良債權，何明憲指示日華投資公司開立四張受款人為勁林爭青公司，發票日為94年12月29日，金額計1億5千225萬元之支票，表面上係作為支付勁林爭青公司大廣三案件中之服務報酬，然勁林爭青公司實際上並未提供任何服務，惟其中部分金錢卻不法回流至何明憲、黃秋丸、涂錦樹等處，何明憲另由日華投資公司於95年5月間，又以支付大廣三案服務報酬名義，由日華投資公司開立受款人為勁林爭青公司，發票日為95年5月24日，面額2千5百萬元之支票由勁林

爭青公司收取，渠等即藉此掏空勤美公司資產。綜上所述，何明憲、涂錦樹、黃秋丸等人此部分藉由此種不合常規之不利益交易，共同侵占勤美公司1億5753萬6730元。

　　何明憲、涂錦樹於95年1月間，為儘速取得大廣三不動產之所有權便於開發，遂先透過日華投資公司向法院聲請儘速拍賣大廣三不動產之所有權，並且於95年2月間具狀向法院表明願以一拍底價承受大廣三不動產之所有權，而勤美公司另於95年3月間，積極自第三人徐錦泉處購得未在拍賣標的內之大廣三不動產B2之所有權，俾能使勤美公司完整取得大廣三不動產之完整所有權以便開發利用，後於 95年4月7日順利購入大廣三不動產B2之所有權。而何明憲並以日華投資公司名義於95年5月5日向臺灣臺中地方法院以18億5646萬元之拍賣底價承受大廣三不動產之所有權（地下B2除外，且事後該拍定價金係以大廣三不良債權抵償），並於同年6月22日正式取得不動產權利移轉證書。

　　何明憲、涂錦樹、王信富三人明知大廣三不動產所有權已於95年6月22日由日華投資公司以大廣三不良債權承受，如勤美公司欲取得該不動產所有權，僅需再向統一安聯公司依事前約定購回不良債權之受益權或直接向統一安聯公司購買即可，然其為墊高大廣三不良債權之價格，藉此掏空勤美公司以牟取不法利益，竟商議由涂錦樹所虛設之齊林環球公司做為交易平台，其均明知齊林環球公司為一虛設公司，然何明憲竟藉口勤美公司無能力處理債權物權化之過程及相關業務，需委由齊林環球公司處理，由涂錦樹安排齊林環球公司與統一安聯公司先行交易，藉此墊高該大廣三不動產買賣之交易價格，以此種「層層轉售墊高價格」之不合營業常規之不利益交易掏空勤美公司，何明憲安排先由涂錦樹所虛設之齊林環球公司，由王信富出面於95年7月6日與統一安聯公司簽訂「買賣契約書」，進而將上開信託受益權先以13億9千萬元出售予齊林環球公司，然因齊林環球公司係虛設公司，並無實際營運情事，亦無財力足以購買如此鉅額之不動產，故何明憲、涂錦樹、王信富再安排以勤美公司開立13億元支票做為齊林環球公司之擔保，由齊林環球公司以票貼之方式取得資金，且勤美公司另出具不得撤銷該張支票之付款委託承諾書後，復華商業銀行方同意辦理

票貼借款，而何明憲、涂錦樹藉此製造不實產權移轉及資金流向，墊高大廣三不動產之交易價格至13億9千萬元，再藉口需由齊林環球公司進行抵押權塗銷及取得不動產所有權等工作，由勤美公司以17億元之代價向齊林環球公司購買該大廣三不動產之所有權，然勤美公司向齊林環球公司購買之價差3億1千萬元，其中部分金錢竟由齊林環球公司不法回流至何明憲、黃秋丸、涂錦樹等處，藉此掏空侵占勤美公司資產。

勤美集團為取得大廣三大樓，原可以標取不良債權之7億4516萬8168元之成本逕行進行抵押權塗銷及取得不動產所有權，卻因何明憲、黃秋丸、涂錦樹、王信富等人為從中獲取不法利益侵占公司資產，以不合營業常規之方式，經過逐步墊高大廣三不動產之資產價格後，導致勤美公司為不利益交易，因而多支付3億5540萬元，並分別流入何明憲、黃秋丸、涂錦樹私人帳戶內，勤美公司因而受有重大損害。

四、金典酒店不良債權交易掏空勤美公司及太子建設之犯罪事實及手法

勤美公司與太子建設兩家公司的經營者勾結公司外人員，共同購入不良債權，再以假交易方式，拉高不良債權的售價，再次以此手法，掏空了兩家公司資產達23億元，其犯罪事實及手法詳述如下：

何明憲、涂錦樹、莊南田、汪家玗、郭功彰、黃秋丸等人經由不詳管道得知以交通銀行為主辦行，由交通銀行、中國國際商業銀行、中華開發工業銀行、中央信託局等九家聯貸銀行團及國際票券金融股份有限公司等六家金融機構，對中港晶華股份有限公司（後更名為中港金典國際酒店股份有限公司，於96年3月16日解散，以下簡稱中港金典酒店公司）以台中市金典國際酒店大樓為擔保品之貸款產生不良債權（下稱台中金典酒店不良債權，含第一順位債權及第二順位債權），債權總金額約51億9千萬元的不良債權欲拍賣。即由涂錦樹、黃秋丸二人向何明憲、莊南田鼓吹勤美及太子公司可投資該不良債權並藉由所謂「債權物權化」過程從中牟利，並於取得所有權後經營。

首先，涂錦樹、郭功彰先與莊南田、何明憲、汪家玗、黃秋丸商

議，由太子建設公司持股100%之子公司東豐企業股份有限公司（下稱東豐公司）出資25%，勤美公司出資25%，日華投資公司出資12.5%，涂錦樹則以鄒惠斌為人頭，出資37.5%，於94年12月23日發起設立日華資產公司，並於95年1月17日完成設立登記，而由何明憲擔任董事長（後改由勤美公司指定之法人代表汪家玗擔任董事長，惟何明憲仍為實際之負責人）、郭功彰則擔任總經理。

　　完成日華資產公司設立登記後，何明憲即指示汪家玗、郭功彰二人率領勤美公司員工，分至各聯貸銀行團洽談購買台中金典酒店不良債權之相關事宜，而何明憲、莊南田、涂錦樹、郭功彰、汪家玗等人均明知實際上與交通銀行洽談購買台中金典酒店不良債權之人員均為勤美公司之員工，並非涂錦樹所虛設之勁林爭青公司、齊林環球公司，然為取得不實發票沖銷[5]及便於掏空勤美公司及太子建設公司資產，竟共同基於使太子建設公司、勤美公司為不合營業常規之不利益交易之犯意聯絡，由何明憲、汪家玗、莊南田、郭功彰、黃秋丸等人，明知日華資產公司於95年1月18日並未針對委託勁林爭青公司、齊林環球公司協助台中金典酒店不良債權案進行討論，且亦未與該二家公司簽訂「服務契約書」，竟仍於95年3月間，虛偽登載於95年1月18日日華資產公司之董事會會議記錄，虛構曾於95年1月18日召開日華資產公司董事會時決議委託勁林爭青公司、齊林環球公司協助台中金典酒店不良債權案。並偽稱曾於當日分別與齊林環球公司及勁林爭青公司簽訂「服務契約書」之事實，假意由日華資產公司委託二家公司協助取得上海商業儲蓄銀行以外之台中金典酒店不良債權，而約定分別支付齊林環球公司、勁林爭青公司1億5千萬元、2億元之高額報酬，甚至於同年4月12日，再將支付勁林爭青公司之報酬提高至2億1500萬元。實則該二份「服務契約書」均係事後為掏空勤美公司及太子建設公司所補作，以便藉由支付齊林環球公司及勁林爭青公司服務報酬為名義，掏空勤美公司及太子建設公司資產並將其侵吞入己，其侵占之資金分別流入何明憲、涂錦樹、汪家玗、黃秋丸等人之帳戶，侵占勤美公司及太子建設公司資產

---

[5] 日華資產公司疑涉有違反稅捐稽徵法部分現由彰化地檢署另案偵辦中。

而供作私人資金用途。

　　綜上所述，何明憲、莊南田、陳仁欽、涂錦樹、郭功彰此部分藉由墊高資產價格及支付不必要之服務報酬等不合營業常規之手法，共計侵占勤美及太子建設公司2億8873萬4700元。

　　何明憲錦樹、黃秋丸、郭功彰等人明知勁林爭青公司、齊林環球公司均為虛設公司，並無實際營運，且金典酒店所有不良債權之交易早已實際上由勤美公司員工與交通銀行、開發工銀資產管理公司、中華成長二資產管理公司、上海商業儲蓄銀行等債權銀行洽定，然為使日華資產公司支付齊林環球公司及勁林爭青公司之服務報酬共計3億6500萬元形式上合法，不致啟人疑竇，而為下列不合營業常規之不利益交易行為，並造成勤美公司、太子建設公司重大損失：

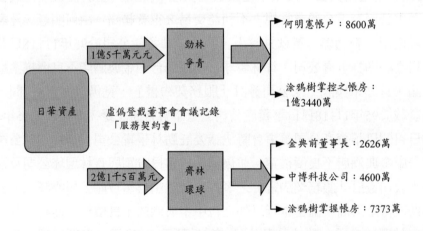

　　(一)先由郭功彰、黃秋丸出面與不知情之遠雄人壽總經理屠仲生洽商，由黃秋丸於95年1月間以屠仲生之名義向開發工銀資產管理公司、中華成長二資產管理公司提出購買之邀約，然事實上購買之過程均係由勤美公司員工馮曼妮接洽。

　　其後，屠仲生於95年3月至日華資產公司辦公室，由黃秋丸、郭功彰、何明憲出面，要求屠仲生先以個人名義購買開發工銀資產管理公司、中華成長二資產管理公司所有之台中金典酒店不良債權後，當日隨即由屠

仲生轉手售予齊林環球公司，藉此偽裝齊林環球公司確有將該不良債權由
屠仲生手中購買服務之假象。再由齊林環球公司與日盛銀行於95年5月2日
簽訂信託契約，齊林環球公司再於同日將該信託契約之受益權以3億6千萬
元之價格出售予遠雄人壽，而遠雄人壽竟於95年4月間即已事先與日華資
產簽訂「信託受益權轉讓投資契約書」，由日華資產公司以3億9千6百萬
元之代價取得該受益權，藉此合理化何明憲、涂錦樹等人藉由齊林環球公
司服務報酬侵占勤美公司及太子建設公司資產之正當性。

　　而何明憲、莊南田、黃秋丸、涂錦樹、郭功彰此一不合營業常規之不
利益交易行為，導致勤美公司及太子建設公司除了給付虛構之齊林環球公
司1億5千萬元服務費用外，另需多付出不必要之報酬3千6百萬元予遠雄人
壽而受有損失。此部分如由日華資產公司直接於95年3月24日由黃秋丸、
郭功彰代表日華資產公司購買，則僅需給付給債權銀行3億6千萬元即可。

　　(二)另日華資產公司於95年6、7月間，由郭功彰及日華資產公司員工
吳盛彬、石雪卿出面向上海商業儲蓄銀行洽談購買該行所有之台中金典酒
店不良債權，郭功彰卻以勁林爭青公司之名義，購買上海商業儲蓄銀行所
有之台中金典酒店不良債權，藉此偽裝勁林爭青公司確有將該不良債權由
上海商業銀行購買之服務假象，實則所有相關購買交割業務，均仍由日華
資產公司之員工負責。

　　而郭功彰、黃秋丸另安排勁林爭青公司將前述自上海商業儲蓄銀行所
取得之台中金典酒店不良債權，於95年9月8日再以3330萬元之價格讓與日
華資產公司，致使勤美公司及太子建設公司給付虛構之勁林爭青公司2億1
千萬元服務費用，藉此合理化何明憲、涂錦樹等人藉由齊林環球公司服務
報酬侵占勤美公司及太子建設公司資產之正當性。

　　(三)至於日華資產公司陸續自遠雄人壽公司、交通銀行、國際票券金
融公司、勁林爭青公司所購買之台中金典酒店不良債權，何明憲、莊南
田、涂錦樹、黃秋丸、汪家玗則依原先之規畫，再將售價提高，轉讓予太
子建設公司及勤美公司，二公司各自投資50%；其中購自遠雄人壽公司、
交通銀行及國際票券金融公司之台中金典酒店不良債權部分，購價原為34
億1402萬1045元，日華資產公司卻於95年6月20日刻意拉高售價，以協助

太子建設公司、勤美公司二家公司債權物權化及處理占用戶之名義，以42
億元之價格轉售予太子建設公司及勤美公司，至95年12月29日再將售價提
高至47億5千萬元。由於何明憲、涂錦樹、莊南田、黃秋丸、郭功彰、汪
家玗、陳仁欽前述交易安排，勤美公司及太子建設公司為取得台中金典
酒店不良債權，總計多支付價金至少4億1600萬元，而受有重大損害。

參、本案重要爭點之法律分析

一、不良債權之定義及其處理機制

　　民國79年起推行金融自由化，開放新銀行設立，打破原屬公營行庫
寡占之競爭局面，再加上信用合作社、信託投資公司等紛紛改制為商業銀
行，使得國內銀行家數驟增，由於競爭劇烈，銀行為爭奪客戶及業績致使
授信寬鬆，而後又因面臨大環境不景氣導致企業財務危機、房地產長期低
迷、資產價格跌落及失業人口增加，使得銀行體系產生逾放嚴重之情形，
產生許多不良債權問題。

　　而不良債權（Non-Performing Loans, NPL）即指各種放款、貼現、票
據承兌、保證及應收款項等，而雖已屆清償期但未受清償或雖未屆清償
期，但債務人之信用狀況，財務情形欠佳，如期收回顯有困難者，均屬
之。

　　我國財政部發文台財融(三)字第90161965號令函釋示：關於金融機構
合併法第十五條規定所稱之「不良債權」，係指符合本部規定應列報逾期
放款之各項放款及其他授信款項，並包括准免列報之協議分期償還案件。
依財政部九十二年二月十一日最新修正公布「銀行資產評估損失準備提列
及逾期放款催收處理辦法」，將債權依逾期程度及回收之可能性區分為以
下三種：

　　(1)逾期放款：依我國財政部台財融(一)字第0901000026號令，第六條
　　　規定：「本辦法稱逾期放款，指已屆清償期而未受清償之各項放

款及其他授信款項。前項所謂清償期，對於分期償還之各項放款
及其他授信款項，以約定日期定其清償期。但如銀行依契約請求
提前償還者，以銀行通知債務人還款之日為清償期。」

(2)催收款：依上述號令，第七條規定：「本辦法稱催收款，指經轉
入催收款科目之各項放款及其他授信款項。凡逾期放款應於清償
期屆滿六個月內轉入催收款科目。」

(3)呆帳：依上述號令，第十條規定：「逾期放款及催收款項，具有
下列情事之一者，應扣除估計可收回部分後轉銷為呆帳。

一、債務人因解散、逃匿、和解、破產之宣告或其他原因，致債權之
全部或一部不能收回者。

二、擔保品及主、從債務人之財產經鑑價甚低或扣除先順位抵押權
後，已無法受償，或執行費用接近或可能超過銀行可受償金額，執行無實
益者。

三、擔保品及主、從債務人之財產經多次減價拍賣無人應買，而銀行
亦無承受實益者。

四、逾期放款及催收款逾清償期二年，經催收仍未收回者。逾期放款
及催收款逾清償期六個月以上二年以下，經催收仍未收回者，得扣除可收
回部分後，轉銷為呆帳。」

一般而言，我國不良債權大致透過下列兩種機制予以處理：

(一)金融重建基金

自1997年亞洲金融風暴後，我國金融機構之資產品質迅速惡化，國
內金融機構之總體逾放比率於民國90年更快速攀升至8.16%，創下歷史高
點[6]。政府為處理經營不善之金融機構，以穩定金融信用秩序，改善金融
體質，健全金融環境，特設置「行政院金融重建基金」，藉以強化金融監
理制度，保障存款人權益及彌補問題機構財務缺口，讓經營不善之金融機
構平和順利退出市場。質言之，行政院金融重建基金設置及管理條例之制

6　王志誠，金融法—金融重建基金設置及管理條例，頁378，第四版，2008年。

定公布,主要是對於問題金融機構之存款戶或債權人提供賠付存款及非存款債權,期能一次解決問題金融機構所造成之金融問題。金融重建基金得委託中央存款保險公司處理經營不善金融機構,其處理準則為「確保存款人權益」、「安定金融秩序」、「金融服務不中斷」及「社會成本最低」。

金融重建基金扮演監管及接管的角色,處理在特定期間內宣佈倒閉的儲蓄貸款機構,統籌處理存保公司無法解決的保額外存款,和淨值已為負數的基層金融整頓任務。金融重建基金與資產管理公司最主要不同之處在於,金融重建基金主要在處理問題金融機構的不良債權,通常是由政府出面;而資產管理公司則是處理正常金融機構的不良債權,主要是由民間經營。而金融重建基金之所以需要由政府出面,通常是金融機構問題嚴重,部分資產甚至已成負數,若此時交由以獲利為目標的民營資產管理公司來處理,恐會造成其僅接收好處理的部分來處理的狀況,對於該問題金融機構恐無太大效用,因此才傾向由政府組成金融重建基金,來處理不良債權。

為期能迅速有效解決經營不善之金融機構,避免可能引發存款人之信心危機及連鎖性風險,金融重建基金條例特別排除現行存款保險條例限額賠付及處理成本應小於現金賠付損失等限制,明定中央存保受託處理經營不善金融機構時,得申請運用重建基金全額賠付存款債權及非存款債權。其主要處理方式乃配合現行之銀行法、金融機構合併法及存款保險條例相關規定,包括:

(一)賠付負債並承受資產及標售處理該資產[7]。

(二)賠付負債超過資產之差額[8]。

(三)以特別股方式入股金融機構[9]。

此外,行政院金融重建基金設置及管理條例第10條第2項規定:「本

---

[7] 行政院金融重建基金設置及管理條例第10條。

[8] 同前註。

[9] 公司法第156條第4項。

基金視為金融機構合併法終之金融機構及資產管理公司，並適用金融機構
合併法第15條、第17條及第18條規定。」由此可知，金融重建基金為處理
問題金融機構之必要，擬制為金融機構合併法上所規定之金融機構及資產
管理公司。質言之，金融重建基金管理委員會雖為一決策單位，並非一般
商業組織或法人機構，但基於清理問題金融機構之需要，金融重建基金不
僅得以金融機構地位，概括承受或受讓問題金融機構之營業或資產，亦得
以資產管理公司之地位，受讓問題金融機構之不良債權[10]。

(二)金融機構本身

就我國目前法規架構下，國內金融機構處理不良債權大致為下列三種
模式：

1.循法律程序強制執行、拍賣及催收[11]：此為國內一般金融機構最常
採行之模式，亦為技術層面最低之模式，惟因拍賣程序過於費時冗
長，且拍賣價格不如人意，為了其最大之缺點。

2.出售給資產管理公司：

為了貫徹並配合財政部對於金融機構降低逾放比與改善經濟體質之
雙重需求，國內各大金融機構接積極著手打銷呆帳及處理大量不良金融資
產。因此，為協助金融機構解決不良債權之問題，民國89年11月24日通過
之金融機構合併法提供了資產管理公司成立之法源依據[12]。

金融機構合併法第15條之資產管理公司，係以收購不良債權為目的之
公司。資產管理公司[13]（Assets Management Corporate）成立的目的在於接
手（收購）銀行或金融機構的不良債權抵押品，透過債權讓與或成立信託
之方式，取代銀行債權人之地位。一則進行金融風險控制活動，二則紓解

---

[10] 同註6，頁395。

[11] 民法第873條第1項規定：「抵押權人，於債權已屆清償期，而未受清償者，得
聲請法院，拍賣抵押物，就其賣得價金而受清償。」

[12] 王文宇，公司與企業法制，頁337，第一版，2007年。

[13] 李禮仲，金融法－金融機構合併法，頁414，第四版，2008年。

銀行逾放壓力，健全金融系統的根本體質，三則可達事權統一，有利法人貸款者之公司重整等體制內機制運作。

　　金融機構流動率透過拍賣重新變現，雖然銀行和一般金融機構也可以透過法院來強制執行，但本法第15條賦予資產管理公司委託主管機關認可知公正第三人[14]以更專業、更有效率的方式解決金融機構的不良資產。

　　國內資產管理公司對於不良債權的處理方式與過程，主要可分為兩階段：第一階段，資產管理公司試圖與債務人協議清償債務金額，當資產管理公司與債務人的協商無法成功時，則資產管理公司向債務人協議取得其不動產抵押品，若債務人亦不願意出賣抵押品，則進行至第二階段的處置工作。在第二階段，當資產管理公司無法與債務人協商清償金額或協議取得抵押品時，資產管理公司向法院申請強制執行之程序，法院對抵押品拍賣，則有三種的可能情況，一為資產管理公司得標，二為第三人得標，由不動產抵押品之標售價格獲得清償。三為特拍後仍無人得標，則由資產管理公司承受抵押品後再賣出以受償。

　　而就金融機構所產生之不良債權，金融機構合併法第15條，賦予成立「資產管理公司」之法源，以專責收購及處理金融機構之不良債權。其處理金融機構之不良債權，得依下列方式辦理[15]：

1. 受讓金融機構不良債權時，適用第18條第3項規定。由於金融機構每次售予資產管理公司不良債權，可能為數眾多，若硬性要求遵循民法第297條逐一對所有債務人為債權讓與之通知，恐窒礙難行，故依照同法第18條第3項之規定，以「公告」取代「通知」。
2. 金融機構讓與其不良債權時，就該債權對債務人或保證人已取得之執行名義，其效力及於資產管理公司。
3. 資產管理公司就已取得執行名義之債權，得就其債務人或第三人所提供第一順位抵押權之不動產，委託經主管機關認可之公正第三人

---

[14] 由銀行公會主導的台灣金融資產服務股份有限公司（FASC），即擔任金融機構合併法第15條所稱的公正第三人角色。

[15] 金融機構合併法第15條。

公開拍賣，並不適用民法債編施行法第28條之規定。公開拍賣所得
價款經清償應收帳款後，如有剩餘應返還債務人。但有資產管理公
司以外之其他第二順位以下抵押權人時，應提存法院。
4.資產管理公司已取得執行名義而有第一順位以下順位債權人之債權
　者，主管機關得請法院委託前款經主管機關認可之公正第三人，準
　用強制執行法之規定拍賣之。
5.法院受理對金融機構不良債權之債務人破產聲請或公司重整聲請
　時，應徵詢該資產管理公司之意見。如金融機構為該債務人之最大
　債權人者，法院並應選任該資產管理公司為破產管理人或重整人。
6.於金融機構之不良債權之債務人受破產宣告前或重整裁定前，已受
　讓之債權或已開始強制執行之債權，於該債務人破產宣告後或裁定
　重整後，得繼續行使債權並繼續強制執行，不受公司法及破產法規
　定之限制。
　　此外，資產管理公司如依金融機構合併法第15條第1項第3款執行公開
拍賣時，除應依主管機關所定公正第三人認可及其公開拍賣程序辦法辦理
者外，且得再受強制執行機關之監督下，依強制執行法辦理金融機構聲請
之強制執行事件。
　　而資產管理公司處理金融機構之不良債權，適用銀行業之營業稅稅
率。金融機構出售予資產管理公司之不良債權，因出售所受之損失，得於
五年內認列損失。

(三)金融資產證券化

　　除前述資產管理公司之創立外，另一與處理不良債權息息相關者，即
是金融資產證券化。「金融資產證券化條例」已於民國91年6月20日經立
法院三讀通過，並由台灣土地銀行發行台灣工業銀行企業貸款債權信託證
券化受益證券，為該條例通過後第一宗金融資產證券化之交易案例，此種
交易模式係利用證券表彰特定債權未來可能產生的現金流量，並將其單位

化與小額化後，再轉讓予投資人[16]。

　　該條例之立法目的係為改善企業之負債結構，而透過證券化將流動性的資產轉化為高流動性。以金融機構而言，若允其將貸款證券化，一方面可提前回收本金，同時降低信用風險與資本適足率，另一方面亦可增加放款能力，可謂一舉兩得[17]。透過資產證券化的妥善運用，可協助金融機構改善資產負債管理、分散風險，並提高自有資本比率及經營績效，更能開拓新的籌措資金管道。

　　金融資產證券化係指，銀行等金融機構或一般企業透過特殊目的機構（可分為公司型態或信託型態）之創設及其隔離風險之功能，從其持有之各種資產如住宅貸款、信用卡應收帳款等，篩選出未來產生現金流量、信用品質易於預測、具有標準特性（例如類似的期限、利率、債務人屬性等）之資產作為基礎或擔保，經由信用增強及信用評等機制之搭配，將該等資產重新組群包裝成為單位化、小額化之證券型式，向投資人銷售之過程。

　　本案因壽險業投資不動產有嚴格限制，涂錦樹、黃秋丸為規避金管會對於統一安聯公司壽險資金運用之規範，遂由涂錦樹、日華投資公司、統一安聯公司之相關負責業務人員於94年10月間與日盛銀行之承辦人員商談該投資案之信託模式，雙方規劃由統一安聯公司擔任資金提供者，由日華投資公司標得該不良債權後，先將該不良債權信託予日盛銀行，復由日盛銀行將不良債權之權利包裝成受益權[18]，然後藉由日華投資公司轉讓該受

---

[16] 同註12，頁364。

[17] 同前註，頁355。

[18] 金融資產證券化條例第4條第2款：
　「資產：指由創始機構收益及處分之下列資產：
　(一)汽車貸款債權或其他動產擔保貸款債權及其擔保物權。
　(二)房屋貸款債權或其他不動產擔保貸款債權及其擔保物權。
　(三)租賃債權、信用卡債權、應收帳款債權或其他金錢債權。
　(四)創始機構以前三目所定資產與信託業成立信託契約所生之受益權。
　(五)其他經主管機關核定之債權。」

益權予統一安聯公司之方式，協助日華投資公司取得統一安聯公司之壽險
資金，日後勤美公司欲取回不動產時，再由統一安聯公司將該受益權出售
予勤美公司。

　　以下本文分別就本案金融資產證券化所參與之機構及基本流程作介
紹：

1.創始機構（Originator）

　　依金融資產證券化條例第4條第1項第1款的定義，創始機構係指為
「將金融資產信託與受託機構或讓與特殊目的公司，由受託機構或特殊目
的公司以該金融資產為基礎，發行受益證券或資產基礎證券之金融機構或
其他經主管機關核定之機構」。質言之，創始機構係指擁有金融資產、抵
押債權或應收帳款之金融機構或組織，為資金之籌措者，將其所持有的金
融資產，出售或信託予特殊目的機構，向投資大眾發行不同型態的證券
化。

　　而所信託或讓與之資產，依該項第2款乃係指由創始機構收益及處分
之下列資產：

　　(一)汽車貸款債權或其他動產擔保貸款債權及其擔保物權。

　　(二)房屋貸款債權或其他不動產擔保貸款債權及其擔保物權。

　　(三)租賃債權、信用卡債權、應收帳款債權或其他金錢債權。

　　(四)創始機構以前三目所定資產與信託業成立信託契約所生之受益
　　　　權。

　　(五)其他經主管機關核定之債權。

　　本案資產證券化所指之「資產」，即指由交通銀行等四家銀行組成的
聯貸銀行團，對於廣正開發股份有限公司以大廣三不動產所有權為擔保品
之貸款產生不良債權。

　　而依本條例規定得成為創始機構者，除另經主管機構財政部核定
外，原則上係以金融機構為原則[19]。因此，一般而言，乃由銀行、票券金
融公司、信用卡公司、保險公司及證券商等持有債權資產的金融機構擔任

---

[19] 金融資產證券化條例第4條第1項第1款參照。

金融資產證券化標的資產信用授與或資產創始的創始機構。

因此，如果為一般之資產管理公司或其他企業（如本案之日華投資公司），而欲為金融資產證券化之創始機構，必須先向主管機關申請取得核准，始符合資格。

2.特殊目的機構（Special Purpose Vehicle, SPV）

特殊目的機構為證券化過程，為徹底發揮破產隔離功能而設立之機構。其目的乃是自創始機構手中，受讓證券化對象資產，並以此資產未來收益為基礎，發行證券化商品之證券[20]。

其為一專門處理資產證券化之金融機構，在整個金融資產證券化中扮演著仲介的角色，創始機構會將其持有之資產出售或信託予以特殊目的機構，其主要目的在於分離創始機構和金融資產間之債權關係，可使得該資產獲得較佳之信用評等，進而保護投資人的權益並降低投資證券的風險，而特殊目的機構需由金融業組成，即銀行業、保險業、證券業者均可申請設立。目前國內金融資產證券化採行雙軌制，將特殊目的機構分為特殊目的公司或特殊目的信託兩種類型：

(1)特殊目的公司（Special Purpose Corporation, SPC）

依金融資產證券化條例第4條第1項第5款的定義，「特殊目的公司」係指為「經主管機關許可設立，以經營資產證券化業務為目的之股份有限公司」。創始機構將所持有的金融資產出售予特殊目的公司，經由特殊目的公司將資產證券化，透過承銷商出售給投資人，以募集其所需資金。

(2)特殊目的信託（Special Purpose Trust, SPT）

依金融資產證券化條例第4條第1項第4款的定義，「特殊目的信託」係指為「指依本條例之規定，以資產證券化為目的而成立之信託關係。」創始機構將所持有金融資產信託予特殊目的信託，經由特殊目的信託將資產證券化，發行證券化之受益憑證，透過承銷商出售給投資人，以募集其所需資金。

本案日華投資公司標得該不良債權後，先將該不良債權信託予日盛

---

[20] 黃銘傑，金融法——證券化基本原理，頁326，第四版，2008年。

銀行，復由日盛銀行將不良債權之權利包裝成受益權，即採取「特殊目
的信託」，由日華投資將所持有之不良債權信託與特殊目的機構（日盛銀
行），而其間成立以資產證券化為目的之信託關係，再由日盛銀行將其包
裝成本條例第4條第1項第2款第3目，由應收帳款或其他金錢債權，而與信
託業成立信託契約所生之受益權，將該筆不良債權證券化。

3.信用增強機構（Credit Enhancement Provider）

所為信用增強，乃是減輕證券信用風險之手段，其目的是提高證券化
的相關商品之信用等級，促使發行利率下降及提高證券的流通性。信用增
強機構主要為創始機構本身或第三人。信用增強機制主要係提升資產證券
之信用度，藉由適當之信用增強機制而使資產之信用等級高於貸款創始機
構，增加市場接受度及流通性，降低發行利率，為資產證券化不可或缺之
一環[21]。

信用增強機構為創始機構，其信用增強的方式通常包括附加追索
權、超額資產擔保設定等；若信用增強機構為第三人，則信用增強的方式
如銀行之支付保證或開具信用擔保狀，或由保險公司提供保險以強化還本
付息之可能性[22]。

本條例第103條即規定：「受託機構或特殊目的公司依本條例發行之
受益證券或資產基礎證券，得依資產信託證券化計畫或資產證券化計畫之
規定，由創始機構或金融機構以擔保、信用保險、超額資產、更換部分資
產或其他方式，以增強其信用。」

4.信用評等機構（Credit Rating Agencies）

由於資產證券化係透果複雜而精細之規劃與設計之產品，除了本息償
還條件之多樣化，更牽涉背後資產之特性與信用強度，而各種信用增強機
構對本息之保障程度非外部人所能主觀判斷，故必須藉由客觀、公正且獨
立之信用評等機構，以其專業能力審查，並就該資產之風險予以評等，以

---

[21] 王宇宇、黃金澤、邱榮輝合著，金融資產證券化之理論與實務，頁2-21，2006
年修訂版。

[22] 同前註。

提供投資者參考依據，可有效增加證券化商品之流通性[23]。

例如史坦普公司（Standard & Poor's）及慕迪公司（Moody's Investors Service）等國際知名評等機構；而我國則僅中華信用評等股份有限公司。其主要工作是審核資產群（Asset Pool）所能夠承受的風險為何，並公平的給予某種程度的信用等級。

而本條例第102條規定：「特殊目的公司或受託機構依本條例對非特定人公開招募之資產基礎證券或受益證券，應經主管機關認可之信用評等機構評定其評等等級。」及第104條規定：「受託機構或特殊目的公司依本條例發行之受益證券或資產基礎證券，有經信用評等機構評定其等級或增強其信用之情形者，應於公開說明書、投資說明書或主管機關規定之其他文件，說明其信用評等之結果及信用增強之方式，不得有虛偽或隱匿之情事。」即為對信用評等制度之規範。

5.服務機構（Servicer）

一般而言，特殊目的之機構實質上僅為一空殼公司，雖然形式上擁有證券化資產，但實際上並無管理、經營該資產之能力，此時就必須有服務機構協助特殊目的之機構，對資產作最有效的運用與管理[24]。

服務機構可以是創始機構或其他金融機構，通常創始機構與服務機構為同一者。服務機構之功能為負責管理證券化資產所產生現金流量之收付工作，包含利息及本金或其他收益之收款及催款工作，同時服務者也須負責定期提供投資者該群資產之本金餘額、資產品質狀況及相關資訊。而其收入之來源為自抵押人收取之利息與支付投資人利息間之價差及信用加強與其他服務之手續費[25]。

6.證券承銷機構（Underwriters）

證券化商品之證券，其承銷業務通常由一般證券公司擔任。有時，鑑於證券公司等日常透過其業務與一般投資人之密切接觸，深切瞭解渠等對

---

[23] 同前註，頁2-22。

[24] 同註20，頁326。

[25] 同註21，頁2-23。

於資本市場之需求，故而能從一開始就將之納入證券化計畫規劃成員中，
將會更有助於為賴證券化商品之順利銷售[26]。

故由特殊目的機構發行證券化商品後，承銷商透過公開招募或私募的
方式銷售給銀行、保險公司、證券投資信託基金、各種退休基金或個人等
投資人。

於介紹金融資產證券化之主要機構後，本文接續就其運作之基本流程
與架構為闡述：

(1)資產之確定

由於金融資產證券化乃是以特定金融資產未來全體現金流量為基
礎，進行資金籌募的一種融資方式，因此首要之工作乃是確定，究竟要以
哪一項資產作為證券化之標的，方能吸引投資人基金之投入。

我國金融資產證券化條例對於可作為信託或讓與之資產，並非無所限
制，依據該條例第4條第1項第2款規定，得作為金融資產證券化基礎證券
者，僅限定於下列五種資產類型：

(一)汽車貸款債權或其他動產擔保貸款債權及其擔保物權。

(二)房屋貸款債權或其他不動產擔保貸款債權及其擔保物權。

(三)租賃債權、信用卡債權、應收帳款債權或其他金錢債權。

(四)創始機構以前三目所定資產與信託業成立信託契約所生之受益
權。

(五)其他經主管機關核定之債權。

由此可知，除第五種得經主管機關特別核定之債權外，其他類型的
債權或受益權，似乎多以現在已經確定之債權為限。除此之外，本條例亦
認識到證券化資產乃係由多數資產群聚而成，因此可達到風險分散與分類
之功能，因此在同條例第4條第1項第8款乃定義「資產池」（asset pool）
之概念為「只創始機構信託與受託機構或讓與特殊目的公司的資產組
群」[27]。

---

[26] 同註20，頁327。

[27] 黃銘傑，金融法-金融資產暨不動產證券化條例，頁331，第四版，2008年。

在確定證券化資產後，創始機構及為其籌畫之金融機構、律師、會計師等規劃機構人員，就須著手擬定證券化計畫，根據本條例第10條及第74條規定，規劃並記載金融資產證券化內容及相關事項。

(2)資產之信託或讓與

資產證券化之最大特徵在於其並非以企業未來整體收益為其財源基礎，而係以未來可能之收益為財源基礎。此一未來收益既不受其他資產獲利之影響，亦不能遭受其他不良資產虧損所侵蝕，因此為使其得以完全與創始機構其他資產收支相護隔離，乃有必要將證券化資產自創始機構所有資產中分離，並將其所有權移轉或信託於專為擁有此一資產而設之特殊目的機構[28]。

創始機構於確定資產並將其所持有條件類似之金融資產，加以群組彙總後，接下來即讓與特殊目的公司或信託予特殊目的信託，而特殊目的公司或特殊目的信託主要功能在於隔絕資產出售人與被售資產之關係，即隔離原資產持有人之破產風險，使的投資大眾權益得以保障。

(3)信用增強

特殊目的機構為了使該證券化商品吸引投資大眾的投資，會藉由內部信用增強，或外部信用增強之方式，以增強信用及增加證券的流動性或降低發行證券化商品之信用風險。

(4)信用評等

特殊目的機構發行證券前，必須經過信用評等機構對此證券化標的債權品質客觀評估，評列信用評等等級供投資人參考。透過信用評等機構，使投資大眾能獲得一個客觀投資判斷，而通常經由信用增強等重組包裝之後的金融資產證券化之有價證券，往往會獲得更高的評定等級。

(5)銷售交易

證券之發行人通常由特殊目的機構本身來擔任，而在所發行證券之銷售上，就如同一般證券銷售之情形一樣，將會有專業之證券承銷商，專門負責該當證券的銷售事宜。

---

[28] 同註20，頁321。

(6)後續服務

服務機構是協助受託機構收取資產所代表的債權，由於創始機構對於資產所代表的債權最為瞭解，由創始機構擔任服務機構處理資產相關事務或服務工作，最為恰當。特殊目的機構委由創始機構或其他金融機構處理的資產相關事務或服務事項，通常包括負責向各債權人收取貸款本息，扣除管理服務費用、受託報酬、信用增強費用及避險交易成本後，據以分配並交付投資人。

以下本文以簡圖表示金融資產證券化之流程：

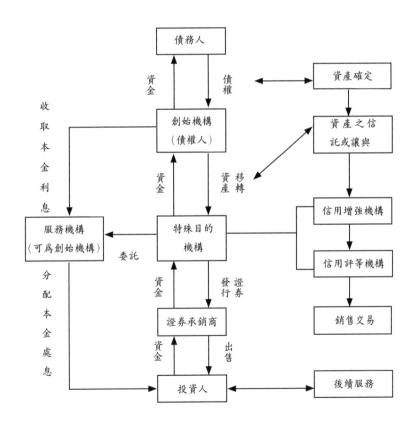

二、掏空公司資產及利益輸送之法律責任

近年來國內企業相續爆發許多公司負責人利益輸送而掏空公司資產之

案例,公司負責人於企業內,往往擁有企業為大多數資源,對公司具有實質上的掌控,可輕易使用其職權及資訊上之優勢,以各式各樣之手段達到利益輸送掏空公司資產之目的。其公司及投資人、員工,甚至於該公司有所往來之企業、銀行皆受到牽連,影響所及範圍廣大,甚至嚴重危害到整體經濟發展。

公開發行公司經營階層藉由其職位之便,掏空公司資產,往往讓投資人聞之色變,甚而使其投資血本無歸。而掏空公司資產的手法層出不窮,其手段不外乎透過營業範圍內之買賣行為,為他人提供保證等強化信用行為,運用公司對其他公司或個人之融通資金,或買賣未上市之有價證券,以及不動產或重大資產之取得或處分行為,以達成掏空公司之目的。然而,其中大部分之手法,均脫離不了公司取得或處分資產之交易[29]。

本案之公司經營階層,亦藉由公司取得或處分資產的過程,尤其是透過關係人交易(包括透過非法律定義之實質關係人),以人頭公司抬高不良債權之假交易,藉由虛假支付報酬予人頭仲介公司,及高價買入經債權物權化後之資產等方式,遂行利益輸送與掏空公司之實。雖然該等涉案公司於財務報告書中,皆明確說明其買賣經過專業鑑價,絕無違法情勢,且事後再次鑑價仍無高買之情事,完全經過公開發行公司去得處分資產處理準則之程序及規範,然其中關係人間利益輸送,使公司受有損害之實,仍不容否認。

本段落將就本案涉及資產取得處分之爭點,探討如何防制掏空公司資產及利益輸送行為,針對我國公開發行公司取得處分資產之規範是否完備及可否有改善空間加以論述。

(一)掏空公司資產與利益輸送之法律責任

所謂掏空公司資產,係由公司之負責人、控制者或職員為自己或他

---

[29] 林仁光,論公開發行公司取得處分資產之規範──由防範掏空資產與利益輸送出發,收錄於現代公司法制之新課題:賴英照大法官六秩華誕祝賀論文集,頁593-94,初版一刷,2005年8月。

人之利益，以詐欺、侵占背信等手段，或使公司為不利益之交易，直接或間接使公司之財產減損，或使公司應得利益之流失，致公司遭受損害之情形[30]。而利益輸送，則以該原屬於公司之利益，經由關係人交易之安排，通常以非常規之方式訂價或進行交易，最終將該利益移轉於不法行為人自己、關係人或人頭之中。而不論掏空公司之行為或利益輸送之行為，通常必須藉由關係人交易，且交易模式係以非常規之方式達成[31]。

　　我國法律就公司負責人藉由非常規交易及侵占公司資產之規範如下：

1.依我國證券交易法171條第1項第2款規定：「有下列情事之一者，處三年以上十年以下有期徒刑，得併科新臺幣一千萬元以上二億元以下罰金：二、已依本法發行有價證券公司之董事、監察人、經理人或受僱人，以直接或間接方式，使公司為不利益之交易，且不合營業常規，致公司遭受重大損害者。」，即屬非常規交易之犯罪構成要件，其立法理由謂：「已發行有價證券公司之董事、監察人、經理人或受僱人等相關人員，使公司為不合營業常規或不利益交易行為，嚴重影響公司及投資人權益，有詐欺及背信之嫌，因受害對象包括廣大之社會投資大眾，犯罪惡性重大，實有必要嚴以懲處，爰增列處罰。」
關於該條刑罰，係屬特別刑法，其適用之範圍，應優先於普通刑罰而適用[32]。對於證券交易法中規範之刑罰與罰緩，前者對於違反行政法之義務，科以刑法上所定刑名之制裁（徒刑、拘役、罰金），此種「行政刑罰」，屬於普通刑法之特別法。而後者為對於違反行政法上義務者，科以刑法上所定刑名以外之制裁，稱為「行政秩序罰」。前者例如證券交

---

30 同前註，頁618。

31 劉連煜，公司利益輸送之法律防制，月旦法學雜誌，49期，頁90，1999年6月。

32 司法院於民國24年1月10日所為24年院字第1991號解釋，曾對修正前公司法第231條至233條（當時之舊法）所規定之罰金及徒刑，認為係特別刑法，法院依各該條規定處罰時，應由檢察官起訴，再經法院裁判論處。

易法第171條之規定，後者例如同法第178條之規定[33]。

本罰規範之主體，包括公司之董事、監察人、經理人或受僱人，主要原因係董事、監察人、經理人之委任關係與受僱人之僱傭關係為基礎，其對公司負有善良管理人之忠實義務，若有違反，應為法律苛責之對象。又依證券交易法第171條第1項第2款規定為「已依本法發行有價證券公司之董事、監察人、經理人或受僱人」，故行為主體限於「依本法發行有價證券公司」之「董事、監察人、經理人或受僱人」。

又如大股東或其他對公司有實質支配權之人，所為之非常規交易行為，導致公司受有損害，雖非董事、監察人、經理人或受僱人，惟就本款之立法目的而言，本款既為防止對公司政策有影響力之人，不當行使其控制力，以侵害公司利益，因為大股東比諸「受僱人」更容易行使對公司之控制力，導致公司受有損害。如有大股東實際操控公司經營，影響重大決策者或有不利公司之情形，雖不具法條列舉之身分，仍應加以處罰。本於罪刑法定原則，如果不具上列身分之人單獨違反本款之規定時，無法依本款處罰，不過在現行法下，大股東依其案情仍可以成立教唆、幫助或共同正犯，應無疑義[34]。而如能查明實質控制之配公司之行為人，利用人頭作為董事、監察人，應依刑法第31條規定身分犯，而以刑法第28條共同正犯論處[35]。

本款之「不利益之交易」，有認為可以以每一會計年度結束後，就交易結算若為負數效應，即可構成，因為一項交易投資收益有時並非短期間或數年內即可產生[36]。而不利益之交易情形，除直接或間接使公司財產減損，亦包含使公司應得之利益流失，致公司遭受損害[37]。

---

[33] 賴源河，證券管理法規，頁359-60，2003年9月修訂版。

[34] 劉連煜，掏空公司之法律責任，月旦法學教室，第56期，頁84，2007年6月。

[35] 陳峰富，跨國企業之移轉訂價與非常規交易，收錄於現代公司法制之新課題：賴英照大法官六秩華誕祝賀論文集，頁63，初版一刷，2005年8月。

[36] 同前註，頁75。

[37] 同註29，頁618。

我國公司公司法第369條之4、所得稅法第43條之1、證券交易法第171條第2款，對於非常規交易訂有明文，但仍為不確定之法律概念。在一般的交易狀況，乃雙方當事人本於自己的利益，進行議價交而求得買賣商品等交換的條件合致，完成交易即屬「常規交易」的形態；相對於此，有所謂「非常規交易」，其往往是在特定目的之考量下，完成「不對等性」的交易行為[38]。

所謂「不合營業常規交易」意指交易雙方因具有特殊關係，未經由正常商業談判達成契約，且其交易條件未反映市場的公平價格而言；就具體標準而言，除應參酌證券法令中主管機關訂定之公開發行公司取得或處分資產處理準則外，台灣證券交易所並在其「臺灣證券交易所股份有限公司有價證券上市審查準則補充規定」訂定重大非常規交易的認定標準第10條，亦可作為判斷參考，該條標準如下：

本準則第9條第1項第4款所規定「重大非常規交易」，係指申請公司有下列各款情事之一者，但公營事業依審計法規辦理者，不在此限：

一、進銷貨交易之目的、價格及條件，或其交易之發生，或其交易之實質與形式，或其交易之處理程序，與一般正常交易顯不相當或顯欠合理者。

二、依主管機關訂頒「公開發行公司取得或處分資產處理要點」，應行公告及申報之取得或處分資產交易行為，未能合理證明其內部決定過程之合法性，或其交易之必要性，或其有關報表揭露之充分性，暨價格與款項收付情形之合理性者。

三、以簽約日為計算基準，其最近五年內買賣不動產有下列情形之一者：

　　(一)向關係人購買不動產，具有主管機關所訂頒「買賣不動產涉有非常規交易之認定標準」之情事者。

　　(二)出售不動產予關係人，其按主管機關所訂頒「公開發行公司向

---

[38] 廖大穎，論公司與董事間之非常規交易與利益衝突，月旦法學雜誌，54期，1999年11月，頁136。

關係人購買不動產處理要點」之買賣不動產涉有非常規交易之
認定標準所列方法，設算或評估不動產成本結果，均較實際交
易價格為高者。

(三)向關係人買賣不動產，收付款條件明顯異於一般交易，而未有
適當理由者。

(四)申請公司所買賣土地與關係人於相近時期買賣鄰近土地，價格
有明顯差異而未有適當理由者。

(五)最近五個會計年度末一季銷貨或租賃不動產予關係人所產生之
營業收入，逾年度營業收入百分之二十，而未有適當理由者。

(六)向非關係人買賣不動產，有其他資料顯示買賣不動產交易明顯
異於一般交易而無適當理由者。

四、非因公司間業務交易行為有融通資金之必要，而仍有資金貸與他人
者。

前項第三款關於向關係人買賣不動產之規定，對於最近五年內其交易對
象之前手或前前手有關係人身分時，亦應比照適用之。但買賣不動產之
交易，其交易對象簽約取得時間，至本次交易簽約日止超過五年者，可
免適用主管機關訂頒之涉有非常規交易認定標準。

申請公司有第一項所定情事，致獲得利益者，經將所獲得利益予以扣除
設算後，其獲利能力仍應符合上市條件。

除上述標準可咨參考外，學者有認為使公司為不利益之交易而不合營業
常規且使公司受到損害之概念，因涉及之交易是否不利益或不合營業常
規，應探討其交易程式是否具備正確性與價格是否具備合理性，例如有
無經董事會、股東會決議與授權，有無符合主管機關規定或章程所定之
程式，有無符合揭露公告申報之法定程式，價格之形成使否經公證單位
鑑定等情形綜合判斷[39]。亦有認為不合營業常規交易意指交易雙方具有
特別關係，並未經由正常之商業談判成契約，其交易條件亦未反映市的
公平價格，就此部分不確定法律概念將來只能由法院依個案事實認定，

---

[39] 同註35，頁62。

斟酌公司業務關係，以及一般社會普遍性觀念來作研判[40]。

如同本案與許多掏空公司之案件，公司經營者於從事此等不法利益輸送時，該等交易之安排，形式上也都符合公司法、證券交易法及公開發行公司取得或處分資產處理準則等法律之程序規範，與一般正常之交易行為實難以分辨，除非能事前能從交易條件與細節仔細觀察，否則往往都須等到事後公司財務已發生問題，或是不法行為被檢舉揭發時，才能發現其中之不法情事，股東及投資人之權益早已遭受相當之損害。

掏空公司資產與利益輸送之行為通常透過關係人交易及違反營業常規之方式達到不法目的。而營業常規之標準是否僅以形式判斷為已足，毋須就實質面加以檢視，乃為重要之討論課題，以下就不合營業常規之標準加以論述。

不合營業常規交易究竟為一實質標準或是程序標準，即符合營業常規交易乃指作決策的公司負責人必須在決策前踐行一定之必要程序，即為合營業常規交易，反之則否之形式標準；亦或必須從交易內容為實質之認定。程序標準的優點在於具備客觀、清楚、容易證明及判斷之優點，因為交易行為過程中有踐行一定之程序要求，而其缺點在於如採程序標準說時，如一項交易於程序要求無瑕疵，而實質上為一不合營業常規交易時，則採此標準將缺乏彈性空間；相對的，如採實質標準，將有可能因交易後市場交易條件之改變，而使原本之交易行為不具正確行及合理性，而使法院為事後諸葛之判斷，將會衝擊董事會業務之經營判斷權力。

本文認為，應兼採程序標準及實質標準，以避免經有心人士之精心策劃，使符合程序要求但實質上為不合常規交易之情形發生。具體而言，應就其交易程式是否具備正確性，例如有無遵守法令規範與董事會、股東會決議，再就其交易價格之合理性，其交易條件能否反映市場的公平價格，最後就行為人之動機，判斷主觀上有無不法意圖與直接故意，綜

---

[40] 李開遠，證券管理法規新論，五南出版社，2006年6月，初版，頁340。

合主客觀要件，以資認定是否為非常規交易[41]。

而就非常規交易是否造成公司受有重大損害，通常係以損害金額與公司規模、資產、營業額等，為衡量的因素，唯如對公司商譽造成重大傷害，雖未證明其具體損失金額，例如技術，仍應屬之[42]。

2.證券交易法171第1項第3款之規定「有下列情事之一者，處三年以上十年以下有期徒刑，得併科新臺幣一千萬元以上二億元以下罰金：三、已依本法發行有價證券公司之董事、監察人或經理人，意圖為自己或第三人之利益，而為違背其職務之行為或侵占公司資產。」

其行為主體並未如同項第2款，而未包括受僱人，係因受僱人違背執務之執行或侵占公司資產已有刑法第335條、第336條第2項、第342條侵占、業務侵占或背信罪加以規範，相較於受僱人可能違反之非常規交易，本款之情節不同，為避免可能發生情輕法重情事，而未予規範。惟在現行法下，依刑法第31條第1項之規定，受僱人依其案情仍可以成立本款類型之幫助犯或共同正犯[43]。

而行為方式以違背其職務之行為或侵佔公司資產之行為，違背其職務之行為性質上類似背信罪，而侵占公司資產之行為則為侵占罪，故本款乃屬背信罪、侵占罪之特別規定，於行為發生競合關係時，應優先適用本款之規定。本款其行為態樣為背信與侵占之特別規定，其刑度為「處三年以上十年以下有期徒刑」，而刑法第335條侵占罪為「處五年以下有期徒刑」、第336條第2項業務侵占為「處六月以上五年以下有期徒刑」、第342背信罪為「處五年以下有期徒刑」其法定刑度皆較高於刑法上之規範，故屬背信與侵占之加重類型。

此外，本款未有如證券交易法171第1項第2款「致公司遭受重大損害」之要件，不以有遭受重大損害結果發生為必要，且證券交易法171第

---

[41] 同註35，頁75。

[42] 賴英照，股市遊戲規則——最新證券交易法解析，元照出版公司，2006年2月，初版，頁486。

[43] 同註34，頁85。

1項第2款亦重於有「致生損害於本人之財產或其他利益者」為要件之刑法第342條，如果僅因公發行公司即加以加重，而不問害情節如何，且加重刑度，似有過於嚴厲。又本款未如侵占、業務侵占或背信罪設有未遂之規定，故如董事、監察人或經理人有本款之未遂行為時，並無本款之適用，而應回歸到刑法侵占、業務侵占或背信罪未遂之規定處理。

　　證券交易法第171條第1項之法律效果，有基本規定為處三年以上十年以下有期徒刑，得併科新臺幣一千萬元以上二億元以下罰金外，尚有其他加重、減輕或免除其刑、處罪、犯罪所得沒收之定規定。然而證券交易法第171條相關民事責任，現行法則付之闕如；如掏空並同時涉及財務報告不實之情形，當然有證交法第20條、第20條之1、第32條等條文之適用；其餘單純之掏空情形，恐只能以要件較嚴格之民法侵行為作為請求權之基礎，此點對被害投資人保護而言，似嫌不周，不無缺憾[44]。

(二)公開發行公司取得處分資產之規範

　　由過去之文獻及案例可以發現，公司經營者主要運用以下手段達到掏空公司資產及不法利益輸送之目的[45]：

(1)貴買資產或賤賣公司資產。

(2)未上市（櫃）有價證券之買賣。

(3)虛偽交易（假買賣，真付款）。

(4)利用公司名義從事背書保證。

　　由這些不法交易之標的觀察，較常成為利益輸送之標的，通常均有一共同之特色，即該等標的通常金額龐大且無一客觀明確之市場價格，因此，很容易在價格上被操控或作文章，使得公司負責人濫用公司取得或處分資產之程序，遂行利益輸送或掏空公司之實。

　　除前述藉由非常規交易達到不法目的外，公司負責人若利用公司取得或處分資產之程序，進行利益輸送或掏空公司資產，該不法利益之接

[44] 同前註，頁83。

[45] 同註29，頁617。

受人，通常及公司負責人本人，或負責人與公司之形式上或實質上之關係人，因此，對於關係人交易之規範，自然為防範公司掏空與利益輸送之規範重點。

證券交易法於2006年6月12日，增訂第36條之1。證券主管機關根據該條授權，頒布「公開發行公司取得或處分資產處理準則」，要求公司必須訂定相關之資產取得或處分之處理程序，以茲遵守。其主要針對公開發行公司取得或處分「重要資產」，例如有價證券、不動產、無形資產、金融資產、衍生性金融商品，因併購而取得之或處分資產之情形，要求遵循一定程序[46]。另一方面，該法規命令亦要求公司在從事一定金額以上之財產交易行為，與關係人進行不動產交易、從事衍生性商品交易或併購時，亦須遵循一定之程序。例如公開發行公司取得或處分不動產或其他固定資產，交易金額達公司實收資本額百分之二十或新臺幣三億元以上者，應先取得專業估價者出具之估價報告及其他必要程序[47]。

除此之外，如同前述利用關係人交易與違反營業常規乃最容易發生利益衝突之情形，而我國法制對於「關係人」並無統一之定義，會因不同法律之規範目的不同，而有不同之規範範圍與強度，有些僅規範形式上之關係人，有些則進一步對實質關係人加以規範；有直接明文禁止或限制關係人交易之發生[48]，亦有僅強調關係人交易資訊之透明及交易之公平性與合理性。

公開發行公司取得或處分資產處理準則也特別針對公司向關係人取得不動產之情形加以規範，要求遵循相關之鑑價及交易條件之合理性，而判斷交易對象是否為關係人時，除注意其法律形式外，並應考慮實質關係[49]。公開發行公司取得或處分資產處理準則就關係人之定義，乃採取財團法人中華民國會計研究發展基金會所發布之財務會計準則公報第六號所

---

[46] 參照公開發行公司取得或處分資產處理準則第7條。

[47] 參照公開發行公司取得或處分資產處理準則第9條。

[48] 例如銀行法第32條，禁止銀行對關係人從事無擔保放款。

[49] 參照公開發行公司取得或處分資產處理準則第13至17條。

定義之關係人[50]，依據財務會計準則公報第六號之說明，凡企業與其他個體（含機構與個人）之間，若一方對於他方具有控制能力或在經營、理財政策上具有重大影響力者，該雙方即互為關係人；受同一個人或企業控制之各企業，亦互為關係人。由上述定義可知，該公報所指關係人包括形式與實質之關係人。

　　該公報主要係適用適用於公司編製財務報告時，必須依該公報之規定揭露關係人交易[51]。除了前述說明外，該公報也將下列之個人或機構，推定為企業之關係人，並強調判斷是否為關係人應兼顧法律形式與實質關係之考量[52]。

　　具有下列情形之一者，通常即為企業之關係人（但能證明不具有控制能力或重大影響力者，不在此限）：

(1)企業採權益法評價之被投資公司。

(2)對公司之投資採權益法評價之投資者。

(3)公司董事長或總經理與他公司之董事長或總經理為同一人，或具有配偶或二親等以內關係之他公司。

(4)受企業捐贈之金額達其實收基金總額三分之一以上之財團法人。

(5)公司之董事、監察人、總經理、副總經理、協理及直屬總經理之部門主管。

(6)公司之董事、監察人、總經理之配偶。

(7)公司之董事長、總經理之二親等以內親屬。

　　根據本案事實加以分析，由涂錦樹利用人頭所設立之勁林爭青與齊林環球公司，並無處理不良債權之能力，亦未提供任何之仲介服務，僅為何明憲及莊南田掏空公司資產與利益輸送之工具，而所有購買不良債權與交涉過程皆由勤美公司之員工辦理。

　　依據財務會計準則公報第六號之說明，凡企業與其他個體（含機構與

---

[50] 財團法人中華民國會計研究發展基金會，財務會計準則公報第六號，關係人交易之揭露，1985年6月15日公布。

[51] 同註29，頁606。

[52] 公開發行公司取得或處分資產處理準則第13條。

個人）之間，若一方對於他方具有控制能力或在經營、理財政策上具有重大影響力者，該雙方即互為關係人。

由此標準得知，該虛設之二公司，實為勤美公司及太子建設所控制經營之「關係人」，惟勤美公司與太子建設與其交易並未於財務報告上，充分揭露其為實質關係人之角色；而董事會與其為買賣或簽訂契約之決議，乃為虛造或事後補作。因此，何明憲、莊南田、黃秋凡、涂錦樹、郭功彰等人以前述不合營業常規之不利益交易行為，導致勤美公司及太子建設公司給付虛構之勁林爭青與齊林環球公司約三億三千萬元服務費用，亦多付出不必要之報酬3千6百萬元予遠雄人壽，使得勤美及太子建設公司給付原本所無須支出之酬庸費用而受有重大損失。

該二公司之負責人除以此等方法使公司為特定不利益之交易，使得該等公司給付原本所無須支出之酬庸費用，亦因涂錦樹所虛設公司，墊高大廣三不良債權價格，使其得取得不良債權之成本，遠高於由勤美或太子建設直接取得之價格。

無論事後對於該等不良債權或整合後之不動產鑑價是否高於其取得之成本，勤美集團當時為取得大廣三大樓，原可以標取不良債權之7億4千萬元之成本逕行進行抵押權塗銷及取得不動產所有權，卻因何明憲、黃秋凡、涂錦樹等人為從中獲取不法利益侵占公司資產，以不合營業常規之方式，經過逐步墊高大廣三不動產之資產價格後，導致勤美公司為不利益交易，因而多支付3億5千5百萬元，使得公司增加取得不良債權所應支出之費用，於其行為當時，實為不利益之交易，且不符合營業常規，造成該兩間公司之財產受到減損，應得之利益被剝奪。

而上述財產交易或其他利益所得移轉至何明憲、莊南田、黃秋凡等人，渠等均明知其皆屬已依證券交易法發行有價證券公司之董事、監察人、經理人或受僱人，不得有「以直接或間接方式，使公司為不利益之交易，且不合營業常規，致公司遭受重大損害」、「發行有價證券公司之董事、監察人或經理人，意圖為自己或第三人之利益，而為違背其職務之行為或侵占公司資產」等行為，與涂錦樹等人以共同基於侵占勤美公司資產、使勤美公司為不利益交易之犯意聯絡，而以前揭所述之方法，使勤美

公司為不合營業常規之不利益交易，藉此侵占勤美公司資產，再依一定條件朋分、使用，已經符合證券交易法第171條第1項第2款及第3款之行為，應無疑義。

　　公司之資產與營運之成果，係用來保障公司債權人之債權能獲得滿足，並將營業利益由股東分享。然因現代股份有限公司之設計，採取經營與所有分離之模式，股東對於公司之業務經營並非能夠完全參與，而產生所謂代理成本，為確保經營者之決策能以股東利益最大化為考量，避免公司經營者從事利益衝突及掏空公司之行為，公開發行公司取得予處分資產處理準則之規範目的，在於透過此處理程序，事先防範不法或不合營業常規之發生，避免公司財產遭經營者之不法掏空，而受重大損害。惟該準則僅係一行政規則，如係單純未依處理準則辦理或以規定揭露者，目前僅有行政處罰之規定，並未有民事或刑事上之責任。因此，除了對於資訊充分揭露之相關規範予以強化外，如何將不實揭露或隱匿重要資訊而未依規定申報公告資訊之情形，制定相關民、刑事責任，提升法規範之效果，以收保護公司股東及債權人之效，為立法者將來制定法規可以進一步研究之課題。

肆、結論

　　不良債權之整合、轉換成物權後之出售，帶給勤美集團、太子建設豐厚的收益，也因為該等標的金額龐大且無一客觀明確之市場價格，往往也成為經營者掏空公司及利益輸送的煙霧彈。大廣三及金典酒店不良債權交易過程中，兩間公司皆對外宣稱該等不良債權之交易皆經過完整之內部授權處理，符合公開發行公司取得與處分資產處理準則，交易價格亦經過專業客觀之鑑價機構確認其合理性，程序上有相當之正當性。惟實際上，該等公司之經營者及關係人，利用人頭公司藉由假交易抬高不良債權價格、或收取虛偽不實之報酬，其關係人更利用公司內部消息，從內線交易，以上種種不合營業常規、掏空公司及利益輸送行為，都造成公司及股東之重大損害。

　　除了大廣三及台中金典酒店之不良債權外，勤美集團早在民國95年3月起，由旗下璞真建設開始購買環亞百貨的不良債權，後又陸續在96年底向台產資產管理股份有限公司以21.82億元取得一樓、二樓產權；97年3月透過法院公開標售，以37.168億元取得6到15樓共10個樓層的產權；其後又在97年5月法院公開標售地下一樓及二樓兩個樓層時，以16.69億元承受而取得其所有權。

　　耗時3年多的整合後，勤美公司於民國98年8月13日發布重大訊息，包括勤美及子公司璞真建設合計以100億元價格出售集團所擁有環亞百貨大樓地下一樓、二樓，地上一樓、二樓及六到十五樓之產權，共14個樓層、約12826建坪予富邦人壽，其中勤美處分收益約14.14億元，璞真建設處分利益約28.4億元，勤美可依持股比例60.88%認列，勤美這次可獲利超過一個股本，處分利益將超過30億元，這項交易是勤美集團成立30餘年來，單筆獲利最大的不動產處分案。

　　這一次的不良債權整合後出售，讓勤美公司賺進一個股本，值得思考的是，這筆交易究為勤美轉型成多角化的地產開發商之苦心及整合能力的表現，而讓環亞百貨大樓成為一棟沒有不良債權陰影的商業大樓，並以處分的方式實現其整合利益，還是又是一啟以合法程序掩護非法掏空公司、利益輸送的乾坤挪移戲法。

　　隨著時代之演進，掏空公司之態樣已經由單純利用資產取得或處分之過程，轉換成更具巧思、更加複雜多樣化之手段。單純的程序面規範，對於有心掏空公司、利益輸送之操弄者而言，反而是一個保護傘，遮蔽著傘下不能為人知的違法行為。由此可知，規範條文恐非容易設計，正挑戰著金融犯罪打擊者的智慧，而企業經營者背負著對股東之忠實義務，對於可以輕易規避之法律，面臨金錢誘惑下，如何抗拒貪婪，利益迴避而以股東價值最大化為考量，乃是現代公司治理與降低代理成本最重要之課題，值得我們一再思考反省。

參考文獻

一、專書論著

1.王文宇等合著，金融法，台北，元照，第四版，2008年。

2.王文宇，公司與企業法制，台北，元照，第一版，2007年。

3.王宇宇等合著，金融資產證券化之理論與實務，台北，元照，2006年修訂版。

4.李開遠，證券管理法規新論，台北，五南，2006年6月。

5.林仁光，論公開發行公司取得處分資產之規範—由防範掏空資產與利益輸送出發，收錄於現代公司法制之新課題：賴英照大法官六秩華誕祝賀論文集，頁593-620，台北，元照，初版一刷，2005年8月。

6.陳峰富，跨國企業之移轉訂價與非常規交易，收錄於現代公司法制之新課題：賴英照大法官六秩華誕祝賀論文集，頁55-83，台北，元照，初版一刷，2005年8月。

7.賴源河，證券管理法規，台北，糠素儀出版，四版，2007年9月。

8.賴英照，股市遊戲規則—最新證券交易法解析，台北，元照，初版，2006年2月。

二、期刊論文

1.尤子彥，商業周刊1125期，頁47，2009年6月。

2.廖大穎，論公司與董事間之非常規交易與利益衝突，月旦法學雜誌，54期，頁136-145，1999年11月。

3.劉連煜，公司利益輸送之法律防制，月旦法學雜誌，49期，頁90-109，1999年6月。

4.劉連煜，掏空公司之法律責任，月旦法學教室，第56期，頁83-96，2007年6月，頁84。

三、法院起訴書

1.臺灣臺南地方法院檢察署98年度偵字第8971號起訴書。

2.臺灣臺南地方法院檢察署98年度98年度偵續字第46號起訴書。

3.臺灣臺南地方法院檢察署98年度偵字第10379號起訴書。

第十五章 亙古不變，難解愁——美國高盛證券涉嫌詐欺案

謝梨君

謝梨君

作者擅長財經法議題、插花及女工，

不啻爲置於家中供奉之絕佳人選。

而金融法制是靈活、多變且配合時代發展，

作者個性亦同。

大事紀

時間	事件
2007年2月	高盛證券設計Abacus 2007-AC1，並開始銷售。
2007年8月	美國房市崩毀。
2008年1月	Abacus 2007-AC1所連結之投資組合，大幅度遭調降信用評等等級。
2009年12月23日	紐約時報記者以「Banks Bundled Bad Debt, Bet Against It and Won」為題之專文，指射高盛證券涉嫌證券詐欺。
2009年12月24日	高盛證券提出聲明反駁。
2010年4月16日	美國證管會於紐約州南區聯邦法院對高盛證券提出訴訟。
2010年7月14日	高盛證券與美國證管會簽下和解書。

【資料來源】SEC、NY Times、其他媒體及作者整理

壹、背景說明[*]

　　2009年12月23日，正值耶誕節前夕，兩位紐約時報記者對空鳴起第一槍，長篇撰文以「Banks Bundled Bad Debt, Bet Against It and Won」（銀行綑綁不良債券的賭注，勝！）這樣的標題掀起波瀾。[1]該篇報導著墨於，高盛證券（Goldman, Sachs & Co., 以下簡稱高盛證券）在金融風暴來臨前即洞燭先機，預見房地產市場的即將崩毀，從2004年開始，便推出一

---

[*] 作者最終順稿時，正值遊美返國之際，思及走在華爾街的蒼茫大雪中，著實不勝唏噓，幾棟高樓中的菁英，攪動整個世界翻天覆地。在邏輯思考上，作者曾和刑事法學同學爭辯，傳統自然法上有「殺人則死」的價值概念；而在財經法上，貪婪無界，逼得多少人傾家蕩產，甚至走上絕路，這樣的越界，所造成的損害究竟孰輕孰重？能否置於同一天平上量重？財經法如果被寄予厚望，用以阻擋「貪婪」，不啻是螳臂擋車的笑話，但是，作者身為經典財經案例系列的四朝元老，仍然盼望，面對無止境的慾望，財經法至少應該在地上畫出一條即使歪歪扭扭、時清楚時模糊的界線，而這條線，仍值敬重。

[1] *See* GRETCHEN MORGENSON and LOUISE STORY, "Banks Bundled Bad Debt, Bet Against It and Won", http://www.nytimes.com/2009/12/24/business/24trading.html最後瀏覽日2011-03-15

系列看空房地產市場之商品，涉嫌從房市的崩壞中獲利！[2]旋即，高盛證券在次日，立即回復紐約時報之抨擊[3]，並以「高盛證券係應顧客要求量身設計看多市場行情的商品」還以顏色。

　　數月後，2010年4月16日，美國證券管理委員會（U.S. Securities and Exchange Commission, "SEC"，以下簡稱美國證管會）針對這場波瀾，投下另一顆震撼彈，使整件醜聞威力向外擴張。美國證管會向紐約州南區聯邦法院提出訴訟，指稱高盛證券，及其員工Fabrice Tourre（以下簡稱Tourre）對於銷售CDO（Collateralized Debt Obligation，以下簡稱CDO）涉嫌做出不實陳述及其連結之結構，未予揭露。在對於金融風暴如野火不盡的背景下，時值美國總統歐巴馬正[4]推動金融改革法案（Dodd–Frank Wall Street Reform and Consumer Protection Act，以下簡稱金融改革法案）之際[5]，公權力之行使勢將彰顯美國政府在金融市場秩序改革之志，使這枚震撼彈更顯餘波盪漾。

---

[2] 紐約時報該篇報導，實重於高盛證券有預見房市的崩壞，而銷售相關的衍生性金融商品，並洋洋灑灑列出高盛證券所發行之商品績效不佳等等〈詳見附件一〉。但作者愚意以為，市場看多看空，本來就是各憑本事、各顯神通，以「商品績效差仍銷售獲利」這樣的立場來評論公司，恐流於道德呼喚。紐時記者彷彿跟高盛證券槓上一般，事隔數月仍繼續「追蹤報導」，並質疑高盛證券所提出數據前後不一，實際高盛證券在房市崩毀之際，狠撈一筆。See LOUISE STORY and SEWELL CHAN, "Goldman Cited 'Serious' Profit on Mortgages", http://www.nytimes.com/2010/04/25/business/25goldman.html最後瀏覽日2011-03-15

[3] See http://www2.goldmansachs.com/our-firm/on-the-issues/viewpoint/archive/response-scdo.html最後瀏覽日2011-03-15

[4] See http://en.wikipedia.org/wiki/Dodd%E2%80%93Frank_Wall_Street_Reform_and_Consumer_Protection_Act 最後瀏覽日2011-03-15

[5] See DAVID BROOKS, "The Goldman Drama" http://www.nytimes.com/2010/04/27/opinion/27brooks.html最後瀏覽日2011-03-15

貳、美國證管會起訴內容、高盛證券抗辯及和解書

一、美國證管會起訴內容[6]

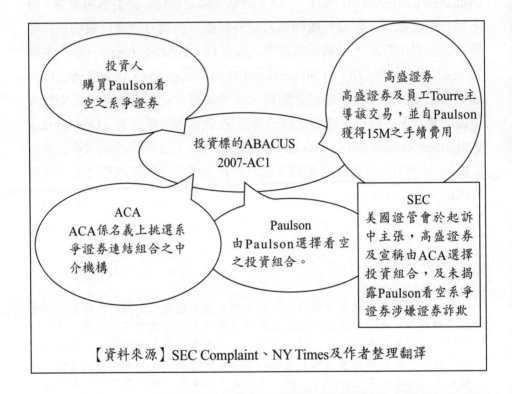

投資人
購買Paulson看空之系爭證券

高盛證券
高盛證券及員工Tourre主導該交易，並自Paulson獲得15M之手續費用

投資標的ABACUS
2007-AC1

ACA
ACA係名義上挑選系爭證券連結組合之中介機構

Paulson
由Paulson選擇看空之投資組合。

SEC
美國證管會於起訴中主張，高盛證券及宣稱由ACA選擇投資組合，及未揭露Paulson看空系爭證券涉嫌證券詐欺

【資料來源】SEC Complaint、NY Times及作者整理翻譯

　　美國證券管理委員會對高盛證券，及其員工Tourre涉嫌證券詐欺對有價證券做出不實陳述及對於CDO[7]之連結結構，未予揭露。

　　約在2004年底至2005年初，高盛證券設立結構商品相關交易部

---

[6] *See* http://www.sec.gov/litigation/complaints/2010/comp-pr2010-59.pdf最後瀏覽日 2011-03-15

[7] 有關本案中CDO之運作及與RMBS之關係，詳見〈附件二〉

門。該部門提供結構商品和行銷一系列合成型CDO，取名為ABACUS[8]
2007-AC1，（以下簡稱係爭CDO）連結次級房貸基礎證券（Subprime
Residential Mortgage-back Securities, "RMBS"）。高盛證券身處於競爭的
市場之中，企圖擴張該項有利可圖之業務。根據高盛證券內部「抵押權資
本委員會」（Mortgage Capital Committee, "MCC"）在2007年3月之備忘錄
中記載「滿足不同客戶的需求是我們業務的關鍵」、「系爭交易之執行，
將有助於高盛在成長的市場上具有更具競爭力之地位」。

　　Paulson & Co. Inc.（以下簡稱"Paulson"）是在1994年所成立之避險基
金（Hedge Fund），從2006年開始Paulson內部即對次級抵押權抱持悲觀
之態度，並欲藉由CDS（Credit Default Swaps,以下簡稱CDS）中各式之債
券尋求避險。CDS是一種櫃檯買賣之衍生性商品契約，其定期之利息給付
及當信用違約事件發生時賣方之給付，均能提供買方保護。

　　RMBS則為以住宅抵押權為基礎之證券，投資人取得源自抵押權之
本金及利息。Paulson的投資策略認為，某些RMBS將可能被標準普爾
（S&P）評等為 "BBB"[9] 或被穆迪（Moody's）評等為 "Baa2"，而發生信
用違約事件（Credit Events），甚至部分被評等為AAA級者亦將一文不
值。

　　Paulson分析了BBB等級RMBS的風險後，預期將會發信用違約事件。
為避險之故，便向高盛證券購買基於其所選擇RMBS所組成之CDS。期
間，Paulson曾和高盛證券討論對做（看多立場）之對象應如何尋覓。高
盛證券並同意Paulson可參與選擇投資組合

　　一位Paulson的雇員，在2007年1月是如此解釋這個投資機會的：

　　「RMBS的價格會面臨完全毀滅的局面是千真萬確的，但我認為這個
局勢是肇因於信用評等公司、CDO的經理人及承銷商都有使這個遊戲繼
續下去的動機，然而，真正有錢之投資人，在他們真正意識到損失之前，

---

[8] Abacus有珠算、算盤之一，作者猜想，該檔CDO取名之因，或基於縮寫之巧
　合，或基於對於投資人來說，該檔CDO有「很能計算」之意涵，現今看來格外
　諷刺。

[9] BBB是RMBS中最低的評等。

並沒有分析之工具,也沒有機構組織會為其採取行動。」[10]

在同時,高盛證券意識到成功行銷該抵押權連結之CDO交易,將會是相當大的挑戰。例如,Tourre在2007年1月23日,部分以英文及法文寄給其友人之電子郵件,轉譯之意為:「越來越多的槓桿商品,這整棟建築物現在隨時有倒塌的可能……站在這些複雜、高度財務槓桿、奇異的交易之間,創造了不需要完全了解意涵的怪物群。」相類似的郵件還有,在2007年2月11日Tourre從高盛證券結構商品部門寄出,「CDO的業務已死,我們所剩時間不多。」

高盛證券和Tourre明知一旦揭露像Paulson這樣看空CDO市場的投資人,特別是Paulson還在擔保群組的選擇上扮演重要角色,將會使商品難以銷售。但他們知道,當市場已經出現警訊時,如藉由有經驗豐富且中立之第三人參予選擇擔保群組,將有助於CDO之銷售。

高盛證券同時也知道,至少有一位重要潛在之投資人IKB(Deutsche Industriebank AG,以下簡稱 "IKB"),在沒有擔保群組經理人(Collateral Manager)分析及選擇投資組合前,是不可能投資CDO商品。

高盛證券因此必須尋找擔保群組經理人於交易中扮演重要之角色,同時,高盛證券也發現了並非每一位擔保品經理人都同意Paulson所選擇之投資組合,並且認為這個投資組合可能對其名聲有不良影響。

大約在2007年1月,高盛證券開始接觸ACA,並且向其推介由Paulson所主持(Sponsor)之CDO產品。ACA在之前業有設計過CDO商品並且收取費用之經驗。在2006年12月31日前,ACA大概完成了22個CDO交易的投資組合,總價約包含157億美元之資產。

高盛證券內部強調與ACA交易將具市場優勢,例如在2007年2月7日之電子郵件,Tourre即寫到:

「『使ACA的名字出現在交易中』,這件事情我們必須確定,並且他們將扮演選擇投資組合之中介機構,使用ACA的名義,將大力助於行

---

[10] 這裡的原意,應該類似輕蔑所謂 "real money" investors,認其在專業判斷上能力不足。

銷。」

同樣地，高盛證券內部在2007年3月12日的備忘錄上，描繪ACA公司的「品牌」及「信譽」在市場行銷所有之優勢：

「我們期待ACA強而有力的品牌名譽，與我們領先的市場地位，可使我們在銷售CDO時可成功出擊。」

「我們期待ACA在扮演選擇投資組合之中介機構之角色，將可以擴展ABACUS投資人的廣闊度。」

「我們將目標放置於曾參與ACA所經營管理之CDO交易之相對人，或事先前已經交易過ABACUS之參與人。」

「我們期待使用ACA的名譽和特權來幫助擴展銷售本交易。」

在2006年末至2007年初，Paulson分析該時期BBB級RMBS，以及超過100檔的債券，他們預期不久的將來將會發生信用違約事件。Paulson偏好選擇的RMBS則包含，高比例的浮動抵押權、以及近期不動產獲利較佳之州，如亞歷桑納、加州、佛羅里達及內華達州等。

2007年1月8日，Tourre在紐約Paulson的辦公室，與Paulson及ACA之代表共同召開之會議，討論該交易。

2007年1月9日高盛證券寄給ACA主題為「Paulson投資組合」之電子郵件，附檔為2006年123檔評鑑為Baa2級之RMBS。在2007年1月9日ACA做了重複的分析，確認其中62檔RMBS是曾經購買過的，其於購買當時之評等相同，甚或更低。

2007年1月10日Tourre寄給ACA證券，主旨為「交易摘要」之電子郵件中，該郵件開宗明義寫到，「我們希望ACA在交易中所扮演者為『選擇資產組合之代理人』（Portfolio Selection Agency）之角色，而主持者則為Paulson」，其他相關部分還有，「投資組合經由交易主持者所提供最為理想，但係保有彈性」。

2007年2月2日Paulson、Tourre，以及ACA在紐約之辦公室商討投資組合之相關事宜，至此時，ACA都尚未知Paulson意欲看空高盛證券所設計之RMBS之投資組合。Tourre及高盛證券則當然有意識到Paulson在該交易中之經濟利益。所以在會議當中，Tourre所寄給高盛證券員工之電子郵件

寫到，「我現在正在Paulson荒謬的會議當中。」，同日，ACA電郵一個82檔RMBS之清單，予Paulson、Tourre及高盛證券，同時增加12檔的替代（replacement）RMBS。ACA尋求Paulson對於該清單之認同，詢問「如果您也贊同這些屬於Baa2之分級，請通知。」

2007年2月5日，Paulson電郵ACA，並同時副本予Tourre，其中刪除8檔由ACA所推薦之RMBS，剩下者予以保留，而且敘明Tourre同意92檔的債券投資組合。

2007年2月5日，一份ACA內部文件問到，「Paulson希望我們同意附件之投資組合全部屬於Baa2等級，總共的投資組合會在80-92個之間，我們同意與否？」，回答為「我看來樂觀，Paulson有說明為何將剔除所有富國銀行（Well Fargo）之交易嗎？」，富國銀行一般而言被人認為係發行高品質次級債券之機構。

2007年2月26日，經過近一步商談後，Paulson跟ACA就系爭投資組合中的90檔RMBS表示同意。

高盛證券行銷系爭CDO的文件涉嫌錯誤（false）並且誤導（misleading），因其在ACA選擇投資組合時，並未告知該檔CDO之投資人，Paulson對於在投資組合之選擇上具有經濟上之利益。

舉例而言，由高盛證券所修訂最終2007年2月26日之公開說明書，其第9頁中所為之陳述，ACA是「選擇資產組合之代理人」並且以粗體列印「該投資組合係由ACA所選擇」。而這份文件中並無提及Paulson在交易中的經濟利益，也未提及其在投資組合中所扮演之角色。

無獨有偶，由高盛證券所修訂最終之2007年2月26日之介紹書裡第65頁中，在首頁陳述「該投資組合係由ACA所選擇」。介紹書第28頁描述了ACA的商業策略、資深經營團隊、投資哲學、經驗、紀錄及選擇之程序，加總大約有7頁有關於ACA工作團隊之介紹。投資人應該會假設，ACA所選擇之投資組合，係與投資人同一陣線。

高盛證券內部之MCC，組成員包含高盛證券之高階經理人在內，同意係爭CDO在2007年3月12日左右發行，並預估係爭CDO將會獲利1.5億至2億美元。

在2007年4月26日，高盛證券提出了一份關於係爭CDO的178頁要約備忘錄。其首頁寫到，ACA是「選擇資產組合之代理人」，交易摘要還有投資組合係均由ACA所選擇，這份文件同樣也沒有提到Paulson在交易中的經濟利益，及在投資組合中所扮演之角色。

雖然在相關文件中都沒有提到Paulson在交易中之地位，但是高盛證券內部則相當清楚。例如，在2007年3月12日，MCC在形容交易時寫道，「在對Paulson利用係爭CDO尋求避險時，高盛證券發揮很大之作用。」

事實上，當ACA一旦知Paulson對於係爭CDO係採看空之姿態，即不會同意擔任選擇資產組合代理人之角色。故Tourre與高盛證券應對ACA認Paulson採取看多立場之誤導，應予以負責。

在2007年1月8日，Tourre參加由Paulson和ACA代表所討論，有關該交易之會議。會後，因對ACA而言，Paulson經濟上之利益並不明確，進而向高盛證券尋求澄清。隔日，ACA寄給高盛證券之銷售代表一封電子郵件，主旨為「Paulson的會議」寫道：

「關於Paulson參與會議這件事，我不知道事情為何會如此發生，我不會說這樣很糟糕，但是我認為沒有幫助。可以給我們一些回應嗎？」

在2007年1月12日，Tourre致電ACA討論交易，根據該次的會談，在2007年1月14日ACA電郵高盛證券代表，提出幾個關於交易之相關問題，並且提及Paulson之利益。該封電子郵件，主旨是「與Tourre在星期五之談話」，其中部分談到：

「我希望上週與Tourre的通話沒有產生太多的敵對，但我需要了解Paulson的立場，畢竟我們用上了我們的名號，我們必須要確保該交易能強化我們的名譽。」

在2007年1月16日，高盛證券的銷售代表將這封電子郵件轉寄予Tourre。從該日起，Tourre明知，或過失而不知ACA被誤導相信Paulson有意投資系爭CDO。

在2007年2月12日，ACA內部委員會（Commitments Committee）同意公司以選擇資產組合代理人之身分參予系爭CDO，書面同意文件形容Paulson的角色是「避險基金之投資人……」，其中手寫關於該次會議之

註記為「投資組合之選擇，係與投資人共同為之」。

IKB則是一家頗具規模之德國商業銀行，專營中小型企業貸款，而在2002年開始購買證券化商品，其中包括美國境內中級、次級RMBS、CDO。

在2006年末，IKB通知高盛證券銷售代表與Tourre，若無擔保群組經理人他們將不再投資CDO，也就是說，其要求需有足具美國不動產行銷及分析RMBS專業之獨立之第三人，充任擔保群組經理人。Tourre及高盛證券均知由ACA擔任該角色，應可受IKB之認同。

2007年2至4月間，高盛證券寄送給IKB有關系爭CDO之相關資料，所有文件上均載明RMBS之投資組合由ACA所選擇。而其中並未提及Paulson在選擇投資組合上所扮演之角色，亦未提及其經濟利益。相關系爭CDO之首批書面資料，於2007年2月15日由高盛證券的銷售代表送交給IKB。該當時，Tourre亦明知該等資料將會遞交致IKB。

2007年4月26日左右，系爭CDO交易截止，IKB購買了A-1等級的債券（Notes），面額5000萬美元，該等級之債券，在穆迪的評等當中，屬於Aaa級，標準普爾則屬於AAA級。IKB還購買了面額1億A-2級的債券，同樣在穆迪的評等當中，屬於Aaa級，標準普爾則屬於AAA級。

對於IKB而言，投資組合係由有經驗之獨立第三人所選擇，相形重要。IKB一旦知悉Paulson在系爭CDO採取看空姿態，又參與抵押品選擇之程序，恐不願參與該交易。

在交易結束的數月內，系爭CDO的A-1級及A-2級債券，均跌落一文不值。IKB共損失1億5000萬之投資。時至2007年5月31日為止，ACA共售出9億900萬之系爭CDO。在2007年末，ACA本身開始遭遇財政窘境，約在2008年初，ACA與交易相對人簽訂了690億美元CDS之清算（Settlement）契約，其中約有260億美元是與2005-2006年間的系爭RMBS相關。

同樣遭受損失的荷蘭銀行（AMRO Bank N.V.），在2007年末則遭蘇格蘭家銀行（Royal Bank of Scotland）併購，同年8月7日，蘇格蘭皇家銀行為解除（Unwound）該契約支付8億4000多萬美元予高盛證券。

美國證管會第一聲明：美國1933年證券法第17條(a)項[11]

任何人經由州際商業之運輸或通訊之方法或工具、或經由郵件、募集或出售證券者，不得直接或間接：

(1)運用任何方法、計畫或手段而為詐欺；或

(2)以記載重要事項不實，或應記載之事項為避免導致誤解所必須記載之事項，於當時未與記載而取得金錢或財產，或

(3)從事某項交易、行為或業務之經營，而向或將向購買人為詐欺或隱瞞。

高盛證券和Tourre明知，或重大過失或過失不實陳述係爭CDO之產品條件內容摘要(Term Sheet)、產品條件內容說明書（Flip Book）和要約備忘錄（Offering Memorandum）等等。其中系爭CDO均揭露相關投資組合之選擇係由ACA所為，而未對於Paulson重要之地位予以揭露。這個未揭露之情事，直接影響IKB、ACA及荷蘭銀行經濟上之利益。

高盛證券與Tourre亦明知，或重大過失或過失誤導ACA相信Paulson投資於系爭CDO，並且當Paulson和ACA有利益衝突時，使ACA相信其利益與Paulson係一致。

---

[11] Securities Act of 1933, Section 17 -- Fraudulent Interstate Transactions

　a. Use of interstate commerce for purpose of fraud or deceit

　　It shall be unlawful for any person in the offer or sale of any securities or any security-based swap agreement (as defined in section 206B of the Gramm-Leach-Bliley Act [15 USCS § 78c note]) by the use of any means or instruments of transportation or communication in interstate commerce or by use of the mails, directly or indirectly--

　　1.to employ any device, scheme, or artifice to defraud, or

　　2.to obtain money or property by means of any untrue statement of a material fact or any omission to state a material fact necessary in order to make the statements made, in light of the circumstances under which they were made, not misleading; or

　　3.to engage in any transaction, practice, or course of business which operates or would operate as a fraud or deceit upon the purchaser.

美國證管會第二聲明：美國1934年證券交易法第10條(b)項[12]及管理規則10b-5任何人，其直接或間接利用州際商務工具，或郵件，或全國性證券交易所設備者，於買賣上市或非上市有價證券時，不得直接或間接地為下列各款行為：

1.利用任何方法、手段或詭計從事詐欺行為。

2.對重要事實作不實陳述，或省略某些重要事實陳述，以致在當時之情境下，能使他人產生誤導之效果。

3.從事任何會對他人產生詐欺或詐欺之情事的行為、業務、商業活動等。

二、高盛證券抗辯[13]

針對美國證管會所提出的聲明主張，高盛證券旋即做出回應。

高盛證券在本交易中也受有損失：本集團本身亦有9千萬美元的損失；收取費用為1500萬美元，我們也同蒙受損失，同時，我們也不可能設計一個讓我們自身虧損的投資組合。

---

[12] SEC Rule 10b-5:

"Rule 10b-5: Employment of Manipulative and Deceptive Practices":

It shall be unlawful for any person, directly or indirectly, by the use of any means or instrumentality of interstate commerce, or of the mails or of any facility of any national securities exchange,

(a)To employ any device, scheme, or artifice to defraud,

(b)To make any untrue statement of a material fact or to omit to state a material fact necessary in order to make the statements made, in the light of the circumstances under which they were made, not misleading, or

(c)To engage in any act, practice, or course of business which operates or would operate as a fraud or deceit upon any person,

in connection with the purchase or sale of any security."

[13] "Goldman Sachs Makes Further Comments on SEC Complaint" http://www.businesswire.com/news/home/20100416006143/en/Goldman-Sachs-Comments-SEC-Complaint最後瀏覽日2011-03-15，作者未以高盛證券官方網站為引註，實因該集團業將聲明由其關網撤下。

提供大規模資訊：對於IKB、ACA這兩位在CDO市場上經驗豐富的參與者，我們對於提供標的抵押權（Underlying Mortgage）大量之資訊，而這些投資人都了解系統性CDO需要同時有作多及作空之兩方。

ACA自行選擇投資組合：抵押權的投資組合是由獨立並且經驗豐富的代理人，經由多次討論而所為之選擇，其中包含Paulson。ACA在交易中曝險的金額是9億5100萬，因此它在選擇投資組合上也擁有最強烈的動機。

高盛證券從未告知ACA，Paulson將在交易中扮演看多之角色：SEC的文件中指稱本集團未揭露交易利益衝突涉嫌詐欺。但在一般商業交易中，並不揭露買賣雙方之身分，而本集團從未告知ACA，Paulson將在交易中扮演看多之角色。

三、和解書[14]

2010年7月14日，高盛證券與美國證管會簽下和解書！

其中，高盛證券沒有承認或否認美國證管會之主張，並同意下列事項：

(a)被告不得再違反1933年證券法第17條(a)；

(b)被告需支付歸入利益1500萬美元；

(c)另需支付基於證券法第20條(d)規定下5億3500萬美元之民事罰款；

(d)判決確定3年內，高盛證券必須同意遵守下列事項：

　　(1)改善內部對衍生性金融商品之覆核、同意程序；

　　(2)內部遵法及查核部門須對行銷資料予以檢視；

　　(3)強化外部諮詢單位對文件之審視；

　　(4)強化內部教育及訓練；

　　(5)被告出具上開事項確實遵守之承諾書。

當日，美國證管會執行董事（director of enforcement）在記者會上，

---

[14] *See* http://www.sec.gov/litigation/litreleases/2010/consent-pr2010-123.pdf最後瀏覽日2011-03-15

語重心長而言：「在美國證管會歷史上，對於單一金融服務業而言，5億美元的罰款是前所未聞。這個和解契約對華爾街上所有的事務所都是個震驚的教訓：金融商品不應過於複雜、沒有『太』專業的專業投資人、和沒有事務所能夠違反誠信對待及公平交易而不受懲罰的！」[15]

參、法律分析

一、證券詐欺訴訟

美國證管會所主張之1933年證券法第17條(a)項、1934年證券交易法第10條(b)項及管理規則10b-5，首先，在違反管理規則10b-5美國證管會必須舉證包含：(1)有重要內容之不實陳述（misrepresentation）或隱匿（Omission）；(2)與證券交易相關；(3)故意；(4)管轄範圍所及（jurisdictional means）[16]。其中關於重要內容（information to be material）係指，該資訊必須是遺漏未揭露將使一般合理投資人，在資訊之綜合判斷下，有重大決定之改變；[17]故意則是形容有意欺哄的意圖[18]，第二巡迴法院解釋故意包含重大過失（recklessness），一種「高度不合理」的行為，而該行為「表現出嚴重偏離應有之注意」。[19]

針對重要內容之不實陳述部分，在本案中，高盛證券於應揭露投資人真相時，欺騙或至少保持沉默以對。由起訴書中吾人可窺見，高盛證

---

[15] *See* SEWELL CHAN and LOUISE STORY, "Goldman Pays $550 Million to Settle Fraud Case", http://www.nytimes.com/2010/07/16/business/16goldman.html?_r=2&ref=fabricetourre最後瀏覽日2011-03-15

[16] *See* SEC v. Hasho, 784 F. Supp 1059, 1106, 1110 (SDNY 1992)

[17] *See* TSC Industries, Inc. v. Northway, Inc., 426 U.S. 438, 449(1976)

[18] *See* Ernst & Ernst v. Hochfelder, 425 U.S. 185, 193 noteb12 (1976)

[19] *See* SEC v. McNulty, 137 F.3d 732, 741 (2nd Cir. 1998)

券明知如無選擇資產組合代理人這個角色之存在，該交易恐無法存在。[20]而且，高盛證券亦明知，一旦揭露Paulson參與選擇資產組合之程序，銷售該系爭CDO將會非常困難。[21]就實際而言，高盛證券從未對ACA揭露Paulson意欲看空系爭證券之交易，而使ACA於受（不作為）詐欺之狀態下，誤Paulson為看多之地位而允許其參與交易。高盛證券也未揭露Paulson經濟上之利益，或是Paulson參與選擇資產組合之過程。[22]在針對重大內容部分，Paulson經濟上之利益和參與選擇資產組合之過程，相當明顯是實質上重要，亦即ACA一旦知Paulson與其利益自身並不一致，恐不同意由Paulson參與選擇資產組合之過程。[23]

高盛證券內部亦明知該行為並不適當，如該交易同時有Paulson和ACA之參與是「荒誕的」（surreal）[24]；「CDO業務已死，我們沒剩下多少時間」[25]；或是業務員形容該交易是「複雜、高度財務槓桿、奇異的交易……不需要完全了解意涵的怪物群」。[26]顯見高盛證券內部存在對前揭資訊明知而未告知之故意意圖。

甚有教授，以「如果吾人抽身於複雜的CDO商品，而專注於市場之

---

[20] *See* Complaint at ¶23

[21] *See* Complaint at ¶19

[22] *See* Complaint at ¶46,48.
其中，ACA曾對Paulson之角色感到「困惑」而對高盛證券之銷售代表提出質疑。此時高盛證券仍避而不答，作為應奉「誠信」為圭臬之金融機構而言，作者忍不住認高盛證券貪婪過界，但是ACA在角色扮演上亦有偏差，容後在敘。

[23] *See* Complaint at ¶45
雖多數從事證券法規律師認美國證管會所提出之22頁起訴書，算是相當有利之證據，但亦有持反對意見者。杜克大學法律系教授James Cox就認為起訴書中並無法證明高盛證券對於未揭露一事上，具有實質上重要性。
See Ashby Jones, "Goldman v. SEC: It's All About Materiality", http://blogs.wsj.com/law/2010/04/19/goldman-v-sec-its-all-about-materiality/最後瀏覽日2011-03-15

[24] *See* Complaint at ¶32

[25] *See* Complaint at ¶18

[26] *See* Complaint at ¶18

操作觀察,淺顯易懂而言,『有人設計了一個等著賠錢的商品,以合法的樣態愚弄中介機構ACA及不提供完整資訊地在市場上兜售。』」這樣義正詞嚴之話語形容高盛證券之作為。[27]

美國證管會之立場,似乎鏗鏘有力、擲地有聲,但實際上高盛證券所提出之數項論點,反駁亦是條理分明、頭頭是道。想當然爾,高盛證券先否認有涉任何詐欺之行為,Tourre甚至在國會上之證言[28],陳述「坦白說,我非常訝異ACA相信Paulson在交易中是採取看多姿態的。」

首先,高盛提出關於ACA地位之質疑。ACA是一位經驗豐富之專業投資人,如果投資組合確由Paulson所主導,何故ACA甘心購買4200萬美元之債券,及簽署9億900萬美元之CDS?ACA在市場上之評價應是較Paulson更加專業才是。

再者,美國證管會對於高盛證券未將交易對象揭露視為違反法規,但在交易慣例中,以不揭露交易對象應為常態。況且,高盛證券一旦揭露Paulson係交易之相對人,同時違反客戶資訊保密之義務。換言之,高盛證券此時將面臨雙重之法規困境,揭露Paulson為交易相對人時,則違反保密義務;不揭露Paulson為交易相對人時,則遭美國證管會指控揭露不足,涉嫌詐欺。

然作者竊以為,高盛所提出兩點矛盾,自非固不可搖。就第一點ACA之角色而言,ACA在全然信任高盛證券之心態下,確有可能疏於對系爭交易做出評估。不過,亦有論者以為[29],ACA身為市場專業投資人,

---

[27] *See* http://www.law.stanford.edu/display/images/dynamic/events_media/SEC%20Goldman%20Complaint%20Analysis_Joe%20Grundfest.pdf最後瀏覽日2011-03-15
本份資料,最令作者激賞,法律分析自不待而言,該名教授開宗明義於第一頁中陳明,他是Financial Engines之共同發起人及董事,而該公司最近之IPO係由高盛證券承作,所以他是對於高盛證券「有手下留情的動機」。但他同時也曾是美國證管會之成員,所以對於前工作同僚,也有偏頗之虞。這樣的「陳明」,正符合文後所欲討論之利益衝突之「資訊揭露」,而該教授立下典範。

[28] *See* TESTIMONY OF FABRICE TOURRE, Before the Permanent Committee on Investigations, Untied State Senate, April 27, 2010, at 2,3.

[29] *See* Jody Shenn and Joshua Gallu, "Goldman Sachs SEC Case May Hinge on

如此粗心，不應以其遭受損失，而即不予追究。以ACA全心信賴高盛證券之前提下，該情況並非不可能，且更加彰顯高盛證券受如此信賴，但卻未替同為客戶之ACA考量其經濟利益之缺失。再者，資訊保密之兩難部分，作者認為純屬推託之詞，最終考量將回到根本「利益衝突」之問題。

二、利益衝突

在本交易中之利益衝突地位或可顯而易見，高盛證券隻手替Paulson承作避險業務之機構，該商品對高盛證券及Paulson而言，不可諱言確實設計來「等著賠錢」的；另手又將該商品經由ACA的「名聲漂白」，包裝經由中立第三人所評估、挑選，再行出售給IKB等機構，雖說誠如高盛證券所辯白，衍生性金融商品本即須有作多與作空之兩方，契約始有成立之可能，致當ACA選擇參與高盛證券發行系爭CDO時，就應有「市場有人看空」之預想。但本案真正癥結，亦是令人咬牙切齒之處，在於高盛證券「明知」Paulson看空，而「ACA及IKB等看多」，企圖以「中介」之無辜角色，置身事外，雙方代理[30]，視金融機構應高舉的信賴義務（Fiduciary Duty）為無物。

易言之，當高盛證券承作Paulson的避險業務後，一旦買方與賣方利益不同時，高盛證券所應負擔信賴義務之對象究竟為何？正因利益衝突之存在，使吾人有「行為偏頗」之懼，始為美國證管會著眼要求「揭露交易對象」之資訊[31]，交由潛在交易相對人自行判斷「行為偏頗」之可能，進

Meaning of Word 'Selected' ",http://www.businessweek.com/news/2010-04-18/goldman-sachs-sec-case-may-hinge-on-meaning-of-word-selected-.html最後瀏覽日2011-03-15。其中Larry Ribstein，伊利諾大學法律系教授之訪談。

[30] 雙方代理所產生潛在一方之利益可能高於另一方，當利益分配不當、不公或這個地位遭濫用時，問題就會產生。See Harry McVEA, Financial Conglomerates and the Chinese Wall: Regulating of Interest, Clarendon Press. Oxford (1993), at pp28-29.

[31] See http://www.sec.gov/litigation/litreleases/2010/lr21592.htm最後瀏覽日2011-03-15

而維護市場公平與秩序。就此而言，高盛證券所提出之相關抗辯，恐相形薄弱。

　　本案之所以引起金融市場一片譁然之因，在於本交易所涉之關係人，在在均是在市場上公認的「專業」。誠如學者所提出之質疑一般[32]，ACA身為專業之投資機構，豈能猝然高舉「信賴」之旗，對於專業判斷不加予深究，受有損失本身不代表無過失，ACA之責亦應予以追究。

　　猶記得同樣這個利益衝突的問題，曾以不同面相出現在拙著論文當中，時值2007年，正是本案之時空背景下，論文口試教授還曾經提出，如果有一家銀行，設計出一個根本不可能賺錢的商品…在大家一言一語討論後，得出「應該不會發生這種事情」的結論[33]。殊不知，這樣的情節就活生生血淋淋地正在發生，今日看來，當時，吾人不但高估金融從業人員在「職業道德」上的期待，也對自己「天真」想來慚愧。

　　在投資界，一直有一句名言「不懂的東西不要碰」，這句話多少人奉為名言圭臬。本案之所以可以扮演舉足輕重的角色，亦在於，對於專業投資人，法規、社會通念都有既定成見認為「他們懂」，但是當衍生性金融商品已經發展到「走火入魔」般地複雜時，誰人能「真正懂」？懂80%算懂，懂50%算不算，懂或不懂，那法規需不需要保護所謂「專業投資人」？保護的界線又畫在哪裡？

---

[32] *See* Jody Shenn and Joshua Gallu, "Goldman Sachs SEC Case May Hinge on Meaning of Word 'Selected' ",http://www.businessweek.com/news/2010-04-18/goldman-sachs-sec-case-may-hinge-on-meaning-of-word-selected-.html最後瀏覽日2011-03-15，其中伊利諾大學法律系教授Larry Ribstein之訪談。

[33] 金融商品本身是「設計來賠錢」的缺失在證明上有相當大之難度，Financial Times就使用缺乏"Smoking gun"，這樣生動之字眼，來形容美國證管會將會面臨舉證高盛證券及Tourre誤導（Misled）IKB等交易相對人時，所將面臨之困難。*See* John Gapper, "SEC has its work cut out in Goldman case" http://www.ft.com/cms/s/0/e3ad8ab4-4b49-11df-a7ff-00144feab49a.html最後瀏覽日2011-03-15

三、衍生性金融商品管制之新視野

在金融風暴如火如荼之際，衍生性金融商品儼然成為眾矢之的，當美國總統歐巴馬在2010年7月21日簽署金融改革法案[34]，開啟美國一連串改革之路。[35]該法案著重兩面向(1)在以資產為基礎之證券化商品之信用風險；(2)投資人評估風險之能力。[36]

在美國發布金融改革後，歐盟在投資人的保護也發布了AIFM Directive[37]（Directive on Alternative Investment Fund Managers, AIFM），著重在於(1)報告和資訊揭露義務：對於投資人（包含潛在投資人）揭露相關資訊，包含投資策略、費用等等；(2)針對投資槓桿比率之限制；(3)資產託管等等…但層層的保護和限制，連專業投資人都大聲疾呼，這樣的法規範究竟有沒有考慮到投資人需不需要被保護？主管機關如何會比業者更了解投資決策的過程，而予以規範？[38]這樣的批評，是時值美國業已發生本案之時空背景下，但業者卻大聲以"Caveat Emptor"要求自負盈虧，並且提出，當歐盟在衍生性金融商品所為之管控過於嚴格時，等同變相使歐洲銀行將衍生性金融商品業務移往非歐盟區域。[39]

相較之下，美國針對衍生性金融商品繁複的規定，一來基於2007年所延燒的金融風暴，始作俑者脫離不了華爾街金童們的複雜算計；再者，

---

[34] *See* http://www.gpo.gov/fdsys/pkg/BILLS-111hr4173enr/pdf/BILLS-111hr4173enr. pdf最後瀏覽日2011-03-15

[35] 有關美國金融改革法案之相關文獻，這半年來法律事務所、會計師事務所、坊間雜誌等等均有所論述，在本文之中該議題僅為附帶，並非文中重點，就且容作者不多加以著墨。

[36] *See* David Spencer, "Missing the point", IFLR, November 2010, at 40.

[37] *See* http://europa.eu/rapid/pressReleasesAction.do?reference=IP/09/669&format =HTML&aged=0&language=EN&guiLanguage=en最後瀏覽日2011-03-15

[38] *See* Christian Parker and associate Karen Stretch, "Leave us alone", IFLR, December/ January 2011, at 46.

[39] *See* Id., at 47.

美國金融體系，畏懼於太大而不能倒（To Big To Failed），不少金融機構扮演「伸手牌」地接受美國政府挹注，美國政府大剌剌將手伸進各個金融機構、介入其決策，處處下指導棋，恐有其正當性可言。[40]但在歐盟體性中，所衍生的問題，不乏是成立歐盟所遺留下來的根本問題。[41]在這種氛圍下，歐盟對專業投資人投資衍生性金融商品的管理，立論也難免被提出「Leave Us Alone」這樣尖銳又嘲諷的話語。

肆、結論

「亙古不變，難解愁」，這樣的話語來形容利益衝突的存在，是作者所能想到最令人「斷魂」的結語，在金融機構從多角化經營開始，搭配人性貪婪的本質，利益衝突就從來都沒有解決之道。如同婚姻中的外遇，始終起源於不滿足的貪婪本性，而在解決利益衝突中，有倡議使用「資訊揭露」（Disclosure）及中國牆（Chinese Wall），但如同婚姻制度中，在身分證背後書上配偶大名或登記制度般，對於事件之本質，並非根本解決之道。

資訊就是力量，它可以賦予決定的資訊和保護利益。但是在「資訊揭露」發展到如火如荼的今日，這些過於嚴謹而細緻的資訊揭露要求可能造成耗費過多成本，對一般投資大眾而言，可能又有資訊過載的問題。[42][43]

---

[40] 有關美國金融機構紓困部分，恩師在本書中有精闢之分析，愚生便不在此班門弄斧。

[41] *See* NELSON D. SCHWARTZ, "In and Out of Each Other's European Wallets", http://www.nytimes.com/2010/05/02/weekinreview/02schwartz.html?_r=1最後瀏覽日2011-03-15

Also *See* http://www.nytimes.com/interactive/2010/05/02/weekinreview/02marsh.html?ref=weekinreview最後瀏覽日2011-03-15

[42] 林育廷，「證券從業人員之專業責任-Brokers or Advisers」，月旦民商法雜誌，第22期，頁89。

[43] *See* Susanna Kim Ripken, "THE DANGERS AND DRAWBACKS OF THE

過多的資訊，將使投資人對於資訊揭露的敏感度降低，同時誰來替投資人決定「重要」所以需要揭露？將次次「出包」之部分，一再疊架上資訊揭露的樹屋，而投資人這棵大樹，究竟能乘載多少重量？當投資人乘載不住時，壓垮的是無知的投資人？卸責的金融機構？或是無能的決策？

利益衝突的另一個解決之道，是傳統限制資訊流動的「中國牆」，其重點在資訊之管制，故或有稱「資訊防火牆」，主要係在隔絕或阻斷綜合性金融機構內部因洩漏敏感資訊所導致的利益衝突弊端。[44][45]這樣的管道看似可行，但是一旦加上利益衝突的根本問題，「人性貪婪」。再如何堅固的銅牆鐵壁防火牆，貪婪的人性總有辦法找到微渺的縫隙，趁虛而入，合法的規避法規，甚或不合法之資訊流動，都是人性貪婪所驅使下無法避免的結果。況且，資訊防火牆，如果張牙舞爪地四處建立，不也就使企業擴張整併，綜合各部門促使資訊有效利用而欲達成綜效之意，付之闕如。

至此，利益衝突看似跟外遇一樣令人絕望，而且防不勝防嗎？作者在拙著論文[46]中有強調，貪婪是人性，適當且適法的貪婪，活絡了經濟的脈動。同時，要求金融機構為國為民、拋頭顱又灑熱血般地犧牲奉獻，並非一個金融從業人員能為，或是應該為，同時也是一種陳意過高的道德呼喚。但是，若以發揮自律的精神，永續經營的態度經營業務，既可避免紛爭又可長久經營，贏得了「誠信」對金融機構而言，應該是使路更長、更寬、更遠的無形資產。

DISCLOSURE

ANTIDOTE: TOWARD A MORE SUBSTANTIVE APPROACH TO SECURITIES REGULATION", 58 Baylor L. Rev. 139, 160 (2006)

[44] 孫玉嬌，「論金融資產證券化與利益衝突之監理——以『共同信託金』為中心」，中原大學會計研究所碩士論文，2002年5月，頁107。

[45] *See* Harry McVEA, Financial Conglomerates and the Chinese Wall: Regulating of Interest, Clarendon Press. Oxford (1993), at pp122~123.

[46] 謝梨君，「試從比較法觀點探討銀行辦理『財富管理』業務相關法律問題」，東吳大學法律系法律研究所碩士論文，2007年5月，頁160。

【附件一】Abacus 2007-AC1相關數據

表15-1   2007年秋，10檔績效最差CDO排行

CDO名稱	管理人 （Manager）	承銷銀行 （Bank Underwrite）	規模 （in Billion）	遭信評降級債 券數
Static Residential Trust 2006-C	Deutsche Bank	Deutsche Bank	0.75	98%
Static Residential Trust 2006-B	Deutsche Bank	Deutsche Bank	1	96%
Abacus 2007-AC1	ACA Management	Goldman Sachs	0.61	84%
Octonion CDO	Harding Advisory	Citigroup	2.4	81%
Adams Square Funding I	Credit Suisse Alternative Capital	Credit Suisse	0.17	80%
TABS 2006-6	Tricadia CDO Management	RBS Greenwich Capital	1.4	79%
TABS 2006-5	Tricadia CDO Management	UBS	1.5	75%
Glacier Funding CDO V	Terwin Money Management	Merrill Lynch	0.49	74%
Orion 2006-2	NIBC Credit Management	Calyon	1.6	73%
ACA ABS 2006-2	ACA Management	Bear Stearns	0.75	73%

資料來源：紐約時報[47]，作者修改及翻譯

---

[47] http://www.nytimes.com/imagepages/2009/12/24/business/24trading_graphic.
html?ref=business最後瀏覽日2011-03-15

表15-2 Paulson由Abacus 2007-AC1違約債權群組中之獲利金額

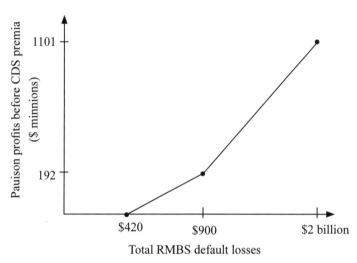

How Paulson Profited Mortgage Default Losses on
ABACUS 2007 AC-1 Collatera Pool

For illustration only, by D. Duffie, April 2010

【資料來源】：http://www.law.stanford.edu/display/images/dynamic/
events_media/ABACUS%202007%20AC-1%20Deal%20 Str
ucture%20and%20Investment%20Incentives_Darrell%20Duff
ie.pdf最後瀏覽日2011年3月15日

【附件二】本案相關衍生性金融商品運作之方式

本案中，如果除去複雜衍生性金融商品的運作，其實可以由簡單的雙方代理之利益衝突切入，但是，之所以本案之中雙方代理之角色會受如此重大之譴責，勢必須要深入系爭商品之運作。但作者畢竟本學非商，寫在本文之中唯恐自曝其短，只敢在附件中「拾人牙慧」，企使用幾個淺顯易懂之圖，試著說明複雜的衍生性金融商品之運作。

CDO（Collateralized Debt Obligation）是一種「證券化再證券化」的商品。

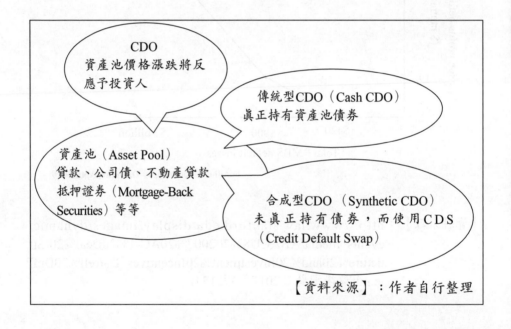

CDO 資產池價格漲跌將反應予投資人

傳統型CDO（Cash CDO）真正持有資產池債券

資產池（Asset Pool）貸款、公司債、不動產貸款抵押證券（Mortgage-Back Securities）等等

合成型CDO（Synthetic CDO）未真正持有債券，而使用ＣＤＳ（Credit Default Swap）

【資料來源】：作者自行整理

傳統型CDO（Cash CDO）

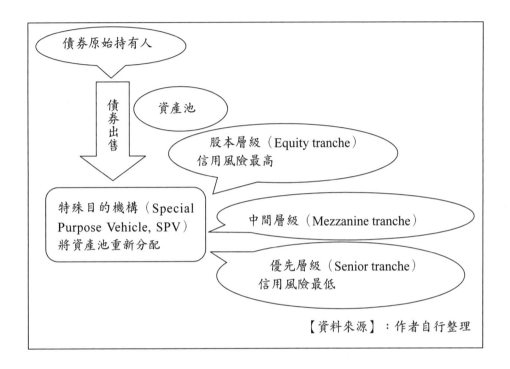

【資料來源】：作者自行整理

　　傳統型CDO係由債券之原始持有人（如銀行等）將其債權（例如銀行貸款、房屋貸款證券），實際出予所謂「特殊目的機構」（Special Purpose Vehicle，下稱SPV），再由SPV依其所獲得之債權資產池，重新規畫分配其現金流，並藉以發行不同信用品質層級（tranches）之分券。當「信用事件」（Credit Events）發生時，信用品質越低之層級，就越先分攤違約之金額，直到分完該層級全部債券面額（即該層級投資人損失全部本金）後，再依序依層級之信用品質向上分攤，至違約金額全數分攤完畢為止；故越先分攤違約金額之層級，其信用風險越高，越後分擔違約金額者，其信用風險越低。一般稱信用風險最高之層級為「股本層級」（Equity tranche），信用風險最低者為「優先層級」（Senior tranche），介於上述二者中間者為「中間層級」（Mezzanine tranche）。[48]

---

[48] 劉天業，美國證管會控告高盛證券案解析，證交資料584期，頁7〜9。

合成型CDO（Synthetic CDO）

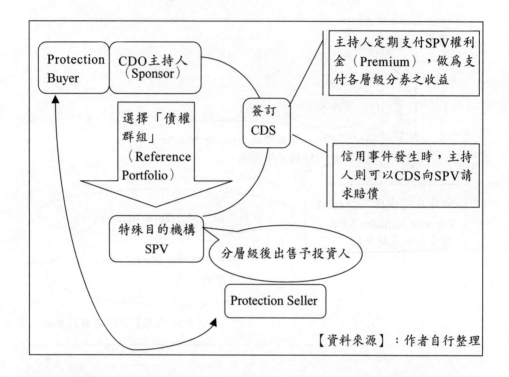

【資料來源】：作者自行整理

　　合成型CDO之架構方式，和傳統CDO最大差別在於債權組合之原始持有者，即合成型CDO之主持人（Sponsor），並未將其債權移轉予SPV，故合成型CDO之SPV並未持有合成型CDO之債券組合。合成型CDO之主持人會「選定」一債權群組，稱為「連結債權群組」（Reference Portfolio），並以該參照債權群組為標的，與一SPV訂定信用違約交換合約（Credit Default Swap, CDS），主持者依CDS契約須定期支付SPV一筆固定金額，稱之為權利金（Premium），當沒有任何信用事件發生時，此筆權利金即全數由該SPV收取並作後續分配至各層級分券之收益；當發生「信用事件」時，主持者即可依契約向SPV要求全額或部分的賠償，而SPV則依照CDO違約風險之分擔原則，由信用品質之分券先行分攤違約金額。故形式上，合成型CDS係主持者與SPV訂定CDS，但實際上係主持者為其指定之「連結債權群組」購買信用違約避險，主持者為避險買方

（Protection Buyer），CDS投資人為避險賣方（Protection Seller），藉此將「連結債權群組」之信用風險移轉至合成型CDO各層分券之投資人。[49]

　　在本案之中，Paulson所欲使用之避險工具即屬合成型CDO，而將其所選擇之RMBS（即上圖之Reference Portfolio）風險移轉，但高盛證券卻涉嫌隱瞞該Protection Buyer為Paulson，雖說由前揭CDO之操作本質，確實需要同時有看空與看多之兩方，契約方有成立之可能。但是高盛證券卻涉嫌以ACA之名聲，「漂白」Paulson參與選擇Reference Portfolio之過程，未對該部分之利益衝突予以揭露，以助Paulson避險之目的。

---

[49] 劉天業，美國證管會控告高盛證券案解析，證交資料584期，頁9～10。

參考文獻

一、專書

1.Coffee, John C.JR, Securities Regulation, Thomson (9th ed. 2003)

2.McVEA, Harry, Financial Conglomerates and the Chinese Wall: Regulating of Interest, Clarendon Press. Oxford (1993)

二、論文

1.林大鈞，「論金融控股公司之經營控制與利益衝突之防免─試以『開發金併購金鼎證案』及『中信金併購兆豐金案』探討之」，東吳大學法律系法律研究所碩士論文，2007年1月。

2.李曜崇，從比較法觀點探討我國資訊防火牆（中國牆）之法律佈局，私立中原大學財經法律系研究所碩士論文，2002年

3.孫玉嬌，「論金融資產證券化與利益衝突之監理──以『共同信託基金』為中心」，中原大學會計研究所碩士論文，2002年5月。

4.謝梨君，「試從比較法觀點探討銀行辦理『財富管理』業務相關法律問題」，東吳大學法律系法律研究所碩士論文，2007年5月。

三、期刊

1.Parker, Christian and associate Karen Stretch, "Leave us alone", IFLR, December/January 2011

2.Ripken, Susanna Kim, "THE DANGERS AND DRAWBACKS OF THE DISCLOSURE ANTIDOTE: TOWARD A MORE SUBSTANTIVE APPROACH TO SECURITIES REGULATION", 58 Baylor L. Rev. 139 (2006)

3.Spencer, David, "Missing the point", IFLR, November 2010

4.林育廷，「證券從業人員之專業責任-Brokers or Advisers」，月旦民商法雜誌，第22期。

5.覃正祥，剖析高盛公司被民是詐欺起訴案（上）、（下），證券暨期貨月刊，第28卷第11、12期。

6.劉天業，美國證管會控告高盛證券案解析，證交資料584期。

四、報紙

1.GRETCHEN MORGENSON and LOUISE STORY, "Banks Bundled Bad Debt, Bet Against It and Won", http://www.nytimes.com/2009/12/24/business/24trading.html

2.LOUISE STORY and SEWELL CHAN, "Goldman Cited 'Serious' Profit on Mortgages", http://www.nytimes.com/2010/04/25/business/25goldman.html

3.DAVID BROOKS, "The Goldman Drama" http://www.nytimes.com/2010/04/27/opinion/27brooks.html

3."Goldman Sachs Makes Further Comments on SEC Complaint" http://www.businesswire.com/news/home/20100416006143/en/Goldman-Sachs-Comments-SEC-Complaint

4.SEWELL CHAN and LOUISE STORY, "Goldman Pays $550 Million to Settle Fraud Case", http://www.nytimes.com/2010/07/16/business/16goldman.html?_r=2&ref=fabricetourre

5.Ashby Jones, " Goldman v. SEC: It's All About Materiality",http://blogs.wsj.com/law/2010/04/19/goldman-v-sec-its-all-about-materiality/

6.Jody Shenn and Joshua Gallu, "Goldman Sachs SEC Case May Hinge on Meaning of Word 'Selected' ",http://www.businessweek.com/news/2010-04-18/goldman-sachs-sec-case-may-hinge-on-meaning-of-word-selected-.html

7.John Gapper, "SEC has its work cut out in Goldman case" http://www.ft.com/cms/s/0/e3ad8ab4-4b49-11df-a7ff-00144feab49a.html

8.NELSON D. SCHWARTZ, "In and Out of Each Other's European Wallets", http://www.nytimes.com/2010/05/02/weekinreview/02schwartz.html?_r=1

9.http://www.nytimes.com/interactive/2010/05/02/weekinreview/02marsh.html?ref=weekinreview

五、官方文獻

1.http://www.sec.gov/litigation/complaints/2010/comp-pr2010-59.pdf

2.http://www.sec.gov/litigation/litreleases/2010/consent-pr2010-123.pdf

3.TESTIMONY OF FABRICE TOURRE, Before the Permanent Committee on

Investigations, Untied State Senate, April 27, 2010

4.http://www.sec.gov/litigation/litreleases/2010/lr21592.htm

5.http://www.gpo.gov/fdsys/pkg/BILLS-111hr4173enr/pdf/BILLS-111hr4173enr.
pdf

6.http://europa.eu/rapid/pressReleasesAction.do?reference=IP/09/669&format=
HTML&aged=0&language=EN&guiLanguage=en

六、CASE

1.SEC v. Hasho, 784 F. Supp 1059, (SDNY 1992)

2.TSC Industries, Inc. v. Northway, Inc., 426 U.S. 438, (1976)

3.Ernst & Ernst v. Hochfelder, 425 U.S. 185, (1976)

4.SEC v. McNulty, 137 F.3d 732, (2nd Cir. 1998)

七、其他資料

1.http://www2.goldmansachs.com

2.http://en.wikipedia.org/wiki/Main_Page

3.http://www.law.stanford.edu

第十六章 一山不容二虎——「國票金」併「大都會人壽」引發委託書之爭

王喬立、林俊宏、楊育靜

王喬立

台南人，嗜讀推理小說，期待自己能擁有書中主角如喬‧利風的沉著冷靜、馬修‧史卡德的硬漢性格以及柏尼‧羅登拔遊戲人間的態度。

林俊宏

幻想著自己乃郭靖、小龍女之輩，學會「分心二用，雙手互搏」之術，憑藉著九陰真經的內功心法，左手使著會計派的天山折梅手，右手使著法律家的六脈神劍，並非盼著華山論劍之期，只願有朝悟出「隨心所至，畫方成方，畫圓成圓」的功夫以傳世。

楊育靜

「努力，不一定會成功；但是不努力，一定不會成功」慶幸自己能夠順利擺脫國考的艱辛路，翱翔在屬於自己的天空，現在只想多元的學習與吸收，樂觀的面對人生的各種可能性。

大事紀

一、新聞報導

時間	來源	版次	主要報導內容
2008/2/18	經濟日報	A2	國票金兩大民股耐斯集團和台灣金聯董事長洪三雄掌握的股權都在兩成以上，雙方勢均力敵。為了打贏今年的委託書一役，耐斯已經與委託書大王張永祥、台總等簽約；洪派則獲得元大、台証、日盛、群益等券商通路的支持。
2008/5/20	經濟日報	A5	國票金將於6月27日召開股東會改選董監，兩大陣營最近將公告委託書徵求人團和董事名單，據了解，耐斯和洪陣營這次都將提出八席董事，力爭董事會三分之二席次。其中耐斯的董事名單與三年前相當，為東元、國證投資、央保、資通國際和耐斯開發等；洪三雄陣營這次規劃名單則以美麗華集團為主，三年前擔任董事的台產因為金管會要求保險公司必須獨立，將不會擔任徵求人或董事。
2008/5/21	經濟日報	A13	國票金經營權之戰從去年底公股公開釋股，一路打到徵求委託書。兩大民股陣營耐斯集團和台灣金聯董事長洪三雄陣營，目前持股勢均力敵，除了繼續爭取保險業股東支持，委託書徵求結果也是關鍵。目前委託書還未寄發，市場卻已傳出有券商喊出每張1,000元的天價徵求，刷新三年前國票金董監改選前每張650元的紀錄。
2008/5/24	經濟日報	A4	陳哲芳和黃春發兩大陣營（23）日「大和解」，分別以耐斯團隊及德安團隊代表人名義共同發表聲明，表示鑑於委託書價購傳聞甚囂塵上，兩個團隊的徵求人團決定在股東會通知書尚未發出前，立即撤回徵求，未來將共治國票金，並平均分配11董、三監的席次。
2008/5/25	聯合晚報	B6	國票金今日召開股東常會，順利完成董監改選，如市場原先預期由耐斯集團及洪三雄陣營瓜分，在事先協商下，各得董事席次5席與6席（含獨董），監察人則各派駐2席及1席，國票金原任董事長劉維琪會後證實，不會接任該金控總座職務，但若兩方大股東同意，將續任票券子公司董事長，而新任董事會最快下周召開。
2008/7/11	經濟日報	A4	國票金控昨日舉行股東會後首次董事會，順利通過前台灣金聯董事長洪三雄擔任選金控董事長；至於總經理一職，兩大股東德安和耐斯集團達成協議，由原金控總經理劉邦義續任。

時間	來源	版次	主要報導內容
2009/11/24	經濟日報	A13	外商壽險公司陸續撤出台灣，美商大都會人壽在台子公司大都會國際人壽也傳待價而沽，市場點名潛在買家包括中信金和國票金兩家金控。國票金控昨日表示，確實在評估。
2009/12/12	經濟日報	A6	國票金董事會昨日通過，將對大都會人壽進行第二階段議價與實地查核作業。
2010/1/21	聯合報	AA2	大都會人壽標售案，國票金控原先出價最高，後來因為殺出台灣人壽搶親，目前標售案還在進行。
2010/1/23	聯合晚報	B5	大都會人壽給予國票金5天的加價期限，但國票金已決定不再召開臨時股東會加碼，將維持原先1.15億美元不變。
2010/1/27	經濟日報	A13	大都會人壽標售案，已進入最後議價階段。據傳大都會人壽給予國票金控獨家議價權，並訂今日議價，最快本月底可敲定買家。國票金控出價37億元，不是出價最高者，但國票金願意全數以現金支付，較符合大都會人壽的需求。
2010/2/2	經濟日報	A13	大都會人壽標售案，再度殺出新買家。東南旅行社董事長黃正一，以東南集團名義直接向美國大都會人壽表態標購，且出價高於國票金的1.15億美元（新台幣37億元）。
2010/3/25	經濟日報	C2	國票金決定6月25日召開股東常會，由於國票金收購大都會人壽股權案，並非合併案，因此談判收購大都會人壽不必列入股東常會議程。
2010/4/1	經濟日報	A15	國票金昨日已完成對大都會人壽的實地查核，雙方並就收購價格達成協議，國票金預定4月初召開臨時董事會通過收購案，之後再報金管會核准後執行。
2010/4/19	聯合晚報	B2	國票金控上午召開臨時董事會通過將以1.125億美元的價格向美商大都會人壽購買大都會國際人壽公司全部股份，略低於原先預估的1.15億美元。
2010/4/20	經濟日報	A4	國票金計劃併購大都會人壽，由洪三雄主導，據了解，耐斯集團一直持反對立場，昨天臨時董事會中，最後只好動用表決。泛耐斯集團董事及監察一致反對，泛耐斯集團董監希望金管會在審查此案時能特別注意，以確保股東權益。
2010/4/27	經濟日報	A13	惠譽信評昨日指出，併購案可能對國票金的資本強度造成壓力，決定將國票金及子公司國票、國票證的信用評等都置入負向觀察名單（指未來可能調降信評）。
2010/5/4	經濟日報	A15	洪三雄昨日率領一級主管赴金管會簡報併購大都會國際人壽案，其表示國票金併購大都會人壽後，財務狀況仍然相當健全，未來五年都沒問題。

時間	來源	版次	主要報導內容
2010/5/11	經濟日報	A4	代表耐斯集團的國票金董監事昨日召開記者會，指併購大都會，會讓國票金未來五年虧損百億元以上，籲請國票金停止併購。代表國票金大股東洪三雄陣營的美麗華大飯店和領航集團，也不甘示弱，今日將在報上發表公開聲明，強調國票金沒有「兩大股東」，只有「大股東」與「小股東」，請相關人士還給國票金一個乾淨的經營空間。代表耐斯陣營的國際票券董事長劉維琪昨日突然請辭國際票券董事及國票金董事職位。
2010/5/11	聯合晚報	A3	國票金控上午召開臨時董事會，會中通過國票金董事兼國際票券公司董事長劉維琪請辭案，改派林合民律師接任董事，並由國票金控董事長洪三雄暫兼國票董事長。
2010/5/12	經濟日報	A4	國票金控昨日召開臨時董事會，通過建請股東會解任耐斯集團的三席董事和兩席監察人。這是國內第一次有上市櫃公司透過股東提案權，解任敵對陣營的董監事，金管會表示董事會依法可通過在股東會提案解除對方董監職務，但公司應該考量此舉是否恰當且是否符合社會觀感，金管會將觀察事件發展，擬定未來通案處理原則。 耐斯集團高層昨日表示，對方要達到這樣的目的，要花很高的代價。耐斯集團將持續增加持股，明年國票金董監改選，會爭取更多董監席次。
2010/5/12	聯合晚報	B1	國票金控因兩派大股東對購併大都會人壽歧見擴大，導致雙方內鬨加深且浮出檯面，明年才進行的董監改選戰火，已提前在今年開打，股權成為兩派人馬最後決勝負致命關鍵，在停止過戶日後，兩派人馬火轉向股東會委託書徵求戰，成為兩派人馬誰能勝出的重要關鍵。
2010/5/13	經濟日報	A15	耐斯集團表示，德安集團、台產領航集團偽裝國票金小股東，提案解任耐斯團隊三席董事及二席監察人，金管會應立即遏止此脫法行徑。耐斯集團派駐國票金控的董事代表表示，國票金控董事長洪三雄在董事會強行通過聘請丁遠超、楊建綱擔任國票金控顧問，且每月各支領10萬元顧問費，比監察人酬勞更高，可能是想藉此影響大都會人壽收購案。 洪三雄昨日指出，併購大都會國際人壽是商業判斷，沒有對錯，整個決策過程透明公開，投資風險都對外揭露，併購效益也經過專家精算分析。針對國票金控兩派股東陣營因併購大都會國際人壽案決裂，董事之一的東元董事長劉兆凱昨天在上海透過越洋電話表示，已經向國票金董事會表達辭去董事職務的意願，「因為這不是東元的本業」，是之前的業外投資。至

時間	來源	版次	主要報導內容
			於是否出售國票金持股，則要召開東元董事會討論。東元持股比率雖然不高，若出脫持股，大股東洪三雄陣營與耐斯集團間可能都有意購買，以爲未來董監事改選增加籌碼。
2010/5/18	經濟日報	A13	針對金管會道德勸說國票金大股東撤銷提案，國票金發言人昨日表示，這是大股東的事情，公司經理人無法回答此問題，目前國票金財務業務一切都正常運作。據了解，兩邊大股東在金管會勸說下，已進行協商。
2010/5/24	聯合報	AA2	國票金內戰還沒結束，預期主戰場是正在標售中的國華人壽，據傳因爲國華人壽是國票金最大股東，持股比率8.46%，洪派持股不到2%，陳派僅7%，若買下國華人壽，也等於拿下國票金經營主導權。
2010/5/25	經濟日報	A13	國票金董事長洪三雄派的董事擬於周三召開董事會，討論現金增資20億元；耐斯集團則認爲，併購大都會國際人壽案未釐清前，現金增資是罔顧股東權益，將反對到底。
2010/5/25	聯合晚報	B2	國票金委託書戰一觸即發，目前市場已喊出委託書一張價碼超過500元，甚至今早美麗華、領航集團再次刊出大篇幅廣告要求耐斯集團「以和爲貴」出席明日董事會，並暗示只要對方出席董事會，將交換撤除前次董事會小股東提案的「解任案」。 耐斯集團認爲，在公司尚無法清楚釐清購併案可能引發309億元負債疑慮前，不可能接受20億元的增資案，尤其美麗華集團將以6：4「多數暴力」強勢通過20億元的現金增資案，爲了保護全體股東權益，將以合法的抵制方式，拒絕出席明天的董事會，讓董事出席人數不及三分之二，自動失效。
2010/5/26	經濟日報	A17	國票金控將於6月25日召開股東會，本次國票金股東會雖未改選董監，解任、增資與合併大都會人壽三大議案，卻讓委託書大戰精彩可期。爲反制解任、現增案及合併大都會人壽案，耐斯集團針對本次股東會推出17位徵求人，希望拿下過半數持股的委託書，通路方面則是爭取委託書大王張永祥的全通事務。至於洪三雄陣營則推出無徵求上限的徵求人團，希望讓三大案順利過關。
2010/5/27	經濟日報	A17	國票金昨日召開董事會討論20億元現金增資案，耐斯集團三名董事及東元代表董事均缺席，因未達三分之二董事出席門檻，無法討論增資案。國票金表示，爲尊重股東意見，已將「購買大都會人壽案」列爲股東會討論案，讓全體股東有機會參與決策。國票金兩派股東決裂，各自展開委託書徵求，洪三雄陣營因具有

時間	來源	版次	主要報導內容
			股權優勢，日前登報強調不會以「價購方式」徵求委託書，但請股東支持「增資案」、「購買大都會人壽案」與「解任案」。
2010/5/28	經濟日報	A17	金管會昨日以國票金董事會議事錄未詳盡記載部分董監討論意見爲由，對國票金負責人洪三雄開罰24萬元。
2010/6/12	經濟日報	A12	國票金兩大股東爲了投資大都會人壽一案決裂，洪三雄陣營擬在25日股東會提案解任耐斯集團指派的董監事。原本勸說「以和爲貴」的金管會，態度轉趨強硬，已要求洪三雄陣營撤案。
2010/6/19	經濟日報	A12	國票金兩大股東之爭，在金管會介入下，洪三雄陣營昨日撤回最具爭議的「董監事解任案」及「增資案」；但引起兩派股東反目的「投資大都會人壽案」仍列在股東會討論事項。國票金兩大股東陣營正大打委託書徵求戰。
2010/6/25	聯合晚報	B1	國票金今天召開股東會，出席率約68%，購併大都會人壽案，在洪三雄爲主的美麗華、台產、國華人壽等，加上徵求來的委託書加持下，強渡關山獲得通過，持反對意見的耐斯集團，認爲這是違法議案，將提出訴訟，並要求撤銷對大都會人壽的購併案。
2010/6/26	經濟日報	A6	耐斯集團認爲，洪三雄陣營對外公布持股比重達27%，卻未向主管機關申報，未申報股權依法不具投票權，對股東會通過議案的合法性存疑。
2010/7/2	聯合報	AA1	金管會將高規格檢驗國票金併購大都會人壽一案。官員說，國票金送件審查併購案時必須說清楚未來發展策略，例如專業經營團隊、併購資金來源，併購案對國票金集團財務的影響與衝擊。
2010/9/10	經濟日報	A19	金管會開出兩條件，希望國票金大股東須合意及證明未來增資能力，才能送件申請，但國票金和大都會契約10月下旬便到期，讓國票金備感壓力。
2010/9/22	經濟日報	A17	國票金本周向金管會遞件申請併購大都會人壽案，金管會將在15日內完成審查，審核重點包括併購後的增資能力等，准駁結果將在下月初揭曉。
2010/10/7	經濟日報	A4	金管會前天決定駁回國票金併購大都會人壽案，並在昨天公告不予核准的四大項因素。

二、國票金公告之重大訊息一覽表

時間	內容
98年12月14日	本公司98/12/11董事會通過授權董事長就大都會人壽股權出售案進行洽議，截至目前為止尚在協商階段。有關授權出價金額因屬保密性質，並未對外透露，媒體報導有關之出價金額純屬媒體臆測。
98年12月26日	有關本公司若投資大都會人壽可能需要之增資金額，本公司迄未經董事會進行討論；有關今年稅後純益，本公司亦未作任何預測。相關數據應係媒體自行推估臆測。
99年4月19日	國票金董事會通過向美商大都會人壽購買大都會人壽全部股份。吳永乾獨立董事表示反對之意見。
99年4月20日	本公司99年4月19日董事會通過美商大都會人壽購買大都會國際人壽保險股份有限公司全部股份之金額為1.125億美元。
99年4月21日	本公司購買大都會人壽股權乙案，係經本公司99/4/19董事會充分討論，依規交付表決以六比四過半數董事之同意通過，多數出席董事贊成本案，其程序均符合相關法令規定。所謂董事長洪三雄無視反對、執意吃下大都會人壽等語與事實不符。 對於本案，除董監事會議中正、反意見之陳述外，本公司從未見任何人反對、反彈或質疑。所謂「國票金內部反彈大」、「反彈聲浪不小」、「質疑併購案的聲浪不小」等語均有違事實。本案除吳獨立董事永乾表示反對意見外，其餘二席獨立董事均表贊成。
99年5月10日	國際票券金融股份有限公司董事長劉維琪辭職。本公司法人董事耐斯資融股份有限公司改派代表人林合民。並針對本公司魏憶龍董事、王子鏘及詹亢戎監察人於99年5月10日下午4時召開記者會，反對本公司投資大都會國際人壽保險股份有限公司加以澄清。
99年5月11日	公告本公司第三屆董事會第七次臨時會議決議增列99年股東常會召集事由： (1)建請股東會依公司法第199條決議解任耐斯資融（股）公司、資通國際開發（股）公司華康國際資產管理有限公司法人董事職務（股東提案）； (2)建請股東會依公司法第199條及第227條決議解任耐斯投資開發（股）公司、華基國際開發有限公司法人監察人職務（股東提案）； (3)建請股東會決議「全體董事應於董事會中依公司法第156條第2項、第266條第2項等規定辦理現金增資發行新股，以改善公司財務結構並維護全體股東權益」（股東提案）； (4)支持本公司以美金1.125億元併購大都會國際人壽保險股份有限公司，並同意董事會以舉債或其他方式籌措上述併購案所需之資金。 吳永乾獨立董事對本公司九十九年股東常會受理股東提案事項討論案、臨時動議議案表示反對意見，其他兩位獨立董事均表贊成。

時間	內容
99年6月18日	本公司於本年度股東常會受理股東提案期間，接獲美麗華大飯店、領航建設、勇信開發等股東提案，經本公司第三屆董事會第七次臨時董事會審查該三項提案符合公司法第172條之1規定之形式要件，經決議將該等議案列為股東常會之議案。本公司於99.6.18接獲該等股東提出撤回「解任董事案」、「解任監察人案」及「增資案」之書面通知。
99年6月25日	本公司99年股東常會通過支持本公司以美金1.125億元併購大都會國際人壽保險（股）公司，並同意董事會以舉債或其他方式籌措上述併購案所需之資金案
99年10月6日	本公司申請投資大都會人壽一案經行政院金融監督管理委員會予以否准。

壹、前言

　　話說「天下大勢，分久必合，合久必分」，這是出自羅貫中三國演義第一回合的第一句話，在現今國際金融環境日趨競爭的情況下，可以發現許多的金融機構為了擴大經營規模、增加市占率搶得先機，無不開始進行企業併購、跨業、轉投資、分割等多方面經營策略。此時，原先為競爭關係的對手，為了共謀雙方最大的利益，可能藉由合作方式，馬上搖身一變成為身邊利害與共的親密夥伴；然而，當企業內部發生利益分歧、意見重大紛爭時，彼此為了各自公司的利益，隨時翻臉走人，也是時有所聞。因此，用「分分合合」這一句話來形容現今的金融環境生態，似乎也是頗為貼切。

　　本案國票金融控股股份有限公司（股票代碼2889，以下簡稱國票金或國票金控）的兩大民股股東：耐斯集團與台灣金聯董事長洪三雄團隊，從一開始為了爭奪經營權，雙方「互不退讓、勢在必得」，後來戲劇性的演出了一場「和解共生、和平共治」的戲碼，乃至為了併購大都會人壽，兩方關係「劍拔弩張、一觸即發」，期間發展高潮迭起，精采可期，雖然最後在行政院金融監督管理委員會（以下簡稱金管會）做出否准併購大都會人壽案之行政處分後，暫告落幕，但這段期間兩方進行的精采攻防，值得

讓人深入探究一番。

　　本文將先介紹國票金及收購大都會人壽之事實始末，隨之進入本案發展過程中，發生的一連串法律爭點，深入分析洪三雄陣營為了使耐斯陣營同意接受併購案，所採取的各種方式是否適法加以討論，最後則將針對金管會否准併購大都會人壽案之理由是否妥適提出檢討及建議。

貳、案例事實

一、國票金控簡介

　　國際票券金融股份有限公司於民國91年3月26日與協和證券股份有限公司、大東綜合證券股份有限公司二家證券公司共同以股份轉換方式設立「國票金融控股股份有限公司」，為目前國內唯一由票券業者轉換設立成立的金融控股公司。國票金成立後，旗下之三家證券公司，包括子公司協和證券與大東證券以及關係企業國票聯合證券於同年10月18日進行三合一合併，並更名為「國票綜合證券股份有限公司」。目前國票金控下主要有三家子公司，分別為國際票券金融股份有限公司、國票綜合證券股份有限公司、國票創業投資股份有限公司[1]。

　　如下表所示，依據國內14家上市及上櫃金融控股股份有限公司98年度財務報告指出，無論是在資產規模或是股本，國票金皆居於末位[2]。

[1] 參考公開資訊觀測站，國票金關係企業組織圖http://mops.twse.com.tw/nas/t10img/28892009.doc。

[2] 參考公開資訊觀測站，上市及上櫃金融控股股份有限公司98年度第4季資產負債表彙總報表，http://mops.twse.com.tw/mops/web/t51sb07。

（單位：新台幣千元）

公司名稱	資產總計	負債總計	股本	資本公積	保留盈餘	股東權益總計
華南金	1,816,498,748	1,722,762,986	62,723,012	12,408,844	16,953,579	93,735,762
富邦金	3,060,253,327	2,847,272,452	81,261,865	53,964,908	55,748,192	212,980,875
國泰金	4,295,536,021	4,080,112,853	96,708,774	78,240,933	30,699,084	215,423,168
開發金	288,132,895	156,254,791	112,172,050	8,694,472	7,268,902	131,878,104
玉山金	942,318,369	890,380,653	36,528,000	10,451,904	4,759,376	51,937,716
元大金	538,680,842	423,220,606	81,021,057	24,943,557	8,849,485	115,460,236
兆豐金	2,497,531,583	2,301,236,088	110,594,262	43,426,403	31,916,182	196,295,495
台新金	2,374,790,405	2,218,484,581	65,151,162	19,076,045	9,074,633	156,305,824
新光金	1,902,090,155	1,809,411,917	78,677,876	22,746,593	-13,982,585	92,678,238
國票金	185,157,001	157,094,820	21,947,143	0	2,132,385	28,062,181
永豐金	1,127,999,959	1,045,136,956	69,982,518	2,017,286	10,870,941	82,863,003
中信金	1,760,586,010	1,610,771,235	101,344,353	36,483,130	20,441,692	149,814,775
第一金	1,960,570,456	1,858,700,423	63,188,538	9,943,476	18,832,541	101,870,033
日盛金	229,733,570	204,124,161	49,628,234	0	23,812,134	25,609,409

　　在股權結構方面，國票金於91年設立之初，公股持有10%以上的股權，雖然公股並未積極介入國票金之經營，然而第一任董事長林華德，外界咸認具有公股代表之色彩，因此，在國票金設立初期，公股、民股共治的狀態下，林華德尚能維持「共主」之地位。然而，隨著公股不再支持林華德擔任國票金董事長，以及公股釋出政策之推行，各路英雄對於國票金經營權躍躍欲試，包括國華人壽、當時的誠泰銀行等，都傳出有意取得國票金經營權[3]。最後，兩大股東陣營漸漸浮上檯面，包括現任董事長洪三雄所組成的團隊以及耐斯集團兩大陣營。

　　94年國票金董監改選，據報導當時耐斯集團陣營持有6%股權，而洪三雄陣營則持有2%股權，最後改選的結果是耐斯集團陣營拿下5席董事，洪三雄陣營拿下4席董事，公股則拿下2席董事，並由與耐斯集團友好的

3　參閱經濟日報，93年11月15日，A3版。

劉維琪擔任董事長[4]。由於洪三雄陣營在96年公股拍賣中取得國票金9%股權[5]，耐斯集團陣營原先持股較多之優勢不再，因而，97年國票金董監改選前夕，兩大陣營發動激烈的委託書戰爭，市場上甚至傳出1張委託書1000元的徵求價格[6]。然而，經營權爭奪戰出現大逆轉，兩大陣營於股東常會召開前夕「大和解」，共同發表聲明表示鑑於委託書價購傳聞甚囂塵上，兩大陣營決定撤回徵求委託書，未來將共治國票金，並平均分配11董、三監的席次[7]。最後，由洪三雄陣營取得6席董事（包括友好的獨立董事）及1席監察人，耐斯集團陣營則取得4席董事（包括友好的獨立董事）及2席監察人[8]。

二、國票金控收購大都會人壽股權始末

98年11月美商大都會人壽公司（MetLife, Inc.，以下簡稱美商大都會人壽）傳出將出售在台子公司——大都會國際人壽保險股份有限公司（以下簡稱大都會人壽）全部股權，國票金明確表達正在評估是否對大都會人壽進行併購[9]。同年12月11日國票金董事會通過決議，將對大都會人壽進行第二階段議價與實地查核作業[10]，並授權董事長就大都會人壽股權出售案進行洽議[11]。

---

[4]　參閱聯合報，94年8月11日，B2版。

[5]　參閱經濟日報，96年12月11日，B5版。

[6]　參閱經濟日報，97年5月21日，A13版。

[7]　參閱經濟日報，97年5月24日，A4版。

[8]　參閱聯合晚報，97年5月25日，B6版。該篇報導記載耐斯集團取得5席董事，惟東元集團於該次董監改選中以「東元國際投資股份有限公司」取得一席董事，由事後東元集團對併購案所持之態度、洪三雄派並未提案解任「東元國際投資股份有限公司」之董事席次，及耐斯集團亦主張兩大陣營的席次比為6：4，可合理推論東元集團所取得之董事席次應屬中立。

[9]　參閱經濟日報，98年11月24日，A13版。

[10]　參閱經濟日報，98年12月12日，A6版。

[11]　參考公開資訊觀測站，98年12月14日國票金公告之重大訊息。

國票金與美商大都會人壽磋商期間，市場一度傳出台灣人壽、東南旅行社有意搶親，甚至東南旅行社集團出價高於國票金的傳聞[12]。最後，雙方談定國票金以1.125億美元向美商大都會人壽購買大都會人壽全部股份，國票金並於99年4月19日召開臨時董事會通過這項收購[13]案，惟獨立董事吳永乾於臨時董事會中表示反對此項收購案，其反對的理由為：「1.本案買賣價格所憑據之部分估值及意見書，無論是程序面或實質面均有重大瑕疵，買賣價格之合理性頗有問題。2.本案大都會既有資產之投資風險，包括美元匯率貶值對國外投資資產（占32%）可能造成之虧損，以及利率上升對全數為公債或公司債之投資部位可能造成之風險，幾乎已確定發生；又依部分評估報告指出，購併後若干年內大都會之稅後淨利均為虧損。此等事實嚴重影響本公司廣大股東之權益，唯經營團隊迄未據實對外說明。3.本案如購併成功，未來無論是因營運虧損、開發新業務、調整投資組合、美元匯率貶值、利率上升、或國際會計準則IFRS4之適用，均將造成為數十億、甚至數百億之增資需求，本公司是否有因應之財務能力，疑慮甚大。特別是多位法人股東已經表明不贊成為本購併案辦理增資。」其他兩位獨立董事楊鴻基與李壯源則對此項併購案表示贊成，理由為：「1.金融市場之三大領域為銀行、保險及證券，在台灣十四家金控中，唯獨國票金控三缺其二。以現狀之客觀條件，若籌設一家銀行或保險公司加入金控營運陣容談何容易。應善加把握本次併購大都會人壽之絕佳機會。購併大都會將為國票金控提供流動資金平台，有利金控業務之推展。2.因外資經營大都會人壽方式主要透過銀行體系銷售為主，未來如以國票證券及國際票券現有據點，可開發國內業務員及保經代系統來拓展業務，加強全國各處在地化之金融服務，對金控旗下各子公司業務均有互補

---

[12] 參閱聯合報，99年1月21日，AA2版；經濟日報，99年2月2日，A13版。

[13] 按企業併購法第4條第4款規定：「收購：指公司依本法、公司法、證券交易法、金融機構合併法或金融控股公司法規定取得他公司之股份、營業或財產，並以股份、現金或其他財產作為對價之行為。」本件，國票金擬以現金為對價，取得大都會人壽全部股權，符合企業併購法所稱之收購行為，故後文多以「收購股權案」稱國票金此項轉投資計畫，合先敘明。

功能。亦可大幅度降低營運成本創造更多新的金融產品，以大幅提高公司獲利能力並分散營運風險。且依據中華信評之信用評等，大都會名列台灣十幾家壽險業之前五名，信評為AA-比南山人壽高，大都會之體質屬優等值得併購。3.任何併購客體都有一定程度之風險，部分評估報告指出併購大都會後會有若干年虧損乃基於較保守之投報率估算，如投報率提高則不致於連續發生虧損。繼ECFA及MOU簽訂之後，金融產業將有結構性之大轉變。[14]」

　　由於國票金收購大都會人壽股權一案，係由董事長洪三雄所主導，耐斯集團陣營一直持反對立場，99年4月19日所召開之臨時董事會，最後是動用表決才作成通過收購案之決議[15]，與此同時，兩大陣營對於併購案的角力逐漸白熱化。99年5月3日，國票金董事長洪三雄赴金管會簡報大都會人壽收購案，洪三雄對外表示，收購大都會人壽後，國票金財務狀況相當健全，未來五年內沒問題[16]。同年5月10日，國票金董事魏憶龍及監察人王子鏘、詹亢戎召開記者會，指出併購大都會，會讓國票金未來五年虧損百億元以上，籲請國票金停止併購[17]。同時，劉維琪亦於同日請辭國際票券董事長及國票金董事職位[18]。翌日，代表洪三雄陣營的美麗華大飯店和領航集團，也在報上發表公開聲明，強調國票金沒有「兩大股東」，只有「大股東」與「小股東」，請相關人士還給國票金一個乾淨的經營空間[19]。

　　而99年5月11日最引人注目的還是國票金臨時董事會的召開，當天洪三雄陣營提出三大股東常會議案，並決議增列為國票金99年股東常會召集事由，包括：1.解任耐斯集團陣營的3位董事及2位監察人；2.董事會應依

---

[14] 參考公開資訊觀測站，99年4月19日及20日國票金公告之重大訊息。

[15] 參閱經濟日報，99年4月20日，A4版。

[16] 參閱經濟日報，99年5月4日，A15版。

[17] 參閱經濟日報，99年5月11日，A4版。

[18] 參考公開資訊觀測站，99年5月10日國票金公告之重大訊息。

[19] 參閱同註17。

公司法第156條第2項、第266條第2項等規定辦理現金增資發行新股，以改善公司財務結構；3.同意國票金收購大都會人壽一案[20]。此後，兩派陣營不斷公開喊話，耐斯集團陣營指出，洪三雄陣營提案解任耐斯陣營的董監事，係屬脫法行徑，在收購大都會人壽一案未釐清之前，耐斯集團反對國票金現金增資；而洪三雄陣營則一再澄清併購大都會人壽的決策過程透明公開，投資風險已對外揭露，併購效益亦經專家精算分析，甚至以美麗華、領航集團名義刊登大幅廣告，要求耐斯集團「以和為貴」出席5月26日之董事會，並暗示只要對方出席董事會，將交換撤除前次董事會小股東所提之「解任案」[21]。同年5月26日國票金召開董事會討論20億元現金增資案，耐斯集團三名董事及東元代表董事均缺席，因未達2/3董事出席門檻，無法就增資案進行討論與決議[22]。

同年6月18日，在金管會的介入下，洪三雄陣營撤回所提之股東常會議案，包括「解任董監事案」、「命董事會決議現金增資案」，至於「收購大都會人壽股權」一案則仍列為股東會召集事由[23]。6月25日，國票金召開股東常會，在出席率約68%的情況下，「收購大都會人壽股權」一案經股東會表決通過[24]。會後，耐斯集團表示洪三雄陣營對外公布持股比重達27%，卻未向主管機關申報，未申報股權依法不具投票權，且「收購大都會人壽股權」是違法議案，將提出訴訟，要求撤銷對大都會人壽的購併案[25]。

99年10月6日，金管會否准了國票金轉投資大都會人壽一案，其所持的理由如下：「一、國票金融控股公司申請書件與『金融控股公司轉投資作業管理原則』規定不符。二、國票金融控股公司所規劃之資金來源、還

---

[20] 參考公開資訊觀測站，99年5月11日國票金公告之重大訊息。

[21] 參閱經濟日報，99年5月13日，A15版；聯合晚報，99年5月25日，B2版。

[22] 參閱經濟日報，99年5月27日，A17版。

[23] 參考公開資訊觀測站，99年6月18日國票金公告之重大訊息。

[24] 參考公開資訊觀測站，99年6月25日國票金公告之重大訊息。

[25] 參閱聯合晚報，99年6月25日，B1版；經濟日報，99年6月26日，A6版。

款來源及償債計畫，不利該公司資本結構之健全，有礙健全經營之虞。三、國票金融控股公司經營人壽保險公司之專業能力及財務支援能力尚有疑義。四、國票金融控股公司大股東間對於本投資案仍未達成共識，未來是否有能力長期經營大都會國際人壽保險公司，核有疑義。[26]」國票金收購大都會人壽股權一案正式宣告落幕，然而，兩大陣營之間的角力並未結束，後續發展仍值得大眾關注。

參、相關法律爭點與分析

一、委託書爭奪戰

(一)委託書價購與否之爭議

國票金控每屆董監改選之期，由於欲取得公司經營權的各陣營並未取得絕對多數的持股，因此，委託書徵求也就顯得格外重要。不論是在

---

[26] 參考金管會就本件否准處分之公告，http://www.fscey.gov.tw/Layout/main_ch/News_NewsContent.aspx?NewsID=40884&LanguageType=1&path=1737。另參閱經濟日報，99年10月7日，A4版，該報導中記載金管會否准之理由為：「第一，國票金申請書件與「金融控股公司轉投資作業管理原則」規定不符。官員表示，主要有三部分，包括大都會人壽98年累積虧損，未合理說明；幾位董監事股票質押比偏高，未提出未來一旦利率上升或股價滑落時的資金周轉方案。第二，國票金規劃的資金來源、還款來源及償債計畫，不利公司資本結構的健全，有礙健全經營之虞。官員表示，國票金併購的資金來源有一半是靠舉債投資大都會人壽，會有資本不對稱的問題。第三，國票金經營壽險公司的專業能力及財務支援能力尚有疑義。官員表示，國票金旗下無保險公司，票券及證券子公司又多屬短期資金運用的機構，不同於長期資金及外幣資金運用多的壽險公司，即使併購後大都會人員都會留任，但金控母公司仍缺乏相關的管理經驗。在財務支援能力方面，也擔心無法支應大都會人壽因利差損等面臨的增資壓力。第四，國票金大股東間對這項投資案仍未達成共識，是否有能力長期經營，也有疑義。」。

94年、97年的董監改選，甚至是本次股東常會（99年）的董監解任等三議案，委託書爭奪戰屢為投資大眾及社會關注的焦點，市場上也盛傳兩大陣營價購委託書以取得董監席次或相關議案之決否[27]。目前我國「公開發行公司出席股東會使用委託書規則」（以下簡稱「委託書規則」）第11條明文規定，不得以給付金錢或其他利益為條件取得委託書，但代為發放股東會紀念品或徵求人支付予代為處理徵求事務者之合理費用，不在此限。看似明文禁止委託書價購之規定，實務運作上卻不斷出現收購委託書之傳聞，且從比較法的觀點而言，美國1934年證券交易法及多數州公司法均未明文禁止買賣委託書，學說上對於禁止收購委託書亦非毫無異見[28]，故本文以為委託書得否價購仍有其深入探討之空間。

　　早先我國委託書規則並未禁止價購，實務上發生許多藉由收購委託書取得公司經營權之案例，學者認為價購委託書時所支出的大量成本，將促使收購者於取得公司經營權之後，濫用職權或職務上之機會圖利自身，以彌平收購委託書之成本[29]。主管機關於1996年委託書規則修正時，明文規定禁止價購委託書。然而委託書價購與否之爭論，並未隨著委託書規則明文禁止價購委託書而落幕，因為實務上價購委託書之情形仍屢見不鮮，支持開放委託書價購者亦質疑禁止價購委託書是否真能落實。

　　除了上述可能引發弊端之隱憂，反對價購委託書者亦提出其他理由，提供禁止價購委託書之理論基礎。有認為價購委託書猶如政治上之賄選，基於政治選舉廉潔性之要求，公司股東會選舉董監事亦應如是。惟此一觀點並非妥適，過去美國判例有將董監事選舉視同政治選舉，也因此美國早期認為股東會不應代理出席，股東應親自出席股東會，然隨著觀念的改變，股東授權代理人出席股東會已為常態，將董監事選舉視為政治選舉的論點已為揚棄。再者，政治選舉與董監事選舉有其本質上差異，前者為

公法上之選舉，後者乃是私法上選任代表之程序。公法上有要求選舉廉潔性之必要，然私法事件基於私法自治、契約自由原則，當事人間訂定表決權交易契約，似乎並非當然違法[30]。

另一個禁止價購委託書的理由，是認為表決權係屬共益權，具有外部性，而共益權之行使應以全體股東之利益為之[31]。然本文以為共益權之行使未必係為全體股東利益，基於經濟學最基本之假設，每個人之決策皆為使自身利益為大化，共益權與自益權之區別，應在於自益權係股東得單獨向公司請求，而共益權則須全體股東共同向公司行使，但股東行使自益權或共益權其背後之考量皆為使自身利益最大化[32]。

又有認為表決權係關於股東參與公司內部機關組織的資格與否，依其特殊性，是屬於股東一身專屬人格權，其投票表決權是行使股東權內容的基本所在，非股東不得行使之[33]。但此一論點亦非妥適，股權本身屬於財產權，而股東表決權係基於股權而生，財產權會衍生一身專屬人格權的論點，似乎難以說服大多數人，且其又如何自圓其說代理行使表決權之正當性[34]。

而贊成開放委託書交易者，有認為表決權交易之對價，可視為發放於股東之股利[35]。然而依此論點，股東勢必將其委託書售予出價最高之收購者，而非最有利於公司者。又收購者之收購成本倘若可視為股利，則未來收購者取得經營權，是否即意味其可從公司資源中獲取利益，以彌平收購

[30] 參閱林俊宏，公司治理體系下控制權市場之定位，國立政治大學會計研究所碩士論文，2006年7月，頁184。

[31] 參閱蘇立立，公開發行公司開放表決權交易可行性之研究─由價購委託書對公司治理之影響出發，世新大學法律系碩士論文，2004年6月，頁138。

[32] 參閱林俊宏，同註30，頁184。

[33] 參閱廖大穎，台灣公司法制之問題研討─蒐購委託書與企業秩序之維持，月旦法學雜誌第21期，1997年2月，頁21。

[34] 參閱林俊宏，同註30，頁184。

[35] 參閱賴英照，股市遊戲規則─最新證券交易法解析，作者自行出版，2006年2月初版，頁176。

成本，因為其已事先代公司發放股利，此一論點將可能使得掏空公司之行為被合理化。

　　本文認為價購委託書與否，主要取決於何者係有助於公司治理。禁止論者認為收購者之收購成本，將促使其取得經營權後，利用職權或職務機會獲取個人利益，禁止價購委託書有助於改善此類情形，提升公司治理功效。而開放論者則認為價購委託書使得敵意併購更為可行，潛在併購者的存在使得經營者不敢胡作非為，再者表決權對價的存在，使得股東可以更認清手上股份的真正價值。

　　吾人探討公司治理此一命題，主要目的在於解決代理問題，而控制權與盈餘分配請求權高度偏離即是形成代理問題的結構性因素。藉由收購委託書取得或鞏固公司控制權者，其本身盈餘分配請求權與控制權即呈現高度偏離，因此目標公司本身之代理問題並未因委託書收購而改善，反而有更加嚴重之可能。這是因為收購委託書而取得或鞏固控制權者，因為支出了相當之成本，於委託書收購之後，有更多經濟的誘因去取得不當利益，以彌補付出之成本。且因控制權與盈餘分配請求權呈現偏離之情況，經營者為股東謀求最大利益的動因相對較低。本文從舞弊三角理論來看，舞弊發生的三個主要因素分別為壓力或動因、舞弊機會及合理化理由，除了合理化理由係行為人個人主觀意志所決定，利用收購委託書取得或鞏固控制權之人有較高的經濟上之壓力與動因進行舞弊，此外，取得控制權更為其提供了舞弊機會，在不考慮個人合理化因素下，收購委託書後取得控制權是極易發生舞弊之情形[36]。

　　再者，開放委託書價購並無法發揮原先委託書徵求制度的治理功效，因為委託書徵求制度之所以存在治理功效，乃是因為於委託書爭奪戰過程中大量資訊被揭露，股東也可以選擇將委託書交予心目中理想的經營者。然而一旦開放價購後，股東關心的只有委託書的價格，而非徵求者之能力與品德。即使有小部分股東考量徵求者之能力與操守，但大部分股東都只關心委託書價格，久而久之考量公司長遠利益的股東因為占少數，其

---

[36] 參閱林俊宏，同註30，頁185。

所支持之人選往往無法進入經營團隊，而那些少數關心公司長遠利益的股東長期以來放棄高價出售委託書的機會，結果最後並未取得任何利益，因此那些股東也將放棄考量徵求人之能力與操守，以委託書的價格作為唯一考量因素，而造成價高者得的後果。這使得委託書徵求制度的治理功效無法發揮，故本文以為禁止價購委託書方有利於公司治理[37]。

(二)機構投資人行使表決權之規範

除了委託書得否價購的爭議，每當委託書大戰開打，機構投資人之意向也往往成為關注焦點。本案，國華人壽因持有3.14%之國票金股權[38]，故每當委託書爭奪戰開打，國華人壽之意向不僅牽涉兩派人馬勢力消長，亦是投資大眾及社會關注之焦點[39]。

在2004年1月20日委託書規則修正前，原委託書規則第17條[40]第2項規定，證券投資信託事業行使表決權時，除公開發行公司經營階層有不健全經營，而有損害公司或股東權益之虞者，應經該事業董事會之決議辦理

---

[37] 參閱林俊宏，同註30，頁186。

[38] 參考公開資訊觀測站，國票金2010年9月董監事經理人及大股東持股明細。

[39] 參閱聯合報，99年5月24日，AA2版。

[40] 2004年1月20日修正前委託書規則第17條規定：「證券投資信託事業對於證券投資信託基金持有公開發行公司股份達十萬股以上者，其表決權之行使，應由證券投資信託事業指派代表人出席為之。但依第十四條第四項委託股務代理機構行使或法令另有規定者，不在此限。（第1項）。
證券投資信託事業行使前項表決權，應基於受益憑證持有人之最大利益，支持持有股數符合本法第二十六條規定成數標準之公司董事會提出之議案或董事、監察人被選舉人。但公開發行公司經營階層有不健全經營而有損害公司或股東權益之虞者，應經該事業董事會之決議辦理。（第2項）依「華僑及外國人投資證券管理辦法」來臺投資之外國專業投資機構持有公開發行公司股份達十萬股以上或已行使股份轉換權之海外可轉換公司債達十萬股以上者，其表決權之行使，均應指派依該辦法指定之國內代表人或代理人出席並參與表決。但依第十四條第四項委託股務代理機構行使或法令另有規定者，不在此限。（第3項）第一項之規定，於證券商行使持有股票之表決權時準用之。（第4項）」。

外，應基於受益憑證持有人之最大利益，支持持有股數符合證券交易法第26條規定成數標準之公司董事會提出之議案或董事、監察人被選舉人。此一規定向來被視為過度保障現任經營者，且不當限制投信事業之權利。

於2004年委託書規則修正時刪除第17條之規定，讓證券投資信託事業參與股東會之規定，回歸各該事業管理規則，根據證券投資信託事業管理規則第23條第2項及第3項規定，證券投資信託事業於出席基金所持有股票之發行公司股東會前，應將行使表決權之評估分析作業，作成說明，其行使表決權應基於受益憑證持有人之最大利益，且不得直接或間接參與該股票發行公司經營或有不當之安排情事[41]。

證券投資信託事業管理規則、期貨信託事業管理規則及投資型保險投資管理辦法等，雖規定相關信託事業或保險人應基於受益憑證持有人或保護之最大利益，行使表決權，惟仍無法避免相關信託事業或保險人可能產生代理問題。故有學者建議我國將來或可推動不統一行使表決權，即為貫徹實質所有權人之權益，改由保管銀行分別委託各委託人就其信託保管之

---

[41] 其他類似的規定包括：期貨信託事業管理規則第34條規定：「期貨信託事業行使前項表決權，應基於受益人之最大利益，不得直接或間接參與該股票發行公司經營或有不當之安排情事。（第2項）期貨信託事業於出席基金所持有股票之發行公司股東會前，應將行使表決權之評估分析作業，作成說明。（第3項）」。

投資型保險投資管理辦法第16條規定：「保險人行使投資型保險專設帳簿持有股票之投票表決權者，應依下列規定辦理：一、除法令另有規定外，應由保險人指派該事業人員為之。二、保險人行使表決權，應基於投資型保險保户之最大利益，且不得直接或間接參與該股票發行公司經營或有不當之安排情事。三、保險人於出席投資型保險專設帳簿所持有股票之發行公司股東會前，應將行使表決權之評估分析作業，作成說明。四、保險人應將投資型保險專設帳簿所持有股票發行公司之股東會通知書及出席證登記管理，並應就出席股東會行使表決權，表決權行使之評估分析作業、決策程序及執行結果作成書面紀錄，循序編號建檔，至少保存五年。（第1項）保險人出席投資型保險專設帳簿所持有證券投資信託基金受益憑證之受益人會議，應基於投資型保險保户之最大利益行使表決權，並準用前項第三款及第四款之規定。（第2項）」。

股票，自行參與股東會並行使表決權[42]。

二、大股東利用少數股東提案權之相關問題

(一)股東提案權概述

　　我國於民國94年6月通過公司法第172條之1規定賦予我國股東提案權。論者[43]有謂此制度係為使股東有機會將其意見傳達於經營者，使經營者在監控作用下能更積極地履行職責，乃係強化股東權的重要機制，且為股東行動主義之具體展現。股東得透過提案權的行使表達意見，雖對落實公司民主與強化公司治理並減少代理成本有重大意義。惟反對意見則指出股東提案權有加劇公司經營權的爭奪、增加提案成本並可能使私人藉此牟取其私人利益等缺陷。我國股東提案權規定在公司法第172條之1，其內容為「持有已發行股份總數百分之一以上股份之股東，得以書面向公司提出股東常會議案。但以一項為限，提案超過一項者均不列入議案。公司應於股東常會召開前之停止股票過戶日前，公告受理股東之提案、受理處所及受理期間；其受理期間不得少於十日。股東所提議案以三百字為限，超過三百字者，該提案不予列入議案；提案股東應親自或委託他人出席股東常會，並參與該項議案討論。有左列情事之一，股東所提議案，董事會得不列為議案：一、該議案非股東會所得決議者。二、提案股東於公司依第165條第2項或第3項停止股票過戶時，持股未達百分之一者。三、該議案於公告受理期間外提出者。公司應於股東會召集通知日前，將處理結果通知提案股東，並將合於本條規定之議案列於開會通知。對於未列入議案之股東提案，董事會應於股東會說明未列入之理由。公司負責人違反第2項或前項規定者，處新台幣一萬元以上五萬元以下罰鍰。」

---

[42] 參閱劉連煜、林國全、洪秀芬、曾宛如，同註28，頁190。

[43] 參閱王育慧，少數股東權之保護—論引進股東提案權，證券暨期貨月刊，第22卷第2期，頁61，2004年2月。並參閱張心悌，股東提案權之省思—兼以代理成本與Arrow定理觀察之，賴英照大法官六秩華誕祝賀論文集—現代公司法之新課題，元照出版有限公司，2005年8月，頁279。

另該條立法理由為「鑒於現代公司法架構下，公司之經營權及決策權多賦予董事會，本法已明文規定，公司業務之執行，除本法或章程規定應由股東會決議者外，董事會決議行之。若股東無提案權，則許多不得以臨時動議提出之議案，除非董事會於開會通知時列入，否則股東難有置喙之餘地。為使股東得積極參與公司之經營，爰賦予股東提案權。公司處理股東提案需花費相當時間，我國初次引進，為免造成股東臨時會召開過於費時，此次立法僅先於股東常會部分賦予股東提案權，又為避免提案過於浮濫，並參酌美國證券交易法之規定，於本項但書明定股東所提議案，以一項為限。若提二項以上議案者，所提全部議案均不列入議案。為使公司有充分時間處理股東提案，爰於第二項明定公司應公告受理股東提案之時間及處所。為防止提案過於冗長，且鑒於我國文字三百字已足表達一項議案之內容，特於第三項就提案之字數限制在三百字以內。所稱三百字，包括理由及標點符號。如所提議案字數超過三百字者，該項議案不予列入。另為使該股東提案有充分說明之機會，爰明定提案股東應親自或委託他人出席股東會，並參與該項議案討論。第四項明定董事會不得列入議案之情事，俾資明確。公司收到股東提出之議案後，應於股東會召集通知日前，將處理結果通知提案股東，並應將符合規定之議案，列於開會通知，爰為第五項規定。

(二)公司派利用少數股東提案權排除異己及其衍生問題

緣國票金於99年4月19日之董事會決議通過向美商大都會人壽購買大都會國際人壽保險股份有限公司全部股份，收購金額為1.125億美元。但為遂行收購案前，尚須通過增資案，而增資案須有董事三分之二以上出席，出席董事過半數同意同意（公司法第266條第2項），因耐斯派董事席次超逾所有董事三分之一[44]，因此只要耐斯派採取不出席策略，就無法順利通過增資案，進而也會連帶影響到收購案的進行。於是支持洪派的

---

[44] 國票金董監事共11董3監，其中洪派占6董2監，耐斯派4董1監，另一席董事為持中立的東元國際投資股份公司，以席次而言，係洪派占上風。

「小」股東，遂利用股東提案權提出解任耐斯派董監職位之議案，並經董事會通過，列入股東常會議案。雖然本案最後是以股東撤回其提案收場，惟亦提供我國公司法制以下幾個問題作為省思：

　　首先，就規範面而言，我國公司法對於董事會就重大議案之議決，不是採取提高董事之贊成人數，而是採取提高董事之出席人數的立法模式。於是就實然面來看，只要居於關鍵少數之一方，如本案的耐斯派，即可以不出席的方法，形成無法開會之狀況而實質上否決議案。從公司治理的角度觀察，公司法第202條規定既將公司業務之執行賦予董事會，董事會即有義務為公司及股東之最大利益來執行業務，而若無法開成董事會予以討論並作成決策，則董事會即喪失其集思廣益，並解決紛爭之功能，又如何期待董事會作出正確的決策呢？如此似有違董事之忠誠義務（fiduciary duty）。

　　再者，所謂「少數」股東提案權，在實務的操作上，已經淪為大股東爭奪經營權及排除異己的工具，且自股東提案權之制度實施以來，實際上皆由大股東假小股東之名提出；而我國股東提案權制度雖不限於單獨一股東持有為必要，合計持有而共同行使亦可[45]。而且持有無表決權之股份數亦不應扣除[46]。但實際上卻難以期待有真正的小股東去行使，其道理為，股東提案法律雖強制公司接受，但公司不接受，法律並未規定其效果。而且提案要能通過才有意義，而若無大股東的支持，董事會如何放入股東會之議程？又如何能期待股東會通過？尤其提案字數限於三百字以內，也意謂毋庸亦無法詳述理由，從本案來看，解任董監的緣由真的可以用三百字就說的清楚嗎？因此，這樣的一個股東提案權制度就算立法當初不是為大股東量身而作，不過從實務的操作結果來看，雖不中亦不遠。

　　其次，另一個值得深思的問題是，為何洪派不以董事身分直接在董事會提出通過列入股東會議案，而是指使其陣營內的股東提出解任董監事之

---

[45] 參閱劉連煜，現代公司法，新學林出版股份有限公司，2010年9月，頁319。
[46] 參閱經濟部95.2.8經商字第09502005020號函。

議案[47]？換言之，董事同時亦身兼股東者可否逕行提出股東提案？從股東平等原則來看，禁止身兼董事之股東以股東身分提出股東提案，似有違此原則，我國實務並認為股東提案權係股東之固有權，不分普通股或特別股均得享有[48]，因此似無禁止身兼董事之股東提出股東提案之餘地。另外從股東及董事兩者所負責任差異性的觀點出發，董事與股東雖對公司負一定之責任，不過其責任內容及程度則大有不同，董事須對公司盡注意及忠實義務，股東則於繳清股款後原則上幾無任何責任可言[49]。也因此就股東提案之部分縱使最後造成該被解任董事之損害，股東亦無任何責任[50]，但若以董事之身分提出，首先，依公司法第199條規定，解任董事如無正當理由，董事得向公司請求其所受損害，另依公司法第193條，董事會執行業務，違反法令章程及股東會決議，致公司造成損害時，應對公司負損害賠償責任。另外在我國實務[51]對公司法第23條第2項規定採取法定特別責任

---

[47] 參閱同註21，提案撤除耐斯三席董事的美麗華大飯店、美福國際、美福倉儲、美福餐飲、德先等國票金控股東，合計持股約8.47%。提案撤耐斯二席監察人的領航建設、領航投資以及巧儂投資合計持股約1.73%。

[48] 參閱經濟部97.5.9經商字第09702410420號函。

[49] 參閱方嘉麟，經營權爭奪戰中股東召集權設計兼論監察人角色-以元大復華併購案為例，政大法學評論，第108期，2009年4月，頁235。並參閱方嘉麟，就復華金假處分案論股東制止權之理論與實務問題，載：財經法制新時代──賴源河教授七秩華誕祝壽論文集，元照出版有限公司，2008年10月，頁109至110。

[50] 至於股東行使提案權提案解任董事之行為，是否該當民法第184條一般侵權行為之要件，而應對被解任董事負損害賠償責任，亦有疑問；按一般侵權行為之要件除須有加害行為、行為人要有故意過失、責任能力、被害人之權利受侵害、受有損害外，尚須具備行為與損害有因果關係、行為具不法等要件。就因果關係而言，我國實務及通說採取所謂「相當因果關係」之見解，而相當因果關係，係指無此行為，雖必不生此損害，有此行為，通常即足生此種損害，換言之，損害是事件之正常發展過程所產生的，而股東提案解任董事，尚須經股東會決議通過，股東會是否決議通過股東提案並不具確定性，因此股東提案並不必然產生董事解任之結果，是以兩者間不具備相當因果關係。另外，股東提案權係法律所賦予，乃正當行使權利，自難謂行使提案權有何不法性存在。

[51] 參閱最高法院七十三年台上字第四三四五號判決。

說，不以董事有故意或過失為責任成立條件之見解下，則董事負損害賠償
責任之機會將明顯增加，從規避責任的角度來說，如此作法似不無道理。
學者[52]有認為股東提案權係為保障無法在公司體制內參與經營之股東，例
外介入公司經營保障其權益的制度。如果該身兼董事之股東可從體制內提
案，應不可以股東身分行使股東提案權以規避責任，換言之，除非董事會
未同意其提案，則身兼董事之股東仍應先於董事會提案，並就該議案討論
表決，俾使贊成及反對之董事，其責任得以確立。上開見解純就理論上
而言，雖為的論。惟本文認為，從本案的事實來看，依公司法第199條第
1項提出解任董監議案只要在董事會有過半數董事出席及出席董事過半數
決定即可提出股東會，換言之，公司派直接在董事會提出解任案並無其他
困難，而實際上解任議案通過與否，還是要取決於雙方的股權數，在本案
中，雙方陣營仍須透過委託書之徵求，來擴張其股權，以決定解任案通過
與否，是以重點還是在於雙方的股權實力，因此類此解任董監事之議案，
是否應如同美國法明定股東提案不得為改選董事[53]，而於我國明文規定禁
止股東依股東提案制度解任董監事，將解任案適用委託書徵求規範，並非
無可行之處。

　　另外一個衍生的問題是，可否利用股東提案權，將增資案提請股東會
決議，而於股東會決議通過後，命董事會執行？詳言之，此問題可分為兩
個層面，首先，增資案是否為股東可決議之適當事項？若非專屬股東會決
議之事項，則股東提案可否提出此種無拘束力之建議性議案？再者，若此
種無拘束力之建議性議案列入股東會議程，其經股東會決議通過後之效力
如何？對董事會是否有強制力？

　　上開問題涉及股東會及董事會權限之分配，依公司法第266條第2項規
定，發行新股時，應由董事會以董事三分之二出席，及出席董事過半數同
意之決議行之，另公司法第202條規定，公司業務之執行，除本法或章程

---

[52] 參閱方嘉麟前揭註49，頁236。

[53] SEC Rule 14a-8(c)(8) of 1934 Act。須注意的是美國係明定股東提案不得為改選
董事即全面改選案，與本件部分解任案有所不同。

規定應由股東會決議之事項外，均應由董事會決議行之，是以，增資案依公司法第172條之1第4項規定，該議案非股東會所得決議，因此股東行使提案權提請將增資案列入股東會議程，此提案係為無拘束力之建議或請求案。而公司法並未規定此種無拘束力之建議性議案可否提出，董事會是否應將其列入股東會議案。學者[54]認為為使股東能積極參與促進公司履行社會責任之目的，應允許此種議案提出。本文認為公司法明定公司業務之執行由董事會執行，是以董事會對無拘束力之建議性議案並無回應義務，可將其列入或不列入股東會議程，而實際上，董事會會將此種議案列入股東會議程，一定在某程度上反應經營階層對此議案的偏好及相關利益，否則無列入議程之可能，換言之，列入股東會議程與否還是操之在經營階層手中，是以，允許提出此種議案之成效實益不大，並且有可能產生提案氾濫的問題。因此，既然增資案係專屬董事會之權限，股東既便提出此議案，董事會亦可不加以理會不列入議程，縱然提出股東會並經決議通過，對董事會亦無拘束力[55]，蓋依公司法第266條第2項規定，增資案還是要經董事會特別決議，也因此一旦不具備開會出席人數的形式程序要件，當然也無法通過增資案。另外，應與上開建議董事召開董事會審查增資案之建議性議案區別的是，股東會通過強制董事召開董事會並通過增資案之議案，其效力之問題。如上所述，增資案依公司法第266條第2項規定既屬董事會之專屬權限，則股東會通過此種強制性議案，其內容必違反公司法第266條第2項規定，依公司法第191條規定應歸於無效。

---

[54] 參閱劉連煜，股東提案制度與公司社會責任，中興法學第39期，1995年7月，頁135。

[55] 此問題涉及我國公司法係採股東優位主義，亦或董事優位主義，亦即公司法第202條及第193條第1項之規範衝突問題。本文認為我國係採董事優位主義，因此須對第193條第1項規定之「股東會決議」作目的性限縮解釋，排除非專屬於股東會決議之事項。參閱邵慶平，論股東會與董事會權限之分配，載：公司法-組織與契約之間，翰蘆圖書出版有限公司，2008年12月，頁121至123。

三、收購大都會人壽股權是否須經股東會特別決議

　　起初，國票金曾對外表示，收購大都會人壽股權案並非合併案，因此談判收購大都會人壽不必列入股東常會議程[56]。然隨著耐斯集團陣營反對收購案的動作加大，國票金於99年5月11日召開之臨時董事會，決議將收購大都會一案增列99年股東常會召集事由[57]，這其中的轉變或許是洪三雄陣營不得不考量金管會對本件收購案的態度，畢竟若是收購案能於股東會中順利通過，無異於經營者的決策受股東會背書，本件收購案將更具正當性，且有益於國票金將來向金管會申請核准本件收購案。

　　由於金融控股公司法等相關金融法規對於本件收購案並無特別規定要求須經股東會特別決議，吾人僅得於公司法、企業併購法等相關規定尋找其法源依據。探討本件收購股權案是否須經股東會特別決議，仍有其實益，因非金融業之一般公司於進行收購股權案時，無須向金管會申請核准，此時，是否召開股東會決議通過收購案不僅將影響收購成本（例如為通過收購案召開臨時股東會），也可能因收購時程的延長而增加許多不確定風險。

　　本件併購案係由國票金向美商大都會人壽收購大都會人壽全部股份，而收購對價為全數現金。由於收購股權後，大都會人壽之法人格仍存在，國票金僅取得大都會人壽100%之股權，大都會人壽之法律上權利義務關係並未由國票金承受，因此，本件收購案並非企業併購法第27條第1項前段所稱「概括承受」或「概括讓與」之情形，亦無公司法第316條「合併」須經股東會特別決議同意之適用。

　　是以，本案應探討者為，收購大都會人壽案是否須依公司法第185條第1項第3款規定經股東會特別決議同意。按公司法第185條第1項第3款規定，「受讓他人全部營業或財產，對公司營運有重大影響者」，須經股東會以特別決議同意，有別於同條項第2款之規定，第3款並未將「受讓他人部分營業或財產」納入規範。於本件之情形，大都會人壽100%股權係美

---

[56] 參閱經濟日報，99年3月25日，C2版。

[57] 參考公開資訊觀測站，99年5月11日國票金公告之重大訊息。

商大都會人壽「部分之財產」，而非「全部之財產」，似無公司法第185條第1項第3款規定之適用；且從營業之觀點而言，收購後全部營業部門仍屬大都會人壽之營運範圍，國票金依金融控股公司之特性並未負責實際營運，國票金僅持有大都會人壽100%股權，並非取得大都會人壽之全部營業，亦無公司法第185條第1項第3款之適用。

然從公司法第185條第1項第3款之規範目的而言，立法意旨乃因此等行為牽涉公司營業政策之重大變更，必須依法定程序作慎重之研討，以維護股東之權益[58]。是以，受讓他人營業或財產，不論是否為讓與人全部之營業或財產，只要「對公司營運有重大影響」者，皆應經受讓公司之股東會特別決議通過，方符公司治理之精神。否則，若僅受讓他人「全部」營業或財產，方適用公司法第185條第1項第3款之規定，將出現一家資產1,000萬之公司，受讓資產500萬元之公司全部財產，須經股東會特別決議，但受讓資產20億元之公司其中1億元之資產，無須經股東會特別決議，如此不合理之現象。故本文認為本件收購案因勢必對國票金營運造成重大影響，從公司法第185條第1項第3款規定之目的性解釋而言，應經國票金股東會特別決議同意此項收購案。惟公司法第185條第1項第3款規定，似應將「受讓他人部分營業或財產」之情形納入規範，以杜爭議。

四、違反持股申報及持股核准之效力

為了規範公開發行公司之證券持有人大量轉讓持股，投資人因無法獲得於投資判斷上所必須及正確之資訊，可能對公開市場造成重大之影響，我國證券交易法對於公開發行公司訂有持股申報的相應規範；但是本案國

---

[58] 參考經濟部81年6月20日經商215681號函：「按公司為受讓他人全部營業或財產之行為者，非即一律應受公司法第185條第1項第3款之規範，尚須此項行為對公司營運有重大影響，始有依該條規定召開股東會以特別決議同意之必要。至於此項行為『是否對於公司營運有重大影響』，尚難概括釋示，須視各公司之營業性質而定。又該條規定所列之行為應經股東會特別決議，立法意旨乃因此等行為牽涉公司營業政策之重大變更，必須依法定程序作慎重之研討，以維護股東之權益。至有關『是否對公司營運有重大影響』之疑義，因涉及私權問題，如有爭議，應由法院裁判。」

票金控除了是公開發行公司外，也是屬於高度監理之金融控股事業，正因
其事業的運作對於企業整體具有連鎖關係，且持有股權為對公司行使控制
權最直接之方式，為了避免大股東一夕將其持股轉讓與他人，嚴重妨礙投
資市場秩序及其他股東權益，除了現行證交法中有關大量持股的申報外，
於金控法中所規定有關控制權股東適格性的審查，對於國票金控來說，都
具有相當程度的重要性。

　　參照證交法第43條之1第1項[59]及金控法第16條第2項及第3項[60]之規定
可知，我國現行法對於大股東持股情形，均分別訂有相關管制規範與機
制，而本案耐斯集團提出洪三雄陣營對外公布持股比重達27%，卻未向主
管機關申報，因此未申報之股權依法不具投票權，主張「收購大都會人壽
股權」之股東會決議有決議方法違反法令之情事，擬提出訴訟，要求撤銷
該等違法股東會決議等情，其中對於股東違反持股申報或核准之法律性
質、是否影響股東會決議效力及後續主管機關之處置情形，證交法及金控
法之規範情形為何，茲分別說明如下：

(一)證券交易法第43條之1第1項

1.立法目的

　　證券交易法第43條之1第1項係於1988年1月修正時，參考美國證交法
第13條第4項之規定，為發揮資訊「完全公開」之原則，使公司股權重大
變動之資訊能及時且充分公開，使主管機關、投資人甚至發行該股份之公

---

[59] 證交法第43條之1第1項：「任何人單獨或與他人共同取得任一公開發行公司已
發行股份總額超過百分之十之股份者，應於取得後十日內，向主管機關申報其
取得股份之目的、資金來源及主管機關所規定應行申報之事項；申報事項如有
變動時，並隨時補正之。」

[60] 金融控股公司法第16條第2項及第3項規定：「金融控股公司設立後，同一人或
同一關係人單獨、共同或合計持有該金融控股公司已發行有表決權股份總數超
過百分之五者，應自持有之日起十日內，向主管機關申報；持股超過百分之五
後累積增減逾一個百分點者，亦同。金融控股公司設立後，同一人或同一關係
人擬單獨、共同或合計持有該金融控股公司已發行有表決權股份總數超過百分
之十、百分之二十五或百分之五十者，均應分別事先向主管機關申請核准。」

司，能預作準備，以因應股權異動所可能導致之變動及公司股價可能產生的變化而訂定，因此本條項的制定係具有重大的警示功能與增進公共利益之必要[61]。

本條項之立法目的在藉由要求證券持有人將大量取得股權之情形公開，使投資人能夠獲得於投資判斷上所必須及正確之資訊，提高投資人投資證券市場的意願、保護投資人之權益並促進證券市場的效率[62]。為了有效執行法律並對於公司股權變動加以落實管理，證券主管機關依據該法訂頒了「證券交易法第四十三條之一第一項取得股份申報事項要點」之解釋性行政規則，使證券取得人得以瞭解在何種情況下應履行相關的申報義務。

2.法律效果

對於證券持有人違反證交法第43條之1第1項申報義務者，參照同法第178條第1項第2款規定，證券主管機關得處新臺幣24萬元以上240萬元以下之行政罰鍰；惟證券持有人未申報之持股有無表決權？因此所造成之股東會決議瑕疵，究竟使決議無效抑或得撤銷之？因證交法未為明確規定，致使外界對該行為的效力解讀不一，因此以下僅先就違反申報行為之性質係效力規定或取締規定先為討論之。

按我國民法第71條之規定：「法律行為，違反強制或禁止之規定者，無效。但其規定不以之為無效者，不在此限。」我國實務及通說見解一直認為，本條前段所訂「違反強制或禁止之規定者，無效」，係為「效力規定」；而後段所訂「但其規定不以之為無效者，不在此限。」，則為「取締規定」之情形。所謂「效力規定」者，即以否認違法行為之法律效果為目的之法律規定，而「取締規定」者，係指對於違反者課以制裁，以禁止其行為為目的之法律規定。兩者在本質上有法規範目的之差異。

然而，對於「效力規定」與「取締規定」兩者間之區分標準為何，

---

[61] 參閱劉連煜，大量取得股權之申報，月旦法學教室第37期，元照出版有限公司，2005年11月，頁34。

[62] 參閱姚志明，證券交易法導讀，三民書局股份有限公司，2008年9月，頁61。

實務和學說有著明顯不同的看法。參考我國最高法院之諸多裁判及決議內容，可以發現最高法院在面對其案件所涉及的法規究竟是民法第71條所稱之「效力規定」或「取締規定」時，均未能就該法規「為何」屬於前述兩者之一，提出明確之判決說明理由，甚且常因該法規已另有行政處罰之規定以取締該違法行為，即認定該特定法規僅為取締規定，而非效力規定；惟學說上[63]則有認為實務見解過於流於形式判斷，欠缺實質的說明理由及判斷標準，反對形式判斷者認為，對於法規應該探求其立法目的，而不得僅因針對該禁止規定有無行政處罰之規定遽為判斷依據。

由於證交法已於第178條第1項第2款明文規定，違反申報義務者證券主管機關得處新臺幣24萬元以上240萬元以下之行政罰鍰，因此本案若參照前述我國實務之見解，可認為該違反持股申報義務之行為，顯然為「取締規定」；然此一判斷方式，是否妥適，似仍應輔以該條立法目的再加審酌，較為恰當；如另參照本條項後段所規定，申報事項如有變動，得隨時補正之立法意旨觀之，似乎無使違反申報的法律效果達到無效之程度，因此，將之認定為「取締規定」尚屬妥適。而對於該未經申報之股份，因證交法並無類似金控法第16條第10款所訂，命證券持有人於限期內處分股份之規定，因此金管會對於此一違法情事，無法限期命申報義務人出售持股。

針對本條之規定，由於曾有不少公司反映，辦理減資或增資時，大股東持股數雖然有變化，實際持股比率卻沒有變動，對公司經營權也沒有任何影響，卻要辦理申報程序，甚為麻煩，因此金管會參酌國外作法於99年7月已發函放寬公開發行公司持股申報規定，只要持股逾10%的大股東，持股數增、減逾1%且持股比率變動逾1%時才要申報；如辦理增、減資，股數變動但持股比率不變，就可排除申報，俾為便民。

---

[63] 參閱詹森林，效力規定與取締規定之區別標準-最高法院裁判之評析，程序正義、人權保障與司法改革：范光群教授七秩華誕祝壽論文集－學術論文集，元照出版有限公司，2009年3月1日，頁309。

(二)金融控股公司法第16條第3項

1.立法目的

設立金融控股公司後，為了加強對於控制權股東的管理、股東適格性審查機制，金控法爰參酌歐盟等國家對主要股東持股之相關規定，於第16條第2、3項分別規定同一人或同一關係人單獨、共同或合計持有；或擬單獨、共同或合計持有該金融控股公司股份達一定比例之門檻時，均應分別向主管機關申報或事先向主管機關申請核准，以利主管機關監督主要股東資格適當性，並於第5項規定其持股適格條件，由主管機關定之。而為防止金融控股公司股東以迂迴間接之方法，規避本法對同一人或同一關係人持有金融控股公司股份之規範，並另於第4項定明第三人為同一人或同一關係人以信託、委任或其他契約、協議、授權等方法持有股份者，應併入同一關係人之範圍內計算。

2.法律效果

金控法所稱大股東，參照該法第4條第1項第10款規定，係指持有金融控股公司或其子公司已發行有表決權股份總數或資本總額百分之五以上者；股東為自然人時，其配偶及未成年人子女之持股數應一併計入本人支持股計算。當大股東持股超過金控法第16條第2項及第3項之比率門檻，而未向金管會申報或申請核准者，由同條第10項規定可知，該持股超過之部分係無表決權，並由金管會命其於限期內處分。由強化股權管理之觀點來看，對於違反持股申報義務或未申請核准之行為，該股東若於股東會決議時行使該超過股份之股權，該超過部分係無表決權，亦當然無投票權，違反的法律效果為無效，因此，本條應為效力規定，是為明確。

本案耐斯集團首先質疑洪三雄陣營對外公布持股比重達27%[64]，卻未向主管機關申報，因此未申報之股權依法不具投票權之部分，經查國票金控最大股東德安開發股份有限公司，其與關係企業共7家公司[65]對國票金

---

[64] 參閱經濟日報，99年6月26日，A6版。

[65] 參閱行政院金融監督管理委員會銀行局99年8月24日金管銀控字第09960005041號處分書，德安開發股份有限公司與關係企業等7家公司係指：德安開發股份

融控股公司之持股，依金融控股公司法第4條規定，係屬該法所稱之同一人、同一關係人，依金管會檢查局98年度對國票金融控股公司查核發現，以98年4月21日停止過戶日為基準，該等公司持有國票金融控股公司已發行有表決權股份總數達11.08%而超逾10%，惟未事先向該會申請核准，違反金融控股公司法第16條第3項規定，遭該會裁處罰鍰200萬元，並經該會表示超過部分係無表決權在案[66]。

　　另耐斯集團所主張應撤銷「收購大都會人壽股權」之違法股東會決議，及對大都會人壽的併購案等情，參照公司法第189條及第189條之1規定，股東會之召集程序或其決議方法，違反法令或章程時，股東得自決議之日起30日內，訴請法院撤銷其決議，法院對於前條撤銷決議之訴，認為其違反之事實非屬重大且於決議無影響者，得駁回其請求。由金管會之裁罰書可知，德安開發股份有限公司與其關係企業等7家公司，未向金管會申請核准所持有之國票金控已發行有表決權股份總數超過10%的股份，依金控法相關規定係無表決權，如股東會決議未查明該超過之股份係無表決權，則顯然有表決權計算錯誤之情形，可能有該當公司法第189條所規定，股東會之決議方法有違反法令之瑕疵，耐斯集團係得據此訴請法院撤銷其決議。

　　惟法院對於耐斯集團所提出之撤銷決議之訴可否依第189條之1規定駁回其請求，尚須視違反之事實是否非屬重大且於決議無影響而定。至於瑕疵是否重大之判斷，學者有認為應由有無積極侵害股東參與股東會權益為斷[67]，如有積極侵害者，應認為違反之事實屬於重大，則不論其對決議結

　　有限公司、美亞鋼管廠股份有限公司、志信國際股份有限公司、美麗華大飯店股份有限公司、德安信股份有限公司、德先股份有限公司及姮興開發股份有限公司等。

[66] 參考行政院金融監督管理委員會全球資訊網http://www.fscey.gov.tw/Layout/main_ch/index.aspx?frame=1，第315委員會會議紀錄，2010年8月12日。（最後瀏覽日期：2010年11月6日）

[67] 參閱洪秀芬，法院對撤銷股東會決議請求之駁回裁量權，月旦法學教室第57期，元照出版有限公司，2007年7月，頁27。

果是否有影響,法院均不得駁回該訴訟之請求。然本案係德安開發股份有限公司等7家公司,未事先向金管會申請核准持有國票金控之股份,致持有超過已發行有表決權股份總數超過10%之股份無表決權,使股東會決議方法有違反法令之瑕疵,並未涉及積極侵害股東參與股東會權益,因此法院應就股東會決議方法違反法令之瑕疵,是否重大且於決議有影響,作為得否駁回耐斯集團此一撤銷股東會決議請求之審酌理由之一。

至於主管機關命處分股份之方式,應指命其出售或轉讓股權而言,其範圍包括全部或部分股權。惟金管會在個案處理金融案件時,為避免大量處分股權而影響市場價格,除了出售及轉讓股權兩種方式之外,曾經在之前中國信託金融控股公司(以下簡稱中信金控)及其子公司未經核准插旗兆豐金融控股公司(下稱兆豐金控)案件中,同意中信金控以股權信託方式對兆豐金控股份進行過渡性處分,並由受託人依政府之指示出席公司股東會、行使表決權及股東權,因股份所有權已移轉,中信金控實質上已喪失對兆豐金控除盈餘分配權外之股東權,也可將之視為已為實質處分[68]。

五、金管會否准本件收購案理由之分析

(一)國票金申請書件與「金融控股公司轉投資作業管理原則」規定不符

1.大都會人壽98年累積虧損,未合理說明

依據金融控股公司轉投資作業管理規則第1項第12點[69]規定,被投資事業如最近一年有累積虧損時,金控公司應依據該點規定對投資對象之累積虧損提出合理說明,本案國票金控之投資對象為大都會人壽,如大都會

---

[68] 參閱王志誠,現代金融法,新學林出版股份有限公司,2009年9月,頁136。

[69] 金融控股公司轉投資作業管理規則第1項第12點:「金融控股公司申請投資金融控股公司法第三十六條第二項之事業時,應符合下列規定:(十二)被投資事業為既存公司,最近一年有累積虧損者,對該投資對象之累積虧損應提出合理說明。但因配合政府政策處理問題金融機構者,不在此限。」查本原則業於99年12月1日經金管會廢止,並自同年月3日生效,另訂「金融控股公司投資管理辦法」於99年12月1日發布生效。

人壽最近一年有累積虧損時，國票金控自應依據前開規定提出合理之說
明，始符合金控公司轉投資作業的相關規範。惟經查閱大都會人壽98年之
損益表、資產負債表與股東權益變動表（詳如附表16-1），本文發現大都
會人壽除98年度遭逢金融海嘯蒙受莫大虧損，致當年淨損2億800餘萬元
外，其97年度之淨利為8,300餘萬元，尚有獲利；另由該公司97年度及98
年度資產負債表中權益項目「保留盈餘及其他」，亦發現該2年度之累積
盈虧（正數為盈餘、負數為虧損）實有27億3,500餘萬元及35億2,200餘萬
元[70]，其最近一年並無累積虧損之情形，則當無適用金融控股公司轉投資

---

[70] 該二數字係將97年度及98年度之資產負債表中「保留盈餘及其他」減除股東權
益變動表中之「資本公積」計算而來。本文之所以使用此一計算法，乃因金融
控股公司轉投資作業管理規則第1項第12點所規定之「累積虧損」，並未詳指
係財務報告中何一項目，因此，有「廣義之累積虧損」與「狹義之累積虧損」
之分。
依據98年12月30日發布之保險業務報告編製準則（下稱保險業財報準則）第9
條第1項第3款規定，所謂「保留盈餘（或累積虧損）」係由營業結果所產生之
權益，包括法定盈餘公積、特別盈餘公積及未分配盈餘等，此即「廣義之保留
盈餘（或累積虧損）」。而保險業財報準則第11條第1項則規定股東權益變動
表應列明股本、資本公積、保留盈餘（或累積虧損）、股東權益其他項目之期
初餘額、本期增減項目、期末餘額等資料，同條第2項則又規定保留盈餘部分
之內容，包括：提列法定盈餘公積、特別盈餘公積及分派股利等項目，故保險
公司於編製股東權益變動表時，將「廣義之保留盈餘（累積虧損）」又拆分為
法定盈餘公積、特別盈餘公積、股利分派及保留盈餘（累積虧損）等項目，而
拆分後之保留盈餘（累積虧損）即為「狹義之保留盈餘（累積虧損）」。此
外，保險業財報準則發布前，人身保險業財務報告編製準則（99年12月30日廢
止）第9條及第11條亦有相同之規定，併此敘明。
本案大都會人壽98年度股東權益變動表中，「廣義之保留盈餘（累積虧損）」
已拆分為「特別盈餘公積」、「狹義之保留盈餘（累積虧損）」及「備供出
售金額資產未實現損益變動」3項目。本文認為金融控股公司轉投資作業管理
規則第1項第12點所規定之「累積虧損」，當指「廣義之累積虧損」，因為僅
「廣義之累積虧損」方能全面性地衡量一公司之營業結果，否則，若採「狹義
之累積虧損」，將使因公司提列不同「特別盈餘公積」或分拆其他保留盈餘
（或累積虧損）項目而異其結果，一方面將可能對提列「特別盈餘公積」之公
司與未提列「特別盈餘公積」之公司產生差別待遇，造成不公平之現象，另一
方面將導致「狹義累積虧損」數字為公司為操控，真正應適用金融控股公司轉

作業管理規則第1項第12點所規定之情事，金管會以之作為否准理由，似有違誤。

2.持股質押比率偏高，未提出未來一旦利率上升或股價滑落時的資金周轉方案

　　參照金控法第16條第5項[71]及同一人或同一關係人持有同一金融控股公司已發行有表決權股份總數超過一定比率管理辦法第11條第1項及第2項[72]之相關規定可知，鑑於同一人或同一關係人持有金控公司已發行有表決權股份總數超過10%者，對整體金控集團具有相當之控制力，金控法規定大股東股份之股份質押不得違反金控法第16條第6項所規定將其股票設定質權予金控公司之「子公司」，以避免大股東藉此回收資金致生弊端，導致出現傷害股東權益的決策，可能危及公司治理並涉入不當併購之爭議。但是只要沒有違反前開設定質權予金控公司之子公司的情形，則大股東質押股票借款是合法的資金調度行為，而股票質押比重偏高這是股東個人財務方面的問題，對國票金進行轉投資業務，兩者並無直接關連，金管會對於股東個人股份之質押，應該要特別注意的是有無利害關係人交易及公司治理是否異常，以免大股東因個人財務問題而「間接」波及公司經營。若未深入了解質押原因或該股份質押有無傷害股東權益之情事，僅因

投資作業管理規則第1項第12點規定提出說明之公司，藉由操縱「狹義累積虧損」之數額規避管制，故宜採「廣義之累積虧損」方可避免發生此二弊端。

[71] 金融控股公司法第16條第5項：「同一人或同一關係人依第三項規定申請核准應具備之適格條件、應檢附之書件、擬取得股份之股數、目的、資金來源、持有股票之出質情形、持股數與其他重要事項變動之申報、公告及其他應遵行事項之辦法，由主管機關定之。」

[72] 同一人或同一關係人持有同一金融控股公司已發行有表決權股份總數超過一定比率管理辦法第11條第1項及第2項：「持有同一金融控股公司已發行有表決權股份總數超過百分之十之同一人或同一關係人應於每月五日前，填具申報表，將上月份持股之變動情形通知金融控股公司，並由金融控股公司彙總後於每月十五日前向證券交易所或櫃檯買賣中心網站傳輸申報並於公開資訊觀測站公告之。前項股票經設定質權者，出質人應即填具申報表通知金融控股公司。金融控股公司應於其質權設定後五日內，將其出質情形，向證券交易所或櫃檯買賣中心網站傳輸申報並於公開資訊觀測站公告之。」

董監持股質押比率過高，以之作為否准本件併購案的原因之一，似乎有違反不當連結禁止原則之可能。

　　再者，國票金控兩大民股耐斯集團與台灣金聯董事長洪三雄團隊，在97年時曾為了爭取經營權曾經進行了一場委託書徵求之爭奪大戰，當時的耐斯集團總裁陳哲芳與台灣金聯董事長洪三雄雙方激烈較勁，為了要一舉取得主導權，都花了大筆的金錢購入國票金股票，然後拿去向銀行質押借錢繼續再買，由國票金控董監事經理人及大股東持股明細（詳如附表16-2）可以看出目前雙方人馬之各董監事、經理人及大股東持股質押之情形。由該表所示，截至99年9月國票金控董監事持股質押中，耐斯集團與台灣金聯董事長洪三雄集團雙方均有董監事股份質押的情形，且質押比率係有偏高，其中耐斯集團的董事——耐斯融資股份有限公司林合民，其持股質押比率達93.80%；洪三雄集團的董事——姮興開發股份有限公司丁予嘉等3人之股份質押分別達68.43%，若深究其持股質押比率偏高的原因之一，可能就是先前雙方為了爭奪國票金控經營權所造成的。

　　另外近幾年全球發生金融海嘯衝擊台股造成股價下跌，不少公司大股東被金融機構要求多拿股票來補足擔保品價值的不足，使得許多金控公司大股東之持股質押超過五成者，屢見不鮮，若金管會將董監事之持股質押比率超過五成即認屬其過高，並將之做為審查併購資格條件之一，本文認為金控公司要以併購進行跨業經營將會難上加難。且由國票金控持股及質押明細表可以發現，同意併購大都會人壽的洪三雄集團董監事質押最高比率為68.43%，其董事——姮興開發股份有限公司丁予嘉等3人之質押持股比例合計約2.66%；而反對併購案的耐斯集團質押比率最高為93.80%，其監察人——耐斯投資開發（股）王子鏘、董事——耐斯融資股份有限公司林合民及董事——資通國際開發（股）魏憶龍等3人之質押持股比例合計約4.67%，其中耐斯集團董事——資通國際開發（股）魏憶龍的持股數量僅1015張，佔持股比率僅0.05%，因為所持股大部分都予質押，因而拉高了質押比率，可能因此使金管會對此產生了董監事質押持股比率過高，有影響公司控制權的變動及股東的投資權益之疑慮。但若由洪三雄集團持有國票金控股份高達約16%尚未進行股份質押來看，上開董監事之持股質

押的比例、數量甚少，似乎不致影響公司控制權的變動，也不致於有以質押股份換取現金掏空公司之疑慮。金管會應該再為了解國票金控之股權結構、分析質押比率及原因、利害關係人交易等諸多因素，綜合判斷大都會人壽併購後之綜效，並據此整體評估作出決定，若未經審慎評估即為否准併購，似有不當之疑義。

另金融控股公司轉投資作業管理原則第1項規定，明示規定金融控股公司申請投資金融控股公司法第36條第2項之事業「應」符合該項各點之條件，同原則第3項第14點[73]，顯然為金控公司申請投資時，程序上應備自評表、申請文件為真實確認之聲明書及其他相關文件之規範，金管會對於金控公司提出的申請文件，據以作為決定應否核准轉投資時的參酌文件，如有不備似應先行通知金控公司限期補正，若僅因文書未提供或提供不完備，未給予通知補正之機會以實質審酌整體併購所可能帶來的效益與綜效，即逕予駁回，對於鼓勵金控公司合併之政策顯然有違；且董監事持股質押比率過高，並非金控公司轉投資作業管理原則第1項所規定「應」符合條件之一，金管會以之作為否准理由亦有適用法令不當之情形。

復參閱國票金控公司之董監經理人及大股東持股及質押明細表，本文發現耐斯集團及洪三雄集團之個別董監事持股質押確有部分超過設質比率50%以上，其中反對併購大都會人壽案之耐斯集團中，耐斯投資開發（股）王子鏘、耐斯融資（股）林合民、資通國際開發（股）魏憶龍等之持股押質押比率明顯高於90%，但持股股份合計僅約4.5%左右，其未提出因利率上漲或股價下跌致生資金週轉之因應方案，是否足以導致公司權變更或財政將發生重大困難，本文對於金管會持以肯定的看法存疑；且本案兩方立場明顯對立，為了堅持各自主張，耐斯集團中持股設質比率50%以

---

[73] 金融控股公司轉投資作業管理原則第3項第14點：「金融控股公司申請投資時，應檢附之書件除自評表及申請文件為真實確認之聲明書外，尚包括：（十四）最近六個月全體董事、監察人及大股東持股設質比率平均百分之五十以上者，持股設質比率百分之五十以上之個別董事、監察人或大股東應提出：1.倘因利率上漲或股價下跌致生資金週轉之因應方案。2.出具願確實執行因應方案之聲明書。」

上之個別董事、監察人或大股東為了抵制本件併購案的通過，或許根本未將此等文件交由國票金控彙整提出，但這是公司內部治理的問題，如僅因其未提出相關申請文件，即否准此件收購案，顯然無形中實質上賦予了耐斯集團否決的權利，有違股東平等及公司治理的原則；且另一方面洪三雄集團中的持股設質比率50%以上之個別董事、監察人或大股東僅姮興開發（股）丁予嘉、紀乃榮、陳陽光等3人，其設質股份僅約計2.5%，其餘所持有國票金控股份約有高達16%均未進行股份質押，則金控公司在彙整相關申請文件整體分析評估後，如已自行評估前開董事、監察人或大股東持股設質，縱使其未提出利率上漲或股價下跌致生資金週轉之因應方案，對公司經營亦不發生重大影響或影響控制權變動時，金管會對於國票金控程序上提出之相關申請文件及內容，自應進行實質審查，始能審慎評估該公司的未來發展潛力與整體綜益，進而作出肯否之行政處分。

綜上，本文認為金管會以國票金控申請書件包括：大都會人壽98年累積虧損，未合理說明；董監持股質押比率偏高，未提出未來一旦利率上升或股價滑落時的資金周轉方案，與「金融控股公司轉投資作業管理原則」規定不符為由，作為否准理由之一，均有可議之處。

(二)國票金融控股公司所規劃之資金來源、還款來源及償債計畫，不利該公司資本結構之健全，有礙健全經營之虞

針對金管會此項否准理由，本文認為應分從財務及法律兩面向加以探討。

從財務的觀點來看，以舉債方式併購雖會使得負債比例[74]上升，但在財務管理上，一般公司最有效率運用資金的情形，是在負債比例約為0.53

---

[74] 負債比率是指負債總額除以資產總額，用以測度企業總資產中由債權人提供之資金比率的大小，有些財務分析人員亦計算固定資產對業主權益比率，此一比率大於1時，表示有部分固定資產係舉債購買。See Donald E. Kieso, Jerry J. Weygandt, Terry D. Warfield, "Intermediate accounting", New York: Wiley, p.1311（2000）。

時[75]，即權益與負債各佔一半時，當被併購公司原本的負債比例即偏低的情形下，融資併購不但不會使財務惡化，相反地，是使財務更加健全，因為過多的權益資金，將可能使公司有過多的自由現金流量，一旦公司的自由現金流量超過合理程度，經營者發生舞弊的機會將提高，代理問題也就隨之產生[76]。所以，以舉債方式進行併購對於負債比例低的被併購公司而言，反而是邁向效率的途徑之一。而對於負債比例高的被併購公司而言，事實上，融資銀行在放款時，即會加以衡量其他因素，若被併購公司的其他非財務因素，例如：市佔率、市場優勢等，若被併購公司的其他因素十分有利，融資銀行才會放款，此外，融資銀行也可能透過約款限制公司的財務結構，或提高利率以滿足其風險溢酬。總言之，以舉債方式進行併購的情形下，公司的財務未必惡化，而銀行透過利率的調升，已獲取應得之風險溢酬，不宜認為銀行將會承擔最後財務惡化的結果，蓋銀行所為之決策，係基於風險規避者之立場，所為之理性決策。

　　事實上，均衡的公司所有權結構（最佳資本結構），應該是由股權代理成本和債權代理成本之間的平衡關係所決定[77]，而非單以公司是否舉債作判斷。況且，以舉債方式進行收購雖然增加公司利息支出之成本，也提高了公司破產之風險成本，然而實證結果也發現在槓桿收購案（leverage buyouts, LBOs）中，高舉債額度帶來了股價的上揚[78]，對股東權益非無益處。

　　金融控股公司因有別於一般公司之產業特性，其舉債程度勢必高於一般公司。本文以國內其他13家上市及上櫃金融控股公司98年度財務報告為計算基礎（國票金不計入），發現其他13家金融控股公司之負債比率為

---

[75] 此即「資本結構理論」（capital structure theory），參閱陳隆麒，當代財務管理，華泰文化事業股份有限公司，1999年1月，頁297-306。

[76] 此即Michael Jensen於1986年所提出的「自由現金流量假說」（free cash flow hypothesis），參閱吳青松譯，企業併購與重組，台灣培生教育出版股份有限公司，2004年6月，頁152。

[77] 參閱林俊宏，同註30，頁22。

[78] 參閱吳青松譯，同註76，頁153。

0.93[79]，而國票金之負債比率則為0.85[80]，遠低於其他金融控股公司之負債比率。縱使本案收購案全數資金皆以舉債方式取得，則收購後國票金之負債比率為0.87[81]，仍屬較低負債之資本結構。

另按金融控股公司法第41條規定：「為健全金融控股公司之財務結構，主管機關於必要時，得就金融控股公司之各項財務比率，定其上限或下限。（第1項）金融控股公司之實際各項財務比率，未符合主管機關依前項規定所定上限或下限者，主管機關得命其增資、限制其分配盈餘、停止或限制其投資、限制其發給董事、監察人酬勞或為其他必要之處置或限制；其辦法，由主管機關定之。（第2項）」。惟金管會對於金融控股公司之財務比率上、下限迄今未發布任何辦法、命令或函釋，然從上述財務面向之說明可知，縱國票金全數以舉債方式收購大都會人壽股權，其負債程度仍低於其它金融控股公司，則金管會以健全公司資本結構為由，而否准本件收購案，似有可議之處。

再按金融控股公司法第40條規定：「金融控股公司以合併基礎計算之資本適足性比率、衡量範圍及計算辦法，由主管機關定之。（第1項）金融控股公司之實際資本適足性比率低於前項辦法之規定者，主管機關得命其增資、限制其分配盈餘、停止或限制其投資、限制其發給董事、監察人酬勞或為其他必要之處置或限制；其辦法，由主管機關定之。（第2項）」主管機關因而於90年10月31日發布「金融控股公司合併資本適足性管理辦法」（以下簡稱金控資本適足性辦法），依據金控資本適足性辦法第6條第2項規定：「金融控股公司依本辦法計算及填報之集團資本適足率不得低於百分之一百。」且若金融控股公司之集團資本適足率未達標準

---

[79] 0.93＝21,167,869,702仟元（其他13家金控負債總額）/ 22,794,722,340仟元（其他13家金控資產總額）

[80] 0.85＝157,094,820仟元（國票金負債總額）/185,157,001仟元（國票金資產總額）

[81] 1.125億美金*31.89（台灣銀行98年12月31日美金匯率收盤價）＝3,587,625仟元，假設國票金於98年12月31日全數以舉債之方式完成收購大都會人壽股份，則收購後負債比率0.87＝160,682,445仟元/185,157,001仟元。

者，除依金融控股公司法第60條規定處罰外，盈餘不得以現金或其他財產分配，主管機關並得視情節輕重為下列之處分：「一、命其提報增加資本、減少風險性資產總額之限期改善計劃。二、限制給付董事、監察人酬勞、紅利、報酬、車馬費及其他給付。三、限制依金融控股公司法第36條、第37條之投資。四、限制子公司申設分支機構。五、令其於一定期間內處分所持有被投資事業之股份。六、解任董事及監察人並限期選任新董事及監察人。七、撤換經理人。」

下表為國票金最近5年集團資本適足率[82]，可知國票金最近5年集團資本適足率皆符合金控資本適足性辦法第6條第2項規定，且遠高於100%之下限，是以，金管會自不得以金控資本適足性辦法第6條第3項規定，限制國票金依金控法第36條、第37條之投資。

年度	94年	95年	96年	97年	98年
集團合格資本淨額（佰萬元）	18,407	17,419	16,899	13,798	16,741
集團法定資本需求總額（佰萬元）	12,254	11,323	11,112	9,015	10,338
集團資本適足率（%）	150.21	153.84	152.08	153.05	161.94

此外，姑不論收購後國票金集團資本適足率未達100%之可能性，縱然收購後國票金集團資本適足率確未達100%之標準，則依金控法第40條、金控資本適足性辦法第6條第2項及第3項規定，金管會亦無法以「收購後」將使集團資本適足率不符標準為由，否准此一收購案。蓋因金控法第40條、金控資本適足性辦法第6條第2項及第3項規定之情形，必金融控股公司之集團資本適足率「已未達100%」，金管會才得限制該金融控股公司為金控法第36條、第37條之投資。本案，金管會以收購後將影響公司資本結構之健全為由否准收購案，若其否准處分之法源依據為金控法第40條、金控資本適足性辦法第6條第2項及第3項規定，因相關規定並未規範轉投資前集團資本適足率已達標準、轉投資後未達標準之情形，則該否准

82 參考公開資訊觀測站，國票金98年度年報，頁68，http://mops.twse.com.tw/mops/web/t57sb01_q5。

處分顯有違法律保留原則。

　　又倘若金管會係以「金融控股公司轉投資作業管理原則」第1條第1項第3款[83]之規定，否准國票金收購大都會人壽股權，則此一否准處分顯有違明確性原則，蓋因從相關說明，金管會根本未指出國票金收購大都會人壽股權後集團資本適足率有低於100%之情形，且亦未說明其計算收購後集團資本適足率之基礎。

(三)國票金融控股公司經營人壽保險公司之專業能力及財務支援能力尚有疑義

　　因金融業具有高度公共性，其經營不善將產生鉅額社會成本，各國基於審慎監理原則，莫不對其股權結構及經營者資格等採取金融管制措施。依我國學者之見解[84]，有關金融機構股權結構之管制，主要包含以下三項：一、股權結構管制的對象，亦即應針對何種金融機構進行管制；二、股東適格性審查之門檻標準；三、進行股東適格性審查的基準，亦即應如何進行審查。基此，就金融機構股權結構之管制而言與大股東適格性審查有密切關係。

　　所謂股東適格性原則（fit and proper rule; suitability of shareholder），係指主管機關對於持有金融機構一定比例股份數之股東，審查應否核准或許可其設立或經營，即有權評估就持有一定比例股份總數之股東是否具有經營該金融機構之專業能力。其具體操作模式[85]，我國係採持股門檻標準，藉由股東持股超過一定比例之靜態申報及動態申報來加以管制，並且為防止股東以迂迴間接方法規避，亦將關係人之持股數納入計算，且針對違反申報義務者，其效果為超過一定比例之股份無表決權，且主管機關並

---

[83] 金融控股公司轉投資作業管理原則第1條第1項第3款：「金融控股公司申請投資金融控股公司法（以下簡稱本法）第三十六條第二項之事業時，應符合下列規定：(三)金融控股公司於本次投資後之集團資本適足率須達百分之一百以上，且其各子公司應符合各類別資本適足性之相關規範。」

[84] 參閱王志誠，同註68，頁126至136。

[85] 參閱金融控股公司法第16條、銀行法第25條。

得命其於限期內處分持股（金融控股公司法第16條第10項；銀行法第25條第7項）。不過我國有明文規定應適用股東適格性審查之金融機構僅為金融控股公司及銀行，至於票券金融公司、證券商、信託業及保險公司，則未設有股東適格性審查之規定或機制。是以，在本案，於法無明文規定下[86]，金管會可否針對保險業進行股東適格性審查？對此，前金管會主委陳沖（現任行政院副院長）表示，國際保險監理官協會（IAIS）的保險監理原則中有指出，任何經營權有變更，主管機關有權力來否定，其實金管會實際上都會審查大股東的適格性，但法律條文裡沒有這麼明顯，因此此次是明文化規定[87]。不過主管機關這樣的見解是否妥適，則不無商榷之餘地。首先，該處分已經違反法律保留原則，其合法性存有疑義，就針對保險公司之股東適格性審查而言，不僅法律未為規定，主管機關亦未訂定如金融控股公司般的股東適格審查辦法[88]。也因此，申請人當然無從預見主管機關會以何種基準判別其股東適格性。換言之，對主管機關就股東適格性如何進行實質審查，申請人根本無預見可能性，當然也無從因應。在本案，雖然股東適格性僅是該行政處分否准理由中的一項，因此以訴願或行政訴訟等事後審查的角度來看，只要其他項理由可以維持原處分，則該處分被撤銷的機率必然不高。不過也由此可見我國金融業主管機關裁量權限過大，對於我國金融業的發展，是否合適，尚有討論空間。

---

[86] 須注意的是金管會否准本案時，立法院並未通過有關保險業股東適格性的審查規定，而立法院為因應南山案乃進行保險法第139條之1、第139條之2和第171條之2修正案初審。其修正要點主要為明定同一人及同一關係人持有保險公司股權逾5%時，須向主管機關申報，逾10%時，要事前申請核准，持股25%或50%以上，也必須申請核准；本修正案已於2010年11月12日經立法院三讀通過。另針對保險業大股東適格性的5大審核原則請參閱「同一人或同一關係人持有同一保險公司已發行有表決權股份總數超過一定比率管理辦法」第3、5、7條等規定。

[87] 參考HINET新聞網-財經-保險業大股東適格性從嚴規範股權逾5%須申報，http://times.hinet.net/times/article.do?newsid=3073798&option=finance。

[88] 參閱同一人或同一關係人持有同一金融控股公司已發行有表決權股份總數超過一定比率管理辦法。

(四)國票金大股東間對於本投資案仍未達成共識

　　按OECD公司治理準則[89]第3項即指出，「公司治理體系應確保所有股東的平等待遇，包括少數股東及外國股東。所有股東對於侵害其權利之行為，應有獲得有效救濟的機會。同類之所有股東應有平等之待遇，包括：1.同類之股東應有相同之權利。所有投資人在購買股份之前，應能取得與權利相關之資訊。任何對股東表決權有不利影響之改變，應得該類股東之同意；2.應保障少數股東免於受控制股東直接或間接濫用其地位或專為其私利行為之影響，並應確保少數股東有效之救濟途徑存在；3.保管銀行及受託機構行使表決權應得股東之同意；4.應消除跨國表決權行使之障礙；5.股東常會之程序與進行應確保股東受平等對待，不應以不當之程序造成表決權行使之障礙或增加其成本。」而我國亦參酌OECD上開報告，於金融控股公司治理實務守則第10條規定：「金融控股公司應建立能確保股東對公司重大事項享有充分知悉、參與及決定等權利之公司治理制度，以保障股東權益及公平對待所有股東。」此外，公司法第179條第1項更明文規定：「公司各股東，除有第157條第3款情形外，每股有一表決權。」足見股東平等原則、表決權平等原則，為我國公司治理之基本精神。

　　金管會未審酌國票金99年股東常會決議已通過收購大都會人壽股權一案，卻以國票金大股東對本件投資案仍未達共識為由，否准此項收購案，不啻是賦予大股東否決權，使大股東之異議得以推翻股東會已作成之決議，該否准處分顯然違反股東平等原則及公司治理之基本精神。

---

[89] See OECD Principle of Corporate Governance, 1999, http://www.oecd.org。

肆、結論——Who decides？Whose interests prevail？[90]

　　我國公司法第202條規定，公司業務之執行，除本法或章程規定應由股東會決議之事項外，均應由董事會決議行之。是以，我國公司治理的模式係採董事會優位主義，由董事會掌握公司的決策，而非股東會。並以股東為董事忠實義務的受益者，股東財富最大化是公司決策的最適標準。基此，本案所產生的股權收購、增資等問題，本應經由董事會審查決定判斷是否符合股東之最大利益，雖金融機構的管制涉及大眾資金與國家經濟發展等公益問題，惟主管機關的管制仍不應介入或代替公司決策階層的經營判斷；本案中主管機關對收購案雖提出四點否決理由，但細觀其論點，不僅論理基礎有誤，且說理亦不甚清楚，似有為否決而否決之嫌。本案雖然兩派大股東意見不一，致產生許多衝突，但也可藉此機會讓正反雙方意見及理由並陳，供股東及市場檢驗雙方主張的合理性，更何況相關議案通過與否亦須經股東會決議，還是要取決雙方的股權實力並經股東會問責機制的檢驗，而且即便股東會決議通過，一旦無法通過市場的考驗，公司股價下滑，自然會懲罰這些董事，是以公司經營階層對相關決策必將審慎評估，主管機關似乎不必過度擔憂相關決策有害公司並損及股東權益，如此反而可能扼殺公司的發展或生存。

---

[90] See generally Stephen M. Bainbridge, Director Primacy: The Means and Ends of Corporate Governance, 97 NW.U.L. REV. 547, (2003).

附表16-1　大都會人壽相關財務資料

損益表[91]

單位：新台幣百萬

項目	96年度	97年度	98年度	99年度Q2
營業收入	19,979.0	21,917.6	25,575.7	12,172.0
營業成本	19,076.6	20,703.8	25,062.4	11,641.5
營業毛利	902.4	1,213.8	513.3	530.5
營業費用	747.3	808.0	677.5	366.7
營業（損）益	155.1	405.8	(164.2)	163.8
營業外（損）益	36.5	(320.0)	46.2	9.7
稅前（損）益	191.6	85.8	(118.0)	173.5
所得稅	5.8	2.1	90.4	19.2
會計原則變動影響數	-	-	-	-
本期淨利（損）	185.8	83.7	(208.4)	154.3

資產負債表[92]

單位：新台幣百萬元

資產項目	96年度	97年度	98年度	99年度Q2
資產				
流動資產	5,165.9	7,301.9	6,059.1	5,218.0
放款	6,720.4	7,186.7	6,818.1	6,643.3
基金與投資	44,092.4	50,060.3	61,773.9	68,492.5
固定資產	79.0	78.6	59.2	48.2
無形資產	22.1	18.2	21.7	19.1
其他資產	3,595.4	5,324.9	6,626.2	6,105.1
資產合計	59,675.2	69,970.6	81,358.2	86,526.2
負債及總公司權益總計				
流動負債	1,305.6	1,317.6	1,495.5	1,687.4
長期負債	0.0	0.0	0.0	0.6

---

[91] 參考大都會人壽全球資訊網，http://www.metlife.com.tw/page/pageF.aspx?c=4397ECEE-C900-441B-89E5-01F8F634EF3D（最後瀏覽日期：99年11月9日）

[92] 參考大都會人壽全球資訊網，同前註。

資產項目	96年度	97年度	98年度	99年度Q2
營業及負債準備	51,966.4	57,951.1	66,950.6	70,239.0
其他負債	2,997.7	4,680.1	6,103.2	5,496.6
負債小計	56,269.7	63,948.8	74,549.3	77,423.6
股本	2,000.0	3,150.0	3,150.0	3,150.0
預收股本	493.8	0.0	0.0	0.0
保留盈餘及其他	911.7	2,871.8	3,658.9	5,952.6
股東權益小計	3,405.5	6,021.8	6,808.9	9,102.6
負債及總公司權益合計	59,675.2	69,970.6	81,358.2	86,526.2

註1：本公司民國九十六年九月二十一日董事會決議現金增資新臺幣4.9億元，每股面額10元，分為49,000,000股，業經經濟部投資審議委員會民國九十六年十月十五日經審一字第09600356540號函、九十七年一月十五日經審一字第09700014880號函及行政院金融監督管理委員會民國九十七年二月一日金管保三字第09702015050號函核准在案。

註2：本公司民國九十七年四月十四日董事會決議現金增資新臺幣6.6億元，每股面額10元，分為66,000,000股，業經經濟部投資審議委員會民國九十七年四月二十五日經審一字第09700132310號函及行政院金融監督管理委員會民國九十七年六月三日金管保三字第09702095720號函核准在案。

股東權益變動表[93]

單位：新台幣百萬元

項目	96年度	97年度	98年度	99年度Q2
股本				
前期餘額	2,000.0	2,000.0	3,150.0	3,150.0
本期增減				
一增資	-	1,150.0	-	-
一彌補累積虧損	-	-	-	-
一結轉資本公積	-	-	-	-
預收股本				
前期餘額	-	493.8	-	-
本期增減				
資本公積				
前期餘額	136.6	136.6	136.6	136.6
本期增減	-	-	-	-

[93] 參考大都會人壽全球資訊網，同前註。

項目	96年度	97年度	98年度	99年度Q2
總公司往來				
前期餘額	-	-	-	-
本期增減	-	-	-	-
特別盈餘公積				
前期餘額	1,196.0	1,299.0	1,412.4	1,455.8
本期增減	103.0	113.4	43.4	
累積盈虧				
前期餘額	(1,592.2)	(1,509.4)	(1,593.1)	(1,790.9)
本期增減				
一特別盈餘公積提列	(103.0)	(113.4)	(43.4)	-
一股本彌補累積虧損	-	-	-	-
一本期損益	185.8	83.7	(208.4)	154.3
備供出售金融資產未實現損益變動				
首次適用影響數	-	-	-	-
前期餘額	3,527.4	985.5	2,861.9	3,857.4
本期增減				
未認列退休金成本淨損失				
前期餘額	-	-	-	-
本期增減	-	-	-	-
合　　　計	3,405.5	6,021.8	6,808.9	9,102.6

附表16-2　國票金董監事經理人及大股東持股明細[94]

資料日期：99年9月

職稱	姓名／法人名稱	持股張數	持股比例	質押張數	質押比率
監察人	山悅實業（股）	1,208	0.05%	0	0.00%
大股東	台產（股）	53,620	2.30%	0	0.00%
獨立董事	吳永乾	0	0.00%	0	0.00%
經理	李文利	134	0.01%	0	0.00%
獨立董事	李狀源	0	0.00%	0	0.00%
協理	卓兆傑	160	0.01%	0	0.00%

---

[94] 參考公開資訊觀測站，同註38。

職稱	姓名／法人名稱	持股張數	持股比例	質押張數	質押比率
董事	東元國際投資（股）-葉文中	9,948	0.43%	0	0.00%
經理	林振甫	292	0.01%	0	0.00%
財會主管	侯文楚	131	0.01%	0	0.00%
大股東	勇信開發（股）	46,117	1.98%	0	0.00%
大股東	星展銀行（股）	29,888	1.28%	0	0.00%
法人代表	洪三雄	1,720	0.07%	0	0.00%
董事長	洪門事業（股）─洪三雄	13,447	0.58%	0	0.00%
法人代表	紀乃榮	5,410	0.23%	0	0.00%
大股東	美亞（股）	39,969	1,71%	0	0.00%
大股東	美麗華大飯店（股）	167,332	7.17%	0	0.00%
監察人	耐斯投資開發（股）─王子鏘	41,515	1.78%	38,943	93.80%
董事	耐斯融資（股）─林合民	66,320	2.84%	62,272	93.90%
董事	姮興開發（股）─丁予嘉	20,414	0.87%	13,970	68.43%
董事	姮興開發（股）─紀乃榮	20,414	0.87%	13,970	68.43%
董事	姮興開發（股）─陳陽光	20,414	0.87%	13,970	68.43%
大股東	國票金庫藏股	60,330	2.59%	0	0.00%
大股東	國華人壽（股）	73,313	3.14%	0	0.00%
副總	陳正勳	335	0.01%	0	0.00%
副總	陳冠舟	283	0.01%	0	0.00%
法人代表	陳陽光	1,500	0.06%	0	0.00%
副總	陳學彥	1,011	0.04%	872	86.25%
監察人	華基國際資產（有）─詹亢戎	162	0.01%	0	0.00%
董事	華康國際資產（有）─蔡慧倫	162	0.01%	0	0.00%
獨立董事	楊鴻基	0	0.00%	0	0.00%
董事	資通國際開發（股）─魏憶龍	1,103	0.05%	1,015	92.02%
大股東	領航投資開發（股）	28,289	1.21%	0	0.00%
總經理	劉邦義	2,021	0.09%	0	0.00%
副總	蔡佳晉	1,153	0.05%	0	0.00%

參考文獻

一、專書論著（依作者姓氏筆畫遞增排序）

1. Donald E. Kieso, Jerry J. Weygandt, Terry D. Warfield, "Intermediate accounting", New York: Wiley, 2000

2. 方嘉麟，就復華金假處分案論股東制止權之理論與實務問題，載：財經法制新時代—賴源河教授七秩華誕祝壽論文集，元照出版有限公司，2008年10月。

3. 王志誠，現代金融法，新學林出版股份有限公司，2009年10月。

4. 邵慶平，論股東會與董事會權限之分配，載：公司法—組織與契約之間，翰蘆圖書出版有限公司，2008年12月。

5. 吳青松譯，企業併購與重組，台灣培生教育出版股份有限公司，2004年6月。

6. 姚志明，證券交易法導讀，三民書局股份有限公司，2008年9月。

7. 陳隆麒，當代財務管理，華泰文化事業股份有限公司，1999年1月。

8. 張心悌，股東提案權之省思—兼以代理成本與Arrow定理觀察之，賴英照大法官六秩華誕祝賀論文集—現代公司法之新課題，元照出版有限公司，2005年8月。

9. 詹森林，效力規定與取締規定之區別標準—最高法院裁判之評析，程序正義、人權保障與司法改革：范光群教授七秩華誕祝壽論文集—學術論文集，元照出版有限公司，2009年3月。

10. 劉連煜、林國全、洪秀芬、曾宛如，股東會委託書之管理，元照出版有限公司，2007年5月。

11. 劉連煜，現代公司法，新學林出版股份有限公司，2010年9月。

12. 賴英照，股市遊戲規則—最新證券交易法解析，作者自行出版，2006年2月。

二、期刊論文（依作者姓氏筆畫遞增排序）

1. Stephen M. Bainbridge, Director Primacy: The Means and Ends of Corporate

Governance, 97 NW.U. L. REV. 547, (2003).

2.方嘉麟，經營權爭奪戰中股東召集權設計兼論監察人角色—以元大復華併購案為例，政大法學評論，第108期，2009年4月。

3.王育慧，少數股東權之保護-論引進股東提案權，證券暨期貨月刊，第22卷第2期，2004年2月。

4.林俊宏，公司治理體系下控制權市場之定位，國立政治大學會計研究所碩士論文，2006年7月。

5.洪秀芬，法院對撤銷股東會決議請求之駁回裁量權，月旦法學教室第57期，元照出版有限公司，2007年7月。

6.劉連煜，股東提案制度與公司社會責任，中興法學第39期，1995年7月。

7.劉連煜，大量取得股權之申報，月旦法學教室第37期，元照出版有限公司，2005年11月。

8.廖大穎，台灣公司法制之問題研討－蒐購委託書與企業秩序之維持，月旦法學雜誌第21期，1997年2月。

9.鄭丁旺，「委託書徵求制度該大幅翻修了」，會計研究月刊第221期，2004年5月。

10.蘇立立，公開發行公司開放表決權交易可行性之研究－由價購委託書對公司治理之影響出發，世新大學法律系碩士論文，2004年6月。

三、報紙（依報刊日期順序遞增排序）

1.經濟日報，93年11月15日A3版。

2.聯合報，94年8月11日B2版。

3.經濟日報，96年12月11日B5版。

4.經濟日報，97年5月21日A13版。

5.經濟日報，97年5月21日A13版。

6.經濟日報，97年5月24日A4版。

7.聯合晚報，97年5月25日B6版。

8.經濟日報，98年11月24日A13版。

9.經濟日報，98年12月12日A6版。

10.聯合報，99年1月21日AA2版。

11.經濟日報，99年2月2日A13版。

12.經濟日報，99年3月25日C2版。

13.經濟日報，99年4月20日A4版。

14.經濟日報，99年5月4日A15版。

15.經濟日報，99年5月11日A4版。

16.經濟日報，99年5月13日A15版。

17.聯合報，99年5月24日AA2版。

18.聯合晚報，99年5月25日B2版。

19.聯合晚報，99年5月25日B2版。

20.經濟日報，99年5月27日A17版。

21.聯合晚報，99年6月25日B1版。

22.經濟日報，99年6月26日A6版。

23.經濟日報，99年6月26日A6版。

24.經濟日報，99年10月7日A4版。

四、網路資料

1.OECD Principle of Corporate Governance, 1999，網址：http:// www. oecd. org/。

2.公開資訊觀測站，網址：http://mops.twse.com.tw/index.htm

3.行政院金融監督管理委員會全球資訊網，網址：http://www.fscey.gov.tw/ Layout/main_ch/index.aspx?frame=1。

3.大都會人壽全球資訊網，網址：http://www.metlife.com.tw/ page/ pageF. aspx?c=4397ECEE-C900-441B-89E5-01F8F634EF3D。

4.HINET新聞網，網址：http://times.hinet.net/times/article.do?newsid =3073798&option=finance。

第十七章　網際爭霸戰—結盟篇
——微軟（Microsoft）併購雅虎（Yahoo）案

廖欣怡、黃若羚

廖欣怡

理性與感性兼具的法律人，

勇氣與信念俱足的逐夢人。

黃若羚

因你們不在法律之下，乃在恩典之下（羅馬書6:14）

For ye are not under the law, but under grace. (Romans 6:14)

大事紀

微軟公司（Microsoft Corporation）[1]

時間	事由	備註
1975年	微軟公司（Microsoft）成立。	
1981年6月	微軟公司（Microsoft）正式登記公司。	
1981年8月	IBM推出內含Microsoft之MS-DOS 1.0個人電腦。	
1986年	Microsoft股票公開上市。	(NASDAQ:MSFT)
1989年	台灣微軟公司成立。	
1990年	Windows 3.0英文版上市。	
1995年8月	Windows 95英文版全球同步上市。	
1995年12月	比爾‧蓋茲（Bill Gate）宣布Microsoft Internet策略，使PC平台與Internet完全整合。	
1998年	Windows 98英文版全球同步上市。	
2000年	Windows 2000英文版全球同步上市。	
2001年	Windows Office XP正式上市。	
2008年6月	台灣微軟於南港軟體園區成立「微軟創新中心」(MIC, Microsoft Innovation Center)。	
2008年7月	硬體創新中心（Hardware Innovation Center，HIC）正式在台成立。	繼微軟技術中心（MTC）、微軟創新中心（MIC）後，在台灣第三個研發中心。

雅虎公司（Yahoo!Inc.）[2]

時間	事由	備註
1994年	楊致遠（Jerry Yang）及戴維‧菲洛（David Filo）創立雅虎公司（Yahoo!Inc.）	總部位於美國加州。
1996年4月12日	雅虎公司上市，當日股市收盤價33美元，上市當天市場估價達10億美元。	(NASDAQ: YHOO)
2000年1月3日	雅虎公司股票每股高達美金475元。	

---

[1] 微軟公司全名爲Microsoft Corporation（下稱：微軟公司），相關資料來自微軟公司網站http://www.microsoft.com。

[2] 雅虎公司全名爲Yahoo!Inc.（下稱：雅虎公司），相關資料來自雅虎公司網站http://www.yahoo.com; A Microsoft-Yahoo Deal, Jul. 29, 2009, The New York Times.

時間	事由	備註
2001年2月	Yahoo!與奇摩兩大網站正式合併為台灣Yahoo!奇摩。	
2001年9月26日	雅虎公司股市收盤價為8.11美元，創下新低。	
2007年6月18日	雅虎公司執行長特里‧塞梅爾（Terry Semel）辭職，由楊致遠接任執行長。	雅虎公司當日股市收盤價28.12美元。
2008年11月17日	雅虎公司發起人楊致遠於擔任執行長18個月後宣布將下台。	
2009年1月13日	卡蘿巴茨（Carol Bartz）加入雅虎公司，經董事會提名為新任執行長。	

微軟公司併購雅虎公司案[3]

時間	事由	備註
2008年1月29日	雅虎公司公佈的第四季財報讓外界相當失望，並宣佈全球將裁員1000人。	
2008年2月1日	微軟公司提出以總額446億美元，相當於較1月31日收盤價高62%的價格，買下雅虎公司所有的流通股票，即每股31美元之價格，收購雅虎公司。	當日雅虎公司價格由19.18美元漲48%，達到28.38美元。[4]
2008年2月8日	雅虎公司召開董事會，會中以價格過低為由作成拒絕微軟併購邀約之決議。	
2008年2月15日	雅虎公司和新聞集團商談合作案。	
2008年2月19日	微軟公司宣稱若雅虎公司不就併購案進行實質談判，將正式發動委託書爭奪戰[5]。	雅虎公司股市收盤價29.1美元。
2008年4月5日	微軟公司要雅虎公司於4月26日前接受收購，否則將發動敵意併購[6]。	

---

[3] 洪怡琳，2009年目標企業對敵意併購應對策略之賽局理論研究—以微軟併購雅虎為例，嶺東科技大學國際企業研究所碩士論文，第98-99頁。

[4] Andrew Ross Sorkin, Miguel Helft, Eyes on Google, Microsoft Bids $44 Billion for Yahoo, Feb. 2, 2008, The New York Times.

[5] Andrew Ross Sorkin, Miguel Helft, Microsoft Said to Plan Proxy Fight for Yahoo, Feb. 20, 2008, New York Times.

[6] Miguel Helft, Microsoft Sets Deadline for Yahoo to Make Deal, Apr. 6, 2008, New York Times.

時間	事由	備註
2008年4月7日	微軟公司執行長楊致遠再度拒絕微軟公司之提議，但表示只要微軟公司提高收購價格，仍開放交易之可能性[7]。	雅虎公司股市收盤價27.7美元。
2008年4月30日	雅虎公司執行長楊致遠與微軟公司執行長鮑瑪會面商談，楊致遠表示併購價每股至少要37美以上，並揚言微軟若欲採取敵意併購，則雅虎公司擬將廣告業務外包給Google。	
2008年5月2日	微軟公司願加碼至每股33美元[8]。	雅虎公司股市收盤價28.67美元。
2008年5月3日	雙方再度碰面，鮑瑪表明願加碼至每股33美元，楊致遠則堅持要37美元。價格談不攏，微軟公司宣布撤回併購計畫[9]。	雅虎公司於5月5日之股市收盤價為24.37美元。
2008年5月13日	雅虎公司之大股東伊坎打算發動委託書爭奪戰，使雅虎公司重啟與微軟公司併購之談判[10]。	雅虎公司股市收盤價26.56美元。
2008年6月12日	雅虎公司與Google達成結盟之協議[11]。	雅虎公司股市收盤價23.52美元。
2008年7月12日	雅虎公司拒絕微軟公司買下雅虎公司搜尋業務交易之新提議[12]。	雅虎公司股市收盤價22.57美元。
2008年7月21日	雅虎公司之大股東伊坎放棄委託書爭奪戰，以換取其在雅虎公司之董事會席次[13]。	雅虎公司股市收盤價21.67美元。

[7] Miguel Helft, Yahoo Answers Microsoft With Yet Another No, Apr. 8, 2008, New York Times.

[8] Andrew Ross Sorkin, Miguel Helft, Higher Offer by Microsoft Brings Yahoo to Table, May 3, 2008, New York Times.

[9] Miguel Helft, Andrew Ross Sorkin, Microsoft Withdraws Bid for Yahoo, May 4, 2008, New York Times.

[10] Andrew Ross Sorkin, Miguel Helft, Icahn Is Said to Weigh a Proxy Fight at Yahoo, Jul. 13, 2008, New York Times.

[11] Miguel Helft, Ad Accord for Yahoo and Google, Jun. 13, 2008, New York Times.

[12] Michael J. de la Merced, Yahoo Again Spurns a Microsoft Offer, Jul. 13, 2008, New York Times.

[13] Miguel Helft, Yahoo Deal Wards Off Proxy Fight, Jul. 22, 2008, New York Times.

時間	事由	備註
2008年10月21日	雅虎公司宣布要將15,000名員工至少裁10％，以降低成本，爲同年度第二次宣布大量裁員[14]。	雅虎公司股價跌至12.07美元。
2008年11月5日	Google因美國政府反托拉斯主管機關之限制，放棄與雅虎公司廣告結盟之交易[15]。	
2008年11月17日	雅虎公司發起人兼執行長楊致遠宣布將下台[16]。	雅虎公司股市收盤價10.63美元。
2009年1月11日	微軟公司執行長鮑瑪重新攤牌，要求雅虎公司將公司網路搜尋業務賣給微軟。	
2009年1月13日	雅虎公司新執行長巴茨上任[17]。	雅虎公司股市收盤價12.10美元。
2009年5月27日	雅虎公司新任執行長巴茨表示不排斥將雅虎出售予微軟。	
2009年7月29日	微軟公司與雅虎公司宣布兩家公司達成網路搜尋及廣告之合作協議[18]。	
2009年12月5日	微軟公司與雅虎公司宣布，兩家公司網路搜尋及廣告合作計畫的細節已定案。	
2010年2月	美國司法部及歐盟執委會均核准微軟公司與雅虎公司之搜尋引擎協議[19]。	
2010年3月10日	行政院公平交易委員會（下稱公平會）不禁止微軟公司與雅虎公司之結合案，但增加四大負擔。	增加四大負擔係爲消彌限制競爭可能產生之不利益並監督本結合案對關鍵字廣告市場、網路平台市場之後續影響。

[14] Miguel Helft, Yahoo to Cut About 10% of Workers, Oct. 21, 2008, New York Times.

[15] Miguel Helft, Google Won't Pursue Yahoo Ad Deal, Nov. 5, 2008, New York Times.

[16] Brad Stone, Claire Cain Miller, Jerry Yang, Yahoo Chief, Steps Down, Nov. 17, 2008, New York Times.

[17] Miguel Helft, Former Chief of Autodesk Takes Reins at Yahoo, Jan. 13, 2009, New York Times; Miguel Helft, Yahoo's New Chief Makes a Decisive First Appearance, Jan.15, 2009, New York Times.

[18] Steve Lohr, Microsoft and Yahoo Are Linked Up. Now What? , Jul. 29, 2009, New York Times.

[19] Microsoft-Yahoo! deal gets green light from regulators, Feb. 18, 2010, AFP.

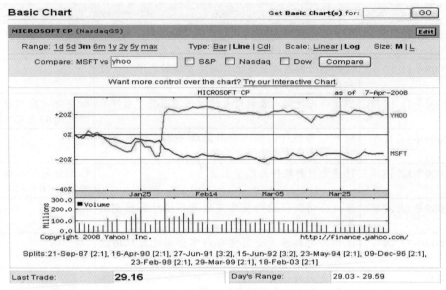

圖17-1　微軟與雅虎之股價比較圖（2008.1.5-2008.4.7）

壹、前言

　　在1998年Google尚未成立前，軟體業及網路業有兩個奇蹟：「軟體業」的奇蹟是「微軟公司」；而「網路業」的奇蹟則是「雅虎公司」。然而，隨者Google的快速發展，於2007年成為全球瀏覽量最大之網站，並被評選為全球最有價值之品牌，Google線上廣告霸主之地位，似已無可撼動，這讓微軟公司及雅虎公司相形失色[20]。

　　回顧1999年底雅虎公司之市值曾高達1,490億美元，然而之後一路下滑，使一向居於第二線之雅虎公司發起人楊致遠親自上火線擔任執行長；而此時微軟公司則有意併購雅虎公司，欲藉助雅虎公司在搜尋引擎之強

---

[20] Google於2008年12月份之網路佔有率是56%，幾乎是雅虎公司18%與微軟公司13%總和之兩倍。於2007年Google之線上廣告收益為116.5億美元，遠超過雅虎公司51.5億美元及微軟公司28.1億美元之總和。參見硬撼Google‧微軟1445億向雅虎提親，2008年2月2日星洲日報／財經新聞；同註3，第90頁。

項，與Google在這個領域爭霸[21]，一場網際爭霸戰之合縱連橫於焉展開。
楊致遠以微軟公司出價過低為由，拒絕微軟公司之提議，談判數度破局，
這期間雅虎公司甚至與Google締約結盟，惟因主管機關反對而作罷。

　　雅虎公司之股價於微軟公司宣布併購當日上漲48%達28.38美元，然
而隨著談判一再破局，股價一路下跌，引發股東主張楊致遠反董事忠實義
務之大肆討伐，最後終於導致楊致遠黯然宣布下台，股價亦跌至10.63美
元。雅虎公司與微軟公司重啟談判，最後終於達成網路搜尋及廣告之合作
協議，兩家公司之結合案亦經美國司法部、歐盟執委會及我國行政院公平
委員會核准，為這場網際爭霸戰劃下新的里程碑。

表17-1　雅虎、微軟及Google之比較表

	Yahoo	MS	Google
Revenue	69.6億美元	511.2億美元	165.9億美元
Net Income	6.6億美元	140.7億美元	42億美元
Number of employee	1萬4,300人	8萬3,945人	1萬6,805人

（資料來源：Yahoo 2006年報，Microsoft 2007年報，Google 2006年報）

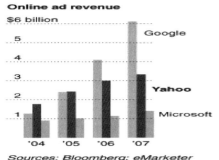

圖17-2　微軟、雅虎及Google之　　圖17-3　微軟於**2008. 2. 1**（週五）
　　　　網路廣告營收　　　　　　　　　　宣告打算併購雅虎當天雅
　　　　　　　　　　　　　　　　　　　　虎之股票大漲**48%**

---

[21] 同註3，第80頁。

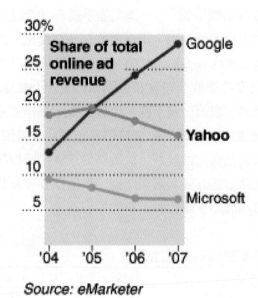

圖17-4 微軟欲透過併購雅虎與Google於網路廣告營收上競爭

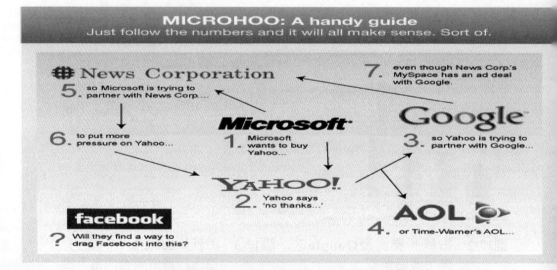

圖17-5 微軟併購雅虎之結盟示意圖

（資料來源：Susan Dove/CNET News.com）

貳、案例事實

一、公司簡介

(一)微軟公司

　　微軟公司成立於1975年，多年來在全球個人電腦與商用軟體、服務與網際網路技術上居領導地位。微軟公司致力於提供各種產品與服務，讓人們在任何時間、任何地點、使用任何裝置，都能輕鬆取得資訊。截至2008年11月止，其於全球超過120個國家設有分公司，其中包含1989年11月在台灣成立微軟分公司。全球員工總人數達89,000人，2010年營運績效為淨收入624.84億美金；淨利187.6億美金[22]。主要領導人包括董事長暨軟體總技術長比爾‧蓋茲（Bill Gates），以及執行長史帝夫‧包爾默（Steve Ballmer）[23]。

　　微軟公司之產品包含個人電腦作業系統、主從架構環境之伺服器應用軟體、企業及個人生產力應用軟體、互動式媒體程式及網路平台與開發工具。其產品以超過30種語言發行，在全球60個以上國家銷售。如今大多數人之個人電腦，例如：英代爾微處理器之電腦及蘋果電腦均採用微軟之作業軟體。

　　微軟目前朝製造、認證、銷售及軟體產品支援等方向發展，並提供作業系統軟體、伺服器軟體、商用及家用軟體、軟體開發工具和網路應用相關軟體。此外，微軟公司亦開發MSN網路之產品與服務。

(二)雅虎公司

　　1994年由美國史丹佛大學研究生楊致遠（Jerry Yang）及戴維‧菲洛

---

[22] Microsoft Corporation Annual Report 2010.

[23] 資料來源：微軟公司網站http://www.microsoft.com/taiwan/about/companyinformation/corp.aspx.

（David Filo）創立雅虎公司（Yahoo! Inc.）。雅虎逐漸成為一個全球領導性品牌，因為其改變人們溝通、交易行為及取得、分享與創造資訊之方式。今日，雅虎公司每月以創新科技、引人入勝之網站內容及服務，吸引上億的使用者，使其成為最常被瀏覽的網站之一及國際級之網路媒體公司，為客戶提供包括搜尋引擎、綜合資訊、通訊和購物等多樣化服務。其提供之服務使用超過30種語言。目前雅虎之總部位於美國加州，在全球有超過25個國家或地區有分布點。

　　自2001年2月由Yahoo!與奇摩兩大網站正式合併營運之後，Yahoo!奇摩即成為國內居領導地位之入口網站，並不斷致力於為廣大網友及企業客戶，提供豐富與多元化的服務與交流平台。Yahoo!奇摩在網站的流量、不重覆使用者、國內網友的到達率與網友平均停留時間都名列第一，為台灣最受網友歡迎的網際網路領導品牌[24]。

　　Yahoo!奇摩提供多元的網路內容與服務，並創造在地化、好用且生活化的網路使用環境。Yahoo!奇摩也為企業提供各種網路服務，協助大型、中小型、微型企業、甚至傳統產業客戶，提升其企業知名度與網路服務，例如完整服務的在地化關鍵字廣告、各式互動廣告、虛擬商店、線上交易服務、企業入口網站整體解決方案等。

二、併購/結合時程

表17-2　微軟公司與雅虎公司併購／結合案時程表

時間	重要事件	說明
2008年2月1日	微軟公司提出以總額446億美元，即每股31美元之價格，收購雅虎公司，微軟公司並提出「Microhoo」（Microsoft＋Yahoo!）之名稱。當日雅虎公司股價由19.18美元漲至28.39美元。	微軟公司希望能夠結合雅虎公司之科技，來挑戰Google搜尋引擎第一的地位。
2008年2月8日	雅虎公司召開董事會，會中以價格過低為由作成拒絕微軟併購邀約之決議。	

---

[24] 根據IX創市際「ARO網路測量研究」、AC Nielsen NetWatch等研究調查機構，針對台灣地區的上網用戶調查之結果。資料來源：雅虎公司網站。

時間	重要事件	說明
2008年2月15日	雅虎公司和新聞集團商談合作案。	
2008年2月20日	微軟公司宣稱若雅虎公司不就併購案進行實質談判，將正式發動委託書爭奪戰。	
2008年4月中	微軟公司要求雅虎公司於4月26日前接受收購，否則將發動敵意併購。	
2009年4月30日	雅虎公司執行長楊致遠與微軟公司執行長鮑瑪會面商談，楊致遠表示併購價每股至少要37美元以上，並揚言微軟公司若欲採取敵意併購，則雅虎公司擬將廣告業務外包給Google公司。	
2008年5月3日	雙方再度碰面，鮑瑪表明願加碼至每股33美元，楊致遠則堅持要每股37美元。價格談不攏，微軟公司宣布撤回併購計畫。	鮑瑪由原先總額446億美元之出價提高至475億美元，但楊致遠堅持要530億美元[25]。
2008年7月12日	雅虎公司表示其在日前談判中告知微軟，願以每股33美元出售整家公司，也願意討論賣出搜尋業務之交易，但微軟公司拒絕這兩項提議。	
2008年11月30日	雅虎公司削減成本，營業預算減縮15%，計畫裁員千人。	
2009年1月11日	微軟公司執行長鮑瑪重新攤牌，要求雅虎公司將公司網路搜尋業務賣給微軟。	
2009年5月27日	雅虎公司新任執行長巴茨表示不排斥將雅虎公司出售予微軟公司。	
2009年7月29日	微軟公司與雅虎公司宣布雙方於搜尋及關鍵字廣告業務簽立10年之「正式合作協議」（包含「搜尋合約」及「授權合約」）。	1.雅虎公司將核心搜尋技術授權予微軟公司，微軟公司整合雙方之搜尋引擎及關鍵字廣告平台，並成為雅虎公司前述平台之專屬提供者。 2.雅虎公司則負責雙方「頂級直接廣告主」業務之推展及經營。
2010年2月	美國司法部及歐盟執委會均核准微軟公司與雅虎公司之搜尋引擎協議。	

---

[25] Microsoft walks away from Yahoo, May 4, 2008, BBC News.

時間	重要事件	說明
2010年3月11日	公平會於第957次委員會議中決議，微軟公司與雅虎公司域外結合案，依公平交易法第12條規定，附加下列四大負擔，而不禁止其結合： 1.申報人[26]不得利用因本結合而取得之市場地位，爲不當限制關鍵字廣告之交易相對人不得與特定事業交易之行爲。 2.申報人不得與交易相對人從事其他不公平之交易行爲或約定具限制競爭效果之交易條件； 3.申報人不得爲不當價格之決定、維持或變更；微軟公司及雅虎公司不得有妨礙他事業公平競爭或其他濫用市場地位之行爲。 4.申報人結合後3年內，每年12月底前提供公平會下列相關資訊：關鍵字廣告之營運規模、在台就業與研發人數，及市場占有率等產業結構之變化。	1.結合申報： (1)結合型態： 　微軟公司及雅虎公司於我國領域外進行結合，符合公平交易法第6條第1項第4款規定「與他事業經常共同經營或受他事業委託經營者」之結合型態。 (2)結合申報門檻： 　雅虎公司在台灣之子公司於網路廣告及關鍵字廣告之市占率均超過1/4，已達公平交易法第11條第1項第2款「參與結合之一事業，其市場佔有率達四分之一者」之結合申報門檻規定。 (3)無除外適用情形： 　無公平交易法第11條之1規定事業結合無須申報之情形，故依法須向公平會提出申報。 2.結合管制： 　爲確保整體經濟利益大於限制競爭之不利益，公平會依公平交易法第12條規定，於決定附加負擔。 3.域外結合之管轄： 　兩家事業在台灣之子公司於前一年度之營業額均超過新台幣45億元，對台灣市場有直接、實質且可合理預見之影響，所以公平會認定應加以管轄。

---

[26] 此處申報人係指「台灣微軟股份有限公司」及「香港商雅虎資訊股份有限公司台灣分公司」，詳參民國99年3月10日行政院公平交易委員會公結字第099001號結合案件決定書。

三、商業考量

微軟公司與雅虎公司併購／結合之商業考量如下：

(一)微軟公司盼與雅虎公司合作以抗衡Google

Google於2008年12月份之網路佔有率是56%，幾乎是雅虎公司18%與微軟公司13%總和的兩倍[27]。微軟公司與雅虎公司合作至少可以在搜尋引擎市場上與Google抗衡。

(二)微軟公司可扭轉網路虧損情勢取得競爭優勢

微軟公司之線上部門營運處於虧損狀態，而需要將軟體部門之大筆營利用來彌補MSN之虧損。雖然微軟公司於收購aQuantive公司後，此現狀有所改善，然而收購雅虎公司使微軟公司可望於線上部門邁向行業領導者之地位，並在網路服務市場中能取得競爭優勢[28]。

(三)提供客戶過去各自獨立所無法提供之新經驗

雙方的結合，可為消費者、出版者，以及廣告主提供更好的解決方案，並將為客戶提供過去各自獨立所無法提供的新經驗[29]。

(四)達到經濟規模及創新上的突破

結合兩家公司的資產和強大的服務，將可達到經濟規模，同時也可達到R & D的關鍵多數，以達成創新上的突破[30]。

(五)微軟公司可藉由雅虎公司打入亞洲市場

雅虎公司在亞洲有良好的市場基礎，例如在中國與當地企業阿里巴巴

---

[27] 同註20；註3，第82頁。

[28] 同註3，第82頁；Microsoft Corporation News Press Release, Microsoft Proposes Acquisition of Yahoo! for $31 per Share, Feb. 1, 2008.

[29] 同上註。

[30] 同上註。

合作,且雅虎日本之搜尋市佔率在日本也最高[31],故微軟公司打算藉由雅虎公司打入亞洲市場。

四、併購之利弊

(一)併購之利益

1. 整體來說雙方的強項有相當明顯的區隔,微軟公司最大的強項就是軟體,而雅虎公司則是網路服務和強大的社群。若是將兩者結合,可與Google披敵。

2. 由於微軟公司以軟體起家,較晚進入網路市場,加上透過併購補強自身不足,已成為IT產業一大趨勢,直接併購一家成熟的公司較自己開發新平台來的快。

3. 微軟公司和雅虎公司在各自的領域上都相當強大成熟,一個專注於軟體技術,一個占有強大社群優勢。因此若能互相彌補各自不足,可以讓資源發揮更好的效用。

(二)併購之弊端

1. 雙方在產品線上仍有些許重複,例如即時通訊、入口網站等社群功能。

2. 兩家公司的資源太龐大了,整併如何創造一加一大於二的效益,是微軟和雅虎必須思考的。

3. 兩家公司要面對的整合挑戰太多,除了品牌的選擇,還有研發團隊的人才整合,雅虎的人可能還不願意留在微軟[32]。

---

[31] 在日本,日本Yahoo的搜尋市佔率超過50%,Google則為40%;在搜尋廣告市場上,Google佔了51%,日本Yahoo則佔了47%。Yahoo與Google攜手囊括日9成市佔,2010年12月8日,台灣醒報。

[32] 趙郁竹,微軟併購雅虎意在Google 其他網路業者影響不大,2008年2月4日,iThome online。

五、結合方式

微軟公司與雅虎公司最後未進行併購，而以結合方式達成協議，巧妙地避開前述併購可能產生之弊端，而將兩家公司之優勢結合，並簽立正式合作協議，包含「搜尋合約」及「授權合約」。其結合方式如下：

(一)微軟公司負責經營「網頁搜尋」及「關鍵字廣告平台」業務

1.雅虎公司於合約期間內將部分核心搜尋技術專屬授權予微軟公司，由微軟公司整合雙方之搜尋引擎及關鍵字廣告平台，並成為雅虎公司之網頁搜尋及關鍵字廣告平台之獨家專屬提供者。

2.雅虎公司於整合後則退出前述業務之經營，從而雅虎公司係委託微軟公司經營網頁搜尋及關鍵字廣告平台業務。

(二)雅虎公司負責「頂級直接廣告主」業務

關於「頂級直接廣告主」業務部分，雙方約定結合後由雅虎公司獨家推展及經營「頂級直接廣告主」客戶，故就「頂級直接廣告主」業務而言，係由微軟公司委託雅虎公司負責推廣及服務[33]。

六、結合後之綜效分析

結合後微軟公司整體而言發揮正面效益，根據市場研究公司comScore 2010年5月11日發布調查報告顯示，雅虎公司於2010年4月在美國網路搜尋市場占有率較前月成長近1個百分點，搜尋及網路廣告市場占有率，由2010年3月的16.9%增至17.7%，成功搶走市場龍頭Google的地盤。微軟公司之Bing市占率也微幅上升，由11.7%增至11.8%，為微軟公司在該市場連續第11個月之微幅成長。

儘管Google依舊是美國網路搜尋市場壓倒性龍頭，但2010年4月市占率由前月的65.1%下滑至64.4%。科技業及金融分析師認為，雅虎公司市占率擴大，除了因為雅虎的新聞搜尋添加顯示一連串相片作為搜尋結果之

---

[33] 同上註，第2頁。

新功能外，雅虎公司與微軟公司啟動10年營收分享結盟，也見收效[34]。

參、法律爭點與分析

一、反托拉斯法下之事業結合

本件中微軟公司與雅虎公司進行技術合作的目的，主要在於藉由技術之創新，將其產業實力予以結合。就正面效益而言，有助於企業外部成長及整體競爭力的增加，亦即企業合作、技術交流所產生之綜效。然而，從維護市場競爭秩序的觀點而言，則必須考量企業併購所生經濟力量及市場力的結合是否會產生限制競爭的負面效果，例如因併購使市場為單一廠商所壟斷，極易產生限制競爭的效果，甚至導致濫用市場力，扭曲市場價格或產品供需的弊端。因此，各國主管機關為防範因事業壟斷造成之市場濫用，均針對反托拉斯予以規範，經由事前申報或核准機制，以維護市場競爭機能。據統計，世界上目前有近90個國家頒佈了反托拉斯法，美國、歐盟[35]更為反托拉斯法制發展最為成熟之地區。在台灣，公平交易法也特別

---

[34] 張正芊編譯，雅虎4月在美市占率增近1個百分點搶走Google市場，2010年5月12日鉅亨網。

[35] 歐洲共同體競爭法由1957年的《羅馬條約》（《歐洲經濟共同體條約》）而來，第85條規定禁止通謀，禁止任何限制防止和調整成員國間的競爭行為；第86條規定禁止具有市場支配地位的企業濫用其市場支配力。歐洲共同體理事會還於1989年頒佈了《歐洲共同體結合管制條例》，將結合作為歐洲共同體競爭法的重要內容。《歐盟結合管制控制條例》規定，結合行為是否能獲得許可的標準是該結合行為能否使其具備或者加強了市場壟斷地位，從而達到限制、排除競爭的效果；2004年，歐盟對《歐盟結合管制條例》進行了修訂，並於同一時間發佈了《水平結合評估指南》。此外，由於歐盟內成員國有各自的立法權，各國都有自己的反壟斷法規。美國與歐盟的兩個法律體系在進行結合的反壟斷審查時都重點關注結合對競爭的影響，考慮的因素也相近，但歐盟競爭法的目的不僅在於促進競爭，還要考慮到私人力量對歐洲統一市場的破壞和阻礙，考慮到結合可能形成或加強的跨國壟斷勢力對共同市場的威脅。另外，歐

針對事業結合行為，明文加以規範而為必要的管制。

以下謹就美國法反托拉斯法及我國公平交易法之相關規範進行討論：

(一)美國反托拉斯法相關規範

美國反托拉斯法是聯邦及州法律體系的組成部分，其主旨是通過確保競爭不受市場壟斷組織的損害來保護消費者。美國國會於1890年通過了第一部反托拉斯法律-Sherman Act。Sherman Act是世界上第一部具有現代意義的反托拉斯法，主要針對的是貿易中存在的獨占問題，重點是禁止企業獨占和聯合。Sherman Act規定，任何用來限制交易或者商業活動的合意（如以信託、共謀或其他方式）都是非法的[36]。

然而，並非所有限制貿易的行為都是當然非法的，審查時應判斷這種限制是否具有合理性（rule of reason）。美國最高法院另創設了當然違法原則（per se rule）。這一規則將一些特定的行為確定為非法；而當某一個當然違法行為受到指控時，執法部門和原告只需要證明被告違反了Sherman Act第1條的禁止性規定即可，不論行為的反競爭影響如何輕微，不論被告的市場占有率如何，也不論被告的動機如何正當，一旦觸犯了法

盟的反壟斷法在實踐中更具有規範性，對企業行為是否受到法律限制做了明確的規定，而美國的反壟斷審查則具有較大靈活性。

[36] 原文如下：Every contract, combination in the form of trust or otherwise, or conspiracy, in restraint of trade or commerce among the several States, or with foreign nations, is declared to be illegal. Every person who shall make any contract or engage in any combination or conspiracy hereby declared to be illegal shall be deemed guilty of a felony, and, on conviction thereof, shall be punished by fine not exceeding $10,000,000 if a corporation, or, if any other person, $350,000, or by imprisonment not exceeding three years, or by both said punishments, in the discretion of the court.其管制之範圍相當廣泛，例如競爭者間所協議之固定價格、分割市場、轉售價格之維持、搭售、排他交易等，均屬其包含之範圍；而聯合杯葛行為，亦為其所規範。李文福、賴源河，《公平交易法草案之經濟分析與建議》，行政院研考會委託研究，1989年，頁46-47。

律的禁止性規定，便要受到法律制裁[37]。

1914年，Clayton Act通過，重點是預防價格歧視和產權重組形成的排他性經營。依據Clayton Act之規定，企業不得擅自進行可能會持續地排除、限制競爭，形成壟斷勢力的結合。如要進行結合，經營者須事先向貿易委員會提出申請、批准後方可進行，而聯邦貿易委員會（Federal Trade Commission, FTC）也被指定負責執行聯邦反托拉斯法和消費者保護法的實體。

Clayton Act第七條是美國反托拉斯法中最主要管制事業合併與資產取得的反托拉斯法條款，該條禁止任何合併、股份或資產取得之交易，效果會可能實質地減少競爭或傾向形成獨占[38]。

除Sherman Act、ClaytonAct外，美國競爭法主管機關美國司法部（Department of Justice, DOJ）及聯邦交易委員會（Federal Trade Commission, FTC）[39]亦分別於1968年、1982年、1984年、1992年制定有

---

[37] 主要違法行為態樣（包括合理原則及當然違法原則）包括：

1. 水平限制競爭（Horizontal Restraints of Trade）：水平價格限制（Horizontal Price Fixing）、市場劃分（Division of Market）、杯葛（Horizontal Boycott）、貿易協會（Trade Association）、合資企業（Joint Venture）
2. 垂直限制競爭（Vertical Restraint）：垂直價格限制（Vertical Price Fixing）、非價格垂直限制（Non－Price Vertical Restraints）
3. 結合（Mergers）
4. 價格歧視（Price Discrimination）等。

[38] 原文如下："No person engaged in commerce or in any activity affecting commerce shall acquire, directly or indirectly, the whole or any part of the stock or other share capital and no person subject to the jurisdiction of the Federal Trade Commission shall acquire the whole or any part of the assets of another person engaged also in commerce or in any activity affecting commerce, where in any line of commerce or in any activity affecting commerce in any section of the country, the effect of such acquisition may be substantially to lessen competition, or to tend to create a monopoly.…"

[39] 美國司法部（Department of Justice, DOJ）及聯邦交易委員會（Federal Trade Commission, FTC）之區別：聯邦交易委員會與美國司法部共享執行反托拉斯法之權力，然而，聯邦交易委員會僅有民事執行之權限，而司法部反托拉斯部門則可同時進行民事訴訟與刑事之訴追。

相關結合之指導原則。美國的水平結合指導原則主要關心的重點亦為：
若結合行為創造或增加廠商的市場力量者或是濫用其市場力量者，將不
會被允許[40]。另有結合程序性規定Hatt-Scott-Rodino Antitrust Improvement
Act，及進行結合管理之進行管理之《聯邦貿易委員會法》。

1.結合申報及審核

　　依據美國法相關規定，符合門檻之結合案件[41]須經過申報
（notification）、等待期間（waiting periods）及審核（clearance）等程
序。事業依法提出結合申報後，可獲得30天之等待期間（公開上市股票事
業為15天），倘美國司法部或聯邦交易委員會於該段時間經過後，並無提

---

[40] 參 "Horizontal Merger Guidelines", issued by U.S. Department of Justice and the
Federal Trade Commission, April 2,1992; revised April 8,1997, Sec. O.1。中文的翻
譯可參考美國公平交易法相關法規彙編，行政院公平交易委員會出版，1995年
1月，頁203以下

[41] 依據1976年Clayton Act第7A條原規定，下列狀況之結合行為，除非經過申報，
否則不得為之：
(一)他人有表決權證券或資產之取得者或被取得者，係從事商業或從事影響商
業活動之人，且(二)結合符合下列門檻要件（事業規模）：
1.年銷售淨額或其總資產額達一千萬美元以上之製造業者或非製造業者，其有
　表決權之股份或資產，為總資產額或年銷售淨額達一億美元以上之人所取
　得；或
2.年銷售淨額或其總資產額達一億美元以上者，其有表決權之股份或資產，為
　總資產額或年銷售淨額達一千萬美元以上之人所取得；且
(三)因該結合導致取得者（交易規模）：
1.持有被取得者有表決權資產或股份百分之十五以上；或
2.持有被取得者有表決權資產或股份達一千五百萬美元以上。
惟Clayton Act第7A條前述「事業規模」與「交易規模」規範，於2001年2月1
日起進行修正。在「事業規模」部分，凡年銷售淨額或其總資產額達二億美元
以上者之事業被結合，不再考量取得證券或資產者之規模，一律須提出申報；
而年銷售淨額或其總資產額達未達二億美元者之事業被結合，則維持原標準。
在「交易規模」部分，則將一千五百萬美元提高為五千萬美元，並取消百分之
十五以上有表決權資產或股份之銷售門檻類型。易言之，以五千萬美元之證券
或資產作為「交易規模」唯一之認定標準。參陳俊廷，我國結合規範之研究--
以審理程序及實體標準為中心，台灣大學國家發展研究所碩士論文，2004年。

出異議或延長審理之通知，事業即可逕行結合[42]。倘美國司法部或聯邦交易委員會認為結合案件有反托拉斯法之顧慮而欲禁止該項結合者，則係向聯邦法院提起禁制訴訟，獲取禁制令禁止該項結合行為。

2.審查標準

美國司法部和聯邦貿易委員會於1992年聯合制定的《水平結合準則》（1992 Horizontal Merger Guidelines）中開門見山地指出：「指南的主要目的是明確主管機關在審查一項併購是否嚴重阻礙競爭時所採用的分析框架」。該準則以不應准許可能產生或加強市場支配力或有助市場支配力行使之結合行為作為貫穿所有審查步驟之一致目標，並說明「市場支配力」為一個廠商可以在一段時間維持高於市場競爭價格並以此獲利之能力。該準則僅涉及水平結合之審查標準，對於具體審查標準，提出五步驟的分析方式：

(i)衡量該結合是否使市場集中度顯著上升並導致市場集中化；

(ii)衡量該結合對於市場集中度之影響與其他因素是否可能導致潛在的反競爭效果；

(iii)衡量市場進入是否能及時、可能並足夠遏止或彌補該結合所可能導致的反競爭效果；

(iv)衡量該結合可能產生的效率是否無法藉由其他方式合理達成；

(v)衡量是否除了結合之方式外，其中一家參與結合廠商極有可能營

---

[42] 事業申報結合案件時，原則已先依主管機關制定之結合申請表，提出結合內容、結合當事人、營業內容、水平競爭關係、上下游交易關係、財務報表、結合契約或其他協議、結合事業以往之購併情事等資料。主管機關認為該等初步資訊尚不足以評估該結合案件時，如前所述，即會發「再次詢問函」（Second Request），以取得更詳盡之資料。另在資料獲取對象上，主管機關亦可從競爭者、消費者、潛在競爭者、學術機構、專家或公會等第三人，獲取資料。而獲取資料之方式上，除函請結合事業、第三人提供資料外，亦可利用問卷、傳票舉辦公聽會等方式，獲取結合審理所需之資訊。另外，亦可請求目的事業主管機關提供「顧問意見」（advisory opinions），作為參考。詳參楊清文，〈美國反托拉斯法對事業結合之規範〉，《公平交易季刊》，1卷4期，1993年10月。

運失敗並導致其資產退出市場[43]。

美國司法部和聯邦貿易委員會於2010年8月聯合修正並制定的《2010年水平結合準則》（2010 Horizontal Merger Guidelines），進一步加強審理水平結合的理論分析和實務作法[44]。

(二)我國公平交易法相關規範

而我國公平交易法規範事業結合之目的，主要亦在監督與防範事業透過與他事業結合之方式，取得或增強其市場優勢地位，進而達到控制市場之力量。公平交易法第6條第1項之立法理由即指出：「事業結合之發展結果有導致獨佔之可能，世界各國對其多有明文規範，本法為配合事業大型化之政策，並對事業之結合弊害預作防範，對事業之結合或其他方式取得他事業之財產、股份或控制他事業之業務經營、人事任免等列為規範之對象。」因此，公平交易法對於事業以合併、持有或取得他事業之股份或出資額、受讓或承租他事業之營業或財產、與他事業共同經營或受託經營、控制他事業之業務經營或人事任免等方式之結合行為加以規範者，乃鑑於事業透過該等結合行為，將可掌握他事業之資源及業務管理而取得或增強其市場優勢地位，因此，不論其結合係水平結合、垂直結合或異質（多角化）結合，如因結合而使參與結合之一事業或是事業取得或增強其獨佔、寡占或控制市場之力量者，即應受有關結合規定之規範[45]。

---

[43] 參蘇欣眉，論美國、歐盟及我國對跨國事業結合之管制，文化大學法研所碩士論文，2007年。

[44] 綜觀整個處理原則修正內容，美國競爭法主管機關對水平結合處理原則修正包括：結合管制分析法的改變：將不再是機械、線型式的「五步驟」分析法—市場定義與集中度測定、潛在反競爭效果分析、參進分析、效率分析、垂危事業分析，取而代之的是更有彈性（flexible）及更整合性（integrated）的個案事實（fact-specific）分析，以及不再強調市場界定與市場集中的重要性等。
簡介請可參見公平會公平交易通訊第33期及第29期（http://www.ftc.gov.tw/upload/）

[45] 參照廖義男，《事業結合四則實務之檢討》，台大法學論叢第25卷第1期，1995年10月，頁3-4。

1.結合申報

公平法第6條第1項：「本法所稱結合，謂事業有下列情形之一者而言：一、與他事業合併者。二、持有或取得他事業之股份或出資額，達到他事業有表決權股份或資本總額三分之一以上者。三、受讓或承租他事業全部或主要部分之營業或財產者。四、與他事業經常共同經營或受他事業委託經營者。五、直接或間接控制他事業之業務經營或人事任免者。」依該規定，事業之合併或其他方式取得其他事業之財產、股份或控制他事業之業務經營、人事任免等，皆列為規範之對象。且為避免事業利用關係事業來規避法律之適用，並於第2項規定，對於計算持有或取得他事業之股份或出資額時，應將與該事業具有控制或從屬關係之事業所持有或取得他事業之股份或出資額一併計入[46]。

公平法對於事業結合時應否申報之標準，依公平法第11條規定：「事業結合時，有左列情形之一者，應先向中央主管機關提出申報：一、事業因結合而使其市場占有率達三分之一者。二、參與結合之一事業，其市場占有率達四分之一者。三、參與結合之事業，其上一會計年度之銷售金額，超過中央主管機關所公告之金額者。」其申報標準之門檻包括市場占有率及上一會計年度之營業收入總額。

因公平法所欲管制之對象主要著重於結合後導致獨占市場之事業，我國對於事業結合之管制較為寬鬆。若為原先在市場上即居於領導地位，或具有某種程度影響力的較大型事業，如果藉由與其他事業結合而擴張其市場影響力，甚至達到具有獨占市場力量時，則對市場上之競爭將有妨礙，因此公平交易法對達到一定規模之事業要進行結合，規定須於事前提出申

---

[46] 前述事業結合之定義，在範圍上已超過公司法之合併，公司法所規定之合併為兩個或兩個以上公司合併為一個公司，無論是吸收合併或新設合併，皆以公司法所規定型態之公司為基礎，而公平法所定之事業結合，其事業之範圍，依同法第2條規定，包括：一、公司；二、獨資或合夥之工商行號；三、同業公會；四、其他提供商品或服務從事交易之人或團體。除了其結合之對象較為廣泛之外，對於結合之行為亦具有較多之型態，包括合併、股份取得、資產取得、董事兼充及其他直接或間接之控制型態，所以事業「結合」之概念在範圍上亦較購併與收購行為更為廣泛。

報[47]。

2.結合管制

　　我國對於事業進行結合提出申報時，對於是否提出異議之判定，主要在於相關產品市場及地理市場的認定，首先認定相關產品或服務的範圍；確定相關產品市場後，再判定受影響的地理範圍。在考量整體經濟利益及限制競爭之不利益方面，應考慮之因素如下：

(i)整體經濟利益之考量：規模經濟效益——是否因結合而在生產效率專業化、技術化以降低成本，並從節省管理費用，方便財務融通等使生產規模擴大後產生正面之經濟效益；結合後之技術移轉或聯合開發可促進生產、銷售、管理之發展，並可使穩定物價及增加就業機會等社會福利。

(ii)限制競爭之不利益：結合後可能達到獨占事業之規模、市場進入障礙程度之增加、市場競爭者數目較少者，可能因結合而使市場競爭性更為降低、結合事業之產品特性，若屬同質性較高者，較容易限制市場競爭。

(iii)其他考量之因素：結合事業之一是否為垂危事業，可否為垂危抗辯、結合事業之過去行為記錄，是否會發生不當聯合、獨占、結

---

[47] 事業結合許可理論上分「准許主義」與「異議主義」，「准許主義」是指對於達到一定規模之事業結合，為防止其使市場惡化而帶來限制競爭之危險，採事前監督之方式，並可避免嗣後被認為結合行為違法時，而有被迫解體之危險；「異議主義」則指事業結合時，須事前將其結合計畫向主管機關申報，如主管機關在申報後一定期間內不提出異議，則嗣後依該計畫實施之結合，即可合法生效，主管機關即不得再禁止。我國之事業結合管制制度依91年修法後之公平法第11條第3項規定，公平會未於一定期限內對該結合案提出異議者，事業得逕行結合，由此可知，目前我國公平法對事業結合管制乃採異議主義。事實上，我國公平法於修法前，原本採「事前許可制」，但因准許主義須經事前許可，如主管機關拖延不決，可能會延誤了事業結合之目的與利益，故我國於91年修法時，參考競爭法較為成熟之歐美國家立法例，將原本之「事前許可制」改為「事前申報異議制」。

合之行為[48]。

事業結合依公平法第11條規定應於事前申報者而未申報，或雖有申報但經中央主管機關禁止其結合，仍逕行結合者，中央主管機關可視其結合之型態，令其回復原狀或為下列不同之處分：一、禁止其結合；二、限期命其分設事業；三、處分全部或部分股份；四、轉讓部分營業；五、免除擔任職務或為其他必要之處分；六、若不遵從前述之處分或命令，得為命令事業解散、停止營業或勒令歇業。

(三)本案分析

關於微軟與雅虎在搜尋引擎技術上之合作，美國司法部反托拉斯部門（Antitrust Division）於實質調查後，認為不致發生限制競爭之情形，遂於2010年2月18日無條件批准此項合作計畫，其許可之理由包括：

1. 微軟與雅虎於搜尋引擎及關鍵字廣告業務簽立10年之「正式合作協議」，對於網路上搜尋引擎及關鍵字廣告之使用者、網際網路出版者、網路搜尋技術持有者均不會造成傷害，甚至將使微軟之網路搜尋及關鍵字廣告技術能有長足之進展，促進微軟之技術創新；
2. 長期以來微軟及雅虎之搜尋引擎及關鍵字廣告業務，均面臨到Google強大市場地位之壓力及限制，此項交易能使雙方相關技術結合，形成對Google的有力競爭對手，而進一步強化相關市場之競爭[49]。

而在我國，行政院公平交易委員會於2010年3月10日召開第957次委員會議決議，就雅虎及微軟之結合案，依公平交易法第12條規定，附加負擔不禁止其結合。公平會表示，微軟公司及雅虎公司於我國領域外進行結合，由雅虎公司將核心搜尋技術授權予微軟公司，微軟公司整合雙方之搜尋引擎及關鍵字廣告平台，並成為雅虎公司前述平台之專屬提供者，而雅

---

[48] 劉孔中，「論結合管制之理論與實務」，公平交易季刊，第6卷第2期，第25頁，台北，1998年4月。

[49] 2010年2月18日美國司法部反壟斷部新聞稿http://www.justice.gov /atr/public/press_releases/ 2010/255377.htm。

虎公司則負責雙方「頂級直接廣告主」業務之推展及經營，合致公平交易法第6條第1項第4款「與他事業經常共同經營或受他事業委託經營者」之結合型態[50]。而雅虎公司及微軟公司雖為外國公司，然其在我國之子公司上一年度之營業額均超過45億元，對我國相關市場有直接、實質且可合理預見之影響[51]，應予管轄。

　　公平會指出，微軟公司及雅虎公司結合後，國內仍維持相同之關鍵字廣告平台家數；而微軟公司整合彼此技術，雖成為雙方搜尋及關鍵字廣告平台之獨家專屬提供者，惟依據合作協議之營收分配機制，雙方於關鍵字

---

[50] 系爭兩事業雖以相互協議合作方式就技術進行交易，然並未被認定爲我國公平交易法第7條所稱「事業以契約、協議或其他方式之合意，與有競爭關係之他事業共同決定商品或服務之價格，或限制數量、技術、產品、設備、交易對象、交易地區等，相互約束事業活動」之聯合行爲，主要原因應爲：聯合行爲之重要特徵爲，必須對競爭加以限制，對其交易相對人之選擇自由構成限制或妨礙，並且對欲進入該市場之新企業者構成壓力。聯合行爲基於其對於市場競爭通常造成重大減損，管制多採取「原則禁止、例外許可」的方式加以規範。相對地，企業結合之規範乃著重反競爭行爲事前的預防。故有關企業結合的規制，從結合行爲的判定，市場力量的評估，競爭機能受害的可能性，以至於權衡是否因此帶來整體經濟、社會上的利益，到審核其合法性（容許其存在與否），一切制度上的設計，皆以防範未然，杜漸防微爲出發點。參顏雅倫，《我國結合管制之檢討與前瞻-以金融產業之結合爲例》，台大法研所碩士論文，2001年8月。

[51] 公平會於89年8月3日第457次委員會議決議通過「行政院公平交易委員會域外結合案件處理原則」，目的即在處理外國事業於我國「領域外」所發生之結合事件。依該處理原則第2點規定，凡二個以上的外國事業，在我國領域外從事公平法第6條第1項各款的結合，不論其在我國領域內有無分公司或子公司，只要其在其結合效果滿足條文所定之「直接、實質且可合理預見之影響者」均屬處理原則定義之「域外結合」。此外，行政院公平交易委員會域外結合案件處理原則第3點第1項規定：「域外結合案件，應考量下列因素，決定是否管轄：(1)結合行爲對本國與外國相關市場影響之相對重要性；(2)結合事業之國籍、所在地及主要營業地；(3)意圖影響我國市場競爭之明確性程度及其預見可能性；(4)與結合事業所屬國法律或政策造成衝突之可能性程度；(5)行政處分強制執行之可能性；(6)對外國事業強制執行的可能性；(7)國際條約、協定或國際組織的規範情形；(8)其他經公平會認爲重要的因素。」

廣告業務及入口網站之經營彼此仍互為競爭，故依公平交易法第12條第1項規定，不禁止其結合。另為避免申報人利用本結合進行限制競爭、不公平競爭或濫用市場地位之行為，及確保整體經濟利益大於限制競爭之不利益，以及考量我國市場結構等因素，公平會依公平交易法第12條第2項規定附加申報人之負擔。

我國公平會之實質判斷[52]：

市場界定與市場占有率	
產品市場	網路廣告雖可分為關鍵字廣告、展示型廣告與內容比對廣告等類型，其效果、特性或有不同，惟本案雙方合作內容僅涉及關鍵字廣告部分，展示型廣告並未涵蓋於本結合案之範圍，雙方仍處於互為競爭狀況，而內容比對廣告，微軟公司則並未在台灣提供該項服務；又關鍵字廣告雖係透過搜尋引擎所提供之網頁搜尋服務而產生，惟各網站之間可以聯播網之方式與關鍵字廣告平台業者合作，提供不同廣告類型與數量。其次就需求者而言，如何擇定廣告類型繫於廣告主或廣告代理商之撤銷決策，並考量商品特性、目標客群或預算等因素決定廣告類型，彼此間並非不可替代。是本案產品市場界定為網路廣告市場，次產品市場則為關鍵字廣告。
地理市場	考量國人仍習於瀏覽華文網站，且台灣、港澳、中國、新加坡乃至全球華人仍個別存在獨特的文化差異，故仍應以我國作為地理市場。
市場占有率	依據統計資料，民國97年台灣雅虎公司於我國網路廣告及關鍵字廣告市場之市占率分別為57.98%及68%

結合競爭分析
本案結合前，微軟公司於我國並未經營關鍵字廣告平台服務，雙方未處於競爭狀態，結合後，微軟公司整合雙方技術並成為雙方關鍵字廣告平台之提供者，雅虎公司則退出平台經營；而關鍵字廣告業務部分，依據雙方之營收分配機制，基於自身利益之考量，雙方將各自努力爭取關鍵字廣告營收；至於前端之入口網站部分，雙方仍各自經營，後端之搜尋技術雖由微軟公司負責提供，惟雅虎公司仍具更動網頁內容之權利，其他如電子郵件服務或即時通等免費或其他加值型服務仍各自營運，是本案尚難認有顯著限制競爭之疑慮。
惟鑒於台灣雅虎公司於我國之搜尋及關鍵字廣告服務均居市場之領導地位，為避免參與結合事業雙方於搜尋及關鍵字廣告平台技術之結合，強化結合事業之市場力量，甚或提高交易相對人對渠等之倚賴程度，形成不易轉換交易平台之封鎖效果，或對於交易相對人有濫用市場力量等行為，爰對本結合案附加負擔以確保整體經濟利益大於限制競爭之不利益。

---

[52] 行政院公平交易委員會民國99年3月10日結合案件決定書。

二、併購時之董事忠實義務

2008年間，雅虎公司執行長楊致遠與鮑爾及微軟平臺和服務部門負責人凱文‧約翰遜會面時，提出之價格是每股37美元。雖然這已低於先前雅虎40美元的要價，但距離微軟準備支付的每股33美元價格仍有相當距離。由於楊致遠回絕了微軟提出的報價，微軟宣布放棄收購雅虎之股份[53]。隨著雅虎股價無可避免地向微軟在2月1日以62%的溢價收購雅虎前的水準回落，批評接踵而至，更有措詞嚴屬地譴責稱楊致遠在管理上市公司時未能將股東利益放在首位，甚至於2008年於美國得拉瓦州法院提起訴訟，指控楊致遠未能履行經營者之忠實義務（fiduciary duty）[54]。

企業間進行併購時，必然存在許多變數與困難，基於不同企業文化、組織、或經營董事之私心，企業併購時常無法成功，甚至造成公司鉅額損失，在此情況下，公司經營階層是否盡力尋求或保護公司利益即十分重要。關於併購時之董事義務，美國法下已發展出多項原則以供經營者遵循，我國於2001年11月修訂公司法時，亦參考英美法之注意義務及忠實義務規定，增列公司法第23條第1項規定：「公司負責人應忠實執行業務並

---

[53] 楊致遠於2008年2月11日發給內部員工說明公司拒絕微軟收購立場之e-mail中表示，此一收購條件並不符合股東及公司之最大利益。(...our board of directors has reviewed Microsoft's unsolicited proposal with Yahoo's management, financial, and legal advisers. After a careful evaluation, the board has unanimously concluded that the proposal is not in the best interests of Yahoo and our stockholders.)。全文請見：http://www.zdnet.com.tw/news/web/0,2000085679,20127541,00.htm

[54] 微軟與雅虎的合併案破局後，多名雅虎之股東對雅虎執行長楊致遠和董事會成員提出集體訴訟（class action），指控雅虎高層枉顧股東利益，擅自回絕微軟的併購提議。雅虎股東控訴，雅虎於2007年初就曾拒絕微軟的併購提議，當時公司的說法是會藉由新產品策略，提高雅虎的整體價值，但是事隔一年，雅虎股價還在19美元上下徘徊，而微軟2/1提出的每股31美元收購價，溢價幅度達62%，甚至微軟還提高出價至每股33美元，但雅虎高層仍然沒有接受，明顯棄股東利益於不顧。其所委任之律師表示，雅虎高層的決定是不合理的，而且沒有盡到股東所託付的責任，因此將向雅虎追討因錯誤決策所造成的股東權益損失。新聞資料及起訴狀全文請見：http://www.businessinsider.com/2008/6/judge-unseals-yahoo-microsoft-lawsuit-scandalous-details-emerge

盡善良管理人之注意義務，如有違反致公司受有損害者，負損害賠償責任。」，且於2002年通過「企業併購法」，就併購決策董事之相關義務做出原則性規範。

(一)美國法下之「經營判斷法則」

因應近代公司所有與經營分離之理論，美國習慣法（Common Law）發展出董事、控制股東及高階經理人（以下統稱董事）對公司及其股東負有受任人義務（Fiduciary Duty）。而受任人義務又可分為忠實義務及注意義務，所謂忠實義務係指公司董事在處理公司事務時，必須全心為公司之利益行事，不得犧牲公司之利益，而圖謀個人或第三人之私利，應將公司之利益置於自己利益之上。所謂注意義務，係指公司董事必須以合理的技能水準、合理的謹慎和注意程度去處理公司事務，又被稱為「技能義務、勤勉注意義務」（duty of skill and diligence）。即公司董事必須扮演稱職的執行機關角色，同時執行職務時，應本於善意（good faith），並盡相當之注意（good care）[55]。

若董事盡其受託人義務，在資訊充足下，依誠實信用原則所做成之非自益決策。除非能證明董事有重大過失，否則法院基本上會尊重董事會的決定而不二次審查董事會之經營決策，此為美國法「經營判斷法則」（Business Judgment Rule）。在此原則下，不具個人利害關係與獨立自主之董事只要依據充分之資訊、誠信之信念作出經營決策，並認該項決策符合公司最大利益，則不論該決策之結果係對公司有利或不利，則法院不得進一步審查經營決策之實體內容，避免以後見之明對董事經營決策重加評斷。故經營判斷法則乃係將舉證責任轉換，亦即公司董事之經營判斷，原則上受該法則之推定保護，而對於董事經營判斷事項提起訴訟之原告，則負有提出事實證據之責任[56]。

---

[55] 劉連煜，董事責任與經營判斷法則，月旦民商法雜誌，2007年9月，第17期，頁181。

[56] 經營判斷法則可歸納具有下列特質：(一)該法則乃是對於公司受託人之行為所建立的司法審查標準；(二)該法則乃是一種程序上的推定，推定該公司之經營

　　企業併購亦屬公司經營決策之一，自有經營判斷法則之適用，然由於(i)併購係一獨特、即時的且攸關企業存亡的行為，故其決策應獲董事以較高密度審慎思考之。而法院於審查董事會之決策採取較高之標準將有助於提升董事會之決策品質，以達成保護公司及其股東最大利益之目的，且(ii)董事或公司之高階人員常為併購後企業調整組織之主要對象，而併購過程難免涉及如何確保其職位或取得較優惠之退職條件等議題，故企業併購於本質上對上開人員存有潛在之利益衝突[57]，美國法院在適用經營判斷法則時，通常對董事之決策程序採取較嚴謹之審查標準。根據美國得拉瓦州最高法院在Smith v. Van Gorkom案中所闡釋之見解，董事必須於併購程序之各個環節（包括最初之評價、雙方之磋商、外部專家之意見及引進潛在購買者所進行之市場測試等）盡其受任人之義務，才能於併購程序中受到經營判斷法則推斷之保護[58]。

(二)我國法相關規定

　　為加強董事之經營責任，我國於2001年11月14日修訂之公司法，乃於第23條第1項揭明：「公司負責人應忠實執行業務並善盡善良管理人之注意義務，如有違反致公司受有損害者，負損害賠償責任」，明文課予股份

判斷係由無利害關係且具有獨立性之董事，在掌握資訊的基礎上，以善意且誠實的相信其判斷對公司與股東具有最大利益；(三)該法則的推定係在保護任何具有合理商業目的經營判斷；(四)法院將會尊重公司董事所爲之經營判斷，而不會逕以客觀合理的標準（objective reasonableness test）對該判斷爲事後審查（second-guessing），即便該經營判斷之結果係有爭論或甚至是錯誤的。請參戴志傑，公司法上「經營判斷法則」之研究，月旦法學雜誌，2004年3月，106期，頁160-161。

[57] Melvin A. Eisenberg, The Director's Duty of Care in Negotiated Dispositions, 51 University of Miami Law Review 579, p.592, 1997。轉引自謝欣芸，外資併購國內上市公司之法制檢討與建議—以少數股東權益之保障爲中心，國立台灣大學碩士論文，2007年，頁131。

[58] 詳見張詩芸，論企業併購程序中目標公司董事之義務，國立台北大學法律專業研究所碩士論文，2006年6月。

有限公司之當然負責人——董事之「忠實義務」與「注意義務」。而從公司法第23條第1項立法理由：「為明確規定公司負責人對公司應踐行之忠實義務及注意義務，並對公司負責人違反致公司受有損害，應負損害賠償責任」觀之，得其所稱之「忠實義務」與「注意義務」實繼受自美國法上之董事對公司所負之「受託人義務」而來。

又依企業併購法第5條規定，「公司依本法為併購決議，董事會應為全體股東之最大利益行之，並應以善良管理人之注意，處理併購事宜。公司董事違反法令、章程或股東會決議處理併購事宜，致公司受有損害時，參與決議之董事，對公司應負賠償之責；但經表示異議之董事，有紀錄或書面聲明可證者，免其責任。」[59]此即我國現行法制上關於企業併購程序中董事應負忠實及注意義務之法源依據。

再者，依同法第6條規定，「公開發行股票之公司於召開董事會決議併購事項前，應委請獨立專家就換股比例或配發股東之現金或其他財產之合理性表示意見，並分別提報董事會或股東會」，故公開發行股票公司之董事於併購事項有委請獨立專家表示意見之義務。蓋因於併購案中，公司評價乃為保障股東權益之關鍵，除如何評估公司價值或決定公平之換股比例均屬專業問題外，於管理階層併購下，因標的公司管理階層之利益衝突之考量，更有聘請獨立專家[60]為公司評價之必要性。倘董事違反第6條所定之諮詢義務而未委請獨立專家提出相關意見，致公司受有損害時，應依

---

[59] 查其立法理由謂：「一、股份有限公司之董事係由股東會選出，董事執行業務自應以全體股東之最大利益為之，故第一項明定董事於進行併購決議時，應為全體股東最大利益行之，不得為董事本人之利益或公司之大股東或指派其擔任董事之法人股東等其他人之利益作為決議併購行為之考量，且董事受公司有償委任，執行公司業務，參照民法第五百三十五條及公司法第二十三條之規定，應以善良管理人之注意處理公司併購事宜。二、第二項係參考公司法第一百九十三條規定，明定董事違反第一項規定或違反法令、章程或股東會決議處理併購事宜，致公司受有損害時之損害賠償責任；但經表示異議之董事，有紀錄或書面聲明可證者，不在此限」。

[60] 「獨立專家」，依經濟部商業司95年5月25日經商字第09300553740號令，係指會計師、律師或證券承銷商。

上開第5條第2項之規定，對公司依法應負賠償之責，而且執行董事及參與決議而未有紀錄或書面聲明可證其經表示異議之董事均應對公司因此所受之損害負賠償之責。

肆、結論

在網路平台上，搜尋引擎通常佔有最顯著的地位，搜尋引擎吸引來的人潮都將引起供給與需求面的網路外部效果，搜尋引擎的技術與搜尋的精確度在微軟、Google之霸權地位扮演重要地位。微軟、雅虎在搜尋引擎之技術合作，對技術之創新或搜尋精確度之提昇的確有正面之助益。然而，不同於其他市場，雅虎在台灣之搜尋及關鍵字廣告均居市場之領導地位，加上微軟在網路產業優勢地位，強化結合事業市場力量，甚或提高交易相對人對其依賴程度，形成不易轉換交易平台封鎖效果，或對於代理關鍵字廣告經銷商有濫用市場力量等質疑。我國公平交易委員雖通過此結合案但加上四大附加負擔，以消彌可能產生限制競爭不利益並監督本結合案對關鍵字廣告市場、網路平台市場的後續影響。

面對全球化的趨勢，高科技產業間跨國企業之結合與技術合作，對我國網路相關產業發展影響甚鉅。如何在維持市場競爭與全球市場發展與技術革新間取得平衡，一直都是各國競爭法執法機關所必須面對之課題。此外，企業結合管制制度是一國所推行的競爭政策在其法律制度上的具體展現，確立各國所普遍接受的國際競爭政策，才能在此基礎上建立國際通行的企業結合管制制度的法律規範。台灣之競爭法制甚至企業公司治理上如何因應世界管制潮流，與國際實務接軌，亦為台灣企業與監理機關應深刻探究。

參考文獻

一、專書論著（依作者姓氏筆劃數排序）

李文福、賴源河，《公平交易法草案之經濟分析與建議》，行政院研考會委託研究，1989年。

二、期刊論文（依作者姓氏筆劃數排序）

1.洪怡琳，目標企業對敵意併購應對策略之賽局理論研究—以微軟併購雅虎為例，嶺東科技大學國際企業研究所碩士論文，2009年6月。

2.陳俊廷，我國結合規範之研究—以審理程序及實體標準為中心，台灣大學國家發展研究所碩士論文，2004年。

3.楊清文，〈美國反托拉斯法對事業結合之規範〉，《公平交易季刊》，第1卷4期，1993年10月。

4.顏雅倫，〈我國結合管制之檢討與前瞻—以金融產業之結合為例〉，台大法研所碩士論文，2001年8月。

5.劉孔中，〈論結合管制之理論與實務〉，《公平交易季刊》，第6卷第2期，第25頁，1998年4月。

6.劉連煜，〈董事責任與經營判斷法則〉，《月旦民商法雜誌》，2007年9月，第17期，第181頁。

7.蘇欣眉，論美國、歐盟及我國對跨國事業結合之管制，文化大學法研所碩士論文，2007年

8.謝欣芸，外資併購國內上市公司之法制檢討與建議—以少數股東權益之保障為中心，國立台灣大學碩士論文，2007年。

9.廖義男，〈事業結合四則實務之檢討〉，《台大法學論叢》，第25卷第1期，1995年10月。

10.戴志傑，〈公司法上「經營判斷法則」之研究〉，《月旦法學雜誌》，第106期，2004年3月。

三、新聞報導（依時間先後排序）

中文

1. 硬撼Google‧微軟1445億向雅虎提親，2008年2月2日星洲日報／財經新聞。

2. 趙郁竹，微軟併雅虎意在Google 其他網路業者影響不大，2008年2月4日，iThome online。

3. 張正芊編譯，雅虎4月在美市占率增近1個百分點搶走Google市場，2010年5月12日，鉅亨網。

4. Yahoo與Google攜手囊括日9成市佔，2010年12月8日，台灣醒報。

外文

1. Microsoft Corporation News Press Release, Microsoft Proposes Acquisition of Yahoo! for $31 per Share, Feb. 1, 2008.

2. Andrew Ross Sorkin, Miguel Helft, Eyes on Google, Microsoft Bids $44 Billion for Yahoo, Feb. 2, 2008, The New York Times.

3. Andrew Ross Sorkin, Miguel Helft, Microsoft Said to Plan Proxy Fight for Yahoo, Feb. 20, 2008, New York Times.

4. Miguel Helft, Microsoft Sets Deadline for Yahoo to Make Deal, Apr. 6, 2008, New York Times.

5. Miguel Helft, Yahoo Answers Microsoft With Yet Another No, Apr. 8, 2008, New York Times.

6. Andrew Ross Sorkin, Miguel Helft, Higher Offer by Microsoft Brings Yahoo to Table, May 3, 2008, New York Times.

7. Miguel Helft, Andrew Ross Sorkin, Microsoft Withdraws Bid for Yahoo, May 4, 2008, New York Times.

8. Microsoft walks away from Yahoo, May 4, 2008, BBC News.

9. Andrew Ross Sorkin, Miguel Helft, Icahn Is Said to Weigh a Proxy Fight at Yahoo, Jul. 13, 2008, New York Times.

10. Miguel Helft, Ad Accord for Yahoo and Google, Jun. 13, 2008, New York Times.

11. Michael J. de la Merced, Yahoo Again Spurns a Microsoft Offer, Jul. 13, 2008,

New York Times.

12.Miguel Helft, Yahoo Deal Wards Off Proxy Fight, Jul. 22, 2008, New York Times.

13.Miguel Helft, Yahoo to Cut About 10% of Workers, Oct. 21, 2008, New York Times.

14.Miguel Helft, Google Won't Pursue Yahoo Ad Deal, Nov. 5, 2008, New York Times.

15.Brad Stone, Claire Cain Miller, Jerry Yang, Yahoo Chief, Steps Down, Nov. 17, 2008, New York Times.

16.Miguel Helft, Former Chief of Autodesk Takes Reins at Yahoo, Jan. 13, 2009, New York Times; Miguel Helft, Yahoo's New Chief Makes a Decisive First Appearance, Jan. 15, 2009, New York Times.

17.Steve Lohr, Microsoft and Yahoo Are Linked Up. Now What? , Jul. 29, 2009, New York Times.

18.A Microsoft-Yahoo Deal, Jul. 29, 2009, The New York Times.

四、網路（最後瀏覽日：2011年1月5日）

1.微軟公司網站：http://www.microsoft.com. http://www.microsoft.com/taiwan/about/companyinformation/corp.aspx.

2.雅虎公司網站：http://www.yahoo.com .

3.行政院公平交易委員會

http://www.ftc.gov.tw/upload/87c442bf-0355-4456-a1cc-5f55773af5f3.pdf.

http://www.ftc.gov.tw/uploadDecision/951b6e76-d58b-4714-a12d-1edf9204c0e7.pdf.

4.Microsoft Corporation Annual Report 2010: http://www.microsoft.com/investor/reports/ar10/index.html.

5.Department of Justice (DOJ): http://www.justice.gov/atr/public/press_releases/2010/255377.htm.

6. Federal Trade Committee (FTC): http://www.ftc.gov/.

第十八章　雲端上的薛仁貴——唐鋒公司股票股價涉嫌炒作吸金疑雲

蔡佳吟、陳怡秀、黃睦琪、林柏葦

蔡佳吟

避免衝突的溫和派
偶而被逼到絕境時，會一改常態
現實與白日夢，理性與感性的矛盾綜合！

陳怡秀

生性反骨！

黃睦琪

計畫很多
但常被突如其來的睡意給打斷的
貪睡喵一隻

林柏葦

對於理想與現實的雜沓而至
總期望能以賸存方寸之半點初衷真摯面對的
山寨版唐吉訶德

大事紀

時間	事件
65年7月12日	唐鋒實業股份有限公司（以下簡稱「唐鋒公司」）成立[1]。
89年5月19日	唐鋒公司上櫃[2]。
99年7月2日	財團法人中華民國證券櫃檯買賣中心（以下簡稱櫃買中心）依「財團法人中華民國證券櫃檯買賣中心櫃檯買賣公佈或通知注意交易資訊暨處置作業要點」第4條公布唐鋒公司最近6個營業日（含當日）累積之最後成交價漲幅達30.67%。收盤價新台幣（以下同）41.95元，本益比21.4[3]。
99年7月5日	櫃買中心公布唐鋒公司股票最近6個營業日（含當日）累積之最後成交價漲幅達36.78%。收盤價44.85元，本益比22.88。[4]
99年7月6日	櫃買中心公布唐鋒公司股票最近6個營業日（含當日）累積之最後成交價漲幅達41.47%，收盤價47.95元，本益比24.46[5]。
99年7月7日	櫃買中心公布唐鋒公司股票最近6個營業日（含當日）累積之最後成交價漲幅達40.56%。當日之成交量較最近60個營業日日平均成交量放大6.25倍。群益證券公司當日受託賣出該有價證券之成交量占當日該有價證券總成交量之比率為31.88%。收盤價50.8元，本益比25.92。[6]
99年7月8日	櫃買中心公布唐鋒公司股票最近6個營業日（含當日）累積之最後成交價漲幅達40.26%。收盤價52.3元，本益比26.68。[7]
	櫃買中心依「財團法人中華民國證券櫃檯買賣中心櫃檯買賣公佈或通知注意交易資訊暨處置作業要點」第6條處置唐鋒公司股票連續5個營業日，改以人工撮合，約每5分鐘撮合一次，並對大量之投資人預收6成款券[8]。

[1] 引自公開資訊觀測站唐鋒公司（4609）基本資料http://mops.twse.com.tw/mops/web/t05st03#，檢索日期99年12月5日。
[2] 同註1。
[3] 引自櫃買中心網站之「公布注意股票資訊」http://www.otc.org.tw/ch/bulletin/warning_information/trading_warning_information.php，檢索日期99年12月5日。
[4] 同註3。
[5] 同註3。
[6] 同註3。
[7] 同註3。
[8] 引自櫃買中心網站之「處置股票資訊」，http://www.otc.org.tw/ch/bulletin/disposal_information/disposal_information.php，檢索日期99年12月5日。

時間	事件
99年7月9日	櫃買中心公布唐鋒公司股票最近6個營業日（含當日）累積之最後成交價漲幅達40.2%。最近30個營業日（含當日）起迄兩個營業日之最後成交價漲幅達112.5%。最近90個營業日（含當日）起迄兩個營業日之最後成交價漲幅達168.83%。收盤價55.9元，本益比28.52。[9]
	唐鋒公司發言人由董事長周武賢異動爲人力資源部經理簡麗貞[10]。
99年7月12日	櫃買中心公布唐鋒公司股票最近6個營業日（含當日）累積之最後成交價漲幅達40.3%。最近30個營業日（含當日）起迄兩個營業日之最後成交價漲幅達128.51%。最近90個營業日（含當日）起迄兩個營業日之最後成交價漲幅達188.31%。收盤價59.8元，本益比30.51[11]。
99年7月13日	櫃買中心公布唐鋒公司股票最近6個營業日（含當日）累積之最後成交價漲幅達40.24%。最近30個營業日（含當日）起迄兩個營業日之最後成交價漲幅達144.6%。最近30個營業日（含當日）起迄兩個營業日之最後成交價漲幅達212.58%。當日之成交量較最近60個營業日日平均成交量放大5.39倍。收盤價63.9元，本益比32.6[12]。
99年7月14日	櫃買中心公布唐鋒公司股票最近6個營業日（含當日）累積之最後成交價漲幅達40.21%。最近30個營業日（含當日）起迄兩個營業日之最後成交價漲幅達161.94%。最近60個營業日（含當日）起迄兩個營業日之最後成交價漲幅達141.65%。最近90個營業日（含當日）起迄兩個營業日之最後成交價漲幅達222.75%。統一證券公司當日受託賣出該有價證券之成交量占當日該有價證券總成交量之比率爲34.26%。收盤價68.3元，本益比34.85[13]。
99年7月15日	櫃買中心公布唐鋒公司股票最近6個營業日（含當日）累積之最後成交價漲幅達41.15%。最近30個營業日（含當日）起迄兩個營業日之最後成交價漲幅達180%。最近60個營業日（含當日）起迄兩個營業日之最後成交價漲幅達158.27%。最近90個營業日（含當日）起迄兩個營業日之最後成交價漲幅達246.75%。收盤價幣73元，本益比37.24[14]。
	櫃買中心處置唐鋒公司股票連續5個營業日，改以人工撮合，約每10分鐘撮合一次，並對大量之投資人預收全部款券[15]。

---

[9] 同註3。

[10] 資料來源：公開資訊觀測站之「歷史重大訊息查詢」，唐鋒（4609），http://mops.twse.com.tw/mops/web/t05st01，檢索日期99年12月5日。

[11] 同註3。

[12] 同註3。

[13] 同註3。

[14] 同註3。

[15] 同註8。

時間	事件
99年7月15日	588週刊發文看好唐鋒公司多角化經營發展，新研發產品廣受歐美市場歡迎，果汁機及家電產品單價高、毛利率甚至達50%以上；投資房地產、生物科技、農經科技事業，即將開花結果；法人表示，唐鋒公司自下半年起營運也步入中國全面爆發性的內需市場，超高的成長性值得投資人特別注意。並傳唐鋒公司計畫在100年初辦理現金增資，發行價格可能訂在150元附近[16]。
99年7月16日	櫃買中心公布唐鋒公司股票最近6個營業日（含當日）累積之最後成交價漲幅41.44%。最近30個營業日（含當日）起迄兩個營業日之最後成交價漲幅195.74%。最近60個營業日（含當日）起迄兩個營業日之最後成交價漲幅達172.1%。最近90個營業日（含當日）起迄兩個營業日之最後成交價漲幅達270.37%，收盤價78.1元，本益比39.85[17]。
	唐鋒公司澄清588理財網99年7月15日報導，說明報導純屬臆測，公司營運正常，訊息均以唐鋒公司對外發佈之公告為準[18]。
99年7月19日	櫃買中心公布唐鋒公司股票最近6個營業日（含當日）累積之最後成交價漲幅達41.47%。最近30個營業日（含當日）起迄兩個營業日之最後成交價漲幅達216.29%。最近60個營業日（含當日）起迄兩個營業日之最後成交價漲幅達171.54%。最近90個營業日（含當日）起迄兩個營業日之最後成交價漲幅達293.54%。當日之成交量較最近60個營業日日平均成交量放大5.39倍。收盤價83.5元，本益比42.6[19]。
99年7月20日	櫃買中心公布唐鋒公司股票最近6個營業日（含當日）累積之最後成交價漲幅達41.44%。最近30個營業日（含當日）起迄兩個營業日之最後成交價漲幅達220.56%。最近60個營業日（含當日）起迄兩個營業日之最後成交價漲幅達206.04%。最近90個營業日（含當日）起迄兩個營業日之最後成交價漲幅達322.22%。收盤價89.3元，本益比45.56[20]。
99年7月21日	櫃買中心公布唐鋒公司股票最近6個營業日（含當日）累積之最後成交價漲幅達33.92%。當日之成交量較最近60個營業日日平均成交量放大5.85倍。收盤價88.7元，本益比45.26[21]。

---

[16] 因588理財網網站已關閉，故本訊息摘自公開資訊觀測站之「歷史重大訊息查詢」有關唐鋒公司之公告內容http://mops.twse.com.tw/mops/web/t05st01，檢索日期99年12月5日。

[17] 同註3。

[18] 同註10。

[19] 同註3。

[20] 同註3。

[21] 同註3。

時間	事件
99年7月22日	櫃買中心公布唐鋒公司股票最近6個營業日（含當日）累積之最後成交價漲幅達34.02%。最近30個營業日（含當日）起迄兩個營業日之最後成交價漲幅達239.64%。最近60個營業日（含當日）起迄兩個營業日之最後成交價漲幅達239.64%。最近90個營業日（含當日）起迄兩個營業日之最後成交價漲幅達345.05%。當日之成交量較最近60個營業日日平均成交量放大5.77倍。收盤價94.9元，本益比48.42[22]。
	櫃買中心處置唐鋒公司股票連續5個營業日，改以人工撮合，約每10分鐘撮合一次，並對大量之投資人預收全部款券[23]。
99年7月28日	唐鋒公司公告取得禧通科技（股）公司雷射產品及其所衍生之新型產品之銷售授權，有效期限10年[24]。
99年7月30日	唐鋒公司公告1-6月自結（未經會計師查核）營收損益數，EPS（稅前）1.19元[25]。
99年8月2日	櫃買中心公布唐鋒公司股票最近30個營業日（含當日）起迄兩個營業日之最後成交價漲幅達323.38%。最近60個營業日（含當日）起迄兩個營業日之最後成交價漲幅達359.19%。最近90個營業日（含當日）起迄兩個營業日之最後成交價漲幅達399.6%。收盤價123元，本益比62.76[26]。
99年8月3日	櫃買中心公布唐鋒公司股票最近6個營業日（含當日）累積之最後成交價漲幅達35.64%。最近30個營業日（含當日）起迄兩個營業日之最後成交價漲幅達347.65%。最近60個營業日（含當日）起迄兩個營業日之最後成交價漲幅達383.33%。最近90個營業日（含當日）起迄兩個營業日之最後成交價漲幅達398.69%。收盤價131.5元，本益比67.09[27]。
	唐鋒公司公告新聞稿，說明唐鋒公司將推出新取得授權之監控、安防領域產品，預期使下半年營收及獲利表現具有高度成長空間，唐鋒公司股票EPS有機會達到7～8元的水準，民國100年開始進入大陸市場，相信成績會更好[28]。
	唐鋒公司澄清588理財網報導消息： 新研發產品尚未開始銷售；果汁機及家電產品主要外銷歐美，銷售單價及毛利率尚稱不錯，但未如報導所稱毛利率高達50%以上；至今未有轉投資新事業體計畫；並無在大陸購置房地產投資，未投資生物科技、農經科技；目前尚無現金增資計畫[29]。

[22] 同註3。

[23] 同註8。

[24] 同註10。

[25] 同註10。

[26] 同註3。

[27] 同註3。

[28] 同註10。

[29] 同註10。

時間	事件
99年8月4日	櫃買中心公布唐鋒公司股票最近6個營業日（含當日）累積之最後成交價漲幅達41.2%。最近30個營業日（含當日）起迄兩個營業日之最後成交價漲幅達357.14%。最近60個營業日（含當日）起迄兩個營業日之最後成交價漲幅達422.56%。最近90個營業日（含當日）起迄兩個營業日之最後成交價漲幅達397.9%。收盤價140.5元，本益比71.68[30]。
99年8月5日	櫃買中心公布唐鋒公司股票最近6個營業日（含當日）累積之最後成交價漲幅達41.39%。最近30個營業日（含當日）起迄兩個營業日之最後成交價漲幅達383.75%。最近60個營業日（含當日）起迄兩個營業日之最後成交價漲幅達440.56%。最近90個營業日（含當日）起迄兩個營業日之最後成交價漲幅達396.4%。當日週轉率達6.68%。凱基證券公司當日受託賣出該有價證券之成交量占當日該有價證券總成交量之比率爲34.25%。收盤價150元，本益比76.53[31]。
99年8月6日	櫃買中心公布唐鋒公司股票最近6個營業日（含當日）累積之最後成交價漲幅達41.43%。最近30個營業日（含當日）起迄兩個營業日之最後成交價漲幅達405.91%。最近60個營業日（含當日）起迄兩個營業日之最後成交價漲幅達490.54%。最近90個營業日（含當日）起迄兩個營業日之最後成交價漲幅達437.74%。當日之成交量較最近60個營業日日平均成交量放大6.02倍。當日週轉率達8.24%。收盤價160.5元，本益比81.89[32]。
	櫃買中心處置唐鋒公司股票連續5個營業日，改以人工撮合，約每10分鐘撮合一次，並對大量之投資人預收全部款券[33]。
99年8月9日	櫃買中心公布唐鋒公司股票最近30個營業日（含當日）起迄兩個營業日之最後成交價漲幅達380.75%。最近60個營業日（含當日）起迄兩個營業日之最後成交價漲幅達504.02%。最近90個營業日（含當日）起迄兩個營業日之最後成交價漲幅達431.93%。當日週轉率達6.95%。最近6個營業日（含當日）累積之最後成交價漲幅達36.01%。收盤價163元，本益比83.16[34]。
	588週刊發文看好唐鋒公司股票，並引籤詩「第八籤，薛仁貴回家」以明牌命理解讀唐鋒公司股票可能成爲新股王[35]。

---

[30] 同註3。

[31] 同註3。

[32] 同註3。

[33] 同註8。

[34] 同註3。

[35] 因588理財網網站已關閉，本訊息乃摘自眾多部落格與討論區之轉載，包括維克斯討論區99年8月7「股市不開盤聊天」，http://www.wahas.com/viewthread.php?tid=2192752&extra=page%3D1&page=2&sid=Q8EE5Z；NLog新聞平台99年8月9日「南投紫南宮卜卦，神明指出唐鋒將作股王>」http://nlog.cc/N/1813054；

時間	事件
99年8月9日	唐鋒公司澄清經濟日報99年8月9日報導，表示唐鋒公司並無報導所稱整併威炫公司一事，且VCSEL營收與毛利率還在評估中，並未如報導所載超過5成等相關訊息，並說明僅取得威炫公司之技術移轉[36]。
99年8月16日	588週刊再度發文重申唐鋒公司股票前景看好，並強調檢調不會抓唐鋒公司股票炒作案，因為他們要靠唐鋒公司股票賺退休金[37]。
99年8月17日	唐鋒公司澄清99年8月16日之588週刊發文，說明雷射監控產品仍在送樣階段，並未對民國100年財務進行預測，EPS上看20元以上純屬媒體臆測[38]。
99年8月18日	櫃買中心公布唐鋒公司股票最近6個營業日（含當日）累積之最後成交價漲幅達30.99%。最近30個營業日（含當日）起迄兩個營業日之最後成交價漲幅達312.04%。最近60個營業日（含當日）起迄兩個營業日之最後成交價漲幅達705.18%。最近90個營業日（含當日）起迄兩個營業日之最後成交價漲幅達661.47%。收盤價215.5元，本益比109.95[39]。
99年8月19日	櫃買中心公布唐鋒公司股票最近6個營業日（含當日）累積之最後成交價漲幅達36.7%。最近30個營業日（含當日）起迄兩個營業日之最後成交價漲幅達312.34%。最近60個營業日（含當日）起迄兩個營業日之最後成交價漲幅達742.02%。最近90個營業日（含當日）起迄兩個營業日之最後成交價漲幅達661.96%。收盤價230.5元，本益比117.6[40]。

168理財網討論區http://no1.168abc.net/_Board/Detail.aspx?Board_sn=3111215；美少女天使空行母俱樂部99/8/21「薛仁貴回家與股市明牌」http://tw.myblog.yahoo.com/jw!4_ltTWaFGRlZDPIlaXb6ln4-/article?mid=20338等，檢索日期99年12月5日。

[36] 同註10。

[37] 因588理財網網站已關閉，本訊息乃摘自眾多部落格與討論區之轉載，包括美少女天使空行母俱樂部99年8月21日「薛仁貴回家與股市明牌」http://tw.myblog.yahoo.com/jw!4_ltTWaFGRlZDPIlaXb6ln4-/article?mid=20338；e-stock發財網討論區99年9月8日「古董張涉炒股　檢調『甕中抓鱉』」http://estock.marbo.com.tw/asp/board/v_subject.asp?last=1&ID=6004857等，檢索日期99年12月5日。

[38] 同註10。

[39] 同註3。

[40] 同註3。

時間	事件
99年8月20日	櫃買中心公布唐鋒公司股票最近6個營業日（含當日）累積之最後成交價漲幅達41.48%。最近30個營業日（含當日）起迄兩個營業日之最後成交價漲幅達312.2%。最近60個營業日（含當日）起迄兩個營業日之最後成交價漲幅達813.23%。最近90個營業日（含當日）起迄兩個營業日之最後成交價漲幅達722.51%。收盤價幣246.5元，本益比125.77[41]。
99年8月23日	櫃買中心公布唐鋒公司股票最近6個營業日（含當日）累積之最後成交價漲幅達41.41%。最近30個營業日（含當日）起迄兩個營業日之最後成交價漲幅達312.36%。最近60個營業日（含當日）起迄兩個營業日之最後成交價漲幅達882.96%。最近90個營業日（含當日）起迄兩個營業日之最後成交價漲幅達834.5%。收盤價263.5元，本益比134.44[42]。
99年8月24日	櫃買中心公布唐鋒公司股票最近6個營業日（含當日）累積之最後成交價漲幅達41.45%。最近30個營業日（含當日）起迄兩個營業日之最後成交價漲幅達312.15%。最近60個營業日（含當日）起迄兩個營業日之最後成交價漲幅達953.53%。最近90個營業日（含當日）起迄兩個營業日之最後成交價漲幅達878.92%。收盤價281.5元，本益比143.62[43]。
	櫃買中心處置唐鋒公司股票連續5個營業日，改以人工撮合，約每10分鐘撮合一次，並對大量之投資人預收全部款券[44]。
99年8月25日	櫃買中心公布唐鋒最近6個營業日（含當日）累積之最後成交價漲幅達32.26%。當日週轉率達10.16%。當日本益比為140.31、股價淨值比為20.91且為其所屬產業類別股價淨值比之1倍、國票證券公司當日買進該有價證券之成交金額達1.44億元，且占當日該有價證券之總成交金額10.52%、統一證券公司當日賣出該有價證券之成交金額達1.59億元，且占當日該有價證券之總成交金額11.57%、凱基證券公司當日賣出該有價證券之成交金額達1.48億元，且占當日該有價證券之總成交金額10.79%。收盤價275元，本益比140.31[45]。
	櫃買中心處置唐鋒公司股票自99年8月26日起，改以人工撮合，約每10分鐘撮合一次，並對大量之投資人預收全部款券[46]。
	唐鋒公司公告99年上半度財務報告及合併財務報告，EPS1元[47]。

---

[41] 同註3。
[42] 同註3。
[43] 同註3。
[44] 同註8。
[45] 同註3。
[46] 同註8。
[47] 同註10。

時間	事件
99年8月25日	唐鋒公司公告說明櫃買中心99年8月13日去函該公司要求編制99年度完整式財務預測[48]。
99年8月30日	唐鋒公司因未依規定限期公告並申報完整式財務預測，櫃買中心公告自99年8段31日起停止櫃臺買賣[49]。
99年9月6日	588週刊發文「唐鋒公司表示，今年EPS7至8元絕對有信心達成……」[50]。
	唐鋒公司澄清99年9月6日之588週刊發文，訊息應以公開資訊觀測站發布為準[51]。
99年9月8日	台北地檢署檢察官指揮調查局展開偵辦，持9張搜索票前往張世傑（古董張）住處蒐證。上午被檢調搜索的對象包括唐鋒公司董事長周武賢、周武賢姪子周政寬（媒體報導其亦在唐鋒公司任職）、唐鋒公司中壢市的事業總部，及古董張相關處所[52]。
99年9月9日	檢察官向法院聲請羈押古董張獲准。
99年9月10日	唐鋒公司就媒體報導王寶鈜為其公司員工遭檢調約談一事，澄清王寶鈜非其公司員工[53]。
99年9月10日	金管會因唐鋒公司未公告申報經會計師核閱之完整性財務預測，依證交法第178條第1項第7款及第179條規定，處公司負責人周武賢24萬元[54]。
99年9月17日	唐鋒公司公告1-8月自結（未經會計師查核）營收損益數，EPS（稅前）1.37元[55]。
99年10月5日	金管會因唐鋒公司未公告申報經會計師核閱之完整性財務預測，依證交法第178條第2項規定，處公司負責人周武賢48萬元[56]。

[48] 同註10。

[49] 同註10。

[50] 因588理財網網站已關閉，是本訊息摘自公開資訊觀測站之「歷史重大訊息查詢」有關唐鋒公司（4609）之公告內容，http://mops.twse.com.tw/mops/web/t05st01，檢索日期99年12月5日。

[51] 同註10。

[52] MSN新聞，99年9月9日「炒作唐鋒坑數億擬出古董張檢調破門進密室張世傑滿臉驚恐借人頭戶炒作唐鋒股價兩個月飆8倍已停止買賣現金鉅款流向不明」，http://news.msn.com.tw/print.aspx?ID=1848639，檢索日期99年12月5日。

[53] 同註10。

[54] 行政院金融監督管理委員會證券期貨局網站之裁罰案公告，http://www.fsc.gov.tw/Layout/main_ch/News_NewsList.aspx?path=1568&DepID=62&LanguageType=1&CategoryID=308&DepartmentID=62，檢索日期99年12月5日。

[55] 同註10。

[56] 同註54。

時間	事件
99年11月1日	金管會因唐鋒公司未公告申報經會計師核閱之完整性財務預測，依證交法第178條第2項規定，處公司負責人周武賢72萬元[57]。
99年12月3日	金管會因唐鋒公司未公告申報經會計師核閱之完整性財務預測，依證交法第178條第2項規定，處公司負責人周武賢72萬元[58]。
99年12月10日	櫃買中心告將於99年12月14日恢復唐鋒公司股票交易[59]。
99年12月14日	唐鋒公司股票恢復交易。

壹、前言

　　民國（以下同）99年9月9日，台北地檢署檢察官指揮調查局，持9張搜索票前往外號「古董張」之股市聞人張世傑的住處進行搜索。同日上午亦被搜索的對象還包括唐鋒實業股份有限公司（以下簡稱「唐鋒公司」）設於桃園中壢市之事業總部、唐鋒公司董事長周武賢、以及其姪子周政寬之住所。發動搜索的原因，係因檢調單位接獲檢舉，指稱唐鋒公司之股票股價自99年6月至同年8月間的飛漲，可能係因前述人等的不法炒作行為所致。而諸多股民也因聽信流言與不實訊息，而陸續追高該公司股價。嗣唐鋒公司因交不出主管機關所要求的財務預測而將於99年8月底被命停止交易的消息傳出後，該公司股票的股價隨以自由落體的方式下跌，而可憐的股民便逐一地被坑殺在這樣的漲跌遊戲中。一個成立30多年的公司，在93年直到98年底前股票股價都未超過新台幣（以下同）20元的情況下，卻一下子成了當紅炸子雞，不免令人好奇，是該公司有令人驚豔的突破的表現？還是，這又是一場精心烹調，等待投資人自動上門的最後晚餐？

　　以下，本文即以唐鋒公司股票之股價在短時間內暴衝漲跌的事件為引，由保障投資人的視角切入，探討此一事件經調查後，若認定本件確係

---

[57] 同註54。

[58] 同註54。

[59] 櫃買中心99年12月10日證櫃監字第0990201763號公告參照。http://www.libertytimes.com.tw/2010/new/dec/11/today-e5.htm

由有心人士不當的操作行為所造成時，其可能涉犯的法律規範，並進而探討目前主管機關所建立的規範架構在面對此種情形時，是否已足以保障誤入陷阱的投資大眾，抑或僅是一襲華麗卻爬滿蝨子的長袍。

貳、案例事實

一、唐鋒公司簡介

唐鋒實業股份有限公司於民國65年7月12日成立，資本總額為6億5,700萬元，實收資本額為4億7,946萬8,200元，89年進入上櫃市場，公司的主要產品為各式的食物調理機、攪拌器，近年來積極發展電毯產品並以此向大陸發展[60]。目前該公司基本資料如表18-1：

表18-1　唐鋒公司基本資料表[61]

股票代號	4609	產業類別	電器電纜	外國企業註冊地國	
公司名稱	唐鋒實業股份有限公司		總機		03-4529888
地址	中壢市南園路2-20號				
董事長	周武賢		總經理		周文洪
發言人	簡麗貞		發言人職稱		經理
發言人電話	03-4529888		代理發言人		呂美娟
主要經營業務	除許可業務外，得經營法令非禁止或限制之業務。				
公司成立日期	65/07/12		營利事業統一編號		34097236
實收資本額	479,468,200元		上市日期		0
上櫃日期	89/05/19		興櫃日期		0
公開發行日期	0				

---

[60] 參考唐鋒公司官方網站：http://www.airluxgroup.com/about.asp?action=about，檢索日期99年12月5日。

[61] 同註1。

已發行普通股數或TDR原發行股數		47,946,820股	特別股		0股
股票過戶機構		亞東證券股份有限公司	電話		02-23618608
過戶地址		臺北市重慶南路一段86號			
簽證會計師事務所		安侯建業會計師事務所			
簽證會計師1		楊柳鋒			
簽證會計師2		連淑凌			
備註					
本公司	無	特別股發行	本公司	無	公司債發行
英文簡稱		AIRLUX			
英文全名		AIRLUX ELEXTRICAL CO., LTD.			
英文通訊地址（街巷弄號）		2-20 Nanyuan Rd,	英文通訊地址（縣市國別）		Chungli, Taoyuan Hsien, Taiwan, R.O.C.
傳真機號碼		03-4511761	電子郵件信箱		joan_lu@airlux.com.tw
公司網址		www.airluxgroup.com			
變更前名稱		變更前簡稱	公司名稱變更核準日期		0

二、事實緣由

99年6月底至同年8月31日為止，唐鋒公司之股票價格在短短2個多月間就拉抬了35根漲停板[62]，以8月25日波段高點299.5元與6月24日收盤價31.5元相比，漲幅更高達9.5倍[63]。而在唐鋒公司股票價格狂飆的同時，網際網路上也一片充斥著看好的消息，從EPS可能上看20元到唐鋒公司可能成為最新股王，這樣的消息不斷從名稱為「588股票網（理財網）」的網

---

[62] 引自 99年8月31日鉅亨網，http://news.cnyes.com/Content/20100831/KCB5Q1XQTCWRQ.shtml，檢索日期99年12月5日。

[63] 以2010年6月24之收盤價31.5元，與2010/8/24收盤價波段高點299.5相比，約為9.5倍。

站發出，然後再被許多網路上之部落格及論壇轉載，直至唐鋒公司股票於99年8月31日起被主管機關財團法人中華民國證券櫃檯買賣中心（以下簡稱櫃買中心）處以停止買賣的措施，以及同年9月8日檢調搜索對唐鋒公司董事長周武賢、周武賢之姪周政寬（據媒體報導其亦在唐鋒公司任職）、唐鋒公司中壢市的事業總部，與張世傑相關處所，張世傑並遭聲請羈押獲准後，前述網路上的一波波看好、追高的聲浪才逐漸平息。

　　根據媒體報導，啟動調查程序之原因，乃係有人檢舉指出周武賢涉嫌與公司派結合股市作手張世傑，由張世傑成立之588股票網（理財網）網站，以及588周刊等為媒介，散布不實消息，違法操作股價，使該公司股票股價在短時間急遽攀升，藉以坑殺投資散戶，並且在獲不法利益後，隱匿資產，而涉犯相關刑責[64]。

參、相關法律問題分析

一、張世傑（古董張）簡介

(一)生平

　　涉嫌不法炒作唐鋒公司股票股價而被檢方進行搜索與拘提之張世傑，早期係以買賣古董發跡，遂有「古董張」的稱號。據媒體報導，張世傑自稱自61年起開始接觸股票，78年左右，因為買賣古董而認識證券市場聞人，綽號「榮安邱」之邱明宏後，才開始從事股票買賣之代操業務。其將非法之地下股友社化身為合法的投資顧問公司，並培養許多「名嘴」、

---

[64] 以上事實整理自99年9月8日聯合晚報A4版「涉炒股唐鋒遭搜索，將約談古董張」、同報99年9月10日B3版「追逐主力股升高風險意識」、以及99年9月28日自由時報電子報「炒股新平台／噗浪、MSN網住股民」，（http://www.libertytimes.com.tw/2010/new/sep/28/today-e2.htm，檢索日期99年12月15日）等報導。

「老師」在有線電視台開設節目為其發聲。當時台股再度攻上萬點，股市交易熱絡，人氣鼎沸，幾乎「喊水會結凍」，股市名嘴透過電視上公開喊盤，以炒作股票價格[65]。92至93年間，張世傑因涉嫌炒作合機、中福、亞智、聯豪、得捷、捷力、永兆等公司股票之股價，接續被提起刑事、民事訴訟。94年時，張世傑棄保潛逃中國，嗣於95年間被大陸公安逮捕並押解回國。

(二)張世傑被訴炒股紀錄與結果

1.炒作合機股價案

合機案為張世傑最著名之炒作案。緣於92年6月間，合機電線電纜股份有限公司（以下簡稱合機公司）因獲得台灣電力股份有限公司（下稱台電公司）第六輪配電工程（下稱六輪）計畫訂單，合機公司董事長兼總經理楊愷悌，副總經理余素緣意圖趁公司因六輪工程出貨順暢、營收增加之利多消息，使合機公司股價上揚，遂透過人頭戶以賣現股換融資方式，大量融資買進合機公司股票1萬餘張，並於同年9月3日在經濟日報刊登「企業巡禮」，大篇幅介紹合機公司產品及營收大幅成長之廣告，再透過人頭戶連續多筆以漲停價委託買進，意圖製造交易活絡現象，惟因市場未如預期反應，造成楊愷悌、余素緣上開1萬餘張合機股票之融資壓力。楊愷悌、余素緣遂透過關係找到時任立法委員之傅崐萁，雙方達成協議，由合機公司提供2萬張股票及每股成本15元，以售價超過成本之差價為報酬之條件，交由傅崐萁操盤。傅崐萁隨後邀好友馮垂青、助理廖昌禧找到時任日月證券投資顧問股份有限公司、總統證券投資顧問股份有限公司、保富利國際投資顧問股份有限公司、奔騰投資顧問股份有限公司、奔馳證券投資顧問股份有限公司及網新科技股份有限公司等多家投顧公司實際負責人之張世傑共謀炒作事宜，約定傅崐萁將合機公司提供之2萬張合機公司股票中之5,000張提供給張世傑操盤，並給與每股成本18元，以售價超過

---

[65] 引自98年4月5日自由時報電子報，「古董張：聯合50名嘴坑殺股民」報導。http://www.libertytimes.com.tw/2009/new/apr/5/today-t1.htm，檢索日期99年12月5日。

成本之差價為張世傑之報酬，並約定張世傑於每股20元時可賣1,000張股票，每隔3元（即23元、26元、29元以此類推）再賣1,000張，直到5,000張股票出售完畢。為此張世傑即透過其主持之財經節目、說明會、投資講座、廣播頻道、報章雜誌等管道宣傳合機公司股票。而當張世傑欲賣出股票時，即通知余素緣，由余素緣賣出以員工人頭帳戶購買之合機公司股票。透過如此炒作手法，使合機公司股價從92年10月30日之每股15.4元，飆漲至93年1月9日之每股47.1元，牟取不法利益9,643萬餘元，張世傑則自中獲取炒股報酬2,800萬元[66]。

　　對於張世傑前述行為，承辦該案之台灣台中地方法院認為，由於我國證券交易採行「價格優先原則」，再以「時間優先原則」決定，於此交易制度下，大量之相對高價委託買進及相對低價委託賣出，對該股成交價皆會造成立即且直接之影響，即使成交時未以委託之相對高低價成交，但價格之漲跌仍將依委託者之預期方向逐檔移動。

　　同時，證券交易法第155條第1項第4款之主觀要件「意圖抬高或壓低集中市場某種有價證券之交易價格」，係指不顧該有價證券實際表彰之價值，而僅單純地意圖抬高或壓低該有價證券之市場價格，誤導他人認該有價證券之買賣熱絡進而從事買賣該有價證券之行為，進以造成該有價證券市場價格抬高或壓低之情形；而客觀要件「連續以高價買入或以低價賣出該有價證券」，則係指於特定期間內逐日以高於平均買價、接近高買價之價格、或以最高之價格買入，或於特定期間，以低於平均賣價，接近最低賣出之價格或以最低之價格賣出而言；故如行為人主觀上有拉抬或壓抑價格之意圖，就特定之有價證券連續以高價買進或低價賣出，即違反上開規定，構成同法第171條之罪。

　　而前述合機案炒作成員以高於委託當時之揭示價、接近或等於當日收盤漲停參考價之價格，於盤中或盤尾大量委託買進，將使一般投資人跟進，拉高當天成交價，亦影響股票當天收盤及次日開盤之價格，誤導一般投資人認該檔股票買賣熱絡，進而買賣該檔股票，拉抬該檔股票市場價

---

[66] 以上事實摘錄自台灣台中地方法院94年度金重訴字第3586號刑事判決。

格。此類市場價格之形成既係本於一定成員之刻意拉高或壓低，而非本於供需所形成，已扭曲市場價格機能，且集中交易市場股票之買賣，原則上委託買入或賣出之價格，不必然即為交易價格，是由被告等人連續以最高價、低價大量委託買賣股票，並以前開被告等人下單之價、量相佐，其等欲大筆成交合機公司股票，以漲停價、跌停價掛進，得以優先成交，以達交易暢旺之假象，藉由漲停價以抬高成交股價，其欲炒作股票、抬高股票價格之主觀意圖彰彰甚明[67]。故依法論處張世傑有期徒刑1年6月，併科罰金2,800萬元，適遇減刑條例，減為有期徒刑9月，併科罰金1,400萬元[68]。該案由於張世傑因棄保潛逃中國而未上訴[69]，嗣後則被大陸公案逮捕引渡回國，並已入監服刑完畢。

　　另就合機案之民事求償部分，則由財團法人證券投資人及期貨交易人保護中心（以下簡稱投保中心）為投資人進行團體訴訟，經台灣台中地方法院以97年度金字第14號民事判決包含張世傑在內之4名被告，應連帶給付投保中心1,689萬餘元。對於此一判決結果，同樣因張世傑並未上訴，故其部分亦已告確定[70]。

2.炒作亞智科、中福、聯豪、得捷、捷力、及永兆等公司股票股價案

　　除了前述的合機案外，張世傑復因涉犯炒作亞智科等公司股票股價，而經檢察官提起公訴。其中就涉犯炒作亞智科、中福、聯豪、得捷等公司股票股價部分，均獲判「免訴」判決，判決理由係認定張世傑之炒作行為與其在合機案中炒作行為係連續行為，而屬連續犯，故繫屬在後的案件即依法免訴[71]。

---

[67] 同註3。

[68] 以上論罪科刑之內容，同註66。

[69] 自由時報電子報2010年9月9日「想當司法義工？恐先回牢籠」報導http://www.libertytimes.com.tw/2010/new/sep/9/today-e3.htm。

[70] 台灣台中地方法院97年度金字第14號民事判決參照。

[71] 台灣台中地方法院97年度金重訴字第605號、97年度金重訴字第3491號、97年度金重訴字第3492號判決、及98年度金重訴字第599號等刑事判決參照。

　　另就涉犯炒作捷力公司股票股價案的部分，地方法院同樣以前述之「連續犯」關係為由，而為「免訴」判決。該案經檢察官上訴後，台灣高等法院台中分院則認定張世傑於該案的行為係另行起意，與合機案無連續犯關係，故撤銷原判決，發回地方法院審理。就此，張世傑雖提出上訴，惟最高法院仍維持原判，於99年2月4日判決駁回上訴，故該案仍於地方法院審理中[72]。

　　末以，有關張世傑涉犯炒作永兆公司股票股價案部分，台灣台中地方法院又以「連續犯」關係為由，判處張世傑「免訴」判決。台灣高等法院台中分院則以事理上，無法想像張世傑起意炒作合機公司股票股價時，即能有炒作永兆公司股票股價之預見，故永兆炒股案係另行起意，與合機案無連續犯關係為由，撤銷原判決，並改其有期徒刑3年2月。[73]

3.小結

　　由上所述，可知張世傑於92年至93年間，使用與合機案相同的手法，經由公司派配合，利用其股市名嘴身分與旗下所掌投顧公司，炒作中福等數家公司之股票股價。其所為之行為雖被認定為證券交易法上之不法炒作行為，惟卻因被認定與合機案屬連續犯關係，而多被承審法院處以免訴判決。茲將張世傑之前案紀錄，整理如表18-2：

---

[72] 台灣台中地院96年度金重訴字第4299號、台灣高等法院台中分院98年度金上訴字第1164號及最高法院99年度台上字第672號等刑事判決參照。

[73] 台灣台中地方法院95年度金重訴字第96號、97年度金重訴字第576號判決及台灣高等法院台中分院97年度金上訴字第2241號等刑事判決參照。

表18-2　張世傑前案紀錄一覽表（整理至99年12月12日）

項次	名稱	炒作期間	炒作行為	一審結果	二審結果	民事賠償
1	合機案	92/10～93/1	意圖抬高或壓低集中交易市場股票之交易價格，以自己及他人名義，對該有價證券，連續以高價買入及以低價賣出。	違反證交法§155Ⅰ④，處有期徒刑一年六月，併科罰金2800萬元，減為有期徒刑9月，併科罰金1400萬元。	張世傑未上訴[74]	被告（包含張世傑共4人）應連帶給付原告財團法人證券投資人及期貨交易人保護中心1,689萬7,035元。
2	亞智科案	93/1～93/4	1.意圖抬高或壓低集中交易市場股票之交易價格，以自己及他人名義，對該有價證券，連續以高價買入及以低價賣出。 2.意圖抬高或壓低集中交易市場某種有價證券之交易價格，與他人通謀，以約定價格於自己出售，或購買有價證券時，使約定人同時為購買或出售之相對行為。 3.意圖影響集中交易市場有價證券交易價格，而散布流言或不實資料。	因與合機案為連續犯，免訴。		被告（包含張世傑共3人）應連帶給付原告財團法人證券投資人及期貨交易人保護中心318萬2,500元[75]。
3	中福案	92/6～92/10	同上。	因與合機案為連續犯，免訴。		
4	聯豪案	92/9～93/1	同上。	因與合機案為連續犯，免訴。		

[74] 99年6月8日台灣高等法院台中分院97年度金上訴字第975、976號刑事判決參照。

[75] 99年3月31日台灣台中地方法院98年度金字第1號民事判決參照。

項次	名稱	炒作期間	炒作行為	一審結果	二審結果	民事賠償
5	捷力案	93/10～93/11	1.意圖抬高或壓低集中交易市場股票之交易價格，以自己及他人名義，對該有價證券，連續以高價買入及以低價賣出。 2.意圖抬高或壓低集中交易市場某種有價證券之交易價格，與他人通謀，以約定價格於自己出售，或購買有價證券時，使約定人同時為購買或出售之相對行為。 3.意圖影響集中交易市場有價證券交易價格，而散布流言或不實資料。	因與合機案為連續犯，免訴。	因屬另行起意，與合機案無連續犯關係，原判決撤銷，發回台中地方法院。	
6	得捷案	92/12～93/1	1.意圖抬高或壓低集中交易市場股票之交易價格，以自己及他人名義，對該有價證券，連續以高價買入及以低價賣出。 2.意圖抬高或壓低集中交易市場某種有價證券之交易價格，與他人通謀，以約定價格於自己出售，或購買有價證券時，使約定人同時為購買或出售之相對行為。 3.意圖影響集中交易市場有價證券交易價格，而散布流言或不實資料。	因與合機案為連續犯，免訴。		
7	永兆案	93/5～93/6	意圖抬高或壓低集中交易市場股票之交易價格，以自己及他人名義，對該有價證券，連續以高價買入及以低價賣出。	因與合機案為連續犯，免訴。	違反證交法§155 I④，處有期徒刑三年二月。	

項次	名稱	炒作期間	炒作行為	一審結果	二審結果	民事賠償
9	華豐案	92/1～92/2	意圖抬高或壓低集中交易市場股票之交易價格，以自己及他人名義，對該有價證券，連續以高價買入及以低價賣出。	違反證交法§155 I ④，處有期徒刑3年，併科罰金1,500萬元[76]。		

(三)張世傑於本案涉犯之炒股行為態樣

1. 檢調單位於99年9月9日搜索包括唐鋒公司、唐鋒公司董事長周武賢、其姪周政寬、以及張世傑等人之住處，並約談嫌疑人王寶莊等，由新聞報導顯示，此事件極有可能又是一齣公司派與炒手合作之炒股戲碼。而截至99年12月8日為止，除前述之搜索、羈押處分外，尚無媒體報導檢調單位是否有其他的偵辦動作。

2. 而根據報導，張世傑此次並未如其先前之犯案手法，即透過電視媒體、有招募會員宣傳之投顧公司等管道介紹唐鋒公司之股票，而係透過其所發行數量不多的588週刊、其所架設之理財網站，以及無招募會員之個人網路部落格等途徑宣傳唐鋒公司股票。張世傑此次改變手法，是否仍得以證券交易法相關規定相繩？值得探討。

二、本件事實分析

(一)炒作行為

所謂「炒作行為」，或稱「炒股」、「操縱行為」，係指就證券集中市場建制之公平價格機能予以扭曲，藉由創造虛偽交易狀況與價格假象，使投資大眾受到損害，以達操縱股票交易市場目的之行為[77]。其態樣甚

---

[76] 台灣台中地方法院96年度金重訴字第4383號刑事判決參照。
[77] 最高法院99年度台上字第163號刑事判決參照。

多，包括：作價（例如：作多、作空、殺尾盤……等）、內線交易、股代配合、人頭交易、沖洗性買賣之相對成交（亦即其買入、賣出相同股票係利用行為人本人或其可掌控之帳戶）……等等。至於炒作股票的方法，傳統上，多係炒作者與公司派談妥炒作事宜，以自有資金買賣，並在報章媒體發布利多消息，吸引散戶投資買進，及透過投資顧問利用媒體，鼓勵其會員買進。然而，隨著網路資訊流通管道的多樣化，炒作者除了利用傳統的報紙、電視、電台等媒體外，現今流行的Blog、Facebook等網際網路平台亦得以作為消息傳播之工具，或利用關鍵字搜尋[78]之方式，增加其所發布利多消息的曝光率，吸引更多散戶投資買進，使其炒作股票價格的目的更容易實現。

(二)唐鋒公司股價波動原因之分析

公開發行公司股票價格波動的因素多重，可能是整體市場環境、趨勢所致，也有可能受到類股的產業之利多或利空消息所影響，而其中最實質的因素則是歸於公司本身的營運及財務狀況。因此在分析唐鋒公司股價是否可能受特定人士炒作始有前述的飆漲態勢之前，必須先就唐鋒公司本身的財務狀況、整體市場走勢以及唐鋒公司所屬類股趨勢等面向進行通盤觀察，排除唐鋒公司股價的異常係由當時證券交易市場之共通因素影響的可能，再就股價及疑似炒作的行為做比對分析，始有意義。

1.唐鋒公司財務狀況

(1)本文以下將討論之炒作行為、消息散佈與唐鋒公司的異常漲勢，皆集中在99年的7、8月份。以當時客觀可取得的公司財務及營運狀況等公開資訊，僅有至99年6月30為止的半年報，因此，以下用來分析的財務報表將以99年的半年報為主（表18-3至表18-4），並

---

[78] 即搜尋引擎最佳化（Search Engine Optimization），簡稱SEO，乃近年來為應因網際網路行銷所衍生的技術，即透過搜尋引擎（如：Google、Yahoo、Msn……等）之設定，在大眾使用搜尋引擎時，使其客戶的網站在搜尋結果中得到良好的排名（例如：出現在搜尋結果前10筆或第1頁），而提升其網站的曝光度。

輔以更新的數據說明。

(2)由表18-3可得知，唐鋒公司99年上半年銷貨收入約為5億700萬元，與去年同期的銷貨收入4億8,814萬元相比，約成長4%；若以每股盈餘來看，該公司99年上半年每股盈餘為1元，比起去年的0.86元來看，亦有小幅成長。另對照表18-4之公司現金比例及股東權益兩個項目，並輔以表5之最近一季合併損益報表中稀釋後每股盈餘為1.33元來看，唐鋒公司的收益似無大幅變動。

惟若進一步分析表18-5該公司99年上半年的合併損益表中的欄位及數據，會驚訝的發現，雖然唐鋒公司表面上的每股盈餘是成長的，但其99年上半年的營業淨利僅有310萬元，與去年同期的營業淨利2,377萬元相比，大幅衰退了87%。另外，唐鋒公司99年上半年的每股盈餘，其收入絕大部分來自於營業外收入，而非公司的營業收入，該公司99年上半年的營業外收入及利益約佔了整體銷貨收入的10%[79]，換算起來營業外收入超過營業淨利16倍[80]，且其中又以無法列入明確會計科目而歸其他雜項之什項收入佔大部分[81]。這樣不合常情的數據是否隱含了其他的事實狀態？容有探究的必要。

表18-3　半年報損益表摘錄

98年及99年06月30日

單位：新台幣仟元

會計科目	99年06月30日		98年06月30日	
	金額	%	金額	%
銷貨收入總額	507,800.00	101.53	488,141.00	101.63
營業淨利（淨損）	3,100.00	0.61	23,771.00	4.94

[79] 參閱表3會計科目：營業外收入及利益（99年6月30日）百分比：10.16。

[80] 以99年6月30日之營業外收入及利益共5,082萬8,000元除以同年營業淨利310萬元，可得出16.4倍。

[81] 參閱表3會計科目：什項收入（99年6月30日）共3,926萬7,000元，占銷貨收入7.85%。

會計科目	99年06月30日		98年06月30日	
利息收入	464.00	0.09	1,236.00	0.25
處分投資利益	274.00	0.05	0.00	0.00
兌換利益	2,991.00	0.59	4,129.00	0.85
租金收入	7,136.00	1.42	7,716.00	1.60
金融資產評價利益	696.00	0.13	0.00	0.00
什項收入	39,267.00	7.85	14,470.00	3.01
營業外收入及利益	50,828.00	10.16	27,551.00	5.73
基本每股盈餘	1.00	0.00	0.86	0.00
資料來源：公開資訊觀測站，唐鋒（4609），http://mops.twse.com.tw/mops/web/t05st34 檢索日期99年10月15日				

表18-4　資產負債表摘錄

98年及99年06月30日

單位：新台幣仟元

會計科目	99年06月30日		98年06月30日	
	金額	%	金額	%
現金及約當現金	441,189.00	41.57	442,659.00	44.77
存貨	134,219.00	12.64	100,028.00	10.11
資產總計	1,061,187.00	100.00	988,562.00	100.00
負債總計	475,947.00	44.85	416,631.00	42.14
股東權益總計	585,240.00	55.14	571,931.00	57.85
資料來源：公開資訊觀測站，唐鋒（4609），http://mops.twse.com.tw/mops/web/t05st33 檢索日期99年10月15日				

表18-5　第三季損益表摘錄

98年及99年09月30日

單位：新台幣仟元

會計科目	99年09月30日		98年09月30日	
	金額	%	金額	%
銷貨收入總額	861,443.00	101.17	819,736.00	100.96
營業淨利（淨損）	22,842.00	2.68	72,779.00	8.96

會計科目	99年09月30日		98年09月30日	
營業外收入及利益	53,327.00	6.26	31,755.00	3.91
基本每股盈餘	1.34	0.00	1.74	0.00
稀釋每股盈餘	1.33	0.00	1.73	0.00

資料來源：公開資訊觀測站，唐鋒（4609），http://mops.twse.com.tw/mops/web/
　　　　　t05st34
檢索日期99年10月15日

(3)按會計報表中所謂「營業外收入及費用」，是指本期內非因經常營業活動所發生之收入及費用，其常見項目包含（但不限於）：①利息收入（費用），指公司因銀行存款、投資債券所得的利息收益或向銀行借款應支付的利息；②兌換利益（損失），指公司因持有外幣資產或負債所產生之獲利或損失；③處分固定資產利益（損失），指公司處分土地、廠房、辦公司或設備等固定資產的利益或損失，計算方式係以該出售固定資產的收入減去原來帳面價值所得出的差額；④投資利益（損失），指公司進行股票、債券或其他事業的投資所生的利益或虧損；及⑤什項收入（費用），指其他雜項之營業外收入或費用支出。一家公司的整體經營能力除了營業利益外，還包含了營業外利益。但一般而言，企業營業外收入並非越高越好，因為一個穩健的企業，應該專心於自己的本業，增加更多的營業利益，當一個企業的營業利益非常低，但營業外利益卻相對的高，甚至高於營業利益時，投資者應該要多加留意，注意這家公司是否不務正業，或者公司營運上可能面臨某些危機[82]。

2.小結

綜合觀察前述表18-3至表18-5的唐鋒公司財務報表可知，與98年同期相比，該公司99年上半年的盈餘雖有小幅成長，但業務上並無顯著地突出表現，反而顯示為負成長的狀態。再者，就唐鋒公司收入大部分係來自於

---

[82] 早安財經編輯室，「看懂財報新手自學」，96年1月初版，早安財經文化有限公司，頁53至57。

營業外收入來看，該公司是否穩健經營似乎存有疑問。因此，本文初步排除唐鋒公司股價在本案中之漲勢，是因為公司超乎預期之營收或業務成長所致。

(三)唐鋒公司股價與大盤趨勢間之關係

1.唐鋒公司股價與整體股市之關係

　　股票價格之漲跌係導因於證券交易市場上的供需關係。而除了公司前景會吸引投資者之注意外，交易市場的短線進出，更常受到外在環境及市場心理預期之影響。以整體股市而言，耳熟能詳的即有所謂的年底作帳行情、選舉慶祝行情或最常見的資金行情等。遇到這樣的情形，不論公司本質好壞，股價或多或少都會隨著大盤攀升。相反的，如果股市環境處於96年的美國次貸危機[83]、信用危機[84]，或97年的金融海嘯[85]等情況，投資

---

[83] 次級房屋信貸危機（以下簡稱次貸危機）是指由美國國內抵押貸款違約和法拍屋急劇增加所引發的金融危機，發源於20世紀末，以96年4月美國第二大次級房貸公司新世紀金融公司破產事件為標誌，由房地產市場蔓延到信貸市場，進而演變為全球性金融危機。次貸危機對全球各地銀行與金融市場產生了重大的不良後果，並曝露了金融業監管與全球金融體系的弱點（整理自維基百科之說明，檢索日期為99年12月8日）。

[84] 信用危機是指信用過度擴張，引發通貨膨脹和經濟動盪，進而影響信用體系的信譽，導致其各環節發生崩潰的現象。96年次貸危機發生後，以次級貸款為基礎資產的信用衍生性商品嚴重貶值，持有這些產品的機構投資者紛遭損失，而銀行也因自身過度增加信用和信用管理不善，從個別銀行發生支付困難，最後導致整個金融體系發生危機的情況，最後演變成97年的金融風暴（整理自維基百科之說明，檢索日期為99年12月8日）。

[85] 96年至99年環球金融危機（又稱世界金融危機、次貸危機、信用危機），於97年起名為金融海嘯及華爾街海嘯等（英國稱Credit crunch）。自次貸危機爆發後，投資者開始對抵押證券的價值失去信心，引發流動性危機，即便多國中央銀行多次向金融市場注入巨額資金，也無法阻止這場金融危機的爆發。直到97年9月，這場金融危機開始失控，並導致多間相當大型的金融機構倒閉或被政府接管（整理自維基百科之說明，檢索日期為99年12月8日）。

者可能對證券價值失去信心，而引發恐慌性拋售[86]，許多公司的股價可能在短時間就跌掉一半的市價，本質再好的公司，可能也難敵市場整體的走勢。

除了大環境的好壞係影響整體股市行情之因素外，另一個因素則為基於心理預期所造成的股市漲跌，這常見於特殊新聞或事件所造成的特定類股影響，例如：因簽署ECFA而看好營建、觀光、金融、中概類股，或因美金貶值而看壞通常以美金交易的電子相關股等。因此，在釐清觀察唐鋒公司股價波動原因時，本文也必須就唐鋒公司股價與整體證券交易市場做縱向分析（即唐鋒公司股價與其所屬店頭市場整體走勢之比較）及橫向分析（即唐鋒公司所屬之電器類股與整體市場走勢之比較），以排除除人為操縱外的其他可能影響因素。

2.縱向分析：唐鋒公司股價與其所屬店頭市場整體走勢之比較

關於唐鋒公司股價與其所屬店頭市場整體走勢比較（參見圖18-1、圖18-2），若以99年7、8月間唐鋒公司股價的漲幅來看，該公司2個月內的漲幅約566%[87]；若以期間內之波段最高價格（99年8月25日，每股299.5元）相比，漲幅更高達7.6倍；反觀同時期的店頭市場整體走勢雖有震盪，但以99年7、8月為區間觀察最終漲幅，幾乎是持平狀態，即便以期間內之波段最高價格（2010/8/19，每股144.5元）計算，也僅有10%的漲幅。直接比較圖18-1及圖18-2[88]中唐鋒公司與店頭市場的股價線型曲線，即可感受到明顯差異。因此，本文初步排除唐鋒公司股價的大漲係因整體股市表現所致。

---

[86] 本文所指之恐慌性拋售，係指因金融海嘯對整體經濟之影響甚劇且恢復時間無法預測，部分投資人擔心跌幅過深而停損拋售，引起市場上其他投資人的恐慌，競相賣出，導致市場大部分的投資人急於出賣而投資標的超跌（整理自維基百科之說明，檢索日期為99年12月8日。）。

[87] 以唐鋒公司股票99年7月1日之開盤價39.25元/股，與99年8月31日被命停止交易為止之前一天收盤價222元/股作為比較基準。

[88] 圖18-1，截取自奇摩股市網頁http://tw.stock.yahoo.com/q/ta?s=4609；圖18-2，截取自奇摩股市網頁http://tw.stock.yahoo.com/t/otc.php，檢索日期均為99年10月15日。

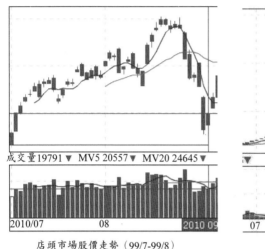

店頭市場股價走勢（99/7-99/8）　　　　　唐鋒公司股價走勢（99/7-99/8）

圖18-1 　店頭市場99年7、8月整體　　**圖18-2** 　唐鋒公司股票股價99年
　　　　　走勢圖　　　　　　　　　　　　　　　　7、8月整體走勢圖

3.橫向分析：唐鋒公司所屬之電器類股與整體市場走勢之比較

　　以唐鋒公司所屬之電器類股與整體市場走勢比較，首先要對於此項分析的分析原料作補充說明。由於唐鋒公司屬於上櫃公司，其交易應被記入店頭市場交易而非集中市場，但因店頭市場的交易量本來就不如集中市場活絡，因此本文認為，若以集中市場中的電器類股當作整體電器類股的表現，應該會比分析店頭市場中電器類股指數來得更為準確，並且可以排除以店頭市場之電器類股指數為分析標的時，該數據本身可能會受唐鋒公司股價大漲之影響而失準的可能。

　　經分析99年7、8月間集中市場電器類股與集中市場的整體走勢後，可發現電器類股的漲幅曲線（參見圖18-3）[89]與集中市場的整體走勢（參見圖18-4）[90]頗為類似，該期間應無其他特殊事件造成電器類股有背離整體

---

[89] 圖18-3，截取自奇摩股市網頁http://tw.stock.yahoo.com/t/nine.php?cat_id=%23014。
　　檢索日期為99年10月15日。

[90] 圖18-4，截取自奇摩股市網頁http://tw.stock.yahoo.com/t/idx.php，檢索日期為99
　　年10月15日。

市場漲跌幅的情形，因此，亦應可排除唐鋒公司股價的大漲係因電器類股表現特別突出之假設。

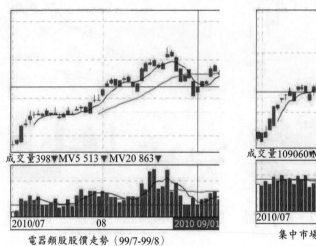

電器類股股價走勢（99/7-99/8）　　　集中市場股份走勢（99/7-99/8）

圖18-3　集中市場電器類股99年　**圖18-4　集中市場大盤99年7、8月**
　　　　7、8月股價走勢　　　　　　　　　　**股價走勢**

4.小結

　　從財報綜合觀察後，首先排除唐鋒公司股價的驚人漲幅是由於公司營運表現。另從上述縱向分析及橫向分析，本文亦認為該公司股價的大漲與整體股市表現無關，應屬唐鋒公司之個股現象。因此，唐鋒公司股價的鉅量大漲，似乎確與基本面及市場環境脫鉤，而極有可能是因為特定人意圖影響及操縱股票交易市場，而刻意散布消息或虛擬交易狀況與價格的假象所致。基於這樣的假設，本文將唐鋒公司之股票價格與成交量，以及相關新聞合併整理如表18-6。

表18-6　唐鋒公司股價暨相關新聞對照表[91]

日期	開盤價	收盤價	成交量	漲跌	備註
6/23	29.2	29.8	299	△0.3	起漲前對照價格交易日
6/24	30	31.15	747	△1.35	開始起漲日、量能增加日
6/29	32.5	34.3	733	▲2.20	明顯起漲日，之後連續多根漲停板[91]
7/15	73	73	547	▲4.7	588週刊發文看好唐鋒公司多角化經營發展，投資房地產、生物科技、農經科技事業，即將開花結果，並傳唐鋒公司計畫在100年初辦理現金增資，發行價格可能訂在150元附近。
7/16	78.1	78.1	437	▲5.1	唐鋒公司發布重大訊息澄清588理財網99/07/15之報導純屬臆測，公司營運正常，訊息以唐鋒公司公告爲準。
7/23	95.5	93	1322	▽1.9	股價呈現停滯盤旋之狀態。
7/28	95.5	100.5	1126	△6.2	唐鋒公司發布重大訊息公布取得禧通科技（股）公司雷射產品之銷售授權，盤旋的股價又開始飆漲。
7/30	115	115	4273	▲7.5	唐鋒公司公告1-6月自結（未經會計師查核）營收損益數，EPS（稅前）1.19元。
8/3	131.5	131.5	1433	▲8.5	漲停板收盤，唐鋒公司公布記者會新聞稿說明唐鋒將推出產品，EPS有機會達7～8元，明年進入大陸市場，相信成績會更好，並同時澄清588理財網相關消息。
8/9	166	163	3335	△2.5	唐鋒公司於重大訊息澄清經濟日報99年8月9日報導唐鋒將整併威炫公司及毛利率等相關訊息，並說明取得威炫公司之技術移轉
					588週刊發文看好唐鋒公司，並引籤詩「第八籤，薛仁貴回家」，以明牌命理解讀唐鋒公司可能成爲新股王！
8/16	180	188.5	4041	△12	588網站再次發文重申唐鋒公司「錢景」看好，並強調檢調不會抓唐鋒炒作案，因爲他們要靠唐鋒賺退休金！並強調唐鋒在雷射監控器大量出貨下，EPS可能上看20元以上。

---

[91] 自6/29至8/31停止櫃檯買賣爲止，唐鋒公司漲停板的日期有：6/29、6/30、7/1、7/2、7/5、7/6、7/9、7/12、7/13、7/14、7/15、7/16、7/19、7/20、7/22、7/28、7/29、7/30、8/2、8/3、8/4、8/5、8/6、8/13、8/16、8/17、8/18、8/19、8/20、8/23、8/24。

日期	開盤價	收盤價	成交量	漲跌	備註
8/17	192	201.5	4440	▲13	唐鋒公司於重大訊息澄清99年8月16日588周刊報導，說明雷射監控產品仍在樣、送樣階段，並未對100年財務進行預測，EPS上看20元以上純屬媒體臆測。
8/25	299	275	4873	▽6.5	唐鋒公司公告99年上半年度財務報告及合併財務報告，EPS1元。 唐鋒公司公告櫃買中心99年8月13日函要求編製99年度完整式財務預測。
8/26	256	256	21	▼19	要求編製財務預測隔天，之後交易日皆為跌停板作收，直至停止櫃檯買賣為止。
8/30	222	222	99	▼16.5	唐鋒公司因未依規定期限公告並申報完整式之財務預測，99年8月31日起停止櫃檯買賣。

註：▽代表下跌　▼代表跌停板　△代表上漲　▲代表漲停板。
網底區塊代表唐鋒公司主動於公開資訊觀測站對外公佈之訊息。

三、相關法律責任探究[92]

(一)刑事責任——張世傑與唐鋒公司公司派等可能涉犯證券交易法第155條第1項第4款、第6款或第7款之犯罪

1.證券交易法第155條之規範目的

　　所謂「炒作行為」，如前所述，係就證券集中市場建制之公平價格機能予以扭曲，藉由創造虛偽交易狀況與價格假象，使投資大眾受到損害，以達操縱股票交易市場之目的之行為。為維持證券價格之自由化，使交易市場在公平、公開的情況下充分發揮供需的價格機能，避免因人為操縱的

---

[92] 需說明者，由於唐鋒案至本文截稿時（即99年12月15日）止，仍於檢察官偵查程序中，故本件相關犯罪嫌疑人是否有證券交易法上之不法炒作行為，以及得否被認定為犯罪，均屬未知。是本文僅就報章媒體所刊載之新聞及主管機關目前所公開之訊息，假設本案該等嫌疑人若真有本件之犯罪行為時，分析所可能涉及之相關法律責任。

投機行為影響市場價格而誤導投資人，致影響市場交易秩序，故證券交易法於第155條明文禁止對證券交易所上市之有價證券，在交易上的各種不法操縱行為，其有違反者，依同法第171條之規定處罰。

2.證券交易法第155條第1項第4款

依證券交易法第155條第1項第4款之規定，不得有意圖抬高或壓低集中交易市場某種有價證券之交易價格，自行或以他人名義，對該有價證券，連續以高價買入或以低價賣出之行為。所謂「以高價買入」，依實務見解，並不限於以漲停價買入之情形，行為人以高於平均買價、接近最高買價，或以當日之最高價格買入等均屬之，且不以客觀上致交易市場之該股票價格有急劇變化為必要[93]。而所謂「連續」，乃指於一定期間內連續多次而言，並不以逐日而毫無間斷為必要[94]。因此，若行為人主觀上有意圖抬高或壓低集中交易市場某種有價證券之交易價格，而於客觀上自行或以他人名義，對該有價證券，連續以高價買入或以低價賣出，即已違反證券交易法第155條第1項第4款之規定。

本案中，如張世傑主觀上已有拉抬唐鋒公司股票股價之意圖，實際上亦以自己或他人名義，於一定期間內連續以高價買入唐鋒公司之股票，即違反證券交易法第155條第1項第4款之規定，而構成同法第171條第1項第1款之刑責。另唐鋒公司之董事或股東如與張世傑間有共謀之合意時，即成立本罪之共同正犯。

3.證券交易法第155條第1項第6款

依證據交易法第155條第1項第6款之規定，不得意圖影響集中交易市場有價證券交易價格，而散布流言或不實資料。而依實務上之見解，基於言論自由之保障，上開行為應以行為人於散布當時是否明知為流言或不實消息而仍予以散布為斷。如果行為人已就其消息來源為必要之查證，且有

---

[93] 最高法院97年度台上字第2171號、98年度台上字第6816號、99年度台上字第163號等刑事判決參照。

[94] 最高法院98年度台上字第6816號刑事判決參照。惟最高法院74年度台上字第5861號、97年度台上字第2127號刑事判決則持不同見解，認為以逐日買入為必要。

相當理由足以相信其所發布之消息為真實，縱該消息事後證實有所誇張或虛偽，亦不違反本款規定[95]。

　　根據媒體報導，張世傑以其自己之部落格、588週刊等媒體釋放唐鋒公司EPS上看20元、唐鋒錢景看好、100年增資發行價格可能訂在150元等利多消息，於電子佈告欄系統（BBS）或網路論壇討論等方式，擴大此等消息之散布範圍及速度。但由於唐鋒公司已澄清該等消息，並表示其EPS僅1.19元，則張世傑所發布之上開消息顯屬誇大，且有不實之可能。此時，若張世傑主觀上本有影響唐鋒公司股票股價之意圖，而該等媒體消息於發布前又未經證實，即難謂其無證券交易法第155條第1項第6款之違反。同樣的，若唐鋒公司之董事或股東如與古董張有共謀前開行為之合意時，乃成立本罪之共同正犯。

4.證券交易法第155條第1項第7款

　　依本款規定，禁止直接或間接從事其他影響集中交易市場有價證券交易價格之操縱行為。此乃所謂概括規定[96]，因此，在適用上，必須於當事人之行為不構成證券交易法第155條第1項第1款至第6款之規定時，始有本款規定之適用。就本案而言，倘張世傑之炒作行為無法以前述證券交易法第155條第1項第4款及第6款加以規制，但其行為確已影響唐鋒公司之股價，且主觀上亦有操縱唐鋒公司股價之意思，即已違反本款之規定。而若唐鋒公司之董事或股東如與古董張有共謀之合意，亦會成立本罪之共同正犯。

(二)民事責任──損害賠償責任

1.實體法上之請求權依據

　　依證券交易法第155條第3項規定，行為人違反同條第1項之規定者，對於善意買入或賣出有價證券之人所受之損害，應負賠償責任。本項規定，乃有別於民法第184條侵權行為法之特別規定，只要行為人業經刑事

---

[95] 最高法院98年度台上字第4431號刑事判決參照。
[96] 最高法院93年度台上字第5152號刑事判決參照。

判決認定有違反證券交易法第155條第1項規定之行為，即有同條第3項規定之適用，而減輕善意買入或賣出有價證券之人之舉證責任，有利投資大眾對行為人求償。

因此，若本案張世傑所涉之炒作唐鋒公司股價行為業經刑事判決認定違反證券交易法第155條第1項規定在案，則善意買入或賣出唐鋒公司股票之投資大眾即得依同條第3項規定，向張世傑請求賠償。如果張世傑有其他共犯，依民法第185條規定，應負連帶賠償責任。

2.求償程序

(1)團體訴訟之機制

基於證券市場之投資人及交易人分散，對於同一事實原因所引起之共同損害，由於個別求償在舉證、涉訟程序及費用上，往往因力量有限而求償意願不高，且一旦有違法行為發生，請求權人為請求損害賠償而先後分別向法院訴訟，對法院而言也是沈重負擔。為期訴訟經濟，減輕訟累，故依證券投資人及期貨交易人保護法（以下簡稱「投保法」）第7條之規定，設立投保中心，該中心依同法第28條之規定，得由20人以上證券投資人或期貨交易人授與訴訟實施權後，以自己之名義起訴。且其訴訟標的或上訴標的金額或價額超過3,000萬元之部分得免繳裁判；於聲請保全程序或假執行時，其執行標的金額或價額超過3,000萬元之部分，亦暫免繳納執行費[97]。

(2)刑事附帶民事訴訟

因犯罪而受損害之人，其損害賠償之請求除向法院民事庭提出民事訴訟以資救濟外，依刑事訴訟法第487條至第512條之規定，亦得於刑事訴訟起訴後第二審辯論終結前，向刑事訴訟繫屬之法院提起附帶民事訴訟。法院原則上應同時就刑事訴訟與附帶民事訴訟為判決，且附帶民事訴訟之判決，應以刑事訴訟判決所認定之事實為據；但法院判決刑事訴訟有罪時，如認附帶民事訴訟繁雜，非經長久時日不能終結其審判，則得裁定將該附帶民事訴訟移送該法院之民事庭。此時，提起附帶民事訴訟之原告免納裁

---

[97] 證券交易法第35條第1項、第3項參照。

判費[98]。惟應注意的是，其附帶民事訴訟的提起，仍應於民事請求權時效範圍內為之，始稱適法。

3.請求權時效之計算

依證券交易法第21條之規定，該法所規定之損害賠償請求權，自有請求權人知有得受賠償之原因時起2年間不行使而消滅；自募集、發行或買賣之日起逾5年者亦同。所謂「請求權人知有得受賠償之原因時」，依實務上的見解，係指請求權人實際知悉損害及賠償義務人時而言，並不以知悉賠償義務人因侵權行為所構成之犯罪行為經檢察官起訴，或法院判決有罪之時為斷[99]。然而，現今資訊流通廣泛，一般人取得資訊極為便利，且上市（櫃）公司一有重大消息，即為各新聞報章媒體所報導，而依常情，投資大眾對其所購買之股票，亦會加以關心，以保障自身權益。再者，當上市（櫃）公司股票之炒作行為遭檢察官起訴時，遭起訴之被告即係將來投資人得請求損害之賠償義務人，且該起訴消息必為媒體所報導，而為投資人所知悉，因此，目前實務多會逕以檢察官起訴之時間，作為證券交易法第21條之起計算時點。

4.損害之計算方式

侵權行為損害賠償之請求，係以被害人受有損害為前提。而關於炒作行為損害賠償之計算方式，分別有毛損益法及淨損益法二種見解[100]。所謂毛損益法，係以投資人「買進價格」減「賣出價格」為其受有損害之數額；至於目前仍持有者，即以求償前1個月之平均價格計算損害[101]。而淨損益法，則係先行試算該段期間之真實價格，再以投資人「買進之價格」

---

[98] 惟如原告於移送民事庭後，為訴之變更、追加或擴張應受判決事項之聲明，超過移送前所請求之範圍者，就超過移送前所請求之範圍部分，仍有繳納裁判費之義務，最高法院76年台上字第781號民事判例參照。

[99] 最高法院72年台上字第738號民事判例參照。

[100] 參閱劉連煜，「新證券交易法實例研習」，2007年2月增五版第1刷，頁504至505。

[101] 台灣台北地方法院97年7月29日95年度金更一字第1號民事判決（大穎集團財報不實案）採之。

減去該真實價格得出投資人損害金額；至於真實價格之計算方式，有以炒作行為開始前10日平均收盤價計算者[102]，亦有以炒作行為結束後90日平均收盤價計算者[103]。

　　本案張世傑（含共犯）或唐鋒公司日後若經檢察官起訴違反前開證券交易法第155條第1項所定炒作股價之行為，則購買唐鋒公司股票之投資人得依同條第3項、民法第185條等規定，起訴請求損害賠償，而依上開計算方式計算損害。

(三)行政責任

　　基於證券價格之自由化，使交易市場在公平、公開的情況下充分發揮供需的價格機能，並保障證券交易市時資訊之充分公開，對於上櫃公司之股票出現異常漲跌時，有以下機制加以處理[104]：

1.櫃買中心之處理

　　(1)發布警示

　　公告該公司之交易資訊，如：漲跌幅度、成交量、週轉率、集中度、本益比、股價淨值比、券資比、溢折價百分比等事項[105]。

　　(2)改採人工撮合方式

　　對該有價證券以人工管制之撮合終端機執行撮合作業（約每5分鐘撮合一次）[106]。

---

[102] 台灣台北地方法院93年12月20日93年度金字第70號民事判決（榮美科技股份有限公司案）採之。

[103] 台灣高等法院95年6月14日93年度重訴字第50號民事判決（台灣肥料股份有限公司案）採之。

[104] 由於本件唐鋒公司係上櫃公司，故本文僅就主管機關對上櫃公司之相關行政處置加以說明。

[105] 財團法人中華民國證券櫃檯買賣中心櫃檯買賣公布或通知注意交易資訊暨處置作業要點第4點參照。

[106] 前註作業要點第6點第1項第1款參照。

(3)預收款券

預收6成以上之買進價金或賣出證券，且信用交易部分收足融資自備款或融券保證金[107]。

(4)要求公開完整式財務預測

為確保資訊之公開、透明，行政院金融監督管理委員會（以下簡稱金管會）依證券交易法第36條之1之授權規定，就發行公司揭露財務預測資訊等重大財務業務行為訂定「公開發行公司公開財務預測資訊處理準則」。依該準則第5條及第7條規定，公開發行公司得以簡式財務預測或完整式財務預測二種方式之一，公開財務預測，並於公開日起一定期間內公告申報。而為避免上櫃公司自行發布或經媒體報導其營收或獲利預測性資訊，卻不承認相關資訊係其目標或辯稱非其整體性資訊，藉以規避應公開財務預測之情事，故為符合「資訊對稱性原則」，依公開發行公司公開財務預測資訊處理準則」，若發行公司未依上開法定方式，而於新聞、雜誌、廣播、電視、網路、其他傳播媒體，或於業績發表會、記者會或其他場所發布營業收入或獲利之預測性資訊，金管會得請該公司公開完整式財務預測。

此外，依有價證券櫃檯買賣契約所授權制定之「財團法人中華民國證券櫃檯買賣中心對有價證券上櫃公司資訊申報作業辦法」第3條第2項第1款之規定，股票上櫃公司應向櫃買中心申報之財務預測資訊，依公開發行公司公開財務預測資訊處理準則第6條之規定，易言之，櫃買中心於股票上櫃公司有公開發行公司公開財務預測資訊處理準則第6條之情形時，得請該公司公告並申報完整式財務預測。

至於上櫃公司於前開場合所發布之營業收入或獲利等預測性資訊，須達何種程度，始有上開規定之公告並申報完整式財務預測義務。依財團法人中華民國證券櫃檯買賣中心「對上櫃公司應公開完整式財務預測之認定標準」第1條規定，上櫃公司自行發布整體性或占全部營收逾50%之業務（產品）之個別（合併）營收或獲利預測性資訊者，或櫃買中心發現有媒

---

[107] 前註作業要點第6點第1項第2款參照。

體報導上櫃公司相關預測性資訊，惟上櫃公司未澄清非其所發布者，且所發布或被報導之資訊屬明確具體之金額（例如：營收100億元、營業損益50億元、稅前損益50億元、EPS 2元……等），即視為符合應公開完整式財務預測之要件。

因此，張世傑於588週刊中報導唐鋒公司之EPS上看20元，唐鋒公司雖以新聞稿之方式公布該公司之損益比，加以澄清，但同時表示該公司因將推出所取得授權之監控、安防領域產品，ESP有機會達到7～8元水準等消息，其所發布及被報導之資訊已屬明確具體之金額，且顯然未依上開公開發行公司公開財務預測資訊處理準則所定方式公開財務預測，故櫃買中心於99年8月25日依上開規定命唐鋒公司限期提出99年完整式財務預測。

(5)停止股票之櫃檯買賣

發行股票之公司有「財團法人中華民國證券櫃檯買賣中心證券商營業處所買賣有價證券業務規則」第12條之1第1項所規定之各款事項（例如：未依法令規定辦理財務報告或財務預測之公告申報、違反申請上櫃時所出具之承諾事項……等），因其情況嚴重而有影響市場秩序或公益之虞，櫃買中心得先行公告停止該股票之櫃檯買賣後，再報請主管機關備查。

本案唐鋒公司經櫃買中心命限期提出完整式財務預測，卻逾期未提出，以致於99年8月31日遭櫃買中心停止其股票之櫃檯買賣。

2.金管會之處置

(1)命發行公司公開財務預測

依「公開發行公司公開財務預測資訊處理準則」第6條之規定辦理（說明如上）。

(2)發行公司逾期不提出公開完整式財務預測之處罰

①裁處罰鍰，並命限期辦理，且得連續處罰

依證券交易法第178條第1項第7款、第2項及第179條規定，發行公司違反同法第36條之1所定準則有關揭露財務預測資訊行為之規定者，得對該公司負責人處24萬元以上240萬元以下之罰鍰，並應令該公司限期辦理。該公司若屆期仍不辦理，得繼續令限期辦理，並按次各處48萬元以上480萬以下罰鍰，至辦理為止。

本案唐鋒公司經命提出完整式財務預測，而至本文截稿前（即99年12月15日）仍未提出，故遭金管會先於99年9月9日依上開規定，裁處該公司負責人罰鍰24萬元[108]；復於同年10月5日裁罰48萬元[109]；再於同年11月1日、12月3日各裁罰72萬元[110]。

②停止或終止股票之櫃檯買賣

發行股票之公司有「財團法人中華民國證券櫃檯買賣中心證券商營業處所買賣有價證券業務規則」第12條之1第1項所規定之各款事項（如：未依法令規定辦理財務報告或財務預測之公告申報、違反申請上櫃時所出具之承諾事項……等），因其情況嚴重而有影響市場秩序或公益之虞，櫃買中心得報請主管機關即金管會停止該股票之櫃檯買賣；更甚者，得由發行人之申請，並經主管機關核准後，終止該股票之櫃檯買賣。

3.唐鋒公司股票遭停止買賣後主管機關採行之新措施

唐鋒公司遭主管機關停止該公司股票之櫃檯買賣後，主管機關為預防此等公開發行公司股票於短時間內異常飆漲的情形再次發生，乃於99年10月22日發佈新聞稿表示將請櫃買中心檢討相關監理機制，並研擬具體改善措施，其內容如下[111]：

(1)關於公司重大訊息之查證部分

加強對上櫃公司發布之重大訊息予以查證，如公司未能具體澄清相關訊息者，將對該股票採取先收足款券始得辦理買賣申報之措施。另上櫃公司若有符合應公開財務預測之營收或獲利資訊之相關規範，櫃買中心將函請公司於編製財務預測當日對外發布新聞稿，以利資訊透明公開。

(2)關於主管機關警示與處置措施之強化部分

為強化異常交易有價證券之警示效果，櫃買中心將修正相關規章，延長處置作業之處置期間、調降達預收款券標準之買賣張數及調降信用交易

---

[108] 金管會99年9月9日金管證審罰字第09900503621號裁處書參照。

[109] 金管會99年10月5日金管證審罰字第09900558411號裁處書參照。

[110] 金管會99年12月3日金管證字第09900691252號裁處書參照。

[111] 金管會10月22日「有關檢討唐鋒股票監理機制及改善措施」新聞稿參照。

成數，並使監視業務督導會報召開更具彈性，如發現公司基本面資訊疑涉有虛偽不實，公司未能澄清而有誤導投資人之虞等情事，櫃買中心將適時召開臨時監視業務督導會報，採取延長撮合時間、全額預收款券、暫停信用交易、限制各證券商申報交易金額及報經金管會核准停止一定期間買賣等處置措施。

　　對於前述第(2)點，櫃買中心嗣於99年11月30日公告修正該中心「櫃檯買賣監視制度辦法」及「公布或通知注意交易資訊暨處置作業要點」之部分條文，並自99年12月1日起實施[112]。茲將此二部辦法修正前後條文之對照及相關說明，表列如下表18-7：

表18-7　櫃買中心「櫃檯買賣監視制度辦法」修正條文對照表

修訂條文	原條文	說明
第二條 本中心設置專責單位執行本辦法，並由左列單位主管組成監視業務督導會報： 一　上櫃監理部 二　上櫃審查部 三　交易部 四　稽核室 五　資訊部 六　債券部 七　經指定之其他單位或人員 監視業務督導會報負責監視制度研擬設計及各部門相關業務之協調，並由副總經理負責督導監視業務，定期召開監視業務督導會報，必要時，得召開臨時監視業務督導會報。	第二條 本中心設置專責單位執行本辦法，並由左列單位主管組成監視業務督導會報： 一　上櫃部 二　交易部 三　稽核室 四　資訊部 五　債券部 六　經指定之其他單位或人員 監視業務督導會報負責監視制度研擬設計及各部門相關業務之協調，並由副總經理負責督導監視業務，定期召開監視業務督導會報，必要時，得召開臨時監視業務督導會報。	配合本中心現行部室別之現況予以修正，爰修訂第一項，並作款次之調整。
第四條 前條所定異常情形有嚴重影響櫃檯買賣交易之虞時，本中心即在市場公告並得採行下列之措施： 一、對該有價證券以人工管制之撮合終端機執行撮合作業。 二、限制各證券商申報買進或賣出該有價證券之金額。	第四條 前條所定異常情形有嚴重影響櫃檯買賣交易之虞時，本中心即在市場公告並得採行下列之措施： 一、對該有價證券以人工管制之撮合終端機執行撮合作業。	

---

[112] 櫃買中心99年11月30日證櫃交字第0990029235號公告參照。

修訂條文	原條文	說明
三、通知各證券經紀商於受託買賣交易異常之有價證券時，對委託買賣數量較大之委託人，應收取一定比例之買進價金或賣出之證券。 四、通知各證券商於買賣交易異常之有價證券時，增繳給付結算基金。 五、暫停該有價證券融資融券交易。 六、報經主管機關核准後停止該有價證券一定期間之買賣。 前項措施之標準、方式及期間，由本中心另訂之。 有價證券之交易，認有異常並嚴重影響市場交割安全之虞或其他認有必要時，經監視業務督導會報決議，得採行第一項或其他處置措施。	二、限制各證券商申報買進或賣出該有價證券之金額。 三、通知各證券經紀商於受託買賣交易異常之有價證券時，對委託買賣數量較大之委託人，應收取一定比例之買進價金或賣出之證券。 前項措施之標準、方式及期間，由本中心另訂之。 有價證券之交易，認有異常並嚴重影響市場交割安全之虞時，經監視業務督導會報決議，得採行第一項或其他處置措施，亦得報經主管機關核准後停止有價證券一定期間之買賣。	為加強監視業務督導會報之功能及責任，列舉可採行之處置措施，使其決議採行之處置措施更具彈性，爰修訂第一項第四、五款及第三項規定。

表18-8　櫃買中心「公布或通知注意交易資訊暨處置作業要點」修正條文對照表

修訂條文	原條文	說明
第二條 本中心每日於交易時間內分析等價、等殖自動成交系統有價證券之交易，發現其有下列情形之一時，即依第三條規定辦理。 一、當日交易時間內成交價振幅超過百分之九且與本中心發行量加權股價指數振幅之差幅在百分之五以上，且其成交量達二千交易單位以上者。 二、當日交易時間內成交價漲跌百分比超過百分之六且與本中心發行量加權股價指數漲跌百分比之差在百分之四以上，且其成交量達二千交易單位以上者。	第二條 本中心每日於交易時間內分析等價、等殖自動成交系統有價證券之交易，發現其有下列情形之一時，即依第三條規定辦理。 一、當日交易時間內成交價振幅超過百分之九且與本中心發行量加權股價指數振幅之差幅在百分之五以上，且其成交量達二千交易單位以上者。 二、當日交易時間內成交價漲跌百分比超過百分之六且與本中心發行量加權股價指數漲跌百分比之差在百分之四以上，且其成交量達二千交易單位以上者。	因市場異常情事含市場傳聞或媒體報導有關內線、操縱、經營權變更及財務業務異常等情形，為擴增線上監視標準範疇，爰修正第一項第五款規定。

修訂條文	原條文	說明
三、當日交易時間內週轉率超過百分之十且其成交量達二千交易單位以上者，但轉換公司債、交換公司債、非分離型附認股權公司債、非分離型附認股權特別股、債券換股權利證書、股款繳納憑證、認購（售）權證及認股權憑證不適用之。 四、依本要點規定發布交易資訊或採取處置措施者。 五、經證券市場傳聞或媒體報導或經本中心電腦系統分析有異常情事，並經簽報核准者。 六、其他經主管機關指定者。 實收資本額未達新台幣八千萬元之發行公司股票不適用前項第一、二、三款之發行量加權股價指數及成交量之規定，週轉率標準減至二分之一。 指數股票型基金受益憑證及以其為標的之有價證券、政府公債、一般公司債與外國債券不適用第一項各款標準。 有價證券升降幅度計算公式含有以標的證券或標的指數等計算因素者，以其當日盤中振幅、漲跌百分比與標的證券或標的指數之振幅、漲跌百分比（投資組合者，取其組合標的證券或標的指數振幅、漲跌百分比之平均值）計算差幅。但其標的證券為上市證券者，得不比較差幅。 第一項第一款、第二款、第三款關於「且其成交量達二千交易單位以上者」之規定，於股票初次上櫃者，除管理股票外，自其櫃檯買賣開始日起連續五個營業日之交易不適用之。 有價證券交易單位低於一千單位（股、受益權單位、存託憑證單位等）者，其成交（委託）量交易單位數據標準依下列公式調整：	三、當日交易時間內週轉率超過百分之十且其成交量達二千交易單位以上者，但轉換公司債、交換公司債、非分離型附認股權公司債、非分離型附認股權特別股、債券換股權利證書、股款繳納憑證、認購（售）權證及認股權憑證不適用之。 四、依本要點規定發布交易資訊或採取處置措施者。 五、經證券市場傳聞或媒體報導或經本中心電腦系統分析有重大人為操縱情事，並經簽報核准者。 六、其他經主管機關指定者。 實收資本額未達新台幣八千萬元之發行公司股票不適用前項第一、二、三款之發行量加權股價指數及成交量之規定，週轉率標準減至二分之一。 指數股票型基金受益憑證及以其為標的之有價證券、政府公債、一般公司債與外國債券不適用第一項各款標準。 有價證券升降幅度計算公式含有以標的證券或標的指數等計算因素者，以其當日盤中振幅、漲跌百分比與標的證券或標的指數之振幅、漲跌百分比（投資組合者，取其組合標的證券或標的指數振幅、漲跌百分比之平均值）計算差幅。但其標的證券為上市證券者，得不比較差幅。 第一項第一款、第二款、第三款關於「且其成交量達二千交易單位以上者」之規定，於股票初次上櫃者，除管理股票外，自其櫃檯買賣開始日起連續五個營業日之交易不適用之。 有價證券交易單位低於一千單位（股、受益權單位、存託憑證單位等）者，其成交（委託）量交易單位數據標準依下列公式調整：	

修訂條文	原條文	說明
調整後成交（委託）量交易單位數據標準＝調整前成交（委託）量交易單位數據標準×（1000÷該有價證券交易單位）。	調整後成交（委託）量交易單位數據標準＝調整前成交（委託）量交易單位數據標準×（1000÷該有價證券交易單位）。	
第六條 有價證券之交易，連續五個營業日或最近十個營業日內有六個營業日或最近三十個營業日內有十二個營業日經本中心依第四條各款發布交易資訊者，本中心於次一營業日起五個營業日內，同時採行下列之措施： 一、對該有價證券以人工管制之撮合終端機執行撮合作業（約每五分鐘撮合一次）。 二、通知各證券經紀商於前開期間對於投資人每日委託買賣該有價證券數量單筆達五十交易單位或多筆累積達一百五十交易單位以上時，應就其當日已委託之買賣，向該投資人收取全部之買進價金或賣出證券，信用交易部分，則收足融資自備款或融券保證金；至於當日達上開數量後之委託亦應於委辦時向其收取全部之買進價金或賣出證券，信用交易部分，則收足融資自備款或融券保證金。但信用交易了結及委託賣出違約專戶之有價證券時，不在此限。實收資本額未達新台幣八千萬元之發行公司股票部分，則通知各證券經紀商於前開期間對於每日委託買賣該有價證券之投資人，應就其當日已委託之買賣，向該投資人收取全部買進價金或賣出證券。 有價證券最近三十個營業日內，曾依前項規定發布處置者，其當日再次依前項標準發布處置，本中心於次一營業日起十個營業日	第六條 有價證券之交易，連續五個營業日或最近十個營業日內有六個營業日或最近三十個營業日內有十二個營業日經本中心依第四條各款發布交易資訊者，本中心於次一營業日起五個營業日內，同時採行下列之措施： 一、對該有價證券以人工管制之撮合終端機執行撮合作業（約每五分鐘撮合一次）。 二、通知各證券經紀商於前開期間對於投資人每日委託買賣該有價證券數量單筆達一百交易單位或多筆累積達三百交易單位以上時，應就其當日已委託之買賣，向該投資人收取至少六成以上之買進價金或賣出證券，信用交易部分，則收足融資自備款或融券保證金；至於當日達上開數量後之委託亦應於委辦時向其收取至少六成以上之買進價金或賣出證券，信用交易部分，則收足融資自備款或融券保證金。但信用交易了結及委託賣出違約專戶之有價證券時，不在此限。實收資本額未達新台幣八千萬元之發行公司股票部分，則通知各證券經紀商於前開期間對於每日委託買賣該有價證券之投資人，應就其當日已委託之買賣，向該投資人收取全部買進價金或賣出證券。 有價證券最近三十個營業日內，曾依前項規定發布處置者，其當日再次依前項標準發布處置，本中心於次一營業日起五個營業日	一、為加強交易風險之管理，對達處置及三十個營業日內再次處置標準之有價證券，單筆及多筆累積委託數量之標準予以調降並預收全部之款券，且延長三十個營業日內再次處置之人工管制撮合時間及天期，爰修訂第一、二項之處置措施，調整後處置措施對唐鋒股票案可產生之抑制效果如附件。 二、為加強監視業務督導會報之功能及責任，於發現下列情事之一者，必要時亦得提報會議討論，爰修訂第三項： (一)公司基本面資訊疑涉有虛偽不實情事，未能澄

修訂條文	原條文	說明
內，同時採行下列之措施： 一、對該有價證券以人工管制之撮合終端機執行撮合作業（約每二十分鐘撮合一次）。 二、通知各證券經紀商於前開期間對於投資人每日委託買賣該有價證券數量單筆達十交易單位或多筆累積達三十交易單位以上時，應就其當日已委託之買賣，向該投資人收取全部之買進價金或賣出證券，信用交易部分，則收足融資自備款或融券保證金；至於當日達上開數量後之委託亦應於委辦時向其收取全部之買進價金或賣出證券，信用交易部分，則收足融資自備款或融券保證金。但信用交易了結及委託賣出違約專戶之有價證券時，不在此限。實收資本額未達新台幣八千萬元之發行公司股票部分，則通知各證券經紀商於前開期間對於每日委託買賣該有價證券之投資人，應就其當日已委託之買賣，向該投資人收取全部買進價金或賣出證券。 有價證券經依本條第一項或第二項規定發布處置，而其處置原因含有第四條第一項第八款情事，或於處置期間再經本中心依上開第八款發布交易資訊者，或本中心認為有價證券之交易異常並嚴重影響市場給付結算安全之虞時，或其他認有必要時，經提報監視業務督導會報討論決議後，得採取下列處置措施並議定處置期間： 一、本條第一項或第二項規定之處置措施，必要時得依下列項目彈性調整： (一)有價證券以人工管制撮合終端機執行撮合作業時間。	內，同時採行下列之措施： 一、對該有價證券以人工管制之撮合終端機執行撮合作業（約每十分鐘撮合一次）。 二、通知各證券經紀商於前開期間對於投資人每日委託買賣該有價證券數量單筆達五十交易單位或多筆累積達一百五十交易單位以上時，應就其當日已委託之買賣，向該投資人收取全部之買進價金或賣出證券，信用交易部分，則收足融資自備款或融券保證金；至於當日達上開數量後之委託亦應於委辦時向其收取全部之買進價金或賣出證券，信用交易部分，則收足融資自備款或融券保證金。但信用交易了結及委託賣出違約專戶之有價證券時，不在此限。實收資本額未達新台幣八千萬元之發行公司股票部分，則通知各證券經紀商於前開期間對於每日委託買賣該有價證券之投資人，應就其當日已委託之買賣，向該投資人收取全部買進價金或賣出證券。 有價證券經依本條第一項或第二項規定發布處置，而其處置原因含有第四條第一項第八款情事，或於處置期間再經本中心依上開第八款發布交易資訊者，或本中心認為有價證券之交易異常並嚴重影響市場給付結算安全之虞時，經提報監視業務督導會報討論決議後，得採取下列處置措施並議定處置期間： 一、本條第一項或第二項規定之處置措施，必要時得依下列項目彈性調整： (一)有價證券以人工管制撮合終端機執行撮合作業時間。 (二)投資人委託買賣該異常有價	清有誤導投資人之虞。 (二)疑似炒作集團持續進行交易。 (三)嚴重影響市場給付結算安全之虞。 (四)其他經「上櫃興櫃公司財務業務預警會議」決議或所採公布或處置措施未發揮警示效果，經本中心研判有必要時。 三、列舉可採行之處置措施，使決議採行之處置措施更具彈性，爰修訂第三項。 四、統一本要點之條次名稱，爰修正第六項作文字調整。

修訂條文	原條文	說明
(二)投資人委託買賣該異常有價證券時預收一定比例或全部買進價金或賣出證券或融資自備款或融券保證金。 (三)處置期間。 二、各證券商每日買進或賣出該有價證券之申報金額，總公司不得超過新台幣四千萬元，每一分支機構不得超過新台幣一千萬元。但信用交易了結及委託賣出違約專戶之有價證券時，不在此限；實收資本額未達新台幣八千萬元之發行公司股票於前述之買進或賣出申報金額減至二分之一，必要時得視該有價證券交易狀況、市值或發行公司資本額調整各證券商總分公司每日買進或賣出該有價證券之申報金額。 三、通知各證券商於買賣交易異常之有價證券時，增繳給付結算基金。 四、暫停該有價證券融資融券交易。但信用交易了結及委託賣出違約專戶之有價證券時，不在此限。 五、報經主管機關核准後停止該有價證券一定期間之買賣。 六、其他之處置。	證券時預收一定比例或全部買進價金或賣出證券或融資自備款或融券保證金。 (三)處置期間。 二、各證券商每日買進或賣出該有價證券之申報金額，總公司不得超過新台幣四千萬元，每一分支機構不得超過新台幣一千萬元。但信用交易了結及委託賣出違約專戶之有價證券時，不在此限；實收資本額未達新台幣八千萬元之發行公司股票於前述之買進或賣出申報金額減至二分之一，必要時得視該有價證券交易狀況、市值或發行公司資本額調整各證券商總分公司每日買進或賣出該有價證券之申報金額。 三、其他經監視業務督導會報決議之處置。	
前項第二款之處置措施，亦得由櫃檯買賣交易市場共同責任制給付結算基金管理委員會決議採行並議定處置期間。	前項第二款之處置措施，亦得由櫃檯買賣交易市場共同責任制給付結算基金管理委員會決議採行並議定處置期間。 有價證券之市場價格，發生連續暴漲或暴跌情事，並使他種有價證券隨同為非正常之漲跌，而有影響市場秩序或損害公益之虞者；或有價證券發生其他異常之情事，顯足以影響市場秩序或損害公益者，得經監視業務督導會報決議，報經主管機關核准停止該有價證券一定期間之買賣。	

修訂條文	原條文	說明
有價證券之交易經監視業務督導會報或櫃檯買賣交易市場共同責任制給付結算基金管理委員會決議採行處置措施，於處置措施執行前與處置期間所發布之交易資訊日數得不納入本條第一項或第二項規定之計算，且於處置期間得不再依本條第一項或第二項規定發布處置。 證券經紀商之綜合交易帳戶於第一至第三項處置期間委託買賣該有價證券，適用各該處置規定，並由證券商向各代表人（受任人）就項下委託人達標準者收取一定比例或全部買進價金或賣出證券。 有價證券交易單位低於一千單位（股、受益權單位、存託憑證單位等）者，其成交（委託）量交易單位數據標準，準用第二條第六項之規定。	有價證券之交易經監視業務督導會報或櫃檯買賣交易市場共同責任制給付結算基金管理委員會決議採行處置措施，於處置措施執行前與處置期間所發布之交易資訊日數得不納入本點第一項或第二項規定之計算，且於處置期間得不再依本點第一項或第二項規定發布處置。 證券經紀商之綜合交易帳戶於第一至第三項處置期間委託買賣該有價證券，適用各該處置規定，並由證券商向各代表人（受任人）就項下委託人達標準者收取一定比例或全部買進價金或賣出證券。 有價證券交易單位低於一千單位（股、受益權單位、存託憑證單位等）者，其成交（委託）量交易單位數據標準，準用第二條第六項之規定。	

(3)關於上市（櫃）公司主動揭露資訊部分

考量投資人取得資訊之對稱性，櫃買中心修正該中心「對上櫃公司應公開完整式財務預測之認定標準」第5條之規定，上櫃公司如接獲本中心通知應編製財務預測之次一營業日交易時間開始前，應於公開資訊觀測站同步揭露該項訊息。

同時，為加強資訊公開，櫃買中心也修正該中心「對有價證券上櫃公司重大訊息之查證暨公開處理程序」第2條第1項第12款及第3條第4項之規定，上櫃公司召開記者會或以其他方式對外公布尚未輸入公開資訊觀測站之財務業務資訊者，應於重大訊息申報畫面輸入日期及相關資訊[113]。

---

[113] 櫃買中心99年12月6日證櫃監字第0990030063號公告參照。另證券交易所亦以同年12月8日臺證治字第0991804383號公告對上市公司為內容相類之規範。

肆、檢討與建議

一、我國目前針對證券市場上的炒作行爲建構之因應機制，似仍不足以達到保障投資大衆權益之規範目的

　　經由以上分析，可知我國對於證券市場上炒作股價的行爲，在形式制度上設計了諸多救濟途徑與監管措施加以因應。然而，這些看似周全縝密的防護網絡，在執行層面上是否真的可以有效地達到保障投資人權益的規範目的，容或有檢討之處：

(一)刑事救濟

1.由不周全構成要件及不確定法律概念組成的規範體系

　　對於證券市場上炒作股價行爲之刑事處罰，主要係以證券交易法第155條第1項第4、6、7款作爲認定之依據已如前述。然而，與外國法制相較下，這些用以規制各類炒作行爲的相關規定，實有許多漏未規定的地方；至於現存於條文內之構成要件，則率多係屬定義未臻明確，存有諸多解釋空間之不確定法律概念[114]。這樣的立法漏洞或缺失，不但輒遭學界所詬病，亦造成實務界在適用法律時之困擾。茲將目前學說與實務界對於上述三款規定之批評，表列如下表18-9[115]：

---

[114] 按我國證券交易法第155條反操縱條款之規定，係繼受美、日之立法例而來，惟在繼受時未將相關條文與精神全部移入，產生諸多適用上之疑義。有關外國法制的立法情形，請參閱施東亮，「證券集中交易市場反操縱條款之實務運作研究——以證券交易法第155條第1項刑事責任爲中心」，國立高雄大學法律系碩士論文（98年6月），頁39-53、79、109、127、128、141、166及167；陳宏杰，「證券集中市場操縱行爲認定基準之研究——以證券交易法第一百五十五條第一項第四款爲中心」，台北大學法律系碩士論文（91年7月），頁69-83。

[115] 按對於證券交易法第155條第1項第4、6、7款之立法批評與建議，學說與實務界之相關論著汗牛充棟，旣博且深。惟囿於篇幅，並求聚焦在本文所欲探究

表18-9　證券交易法§155Ⅰ④、⑥、⑦立法缺失一覽表[116]

項次	條號	法條全文	批評
1	§155Ⅰ④	對於在證券交易所上市之有價證券，不得有下列各款之行為：……四、意圖抬高或壓低集中交易市場某種有價證券之交易價格，自行或以他人名義，對該有價證券，連續以高價買入或以低價賣出。	一、「連續」的意義不明確。二、有關「連續以高價買入或以低價賣出」，若以實務界經常引用之最高法院74年度台上字第5861號刑事判決所釋明之標準，顯非合理。因為只要投資人連續以漲停價格掛進，或以跌停價格掛出，即會該當此構成要件，殊有未妥。三、主觀「意圖」的認定困難，又是否要將外國立法例中將「引誘他人從事有價證券之買賣交易」之概念納入，亦有爭議。
2	§155Ⅰ⑥	對於在證券交易所上市之有價證券，不得有下列各款之行為：……六、意圖影響集中交易市場有價證券交易價格，而散布流言或不實資料。	一、流言與不實資料之意義、規範目的及法律效果均不相同，應參考外國立法例分別立法。二、是否應將規範客體局限在「具有重要性」之流言與不實資料，亦有爭議。三、主觀「意圖」的認定困難，又是否要將外國立法例中將「引誘他人從事有價證券之買賣交易」之概念納入，亦有爭議。
3	§155Ⅰ⑦	對於在證券交易所上市之有價證券，不得有下列各款之行為：……七、直接或間接從事其他影響集中交易市場有價證券交易價格之操縱行為。	一、所謂「操縱行為」之定義不明確，恐有違罪刑法定主義之要求，並容易使單純參與證券市場交易之投資人動輒有違反本規定之疑慮。二、本款未規定有「意圖」之主觀構成要件，容易擴及無辜。如需納入「意圖」之要件，其內涵究竟為何？是否亦需納入「引誘他人從事有價證券之買賣交易」之概念，容有爭議。

　　的主題——當前證券交易法制的設計是否能有效保護投資大眾權益——上，故僅將學說與實務界對於此三條款之批評，以表格方式呈現在立法上確有缺失的現狀，特此說明。

[116] 本表綜合整理自施東亮，「證券集中交易市場反操縱條款之實務運作研究——以證券交易法第155條第1項刑事責任為中心」，高雄大學法律系碩士論文（98年6月）；洪憲明，「證券交易法第一百五十五條反操縱行為條款之研究（以刑事責任為中心）」，文化大學法律系碩士論文（96年6月）；陳宏杰，「證券集中市場操縱行為認定基準之研究——以證券交易法第一百五十五條第一項第四款為中心」，台北大學法律系碩士論文（91年7月）；以及賴英照，「股市遊戲規則-最新證券交易法解析」，2009年10月再版，頁625至687。

經由表18-9之整理，可知現行的刑事規範對於炒作行為之認定標準，的確存有諸多疏漏以及不明確的地方。而這些缺失將造成實務在檢視證券市場上的炒作行為時，難有明確的審查依據，遑論評價此等行為的合法與否了。同時，基於刑法的謙抑思想及最後手段性原則的適用，刑事規範在面臨立法缺漏時，往往係採從嚴並有利於行為人的方向解釋，如此一來，存心翻攪股市以圖謀私利者，因法條規定的疏漏而脫免圇圇之責，卻使權益因炒作行為而受損的廣大投資人求償無門，如此結果，豈是立法者造法之原意？

2.主觀「不法意圖」之證明難題

除了法規條文本身設計上之缺失外，證券交易法第155條第1項第4、6、7款均要求行為人行為時，主觀上需具有特定之不法意圖存在，始有構成炒作行為之可能[117]。之所以在條文當中增設「意圖」此一構成要件，主要是為了限縮處罰範圍，讓不具有不法意圖的投資人，不致因單純地為相當數量的股票買賣而有受到處罰的可能[118]。此等立法設計立意雖佳，但由於意圖乃指人的內心想法與作用，要如何用客觀上的情況來證明行為人行為時主觀上是否具有各規範所要求各異的不法意圖，向來即為實務上的難題[119]。證券市場上不法炒作行為的認定亦是如此，要如何將客觀上單純進出股市或傳遞訊息之行為評價行為人主觀上具有各類不法意圖，不

---

[117] 按證券交易法第155條第1項第7款雖無行為人主觀上需具備不法意圖，惟多數學者均認為參諸股價操縱行為之概念，並避免處罰範圍過廣，仍主張行為人行為時主觀上須同時存在「影響證券價格」以及「誘使他人買賣有價證券」之意圖，始有適用本款之可能。參閱前註116書，以及李開遠，「我國證券市場『不法炒作』操縱股價犯罪行為主觀構成要件意圖認定之探討」，銘傳大學法學論叢，第10期（200812），頁131-173。

[118] 參閱李開遠，「我國證券市場『不法炒作』操縱股價犯罪行為主觀構成要件意圖認定之探討」，銘傳大學法學論叢，第10期（200812），頁131-173；「證券交易法第一百五十五條第一項第四款處罰股價操縱行為——『不法炒作』刑事責任之探討」，銘傳大學法學論叢，第2期（200406），頁171-218。

[119] 參閱陳峰富，「證券市場炒作行為之研究」（上）（下），司法周刊1065、1066期（20020109、20020116），均頁3。

論採過嚴或過寬的認定標準均會產生問題。申言之，若採取嚴格之證明標準，許多實際上確已相當程度影響市場交易行情的行為將無法以相關規定處置，則相關規範的立法目的即無法達成；反之，若採寬鬆的證明標準，則涉及違法的範圍擴大，而可能傷及無辜。

次以，由於當今快速發展的科技技術，連帶造就多樣而複雜的資訊流通管道與形態，而這同時加深了前述炒作行為態樣以及不法意圖在認定上的難度[120]。要如何填補前述因多元資訊流通模式所可能造成法律適用上產生漏洞，容屬需要正視的問題。

3.「連續犯」從寬的認定

刑法上的連續犯，係指將自然的觀察本屬獨立的一系列個別行為，在刑法評價上當作一個行為，而形成法的行為單數，用以避開使用實質競合而造成數罪併罰的效果之謂。在認定上，則係以客觀上行為人以數行為以同種類的犯罪方式破壞同種類之法益，主觀上是否具備整體故意作為認定的標準[121]。因此，如果行為人在為同種類的數個犯罪行為，侵害數個同種類的法益時，其主觀上係具備概括故意時，即得以被評價為連續犯，而在實體法上至多加重二分之一刑度，程序法上若先前犯罪行為已繫屬於法院或經法院判決確定時，後來的犯罪行將被判以不受理或免訴判決的結果[122]。

按證券交易法制上有關不法炒作行為之刑事規範，因刑法第11條之規

---

[120] 以在網際網路上流通股市消息之行為為例。如果在開放式之網路論壇上散佈流言時，在客觀上固可能會被認定該當證券交易法第155條第1項第6款的散佈行為（台灣台北地方法院91年度訴字第1220號刑事判決參照）。惟若該行為人是在自己架設之部落格（blog）上發表相關訊息，其散佈行為的認定標準是否與前者相同？復以，若此部落格是無限制對外開放，抑或是設有密碼，僅供特定人士瀏覽，在認定標準上是否又會有不同？而此類問題，在網路技術相繼「雲端」（could computing）化的趨勢下，可以預見將更加困難與複雜。

[121] 林山田，刑法通論（下），十版，頁347以下。

[122] 95年7月1日施行前刑法第56條，及現行刑事訴訟法第302條第1款、第303條第2款參照。

定，同樣須受前述適用原則的限制[123]。而依當前實務對於同一行為人所為數個不法炒作行為，似乎多會認定此等數行為係出自一個整體故意，而以連續犯論處。以前述張世傑涉犯之不法炒作行為為例，當其涉嫌炒作合機公司股價之案件繫屬法院並宣判後，其後所涉炒作中福等公司股價而被起訴之案件，多被認定與前案屬出自概括故意之連續行為而獲判免訴判決。如此認定結果，不啻意味著不論行為人不法炒作多少家公司之股票價格，只要被認定是出自一個概括犯意時，即得被認定為刑法之連續犯，進而獲得刑度上以及判決上較寬容的處遇。這樣的優惠，是否符合立法者制訂相關機制之初衷？容有商榷之餘地。

　　復以，現今刑法有關連續犯之規定雖已於94年1月7日修正公布刪除，並於95年7月1日施行而不再援用，但由於刑法第2條第1項從輕原則的適用下[124]，只要被告涉犯的不法炒作行為有一橫跨修法前後，且可被認為前後之炒作行為同屬連續行為時，實務上仍需適用此一較有利於行為人之法律而論以連續犯。準此，若行為人涉犯數個不法炒作行為，而其行為得被認定屬刑法的連續行為時，縱然該行為人其所犯的數個行為橫跨刑法第56條之修法前後時期，仍有可能被認定為連續犯而享有前述的優惠處遇，此對於證券交易法制建全發展之目標，實有不利之影響。

(二)民事救濟

1.求償對象之問題

　　關於在證券交易市場之不法炒作行為，受有財產上損害的投資人得依證券交易法第155條第3項規定對行為人提起民事訴訟，而若行為人有其他共犯，併得依民法第185條規定，請求全體共犯負連帶賠償責任，已如前述。此時，投資人與行為人乃須各自該當上開條文規定之成立要件[125]，

---

[123] 刑法第11條：「本法總則於其他法律有刑罰或保安處分之規定者，亦適用之。但其他法律有特別規定者，不在此限。」參照。

[124] 刑法第2條第1項：「行為後法律有變更者，適用行為時之法律。但行為後之法律有利於行為人者，適用最有利於行為人之法律。」參照。

[125] 依學者之見解，證券交易法第155條第3項之成立，至少需有(1)證明行為人係

投資人始有勝訴之可能。縱然如此，由於目前對於不法炒作行為之行為主體，相關法條在設計上並未含括法人在內，因此，對於公開發行公司涉嫌不法炒作的場合，投資人僅得依證券交易法第155條第3項規定向該公司內部之行為人請求損害賠償，而無法擴及向資力較豐之公司本身有所請求，投資人所受損害獲得填補之可能性即隨之大大降低。且若該行為人為不法炒作行為後滯外不歸時，則投資人的求償之門更是形同關閉，亦難以再度開啟。

　　復以，前述公司內部之行為人得被認定屬於公司法第8條之公司負責人時，投資人雖得依公司法第23條第2項規定間接地請求公司負連帶賠償責任，但此時損有損害之投資人除需舉證該公司負責人具有該當證券交易法第155條第1項不法炒作行為所需之各項成立要件外，尚需額外對公司負責人該當公司法第23條第2項之構成要件負舉證責任後，始有向公司請求賠償的可能，而此實已增加訴訟上的難度，對投資人而言，多只能徒呼負負，望而興嘆了。

2.團體訴訟之局限

　　對於因證券交易市場之爭議所生之民事訴訟，基於訴訟經濟、避免裁判歧異、增加少額且無能力與時間之個別受害人之獲償管道，以及集合眾力制裁加害人不法行為之觀點[126]，91年公布之投保法設立了團體訴訟的制度，授權保護機構即投保中心，在經20人以上之證券投資人或期貨交易人授與訴訟實施權後，得以自己之名義，提起訴訟或仲裁[127]。而為提起訴訟或仲裁之需要，投保中心得請求相關單位協助或提出文件、資料，以減輕證據蒐集之困難[128]；此外，在相關費用的繳交上，投保法明定訴訟

　　故意違法為操縱行為；(2)原告需為善意；(3)原告所受損害與行為人的操縱行為之間具有因果關係；(4)原告應證明損害金額等4項要件。參閱，賴英照，「股市遊戲規則—最新證券交易法解析」，2009年10月再版，頁696至702。

[126] 參閱劉連煜，「新證券交易法實例研習」，2007年2月增五版第1刷，頁414、415頁。

[127] 投保法第28條第1項參照。

[128] 投保法第17條第1項第3款參照。

過程中如有假扣押或假處分等保全程序之必要時，法院得裁定投保中心免供擔保聲請假扣押或假處分；提起訴訟或上訴時，對於訴訟標的金額或價額超過3,000萬元之部分，得暫免繳裁判費；訴訟確定後之強制執行程序所需之執行費，對於執行標的金額或價額超過3,000萬元之部分亦得暫免繳交；且如經投保中心釋明在判決確定前不為執行，投資人恐受難以抵償或難以計算之損害時，法院應依其聲請宣告准予免供擔保之假執行[129]；以求投資人在民事求償上能獲得更周延之保障，本屬良善之立法。然而，對於證券交易市場不法炒作行為之相關案件，這樣的制度設計仍有局限：

(1)案件受理上之限制

依「財團法人證券投資人及期貨交易人保護中心辦理團體訴訟或仲裁事件處理辦法」（以下簡稱「處理辦法」）第5條規定，對於同一原因所引起之證券或期貨事件，涉有證券交易法或期貨交易法之刑事責任，而民事請求權與該刑事責任之認定有重大關連時，投保中心得待該事件經刑事訴追程序釐清事證後，依處理辦法第8條規定研議是否受理團體訴訟。準此，對於不法炒作行為之民事求償，依證券交易法第155條第3項規定，需以行為人確有違反同條第1、2項規定之情形時始得為之，換言之，此時不法炒作行為之民事請求權與行為人刑事責任的認定有重大關連，依前述處理辦法第5條規定，投保中心將待行為人涉犯之炒作行為經刑事訴追程序後，再決定是否受理團體訴訟。

按此雖為一般實務上對於同時涉及民事請求及刑事訴追之案件所會採行之作法。然而，民事訴訟之請求有無理由，與刑事訴訟之行為人有無犯罪間，其認定門檻各不相同，本應各自獨立判斷。而團體訴訟帶有公益性質，因此在訴訟考量上似應不同於一般案件，以求讓投資人之權益得獲得更周全的保障。否則，若待不法炒作行為之刑事訴追程序終結後，再決定是否提起團體訴訟而為民事上的請求時，恐會造成時間之拖延，若進而影響投資人之權益時[130]，即難免有為德不卒之憾。

---

[129] 投保法第34條至36條參照。

[130] 例如，若行為人就其炒作行為而受刑事訴追之過程中，因恐日後之民事請求而

(2)冗長之訴訟時程

　　團體訴訟之制度係基於訴訟經濟、增加無資力與能力之個別受害人之獲償管道等目的而設計已如前述，因此，縮短爭議之解決時程乃為創設團體訴訟制度之初所著眼的一個面向。而投保法第28條之1規定法院得設立專業法庭審理或指定專人辦理投保中心依同法第28條第1項規定所提起之團體訴訟，固係由專業性與技術性出發，希望藉由專業法官或人員之參與，相關案件之審理能符合法律及社會公平正義之要求[131]。除此之外，專業人員之訴訟，亦能讓整個訴訟程序迅速聚焦，加快處理時程。然而，依據投保中心之統計資料顯示，自87年10月起該中心對正義食品公司財報不實等行為所提起之首宗團體訴訟案件迄99年11月止[132]，針對證券暨期貨相關爭議所提起之團體訴訟共計78件，其中僅有兩件部分確定（一件勝訴，一件敗訴），其餘案件均仍在法院審理中[133]。很明顯的，目前實務對於團體訴訟之案件，尚無法達到迅速審判以維投資人權益之要求。

　　團體訴訟係屬公益性質之訴訟類型，對於投資人權益的「即時」保障當屬此類訴訟所應著重的環節。但是，檢視團體訴訟在實務上的執行狀況，除需先待刑事訴追程序釐清案情，始決定是否受理團體訴訟之規定，如此將可能遲誤投資人權益保障之時機外，縱使投保中心等保護機構受理團體訴訟，冗長之訴訟時程更嚴重侵蝕了投資人本應確保的權益。就此問題，是否得以修法方式設置一般民事訴訟程序以外之特別審理程序，饒有思考的餘地。

　　脫產時，縱使該刑事訴追程序確認行為人之行為有刑事上之責任，且投保中心亦受理團體訴訟，但因行為人之財產已出脫完畢，其民事請求之效益已大打折扣，投資人之權益已難經由民事程序獲得保障。

[131] 投保法第28條之1立法理由參照。

[132] 當時投保中心尚未成立，而係由隸屬「證券期貨市場發展基金會」之「投資人服務中心」受理團體訴訟事宜。

[133] 引自投保中心網站「團體訴訟」項目下之「求償案件彙總表（每月）」，檢索日期99年11月30日。

(三)行政監管──行政監管制度與投資人保障

　　按為維護證券交易市場之交易秩序，保護善意投資人，多數見解均同意主管機關應對證券交易市場採取某種程度之管制措施。準此，臺灣證券交易所股份有限公司（以下簡稱證交所）在主管機關授權下，自78年8月1日起正式實施股市監視制度，業務內容包含異常交易有價證券交易資訊之公告、處置及查核作業三個部分[134]。而就集中市場異常交易有價證券交易資訊之公告、處置部分，係以「臺灣證券交易所股份有限公司公布或通知注意交易資訊暨處置作業要點」（以下簡稱「證交所作業要點」）作為相關事務處理之依據與準則。在店頭市場中，櫃買中心則以「財團法人中華民國證券櫃檯買賣中心櫃檯買賣公布或通知注意交易資訊暨處置作業要點」（以下簡稱「櫃買中心作業要點」）作為對上櫃及興櫃公司股票進行前述管制之憑依。然而，此二部要點所訂定之處置措施，雖係基於建全證券交易市場出發點所設計，但某些措施在施行時有可能因執行不當而產生負面效應，甚而損及投資人之權益，實不可等閒視之[135]：

(1)警示制度

　　按對於證券交易市易所為之警示制度，係指證券交易市場中某有價證券之漲跌幅度、成交量變動幅度、交易集中度、週轉率及本益比或股價淨值等監視標準之一項或數項產生異常時，證交所或櫃買中心將依相關規定公布該有價證券之交易資訊內容而言（被公告注意交易資訊之股票俗稱之「警示股票」或「注意股票」）[136]。警示制度設計旨在針對異常的股票提出警示，以防止不法炒作，進而保證投資大眾之權益[137]。然而，過與

---

[134] 參閱吳克昌，「集中交易市場不法炒作暨內線交易案件查核業務之探討」，證交資料，408期，199604，頁4-17。

[135] 按「證交所作業要點」及「櫃買中心作業要點」係分別針對集中市場及店頭市場所為之監理作業規範，其相關機制之內容多屬雷同，故本文乃併為說明。

[136] 參閱吳克昌，新修訂集中交易市場「公布或通知注意通易資訊暨處置作業要點」條文釋義，證交資料，457期，200005，頁38。

[137] 陳錦村、林哲正，「檢測臺灣股市監視制度之穩定機制─注意股觀點」，臺灣銀行季刊第51卷第2期，200006，頁21。

不及均有不當，有論者經實證後指出，不當之警示制度非但無法保障投資人，反而會誤導投資人並且扭曲市場效率。而所謂不當之警示，若以警示次數之標準觀察，警示次數低於2次者，監視的成效較為顯著，惟若警示次數達3次以上時，則反易產生「明牌效應」，造成追高投資人頻繁買賣的現象[138]。

前述我國證交所作業要點以及櫃買中心作業要點此二部規範，對於警示資訊均無公告次數之限制，而是規定於一定之公告次數後，將對該有價證券實施其他處置措施[139]。惟前開所稱一定之公告次數依實務上的作法均超過2次，這時是否將產生前述之明牌效應，反造成證券交易市場更巨大之波動，頗值得深思[140]。

(2)停止買賣

所謂停止買賣，係指個別公司的有價證券，在證券交易市場暫時停止交易而言，其可能是受制於證交所或櫃買中心之強制，亦可能是依主管機關之命令所為[141]。不管基於何種原因，停止交易制度之實施，將使投資大眾無法於公開市場上買賣某有價證券。但需思考的是，停止買賣之處置，係以公權力暫停了某公司有價證券之外部交易，此無異將該有價證券之流通性在相當期間內予以阻絕。此時，持有該有價證券而有資金需求之投資人，將無法透過此平台將有價證券變現，對於投資人的權益保障，已產生嚴重影響。

復以，由於停止買賣係以公權力強制停止某公司之有價證券在某一期間內之交易活動，在此期間內，公開交易市場上並無客觀之交易價格存在。此時，縱使有證據得證明某行為人就該有價證券涉犯證券交易法第

---

[138] 同前註，頁41-45。

[139] 證交所作業要點以及櫃買中心作業要點第6條第1項參照。

[140] 以本件唐鋒公司案為例，雖然主管機關自99年7月起即陸續公告該公司股票為警示股票，但追高的情形不減反增，開盤即以漲停鎖死，可見當時確有明牌效應的現象產生。

[141] 參閱賴英照，「股市遊戲規則—最新證券交易法解析」，2009年10月再版，頁102。

155條第1項或第2項操縱股價之行為，但因該操縱股價行為而受有損害之投資人因無比較之標的而無法計算所受損害之金額，進而即無法依同條第3項之規定對該行為人為民事損害賠償之請求[142]。由此可知，停止買賣之處置除受處分之發行有價證券公司外，對於投資人之權益亦有相當重大的影響，因此，主管機關在決定是否實施此項行政處置時，似應更加謹慎。

(四)小結

　　經由前述說明，可知對於證券市場上之操縱行為，不論是在民事、刑事規範，抑或是主管機關所為之行政管制措施等，現行相關規範不論在內容上或執行層面上均有缺漏之處，尚無法完全達到保障投資大眾的規範目的。除此之外，對於如本件唐鋒公司負責人滯外未歸之問題要如何克服，亦是在確保投資人權益上所應詳加思考的地方，而此等均是為達到建全證券市場，及保障投資人之目的時所不得不面對之重要課題，亟需主管機關制訂相關法制加以因應，以維周全。

二、多元之資訊揭露平台

　　按在有價證券之交易市場上，為確保證券品質的提高，在發行市場方面具體的管理制度上，包括有資訊公開揭露（公司概況、營運及財務概況、營業計畫、資金運用狀況以及定期財務報告的揭露等）、異常案件例外管理、放寬上市標準、推動衍生性商品上市及推動信用評等等工作；而為維護交易秩序、紀律及保障投資人權益，在交易市場方面具體的管理制度方面則包括提供充分的即時交易資訊、即時線上監視制度、融資融券信用交易制度以及持續放寬外資投資國內證券等制度等[143]。由此可知，不論是在證券品質之確保，抑或是投資人權益保障的面向上，公開發行公司

---

[142] 以本件為例，縱使投資人得證明張世傑犯有證券交易法第155條第1項第4、6或7款之規定，惟因在停止買賣期間並無客觀之交易價格而無法計算所受損害金額，則投資人仍無法對張世傑依同條第3項規定請求損害賠償。

[143] 吳家聲，「我國證券管理政策回顧與展望」，證交資料，439期，1998，11，頁1至14。

之概況、證券市場之交易活動，乃至主管機關之監管措施等相關訊息之即時、公開、透明化地揭露本即是不可或缺的要素。尤其對是喜好短線操作進出，並有相當狂熱之「從眾行為」[144]的我國證券市場的投資人而言，更是保障他們免於市場上「資訊瀑布流」衝擊的利器[145]。

　　檢視我國證券市場上相關資訊的揭露方式，公開發行公司之資料係公布於「公開資訊觀測站」網站內；而主管機關之監理措施與上市（櫃）公司之交易概況則得於證交所以及櫃買中心之官方網站中查詢。然而，依我國證券市場上之現況，似乎仍有相關比例之投資人並非透過網際網路作為接受資訊的管道。對於此等可能更易受到無形流言或消息影者，是否需建立網路以外的資訊揭露與流通平台，使其亦能輕易取得相關資訊，而達到前述資訊揭露即時、公開、透明化的目標，容有請主管機關多加思考之必要。

---

[144] 從眾行為（Herding Behavior）係指個人捨棄自己本有的訊息與或判斷，而追隨群體的行為。其具有「同方向交易」與「跟隨市場」的兩種特性。理性與非理性的因素都可能引發從眾行為，而金融市場中的行眾行為則是一種特殊的非理性行為，其係指投資者在資訊環境不確定的情況下，行為受到其他投資者的影響，模仿他人決策，或者過度依賴輿論，而不考慮自己的資訊的行為之謂。參閱陳志宏，「台灣股市從眾行為之分析」，中山大學財務管理學系碩士論文（96年6月），頁7-10；及劉佳奇，「投資人過度自信、從眾行為與交易績效」，中山大學財務管理學系碩士論文（95年7月），頁9。

[145] 一般說來，從眾行為可分為三類，其中一類稱之「資訊瀑布流」，其係指當「行動」比「私有資訊」更顯而易見時，投資人會反向於觀察前一手的決策，推論其中隱含訊息而跟進，即使事實上並沒有資訊。當不斷重複此一過程，此模仿行為就像瀑布往來匯集股，越聚越多而形成群聚現象。而此類的從眾相當依賴期初的市況，即當有少批投資人帶頭買進股票，就有機會產生買入瀑布流。又資訊瀑布流的從眾比較有可能是散戶所產生，這是因為聚戶先天的資訊弱勢，因此較有動機去推論法人的交易隱含資訊而造成從眾。但瀑布流也很容易因市場上有新的公開資訊釋出而被打破，進而終止此一從眾行為；同前註。

伍、結論──如拇之疹，終日可癒；拇之盈握，延乎肝膈[146]

　　明儒方孝儒，曾以其友之指病作文為喻，以闡杜漸防萌之義。就我國的證券交易市場而論，自51年2月9日成立證交所，建立有價證券之公開交易市場後，立法者及主管機關基於保護投資此等證券立法的第一要義與目的，陸續制訂及研議諸多法令與措施，欲以之建立完整而建全的證券管理體系。歷經數十年的努力，雖不能說已達「其容闃然，其色渥然，其氣充然」的境界，但亦有相當之規模，進而造就目前眾股齊鳴，開戶遍遍的熱鬧景象。而唐鋒股票案之發生，不啻為這看似繁榮的交易市場敲出一記振聾發聵的警鐘，對於投資人而言，除了追求投資利潤外，要如何在詭譎多變的資訊瀑布流中明心見性以保全自身權益，實為不可不學的課題。同樣的，這次事件亦可以看出當前的立法與監管機制仍有諸多疏漏之處，立法者及主管機關應上緊發條，儘速因應。本文完成時（即99年12月15日），主管機關因唐鋒公司交出財務預測而恢復該公司之股票買賣，但仍維持全額交割處置，且暫停融資融券信用交易，處置期間持續至唐鋒公告申報99年度該公司經會計師查核簽證財務報告後再行議定[146]。看來本劇尚未落幕，這個網路雲端上的薛仁貴最後是否真得以班師回朝，且讓我們拭目以待。

---

[146] 同前註59。

[147] 摘錄自方孝儒，明，指喻，遜志齋集。

參考文獻

壹、專書

1. 早安財經編輯室，看懂財報新手自學，早安財經文化有限公司，96年1月初版。

2. 劉連煜，新證券交易法實例研習，元照出版公司，2007年2月增五版第1刷。

3. 賴英照，股市遊戲規則—最新證券交易法解析，自版，2009年10月再版。

4. 林山田，刑法通論（下），自版，2008年1月1日十版。

貳、期刊論文

1. 李開遠，我國證券市場「不法炒作」操縱股價犯罪行為主觀構成要件意圖認定之探討，銘傳大學法學論叢，第10期，2008年12月。

2. 李開遠，「證券交易法第一百五十五條第一項第四款處罰股價操縱行為——『不法炒作』刑事責任之探討」，銘傳大學法學論叢，第2期，2004年6月。

3. 陳峰富，「證券市場炒作行為之研究」（上）（下），司法周刊，第1065、1066期，2002年1月9日及2002年1月16日。

4. 吳克昌，集中交易市場不法炒作暨內線交易案件查核業務之探討，證交資料，第408期，1996年4月。

5. 吳克昌，新修訂集中交易市場「公布或通知注意通易資訊暨處置作業要點」條文釋義，證交資料，第457期，2000年5月。

6. 陳錦村、林哲正，檢測臺灣股市監視制度之穩定機制——注意股觀點，臺灣銀行季刊第51卷第2期，2000年6月。

7. 吳家聲，我國證券管理政策回顧與展望，證交資料，439期，1998年11月。

參、學位論文

1. 施東亮，證券集中交易市場反操縱條款之實務運作研究——以證券交易法第155條第1項刑事責任為中心，國立高雄大學法律系碩士論文，2009年6

月。

2.陳宏杰，證券集中市場操縱行為認定基準之研究——以證券交易法第一百五十五條第一項第四款為中心，台北大學法律系碩士論文，2002年7月。

3.洪憲明，證券交易法第一百五十五條反操縱行為條款之研究（以刑事責任為中心），文化大學法律系碩士論文，2007年6月。

4.陳志宏，台灣股市從眾行為之分析，中山大學財務管理學系碩士論文，96年6月。

5.劉佳奇，投資人過度自信、從眾行為與交易績效，中山大學財務管理學係碩士論文，95年7月。

國家圖書館出版品預行編目資料

流金華年：經典財經案例選粹／謝易宏等作.
－－初版. －－臺北市：五南，2011.06
　　面；　公分
ISBN 978-957-11-6279-9（平裝）
1.公司法　2.金融法規　3.個案研究
587.2　　　　　　　　　　　100006586

1U99

流金華年─經典財經案例選粹

主　　　編─ 謝易宏（400.3）
作　　　者─ 謝易宏　方道樞　王韻涵　伍思樺　何佳蓉
　　　　　　 林元浩　梅文欣　許雅綺　郭運廣　陳芳儀
　　　　　　 黃煊棠　劉孟哲　羅亦成　賴協成　謝梨君
　　　　　　 王喬立　林俊宏　楊育靜　廖欣怡　黃若羚
　　　　　　 蔡佳吟　陳怡秀　黃睦琪　林柏葦
發 行 人─ 楊榮川
總 編 輯─ 龐君豪
主　　　編─ 劉靜芬　林振煌
責任編輯─ 李奇蓁
封面設計─ 斐類設計工作室
出 版 者─ 五南圖書出版股份有限公司
地　　　址：106台北市大安區和平東路二段339號4樓
電　　　話：(02)2705-5066　　傳　　　真：(02)2706-6100
網　　　址：http://www.wunan.com.tw
電子郵件：wunan@wunan.com.tw
劃撥帳號：01068953
戶　　　名：五南圖書出版股份有限公司
台中市駐區辦公室/台中市中區中山路6號
電　　　話：(04)2223-0891　　傳　　　真：(04)2223-3549
高雄市駐區辦公室/高雄市新興區中山一路290號
電　　　話：(07)2358-702　　傳　　　真：(07)2350-236
法律顧問　元貞聯合法律事務所　張澤平律師
出版日期　2011年6月初版一刷
定　　　價　新臺幣680元